आर्थिक विकास और स्वातन्त्र्य

अमर्त्य सेन का समग्र आर्थिक दर्शन

'अमर्त्य सेन ने अपनी यह आकर्षक धारणा–कि आर्थिक विकास का उद्देश्य मनुष्य के स्वातन्त्र्य में वृद्धि है–अनेक तर्क तथा साक्ष्यों द्वारा बहुत स्पष्ट रूप से प्रतिपादित की है।'

–कैनेथ ऐरो

नोबेल पुरस्कार से सम्मानित विश्वविख्यात अर्थशास्त्री

'बिलकुल नये विचार...ताजगी से भरपूर, विद्वतापूर्ण तथा मानवीय...सेन के आशावाद तथा योजनाओं से मुनष्य सोचने लगता है, कि समस्याओं का सचमुच कोई हल है।' **–बिज़नेसवीक**

'अमर्त्य सेन से असहमत होना कठिन है...उनके विचार तथा तर्क पारम्परिक अर्थशास्त्र में उपयोगी संशोधन करने में सफल हैं और आज-दिन चल रही बहस में उन्हें और अधिक शामिल किया जाना चाहिए।' **–फायनेन्शल टाइम्स**

'एक अपरिहार्य पुस्तक...विद्वता, अन्तर्दृष्टि, करुणा तथा आशा से परिपूर्ण।' **–द नेशन**

'इस पुस्तक ने पिछले अनेक दशकों के अर्थ-चिंतन को सिर के बल खड़ा कर दिया है...सभी वर्गों के पाठक इसे पढ़-समझकर इसका लाभ उठा सकते हैं। अपने समय का क्लैसिक ग्रंथ है यह।'

–टोरंटो ग्लोब एण्ड मेल

प्रो. अमर्त्य सेन की अन्य महत्त्वपूर्ण पुस्तकें

- भारतीय अर्थतंत्र, इतिहास और संस्कृति
- आर्थिक विषमताएँ
- ग़रीबी और अकाल
- भारत : विकास की दिशाएँ
- भारतीय राज्यों का विकास
- हिंसा और अस्मिता का संकट
- न्याय का स्वरूप

आर्थिक विकास और स्वातन्त्र्य

अमर्त्य सेन का समग्र आर्थिक दर्शन

अमर्त्य सेन

राजपाल

एम्मा को

₹ 650

ISBN : 9788170283805

संस्करण : 2025

अनुवाद : भवानी शंकर बागला

AARTHIK VIKAS AUR SWATANTRYA by Amartya Sen

(Hindi edition of *Development As Freedom*

This translation published in arrangement with

Alfred A. Knopf, a division of Random House Inc.)

मुद्रक : जी.एस. ऑफसेट, दिल्ली

राजपाल एण्ड सन्ज़

1590, मदरसा रोड, कश्मीरी गेट, दिल्ली-110006

फोन : 011-23869812, 23865483, 23867791

website : www.rajpalpublishing.com

e-mail : sales@rajpalpublishing.com

www.facebook.com/rajpalandsons

प्राक्कथन

आज हम एक अप्रत्याशित रूप से समृद्धिशील विश्व में रह रहे हैं। समृद्धि के इस स्तर की एक दो शताब्दी पहले कोई कल्पना भी नहीं कर सकता था। ये परिवर्तन केवल आर्थिक पक्ष तक सीमित नहीं रहे हैं–जीवन के अनेक आयामों में आज भारी बदलाव दिखाई दे रहा है। बीसवीं शताब्दी ने लोकतन्त्र एवं भागीदारीपूर्ण प्रशासन (Participatory Governance) को राजनीतिक तन्त्र के प्रमुख प्रतिमान के रूप में स्थापित कर दिया है। आज के युग के सामान्य संवाद में मानवीय अधिकार और राजनीतिक स्वातन्त्र्य सम्बन्धी विचार भी अपना स्थान बना चुके हैं। जनसामान्य की दीर्घायुता के स्तर भी पहले से कहीं समृद्ध हो चुके हैं। यही नहीं, आज विश्व के दूर-दूर के क्षेत्र-उपक्षेत्र भी पहले की अपेक्षा एक दूसरे के बहुत अधिक निकट आ चुके हैं। यह निकटता केवल व्यापार-वाणिज्य एवं संचार तक सीमित नहीं रही है, विचारों तथा आदर्शों में भी अब यह पारस्परिकता दिखाई देने लगी है।

किन्तु दुर्भाग्यवश हमारे इसी विश्व में अभाव, दारिद्र्य और दमन की समस्याएँ भी विकराल रूप धारण किए विद्यमान हैं। आज भी ऐसी अनेक समस्याएँ हैं–इनमें से कुछ नई हैं तो कुछ पुरानी भी हैं। आज भी गरीबी एवं बुनियादी आवश्यकताओं का बोलबाला है, आज भी विश्व के किसी न किसी भाग में अकाल और व्यापक स्तर पर भूख का साम्राज्य फैला दिखाई पड़ ही जाता है, मौलिक राजनीतिक एवं सामाजिक स्वातन्त्र्य के हनन से आज भी संसार के बहुत विशाल जनसमुदाय मुक्त नहीं हो पाए हैं, अभी भी नारी की बृहत्तर भूमिका ही नहीं वरन् उसके सामान्य हितों तक की बड़े व्यापक पैमाने पर अवहेलना हो रही है, और पर्यावरण के बढ़ते हुए संकट के कारण हमारे वर्तमान जीवन के स्तर एवं शैली को बनाए रख पाने के विषय में भी गम्भीर आशंकाएँ उत्पन्न हो रही हैं। अनेक प्रकार के अभाव तो केवल निर्धन देशों में ही नहीं, अमीर देशों में भी दिखाई पड़ जाते हैं।

विकास के प्रयास में इन समस्याओं पर काबू पाने का बहुत महत्त्वपूर्ण

स्थान होता है। इस पुस्तक में हमारा आग्रह है कि इन सभी सामाजिक व्याधियों के निदान एवं निराकरण में विविध प्रकार के स्वातन्त्र्यों की भूमिका को समझा एवं स्वीकार किया जाना चाहिए। अन्ततः इन समस्याओं के समाधान में व्यक्ति के अपने प्रयास एवं योगदान ही सबसे महत्त्वपूर्ण सिद्ध होने वाले हैं। दूसरी ओर वैयक्तिक रूप से हमारी कुछ भी कर पाने की स्वतन्त्रता अपरिमित नहीं है—इस पर सामाजिक-राजनीतिक और हमें सुलभ आर्थिक सुयोग अनेक प्रकार के बन्धन एवं सीमाएँ लागू कर देते हैं। वैयक्तिक भूमिका और सामाजिक व्यवस्थाओं के बीच एक गहरी पारस्परिकता रहती है। हमें व्यक्ति के स्वातन्त्र्य तथा उस स्वातन्त्र्य के प्रभाव क्षेत्र एवं प्रभावोत्पादकता पर पड़ रहे सामाजिक दबावों की शक्ति के महत्त्व को समझना एवं स्वीकार करना होगा। हमारे समक्ष आज जो समस्याएँ खड़ी हैं उनके निराकरण के लिए हमें वैयक्तिक स्वातन्त्र्य को एक सामाजिक प्रतिबद्धता के धरातल तक पहुँचाना होगा। इस पुस्तक में इसी विश्लेषण-मूल्यांकन विधि पर विचार कर इसकी उपादेयता की स्थापना करने का प्रयास किया गया है।

इस परिप्रेक्ष्य में स्वातन्त्र्य का संवर्धन-प्रसार विकास का प्राथमिक ध्येय एवं प्रमुख माध्यम भी बन जाता है। विकास उन अस्वातन्त्र्यों का निराकरण बन जाता है जिनके कारण जनसामान्य अपनी सुविचारित भूमिका निभाने और चयन आदि करने के अवसरों से वंचित रह जाते हैं। हमारा आग्रह है कि विविध स्वातन्त्र्यविहीनताओं (Unfreedoms) की समाप्ति ही अन्ततः विकास की रचना करती है, किन्तु विकास एवं स्वातन्त्र्य के सम्बन्धों को अच्छी तरह समझने के लिए हमें इस मौलिक एवं महत्त्वपूर्ण स्वीकारोक्ति से भी कहीं आगे तक विचार करना होगा। विकास के प्रमुख ध्येय के रूप में मानवीय स्वातन्त्र्य की इस अन्तर्निहित महत्ता के लिए कुछ स्वातन्त्र्यों के प्रसार में किन्हीं अन्य स्वातन्त्र्यों के साधनभूत (Compositional) स्वरूप की प्रभावोत्पादकता बहुत ही महत्त्वपूर्ण सिद्ध होती है। यह साधन-स्वरूप सारभूत (Constitutive) स्वरूप का प्रतिपूरक बन जाता है। इन अलग-अलग स्वातन्त्र्यों के सम्बन्ध घटकात्मक या रचनाकारी नहीं बल्कि व्यवहारिक और कारण-प्रभाव सम्बन्ध होते हैं। उदाहरण के लिए, इस विषय में बहुत सशक्त प्रमाण मिल रहे हैं कि आर्थिक एवं राजनीतिक स्वातन्त्र्य परस्परविरोधी नहीं वरन् परस्पर परिपोषक ही हैं। इसी प्रकार भले ही शिक्षा, स्वास्थ्य व्यवस्था आदि के सामाजिक सुयोगों की रचना एवं प्रसार के लिए सार्वजनिक प्रयासों का सहारा आवश्यक रहता हो किन्तु ये सुयोग अन्ततः आर्थिक और राजनीतिक

भागीदारी के वैयक्तिक अवसरों का ही संवर्धन करते हैं, साथ ही ये अनेक प्रकार के अभावों को दूर करने के निमित्त हमारे अन्य प्रयासों को भी संपोषित करते हैं। यदि स्वातन्त्र्य को ही विकास के मुख्य ध्येय के रूप में स्वीकार करना एक वैचारिक वर्तन बिन्दु हो तो फिर विकास प्रक्रिया का मार्गदर्शन करने में स्वातन्त्र्यवादी दृष्टिकोण जिस प्रकार समन्वित एवं समग्र योगदान देते हैं, उस विषय में उपयुक्त व्यवहारिक अनुभवसिद्ध सम्बन्ध सूत्रों का अन्वेषण भी करना होगा।

यह अध्ययन अन्यान्य संस्थाओं-रचनाओं सहित आर्थिक, सामाजिक एवं राजनीतिक गतिविधियों के समन्वित विश्लेषण की आवश्यकता की रूपरेखा का निरूपण करता है। इसमें आर्थिक सुअवसर, राजनीतिक स्वातन्त्र्य, सामाजिक सुविधाओं, सुस्पष्टता आश्वस्तियों और संरक्षणात्मक सुरक्षा सहित कुछ बहुत ही निर्णायक स्वरूपधारी साधनभूत स्वातन्त्र्यों के अन्तर्सम्बन्धों पर विशेष रूप से विचार किया गया है। सरकार, बाजार, कानूनी व्यवस्था, राजनीतिक दल, संचार माध्यम, सार्वजनिक हित-समूह और सार्वजनिक विचार मंथन मंच आदि सहित सामाजिक व्यवस्थाओं के सारभूत मानवीय स्वातन्त्र्य के संवर्धन एवं सुनिश्चयन में योगदान के माध्यम से उनका मूल्यांकन किया गया है। यहाँ व्यक्तियों को परिवर्तन के सक्रिय कर्ता माना गया है, किसी अन्य द्वारा प्रदत्त हितलाभों को भोगने वाला निष्क्रिय जीव नहीं।

यह पुस्तक उन पाँच भाषणों पर आधारित है जो 1996 के शिशिर में विश्व बैंक के प्रसीडेन्शल फैलो के रूप में दिए गये थे। नवम्बर 1997 में इसी विश्लेषण विधि के सम्पूर्ण स्वरूप और उसमें निहित प्रभावों पर एक अन्य भाषण भी आयोजित हुआ था। मैंने इस सुअवसर को बहुत मान दिया है और इसमें निहित चुनौती को शिरोधार्य किया है। मुझे विशेष हर्ष इस बात का रहा है कि यह विश्व बैंक के अध्यक्ष जेम्स वाल्फेन्सन के आमन्त्रण के कारण सम्भव हो पाया है। मैं उनकी विश्व-दृष्टि, योग्यताओं और मानवीयता का सदैव ही प्रशंसक रहा हूँ। मैं पहले भी प्रिंसटन में इंस्टीट्यूट ऑफ एडवान्स्ड स्टडीज के न्यासी सदस्य के रूप में उनके साथ कार्य करने का सुअवसर पा चुका हूँ। अभी कुछ समय से विश्व बैंक के क्रियाकलापों पर वाल्फेन्सन के नेतृत्व के रचनात्मक प्रभावों का मैं बहुत मनोयोग से अवलोकन कर रहा हूँ।

विश्व बैंक मेरी बहुत प्रिय संस्था कभी नहीं रहा है। अक्सर कुछ अच्छा कर पाने की शक्ति के साथ ही बिल्कुल उलट कर जाने की सम्भावना भी बनी रहती है। आर्थिक अध्येता के रूप में मैं बहुत बार सोचता रहा

हूँ कि क्या विश्व बैंक इससे बेहतर कुछ नहीं कर सकता था ? इस बारे में मेरी आलोचनाएँ एवं आशंकाएँ बहुत अच्छी तरह से प्रकाशित हो चुकी हैं, अतः मेरे इस कथन को किन्हीं अविश्वासपूर्ण विचारों की स्वीकारोक्ति मानना उचित नहीं होगा। इन सभी बातों को स्मरण करते हुए विश्व बैंक के समक्ष अपने विकास-विषयक और सार्वजनिक नीति-निर्धारण सम्बन्धी विचारों की प्रस्तुति का यह अवसर मुझे बहुत अच्छा लगा है।

फिर भी मेरी यह पुस्तक केवल बैंक या अन्य अन्तर्राष्ट्रीय संस्थाओं में कार्यरत लोगों के लिए नहीं है। यह केवल नीति-निर्धारकों और सरकारों के चलाने वालों के लिए भी नहीं है। यह तो विकास और उसके अन्तर्निहित व्यवहारिक कारणों का एक व्यापक अध्ययन है–और इसके प्रकाशन का एक प्रमुख मंतव्य सार्वजनिक विचार मन्थन ही है। मैंने छह भाषणों को बारह अध्यायों में बाँट दिया है–इसके पीछे दो उद्देश्य हैं : प्रस्तुति में अधिक स्पष्टता और लिखित स्वरूप को गैर विशेषज्ञ पाठक के लिए अधिक सुग्राह्य बनाना। मैंने इस प्रस्तुति को यथासम्भव कम तकनीकी बनाने का प्रयास किया है–यहाँ तक कि अधिक औपचारिक स्तर के सन्दर्भ आदि को भी पुस्तक के अन्त की टिप्पणियों में सीमित कर दिया है। साथ ही इन भाषणों के बाद के दो तीन वर्षों के आर्थिक अनुभवों [जिन्होंने मेरी उस समय व्यक्त की गई आशंकाओं को बहुत सटीक सिद्ध कर दिया है] की समीक्षा भी इस पुस्तक में यथास्थान समाहित कर ली है।

मैं सार्वजनिक विचार-विमर्श को सामाजिक परिवर्तन और आर्थिक प्रगति का मार्ग प्रशस्त करने वाला मानता हूँ, इसीलिए इस शोध कार्य को खुले संवाद एवं आलोचनात्मक समीक्षा के लिए प्रस्तुत कर रहा हूँ। मैं जीवन भर अधिकारी वर्ग को परामर्श देने से बचता रहा हूँ। मैंने वास्तव में कभी किसी सरकार को सलाह नहीं दी है–वस्तुतः मैं अपने सुझाव, आलोचनाएँ और विचार–वे चाहे जैसे भी रहे हों–सदैव जनसामान्य के समक्ष प्रस्तुत करने के ही पक्ष में रहा हूँ। सौभाग्यवश मैं विश्व की उन तीन लोकतन्त्रीय व्यवस्थाओं (भारत, ब्रिटेन और अमेरिका) में जीवनयापन करता रहा हूँ जहां संचार माध्यम स्वतन्त्रप्राय ही रहे हैं। अतः मुझे कभी सार्वजनिक प्रस्तुति के अवसर नहीं मिल पाने की शिकायत भी नहीं रही। यदि मेरे तर्कों पर किसी ने विचार किया, इन महत्त्वपूर्ण विषयों पर और आगे सार्वजनिक आदान-प्रदान हो सका, तो मैं निश्चित रूप से सफल-मनोरथ और अनुग्रहीत होऊँगा।

आभार

इस पुस्तक में समाहित सामग्री उस शोधकार्य पर आधारित है जो मैंने ऐंगस डेटन के सहयोग से जान डी. एण्ड कैथरीन टी. मैक्आर्थर फाउन्डेशन की सहायता से किया था। यह शोध इससे पूर्व हेलसिंकी-स्थित वर्ल्ड इन्स्टिट्यूट ऑफ डेवलपमैंट इक्नॉमिक्स रिसर्च में लाल जयवर्धने के मार्गदर्शन में किए गए कुछ कार्य का ही संवर्धित रूप है। इस कार्य का कुछ न कुछ सम्बन्ध यूनाइटेड नेशन्स डेवलपमेन्ट प्रोग्राम द्वारा प्रकाशित एवं स्व. महबूब उल-हक द्वारा निर्देशित "ह्यूमन डेवलपमेन्ट रिपोर्ट्स" से जुड़े मेरे परामर्श कार्य से भी है [स्व. हक मेरे स्नातकपूर्व छात्र जीवन के समय से ही बहुत घनिष्ठ मित्र थे—1998 में उनके अचानक निधन के धक्के से मैं अभी तक पूरी तरह उबर नहीं पाया हूँ]। हार्वर्ड विश्वविद्यालय भी, जहाँ मैं 1998 के प्रारम्भ तक अध्यापन कर रहा था, मेरे इस कार्य में बहुत उपयोगी सहयोग एवं समर्थन देता रहा है। मुझे हार्वर्ड के इन्स्टिट्यूट ऑफ इन्टरनेशनल डेवलपमैंट, सैन्टर फॉर पॉपुलेशन स्टॅडीज़ तथा कैम्ब्रिज विश्वविद्यालय के किंग्स कॉलेज के सैन्टर फॉर हिस्ट्री एण्ड इकनॉमिक्स से भरपूर लाजिस्टिक सहयोग मिलता रहा है।

मेरा सौभाग्य है कि मुझे बहुत ही सिद्ध सहयोगियों के साथ कार्य करने के अवसर मिलते रहे हैं। वर्षों तक ज्यां द्रीज़ के साथ मिलकर मैंने कार्य किया है—उनके साथ मेरी कई पुस्तकें भी प्रकाशित हुई हैं। इस कार्य पर भी उस सहयोग की गहरी छाप है (ज्यां द्रीज़ के साथ कार्य करने की एक विलक्षण विशेषता उनका निःस्वार्थ भाव भी रहा है—वे अधिकतर कार्य स्वयं करते हैं पर आपको श्रेय देने में बहुत उदारता से काम लेते हैं]। इस पुस्तक से जुड़े विषयों पर मुझे सुधीर आनन्द के साथ कार्य करने के भी अच्छे अवसर मिले हैं। ऐंगस डेटन, मेघनाद देसाई, जेम्ज फॉस्टर और सिद्दीक उस्मानी के साथ भी मेरे सहकारी सम्बन्ध बहुत ही फलदायक रहे हैं। इस पुस्तक में प्रयुक्त क्षमता-योग्यता तथा जीवन की गुणवत्ता विषयक अवधारणाएँ 1987-89 की अवधि में मार्था नुसबॉम के साथ सहयोग की ही देन है।

"ह्यूमन डेवलपमेन्ट रिपोर्ट्स" के सन्दर्भ में महबूब उल हक के साथ-साथ साकिको फुकुदा-पार, सलीम जहाँ, मेघनाद देसाई और पाल स्ट्रीटन तथा बाद में रिचर्ड जोली के साथ वैचारिक आदान-प्रदान भी बहुत उपयोगी रहा है। इनके अतिरिक्त भी अनेक अध्येताओं के विचारों, सुझावों और आलोचना-समीक्षा आदि ने अनेक पक्षों का और अधिक स्पष्टीकरण कर मेरा ज्ञानवर्धन किया है—मैं उन सभी के प्रति आभार व्यक्त करता हूँ।

मुझे बहुत समय से अरुण अब्राहम से सुदक्ष शोध सहयोग मिलता रहा है—साथ ही इंग्रिड रॉबिन्स और तन्नी मुखोपाध्याय तथा अभी कुछ समय से ऐन्ना मैरी स्वेदोफ्स्की ने लाजिस्टिक व्यवस्था संभालकर मेरी बहुत सहायता की है।

मैंने प्राक्कथन में ही यह जिक्र किया था कि ये आख्यान विश्व बैंक के अध्यक्ष जेम्स वाल्फेन्सन के आमन्त्रण पर दिए गए थे—उनके साथ अनेक बार विचार-विमर्श से भी मैं बहुत लाभान्वित हुआ हूँ। इन आख्यानों के आयोजन-अध्यक्ष के रूप में वोल्फेन्सन, काइओ कोचवेजर, इस्माइल सेराज़ेल्दीन, कैल्लिस्तो मदावो और स्वेन सैंडस्टोर्म की मेरे द्वारा चर्चित समस्याओं पर टिप्पणियों ने विषय के और अधिक स्पष्ट निरूपण में बहुत योगदान दिया है। इन आख्यानों के अन्त में उठाए गए प्रश्नों तथा उन पर चर्चा से भी बहुत कुछ सीखने को मिला है। तारिक हुसैन ने विश्व बैंक के स्टाफ के साथ बातचीत के अवसरों का बहुत ही चतुराई तथा कुशलतापूर्वक निर्माण कर मुझे उनके विचारों को समझने का बहुत अच्छा सुयोग प्रदान किया है [तारिक हुसैन ही इन आख्यानों की व्यवस्था भी कर रहे थे]।

और मेरी पत्नी ऐम्मा रोथ्सचाइल्ड को तो अनेक बार तरह-तरह के तर्कों-वितर्कों को पढ़ना पड़ा है, उनका परामर्श भी सदैव बहुत मूल्यवान रहा है। एडम स्मिथ पर उनके अपने शोध कार्य से भी मुझे अनेक विचार सूत्र ग्रहण करने का अवसर मिला है। वैसे एम्मा से मिलने से पूर्व भी मेरा एडम स्मिथ से कुछ न कुछ 'रिश्ता' अवश्य रहा है—मेरी पुरानी रचनाओं के पाठक तो यह जानते ही हैं। पर एम्मा के प्रभावस्वरूप यह सम्बन्ध और घनिष्ठ हो गया है। इस घनिष्ठता की गहरी छाप इस पुस्तक पर आपको बार-बार दिखाई देगी।

अनुवादक की ओर से

इस युग के महान् अर्थशास्त्रियों में अग्रणी अमर्त्य सेन की यह पुस्तक उनके लगभग पचास वर्ष के अध्ययन-चिन्तन का सारसत्त्व समाहित किए है। समय-समय पर प्रकाशित उनकी अनेक रचनाएँ समाज और उसके घटकों-संस्थाओं और सदस्यों के व्यवहार के पृथक्-पृथक् आयामों के व्यवहार के विविध पक्षों को उजागर करती रही हैं। प्रायः प्रत्येक रचना में आप किसी नए पक्ष, सन्दर्भ या परिप्रेक्ष्य का उद्घाटन करते रहे हैं। कहीं किसी व्यवहार विशेष को और अधिक विस्तृत वितान पर मान्य सिद्ध करना, कहीं किसी समस्या की गहनता का कुछ और गहरे पैठकर आकलन करना, तो कहीं 'असंभव'- सी माने जाने वाली किसी चिन्तनधारा को भी और आगे तक ले जाने का प्रयास इनके कृतित्व की विशेषता रही है।

प्रो. अमर्त्य सेन की जो अनेक कृतियां नोबेल पुरस्कार प्राप्त होने के बाद अब पुनः प्रकाश में आ रही हैं वे सभी उनकी वे पुरानी कृतियाँ हैं जिनके आधार पर उन्हें इस पुरस्कार से सम्मानित किया गया। परन्तु प्रस्तुत कृति गत वर्ष 1999 में ही प्रथम बार प्रकाशित हुई और तुरन्त ही चर्चा में आ गई। सभी पत्र-पत्रिकाओं तथा विद्वानों ने इसकी भूरि-भूरि प्रशंसा की है। पाश्चात्य देशों में तो यह गहन अध्ययन और विचार-मंथन का कारण बनी हुई है क्योंकि इसमें न केवल उनके समग्र चिन्तन तथा योगदान का सार है, बल्कि भावी मानवता के लिए एक नया दर्शन भी है। दुनिया में साम्यवाद-समाजवाद द्वारा मनुष्य की आर्थिक समानता का महाप्रयोग असफल होने के बाद अब 21वीं सदी और तीसरी सहस्राब्दी में उनका यह दर्शन दुनिया की सबसे बड़ी समस्या गरीबी हटाने का एक नया रास्ता खोलता है। इस पर संयुक्त राष्ट्र संघ की विविध संस्थाओं तथा दुनिया के अनेक देशों की सरकारों ने कार्य करना भी आरम्भ कर दिया है। इस दृष्टि से इस पुस्तक का और भी विशेष महत्त्व है।

इस पुस्तक में प्रो. अमर्त्य सेन की चिन्तन-यात्रा के प्रायः सभी आयाम एक साथ मिलकर आर्थिक-सामाजिक विकास के एक अनूठे परिप्रेक्ष्य की रचना कर रहे हैं। कल्याणकारी अथवा क्षेम अर्थशास्त्र के अधिकांश अध्येता किसी न किसी रूप में किसी नकारात्मक बिन्दु पर पहुँचकर रुक जाते हैं, वे स्वयं को समुद्र के

प्रकाशस्तम्भ से समीकृत करते हैं जो जलयानों को मार्ग सुझा तो नहीं पाते, हाँ, यह अवश्य समझा देते हैं कि उनकी ओर आना जोखिम भरा कार्य होगा। किन्तु स्वयं को महात्मा बुद्ध द्वारा सुझाये गए 'मध्यम मार्ग' का अनुगामी मानने वाले प्रो. सेन किसी न किसी रूप में समाज के विकास मार्ग में आने वाली प्रत्येक बाधा को ध्वस्त न कर पाने की अवस्था में उससे बचकर आगे निकलने का कोई-न-कोई मार्ग अवश्य खोजने का प्रयास करते हैं। उनकी इसी रचना पर टिप्पणी करते हुए किसी ने ठीक ही कहा है कि नोबेल पुरस्कार से सम्मानित अन्य अर्थशास्त्रियों की भाँति समाज के उच्च वर्ग की दक्षता या कुशलता पर नहीं वरन् निम्नतर स्तर पर फंसे विशाल जनसमुदाय के कुशलक्षेम पर वे अधिक ध्यान देते हैं।

आर्थिक विकास से जुड़ी रचनाएँ दशकों से केवल एक ही पक्ष पर केन्द्रित रही हैं : स्थिर दामों पर प्रतिव्यक्ति आय में निरन्तर वृद्धि। किन्तु इस अध्ययन में अमर्त्य सेन ने विकास शास्त्र की सारी ही मान्यताओं और पूर्वाग्रहों को गम्भीर चुनौती दी है—उन्होंने सारे चिन्तन को ही उलट दिया है—समृद्धि की कामना से जुड़े शाश्वत प्रश्न को एक बार फिर नए सिरे से उठाकर उन्होंने बहुत ही विनम्रता के साथ अपने सहअध्येताओं से यह प्रश्न भी किया है कि वे सदियों से चली आ रही विचार परम्परा के विस्तृत वितान में से एक बहुत ही संकुचित गलियारे में आर्थिक चिन्तन को क्यों फँसा बैठे हैं ? बृहदारण्यक उपनिषद् के मैत्रेयी-याज्ञवल्क्य संवाद में मैत्रेयी भले ही अमरत्व सुलभ न करा सकने वाली समृद्धि के प्रति विरक्ति भाव व्यक्त करती रही हो पर उनसे हजारों मील दूर बसे अरस्तू ने भी धन की प्राप्ति को ही परम अभिलाषा मानने से इनकार करते हुए इसे किन्हीं अन्य ध्येयों की सम्प्राप्ति में सहायक तत्त्वों में से ही एक तत्त्व माना था।

अमर्त्य सेन उस परम अभिलाषा की अन्वेषणा कर रहे हैं; उनका आग्रह है कि यह परम अभिलाषा या कामना अपने जीवन को उस प्रकार जी पाने की स्वतन्त्रता है जिस प्रकार जीना कोई व्यक्ति स्वयं अपनी दृष्टि से महत्त्वपूर्ण मानता है। यह "मनोवांछित ज़ीवन-यापन का स्वातन्त्र्य" ही इस पुस्तक की विषय-सामग्री है—यही उनके अध्ययन की दिशा है और निचोड़ भी है। विकास को वे इसी स्वातन्त्र्य के संवर्धन का माध्यम मानते हैं और साथ ही यह भी आग्रह करते हैं कि स्वातन्त्र्य-संवर्धन ही अन्ततः विकास का प्रमुख रचनाकारी घटक भी है।

अपने इसी विचार का प्रतिपादन करते हुए उन्होंने समाज में व्याप्त विविध प्रकार के 'अस्वातन्त्र्यों' की ओर ध्यान आकर्षित किया है। विभिन्न देशों के अपेक्षाकृत ताज़ा आर्थिक इतिहास में अपनाई गई नीतियों की समीक्षा करते हुए सैकड़ों वर्ष पूर्व विद्वानों द्वारा प्रस्तावित इस विचार की ओर हमारा ध्यान दिलाया है कि कई बार अनेक नीतियों के कुछ ऐसे सम्भावित परिणाम भी होते हैं जिनका पूर्वाकलन सम्भव होते हुए भी विकास अध्येता अपने घोषित ध्येय की सम्प्राप्ति में ही मग्न रहने के कारण जिन पर विचार नहीं कर पाते। इसी कारण वे अपनी नीतियों की

सफलता या विफलता का भी सटीक आकलन कर पाने में समर्थ नहीं होते। इस सन्दर्भ में श्री सेन डेविड रिकार्डो के 'अदृश्य हाथ' के प्रतिमान का उद्धरण देते हुए कहते हैं कि ''बहुधा अनेक परिणाम 'प्रायोजित' नहीं होते—किन्तु वे इतने अप्रत्याशित भी नहीं होते कि उनका पूर्वचिन्तन और पूर्वाकलन ही नहीं हो पाए।'' अतः सामाजिक-आर्थिक विकास की सटीक नीतियों की रचना करते समय सभी पक्षों एवं सम्भावनाओं की समन्वित स्वरूप में, व्यापक परिप्रेक्ष्य में विवेचना करना ही अधिक ग्राह्य होगा। इस दृष्टि से उन्होंने समाज के सदस्यों की मूलभूत स्वातन्त्र्यों के संवर्धन में अभूतपूर्व योगदान दे सकने में समर्थ कुछ नीतियों की समीक्षा भी की है—ये नीतियाँ हैं अक्षरज्ञान एवं संख्याज्ञान का प्रसार, सर्वसुलभ स्वास्थ्य एवं सामान्य चिकित्सा व्यवस्था और समाज में उसके अर्द्धांश, नारी, की बृहद् भूमिका की स्वीकारोक्ति और प्रसार।

स्वातन्त्र्यवादी परिप्रेक्ष्य को प्रो. सेन सारे मानव मात्र की धरोहर मानते हैं, उन्होंने बहुत विस्तार से इस बात का खण्डन किया है कि व्यक्ति की स्वतन्त्रता का विचार केवल पश्चिमी विश्व की बपौती है—प्राच्य चिन्तन में कभी इस प्रकार के विचारों के लिए स्थान ही नहीं रहा। इस विषय में उन्होंने कौटिल्य के चिन्तन की उन्हीं के समकालिकप्राय रहे प्लेटो से तुलना की है और बताया है कि प्रायः दोनों ही विचारक स्वातन्त्र्य एवं राजनीतिक अधिकारों को दास वर्ग तक पहुँचा पाने में विफल रहे थे। भारत के राजनीतिक-सामाजिक चिन्तन की अर्थशास्त्रीय धारा के ये विद्वान किसी भी दशा में पश्चिमी राजनीतिक चिन्तन धारा के स्रोत प्लेटो की अपेक्षा अधिक निरंकुशतावादी सिद्ध नहीं हो पाते। यही नहीं, मध्य एवं उत्तर-मध्यकालीन इतिहास के उद्धरणों से भी श्री सेन यह प्रतिष्ठापना करने में सफल रहे हैं कि जब भारत में सभी धर्मों के अनुयायियों के बीच सामंजस्य की बात उस काल के मुगल बादशाह अकबर कर रहे थे, उस समय का पश्चिमी संसार तो सही 'ईसाइयत की जांच' कर मृत्युदंड का पुरस्कार बाँटने में व्यस्त था। सहिष्णुता के इस परिप्रेक्ष्य में भारत में भी कतिपय त्रुटियाँ रही होंगी पर यह सांमजस्यवादी विचार तो पुरातन काल के महान सम्राट अशोक के समय से ही भारतीय चिन्तन परम्परा की धरोहर रहा है [अशोक द्वारा देश के अनेक भागों में स्थापित पाषाण स्तम्भों पर उत्कीर्ण विचार इस बात की बहुत सशक्त साक्षी आज भी प्रस्तुत कर रहे हैं]। प्रो. सेन का मानना है कि विकासशील देशों, विशेषकर एशियाई देशों की संस्कृति को ही निरंकुशता की पूजक मानने का आग्रह करने वाले लोग या तो स्वयं ही तानाशाह हैं या फिर किसी-न-किसी तानाशाह के भृत्य मात्र हैं—उन्होंने न अपने देश की संस्कृति को समझा है, न जनमानस में झांककर देखने का कभी प्रयास किया है।

श्री सेन आय और सामान्य क्षमताओं में भेद करते हैं—और आय को उन क्षमताओं को बढ़ा पाने में सहायक मात्र पाते हैं। उनका मानना है कि आय की

विषमताएँ निश्चित रूप से एक गरीब देश के जनसामान्य को अनेक प्रकार की बाध्यताओं से ग्रस्त कर देती है—पर उन सभी के निवारण के लिए भी विशाल स्तर पर आय के सृजन से पूर्व ही मूलभूत स्वातन्त्र्य-संवर्धक नीतियों पर आचरण कर समाज के जीवन स्तर में व्यापक सुधार लाया जा सकता है। उनका आग्रह है कि ये सुधार कोई विलासिता नहीं हैं जोकि गरीब देशों की क्रयशक्ति से बाहर हों, इनकी लागत बहुत कम तथा इनके माध्यम से जीवनस्तर ही नहीं, आय उपार्जन क्षमता भी बहुत व्यापक स्तर पर सुधर सकती है ('अदृश्य हाथ')। इसी प्रकार आय में भारी वृद्धि से पूर्व ही जीवाशा में व्यापक सुधार के उदाहरण उन्होंने दिए हैं और इनमें भी स्वातन्त्र्य-संवर्धनकारी सामाजिक नीतियों का ही योगदान बहुत सशक्त रूप से उद्घाटित होता है [भले ही चीन में इन नीतियों के रचनाकारों का मंतव्य स्वातन्त्र्य-संवर्धन और उसके माध्यम से बाजार व्यवस्था से सफल संचलन के लिए उपयुक्त धरातल की रचना नहीं रहा हो—फिर वही 'अदृश्य हाथ' या 'अप्रायोजित परिणाम' की संकल्पना के ही व्यवहार के दर्शन]।

इस अध्ययन में बार-बार सेन साहब ने आधुनिक युग की एक और विडम्बना पर भी अपना क्षोभ व्यक्त किया है—यह विडम्बना है अतिशय समृद्धि के महासागर के मध्य भी दुःसह दरिद्रता की मरुभूमि का अस्तित्व। वे पाते हैं कि केवल गरीब देशों के गरीब ही असमय मृत्यु, भुखमरी और रोगव्यांधि से आक्रान्त नहीं हैं—ये समस्याएँ संसार के धनाढ्य देशों के गरीबों को भी उतनी ही जटिलता से अपने बाहुपाश में जकड़े हुए हैं। यहाँ भी उन्हीं मूलभूत स्वातन्त्र्यों के स्तरों की तुलना ही उपयुक्त व्याख्या कर पाने में सहायक सिद्ध हुई है। बाजार व्यवस्था की उपादेयता एवं इसके कुशलतापूर्ण संचलन का प्रश्न भी अन्ततः मूलभूत स्वातन्त्र्यों की कसौटियों पर परखे जाने के बाद ही मान्य सिद्ध हो पाती है।

प्रो. अमर्त्य सेन अपनी बात को दृढ़ किन्तु विनम्रतापूर्ण स्वर में कहने के ही अभ्यस्त हैं। उनकी इस रचना के सन्दर्भ में एक अन्य बहुत ही विलक्षण तथ्य यह है कि उन्होंने अपने इस समग्र चिन्तन की समन्वित प्रथम प्रस्तुति अपने प्रशंसकों की मंडली में बैठकर नहीं वरन् बेलगाम बाजारवाद के गढ़ माने जा रहे विश्व बैंक के विशेषज्ञों के समक्ष की है। इस विषय में सेन साहब ने स्पष्ट किया है कि उनके विश्व बैंक की प्रस्तावित नीतियों को लेकर जो आलोचनात्मक विचार रहे हैं, उन्हें सभी लोग जानते हैं—फिर भी यदि विश्व बैंक के कर्त्ताधर्ता उनकी बात सुनना चाहते हैं तो उनका सहर्ष स्वागत और धन्यवाद है। संयुक्त राष्ट्र संघ के महासचिव कोफी अन्नान ने तो इस पुस्तक पर अपने विचार व्यक्त करते हुए यह भी स्वीकार किया है कि संयुक्त राष्ट्र संघ अपने विकास कार्यों की रचना में प्रो. सेन के विचारों में निहित ज्ञान एवं सदाशयता से बहुत लाभान्वित होता रहा है।

—भवानीशंकर बागला

अनुक्रम

विषय प्रवेश

स्वातन्त्र्य और विकास

इस प्रबन्ध में हमारा प्रमुख आग्रह यही रहेगा कि विकास वस्तुतः जनसामान्य को सुलभ स्वातन्त्र्य के प्रसार-संवर्धन की प्रक्रिया का ही दूसरा नाम है। मानवीय स्वातन्त्र्य पर यह आग्रह विकास की अवधारणा को बहुत ही विस्तृत स्वरूप प्रदान कर देता है, जबकि संकीर्ण दृष्टि से इसे सकल राष्ट्रीय उत्पाद या तकनीकी प्रगति या समाज के आधुनिकीकरण तक ही सीमित कर दिया जाता है। सकल राष्ट्रीय उत्पाद या फिर वैयक्तिक आयों की संवृद्धि निश्चित रूप से समाज के सदस्यों को सहज सुलभ स्वातन्त्र्य के संवर्धन का एक बहुत ही महत्त्वपूर्ण साधन होती है किन्तु स्वातन्त्र्य के और भी अनेक निर्धारक कारक होते हैं। इन कारकों में सम्मिलित हैं सामाजिक एवं आर्थिक व्यवस्थाएँ और राजनीतिक तथा नागरिक अधिकार। सामाजिक-आर्थिक व्यवस्थाओं में शिक्षा, स्वास्थ्य और चिकित्सा सुविधाओं का महत्त्वपूर्ण स्थान रहता है तो राजनीतिक एवं नागरिक अधिकारों में सार्वजनिक चर्चा तथा सरकारी नीतियों एवं क्रियाकलापों की विवेचना में भागीदारी की स्वतन्त्रता का विशेष महत्त्व होता है। इसी प्रकार औद्योगीकरण या तकनीकी प्रगति या फिर सामाजिक आधुनिकीकरण का भी मानवीय स्वातन्त्र्य के संवर्धन में भारी योगदान रहता है, किन्तु यह स्वातन्त्र्य इनके अतिरिक्त और भी अनेक कारकों के प्रभावों पर निर्भर रहता है। यदि स्वातन्त्र्य वही सब है जिसे कि विकास संवर्धित करता है तो फिर किन्हीं अन्य साधनों या चुने हुए साधनभूत कारकों आदि पर ध्यान देने के स्थान पर विकास के ध्येय पर ही सारा ध्यान केंद्रित करने के पक्ष में सारे तर्क स्वयं ही जुट जाएँगे। विकास का स्वातन्त्र्य-संवर्धक स्वरूप हमारे ध्यान को इस प्रक्रिया में प्रमुख रूप से सहायक रहे कुछ साधनों तक ही सीमित नहीं रहने देता, वरन् सहज ही हमें उन ध्येयों की ओर खींच ले जाता है जिनके कारण विकास की महिमा बढ़ती रही है।

विकास के लिए आवश्यक है कि अस्वातन्त्र्य या स्वातन्त्र्यविहीनता

(Unfreedom) के प्रमुख कारकों का मूलोच्छेदन हो। ये कारक हैं गरीबी तथा दमन, आर्थिक अवसर और व्यवस्थागत सामाजिक अभावग्रस्तता (वंचना), सार्वजनिक सुविधाओं की नितान्त अनदेखी और असहिष्णु राजतन्त्र की अतिसक्रियता, आदि। समृद्धि के सामान्य स्तर में अभूतपूर्व सुधार के बावजूद आधुनिक विश्व में जनता का एक बहुत बड़ा भाग—संभवतः अधिकांश—मूलभूत स्वातन्त्र्यों से वंचित ही रह गया है। कहीं तो यह महत्त्वपूर्ण स्वातन्त्र्य-वंचना प्रत्यक्षतः आर्थिक विपन्नता से जुड़ी हुई है जिसके कारण लोग भूख मिटा पाने, पर्याप्त पोषण पाने या रोग-व्याधि आदि के निदान तथा चिकित्सा से वंचित रह जाते हैं तो कहीं इसी कारण तन ढाँपने, सिर छुपाने की सुविधाओं या स्वच्छ पेयजल और साफ-सुथरे रिहायशी परिवेश तक का अभाव रह जाता है। किन्हीं अन्य क्षेत्रों में स्वातन्त्र्यविहीनता की स्पष्ट झलक टीकाकरण/रोगों की रोकथाम, शिक्षा व्यवस्था तथा सामान्य शक्ति-व्यवस्था आदि के लिए आवश्यक सार्वजनिक सुविधाओं में दिखाई पड़ती है। अन्य अनेक मामलों में सामाजिक, राजनीतिक और आर्थिक जीवन में भागीदारी पर प्रतिबन्ध तथा निरंकुश शासन व्यवस्था द्वारा राजनीतिक एवं सामाजिक स्वतन्त्रताओं का दमन ही प्रत्यक्ष रूप से स्वातन्त्र्य वंचना का कारण बन जाता है।

प्रभावोत्पादकता और अन्तर्सम्बन्ध

दो स्पष्ट कारणों से विकास की प्रक्रिया में स्वातन्त्र्य का प्रत्यक्ष महत्त्व होता है—

(1) **मूल्यांकन की दृष्टि से :** प्रगति की प्राथमिक कसौटी ही यह रहती है कि जनसामान्य के सहज सुलभ स्वातन्त्र्य में कहां तक संवर्धन हुआ है;

(2) **प्रभावोत्पादकता की दृष्टि से :** विकास की सिद्धि जन जन की स्वतन्त्र स्वेच्छापूर्ण व्यापक भूमिका की निर्बलता पर ही पूरी तरह आश्रित रहती है [दूसरे शब्दों में, अपनी इच्छाओं की पूर्ति के लिए प्रयास कर पाने की स्वतन्त्रता ही किसी समाज के सदस्यों के लिए विकास कर पाने की कसौटी है—अर्थात् यदि व्यक्ति इस प्रयास के लिए स्वतन्त्र है तो समाज में प्रभावपूर्ण ढंग से विकास हो पाया है, अन्यथा नहीं]।

हमने अपने प्रथम ध्येय के बारे में तो पहले ही संकेत दे दिया है : स्वातन्त्र्य पर ध्यान देने का एक कारण उसे विकास की कसौटी मानना ही है। दूसरे कारण (प्रभावोत्पादकता) का सम्बन्ध विभिन्न प्रकार के स्वातन्त्र्यों के बीच पारस्परिक सम्बन्धोंसहित अनेक प्रकार के अन्तर्सम्बन्धों के व्यवहारिक स्वरूप से रहता है। इन्हीं अन्तर्सम्बन्धों के कारण स्वतन्त्र रूप से व्यापक भूमिका का सम्पादन विकास-रथ के प्रमुख वाहक का रूप धारण कर पाता है। इसी विचार पर इस पुस्तक में विशेष बल दिया गया है। यह स्वतन्त्र रूप से व्यवहृत व्यापक भूमिका न केवल विकास का एक सारभूत रचनाकारी तत्त्व है वरन् यह अन्य प्रकार की व्यापक भूमिकाओं के प्रसार तथा संवर्धन में भी सहायक रहती है। इस शोध में जिन व्यावहारिक

अन्तर्सम्बन्धों की समीक्षा की गई है उनके माध्यम से 'विकास ही स्वातन्त्र्य' के विचार के दोनों आयामों के बीच सम्बन्धों का भी स्पष्ट निरूपण हो जाता है।

वैयक्तिक स्वतन्त्रता तथा सामाजिक विकास की सम्प्राप्ति के बीच का सम्बन्ध 'सारभूत रचनाकारी सम्बन्ध' (Constitutive Connection) से भी कहीं अधिक गहरा है—वैसे यह सारभूत रचनाकारी स्वरूप भी कम महत्त्वपूर्ण नहीं है। आर्थिक अवसरों, राजनीतिक स्वतन्त्रताओं, सामाजिक शक्तियों/अधिकारों तथा अच्छे स्वास्थ्य, बुनियादी शिक्षा तथा विभिन्न प्रकार के नवोद्योग आदि को बढ़ावा देने वाली प्रवृत्तियों आदि का इस बात पर बहुत गहन प्रभाव पड़ता है कि व्यक्ति क्या कुछ कर पाने में सफल रहते हैं। इन अवसरों के लिए उपयुक्त संस्थागत व्यवस्था पर जन-जन के स्वातन्त्र्य के व्यवहार का प्रभाव पड़ता है। यह प्रभाव इन अवसरों की सृष्टि एव संवर्धना के लिए उपयुक्त सामाजिक निर्णय प्रक्रिया के नियमन-निर्धारण में तथा सामाजिक चयन की प्रक्रिया में भागीदारी की स्वतन्त्रता के माध्यम से ही मुखरित होता है। इस अध्ययन में इन अतंर्सम्बन्धों का अपरीक्षण भी किया गया है।

राजनीतिक स्वातन्त्र्य और जीवन की गुणवत्ता : कुछ उदाहरण

हम कुछ उदाहरणों के द्वारा यह बात समझ सकते हैं कि स्वतन्त्रता को विकास का प्रमुख ध्येय मान लेने से हमारे चिन्तन मनन में क्या अन्तर आ जाता है। यद्यपि इस प्रकार के विचार के विस्तृत परिदृश्य या व्यापक वितान की रचना तो और भी गहन विश्लेषण के बाद ही सम्भव हो पाएगी [हम आगामी अध्यायों में इसी विश्लेषण का प्रयास करने जा रहे हैं] परन्तु ये यहाँ 'विकास स्वातन्त्र्य ही है' इस स्थापना के क्रान्तिकारी स्वरूप पर कुछ सामान्य उदाहरणों द्वारा प्रकाश अवश्य डाला जा सकता है।

प्रथमतः तो सकल राष्ट्रीय उत्पाद की संवृद्धि या औद्योगीकरण से जुड़े विकास के अपेक्षाकृत संकीर्ण विचार की ही बात लें ! कई बार इस संदर्भ में यह प्रश्न उठाए जाते हैं क्या कुछ सामाजिक एवं राजनीतिक स्वातन्त्र्य—यथा राजनीतिक भागीदारी एवं विरोध की स्वतन्त्रता या बुनियादी शिक्षा आदि पाने के अवसरों की मांग 'विकास में सहायक' हैं या नहीं। किन्तु विकास के स्वातन्त्र्य रूपी अधिक व्यापक एवं आधारभूत स्वरूप में तो ये सभी आवश्यक स्वतन्त्रताएँ विकास के अवयव या संघटक तत्त्व ही बन जाती हैं। विकास में उनके महत्त्व की स्थापना के लिए सकल राष्ट्रीय उत्पाद या औद्योगीकरण में उनके योगदान के माध्यम से उनके पुनःमूल्यांकन की आवश्यकता ही नहीं रहती। वैसे इन स्वतन्त्रताओं एवं अधिकारों का आर्थिक प्रगति में भी बहुत प्रभावपूर्ण योगदान होता है—हम इस बारे में भी इस पुस्तक में आगे चलकर चर्चा करेंगे। इस प्रकार का कारण-प्रभाव सम्बन्ध भी अपने आप में महत्त्वपूर्ण होता है पर इस सम्बन्ध के माध्यम से स्वातन्त्र्यों एवं अधिकारों के महत्त्व की स्थापना विकास के अभिन्न अवयव के रूप में स्वातन्त्र्य की महत्ता का ही पृष्ठपोषण है।

एक अन्य उदाहरण कीमतों के उतार-चढ़ाव का हिसाब लगा लेने के बाद प्रति व्यक्ति आय के परिवर्तन और व्यक्तियों के दीर्घ एवं सुखी जीवन-यापन के बीच आ जाने वाली विसंगतियों का हो सकता है। उदाहरण के लिए, गैबॅन, दक्षिणी अफ्रीका, नामिबिया या ब्राजील के नागरिक प्रतिव्यक्ति सकल राष्ट्रीय उत्पाद की दृष्टि से श्रीलंका, चीन या फिर भारत के केरल प्रदेशवासियों की अपेक्षा बहुत अमीर हो सकते हैं किन्तु इस दूसरे वर्ग के क्षेत्रों के वासियों के सुदीर्घ जीवन-आशा स्तर इनके जीवन की अधिक 'समृद्धि' के परिचायक हैं [प्रथम वर्ग के व्यक्तियों का जीवन आर्थिक समृद्धि के बावजूद अपेक्षाकृत कम समृद्ध है क्योंकि वहां जीवन-आशा का न्यून स्तर जीवन यापन की अपेक्षाकृत निकृष्ट दशाओं की ओर संकेत कर रहा है]।

आइए, एक अन्य प्रकार का उदाहरण लें : संयुक्त राज्य अमेरिका के अफ्रीकी मूल के नागरिक श्वेतों की अपेक्षा काफी गरीब हैं किन्तु तीसरे विश्व के नागरिकों की अपेक्षा वे भी बहुत अमीर ही हैं। पर यह बात भी कम महत्त्वपूर्ण नहीं है कि अफ्रीकी मूल के अमेरिकनों की चीन, श्रीलंका या भारत के अनेक भागों के नागरिकों की अपेक्षा अधिक समय तक जीवन की आशा बहुत ही कम रहती है (तीसरे विश्व के इन क्षेत्रों में स्वास्थ्य एवं शिक्षा व्यवस्था तथा सामुदायिक सम्बन्धों के स्वरूपों में भी व्यापक अन्तर देखे जा सकते हैं)। इस ग्रन्थ में आगे चलकर हमारा आग्रह होगा कि विकास का अध्ययन विश्लेषण अमीर देशों के लिए भी प्रासंगिक रहेगा, पर इन देशों के समाज में विभिन्न समूहों के बीच भारी अन्तर या खाइयां विकास और अल्प विकास के बीच के भेद के एक महत्त्वपूर्ण पक्ष को भी उजागर कर देती हैं।

विनिमय, बाजार तथा आर्थिक अस्वातन्त्र्य

हमारा तीसरा उदाहरण विकास प्रक्रिया के अंग के रूप में बाजार व्यवस्था की भूमिका से जुड़ा है। आधुनिक अथवा समसामयिक विकास साहित्य में बाजार व्यवस्था की उच्च आर्थिक संवृद्धि तथा प्रगति में योगदान दे सकने की क्षमता को सही ढंग से आंका और सराहा गया है। किन्तु बाजार व्यवस्था के महत्त्व को भी केवल व्युत्पन्न स्वरूप में [अर्थात् किसी अन्य कार्य–यथा आर्थिक संवृद्धि के अंग, सकल उत्पाद वृद्धि आदि में योगदान के माध्यम से] आंकने का प्रयास उचित नहीं होगा। एडम स्मिथ ने ठीक ही कहा था कि विनिमय और लेन-देन की स्वतन्त्रता उन स्वातन्त्र्यों के समूह का अभिन्न अंग है जिन्हें लोग अपने आप में ही महत्त्वपूर्ण मानते हैं।

बाजार व्यवस्था के 'जन्मजात विरोधी' होना तो लोगों के बीच सहज संवाद के विरोधी होने जैसी ही बात होगी [हालांकि हम इस तथ्य को नहीं नकार सकते कि कई मामलों में बातचीत निश्चय ही गंदी हो सकती है–उसके कारण संवादकर्ताओं के अपने या फिर अन्य लोगों के लिए अनेक प्रकार की समस्याएँ भी पैदा हो सकती हैं] शब्दों, वस्तुओं या उपहारों के आदान प्रदान का स्वातन्त्र्य [यदि विधि द्वारा अग्राह्य

नहीं घोषित हो] तो मानव के सामाजिक जीवन का वह आयाम है जो उनके पारस्परिक व्यवहार से जुड़ा है। इसे किसी अन्य प्रकार की, दूर-दराज़ की सम्भावित लाभप्रदता के आधार पर वांछनीय ठहराए जाने की आवश्यकता नहीं होनी चाहिए। बाजार व्यवस्था का आर्थिक संवृद्धि में योगदान निश्चित रूप से अहम है—पर इस महत्त्व की मान्यता विनिमय के स्वातन्त्र्य की प्रत्यक्ष महत्ता की स्वीकारोक्ति के पश्चात् ही होनी चाहिए।

श्रम बाजार में भागीदारी के स्वातन्त्र्य को नकार देना जनता को बन्धनों में जकड़े रखने का एक माध्यम हो सकता है। बन्धुआ मजदूरों की स्वातन्त्र्यविहीनता के विरुद्ध तीसरे विश्व के अनेक देशों में चल रहे संघर्ष उन्हीं कारणों से अति महत्त्वशाली हो गए हैं जिन्होंने कभी अमरीकी गृहयुद्ध को महिमा प्रदान की थी। बाजार व्यवस्था का आर्थिक संवृद्धि या औद्योगीकरण पर क्या प्रभाव पड़ सकता है, इसके अतिरिक्त भी बाजार में भागीदारी का स्वातन्त्र्य अपने आप में विकास में एक महत्त्वपूर्ण योगदान होगा। यह तो सभी जानते हैं कि कार्ल मार्क्स पूँजीवाद के पक्षधर कभी नहीं रहे पर उन्होंने भी अपने ग्रन्थ 'दास कैपिटल' में अमेरिकी गृह युद्ध को 'समकालीन इतिहास की एक महान घटना' का नाम दिया है। उनकी वाणी में सराहना का यह भाव स्पष्टतः गुलामी और लोगों को जबरन श्रम बाजार से बाहर रखने की व्यवस्था के विरुद्ध स्वतन्त्र श्रम अनुबन्ध की महत्ता को स्थापित करने के निमित्त चल रहे संघर्ष से पैदा हुआ था। आगे चलकर हम इस बात पर और प्रकाश डालेंगे कि आज विश्व के अनेक विकासशील देशों में श्रम को उन प्रत्यक्ष-परोक्ष बेड़ियों से मुक्त कराना, जिनके कारण खुले श्रम बाजार में भागीदारी नहीं हो पाती, विकास प्रक्रिया के समक्ष एक दुःसाध्य चुनौती बन गया है। इसी प्रकार अनेक छोटे किसान तथा अन्य उदीयमान उत्पादक परम्परागत व्यवस्था एवं बन्धनों के चलते उत्पादन बाजार में भागीदारी से वंचित रह जाते हैं। आर्थिक लेनदेन में भागीदारी की स्वतन्त्रता का सामाजिक जीवन में निश्चय ही एक बुनियादी स्थान अथवा योगदान होता है।

बाजार व्यव्सथा के इस आयाम को अकसर अनदेखा कर दिया जाता है किन्तु इस ओर ध्यान आकृष्ट करने का यह अभिप्राय कदापि नहीं है। बाजार प्रक्रिया का मूल्यांकन उसकी सभी भूमिकाओं और प्रभावों के आधार पर किए जाने का महत्त्व कम आंका जा रहा है। इन सभी भूमिकाओं और प्रभावों में आर्थिक संवृद्धिकारी और यहाँ तक कि अनेक दशाओं में समताकारी प्रभाव भी सम्मिलित रहते हैं। साथ ही साथ हमें दूसरे पक्ष की ओर भी ध्यान देना होगा जहाँ बाजारोन्मुखी अर्थतन्त्र से बाहर रह गए समाज के वर्गों को अनेक अभाव एवं वंचनाओं भरा जीवन व्यतीत करने को बाध्य होना पड़ता है। यही नहीं, बाजार संस्कृति के प्रति लोगों को अन्य मतों एवं आलोचनाओं के प्रति भी सचेत रहना आवश्यक होगा। विकास को स्वातन्त्र्य के रूप में प्रतिस्थापित करते समय सभी पक्षों के तर्कों की उचित समीक्षा करनी ही होगी। यह सोच पाना भी कठिन लगता है कि कोई महत्त्वपूर्ण विकास प्रक्रिया

बाजार व्यवस्था के व्यापक प्रयोग के बिना चल भी सकती है—पर साथ ही साथ यह कल्पना भी दुष्कर प्रतीत होगी कि ऐसी किसी प्रक्रिया में सामाजिक सहयोग सार्वजनिक नियमन अथवा राज्य के हस्तक्षेप की कोई आवश्यकता नहीं पड़ेगी [विशेष रूप से ऐसा अनुभव रहा है कि यह हस्तक्षेप प्रायः मानव जीवन को समृद्ध ही करता है, उसे क्षति नहीं पहुँचाता] । अतः इस प्रबन्ध की विश्लेषण पद्धति में बाजार प्रक्रिया का मूल्यांकन अधिक व्यापक एवं विस्तृत सन्दर्भों में किया गया है। प्रायः बाजार के पक्षधर और आलोचक दोनों ही इसकी भूमिका और योगदान को इतने विस्तृत वितान पर जानने-समझने का प्रयास नहीं कर पाते।

मैं इन उदाहरणों की शृंखला का समापन एक निजी संस्मरण से कर रहा हूँ जो मेरे बचपन के अनुभवों से जुड़ा है। मैं उस समय दस वर्ष का रहा होऊँगा। एक दिन अपराह्न काल में अपने पारिवारिक घर के बगीचे में खेल रहा था। वह घर ढाका, जो आजकल बंगलादेश की राजधानी है, में था। तभी एक आदमी दीनतापूर्वक चीखता हुआ फाटक से अंदर आया। उसकी कमर में किसी ने छुरा भौंक दिया था और उसे बुरी तरह खून बह रहा था। यह दौर स्वतन्त्रता और भारत के विभाजन से पूर्व चल रहे साम्प्रदायिक दंगों का था—हिन्दू और मुसलमान एक दूसरे के खून के प्यासे हो रहे थे। वह आहत व्यक्ति कादर मियाँ नाम का मुस्लिम दिहाड़ी मजदूर था जो हमारे उस हिन्दूबहुल क्षेत्र में रोज़ी कमाने आया था और किसी सांप्रदायिक आततायी का शिकार हो गया था। मैंने उसे पानी पिलाया और साथ ही घर के वयस्क सदस्यों को सहायता के लिए पुकारा। तुरन्त ही मेरे पिताजी उसे लेकर अस्पताल की ओर चल पड़े। रास्ते में कादर मियाँ ने कहा कि उसकी पत्नी ने इस प्रकार के अस्थिर समय में ऐसे क्षेत्र में आने से मना भी किया था जहाँ लोग एक-दूसरे के विरोधी हो रहे हों। पर जब परिवार भूखों मर रहा हो तो रोज़ी कमाने निकलना भी जरूरी हो जाता है। उसके इस आर्थिक अस्वातन्त्र्य का दंड अन्ततः उसकी मृत्यु के रूप में उसे भुगतना पड़ा—उसने अस्पताल में दम तोड़ दिया।

मुझे तो उस अनुभव ने बहुत ही झिंझोड़ डाला। बाद में इसी ने मुझे समुदायों और समूहों पर आधारित संकीर्ण पहचान या अस्तित्त्व के बारे में और सोचने को विवश भी किया। इसी पुस्तक में आगे चलकर मैं इस विषय में और बातें करूँगा। पर यहाँ यह बात बहुत स्पष्ट रूप से उभरकर सामने आ रही है कि अत्यन्त निर्धनता के कारण पैदा हुई आर्थिक स्वातन्त्र्यहीनता किस प्रकार मनुष्य को अन्य प्रकार की (जीवित रह पाने की भी) स्वातन्त्रता का अतिक्रमण भोगने को विवश कर देती है। यदि उसका परिवार किसी तरह से गुज़र कर पाता तो कादर मियाँ उन भीषण परिस्थितियों में दो-चार पैसे की मजदूरी की तलाश में निकलने को बाध्य न होता। जिस प्रकार सामाजिक एवं राजनीतिक अस्वातन्त्र्य आर्थिक स्वातन्त्र्यहीनता को बढ़ावा देते हैं, उसी प्रकार आर्थिक अस्वातन्त्र्य सामाजिक मजबूरियों/विवशताओं को जन्म देता है।

संस्थाएँ और जीवन-मूल्य

यह बात स्पष्ट करने के लिए और भी अनेक उदाहरण दिए जा सकते हैं कि विकास को परस्पर सम्बन्धित आवश्यक स्वातन्त्र्यों के प्रसार-संवर्धन की एक संग्रथित प्रक्रिया मान लेने से सारे ही परिदृश्य में कितना बड़ा परिवर्तन आ सकता है। इस पुस्तक में हमने इसी विचार की प्रस्तुति और समीक्षा कर इसको प्रयुक्त करते हुए विकास प्रक्रिया के आर्थिक, सामाजिक एवं राजनीतिक आयामों को समाहित करने वाले व्यापक स्वरूप का विश्लेषण-निरूपण किया है। इस प्रकार की विश्लेषण पद्धति में विकास प्रक्रिया में अनेक प्रकार की संस्थाओं-व्यवस्थाओं की महती भूमिकाएँ एक साथ और समन्वित रूप से समझ-समझा पाना संभव हो जाता है। इन संस्थाओं और व्यवस्थाओं में बाजार और उससे जुड़े संगठन, सरकार एवं स्थानीय स्वशासन, राजनीतिक दल एवं अन्य नागरिक संस्थान, शिक्षा व्यवस्था तथा खुले संवाद और विचार-विमर्श के अवसर आदि सभी समाहित हैं। संचार-संवाद माध्यम भी इससे बाहर नहीं रहते।

इस प्रकार की आकलन विधि हमें जनसामान्य को सुलभ और उनकी दृष्टि से महत्त्वपूर्ण उन स्वातन्त्र्यों को प्रभावित करने वाले जीवन मूल्यों एवं प्रचलित लोकाचार के महत्त्व को समझ पाने और स्वीकार करने का अवसर भी प्रदान करती है। समाज में प्रचलित एवं सहज स्वीकृत मानदंड स्त्री-पुरुष समता, बालकों की देखभाल की व्यवस्था, परिवार के आकार तथा जनन क्षमता का स्वरूप, पर्यावरण के प्रति व्यवहार तथा अन्य अनेक प्रकार की व्यवस्थाओं तथा उनके परिणाम आदि को प्रभावित करते हैं। प्रचलित जीवन-मूल्य एवं मानदंड ही समाज में भ्रष्टाचार के अस्तित्त्व अथवा उससे मुक्ति तथा सामाजिक, आर्थिक एवं राजनीतिक सम्बन्धों में विश्वास की भूमिका आदि को भी प्रभावित करते हैं। स्वातन्त्र्य का प्रयोग जीवन-मूल्यों के माध्यम से सहज हो पाता है—पर इन मूल्यों पर सार्वजनिक विचार-मंथन और सामाजिक अन्तर्व्यवहार का प्रभाव रहता है और इन दोनों पर भागीदारी से जुड़ी स्वातन्त्र्यों की छाप अवश्य पड़ती है। इन सभी के बीच, प्रत्येक स्तर पर, अन्तर्सम्बन्धों की बहुत ध्यान से समीक्षा किए जाने की आवश्यकता है।

आर्थिक विनिमय की स्वतन्त्रता (Freedom of Economic Transactions) प्रायः आर्थिक संवृद्धि के एक समर्थ एवं सशक्त सार्थवाह का रूप धारण कर लेती है। इस बात को अब बड़े व्यापक रूप से स्वीकार किया जा रहा है, वैसे इस मत के कुछ बहुत कट्टर विरोधी भी मिल जाते हैं। महत्त्वपूर्ण बात यह है कि न केवल बाजार व्यवस्था को उसका उचित मान और स्थान प्रदान किया जाए, बल्कि साथ ही साथ, जन-जीवन को अन्यान्य प्रकार से समृद्ध करने वाले आर्थिक, सामाजिक एवं राजनीतिक स्वातन्त्र्यों के योगदान को भी भली प्रकार समझा और सराहा जाए। तथाकथित जनसंख्या समस्या जैसे विवादपूर्ण मामलों में तो इस बात का महत्त्व साफ ही दिखाई पड़ जाता है। बहुत समय से अति उच्च जननशीलता दरों को मर्यादित करने में स्वातन्त्र्य के योगदान पर विद्वानों के विचार परस्पर-विरोधी रहे हैं। 18वीं

सदी के महान फ्रेंच तर्कशास्त्री कंडोर्से (Condorcet) का विचार था कि जैसे-जैसे तर्कजनित समझबूझ का प्रसार होगा, जननशीलता भी मर्यादित हो चलेगी और सामान्य सुरक्षा की भावना, शिक्षा तथा विचार-विमर्श के उपरान्त निर्णय का स्वातन्त्र्य के प्रसार से जनसंख्या वृद्धि पर अंकुश लगेगा। उन्हीं के समकालिक थामस रॉबर्ट माल्थस इस विचार से पूरी तरह असहमत दिखाई पड़ते हैं। उनका कहना था, "यह मानने का कोई कारण नहीं है कि जीवन निर्वाह के लिए आवश्यक वस्तुओं को पर्याप्त मात्रा में संग्रहीत कर पाने में कठिनाई के अतिरिक्त कोई ऐसी बात भी हो सकती है जिसके परिणामस्वरूप लोग बड़ी संख्या में जल्दी (कम उम्र में) विवाह करना छोड़ देंगे अथवा वे अपने परिवार की सदस्य संख्या को अधिक से अधिक नहीं बढ़ाना चाहेंगे।" इन दो विद्वानों की प्रतिस्थापनाओं के आधार क्रमशः तर्कयुक्त स्वातन्त्र्य और आर्थिक विवशता थे। इनके बारे में भी इस अध्ययन में हम और आगे विचार करेंगे (वैसे मेरा विचार यही है कि कंडोर्से के पक्ष में साक्ष्यों का पलड़ा भारी लगता है)। यहां इस बहस की ओर ध्यान दिलाने का उद्देश्य यही बताना है कि विकास के स्वातन्त्र्य रूपी विचार का यह मंडन-खंडन सैकड़ों वर्षों से चल रहा है। आज भी यह विवाद अनेक प्रकार से जारी है।

संस्थाएँ/व्यवस्थाएँ तथा साधन-स्वरूप स्वातन्त्र्य

हम अपने अनुभवजनित साक्ष्य-आधारित अध्ययनों में पाँच प्रकार के साधन-स्वरूप स्वातन्त्र्यों (Instrumental Freedoms) की समीक्षा करेंगे। ये हैं : (1) राजनीतिक स्वातन्त्र्य, (2) आर्थिक सुविधाएँ, (3) सामाजिक अवसर, (4) पारदर्शिता या स्पष्टता का भरोसा तथा (5) संरक्षात्मक सुरक्षा।

ये सभी अधिकार एवं सुयोग पृथक् पृथक् रूप से सामान्यतः व्यक्ति की योग्यता-क्षमता का संवर्धन करते हैं। ये परस्पर प्रतिपूरक भी हो सकते हैं। मानवीय समताओं तथा आवश्यक स्वातन्त्र्यों को बढ़ावा देने वाली सार्वजनिक नीतियाँ स्वातन्त्र्य के इन परस्पर सम्बन्धित किन्तु पृथक् पहचान वाले सहायक स्वातन्त्र्यों के माध्यम से प्रभावी हो सकती हैं। हम आगे के अध्यायों में इन प्रत्येक स्वातन्त्र्यों एवं उनसे सम्बद्ध संस्थाओं आदि के विषय में विश्लेषण करेंगे। यही नहीं, जन-जन के वांछित जीवन यापन स्वातन्त्र्य को प्रोत्साहित करने में इनके योगदान पर भी विचार किया जाएगा। विकास के स्वातन्त्र्य स्वरूप में ये साधनस्वरूप स्वतन्त्रताएँ आपस में तथा सामान्य मानवीय स्वातन्त्र्य के ध्येयों के साथ भी जुड़ी-बन्धी-सी दिखाई पड़ती हैं।

जहाँ एक ओर विकास विश्लेषण का उन उद्देश्यों-लक्ष्यों से नाता होगा जिनके कारण ये साधनस्वरूप स्वातन्त्र्य महत्त्वशाली बन पाते हैं, वहीं, इन अलग-अलग स्वातन्त्र्यों के बीच की उन व्यावहारिक कड़ियों पर भी ध्यान देना होगा, जिनके माध्यम से इनका सांझा महत्त्व बहुगुणित हो पाता है। स्वातन्त्र्य के साधनस्वरूप योगदान को भली प्रकार समझने के लिए इन कड़ियों को जान लेना बहुत आवश्यक है।

एक निष्कर्ष

ये विविध स्वातन्त्र्य विकास के प्राथमिक ध्येय ही नहीं हैं, ये विकास के प्रमुख साधन भी हैं। अतः स्वातन्त्र्यों के मूल्यांकनवादी महत्त्व को स्वीकार करने के साथ-साथ हमें विभिन्न प्रकार के स्वातन्त्र्यों के बीच के पारस्परिक सम्बन्धों की कड़ियों को भी समझना होगा। सम्भाषण की स्वतन्त्रता और निर्वाचन आदि के रूप में राजनीतिक स्वतन्त्रताएँ आर्थिक सुरक्षा-भावना को बढ़ावा देती हैं। शिक्षा और स्वास्थ्य सुविधाओं के रूप में सामाजिक अवसर आर्थिक भागीदारी को और सुपुष्ट करते हैं। व्यापार एवं उत्पादन में भागीदारी के अवसरों के रूप में आर्थिक सुविधाएँ न केवल वैयक्तिक समृद्धि का सृजन करती हैं बल्कि साथ ही साथ सामाजिक सुविधाओं के प्रसार के लिए भी संसाधन जुटा पाने में सहायक होती हैं। सचमुच ही अन्यान्य प्रकार के स्वातन्त्र्य परस्पर प्रत्यक्ष या परोक्ष रूप से प्रतिपोषक ही होते हैं।

इन व्यावहारिक सम्बन्धों से मूल्यांकन की वरीयताओं को और बल मिलता है। यदि मध्य युग में दार्शनिकों द्वारा 'कर्मपात्र' तथा एजेन्ट या 'अभिकर्ता' के बीच किए गए भेद के माध्यम से हम अपने विचारों को संक्षेप में रखना चाहें तो कहेंगे कि अर्थशास्त्र एवं विकास प्रक्रिया को स्वातन्त्र्य के रूप में निरूपित करना निश्चित रूप से अभिकर्तावादी दृष्टिकोण ही है। पर्याप्त सामाजिक अवसर मिलने पर व्यक्ति न केवल अपने भाग्यनिर्माता बन सकते हैं वरन् साथ ही अन्य लोगों के भाग्य-निर्माण में भी सहायक हो सकते हैं। उन्हें किन्हीं चतुरतापूर्ण ढंग से रचित विकास कार्यक्रमों से लाभान्वित होने वाला निष्क्रिय वर्ग ही नहीं मानना चाहिए। यह स्वतन्त्र रूप से व्यवहृत और टिकाऊ सक्रियता के सकारात्मक योगदान को ठीक से समझ पाने का बहुत ही तर्कसंगत आधार प्रतीत होता है—वस्तुतः यह बात रचनात्मक अधैर्य अथवा अति सक्रियता पर भी लागू होती है।

1.
स्वातन्त्र्य का परिप्रेक्ष्य

पति-पत्नी के बीच अधिक धन कमाने की सम्भावनाओं पर चर्चा स्वाभाविक ही लगती है—किन्तु ईसापूर्व आठवीं शताब्दी की एक ऐसी ही चर्चा अपने आप में विलक्षण कही जा सकती है। बृहदारण्यक उपनिषद् में मैत्रेयी अपने पति याज्ञवल्क्य से इसी प्रकार की चर्चा करते हुए तुरत-फुरत अधिक धनी बनने की आकांक्षा से कहीं आगे बढ़कर जीवन के और अधिक महती विषयों पर पहुँच जाती है। वह कहती है : "धन उन्हें वह सब दिला पाने में कहाँ तक सहायक हो सकेगा जो वे पाना चाहते हैं ?" वह जानना चाहती है कि "यदि सारी धनसम्पन्न वसुधा की वह एक-मात्र स्वामिनी हो जाए तो उसे अमरत्व की प्राप्ति हो जाएगी ?" याज्ञवल्क्य का उत्तर था : "नहीं ! अन्य धन-ऐश्वर्य-सम्पन्न लोगों की भाँति ही तुम्हारा भी जीवन हो जाएगा। किन्तु, धन के माध्यम से अमर हो पाने की कोई आशा नहीं रखनी चाहिए।" फिर मैत्रेयी ने पूछा, "तो फिर उस वस्तु से, जो अमर नहीं बना सकती, मुझे क्या लाभ हो सकता है ?"

भारतीय धर्मशास्त्रों और दर्शन में भौतिक विश्व की सीमाओं तथा मानवीय धर्मसंकट की प्रकृति को स्पष्ट करने के लिए बार-बार मैत्रेयी के इसी वाग्मितापूर्ण प्रश्न को उठाया गया है। मुझे उहलोकीय सिद्धियों की उपादेयता को लेकर इतना अधिक कोई आकर्षण नहीं है कि मैत्रेयी के इहलौकिकता से हुए मोहभंग से उद्वेलित हो वहाँ जाने को उत्साहित हो जाऊं, फिर भी, इस वाग्मिता का एक अन्य आयाम भी है जो आज भी अर्थशास्त्र तथा विकास की प्रकृति को समझने में बहुत ही उपयोगी और सार्थक सिद्ध हो सकता है। यह आयाम आय तथा उपलब्धियों, वस्तुओं और क्षमताओं तथा आर्थिक सम्पन्नता एवं इच्छित जीवन जी पाने की योग्यता/कुशलता से जुड़ा है। यह ठीक है कि आर्थिक प्रचुरता और सफलताओं/उपलब्धियों के बीच कुछ नाता अवश्य रहता है किन्तु यह नाता सदैव बहुत सशक्त नहीं होता—वस्तुतः यह अपने अस्तित्त्व के लिए भी अन्य अनेक परिस्थितियों पर आश्रित होता है। यहां प्रश्न मैत्रेयी की भांति अमर होने की कामना का नहीं है—पर अकाल मृत्यु के भय

से मुक्त सुदीर्घ तथा दुःख और स्वातन्त्र्यविहीनता से अप्रभावित जीवन की कामना तो हम सभी कर ही सकते हैं। इन दो परिप्रेक्ष्यों के बीच एक बहुत बड़ी खाई है–एक परिप्रेक्ष्य केवल आर्थिक सम्पत्ति पर केंद्रित है तो दूसरा वांछित जीवन जी पाने के विस्तृत परिप्रेक्ष्य से सम्बन्धित है। यही खाई विकास की अवधारणा की रचना से जुड़ी हैं। मैत्रेयी और याज्ञवल्क्य से तीन हजार मील दूर अरस्तू भी अपने 'निकोमैकियन नीतिशास्त्र' (Nicomachean Ethics) के प्रारंभ में ही लिख रहे थे : "धन वह वस्तु नहीं है जिसकी हमें खोज है–यह तो मात्र कुछ अन्य विषयों में सहायक ही हो सकता है।"

यदि हम अधिक धन चाहते हैं तो फिर हमें इन प्रश्नों का उत्तर भी खोजना ही चाहिए, यथा : हम अधिक धन क्यों चाहते हैं ? इस चाह के कारण किस प्रकार से व्यावहारिक रूप धारण करते हैं ? ये कारण किन बातों पर आश्रित हैं ? तथा, अधिक धन पा लेने पर क्या हम कुछ कर पाने में समर्थ हो जाएँगे ? वास्तव में, हम अधिक आय और सम्पत्ति की कामना के अनेक अच्छे कारण/आधार बता सकते हैं। किन्तु इसका कारण यह नहीं है कि आय तथा सम्पत्ति अपने आप में ही बहुत वांछनीय है। वास्तव में ये अधिक स्वातन्त्र्यपूर्ण और वांछित जीवन यापन में सहायक बहुपयोगी साधन हैं और इसी कारण इनकी कामना की जाती है।

धन की उपयोगिता उन कार्यों में निहित है जिन्हें सम्पन्न करने में यह सहायक होता है–जिन स्वातन्त्र्यों को प्राप्त करने में यह हमारी सहायता करता है। किन्तु यह नाता भी न तो एकमात्र (Exclusive) है और न ही अपरिवर्तनीय (Uniform) [इसका कारण है कि हमारे जीवन पर धन के अतिरिक्त भी अनेक अन्य महत्त्वपूर्ण प्रभाव पड़ते हैं तथा धन का प्रभाव भी अन्य प्रभावों के साथ-साथ बदलता रहता है]। जीवन की परिस्थितियों और गुणवत्ता के निर्धारण में धनसम्पदा के निर्णायक योगदान को स्वीकार किया ही जाना चाहिए, किन्तु, साथ ही यह समझ लेना भी उतना ही महत्त्वपूर्ण होगा कि सम्पत्ति और जीवन-यापन के बीच यह सम्बन्ध अनिर्बन्ध नहीं है, यह किन्हीं अन्य कारकों पर भी आश्रित रहता है। अतः विकास की एक पर्याप्त अवधारणा को केवल सम्पत्ति संग्रह और सकल राष्ट्रीय उत्पादन की संवृद्धि तथा अन्य आय से जुड़े समंकों (Variables) की सीमाओं से बहुत आगे तक निकल कर निरूपित करना अनिवार्य ही होगा। हमें आर्थिक संवृद्धि के महत्त्व को स्वीकार करते हुए उससे और आगे बढ़ना होगा।

विकास के ध्येयों और साधनों की बहुत ध्यान से समीक्षा द्वारा हम विकास प्रक्रिया को और अच्छी तरह समझ पाएँगे। केवल आय या सम्पत्ति को 'अधिकतम' स्तर पर पहुँचाने को ही अपना सर्वोपरि उद्देश्य मान लेना पर्याप्त नहीं होगा। क्योंकि, जैसा अरस्तू ने कहा था, "यह तो केवल किन्हीं और वस्तुओं में उपयोगी मात्र हैं।" इसी कारण से हम आर्थिक संवृद्धि को भी अपने आप में एक लक्ष्य या ध्येय नहीं मान सकेंगे। विकास का सम्बन्ध तो हम जैसा जीवन-यापन कर रहे हैं और जिन

स्वातन्त्र्यों को भोग रहे हैं, उन्हें और व्यापक बनाने या संवर्धित करने से ही होना चाहिए। हम जिन स्वातन्त्र्यों को महत्त्वपूर्ण मानते हैं, उनका संवर्धन न केवल हमारे जीवन को और समृद्ध तथा बन्धनमुक्त बनाता है, बल्कि हमें और अधिक सम्पूर्ण सामाजिक प्राणी बनाता है—अपनी मनोभावनाओं को व्यवहार में लाते हुए हम जिस विश्व में रहते हैं उसके साथ हम बेहतर ढंग से पेश आ सकते हैं और उसे प्रभावित कर सकने योग्य बन सकते हैं। तीसरे अध्याय में हमने इस व्यापक विश्लेषण विधि को सम्पूर्ण स्वरूप में प्रस्तुत कर उसकी समीक्षा की है। अन्य विश्लेषण विधियाँ, जो सहज ही ध्यान में आ जाती हैं, उनके साथ इस विधि का तुलनात्मक मूल्यांकन भी उसी अध्याय में किया गया है।

अस्वातन्त्र्य के स्वरूप

विश्व में बहुत से लोगों को तरह-तरह की स्वातन्त्र्यविहीनता भुगतनी पड़ रही है। कुछ क्षेत्रों में अकाल पड़ते ही रहते हैं—यह लाखों लोगों के जीवित रह पाने के मूलभूत स्वातन्त्र्य पर ही आघात है। अनेक ऐसे देश हैं जहाँ अकाल तो नहीं पड़ते किन्तु फिर भी बहुत विशाल जन समुदाय प्रायः कुपोषण की विभीषिका से जूझता रहता है। कितने ही लोगों को सामान्य चिकित्सा और स्वास्थ्य सुविधाएँ भी नसीब नहीं हो पातीं, न ही उन्हें स्वच्छतापूर्ण रहन-सहन और यहाँ तक कि शुद्ध पेय जल भी मिल पाता है। इन परिस्थितियों में निरन्तर रोगाक्रान्त हो समय से पूर्व ही वे काल का ग्रास बन जाने को बध्य हो जाते हैं। विश्व के धनाढ्य देशों में भी गहन अभाव वंचनाग्रस्त लोग कम नहीं होते। इन्हें भी स्वास्थ्य सेवाओं के आवश्यक सुयोग से, प्रभावपूर्ण शिक्षा व्यवस्था से, उपयुक्त रोजगार और आर्थिक सामाजिक सुरक्षा आदि से वंचित रहना पड़ रहा है। इन अमीर देशों में भी समाज के बहुत बड़े वर्गों की जीवाशा तीसरी दुनिया कहे जाने वाले गरीब देशों से कुछ अधिक नहीं है। नर-नारी के बीच की विषमताएँ भी कम भयावह नहीं हैं—इनसे पीड़ित लाखों नारियाँ अक्सर समय से पहले ही दम तोड़ देती हैं। यह दुरावस्था अन्य कितनी ही तरह से नारी वर्ग (समाज के अर्द्धांश) को सुलभ स्वातन्त्र्यों के वितान को अति-संकुचित सीमाओं में बाँध देती है।

अन्य प्रकार की स्वातन्त्र्य-वंचना के उदाहरण लें : विश्व के अनेक भागों में लाखों करोड़ों लोगों को बहुत ही व्यवस्थित ढंग से राजनीतिक स्वतन्त्रता एवं मौलिक नागरिक अधिकारों से वंचित रखा जा रहा है। कभी-कभी तो यह दावा भी किया जाता है कि इन अधिकारों से वंचित समाज में आर्थिक विकास बहुत तेजी से हो पाता है—और इस नाते यह वंचना अपने आप में एक 'अच्छी' बात है। कुछ लोग तो समझे बैठे हैं कि मौलिक नागरिक एवं राजनीतिक अधिकारों की और अधिक दमनपूर्ण व्यवस्था आर्थिक विकास में अधिक बढ़ावा दे सकेगी। इसे ली-अवधारणा का नाम दिया जाता है। इसका प्रतिपादन सिंगापुर के पूर्व प्रधानमंत्री ली-कुआंग यू

को माना जाता है। इसके पक्ष में अक्सर बहुत ही अनगढ़ से आंकड़े भी प्रस्तुत किए जाते हैं। पर वस्तुस्थिति यह है कि विभिन्न देशों के बीच की विस्तृत पटल पर तुलनाओं में कहीं भी इस अवधारणा की पुष्टि नहीं हो पाई है। इस विचार के पक्ष में भी कोई विशेष प्रमाण नहीं मिल रहे कि निरंकुश राजनीतिक व्यवस्था से आर्थिक संवृद्धि को बढ़ावा मिलता है। वास्तव में इस बात के बहुत सबल प्रमाण मिल रहे हैं कि जनता के साथ सख्ती से पेश आनेवाली राजनीतिक व्यवस्था की बजाय अधिक मित्रतापूर्ण या खुले आर्थिक वातावरण से आर्थिक संवृद्धि में अधिक तेजी आती है। इस विषय में अध्याय-6 में अधिक विस्तार से विश्लेषण करेंगे।

इससे आगे भी आर्थिक विकास के कई और आयाम हैं। उन्हीं में एक है आर्थिक सुरक्षा। कितनी ही बार आर्थिक सुरक्षा का लोकतांत्रिक अधिकारों और स्वतन्त्रताओं के अभाव से सीधा नाता दिखाई पड़ता है। वस्तुतः लोकतांत्रिक तथा राजनीतिक अधिकारों के व्यावहारिक प्रयोग से अकाल आदि अनेक प्रकार की आर्थिक विपत्तियों तक को टाल पाने में सहायता मिल सकती है। निरंकुश शासकों को स्वयं तो कभी अकाल आदि के मारे भुखमरी का सामना नहीं करना पड़ता, इसी कारण से उन्हें समय रहते अकाल से बचने के लिए उपयुक्त कदम उठाने की परवाह भी नहीं होती। इसके विपरीत लोकतांत्रिक सरकारों को फिर से चुनाव जीतने की चिन्ता होती है—इसी कारण वे सार्वजनिक आलोचनाओं के प्रति सजग रहती हैं। कुल मिलाकर उन्हें (अपने हितों की रक्षा के लिए ही सही) अकाल और अन्य आर्थिक आपदाओं का सामना करने और यथासंभव उनसे बचे रहने के प्रयास करना ही हितकर लगता है। अतः इसमें कोई आश्चर्य नहीं होना चाहिए कि विश्व के इतिहास में किसी भी सक्रिय रूप से कार्यरत लोकतन्त्र में कभी अकाल की काली छाया नहीं पड़ पाई है। ये लोकतन्त्र चाहे आधुनिक उत्तरी अमेरिका या पश्चिम यूरोप के धनाढ्य देश हों या भारत, बोट्सवाना अथवा फिर जिम्बाबवे जैसे नवस्वतन्त्र किन्तु गरीब देश। अकाल निश्चित रूप से उन देशों में पड़ते रहे हैं जहाँ विदेशी शासक बने बैठे हों—जैसे भारत में ब्रिटिश शासन था या फिर आयरलैंड के शासनतन्त्र पर अंग्रेजी शिकंजा कसा हुआ है। इसी प्रकार की स्थिति एकदलीय शासन पद्धति की जकड़न झेल रहे देशों को भी भुगतनी पड़ जाती है—जैसे युक्रेन में 1930, चीन में 1958-61 या फिर सत्तर के दशक में कंबोडिया में हुआ था। सैनिक तानाशाही की व्यवस्था भी अकाल जैसी विभीषिकाओं को जन्म देने अथवा फिर बढ़ावा देने के उपयुक्त वातावरण के निर्माण में बहुत 'सिद्धहस्त' साबित होती रही हैं—यहां इथोपिया, सोमालिया और सहेल देशों के कुछ ही वर्षों पूर्व के अनुभव बहुत ही सटीक होंगे। आज जब मेरी यह पुस्तक छपाई के लिए जा रही है, उत्तरी कोरिया तथा सूडान में अकाल की छाया मंडराने लगी है—ये दोनों ही देश निरंकुश तानाशाही शासन व्यवस्था के 'उत्कृष्ट' उदाहरण हैं। अकाल से बच पाने के लिए उपयुक्त अन्तःप्रेरणाओं को तो हम पूरी स्पष्टता और आग्रह के साथ समझ ही सकतेहैं, लोकतान्त्रिक बहुलतावाद के लाभ

और भी अधिक व्यापक एवं विशाल होते हैं।

सबसे बड़ी बात यह है कि राजनीतिक स्वतन्त्रता और सामाजिक स्वातन्त्र्य (अधिकार) अपने आप में भी महत्त्वशाली हैं। उनके महत्त्व की स्थापना के लिए अर्थव्यवस्था पर उनके प्रभावों की बैसाखी का सहारा लेना आवश्यक नहीं है। यह सम्भव है कि राजनीतिक स्वतन्त्रता और सामाजिक अधिकारों से वंचित लोगों को भी आर्थिक सुरक्षा का सामना नहीं करना पड़े अथवा उन्हें उपयुक्त आर्थिक परिस्थितियां सुलभ हो सकें, किन्तु फिर भी वे अपने जीवन को प्रभावित करने वाली अनेक प्रकार की स्वतन्त्रताओं से तो वंचित रह ही जाते हैं—उन्हें सामाजिक अथवा सार्वजनिक हितों को प्रभावित करनेवाली निर्णय प्रक्रिया से भी दूर ही रहना पड़ता है। ये वंचनाएँ सामाजिक एवं राजनीतिक जीवन को बहुत संकुचित सीमाओं में बाँध देती हैं—भले ही उनके कारण आर्थिक आपदाओं की सृष्टि न हो, फिर भी ये बन्धन उत्पीड़नकारी तो होते ही हैं। राजनीतिक एवं नागरिक स्वातन्त्र्य मानवीय स्वातन्त्र्य समुच्चय के घटक तत्त्व हैं अतः उनका अभाव निश्चित रूप से मानव जीवन के सहज प्रस्फुटन और विकास में बाधक ही होगा। विकास की प्रक्रिया और संरचना में मानवीय अधिकारों की भूमिका का निरूपण करते समय हमें नागरिक अधिकारों तथा राजनीतिक स्वतन्त्रताओं के रचनाकारी तथा आनुषंगिक दोनों की प्रकार के महत्त्व पर ध्यान देना होगा। इन विषयों पर अध्याय–6 में चर्चा हुई है।

प्रक्रियाएँ और सुयोग/अवसर

पिछले कुछ पृष्ठों की चर्चा से यह तो स्पष्ट ही है कि हमारी स्वातन्त्र्य विषयक परिदृष्टि में उन सभी प्रक्रियाओं को सम्मिलित किया गया है जिनके कारण निर्णय लेने तथा कार्य करने की स्वतन्त्रता सम्भव हो पाती है—साथ ही साथ इसमें व्यक्तियों की निजी एवं सामाजिक परिस्थितियों के परिवेश में इस स्वातन्त्र्य के उपभोग के लिए उन्हें सुलभ अवसरों या सुयोगों को भी सन्निहित किया गया है। अस्वातन्त्र्य का आधार किसी प्रक्रिया की अपर्याप्ति—अर्थात प्रक्रिया का पूरी तरह से कार्य न कर पाना या फिर अपनी न्यूनतम अपेक्षाओं को पूरा कर पाने के अवसरों की अपूर्णता ही रहती है। प्रक्रिया की अपर्याप्ति के उदाहरणस्वरूप मताधिकार का हनन या अन्य राजनीतिक अथवा नागरिक अधिकारों की अवमानना की बात की जा सकती है। सुयोगों की अपूर्णता में भुखमरी से बचना तथा परिहार्य मरणशीलता/अकाल-मृत्यु आदि से बच पाने की मूलभूत सुविधाओं के अभाव को भी सम्मिलित किया जाता है।

स्वातन्त्र्य के प्रक्रिया तथा सुयोग दोनों आयामों के बीच विभेद में अनेक बातें बहुत खुलकर सामने आती हैं। यह विभेद अनेक स्तरों पर किया जा सकता है। इन दोनों आयामों की भूमिकाओं, इनके लिए आवश्यक शर्तों और इनके पारस्परिक सम्बन्धों के विषय में के.जे. ऐरो (K.J. Arrow) ने अपने आख्यानों में विस्तार से

चर्चा की थी। यहाँ इस विभेद से जुड़े जटिल तकनीकी पक्षों पर विस्तार से बात करना उपयुक्त नहीं होगा, फिर भी स्वातन्त्र्य को पर्याप्त रूप से विस्तृत वितान में परिस्थापित करना आवश्यक प्रतीत होता है। हमें केवल उपयुक्त प्रक्रियाओं के चिन्तन तक सीमित रहने की भूल नहीं करनी। अक्सर स्वातन्त्र्यवादी विचारक यह गलती कर बैठते हैं—वे इस बात की ओर ध्यान ही नहीं देते कि कहीं अभावपीड़ित व्यक्तियों को सारभूत सुयोगों से वंचित रखने का कोई सुविचारित 'षड्यंत्र' तो नहीं चल रहा। हमें अनुवर्त्तनवादियों (Consequentialists) की भाँति 'पर्याप्त सुयोगों' तक भी अपने विचारों को सीमित नहीं करना है—क्योंकि ये भी उन प्रक्रियाओं को प्रायः अनदेखा कर देते हैं जिनके कारण सुयोगों का सृजन होता है या लोगों को चयन की स्वतन्त्रता सुलभ हो पाती है। प्रक्रियाएँ तथा सुयोग दोनों ही का अपना- अपना महत्त्व है। ये दोनों विकास की स्वातन्त्र्यस्वरूपी व्याख्या के ही आयाम हैं।

स्वातन्त्र्य की दो भूमिकाएँ

इस पुस्तक में विकास के विश्लेषण की आधारभूत इकाईयाँ वैयक्तिक स्वातन्त्र्यों को ही माना गया है। अतः व्यक्तियों की 'मनोवांछित जीवनयापन की क्षमता' के संवर्धन पर विशेष ध्यान दिया गया है। इस समता संवर्धन में राजकीय नीतियों से सहयोग मिल सकता है—साथ-ही-साथ जन-सामान्य की भागीदारी की क्षमता के माध्यम से इन नीतियों को प्रभावित भी किया जा सकता है। हमारे विश्लेषण में इस द्विपक्षीय सम्बन्ध का बहुत ही केन्द्रस्थ महत्त्व और स्थान है।

विकास की अवधारणा में वैयक्तिक स्वातन्त्र्य के महत्त्व को निर्णायक स्वरूप प्रदान करने वाले कारकों का नाता 'मूल्यांकन' तथा 'प्रभावोत्पादकता' से जुड़ा है। यहाँ प्रयुक्त क्षेमवादी विश्लेषण विधा में सारभूत वैयक्तिक स्वातन्त्र्यों को ही निर्णायक माना गया है। यहाँ, एक प्रकार से, समाज की सफलता की कसौटी ही यह है कि जन-सामान्य को सुलभ स्वातन्त्र्य कितने सारपूर्ण हैं। यह मूल्यांकन धारा उपयोगिता, प्रक्रियात्मक स्वतन्त्रता या फिर वास्तविक आय पर आधारित पारम्परिक क्षेमशास्त्रीय विश्लेषण से निश्चित रूप से बहुत भिन्न है।

''हम जिन्हें महत्त्वपूर्ण मानते हैं, उन कार्यों को कर पाने की अधिक स्वतन्त्रता'' को दो कारणों से महत्त्वशाली माना जा सकता है : (1) व्यक्ति के समग्र स्वातन्त्र्य में इसका विशिष्ट स्थान होता है, तथा (2) व्यक्ति के लिए मूल्यवान उपलब्धियों के सुयोगों को सम्पुष्ट करने में इसका बड़ा योगदान रहता है। ये दोनों ही किसी समाज के सदस्यों के स्वातन्त्र्यों के मूल्यांकन से सम्बद्ध हैं। इसी कारण से इन्हें समाज में विकास के मूल्यांकन में निर्णय की कसौटी माना गया है। हम इस क्षेत्रशास्त्रीय विश्लेषण दृष्टि के आधारभूत कारणों पर अध्याय-3 में विस्तार से चर्चा करेंगे। वहीं पर विशेष रूप से यह बात भी उठाई जाएगी कि न्याय को भी वैयक्तिक स्वातन्त्र्य तथा उससे जुड़े सामाजिक संदर्भ-परिप्रेक्ष्य में व्याख्यायित करने की क्या सार्थकता है।

सारगर्भित स्वातन्त्र्य (Sabstantive Freedom) को इतना अधिक निर्णायक मानने का दूसरा कारण यह है कि यह न केवल समाज की सफलता या विफलता की कसौटी है, वरन् यही व्यक्ति की सम्प्रेरणा और सामाजिक प्रभावोत्पादकता का प्रमुख निर्धारक तत्त्व भी है। अधिक स्वातन्त्र्य व्यक्तियों की अपनी सहायता स्वयं कर पाने की योग्यता को बढ़ाता है; इसी के माध्यम से वे व्यक्ति समाज और शेष विश्व को प्रभावित कर सकने योग्य बनते हैं। ये दोनों ही बातें विकास की प्रक्रिया की अभिन्न अंग हैं। किसी सीमा तक अति सरलीकरण का जोखिम उठाते हुए हम कह सकते हैं कि यहां हम व्यक्ति के 'बृहत्तर भूमिका' वाले आयाम की बात कर रहे हैं।

यहां 'बृहत्तर भूमिका' शब्द की प्रकृति का कुछ स्पष्टीकरण आवश्यक लगता है। कई बार अर्थशास्त्र तथा क्रीड़ा-सिद्धान्त में हम किसी अन्य की ओर से कार्य करने वाले व्यक्ति को कर्त्ता (Agent) तथा उसके कार्य सम्पादन को एजेंसी (Agency) या अभिकरण का नाम देते हैं। यहाँ सारा कार्य किसी अन्य की प्रेरणा से होता है तथा उसी के लक्ष्यों या ध्येयों की सम्पूर्ति में योगदान को सफलता की कसौटी माना जाता है। किन्तु यहाँ हम 'अभिकर्ता' शब्द का प्रयोग इसके अधिक पुरातन एवं 'विराट' स्वरूप में कर रहे हैं—यह व्यक्ति वह है जो प्रयास करता है और कुछ परिवर्तन लाता है—इसकी उपलब्धियों का मूल्यांकन इसके अपने जीवन-मूल्यों और लक्ष्यों के आधार पर होता है। यहाँ इस बात का विशेष महत्त्व नहीं होता कि किसी बाहरी कसौटी के आधार पर भी यह मूल्यांकन किया जाता है अथवा नहीं। हमारा यह अध्ययन समाज के सदस्य के रूप में आर्थिक, सामाजिक और राजनीतिक क्रिया-कलापों में भागीदारी से जुड़ी व्यक्ति की 'बृहत्तर भूमिका' से संबद्ध है। इस भूमिका के अनेक स्वरूप और आयाम हो सकते हैं--जैसे बाजार में भागीदारी या प्रत्यक्ष अथवा परोक्ष रूप से अपने आप अथवा अन्य लोगों के साथ मिलकर राजनीतिक गतिविधियों आदि में भाग लेना।

इसका सार्वजनिक नीति से जुड़े अनेक मुद्दों पर गहन प्रभाव पड़ता है। नीति निर्माताओं को अतिप्रिय हित लाभ आदि को निष्क्रियप्राय जन समुदाय तक पहुँचाने हेतु लक्ष्यांकन आदि से जुड़ी 'समरनीति' या फिर राजकार्य संचालन को लोकतांत्रिक समीक्षा निरस्तीकरण से 'युक्त' करना अथवा भागीदारीपूर्ण राजनीतिक और नागरिक अधिकारों के प्रयोग आदि से जुड़े मौलिक मुद्दे इसमें सम्मिलित रहते हैं।

मूल्यांकन व्यवस्था : आय तथा योग्यताएँ/क्षमताएँ

हमारी विश्लेषण विधि में प्रयुक्त मूल्यांकन तथ्याधारित नीतिशास्त्र तथा आर्थिक नीति विश्लेषण में सामान्यतः प्रयुक्त आधारों से बहुत ही अलग है। उन शास्त्रों में वैयक्तिक जीवन और सारपूर्ण स्वातन्त्र्य की अपेक्षा आय और सम्पत्ति पर ही ध्यान केन्द्रित रखा जाता है। यही नहीं, उपयोगितावाद तो मानसिक सन्तुष्टि तक ही सीमित

रह जाता है—उसमें रचनात्मक असन्तोष अथवा सृजनात्मक असन्तुष्टि का कोई स्थान नहीं है। इसी तरह स्वातन्त्र्यवादी चिन्तन केवल स्वतन्त्रता की प्रक्रिया से जूझता रहता है, उसमें जानबूझ कर उन प्रक्रियाओं के परिणामों को अनदेखा कर दिया जाता है। सारभूत स्वातन्त्र्यों पर संकेन्द्रित ऐसे विश्लेषणात्मक तथ्याधार की आवश्यकता का निरूपण भी अध्याय-3 में किया गया है।

हम इस तथ्य को नहीं झुठला रहे कि आय की न्यूनता और वैयक्तिक क्षमताओं के अभाव के बीच गहरा नाता होता है। वस्तुतः यह नाता द्विपक्षीय है : (1) कम आय निरक्षरता और अस्वस्थता, भूख तथा कुपोषण का मुख्य कारण होती है तो साथ ही (2) अच्छी शिक्षा और स्वास्थ्य व्यक्ति को अधिक आय कमाने योग्य बनाते हैं। इन अन्तर्सम्बन्धों का पूरा ध्यान रखना होगा। किन्तु आधारभूत क्षमताओं तथा व्यक्तियों को सुलभ प्रभावपूर्ण स्वतन्त्रताओं पर कुछ अन्य प्रभाव भी निश्चित रूप से पड़ते हैं। उन प्रभावों के स्वरूप और उनके प्रसार तन्त्र आदि के अन्तर्सम्बन्धों को जानना भी आवश्यक होगा। आय-वंचना तथा क्षमता-वंचना के बीच वास्तव में बहुत ही सशक्त किन्तु सह-सम्बन्धात्मक सम्पर्क सूत्र होते हैं। पर उन्हीं कारणों से इस भ्रमपाश में फँस जाना ठीक नहीं होगा कि यदि एक वंचना के बारे में हमें पर्याप्त जानकारी मिल जाए तो वही जानकारी दूसरी प्रकार की वंचनाओं को भी समझने के लिए भी पर्याप्त होगी। एक तो ये सम्पर्क-सूत्र उतने सुबद्ध नहीं हैं, दूसरे, नीति निर्धारण की दृष्टि से इनके बीच की विभिन्नताएँ भी उतनी ही महत्त्वपूर्ण हैं जितनी कि इन दो समंकों के सह-अस्तित्त्व द्वारा सृजित साम्यताएँ हैं। यदि केवल आय की विपन्नता पर से हटाकर हम अपनी दृष्टि को क्षमता-वंचना के अधिक व्यापक विचार पर केंन्द्रित करें तो हम समग्र मानव जीवन की विपन्नता और स्वातन्त्र्यों को एक बहुत ही अलग तथ्यों का आधार प्रदान कर सकेंगे। इस तथ्याधार में वह सब जानकारियाँ समाविष्ट होंगी जिन्हें नीति निर्णय की आयकेन्द्रित संदृष्टि कभी देख नहीं पाती। आय और सम्पत्ति सम्पन्नता का भी महत्त्व है, योगदान है, पर इसे अन्य प्रभावों के साथ समन्वित कर सफलता एवं वंचना के एक व्यापक एवं अधिक सम्पूर्ण परिदृश्यांकन में समाहित किया जाना चाहिए।

गरीबी और विषमता

गरीबी के विश्लेषण के प्रति इस दृष्टिकोण पर आधारित जानकारियों के आधारभूत समुच्चय के निहितार्थों एवं परिणामों का अध्ययन अध्याय-4 में किया गया है। गरीबी को केवल न्यून आय न मानकर उसे क्षमता-वंचना के रूप में निरूपित करने के कई सशक्त कारण हैं। मौलिक वंचनाओं की प्रतिच्छाया ही समय से पूर्व मृत्यु, कुपोषण (विशेष कर बच्चों में), निरन्तर रोगाक्रान्ति, व्यापक असाक्षरता आदि अनेक प्रकार की सामाजिक विफलताओं में प्रतिबिम्बित होती है। उदाहरण के लिए, दक्षिण एशिया, पश्चिम एशिया, उत्तरी अफ्रीका तथा चीन आदि की 'विलुप्ता नारियों'

चित्र 1.1 पुरुष अनुजीवन दरों में क्षेत्रवार अन्तर

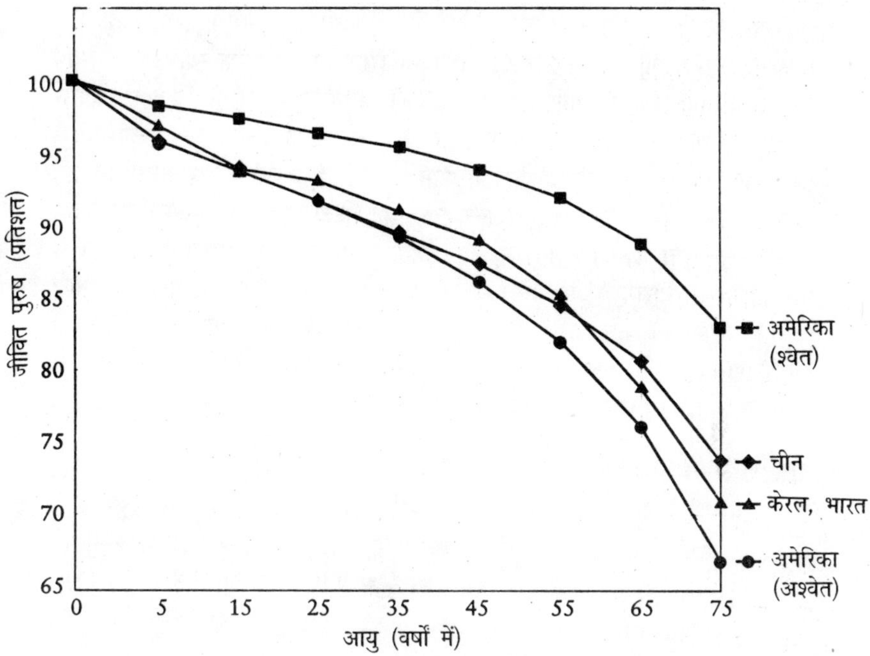

स्रोत : ये आंकड़े अमेरिका तथा भारत की सरकारों और विश्व स्वास्थ्य संगठन के अनेक प्रकाशनों से संकलित किए गए हैं।

(Missing Women) की खोज केवल आय की न्यूनता के सहारे नहीं हो सकती। इन क्षेत्रों में महिलाओं के विशेष आयु वर्गों में अत्यधिक मृत्यु दर की व्याख्या तो जनांकिकीय, चिकित्सीय और सामाजिक जानकारियों के आधार पर ही संभव है। न्यून आय से प्रायः स्त्री-पुरुष के बीच की विषमताओं का कोई आभास नहीं मिल पाता।

यह दृष्टिभेद हमें गरीबी का एक विशिष्ट और अधिक सार्थक स्वरूप दर्शाता है। यह न केवल गरीब देशों की अवस्था का चित्रण करता है वरन् अच्छे सम्पन्न समाजों की परिस्थितियों का भी अधिक उपयुक्त परिदृश्य, इस दृष्टिकोण के माध्यम से, स्पष्ट रूप से दिखाई पड़ता है। यूरोप में बेरोजगारी का उच्च स्तर (कई बड़े यूरोपीय देशों में यह दर 10 से 12 प्रतिशत तक है) अनेक ऐसे अभावों-वंचनाओं की सृष्टि कर रहा है जिनकी आय के वितरण के आंकड़ों में बहुत साफ झलक नहीं

मिल पाती। कई बार इन वंचनाओं के स्तर को इस आधार पर भी न्यूनांकित करने का प्रयास होता है कि यूरोप में प्रचलित सामाजिक सुरक्षा व्यवस्था (बेरोजगारी बीमा सहित) बेरोजगारी की दशा में हुई आय की हानि की भरपाई कर देती है। किन्तु बेरोजगारी केवल आय की वह कमी नहीं है जिसे (भारी राजकोषीय लागत उठा कर) सरकारी हस्तान्तरणों द्वारा पूरा किया जा सके। इसके तो वैयक्तिक स्वातन्त्र्य, उत्साह तथा योग्यताओं तक को क्षीण कर डालने वाले अनेक दुष्प्रभाव होते हैं। इस प्रकार के बहुआयामी एवं बहुस्तरीय प्रभावों में कुछ लोगों के लिए उनके स्वाभाविक 'सामाजिक समूह से निष्कासन' जैसे परिणाम भी होते हैं जिनके कारण आत्मनिर्भरता, आत्मविश्वास तथा शारीरिक-मानसिक स्वास्थ्य का भी क्षरण होता है। आधुनिक यूरोप में 'स्वयं-सहायता' (Self-help) के सामाजिक वातावरण के निर्माण के प्रयासों में एक विचित्र-सी विसंगति आभासित हो रही है क्योंकि वहाँ असह्य हो चले बेरोजगारी के भारी बोझ को कम करने के लिए पर्याप्त नीतियों की रचना किए बिना ही 'स्वयं-सहायता' की बात चलाई जा रही है (उपयुक्त नीतियों के अभाव में 'स्वयं-सहायता' व्यवस्था भी ठीक से कार्य नहीं कर सकती)।

आय तथा मरणशीलता

आय तथा मरणशीलता के सम्बन्धों के संदर्भ में भी यह बड़ी ही विचित्र-सी बात स्पष्ट होती है कि विश्व के अति धनाढ्य देशों में भी ऐसे सामाजिक वर्ग विद्यमान हैं जिनकी दशा तीसरा विश्व कहे जाने वाले देशों के कतिपय वर्गों से विशेष भिन्न नहीं है [इस अध्याय के प्रारम्भ में उद्धृत दृष्टान्त की मैत्रेयी तो निश्चित रूप से अधिक ही महत्त्वाकांक्षी थीं—क्योंकि वे तो धन संग्रह को अमरत्व प्राप्ति की सीढ़ी के रूप में देखने का प्रयास कर रही थीं] संयुक्त राज्य अमेरिका के अफ्रीकी-मूलक नागरिकों के समूह में दीर्घायु प्राप्ति की संभावनाएँ चीन, भारत के केरल प्रान्त, या श्रीलंका, जमैका अथवा फिर कोस्टारिका आदि गरीब देशों से भी क्षीण ही पाई गई हैं।

हमारे चित्रों 1.1 तथा 1.2 में यही तथ्य अंकित किए गए हैं। अफ्रीकीमूलक अमेरिकी नागरिकों की प्रतिव्यक्ति आय श्वेत अमरीकियों से भले ही कम हो किन्तु जीवन निर्वाह की लागतों के लेखे-जोखे के बाद भी वे चीन तथा भारत के केरलवासियों की तुलना में कई गुना अमीर ही हैं। किन्तु इन क्षेत्रों के अति गरीब नागरिकों से जीवित रह पाने की सम्भावना की दृष्टि से ये अमेरिकी नागरिक समूह बहुत ही पिछड़े दिखाई पड़ते हैं। निम्न आयु वर्गों में तो फिर भी इनकी दशा बेहतर है—पर जैसे-जैसे उच्चतर वय-वर्गों की ओर बढ़ते हैं, ये (अफ्रीकी-अमेरिकी) पिछड़ते चले जाते हैं।

यह स्पष्ट है कि केरल तथा चीन के पुरुष निश्चित रूप से अफ्रीकी अमेरिकियों की तुलना में अधिक दीर्घायु होते हैं। अफ्रीकी-अमेरिकी महिलाओं की स्थिति अति गरीब चीनी महिलाओं जैसी ही है—भारत के केरलवासी और भी गरीब महिलाओं की दीर्घायुता से तो निश्चित रूप से पीछे रह गई हैं। अतः अश्वेत अमेरिकी न

चित्र 1.2 : नारी अनुजीवन दरों में क्षेत्रवार अन्तर

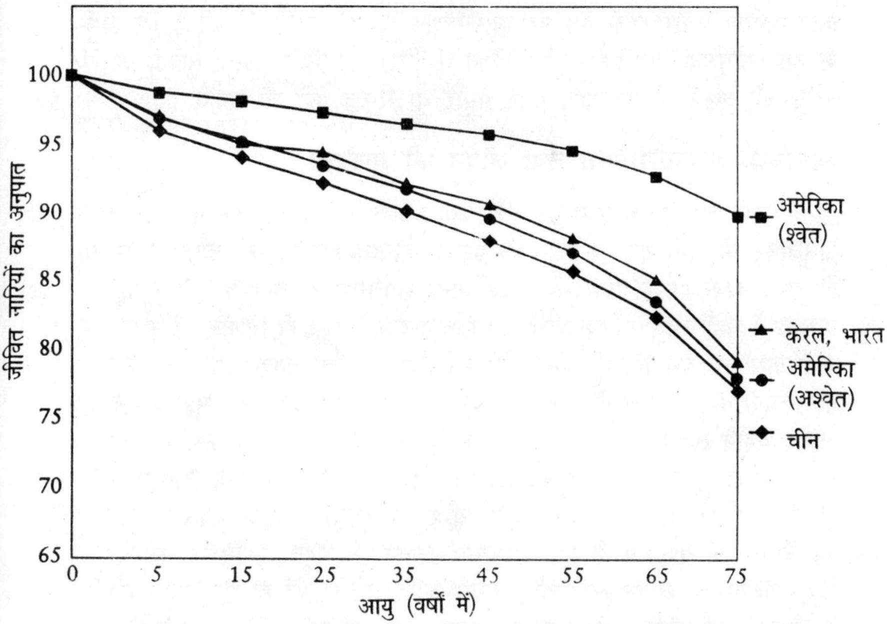

स्रोत : ये आंकड़े अमेरिका तथा भारत की सरकारों और विश्व स्वास्थ्य संगठन के अनेक प्रकाशनों से संकलित किए गए हैं।

केवल श्वेतों की अपेक्षा प्रति व्यक्ति आय के सापेक्ष अभाव से ग्रस्त हैं, बल्कि दीर्घ जीवन-यापन की दृष्टि से तो वे भारत के गरीब केरलवासी नर-नारियों की तुलना में भी परम अभाव से ग्रस्त दिखाई पड़ते हैं। अश्वेत अमेरिकी पुरुष चीनी पुरुषों से भी इस दृष्टि से पीछे ही हैं। प्रतिव्यक्ति आय तथा दीर्घ जीवन भोग पाने की क्षमता के बीच तुलनाओं के कारक प्रभावों में हम सामाजिक व्यवस्थाओं तथा सामुदायिक सम्बन्धों को शामिल करते हैं। इनमें प्रमुख हैं : चिकित्सा सुविधाओं का प्रसार, जन स्वास्थ्य सेवाओं की सुलभता, स्कूली शिक्षा व्यवस्था, सामान्य कानून व्यवस्था तथा समाज में हिंसा का बहिष्कार आदि।

इस बात पर भी ध्यान दिया जाना आवश्यक है कि अफ्रीकी-अमेरिकी जनसमुदाय में आन्तरिक विविधताएँ भी बहुत ही विशाल हैं। यदि हम न्यूयार्क, सान फ्रांसिस्को, सैंट लुइस या वाशिंगटन डी.सी. जैसे नगरों में बसे अश्वेत पुरुषों को देखें तो बहुत कम उम्र में ही इनका अनुजीवन स्तर गरीब चीनियों एवं केरलवासियों से पिछड़ जाता है। तीसरे विश्व के अनेक जन समुदाय उनसे आगे निकल चुके

हैं। उदाहरण के लिए, समृद्ध न्यूयार्क नगर के हार्लेम क्षेत्र के अफ्रीकीमूलक पुरुषों की तुलना में बंगलादेशी पुरुषों की 40 वर्ष तक जीवित रह पाने की सम्भावनाएँ कहीं अधिक प्रबल रहती हैं। यह बात विशेष रूप से गौर करने की है कि हार्लेम के अफ्रीकीमूलक अमेरीकी तृतीय विश्व के जिन समुदायों से यहाँ तुलना की गई है, उनकी तुलना में कई कई गुना अमीर या समृद्ध कहे जा सकते हैं।

स्वातन्त्र्य, क्षमता-योग्यता तथा जीवन की गुणवत्ता

अभी तक की चर्चा में मेरा सारा ध्यान अकाल मृत्यु का ग्रास न बनने अथवा अनुजीवन के अति मूलभूत स्वातन्त्र्य पर ही केन्द्रित रहा है। यह स्वातन्त्र्य निश्चय ही बहुत महत्त्वपूर्ण है, फिर भी अनेक अन्य स्वातन्त्र्य भी कम गरिमामय नहीं हैं। वास्तव में यहाँ उपयुक्त स्वातन्त्र्यों का वितान-प्रसार बहुत ही विशाल हो सकता है। कभी-कभी तो इस विस्तृत प्रसार को स्वातन्त्र्य-केन्द्रित विकास की एक व्यवहार्य परिकल्पना को मूर्त्त रूप दे जाने में बाधक भी मान लिया जाता है। मुझे यह नैराश्य आधारविहीन लगता है—पर इस बारे में अध्याय—3 में ही बात करूँगा, जहाँ कि मूल्यांकन से जुड़ी आधारभूत विधाओं पर एक साथ विचार किया जाएगा।

एक अन्य बात भी ध्यान देने योग्य है, कि हमारी स्वातन्त्र्य-केन्द्रित संकल्पना का जीवन की गुणवत्ता के प्रति सामान्य सरोकार से बहुत ही निकट सम्बन्ध है। यह गुणवत्ता भी जीवन के प्रवाह (चयन आदि सहित) पर ही पूरा ध्यान खींचती है, केवल किसी व्यक्ति की आय या साधन-सम्पन्नता तक सीमित नहीं रहती। इस प्रकार जीवन की गुणवत्ता तथा सारभूत स्वातन्त्र्यों पर संकेन्द्रण सामान्य आर्थिक विश्लेषण में रूढ़ परम्परागत आय और सम्पत्ति आश्रित विश्लेषण दृष्टि से बहुत ही अलग लगता है। किन्हीं अर्थों में यह सत्य भी है—विशेषकर जब हम केवल आय-केन्द्रित एवं अपेक्षतया सीधे-सादे से आर्थिक विश्लेषण सन्दर्भ में जहां यह अलगाव बहुत ही स्पष्ट लगता है। किन्तु वास्तविकता यह है कि इस प्रकार की विस्तृत वितान-व्यापक विश्लेषण दृष्टि प्रारम्भ से ही आर्थिक चिन्तन का अंग रही है। अरस्तू के चिन्तन से इसके सूत्रों को सहज ही जोड़ा जा सकता है। अरस्तू के समृद्धिशीलता और क्षमता पर आग्रह में निश्चित रूप से जीवन की गुणवत्ता और सारभूत स्वातन्त्र्य के प्रतिबिम्ब दिखाई पड़ते हैं। एडम स्मिथ के आवश्यकताओं और 'जीवन की दशाओं' विषयक विश्लेषण के साथ भी इस विश्लेषण पद्धति का बहुत सशक्त नाता स्पष्ट ही है।

वास्तव में अच्छे जीवन के अवसरों के मूल्यांकन और उनके प्रभावी कारकों के अध्ययन की आवश्यकता अर्थशास्त्र की विषयवस्तु के उद्‌गम की एक महत्त्वपूर्ण सम्प्रेरणा रही है। अरस्तू की इस विषयक विचार की प्रतिस्थापना तो चिरपरिचित ही है। सत्रहवीं शताब्दी में विलियम पेटी द्वारा आरम्भ तथा बाद में ग्रेगरी किंग, फ्रांस्वा क्वीने, ऐन्टोनी-लॉरे लेवाजिए, जोसेफ-लुइस लैगरेन्ज आदि द्वारा समृद्ध बनाई गई

राष्ट्रीय लेखांकन और आर्थिक समृद्धि के अध्ययन की प्रशाखाएँ भी इसी प्रकार के विचारों के सहारे आगे बढ़ पायी थीं। इन आर्थिक अध्येताओं द्वारा निर्मित राष्ट्रीय लेखांकन ने ही आय की आधुनिक अवधारणा की नींव रखी है, फिर भी उनका ध्यान केवल आय तक कभी भी सीमित नहीं रहा। उन्होंने आय की आवश्यकता को सहायक स्वरूप में और प्रसंगवश उपयोगी ही माना था।

उदाहरणतया, यद्यपि विलियम पेटी ने ही पहले पहल 'आय विधि' तथा 'व्यय विधि' (आज इन्हीं नामों की अवधारणाओं का प्रयोग होता है—ये आधुनिक अवधारणाएँ इन्हीं प्रारम्भिक विचारों का संवर्धित और परिष्कृत रूप हैं) द्वारा राष्ट्रीय आय के आकलन का विचार प्रचलित किया था, पर वे 'सबकी सुरक्षा' (Common Safety) तथा 'प्रत्येक व्यक्ति की विशिष्ट प्रसन्नता' (Each Man's Particular Happiness) से भी स्पष्ट रूप से अपने आपको संबद्ध किए हुए थे। उन्होंने उस अध्ययन का ध्येय जन-जन की जीवन-यापन की दशाओं का मूल्यांकन ही घोषित किगा था। वे किसी न किसी तरह शास्त्र संगत अध्ययन में सत्रहवीं शताब्दी की राजनीति को समाविष्ट करने में भी प्रयत्नशील रहे—उन्होंने यह दिखाने का प्रयास किया कि 'राजा की नीतियाँ उतनी बुरी नहीं थीं जितनी कि असन्तुष्ट लोग बता रहे थे'। जनसामान्य की अन्य कृत्यकारिताओं पर वस्तुओं के उपभोग के प्रभावों ने अन्य विचारकों का ध्यान भी आकर्षित किया। उदाहरणतया, महान गणितज्ञ जोसेफ लुईस लैगरेन्ज ने तो वस्तुओं को उनके फलनसम्बद्ध गुणों (Function-related Characteristies) में परिवर्तित करने का विशेष साहसपूर्ण कार्य भी कर डाला। उन्होंने गेहूँ तथा अन्य अनाज़ों उनके पोषकतत्त्व तुल्यों में परिभाषित किया तो सभी प्रकार के मांस को गोमांस-पोषक तत्त्व के समतुल्य मानों में अभिव्यक्त किया। इसी प्रकार उन्होंने सभी प्रकार के मद्य पेयों की द्राक्ष-मदिरा के समतुल्य मात्राएँ भी निर्धारित कीं [आखिर वे फ्रांसीसी जो थे]। इस प्रकार वस्तुओं को नहीं बल्कि उनकी कृत्यकारिताओं पर ध्यान केन्द्रित करते हुए हम अपने विचार-तन्त्र को प्राचीन अर्थशास्त्रीय थाती के सूत्रों से जोड़ने का ही प्रयास कर रहे हैं।

बाजार एवं स्वातन्त्र्य

बाजार व्यवस्था की भूमिका पर विचार भी उसी प्राचीन वैचारिक धरोहर से पुनः नाता जोड़ने का प्रयास है। बाजार प्रक्रिया का स्वातन्त्र्य और इस प्रकार आर्थिक विकास से सम्बन्ध कम से कम दो विशिष्ट प्रकार के प्रश्नों को जन्म देता है। इनका स्पष्ट निरूपण बहुत ही आवश्यक है। एक तो मनमाने नियन्त्रणों के माध्यम से लेनदेन (विनिमय) के अवसरों से किसी को भी वंचित करना अपने आप में स्वातन्त्र्यविहीनता का स्रोत बन सकता है। इस प्रकार लोगों को वह सब भी करने से रोका जा सकता है जो सामान्यतः उनके अधिकार में ही होता है। इस बात का बाजार व्यवस्था की कुशलता-दक्षता या बाजार के होने न होने के परिणामों के किसी विशद विश्लेषण

से भी कोई वास्ता नहीं है। यहाँ तो हम केवल बिना किसी बाधा-आपत्ति के विनिमय की स्वतन्त्रता की आवश्यकता पर ही बल दे रहे हैं।

बाजार व्यवस्था के पक्ष में हमारे उपर्युक्त तर्क को आजकल बहुत ही प्रचलित एक अन्य तर्क से पृथक् रूप से समझना भी आवश्यक है। यह दूसरा तर्क इस प्रकार है : "बाजार विशेष रूप से आय सम्पत्ति तथा लोगों को प्राप्य आर्थिक अवसरों का संवर्धन करता है।" बाजार प्रक्रिया पर मनमानी रुकावटों के कारण बाजार के अभाव से पैदा होने वाले प्रभावों के कारण स्वातन्त्र्य का ह्रास हो सकता है। बाजार द्वारा सुलभ कराए गए लाभदायक समर्थन और आर्थिक अवसरों के अभाव में जन सामान्य को इससे जुड़ी अन्य वंचनाएँ भी भोगनी पड़ सकती हैं।

बाजार प्रक्रिया के पक्ष में ये दोनों ही तर्क सारभूत स्वातन्त्र्य के परिप्रेक्ष्य से जुड़े हैं पर इन्हें पृथक्-पृथक् समझना बहुत आवश्यक है। आज के आर्थिक साहित्य में बाजार व्यवस्था के प्रभावी ढंग से कार्य करने और उसके सुखद परिणामों पर ध्यान केन्द्रित होने के कारण यह द्वितीय तर्क समस्त आकर्षण का केन्द्र बन गया है।

निश्चित रूप से इस तर्क में बहुत दम है। अनेक अनुभवजन्य साक्ष्य भी इस बात की पुष्टि करते हैं कि बाजार व्यवस्था तीव्र आर्थिक संवृद्धि और जीवन स्तर में सुधार की गाड़ी के ईंजन का काम कर सकती है। इस सन्दर्भ में जो नीतियाँ बाजार पर नियंत्रण लागू करती हैं वे बाजार द्वारा सृजित होने वाले सारभूत स्वातन्त्र्यों को कुंठित कर समाज की सम्पन्नता पर भी अपना कुप्रभाव अवश्य डालती हैं। हमारा ध्येय इस तथ्य को नकारना कदापि नहीं है कि कभी-कभी बाजार प्रक्रिया विपरीत प्रभावकारी भी हो सकती है [एडम स्मिथ ने स्वयं भी वित्तीय बाजारों के नियमन का समर्थन करते हुए यही बात स्पष्ट की थी। उन्होंने यह बात सूदखोरी पर नियंत्रण लगाने वाले विधयेकों के समर्थन और 'फिजूलखर्च मंसूबेबाजों' की कारगुजारियों से पैदा हो रही अस्थिरता पर नियंत्रण की आवश्यकता पर बल देते हुए कही थी। इस सन्दर्भ में उनके ग्रन्थ 'वैल्थ ऑफ नेशन्स' के प्रथम खंड की पुस्तिका-2 के चतुर्थ अध्याय के अनुच्छेद 14-15 दृष्टव्य हैं]। कई मामलों में तो नियन्त्रण-नियमन के पक्ष में बहुत ही सशक्त तर्क दिए जा सकते हैं। फिर भी, आज कुछ दशकों पूर्व की अपेक्षा, बाजार व्यवस्था के लाभकारी प्रभावों को कहीं अधिक व्यापक रूप से स्वीकार किया जा रहा है।

किन्तु फिर भी बाजार के प्रयोग का यह मुद्दा उस तर्क से बहुत ही अलग है जहाँ लोगों के विनिमय और लेनदेन करने के अधिकारों की बात उठाई जाती है। इन अधिकारों को भले ही अलंघ्य माना जाए, किन्तु उनके परिणामों से भी पूरी तरह स्वतन्त्र रहते हुए यह तो माना ही जाएगा कि लोगों को परस्पर आर्थिक दृष्टि से व्यवहार करने से रोकने के कारण कुछ न कुछ सामाजिक हित-लाभों की क्षति तो अवश्य ही होती है। यदि यह मान भी लिया जाए कि इस प्रकार के आर्थिक

व्यवहार के कारण अन्य लोगों पर बहुत ही बुरा प्रभाव पड़ेगा और इस सम्भावना से ही इस प्रकार के लेन-देन पर कुछ रुकावट का प्रथम दृश्य या आधार निर्मित हो जाता है तो भी इस प्रतिबन्धन के कारण कहीं न कहीं किसी को कुछ हानि अवश्य होगी। हाँ, यह संभव है कि यह हानि अन्य लोगों को प्रतिबन्ध नहीं लगने पर होने वाली अप्रत्यक्ष हानि से कहीं कम हो।

अर्थशास्त्र की विषय वस्तु आज स्वातन्त्र्यों के मान-महत्त्व की अपेक्षा उपयोगिता, आय और सम्पत्ति पर केन्द्रित होकर रह गई है। दृष्टिकोण की यह संकीर्णता तो बाजार व्यवस्था की सम्भावित समग्र भूमिका को भी ठीक से समझ पाने में बाधक हो रही है [वैसे अर्थशास्त्रियों पर यह आरोप नहीं लगाया जा सकता कि वे बाजार की 'प्रशंसा' में कोई कंजूसी कर रहे हैं]। पर यहाँ मुद्दा प्रशंसा का नहीं बल्कि उसके कारणों (तार्किक आधार) का है।

अर्थशास्त्र में यह एक जानी-पहचानी बात है : प्रतियोगी बाजार में कुछ ऐसी कार्यकुशलता या 'दक्षता' की प्राप्ति सम्भव हो जाती है जिसे पा सकना किसी केन्द्रीय नियन्त्रण युक्त अर्थव्यवस्था में सम्भव नहीं होता। इसके दो कारण हैं–एक तो निर्णय प्रक्रिया को सुचारु रूप से चलाने के लिए केन्द्र-नियन्त्रित व्यवस्था में जानकारियों के अतिविशाल समुच्चय की आवश्यकता होगी, जबकि बाजार में कार्यरत प्रत्येक व्यक्ति का काम बहुत ही सीमित-सी जानकारी से ही चल जाता है। दूसरे, विभिन्न आर्थिक इकाइयों की सम्प्रेरणाओं के बीच सामंजस्य की समस्या होती है। बाजार में तो सभी इकाइयों के चातुर्यपूर्ण कार्य अन्य व्यक्तियों की कारगुजारियों के साथ सहज ही समन्वित होते चले जाते हैं पर केन्द्रीय नियन्त्रण व्यवस्था में निर्णय लेने के स्तर पर ही सारा तालमेल बिठाना पड़ता है। अब इसी सन्दर्भ में एक और कदम आगे बढ़कर बात करते हैं : मान लें कि केन्द्रीय नियन्त्रण व्यवस्था में सभी आर्थिक इकाइयों के लिए उत्पादन और आबंटन से जुड़े सारे निर्णय किसी तानाशाह द्वारा लिए जा रहे हों ! क्या इसे हम उपलब्धि या सफलता कह पाएँगे ?

यहाँ तो किसी तर्क-वितर्क की आवश्यकता ही नहीं बचती। इस प्रकार के परिदृश्य में व्यक्तियों की अपनी रुचि के अनुसार काम करने तथा उत्पादन, उपभोग आदि की स्वतन्त्रता के दर्शन ही नहीं हो पाते। मान लें कि स्वतन्त्र चयन तथा तानाशाह के आदेश पालन की दोनों ही स्थितियों में अन्ततः वही परिणाम सामने आता है : सभी व्यक्ति दोनों ही दशाओं में एक जैसा काम, उत्पादन और उपभोग आदि करते हैं। फिर भी सम्भव है कि किसी के आदेश पालन की अपेक्षा व्यक्ति अपनी इच्छा के अनुसार कार्य करना बेहतर समझे। 'अन्ततोगत्वा प्राप्त परिणाम' (Culmination Outcomes) [जिसमें अन्ततः परिणाम तक पहुँचने की प्रक्रिया भी महत्त्वपूर्ण मानी जाती है] तथा 'सर्वतोमुखी परिणाम' (Comprehensive Outcomes) [जिसमें अन्ततः परिणाम तक पहुंचने की प्रक्रिया भी महत्वपूर्ण मानी जाती है] के बीच भेद होता है। यह भेद बहुत ही महत्त्वपूर्ण है। मैंने इस विषय में अपने अन्यत्र प्रकाशित कुछ

लेखों में विस्तार से चर्चा की है। बाजार व्यवस्था के सारे गुण उसकी 'अन्ततोगत्वा' अधिक दक्षतापूर्ण परिणाम दे पाने में ही सिमट कर नहीं रह जाते।

बाजारोन्मुखी अर्थचिन्तन के स्वातन्त्र्य से अलग होकर केवल उपयोगिता पर केन्द्रित हो जाने की लागत कम नहीं रही है। यह लागत है स्वातन्त्र्य के केन्द्रभूत महत्त्व की उपेक्षा। इस विषय में इस शती के एक महान अर्थशास्त्री [जो स्वयं भी उपयोगितावादी अधिक रहे हैं] जॉन हिक्स ने ये सब बातें बहुत ही स्पष्ट शब्दों में कही हैं :

"स्मिथ या रिकार्डो आदि प्रतिष्ठित अर्थशास्त्रियों के उदारवादी अथवा अहस्तक्षेपवादी सिद्धान्त वस्तुतः आर्थिक सिद्धान्त थे ही नहीं—ये तो कहीं बहुत ही विशाल वितान पर लागू माने जा रहे सिद्धान्तों को आर्थिक सिद्धान्तों पर भी लागू करना मात्र था। यह आग्रह कि आर्थिक स्वातन्त्र्य से आर्थिक दक्षता बढ़ती है, तो केवल एक अतिरिक्त या सहायक तर्क मात्र था !...मेरा प्रश्न यह है कि क्या [जिस प्रकार हममें से अधिकांश व्यक्ति भूल ही चुके हैं] इस तर्क के दूसरे पक्ष को भुला देना न्यायसंगत है ?"

आर्थिक विकास सम्बन्धी रचनाओं में अधिक आय का सृजन, उपभोक्ता वस्तुओं के बड़े समुच्चय का उत्पादन आदि 'अन्ततोगत्वा परिणाम' कुछ इस प्रकार अपना वर्चस्व बनाए हुए हैं कि हमारा स्वातन्त्र्यवादी विश्लेषण इस सन्दर्भ में कुछ रहस्यमय सा भी प्रतीत हो सकता है। पर ऐसा कुछ नहीं है। कई अर्थव्यवस्थाओं में आर्थिक विकास की प्रक्रिया द्वारा संभव हुआ सबसे बड़ा परिवर्तन परम्परागत कृषि क्षेत्र में बंधुआ मजदूरी और बेगार के स्थान पर आवागमन में बाधारहित स्वतन्त्र अनुबन्धीय श्रमिक व्यवस्था की रचना रहा है। इस प्रकार के परिवर्तन को स्वातन्त्र्याश्रित मूल्यांकन विधि सहज ही पकड़ लेती है जबकि अन्ततोगत्वा परिणाम विधि इस ओर शायद ही ध्यान दे पाए।

संयुक्त राज्य अमेरिका में गुलाम प्रथा के उन्मूलन से पूर्व की श्रम की प्रकृति से सम्बन्धित बहस पर गौर करना बहुत उपयोगी होगा। इस विषय में रॉबर्ट फॉजेल के प्रख्यात अध्ययन : "वक्त के चौराहे पर : अमेरिकी नीग्रो दासप्रथा का अर्थशास्त्र" (Time on The Cross : The Economics of American Negro Slavery) में गुलामों की 'उच्च' मौद्रिक आय के विषय में भी एक 'रहस्योद्घाटन' है। इस पुस्तक को लेकर अनेक विवाद उठे हैं पर यह निष्कर्ष उन सबसे अप्रभावित ही रहा है। गुलामों का सामान्य उपभोग समुच्चय स्वतन्त्र कृषि मजदूरों से बुरा नही, किसी सीमा तक बेहतर ही था। दासों की जीवन-आशा का स्तर भी बहुत कम नहीं था—उस समय के विकसित देशों, फ्रांस और हालैंड के जीवाशा स्तर से उसकी सहज ही तुलना की जा सकती थी। यह स्तर संयुक्त राज्य अमेरिका तथा यूरोप के स्वतन्त्र शहरी औद्योगिक मजदूरों की जीवाशा से तो बहुत ही अधिक ऊँचा था। फिर भी दास भाग जाते थे, अतः यह माना ही जा सकता है कि इस बात के समझ आने योग्य

कारण अवश्य रहे होंगे कि दास प्रथा दासों के हितों के अनुरूप नहीं थी। यही नहीं, दास प्रथा की समाप्ति के बाद उन लोगों को ऊँची मजदूरी का लालच देकर पुनः पहले की तरह काम करने के लिए आकर्षित करने के प्रयास भी विफल ही रहे।

''दास-विमुक्ति के पश्चात् अनेक बागान मालिकों ने अपनी श्रमिक टोलियों को मजदूरी के भुगतान के आधार पर पुनर्गठित करने के प्रयास किए। पर उन नव-स्वतन्त्र मजदूरों को पहले की अपेक्षा दुगनी मजदूरी का लालच भी इस प्रकार की कार्य व्यवस्था की ओर आकर्षित नहीं कर पाया। एक बार जबरदस्ती काम करा पाने के अधिकार की समाप्ति के बाद वे मालिक किसी भी तरह श्रमिक टोलियों को बनाए रखने में सफल नहीं हो पाए।''

अतः समाज किस प्रकार अपनी व्यवस्था का मूल्यांकन करता है, यह समझने के लिए रोजगार (काम) करने की स्वतन्त्रता तथा काम करने की व्यवस्था में स्वतन्त्रतापूर्ण वातावरण के महत्त्व को जान लेना अत्यन्त आवश्यक होता है।

वस्तुतः पूँजीवाद-पूर्व श्रम व्यवस्था के अस्वातन्त्र्य से तुलना करते हुए ही कार्ल मार्क्स ने पूँजीवाद की प्रशंसा की थी। इसी सन्दर्भ में उन्होंने अमेरिकी गृह युद्ध को समकालीन इतिहास की एक महान घटना माना था। अनेक विकासशील देशों में अभी भी विद्यमान बन्धुआ मजदूरी व्यवस्था से स्वतन्त्र श्रम अनुबन्ध व्यवस्था की ओर संचलन के विश्लेषण में यह बाजार-आधारित स्वातन्त्र्य ही सबसे बड़ा मुद्दा है। यह एक ऐसा सन्दर्भ है जहाँ मार्क्सवादी विश्लेषण तथा स्वातन्त्र्यवादी चिन्तन उपयोगिता की अपेक्षा स्वातन्त्र्य पर केन्द्रित होने को लेकर एक स्वर में बात करते दिखाई देते हैं।

आधुनिक दक्षिण भारत के कृषि क्षेत्र में बन्धुआ मजदूरी से स्वतन्त्र मजदूरी की ओर संचरण के एक महत्त्वपूर्ण अध्ययन में वी. के. रामचन्द्रन ने इस मुद्दे के अनुभवसिद्ध महत्त्व पर प्रकाश डाला है। वे कहते हैं :

''मार्क्स ने पूँजीवाद में श्रम की औपचारिक स्वतन्त्रता तथा पूँजीवाद-पूर्व की वास्तविक स्वातन्त्र्यविहीनता में अन्तर इस प्रकार बताया है : 'श्रमिक को अपने रोजगारदाता को बदल पाने का अधिकार एक ऐसी स्वतन्त्रता है जो पूर्ववर्ती उत्पादन विधाओं में कभी भी सुलभ नहीं थीं।' कृषि क्षेत्र में मजदूरी के लिए काम व्यवस्था के विकास का अध्ययन एक अन्य दृष्टि से भी महत्त्वपूर्ण है। समाज में श्रमिकों को अपना श्रम बेच पाने की स्वतन्त्रता मिलना उनके सकारात्मक स्वातन्त्र्य का संवर्धन ही है। यह समाज क्षेमस्तर आदि के मूल्यांकन की एक आवश्यक कसौटी भी है।

पूँजीवाद-पूर्व की व्यवस्थाओं में अक्सर बन्धुआ मजदूरी व्यवस्था तथा ऋणग्रस्तता मिलकर एक बहुत ही मजबूत प्रकार की स्वातन्त्र्यविहीनता की रचना कर देती थी। विकास को स्वातन्त्र्य का दृष्टिकोण प्रदान करना इस मुद्दे का प्रत्यक्ष विश्लेषण सहज बना देता है—इसे श्रम बाजार द्वारा कृषि में उत्पादिता में वृद्धि पर आश्रित नहीं रहना पड़ता। यह प्रश्न अपने आप में महत्त्वपूर्ण है पर यह मुद्दा अनुबन्ध

और रोजगार की स्वतन्त्रता से बिल्कुल ही अलग मुद्दा है।

बाल श्रमिकों के अति दुखद प्रकरण पर चल रहे विचार मंथन में भी बार-बार यही चयन के स्वातन्त्र्य की बात उठ रही है। बाल मजदूरों के प्रति सबसे भीषण हिंसा या अत्याचार तो अतिवंचनाग्रस्त परिवारों के बच्चों को गुलामों जैसा जीवन जीने की मजबूरी है। यही बच्चे विद्यालयों में जाने और खेलकूद भरा जीवन जीने के स्थान पर अतिशोषणपूर्ण बन्धुआ मजदूरी के चंगुल में फँसने को बाध्य हो जाते हैं। यही हमारा स्वातन्त्र्य का मुद्दा है जो कि इस जटिल समस्या का एक अभिन्न अंग बन गया है।

जीवन-मूल्य और मूल्यांकन की प्रक्रिया

अब मैं पुनः मूल्यांकन के मुद्दे पर लौट रहा हूँ। स्वातन्त्र्य अनेक प्रकार के होते हैं, अतः वैयक्तिक हितलाभों और सामाजिक प्रगति के प्राक्कलन में विभिन्न प्रकार के स्वातन्त्र्यों के सापेक्ष भार (महत्त्व) को प्रत्यक्षतः निर्धारित कर पाने की पर्याप्त गुंजाइश रहती है। वैसे तो उपयोगितावाद, स्वातन्त्र्यवाद एवं अध्याय-3 में चर्चागत आने वाली सभी विश्लेषण विधियों में यह सापेक्ष भार निर्धारण रूपी मूल्यांकन होता ही है—पर यह कार्य (भार निर्धारण) प्रायः निहित रूप से किया जाता है। जो लोग यह जाने बिना कि मूल्यनिर्धारण किस प्रकार हो रहा है, केवल किसी यंत्रवत् बनाए गए सूचक को ही बेहतर मानते हैं, उन्हें तो इस बात को लेकर बहुत ही शिकायतें रहती हैं कि स्वातन्त्र्य-आधारित विश्लेषण-मूल्यांकन पद्धति में प्रत्यक्षतः भार निर्धारण क्यों होता है। अक्सर ऐसी शिकायतें सुनने को मिल जाती हैं। किन्तु मेरा यह आग्रह है कि इस प्रकार की सुस्पष्टता मूल्यांकन के सारे कार्य के लिए बहुत ही आवश्यक है, विशेषकर जहाँ मूल्यांकन विधि की सार्वजनिक समीक्षा एवं आलोचना की पर्याप्त सम्भावना हो वहाँ तो स्पष्टता का होना और भी आवश्यक हो जाता है। वास्तव में राजनीतिक स्वातन्त्र्य के पक्ष में सबसे सशक्त तर्क यही है कि इससे नागरिकों को विचार-विमर्श करने तथा प्राथमिकताओं के चयन और निर्धारण में भागीदारी का अवसर मिलता है [हम प्राथमिकताओं आदि पर अध्याय-6 में विचार करेंगे]।

वैयक्तिक स्वातन्त्र्य विशुद्धतम रूप में एक सामाजिक सृष्टि या देन ही है। इस सन्दर्भ में एक द्विपक्षीय सम्बन्ध भी स्पष्ट दृष्टिगोचर होता है : (1) प्रथम तो वे सामाजिक व्यवस्थाएँ हैं जो वैयक्तिक स्वातन्त्र्य का प्रसार करती हैं तथा (2) दूसरी ओर वैकल्पिक स्वातन्त्र्यों के प्रयोग द्वारा न केवल व्यक्तिगत जीवन को सुधारने का प्रयास होता है वरन् इसी के माध्यम से सामाजिक व्यवस्थाओं को और अधिक सुसंगत तथा प्रभावपूर्ण भी बनाया जाता है। इसी प्रकार व्यक्तियों की सम्पत्ति एवं न्यायपूर्णता की अवधारणाओं पर स्वातन्त्र्यों के प्रयोग और व्याख्या का गहरा प्रभाव रहता है। ये सभी सामाजिक सम्बन्धों एवं संसर्ग आदि पर निर्भर रहती हैं। इन संसर्गों में परस्पर

सम्पर्क और विचार विमर्श के माध्यम से जन संचेतना के विकास और समस्याओं तथा उनके समाधानों के प्रति सहयोगपूर्ण अनुभूति-जागृति का विशेष महत्त्व रहता है।

परम्परा, संस्कृति और लोकतन्त्र

विकास सिद्धान्तों के प्रसार तथा उनकी शक्ति से जुड़े आधारभूत प्रश्नों में से एक है भागीदारी का प्रश्न। कुछ लेखकों का यह भी आग्रह रहा है कि जिसे सामान्यतः लोग आर्थिक विकास मान लेते हैं वह तो वास्तव में देश के लिए हानिकारक भी हो सकता है क्योंकि इस प्रक्रिया में राष्ट्र की परम्पराओं और सांस्कृतिक धरोहर के लोप होने की सम्भावना रहती है। इस प्रकार की आपत्तियों को बहुत शीघ्रता से यह कहकर नकार दिया जाता है कि परम्परावादी परंतु विपन्न जीवन से सम्पन्न एवं सुखी होना कहीं बेहतर है। यह तर्क आकर्षक लग सकता है पर इससे आलोचनाओं का पूर्ण निराकरण नहीं हो पाता। इसमें विकास के प्रति आशंकित लोगों द्वारा उठाए गए अति महत्त्वपूर्ण मूल्यांकन सम्बन्धी प्रश्नों पर गम्भीरतपूर्ण चिन्तन की झलक भी नहीं दिखाई देती।

इससे भी गम्भीर मुद्दे अधिसत्ता और वैधानिकता के स्रोत से जुड़े हैं। जहाँ अन्य कारणों से आवश्यक लगने वाले आर्थिक सामाजिक परिवर्तनों के साथ कुछ परम्पराओं का निर्वाह कठिन हो रहा हो वहां कुछ चयन की समस्या में 'हम किस बात को कितना महत्त्व देते हैं' यह एक बहुत ही महत्त्वपूर्ण प्रश्न बन जाता है। यह ऐसी चयन की समस्या है जिससे बचा नहीं जा सकता। यहाँ चयन न तो [विकास के पक्षधरों के मतानुसार] पूरी तरह स्पष्टतः विकास के पक्ष में ही होगा और न ही इस विषय में निर्णय के सर्वाधिकार किन्हीं परम्परा के संरक्षक विशेष को ही सौंपे जा सकते हैं। यदि अल्प एवं दुर्दशापूर्ण जीवन भुगतने की विवशता से मुक्त होने के लिए किन्हीं परम्पराओं को तोड़ना आवश्यक लग रहा हो तो इस चयन प्रक्रिया में संबद्ध समाज के सदस्यों की प्रत्यक्ष भागीदारी सुनिश्चित करने वाले अवसरों की रचना आवश्यक हो जाएगी। अतः वास्तविक टकराव इन दो बातों में होगा :

(1) मौलिक जीवन-मूल्य (या प्रतिस्थापना) कि लोगों को स्वतन्त्र रूप से यह चुनने का अधिकार हो कि वे किस परम्परा का निर्वहण करना चाहते हैं (और किसका नहीं); तथा

(2) यह आग्रह कि कुछ भी हो जाए, परम्पराओं का अनुपालन करना ही होगा, अथवा जनता को वास्तविक अथवा कल्पित धार्मिक अथवा गैर-धार्मिक अधिकारियों द्वारा परम्पराओं के निर्वाह के लिए दिए गए आदेशों का पालन करना चाहिए।

मानवीय स्वातन्त्र्य के सारभूत महत्त्व का आधार तो प्रथम विचार में निहित है। इसे स्वीकार कर लेने की परंपरा के नाम पर कुछ करने (या न करने) के प्रति गम्भीर परिणाम भी होंगे। विकास का स्वातन्त्र्यवादी परिप्रेक्ष्य इसी विचारसूत्र पर बल

देता है।

वास्तव में स्वातन्त्र्य परिप्रेक्ष्य में परम्पराओं के निर्वहण सम्बन्धी निर्णय प्रक्रिया में सबकी भागीदारी को रोक पाने का अधिकार किसी राष्ट्रीय या स्थानीय संरक्षक को नहीं होता—चाहे कोई अयातुल्ला हो या शासक (सरकार या तानाशाह), कोई देशी-विदेशी सांस्कृतिक विशेषज्ञ भी इस प्रकार का निर्णय ले पाने का अधिकारी नहीं होता। जब कभी किसी परम्परा और आधुनिकता के तकाज़ों के बीच टकराव हो तो उसके निदान में व्यापक भागीदारी की आवश्यकता है—किसी भी प्रकार के शासक वर्ग, धार्मिक सत्ताधिकारियों अथवा मानवशास्त्रीय पुरातन धरोहर के प्रशंसकों को निर्णय का अधिकार नहीं सौंपा जा सकता। यह प्रश्न 'अन्तिम रूप से' निपटा नहीं दिया गया है—यह तो सदैव ही समाज के सदस्यों की व्यापक भागीदारी द्वारा सुलझाने की प्रतीक्षा में रहता है। परम्परागत जीवन मूल्यों के नामपर भागीदारी के स्वातन्त्र्य के हनन से सदैव ही वैधानिकता और प्रभावित लोगों के अपनी आकांक्षाओं तथा आवश्यकताओं के अनुरूप निर्णय लेने के अधिकार की अनदेखी करने का प्रयास होता है।

इस तथ्य की स्वीकारोक्ति की पहुँच बहुत दूर तक और सशक्त परिणामपूर्ण होती है। केवल परम्परा के नाम पर संचार माध्यमों की स्वतन्त्रता या समाज के सदस्यों के बीच सम्प्रेषण के अधिकार का दमन करने का कोई आधार नहीं बनता। यदि इस बहुत ही विकृतिपूर्ण विचार को स्वीकार भी कर लें कि कन्फूशियस महाशय बहुत ही निरंकुशतावादी थे [वैसे हम अध्याय 10 में इस विचार की समीक्षा करेंगे] तो भी किसी को सैंसर या राजनीतिक प्रतिबन्धों द्वारा निरंकुशतापूर्ण व्यवहार का अधिकार नहीं मिल जाता क्योंकि आज के युग में क्या विधिसंगत है, इसका निर्णय तो छठी शताब्दी के इस विचारक द्वारा नहीं बल्कि आज के मानव समाज द्वारा ही होना चाहिए।

निर्णय प्रक्रिया में भागीदारी के लिए कुछ जानकारी तथा बुनियादी शिक्षा आवश्यक है. अतः समाज के किसी भी वर्ग को (जैसे कि लड़कियाँ) स्कूली शिक्षा से वंचित रखना भागीदारी के स्वातन्त्र्य के हनन के समान ही होगा। इन अधिकारों पर अनेक बार आपत्तियाँ उठाई गई हैं [अभी तक का सबसे जघन्य प्रहार तो अफगानिस्तान के तालिबान नेतृत्व द्वारा ही किया गया है] पर स्वातन्त्र्योन्मुखी परिप्रेक्ष्य के लिए तो ये अत्यन्त ही आधारभूत आवश्यकताएँ होंगी। अतः विकास के प्रति स्वातन्त्र्य पर आधारित दृष्टिकोण का तो केवल विकास के चरम ध्येयों बल्कि उनके लिए अपनाई गई विधियों-प्रविधियों पर भी बहुत ही गहन प्रभाव रहेगा।

कुछ निष्कर्ष

विकास को जनसामान्य के स्वातन्त्र्य संवर्धन की व्याख्या देने का विकास प्रक्रिया को समझने और उसे प्रोत्साहित करने पर भी बहुत गहन प्रभाव पड़ेगा। मूल्यांकन-

विश्लेषण की दृष्टि से तो यहाँ विकास द्वारा समाज में व्याप्त स्वातन्त्र्यविहीनता को मिटा पाने की आवश्यकता पर बल दिया जाता है। इस प्रकार विकास की प्रक्रिया एक प्रकार से अस्वातन्त्र्य उन्मूलन का इतिहास बन जाती है। यह इतिहास आर्थिक संवृद्धि तथा भौतिक एवं मानवीय पूँजी के संग्रहण से अछूता नहीं रहता, पर, इसमें इनके अतिरिक्त भी और बहुत कुछ सम्मिलित होता है।

विकास के मूल्यांकन में स्वातन्त्र्य पर आग्रह का अर्थ यह नहीं है कि ऐसी कोई विशेष कसौटी निर्मित हो गई है जिसके आधार पर विभिन्न विकास अनुभवों की समीक्षा हो सकती है। स्वातन्त्र्य के विशिष्ट घटकों की व्यापक बहुलता और विभिन्न व्यक्तियों के अन्यान्य स्वातन्त्र्यों के बारे में तो बार-बार ऐसे तर्क दिए जा सकते हैं जो परस्पर टकरावपूर्ण होंगे। विकास के इस स्वातन्त्र्यवादी दृष्टिकोण की आधारभूत संप्रेरणा सभी विकास परिदृश्यों को एक सर्वांगपूर्ण क्रमबद्धता में निबद्ध करना कदापि नहीं है। हमारा ध्येय तो विकास के अन्यान्य आयामों के प्रति ध्यान आकर्षित करना है—इन सभी पक्षों पर ध्यान दिए जाने की नितान्त आवश्यकता भी है। इस ध्यान दिए जाने के बाद भी विभिन्न विकास अनुभवों की क्रमिकता को लेकर कुछ न कुछ मतभेद बने ही रहेंगे पर मतभेदों की आशंका से विचार विमर्श को ही रोक देना उचित नहीं होगा।

हाँ, जैसा प्रायः विकास सम्बन्धी रचनाओं में हो रहा है, यदि केन्द्रभूत सरोकारों की अनदेखी जारी रही तो बहुत अधिक हानि अवश्य हो सकती है [वैसे इस अनदेखी का कारण यही है कि विशेषज्ञों को जन सामान्य के स्वातन्त्र्य की चिन्ता ही नहीं होती]। विकास के इस अच्छे ख़ासे विस्तारयुक्त दृष्टिकोण पर इसलिए आग्रह किया जा रहा है कि मूल्यांकन और समीक्षा को उन मुद्दों पर केंद्रित किया जा सके जो वास्तव में महत्त्वपूर्ण हैं तथा ऐसे अति आवश्यक विषयों की अनदेखी करने की प्रवृत्ति को कमजोर किया जा सके। यह सोचना बड़ा सुखद लगता है कि यदि सभी विश्लेषण सभी सम्बद्ध कारकों (समंकों) पर विचार करेंगे तो वे एक जैसे ही निष्कर्षों पर पहुँचेंगे—कि किस प्रकार से विभिन्न विकास परिदृश्यों को क्रम प्रदान किया जाए। किन्तु इस मूल्यांकन पद्धति का ऐसे किसी मतैक्य पर कोई आग्रह नहीं है। वास्तव में इन मुद्दों पर बहस, जिसमें महत्त्वपूर्ण राजनीतिक तर्क वितर्क भी हो सकता है, भी उस लोकतान्त्रिक भागीदारी का अंग होगी जो कि विकास प्रक्रिया को यह स्वातन्त्र्योन्मुखी स्वरूप प्रदान करती है। आगे चलकर इसी पुस्तक में हम विकास प्रक्रिया में भागीदारी के आधारभूत महत्त्व और आवश्यकता पर और विचार करेंगे।

2.
विकास के साध्य और साधन

आर्थिक विश्लेषण और सार्वजनिक विचार मंथन में विकास प्रक्रिया के प्रति सामान्यतः दो प्रकार के दृष्टिकोण दिखाई पड़ते हैं। मैं इन्हीं से अपनी यह चर्चा प्रारम्भ कर रहा हूँ। एक मत के अनुसार विकास एक 'उग्र' प्रक्रिया है जिसमें बहुत ही 'खून, पसीना और आँसू' बहते हैं--ऐसी दुनिया में पत्थर दिल और सख्त जान होना ही पड़ता है। यहां विशेष आग्रह 'नर्मदिली' के परिचायक मुद्दों और मामलों की जानबूझ कर अनदेखी करने का रहता है। किस लेखक को क्या अप्रिय है—इसी के अनुसार यह तय होता है कि किन-किन 'कामनाओं' से बच कर रहा जाए : अत्यन्त गरीब वर्गों की सामाजिक सुरक्षा व्यवस्था या सारे ही समाज के लिए सामाजिक सेवाओं की व्यवस्था, संकटावन्न अवस्था में फंसे जनसमुदाय की सहायता के लिए जटिल व्यवस्था के दायरों से बाहर निकल कर प्रयास करना या समय से पहले ही राजनीतिक-सामाजिक अधिकारों और लोकतन्त्र की रईसी के मोहपाश आदि को इसी वर्ग के आकर्षक परंतु अनावश्यक अथवा हानिकारक कार्य माना जाता है। इस प्रकार के मितव्ययी दृष्टिकोण के अनुसार इन सब वस्तुओं को जब विकास-प्रक्रिया फलवती हो चले तब भी अपनाया जा सकता है; अभी तो 'कड़ाई और अनुशासन' की ही आवश्यकता है। इस प्रकार के सामान्य चिंतन वाले सिद्धान्तों में आपस में यही मतभेद है कि किसी ने एक परिहार्य 'नरमदिली' से पूर्ण बात या व्यवहार की ओर ध्यान खींचा है तो किसी ने दूसरे को अधिक हानिकारक और परिहार्य माना है। ऐसे परिहार्य कार्यों में वित्तीय कोमलता से राजनीतिक छूट और मुक्तहस्त सार्वजनिक व्यय से भद्रतापूर्ण गरीबी निवार्णार्थ सहायता आदि—सभी को सम्मिलित कर लिया गया है।

इस पाषाण-हृदय दृष्टिकोण की तुलना में दूसरा विचार तो बहुत ही अलग प्रतीत होता है। इसमें विकास को मूलतः एक 'मित्रतापूर्ण' प्रक्रिया माना गया है। इस मत के विभिन्न स्वरूपों में कहीं एडम स्मिथ का परस्पर लाभप्रद विनिमय का विचार दिखाई देता है तो कहीं सामाजिक सुरक्षा जाल के निर्माण के प्रति सजगता या फिर राजनीतिक स्वातंत्र्य अथवा सामाजिक विकास की चिंता झलकती है। इन

सभी सरोकारों के सम्मिश्रण भी किसी न किसी रूप में दिखाई पड़ ही जाते हैं।

स्वातन्त्र्य की सारभूत एवं साधनस्वरूप भूमिकाएँ

इस पुस्तक में दूसरे दृष्टिकोण से निकट दृष्टि को ही अपनाया गया है। यह विकास को सर्वसुलभ स्वातंत्र्य के संवर्धन की प्रक्रिया के रूप में ही प्रतिष्ठित करने का एक प्रयास है। इस विश्लेषण विधा में स्वातंत्र्य संवर्धन के दो पक्षों पर बल दिया गया है : (1) इसे विकास का एक प्राथमिक ध्येय माना गया है तथा (2) इसी को विकास का प्रमुख साधन भी माना गया है। इन्हीं दो पक्षों को सारभूत (Constitutive) अथवा रचनाकारी तथा साधनस्वरूप (Instrumental) अथवा सहायक स्वरूप भी कहा जा सकता है। रचनाकारी स्वरूप में जनजीवन को समृद्धिशील बनाने में योगदान के रूप में स्वातन्त्र्य को महत्त्वपूर्ण स्थान दिया गया है। इन सारभूत स्वातन्त्र्यों में भूख, कुपोषण, परिहार्य रुग्णता, अकाल मृत्यु आदि से बच पाने की बुनियादी क्षमताओं के साथ-साथ अक्षर एवं संख्या ज्ञान सम्पन्न होने, राजनीतिक भागीदारी तथा अभिव्यक्ति की स्वतन्त्रता आदि को भी सम्मिलित माना गया है। इस प्रकार स्वातन्त्र्य के इस रचनाकारी स्वरूप में विकास उपर्युक्त एवं अन्य स्वातन्त्र्यों के संवर्धन और प्रसार का ही दूसरा नाम बन जाता है। यहाँ विकास मानवीय स्वातन्त्र्यों के संवर्धन और सम्पोषण की प्रक्रिया का ही नाम है। अतः विकास की समीक्षा का आधार या कसौटी भी इसी पक्ष (स्वातन्त्र्य-संवर्धन) से जुड़ी जानकारियों द्वारा निर्मित होगी।

आइए, विषय प्रवेश में उल्लिखित एक उद्धरण पर पुनः विचार कर यह स्पष्ट करने का प्रयास करें कि स्वातन्त्र्य की इस सारभूत भूमिका की स्वीकारोक्ति किस प्रकार से विकास के विश्लेषण का 'कायाकल्प' कर देती है। समग्र राष्ट्रीय उत्पाद की संवृद्धि या औद्योगीकरण आदि पर आधारित विकास की संकीर्ण अवधारणा के सन्दर्भ में प्रायः यह प्रश्न उठाया जाता है कि राजनीतिक भागीदारी एवं मत विरोध की अभिव्यक्ति की स्वतन्त्रता विकास में सहायक है अथवा नहीं। किंतु स्वातन्त्र्यवादी विकास अवधारणा की मूलभूत रचना के अनुसार तो यह प्रश्न अपने आप में ही बहुत त्रुटिपूर्ण और बेबुनियाद प्रतीत होगा—क्योंकि हमारे उपर्युक्त विकास चिन्तन में तो राजनीतिक भागीदारी एवं मतविरोध की अभिव्यक्ति को भी विकास का अविच्छिन्न घटक तत्त्व माना गया है। यदि एक बहुत ही धनसम्पन्न व्यक्ति को भी सार्वजनिक चिन्तन और निर्णय-प्रक्रिया से बाहर रखा जाए तो उसे कुछ अभाव-सा अवश्य खटकने लगेगा। जब हम स्वातन्त्र्य-संवर्धनकारी विकास-प्रक्रिया की बात करते हैं तो उल्लिखित व्यक्ति की उस अभाव ग्रस्तता को दूर करना भी विकास में शामिल हो जाएगा। यह सम्भव है कि उस व्यक्ति का तुरन्त ही ऐसे किसी विवाद में कूद पड़ने का कोई इरादा नहीं हो फिर भी उसे यदि ऐसे 'हस्तक्षेप' के अधिकार से वंचित किया जाए तो निश्चित ही उसे किसी न किसी तरह की कुंठा का आभास अवश्य

होने लगेगा। ऐसी कुंठा का निवारण भी विकास की स्वातन्त्र्य-प्रसारक प्रक्रिया का एक अंग ही होगा। मौलिक राजनीतिक एवं सामाजिक अधिकारों की वंचना को विकास चिन्तन की सही समझ के लिए उपयुक्त ठहराने के लिए इनके किसी अन्य लक्षण (राष्ट्रीय आय या औद्योगीकरण) में सम्भावित योगदान का सहारा लेना आवश्यक नहीं है। ये स्वातन्त्र्य तो स्वयमेव ही विकास की जन-जीवन समृद्धिकारिणी प्रक्रिया के घटक अंग हैं।

हमारा यह प्रथम आग्रह दूसरी बात से बहुत ही भिन्न है। दूसरे पक्ष में हमारा आग्रह है कि ये स्वातन्त्र्य और अधिकार आर्थिक प्रगति में भी बहुत प्रभावपूर्ण योगदान दे सकते हैं। इसी कारण उन्हें विकास का साधनस्वरूप प्राप्त होता है। यह साधनस्वरूप भी बहुत आवश्यक है। इस बारे में अध्याय–5 और 6 में हम और विस्तार से चर्चा करेंगे। पर एक बात पर ध्यान दिया जाना आवश्यक है, कि राजनीतिक स्वातन्त्र्य की विकास की साधनस्वरूप भूमिका के कारण से उसकी विकास के ध्येय रूपी महत्ता में कोई कमी नहीं आती।

मानवीय स्वातन्त्र्य की विकास के सर्वोपरि ध्येय के रूप में अन्तर्निहित महत्ता को मानवीय स्वातन्त्र्य संवर्धन में अन्यान्य स्वातन्त्र्यों की सहायक प्रभावोत्पादकता से पृथक् रूप में समझ लेना बहुत ही आवश्यक है। पिछले अध्याय में मेरा सारा ध्यान स्वातन्त्र्य की इस अन्तर्निहित महत्ता पर ही था, अब इस अध्याय में मैं स्वातन्त्र्य के ध्येय नहीं बल्कि साधन स्वरूप पर बल दे रहा हूँ। स्वातन्त्र्य की साधनस्वरूप भूमिका का सारा सरोकार इस बात से है कि विभिन्न प्रकार के अधिकार-सुअवसर और अधिकारिताएँ आदि किस प्रकार से सामान्य मानवीय स्वातन्त्र्य के प्रसार-संवर्धन में योगदान देते हुए विकास का सम्पोषण करते हैं। अब तक हम यह तो बहुत बार दोहरा चुके हैं कि विकास वस्तुतः स्वतन्त्र्य-संवर्धन ही है अतः प्रत्येक प्रकार की स्वतन्त्रता के प्रसार से विकास में योगदान तो अवश्य ही मिलता है। इस रचनाकारी कड़ी के अतिरिक्त साधनस्वरूपी संपर्क सूत्र में और भी बहुत कुछ सत्व है। स्वातन्त्र्य के सहायक स्वरूप की प्रभावोत्पादकता का आधार यह तथ्य है कि विभिन्न प्रकार की स्वतन्त्रताएँ परस्पर जुड़ी हुई होती हैं, अतः एक स्वातन्त्र्य की वृद्धि से अन्यों को भी बढ़ावा मिलता है। इस प्रकार ये दोनों भूमिकाएँ व्यवहारिक दृष्टि से कुछ इस प्रकार गुंथ जाती हैं कि एक प्रकार का स्वातन्त्र्य अन्य सभी प्रकार की स्वतन्त्रताओं से अभिन्न हो जाता है।

साधनस्वरूप स्वातन्त्र्य

अपनी इस पुस्तक में अनुभवजन्य अध्ययनों के आंकड़े प्रस्तुत करते समय मैं ऐसे अनेक साधनस्वरूप स्वातन्त्र्यों की चर्चा करूँगा जो लोगों को अपने मनोवांछित जीवन-यापन में प्रत्यक्ष या परोक्ष रूप से योगदान देते हैं। ये साधन बहुत ही विविधतापूर्ण हैं फिर भी इस साधनस्वरूप में पाँच प्रकार की स्वतन्त्रताएँ विशेष रूप से ध्यान

देने योग्य मानी जाती हैं। यह सूची सम्पूर्ण नहीं है—पर इसके माध्यम से नीति-निर्धारण से जुड़े कुछ मुद्दों का स्पष्टीकरण सम्भव है। ये मुद्दे आज के सन्दर्भ में विशेष रूप से ध्यान आकर्षित करते हैं।

मैं विशेष रूप से इन पाँच प्रकार के साधन-स्वरूप स्वातन्त्र्यों पर विचार कर रहा हूँ : (1) राजनीतिक स्वतन्त्रताएँ, (2) आर्थिक सुविधाएँ, (3) सामाजिक सुअवसर, (4) पारदर्शिता की आश्वस्ति तथा (5) संरक्षणात्मक सुरक्षा। ये साधन-स्वरूप स्वतन्त्रताएँ व्यक्ति की निश्चिन्ततापूर्ण जीवन-यापन की सामान्य क्षमता को बढ़ाती हैं। साथ ही साथ ये परस्पर सम्पोषणकारी भी होती हैं। एक ओर विकास के अध्ययन-विश्लेषण को उन ध्येयों-लक्ष्यों पर ध्यान देना होगा जिनके कारण ये साधनस्वरूप स्वातन्त्र्य अन्ततः प्रभावशाली बन जाते हैं, वहीं दूसरी ओर इन स्वातन्त्र्यों के बीच व्यावहारिक अन्तःसम्बन्धों की संस्थापना पर भी विचार होना चाहिए जिनके कारण इनका सम्मिश्रित प्रभाव बहुत महत्त्वपूर्ण हो जाता है। स्वातन्त्र्यों के साधनस्वरूप को भली प्रकार समझ पाने के लिए इन अन्तःसम्बन्धों की विवेचना अत्यन्त आवश्यक होगी। हमारा यह दावा कि "स्वातन्त्र्य न केवल विकास का अंतिम ध्येय है बल्कि यही विकास का प्रमुख साधन या माध्यम भी है," इसी बात के साथ जुड़ा हुआ है।

आइए, अब इन साधनस्वरूप स्वातन्त्र्यों पर कुछ विचार करें।

राजनीतिक स्वतन्त्रताओं को मोटे तौर पर इस प्रकार परिभाषित किया जाता है कि लोगों को यह तय करने के अवसर मिलें कि कौन शासन करेगा, यह निर्णय किन सिद्धांतों के अनुरूप किया जाएगा, इसमें शासनाधिकारियों की गतिविधियों की समीक्षा तथा समालोचना भी सम्मिलित रहेंगे, राजनीतिक विचारों की सैंसर आदि की बाधारहित अभिव्यक्ति का आधिकार और अन्यान्य राजनीतिक दलों के बीच चयन आदि प्रमुख बातें रहती हैं। ये सभी बातें लोकतान्त्रिक व्यवस्था के बड़े व्यापक स्वरूप के लक्षणों से जुड़ी हुई हैं [क्योंकि इनमें राजनीतिक संवाद, विरोध, आलोचना-समीक्षा, मताधिकार और विधायकों तथा कार्यपालिका के चयन में भागीदारी आदि सभी अधिकार निहित हैं]।

आर्थिक सुविधाएँ उन सुअवसरों से सम्बद्ध हैं जिनका वास्ता लोगों द्वारा उपभोग, उत्पादन तथा विनिमय के लिए आर्थिक संसाधनों की प्रयुक्ति के अधिकारों से है। किसी भी व्यक्ति की आर्थिक अधिकारिता इस बात पर निर्भर हैं कि किसी व्यक्ति का कितने संसाधनों पर स्वामित्व है और उसे कितना कुछ अपने प्रयोग के लिए मिल सकता है। साथ ही यह भी महत्त्वपूर्ण होगा कि विनिमय की शर्तें क्या होंगी, सापेक्ष कीमतें तथा बाजार की कार्यप्रणाली आदि किस प्रकार की है, आदि। जहां तक विकास प्रक्रिया देश की आय और सम्पत्ति में वृद्धि करती है तो निश्चित रूप से यह लोगों की आर्थिक अधिकारिताओं (Entitlements) के प्रसार में परिलक्षित

होती है। यह भी ध्यान रखने की बात है कि राष्ट्रीय आय तथा संपत्ति और लोगों की आर्थिक अधिकारिताओं के बीच सम्बन्धों के साथ-साथ केवल समग्रवाची ही नहीं वरन् परिवारों के बीच समग्र के विभाजन-आबंटन के प्रश्न भी उतने ही महत्त्वपूर्ण होंगे। अतिरिक्त उत्पादन का विभाजन निश्चित रूप से आर्थिक अधिकारिताओं पर बहुत ही महत्त्वपूर्ण प्रभाव डाल पाने में सक्षम होगा।

किसी भी आर्थिक इकाई को सुलभ हो सकने वाली आर्थिक अधिकारिताओं पर वित्त की उपलब्धिता का बहुत ही निर्णायक प्रभाव रहता है। यह बात छुटपुट उधार पर चलने वाली अति सूक्ष्म आर्थिक इकाईयों से लेकर हजारों लोगों को रोजगार देने वाले विशालकाय उद्यमों तक सभी पर लागू होती है। साख का अभाव साख-आश्रित सभी प्रकार की आर्थिक अधिकारिताओं को पंगु बना सकता है।

सामाजिक सुअवसरों का तात्पर्य शिक्षा, स्वास्थ्य, चिकित्सा आदि की उन सामाजिक व्यवस्थाओं से है जिनमें लोगों के बेहतर जीवन-यापन की स्वतन्त्रता में सुधार होता है। ये सुविधाएँ न केवल स्वस्थ जीवन, परिहार्य रुग्णता पर नियन्त्रण तथा अकाल मृत्यु से रक्षा आदि के माध्यम से निजी जीवन को सुधारती हैं वरन् साथ ही साथ समाज के सदस्यों को आर्थिक और राजनीतिक जीवन में अधिक प्रभावपूर्ण ढंग से भागीदारी करने की क्षमता भी प्रदान करती है। उदाहरण के लिए, किन्हीं पूर्वनिर्धारित मानक परिणामों के अनुसार उत्पादन करने में भागीदारी में निरक्षरता एक बहुत बड़ी बाधा बन सकती है। [विश्वीकृत बाजार में उत्पादन की गुणवत्ता की महत्ता के सन्दर्भ में यह बात और भी अधिक महत्त्वपूर्ण हो जाती है।] इसी तरह समाचार पत्र पढ़ पाने में और राजनीतिक गतिविधियों में संलिप्त अन्य लोगों तक अपने विचार लिखित रूप से पहुँचा पाने में असमर्थता के कारण राजनीतिक भागीदारी भी आधी-अधूरी ही रह जाती है।

आइए, अब चौथी प्रकार की साधन स्वरूप स्वतन्त्रताओं पर गौर करें। सभी प्रकार के सामाजिक व्यवहार तथा लेन-देन में लोग इस पूर्वधारणा या मान्यता को लेकर व्यवहार करते हैं कि उन्हें क्या कुछ देने की बात कही जा रही है और वे क्या कुछ अपेक्षा कर सकते हैं। एक प्रकार से सारा सामाजिक व्यवहार विश्वास की किन्हीं बुनियादी मान्यताओं के आधार पर चलता है। अतः **पारदर्शिता की आश्वस्ति** इस बात से जुड़ी है कि लोग क्या अपेक्षा या आशा कर सकते हैं। जैसे, उन्हें एक दूसरे से लेन-देन करने में इस बात का भरोसा करना चाहिए कि सारी जानकारी का आदान-प्रदान सुस्पष्ट रूप से बिना लाग-लपेट के होगा [लेनदेन में धोखाधड़ी की आशंका नहीं होगी अथवा सभी का व्यवहार साफ-सुथरा व छल-कपट से रहित होगा]। जब भी इस प्रकार के विश्वास को ठेस पहुँचती है तो केवल प्रत्यक्ष में सम्बद्ध लोगों ही नहीं बल्कि अन्य लोगों के जीवन पर भी इस सुस्पष्टता के अभाव का दुष्प्रभाव पड़ता है। अतः पूर्ण जानकारी की उपलब्धि के अधिकार और पारदर्शिता

की आश्वस्ति को साधनस्वरूप स्वातन्त्र्यों की एक महत्पूर्ण श्रेणी माना जा सकता है। इन आश्वस्तियों का भ्रष्टाचार निरोध तथा वित्तीय उत्तरदायित्वहीनतापूर्ण व्यवहार और हेराफेरी आदि को रोकने में बहुत ही बड़ा साधनस्वरूपी योगदान हो सकता है।

और अन्त में, आर्थिक व्यवस्था चाहे जितनी भी कुशलता से संचालित हो रही हो, कुछ न कुछ व्यक्ति सदैव ही ऐसी दुरवस्था के कगार पर होते हैं कि उनके जीवन के भौतिक रूप को हल्की-सी ठेस भी उन्हें बड़ी दुःसह अभाव-वंचनापूर्ण स्थिति में ढकेल सकती है। अतः इस प्रकार प्रभावित जनसमुदाय को नितान्त दुर्दशा, भूख (यहाँ तक कि अकाल मृत्यु भी) जैसी अवस्था से बचाने के लिए किसी उपयुक्त **सामाजिक सुरक्षा व्यवस्था** अथवा **संरक्षणात्मक सुरक्षा** का होना अति आवश्यक है। इस संरक्षणात्मक व्यवस्था में स्थायी संस्थाबद्ध रूप से बेरोजगारी में सहायता, अपेक्षाकृत गरीबों की आय को वैधानिक रूप से परिपूरित करने की व्यवस्था के साथ-साथ अकाल आदि पड़ने पर संकटकाल के दौरान अस्थायी सार्वजनिक रोजगार सृजन प्रक्रियाओं द्वारा प्रभावित गरीब वर्गों के लिए आय संवर्धन आदि की व्यवस्थाएँ सम्मिलित होती हैं।

अन्तर्सम्बन्ध और प्रतिपूरकताएँ

उपर्युक्त साधनस्वरूप स्वातंत्र्य व्यक्तियों की क्षमताओं को तो बढ़ाते ही हैं, साथ ही परस्पर प्रतिपोषण भी करते हैं। इस तरह से ये एक दूसरे को संपुष्ट करते हैं। विकास नीतियों पर विचार करते समय इन अंतर्सम्बन्धों को अच्छी तरह समझ लेना बहुत ही आवश्यक है।

इस सत्य को तो अब बड़े व्यापक स्तर पर स्वीकार किया जा चुका है कि आर्थिक विनिमय के प्रति अधिकारिताएँ आर्थिक संवृद्धि के रथ की बड़ी वाहक शक्ति का कार्य करती हैं। नीतियों के बेहतर विश्लेषण के लिए उन अंतर्सम्बन्धों को भी समझना पड़ेगा जिन्हें अभी तक अच्छी तरह जाना-पहचाना नहीं गया है। आर्थिक संवृद्धि से न केवल निजी आयों में वृद्धि होती है बल्कि सरकार के पास भी सामाजिक सुरक्षा बीमा व्यवस्था तथा सामाजिक कल्याण के लिए वित्तीय व्यवस्था करने के निमित्त अधिक संसाधन सुलभ हो जाते हैं। अतः आर्थिक संवृद्धि के योगदान का सही मूल्यांकन करने के लिए निजी आय की वृद्धि ही नहीं, सामाजिक सेवाओं के उस प्रसार का भी आकलन आवश्यक है जो आर्थिक संवृद्धि के कारण संभव हो पाता है।

इसी प्रकार सार्वजनिक शिक्षा और स्वास्थ्य सेवाओं के विकास एवं सक्रिय तथा स्वतन्त्र समाचार पत्र आदि के माध्यम से ऐसे अनेक सामाजिक सुयोगों का निर्माण सम्भव हो जाता है जिनसे आर्थिक विकास की वृद्धि तथा मृत्युदर आदि की दशाओं में सुधार में बहुत बड़ा योगदान मिलता है। मृत्युदर में कमी आगे चलकर जनन दर आदि में कमी का आधार बनती है। इस प्रकार से बुनियादी शिक्षा, विशेषकर

नारी शिक्षा के जनन सम्बन्धी प्रवृत्तियों पर प्रभाव और सम्पुष्ट होते हैं।

जापान तो बुनियादी शिक्षा एवं सामाजिक अवसरों के संवर्धन के माध्यम से आर्थिक संवृद्धि को बढ़ावा देने का सबसे उत्कृष्ट उदाहरण है। बहुत ही कम लोग यह बात जानते हैं कि सम्राट मेजी के शासन के पुनः प्रतिष्ठापन (Meiji Restoration) के समय भी जापानी समाज की साक्षरता दरें समकालीन यूरोपीय देशों से उच्चतर थीं–यद्यपि यूरोप में दशकों से चल रही औद्योगीकरण की लहर उस समय तक जापान तक नहीं पहुँच पाई थी। बाद के वर्षों में जापान की आर्थिक संवृद्धि पर इस व्यापक मानवीय संसाधन विकास तथा उससे जुड़े सामाजिक सुयोगों का बहुत ही सकारात्मक प्रभाव रहा है। अन्य पूर्वी एशियाई देशों से जुड़े 'पूर्वी एशियाई चमत्कार' के कारक आधार भी इसी प्रकार के सुयोगों से जुड़े प्रतीत होते हैं।

यह विचारधारा तो उस रूढ़ धारणा पर बड़ा करारा प्रहार करती है जिसके अनुसार शिक्षा, स्वास्थ्य तथा जीवन-यापन में सुधार आदि को केवल अमीर देशों के चोंचले मानना नीति निर्धारकों के मन-मस्तिष्क पर छाया रहता है। वस्तुतः जापान से प्रारम्भ होकर पूर्वी एशिया की समस्त सफलताएँ इसी वैचारिक विकृति पर कठोर प्रहार मानी जा सकती हैं। इन अर्थव्यवस्थाओं में शिक्षा का प्रसार बहुत पहले प्रारम्भ हुआ और फिर शीघ्र ही स्वास्थ्य व्यवस्था को भी सुधारा गया। सबसे महत्त्वपूर्ण बात यह है कि ये दोनों ही कार्य सामान्य गरीबी की बेड़ियां छिन्न-भिन्न होने से पूर्व सम्पन्न हो चुके थे। फिर शीघ्र ही उन्हें अपनी बोई हुई फसल को काटने का सुअवसर भी मिल गया। हिरोमित्सु इशी ने ठीक ही कहा है कि मानवीय संसाधनों के विकास को मेजी युग (1869-1911) के प्रारम्भिक काल में ही उच्च प्राथमिकता मिल चुकी थी तथा इस कार्य पर जापान में आर्थिक समृद्धि और विपुलता के वर्तमान युग में कोई ज्यादा ध्यान नहीं दिया गया है।

चीन एवं भारत की तुलना के विभिन्न आयाम

विकास प्रक्रिया में वैयक्तिक स्वातंत्र्य के भारी योगदान को देखते हुए उन स्वातन्त्र्यों के निर्धारक तत्त्वों पर विचार करना भी अत्यन्त आवश्यक हो जाता है। सरकारी क्रियाकलापों सहित उन सभी सामाजिक प्रभावों पर ध्यान दिया जाना आवश्यक हो जाता है जिनके द्वारा वैयक्तिक स्वातन्त्र्यों की प्रकृति एवं प्रसार का निर्धारण होता है। वैयक्तिक स्वातन्त्र्यों का सृजन एवं संवर्धन करने में सामाजिक व्यवस्था का महत्त्व प्रायः निर्णायक स्वरूप धारण कर लेता है। वैयक्तिक स्वातन्त्र्यों पर एक ओर तो विविध स्वतन्त्रताओं, सहिष्णुता तथा विनिमय व्यापार की व्यवस्था को सामाजिक संरक्षण का सकारात्मक प्रभाव पड़ता है, दूसरी ओर व्यापक रूप से शिक्षा, स्वास्थ्य आदि मानवीय योग्यताओं और क्षमताओं की सम्पोषक सुविधाओं के प्रसार में सार्वजनिक योगदान का भी अपना प्रभाव रहता है। स्वातन्त्र्य के इन दोनों प्रकार के निर्धारक तत्त्वों के महत्त्व की पृथक् पृथक् विवेचना किए जाने की आवश्यकता है।

इस सन्दर्भ में भारत एवं चीन के बीच तुलनाएँ कई बातों के स्पष्टीकरण में सहायक हो सकती हैं। दोनों ही देशों की सरकारें पिछले कुछ समय से अन्तर्राष्ट्रीय पटल पर सक्रिय, निर्बन्ध और बाजारोन्मुखी व्यवस्था की ओर बढ़ने का प्रयास कर रही हैं। चीन ने इस दिशा में 1979 से पहलकदमी प्रारम्भ की थी पर भारत 1991 में ही इस राह पर अग्रसर हुआ है। यद्यपि भारत को भी कुछ सफलताएँ मिली हैं पर चीन की उपलब्धियाँ बहुत ही विराट लगती हैं। इस तुलना में एक अत्यंत महत्त्वपूर्ण बात यह है कि बाजार व्यवस्था का प्रयोग कर लाभान्वित हो पाने के लिए सामाजिक सन्नद्धता की दृष्टि से चीन भारत की अपेक्षा बहुत ही आगे रहा है। यद्यपि सुधारपूर्व के चीन में बाजार की व्यवहारिकता को लेकर कुछ आशंकाएँ अवश्य थीं पर वहाँ शिक्षा तथा सांझी स्वास्थ्य व्यवस्था की उपादेयता के विषय में किसी को कोई सन्देह नहीं था। अतः जब 1979 में चीन ने बाजार को अपनाया तो वहाँ का जनबल, विशेषकर युवावर्ग, साक्षरतासम्पन्न था—लगभग सारे ही देश में अच्छी स्कूल व्यवस्था कुशलतापूर्वक कार्य कर रही थी। चीन की स्थिति पड़ोसी दक्षिण कोरिया और ताईवान जैसी ही थी जहाँ शिक्षित जन समुदाय ने बाजार व्यवस्था द्वारा सुलभ कराए सुअवसरों का लाभ उठाने का कोई मौका हाथों से नहीं खिसकने दिया था। इसके विपरीत 1991 में बाजार की ओर मुँह उठाकर देखते समय भारत की जनसंख्या का अर्द्धांश असाक्षर ही था तथा आज भी इस स्थिति में कोई बड़ा बदलाव नहीं आ पाया है।

सुधारपूर्व की सामाजिक व्यवस्था की शिक्षा एवं स्वास्थ्य के प्रति प्रतिबद्धता के कारण ही चीन में स्वास्थ्य व्यवस्था भी भारत से बेहतर ही थी। यह प्रतिबद्धता स्वास्थ्य आदि के बाजारवादी अर्थतन्त्र में महत्त्व की स्वीकारोक्ति पर आधारित नहीं थी, फिर भी इसके कारण बाजार का लाभ उठाने में बहुत ही सहायता मिली क्योंकि इससे ऐसी परिस्थितियों (अथवा सामाजिक सुयोगों) की रचना हो गई जिनके कारण बाजार के सुअवसरों का प्रयोग बहुत सहजता और शीघ्रतापूर्वक सम्भव हो गया। सामाजिक पिछड़ेपन, इसके अभिजात्यवादी उच्च शिक्षा पर आग्रह और स्कूल व्यवस्था की अनदेखी तथा बुनियादी स्वास्थ्य व्यवस्था की घोर दुर्दशा के कारण यह देश व्यापक भागीदारीपूर्ण आर्थिक प्रसार के अवसरों का प्रयोग कर पाने के लिए कदापि तैयार नहीं हो पाया था। भारत और चीन के बीच तुलनाओं के और भी कई आयाम हैं। इनकी सामाजिक-राजनीतिक व्यवस्थाओं में भारी अन्तर हैं। यही नहीं, भारत के विभिन्न क्षेत्रों के बीच भी शिक्षा और स्वास्थ्य सुविधा आदि के प्रसार को लेकर भारी विषमताएँ विद्यमान हैं। इन बातों पर हम कुछ ठहर कर विचार करेंगे। पर विश्लेषण की इस प्रारम्भिक अवस्था में भी व्यापक बाजारोन्मुखी विकास का लाभ उठा पाने के लिए भारत व चीन की (आन्तरिक रूप से) तैयारी के स्तरों के अन्तर बहुत ही 'भारी' प्रतीत होते हैं।

यह बात भी ध्यान देने योग्य है कि भारत की भाँति लोकतान्त्रिक स्वातन्त्र्य नहीं होने के कारण चीन को अनेक प्रकार की वास्तविक बाधाओं का भी सामना

करना पड़ता है। यह बात उस समय बहुत ही महत्त्वपूर्ण हो जाती है जब कोई अप्रत्याशित प्राकृतिक या सामाजिक संकट उत्पन्न हो [ऐसी अवस्था में एक संवेदनशील एवं लचीली आर्थिक नीति बहुत ही उपयोगी होती है–जो चीन जैसी निरंकुश व्यवस्था में सम्भव नहीं हो पाती]। इसी तुलना का सबसे बड़ा उदाहरण 1958-61 की निष्फल 'लम्बी छलांग' (Great Leap Forward) के दौरान मानव इतिहास के सबसे भीषण अकाल में चीन में हुई व्यापक जनहानि में मिलता है। इन वर्षों में वहाँ तीन करोड़ लोग अकालग्रस्त हो भूख से तड़पकर दम तोड़ गए थे। इसके विपरीत भारत 1977 में स्वतन्त्रता के बाद से अकाल आदि की छाया से अपने विशाल जन समुदाय को बचाए रख पाने में सफल रहा है। जब अच्छा दौर चल रहा हो तो लोकतन्त्र की संरक्षण क्षमता की ओर ध्यान ही नहीं जाता किन्तु, जैसे कि हाल ही में पूर्व एवं दक्षिण पूर्व एशियाई देशों को अनुभव हुआ है, जाने कितने संकट किस कोने में छिपे हुए अपने अवसर की प्रतीक्षा कर रहे होते हैं। इस बारे में भी हम इस पुस्तक में और विस्तार से चर्चा करेंगे।

विभिन्न साधनभूत स्वातन्त्र्यों के बीच अनेक पारस्परिक सम्बन्ध सूत्र होते हैं। उनकी अपनी-अपनी भूमिकाएँ और एक दूसरे पर प्रभाव विकास-प्रक्रिया के ही विभिन्न आयाम अथवा पक्ष हैं। आगे आनेवाले अध्यायों में हमें ऐसे बहुत से सम्बन्ध सूत्रों और उनके वितान एवं प्रसार के विषय में विचार करने का अवसर मिलेगा। फिर भी, इन सम्बन्ध सूत्रों की कार्यविधि की झलक दिखाने के लिए मैं विश्व में प्रायः सर्वमान्य योग्यताओं जैसे दीर्घायुता और जन्म के समय जीवाशा पर पड़ने वाले अन्यान्य प्रभावों का कुछ विश्लेषण कर रहा हूँ।

संवृद्धि-नियमित सामाजिक व्यवस्थाएँ

सामाजिक व्यवस्थाओं का अनुजीवन स्वातन्त्र्य पर बहुत ही गहन प्रभाव पड़ सकता है किन्तु यहाँ पर साधनभूत सम्बन्ध सूत्र कुछ अलग प्रकार के हो सकते हैं। कई बार यह भी आग्रह किया जाता है कि ये आर्थिक संवृद्धि से भिन्न कोई अन्य प्रक्रिया नहीं होगी–क्योंकि आर्थिक संवृद्धि का अर्थ है प्रतिव्यक्ति आय की संवृद्धि और दीर्घायुता के साथ इसका बहुत ही निकट सम्बन्ध रहता है। कभी-कभी तो कुछ विद्वान यहाँ तक कह डालते हैं कि दीर्घायुता और उच्च प्रतिव्यक्ति आय के इस सम्बन्ध के सांख्यिकीय साक्ष्य इतने प्रबल हैं कि आयवृद्धि में सफलता के बाद जीवन धारण में सुधार के विषय में किसी प्रकार के सन्देह या संशय की गुंजाइश ही नहीं रहती। जहाँ तक विभिन्न देशों के बीच जीवाशा/अनुजीवन और आय के स्तरों की तुलना की बात है, यह सांख्यिकीय साक्ष्य की प्रबलता एक निर्द्वन्द्व तथ्य मानी जा सकती है किन्तु केवल आय-आधारित सम्पन्नता को ही सामाजिक व्यवस्थाओं की उपादेयता को अर्थहीन घोषित कर देने का एक पर्याप्त आधार [बिना विश्लेषण के ही] मान लेना ठीक नहीं होगा।

इस सन्दर्भ में हाल ही में सुधीर आनन्द तथा मार्टिन रेवेलियन द्वारा प्रस्तुत सांख्यिकीय विश्लेषण का उद्धरण देना उपयोगी लगता है। विभिन्न देशों के बीच तुलना करते हुए इन्होंने पाया है कि जीवाशा तथा प्रतिव्यक्ति सकल राष्ट्रीय उत्पाद के स्तरों में बहुत महत्त्वपूर्ण सकारात्मक सहसम्बन्ध है किन्तु साथ ही यह बात भी उनके विश्लेषण से स्पष्ट हो रही है कि यह सहसम्बन्ध दो अन्य सहायक तथ्यों पर आधारित हैं : (1) प्रतिव्यक्ति सकल राष्ट्रीय उत्पाद की वृद्धि विशेष रूप से गरीब जन समुदाय की प्रतिव्यक्ति आय में वृद्धि के कारण संभव हुई है, तथा (2) इसके साथ-साथ सार्वजनिक व्यय—विशेषकर स्वास्थ्य व्यवस्था पर—में भी वृद्धि हुई हो। यही नहीं, यदि सांख्यिकीय प्रतीपगमन विश्लेषण में इन दोनों कारकों को स्वतन्त्र कारक का स्थान प्रदान करने के बाद प्रतिव्यक्ति सकल राष्ट्रीय उत्पाद को सम्मिलित किया जाए तो प्रतिमान की व्याख्या क्षमता में सुधार नगण्यप्राय ही रहता है। वास्तव में यदि गरीबी और स्वास्थ्य व्यवस्था पर सार्वजनिक व्यय को स्वतन्त्र रूप से व्याख्याकारी कारक स्वीकार कर लिया जाता है तो फिर आनन्द और रेवेलियन के विश्लेषण में प्रतिव्यक्ति सकल राष्ट्रीय उत्पाद और जीवाशा के बीच सम्बन्ध पूरी तरह लुप्त ही हो जाता है।

यहाँ एक बात को दोहराना आवश्यक है कि आनन्द और रेवेलियन का यह विश्लेषण, यदि अन्य साक्ष्य इसकी पुष्टि कर दें, तो भी इसका अर्थ यह कदापि नहीं होगा कि प्रतिव्यक्ति सकल राष्ट्रीय उत्पाद वृद्धि से जीवाशा का सम्पोषण नहीं होगा। वास्तव में हम केवल इसी निष्कर्ष तक पहुँच पाएँगे कि राष्ट्रीय उत्पाद के स्तर तथा जीवाशा के बीच के सम्बन्ध सूत्र स्वास्थ्य व्यवस्था पर सार्वजनिक व्यय और गरीबी निर्मूलन विषयक कार्यक्रमों की सफलता के माध्यमों से ही फलीभूत हो पाते हैं। वास्तविक बात यही है कि आर्थिक संवृद्धि के 'प्रसाद' का वितरण किस प्रकार होता है। इसी से हम यह भी सहज ही समझ पाएँगे कि ताईवान और दक्षिण कोरिया आदि देश आर्थिक संवृद्धि के माध्यम से जीवाशा-स्तर में इतना भारी सुधार किस प्रकार कर पाए हैं।

पूर्वी एशियाई अर्थव्यवस्थाओं की सफलताओं की पिछले कुछ वर्षों में बहुत बारीकी से समालोचना-विवेचना हुई है। 'एशियायाई आर्थिक संकट' की गहनता एवं प्रकृति के कारण यह विवेचना कदाचित् भर्त्सना का रूप भी धारण कर गई है। यह संकट वास्तव में ही बहुत गम्भीर रहा है और इसने पहले 'सम्पूर्ण रूप से सफल' मान ली गई अर्थव्यवस्थाओं की कुछ विशिष्ट प्रकार की विफलताओं की ओर ध्यान आकर्षित किया है। इन विशेष समस्याओं और विफलताओं के बारे में अध्याय 6 तथा 7 में हम कुछ विस्तार से चर्चा करेंगे किंतु पूर्वी एवं दक्षिण-पूर्वी एशिया के देशों में पिछले कुछ दशकों में इतनी महान प्रगति हुई है और उसके कारण वहाँ बसे विशाल जन-समुदाय के जीवन और जीवाशा में इतना क्रांतिकारी बदलाव आया है कि उसकी ओर ध्यान देना एक बहुत बड़ी भूल होगी। इन देशों की अब उजागर

हुई त्रुटियों (जो सम्भवतः वर्षों से इनकी सामाजिक व्यवस्था में घर किए हुए थीं), जिनमें राजनीतिक स्वातन्त्र्य एवं सामाजिक निर्णय प्रक्रिया में स्वतन्त्र भागीदारी और संरक्षात्मक सुरक्षा आदि शामिल हैं, के कारण इन देशों द्वारा और अनेक क्षेत्रों में अर्जित प्रशंसनीय सफलताओं के प्रति आँखें मूंद लेना उचित नहीं होगा।

अनेक ऐतिहासिक कारणों से पूर्वी एवं दक्षिण-पूर्व एशियाई देशों में बुनियादी शिक्षा, स्वास्थ्य व्यवस्था के विकास, भू-सुधारों को प्रभावी रूप से और शीघ्रतापूर्वक लागू कर पाना तथा व्यापक आर्थिक भागीदारीपूर्ण व्यवस्था का प्रादुर्भाव जितनी सहजता से सम्भव हो पाया है उतने सहज भाव से सफलता ब्राजील, भारत या पाकिस्तान में नहीं मिल पाई। इसी कारण इन देशों (ब्राजील आदि) में सामाजिक सुयोगों का सृजन इतना शिथिल रह गया है कि यह आर्थिक विकास में बाधक हो चला है। पूर्वी दक्षिणपूर्वी एशियाई देशों में सामाजिक सुअवसरों के प्रसार ने उच्च रोजगार सृजनकारी आर्थिक विकास सम्भव बनाया है। इसी के कारण मरणशीलता की दर में कमी और जीवाशा में सुधार के उपयुक्त परिस्थितियों की रचना सम्भव हो पाई है। यहाँ ब्राजील से तुलना तो बहुत ही शिक्षाप्रद लगती है। ब्राजील में भी आर्थिक संवृद्धि दर पूर्वी दक्षिणपूर्वी एशियाई देशों की भाँति ही बहुत प्रशंसनीय रही है, फिर भी इस देश का इतिहास भयंकर सामाजिक विषमताओं, बेरोजगारी और जनस्वास्थ्य व्यवस्था की दुर्दशा आदि से पूर्ण दिखाई देता है। इस कारण इन ब्राजील जैसे देशों में जीवाशा में सुधार की दर [तीव्र आर्थिक संवृद्धि के बावजूद] बहुत धीमी रही है।

यहाँ कुल मिलाकर दो प्रकार की परस्परविरोधी किन्तु सम्बन्धित विलक्षणताएँ स्पष्ट हो रही हैं :

1. *तीव्र आर्थिक संवृद्धिशील अर्थव्यवस्थाओं के वैषम्य :*

● दक्षिण कोरिया व ताईवान की भाँति दीर्घायुता एवं जीवन की गुणवत्ता में भारी सफलता अर्जित करने वाले देश।

● ब्राज़ील जैसे देश, जो व्यापक आर्थिक संवृद्धि के बाद भी अन्य क्षेत्रों में इस प्रकार की सफलता नहीं पा सके।

2. *दीर्घायुता एवं जीवन स्तर में व्यापक सुधार में सफल देशों के बीच वैषम्य :*

● द. कोरिया व ताईवान, जो साथ ही साथ तीव्र आर्थिक संवृद्धि भी प्राप्त कर सके हैं, और,

● श्रीलंका, सुधारपूर्व चीन तथा भारत का केरल राज्य—जहाँ आर्थिक संवृद्धि तो विशेष नहीं रही, पर जीवन स्तर और दीर्घायुता की उपलब्धियाँ बड़ी उल्लेखनीय हैं।

मैंने द. कोरिया और ब्राजील के बीच अन्तरों पर अभी कुछ पहले ही ट्पिण्णी की है किन्तु द्वितीय वर्ग के वैषम्य की विवेचना भी आवश्यक है। ज्यां द्रीज़ के साथ लिखी अपनी पुस्तक 'हंगर एंड पब्लिक एक्शन' में हमने मरणशीलता में तीव्र कमी

की दो प्रकार की सफलताओं के बीच भेद किया है—जिन्हें हमने 'संवृद्धि- नियमित' (Growth-mediated) और 'समर्थन-प्रेरित' (Support-led) प्रक्रियाएं बताया है। पहली प्रक्रिया तीव्र आर्थिक संवृद्धि के परिणामस्वरूप ही मूर्तरूप धारण करती है और इसमें संवृद्धि के व्यापक आधार, रोजगार सृजन में योगदान और नव-प्राप्त आर्थिक कंपलन्नता से उपयुक्त प्रकार की सामाजिक सेवाओं (शिक्षा, स्वास्थ्य, सामाजिक सुरक्षा आदि) के प्रसार का निर्णायक महत्त्व रहता है। दूसरी ओर 'समर्थन- प्रेरित' प्रक्रिया अपनी सफलता के लिए तीव्र आर्थिक संवृद्धि पर निर्भर नहीं रहती। इसमें तो स्वास्थ्य व्यवस्था, शिक्षा तथा अन्य उपयुक्त सामाजिक व्यवस्थाओं की रचना की सूझबूझपूर्ण कार्यक्रमों के सहारे ही सफलताएँ अर्जित होती हैं। श्रीलंका, सुधारपूर्व चीन, कोस्टारीका और केरल आदि के अनुभव इसी प्रक्रिया की सफलता के उदाहरण हैं। इन सभी में बिना किसी उल्लेखनीय आर्थिक संवृद्धि के ही मरणशीलता में भारी कमी एवं जीवाशा में व्यापक संवृद्धि की प्राप्ति सम्भव हो पाई है।

सार्वजनिक सम्भरण व्यवस्था, न्यून आय और सापेक्ष लागतें

समर्थन-प्रेरित प्रक्रिया प्रतिव्यक्ति आय के स्तर में किसी नाटकीय उछाल की प्रतीक्षा नहीं करती। यह तो उन सामाजिक सेवाओं के सार्वजनिक सम्भरण (Public Provisioning) का सहारा लेती है जिनसे मृत्युदर कम होती है और जीवन की गुणवत्ता का प्रसार होता है। इसी प्रकार के सम्बन्धों का स्पष्टीकरण हम चित्र 2.1 में कर रहे हैं। यहाँ हमने छह देशों तथा भारत के तीन करोड़ जनसंख्या वाले एक प्रान्त केरल[1] में प्रतिव्यक्ति सकल राष्ट्रीय उत्पाद और जन्म के समय जीवाशा के स्तर दर्शाए हैं [ये देश हैं : सुधारपूर्व चीन, श्रीलंका, नामीबिया, ब्राजील, दक्षिण अफ्रीका और गेबन]। आय के न्यून स्तरों के बावजूद केरल, चीन और श्रीलंका निवासी अति उच्च जीवाशा स्तर प्राप्त कर चुके हैं। इनके विपरीत अधिक आय कमा पाने में सफलता के बाद भी नामीबिया, ब्राजील और द.अफ्रीका में इस प्रकार की सफलता सम्भव नहीं हो पाई है। गेबन की तो बात ही कुछ ओर है। इन क्षेत्रों के समूह में सर्वाधिक आय से सम्पन्न इस देश के निवासियों को अभी भी सबसे न्यून जीवाशा स्तर ही भुगतना पड़ रहा है। यदि इस समूह को संपन्न और विपन्न उपसमूहों में विभाजित कर विषमता की दिशा पर दृष्टिपात करें तो विपरीत प्रवृत्ति के दर्शन होते हैं अर्थात् आय के स्तर और जीवाशा के बीच विपरीत सह-सम्बन्ध दिखाई पड़ता है। जीवाशा का सम्बन्ध विकास के सारभूत अनेक सामाजिक सुअवसरों से रहता है [जैसे महामारियों पर नियन्त्रण विषयक नीतियाँ, स्वास्थ्य व्यवस्था, शिक्षा सुविधाएँ आदि]। इसी कारण आय-केन्द्रित दृष्टिकोण को और व्यापक बनाना आवश्यक है,

---

1. यह बात ध्यान देने योग्य है कि यद्यपि केरल भारत का एक प्रान्त मात्र ही है, पर इसकी जनसंख्या का आकार यूरोप के अधिकांश देशों से अधिक है, यहाँ तक कि अत्यन्त विशाल भू-भाग पर बसे देश कनाडा से भी केरल की जनसंख्या अधिक है।

चित्र 2.1 : अमेरिकी डालरों में सकल राष्ट्रीय उत्पाद और जन्म के समय जीवाशा, 1994

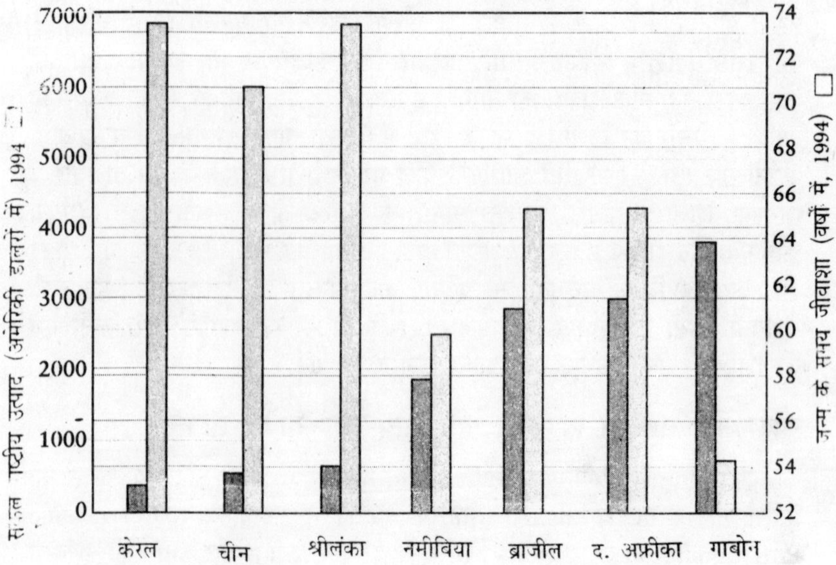

स्रोत : देशानुसार आंकड़े विश्व बैंक : 'विश्व विकास रपट—1996; भारत के विस्तृत आंकड़े भारत सरकार के भारत में नारी, प्रति व्यक्ति घरेलू उत्पाद 1992, 93, भारत सरकार (1997) तथा वित्त मंत्रालय के आर्थिक सर्वेक्षण 1996-97 से संकलित

तभी विकास की प्रक्रिया को ठीक से समझ पाना सम्भव होगा। इन वैष्णम्यों को उजागर करने का नीतियों की रचना पर गहन प्रभाव पड़ सकता है, इनसे समर्थनप्रेरित प्रक्रिया का महत्त्व भी स्पष्ट होता है।

शिक्षा, स्वास्थ्य व्यवस्था आदि सार्वजनिक सेवाओं के प्रसार के लिए भारी खर्च की आवश्यकता पड़ती है। इसी कारण गरीब देशों में समर्थन-प्रेरित प्रक्रियाओं का वित्तीय प्रबन्धन हो पाना कुछ आश्चर्यकारी प्रतीत होता है। अक्सर वित्त के अभाव को ही सामाजिक दृष्टि से महत्त्वपूर्ण निवेश को स्थगित करने का बहाना बना लिया जाता है। कहा जाता है कि 'इन सेवाओं के लिए बेचारे गरीब देश पैसा कहाँ से जुटा पाएँगे ?' यह एक अच्छा प्रश्न है पर इसका उत्तर भी इतना ही शानदार है—यह उत्तर निहित है सापेक्ष लागतों के अर्थशास्त्र में। ये सारी ही समर्थनप्रेरित प्रक्रियाएँ श्रमसघन होती हैं और गरीब देशों में श्रम अपेक्षाकृत सस्ता होने के कारण इनकी

सापेक्ष लागतें कम हो जाती हैं। यही इन प्रक्रियाओं की सफलता का रहस्य होता है। यह ठीक है कि गरीब देश में शिक्षा-स्वास्थ्य आदि पर खर्च करने के लिए बहुत अधिक धनराशि उपलब्ध नहीं हो सकती किन्तु अमीर देशों की अपेक्षा बहुत कम व्यय करके भी ये उसी स्तर की सेवाएँ सुलभ करने में सफल हो सकते हैं। सापेक्ष कीमतें और लागतें ही वे दो सहयोगी हैं जिनके आधार पर यह निश्चित हो पाता है कि कोई देश क्या कुछ कर पाने के लिए धन जुटा सकता है। यदि समाज इस कार्य के लिए उपयुक्त वैचारिक प्रतिबद्धता से युक्त हो तो फिर स्वास्थ्य और शिक्षा आदि की अत्यन्त महत्त्वपूर्ण सामाजिक सेवाओं के वित्तीयन के गणित में सापेक्ष लागतों के अन्तर उपयुक्त राह सुझा ही देते हैं।

वैसे किसी सीमा तक समर्थन-प्रेरित की अपेक्षा संवृद्धि-विन्यासित सामाजिक विकास प्रक्रिया में कुछ लाभ अधिक दिखाई पड़ते हैं। क्योंकि अकालमृत्यु, रुग्णता और निरक्षरता के अतिरिक्त भी कई अन्य प्रकार के अभाव और वंचनाओं से निम्न आय का बहुत सीधा रिश्ता होता है [जैसे कि पहनने के वस्त्र तथा सिर पर छत आदि का अभाव]। यह तो बिल्कुल स्पष्ट ही है कि उच्च आय और दीर्घ जीवन अन्य गुणवत्ताकारी तत्त्वों सहित दोनों का एक साथ मिलना ही अधिक श्रेयस्कर होगा—अकेली दीर्घायुता ही पर्याप्त नहीं है। इस बात पर मैं विशेष रूप से बल दे रहा हूं, क्योंकि अक्सर जीवाशा और इसी प्रकार के अन्य जीवन-गुणवत्ता के आंकड़े बहुत ही लुभावने लगते हैं।

उदाहरण के लिए, भारत के केरल प्रान्त में निम्न आय के बाद भी उच्च जीवाशा, निम्न जनन दर, उच्च साक्षरता आदि की उपलब्धियाँ बहुत ही स्पृहणीय एवं अनुकरणीय हैं। फिर भी यह प्रश्न अवश्य उठता है कि केरल मानवीय विकास के निर्माण में अपनी शानदार सफलता को आधार बना कर अपनी आय का स्तर ऊपर क्यों नहीं उठा पाया ? यदि यह भी हो जाता तो निश्चित रूप से इसकी सफलताएँ अधिक प्रभावी हो जातीं—यह अभी तो एक पूर्ण प्रतिमान नहीं हो सकता [बेशक कुछ क्षेत्रों में इस प्रकार का दावा किया जाता हो पर इसकी सफलताएँ किसी सीमा तक अधूरी-सी ही हैं]। नीति निर्धारण की दृष्टि से भी प्रोत्साहन-योजनाओं एवं निवेश के प्रति केरल की आर्थिक नीतियों की गहरी छानबीन करनी आवश्यक लगती है [जीवाशा और जीवन की गुणवत्ता में अप्रत्याशित सुधार को ही सभी नीतियों की उपयुक्तता की एकमात्र कसौटी मान लेना उचित नहीं होगा]। इस दृष्टि से समर्थन प्रेरित सफलताएँ संवृद्धि-विन्यासित सफलताओं [जिनमें आर्थिक विपुलता और जीवन की गुणवत्ता में साथ-साथ सुधार आते हैं] की अपेक्षा निश्चित रूप से बौनी रह जाती हैं।

दूसरी ओर, समर्थन-प्रेरित प्रक्रिया की सफलता यह भी स्पष्ट कर देती है कि देश के लिए बहुत अमीर हो जाने तक [यह अवधि बहुत लम्बी भी हो सकती है] प्रतीक्षा करना आवश्यक नहीं है। इससे पूर्व भी बुनियादी स्वास्थ्य एवं चिकित्सा तथा शिक्षा व्यवस्थाओं में तीव्र दर से सुधार करना सम्भव हो सकता है। सामाजिक सेवाओं

के उपयुक्त कार्यक्रम का सहारा लेकर कम आय होते हुए भी जीवन की गुणवत्ता में व्यापक सुधार लाए जा सकते हैं। यह तथ्य कि शिक्षित एवं स्वस्थ जनशक्ति आर्थिक संवृद्धि में वृद्धिकारी योगदान दे सकती है, हमें इस बात के पक्ष में अतिरिक्त तर्क सुझाता है कि गरीब देशों को पहले सम्पन्न होने की प्रतीक्षा किए बिना इन सामाजिक व्यवस्थाओं की रचना की ओर अविलम्ब ध्यान देना चाहिए। समर्थन-प्रेरित प्रक्रिया जीवन की गुणवत्ता में त्वरित सुधार के लिए एक बहुत ही प्रभावी सुझाव हो सकती है। नीतियों के निर्धारण में इस पक्ष पर विचार करना बहुत उपयोगी भी होगा, फिर भी इसके साथ-साथ जीवन स्तर के अन्य मानक अभिलक्षणों और आर्थिक संवृद्धि के पोषण की ओर अग्रसर होने की आवश्यकता तो बनी ही रहती है।

बीसवीं शताब्दी के ब्रिटेन में मरणशीलता में ह्रास

इसी सन्दर्भ में विकसित औद्योगिक अर्थव्यवस्थाओं में मरणशीलता में ह्रास तथा जीवाशा वृद्धि के काल सोपान का पुनः विश्लेषण भी बहुत शिक्षाप्रद हो सकता है। रॉबर्ट फोगेल, सैम्युल प्रेस्टन आदि ने पिछली कुछ शताब्दियों में यूरोप तथा संयुक्त राज्य अमेरिका में मरणशीलता के ह्रास में स्वास्थ्य तथा पोषण के सार्वजनिक प्रावधानों एवं सामान्य सार्वजनिक व्यवस्थाओं के योगदान का बहुत सटीक विश्लेषण किया है। 20वीं शताब्दी में जीवाशा के प्रसार का अध्ययन भी अपने आप में कम ज्ञानवर्धक नहीं होगा, क्योंकि इस शताब्दी के प्रारम्भ में भी एक अग्रणी पूँजीवादी बाजार-आश्रित अर्थव्यवस्था कहलाने वाले, ब्रिटेन में जीवाशा का स्तर आज के अल्पविकसित देशों से भी कम ही था। परन्तु 20वीं शती में ब्रिटेन में जीवाशा में तीव्र दर से वृद्धि हुई है—इसमें सामाजिक व्यवस्थाओं की नीति का भी योगदान रहा है। इसी संवृद्धि के सोपान का विश्लेषण उपयोगी होगा, ऐसी हमारी मान्यता है।

ब्रिटेन में स्वास्थ्य तथा पोषण के समर्थनकारी सार्वजनिक कार्यक्रम का प्रसार आलोच्य अवधि के दशकों में समान रूप से नहीं चला है। इस शताब्दी के दौरान समर्थन-प्रेरित नीतियों के तीव्र प्रसार के दो निश्चित दौर रहे हैं। ये दोनों दौर दो विश्व युद्धों के हैं। प्रत्येक दौर में युद्ध द्वारा उत्पन्न परिस्थितियों ने जीवन-यापन की आवश्यकताओं के अधिक भली प्रकार विभाजन-वितरण को बढ़ावा दिया। इनमें स्वास्थ्य सेवाएँ तथा राशन एवं सस्ते दामों में आवश्यक पोषक सामग्री का वितरण भी शामिल रहे हैं। प्रथम महायुद्ध की अवधि में समाज के पास उपलब्ध सामग्री को मिलबाँट कर प्रयोग करने के प्रति सामाजिक दृष्टिकोण में बहुत ही शानदार परिवर्तन आए। उस समय की मिलबाँट कर प्रयोग करने की नीतियों का बहुत ही सटीक विश्लेषण जे विन्टर ने किया है। दूसरे महायुद्ध के काल में भी अप्रत्याशित रूप से बहुत अच्छी समर्थनकारी सामाजिक व्यवस्थाएँ विकसित हो गईं। इसमें संकटग्रस्त ब्रिटिश राष्ट्र की मनस्थिति का भी बहुत बड़ा योगदान रहा है जिसके कारण खाद्य पदार्थों एवं पोषक तत्त्वों तथा स्वास्थ्य व्यवस्था की अतिसीमित सुविधाओं का मिलबाँट

कर प्रयोग करने की बात सहज स्वीकार्य एवं प्रभावी हो सकी। राष्ट्रीय स्वास्थ्य सेवा का तो जन्म ही उस अवधि में हुआ था।

क्या इन सबका स्वास्थ्य के स्तर और अनुजीवन पर कुछ प्रभाव रहा है ? क्या वास्तव में ब्रिटेन की इन समर्थन-प्रेरित नीतियों के युग में मरणशीलता में तीव्र दर से कमी आ पाई थी ? पोषण सम्बन्धी अध्ययनों से वास्तव में यह प्रमाण मिले हैं कि यद्यपि द्वितीय महायुद्ध के दौरान ब्रिटेन में प्रति व्यक्ति खाद्य उपलब्धिता में तो काफी कमी आई पर साथ ही साथ सामान्य कुपोषण में भी भारी कमी के प्रमाण उपलब्ध हुए हैं। अति गम्भीर कुपोषण तो समाप्तप्राय ही हो गया था। युद्ध के कारण हुई मृत्युओं को छोड़ दें तो सामान्य मृत्युदर में भी गिरावट के प्रमाण मिले हैं। प्रथम महायुद्ध की अवधि में भी इसी प्रकार का घटनाक्रम रहा था।

चित्र 2.2 : जीवाशा में सुधार (1901-60) : इंग्लैंड और वेल्स

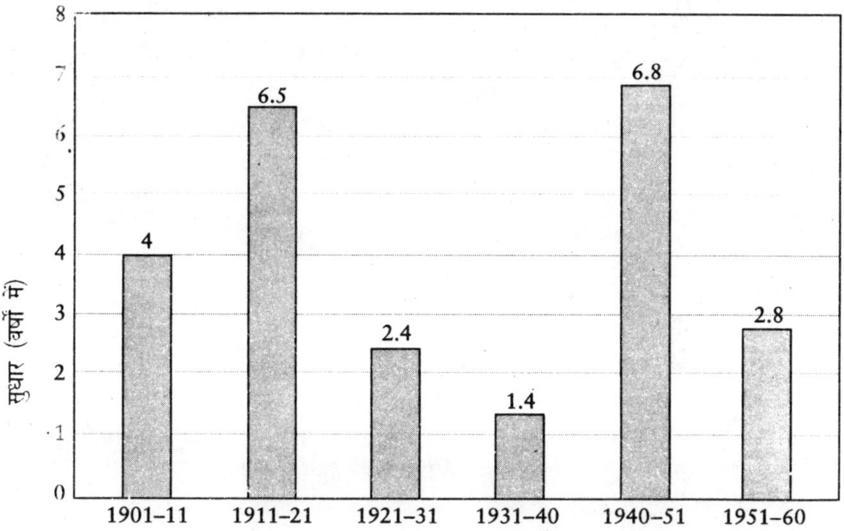

स्रोत : प्रेस्टन आदि लिखित, 'कॉज़ेज़ ऑफ डेथ' (न्यूयार्क, सेमिनार प्रेस, 1992)

यह भी बहुत विलक्षण बात है कि यदि दशकीय जनगणनाओं के आंकड़ों की तुलना करें तो भी यही प्रमाण मिलता है कि युद्ध के दशकों में जीवाशा में सुधार

चित्र 2.3 : सकल घरेलू उत्पाद (यू.के.) तथा जीवाशा में दशकवार वृद्धि (इंग्लैंड और वेल्स) 1901-1960

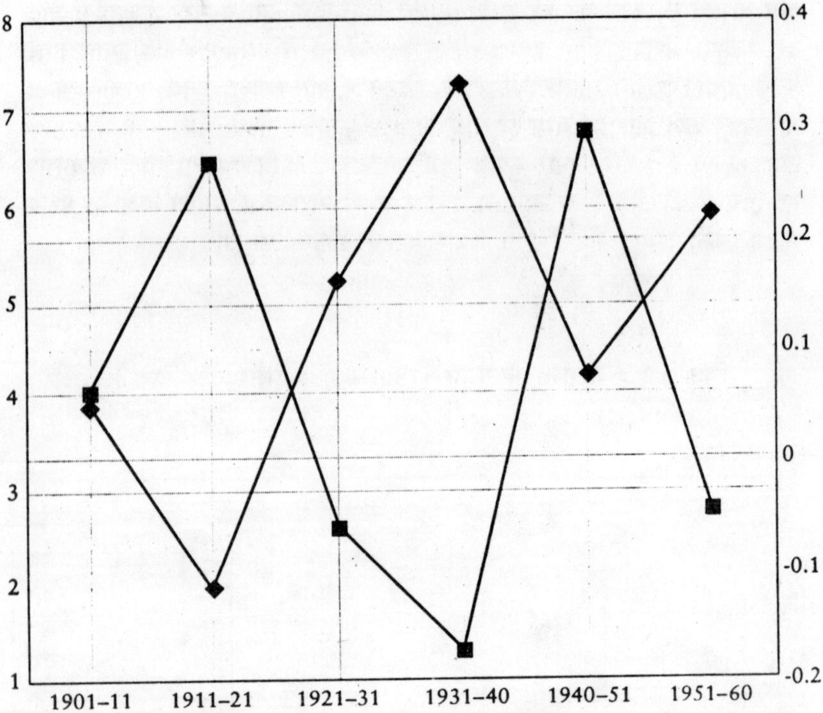

सन्दर्भ : ■ इंग्लैंड और वेल्स में दशकवार जीवाशा सुधार बायीं ओर अंकित पैमाने द्वारा निर्दिष्ट है।

◆ यू.के. में प्रतिव्यक्ति सकल घरेलू उत्पाद में दशकवार सुधार दायीं ओर के पैमाने द्वारा निर्दिष्ट है।

स्रोत : ए. मैडिसन, 'फेज़िज ऑफ कैपिटलिस्ट डेवलपमेंट', न्यूयॉर्क, आक्सफोर्ड यूनिवर्सिटी प्रेस 1982; और प्रेस्टन आदि, कॉज़ेज़ ऑफ डेथ', न्यूयॉर्क, सेमिनार प्रेस, 1972

तीव्रतम रहा है। यह बात चित्र 2.2 में स्पष्ट हो रही है—इसमें 20वीं शती के प्रथम छः दशकों में जीवाशा में सुधार की जानकारी दिखाई गई है। अन्य दशकों में भी धीरे-धीरे जीवाशा में वृद्धि हुई है किन्तु युद्ध के दशकों में तो इसमें लगभग सात-सात वर्षों के उछाल दर्ज किए गए हैं।

दूसरा प्रश्न यह उठता है कि कहीं युद्ध के दशकों में जीवाशा के अति प्रभावपूर्ण उछाल का कारण यह तो नहीं है कि इन दशकों में तीव्र आर्थिक संवृद्धि भी हुई

हो ? किन्तु इसका उत्तर नहीं में होगा। हमारा चित्र 2.3 यह स्पष्ट कर रहा है कि जीवाशा की तीव्र वृद्धि के दशक वास्तव में सामान्य आर्थिक संवृद्धि में शिथिलता के वर्ष रहे हैं। यह भी तर्क दिया जा सकता है कि सम्भवतः सकल घरेलू उत्पाद की वृद्धि के जीवाशा पर प्रभाव एक दशक के अन्तराल बाद ही मुखरित होते रहे हों। हमारा चित्र 2.3 इस दावे का खंडन नहीं कर पाता किन्तु अन्य कसौटियों पर यह दावा खरा नहीं उतरता। वैसे भी इस दावे में निहित कारण-प्रभाव सम्बन्ध बहुत कमजोर-सा ही है। ब्रिटेन में तीव्र दर से जीवाशा की वृद्धि की एक अधिक युक्तिसंगत व्याख्या यही लगती है कि युद्ध के दौरान समाज में मिलबाँट कर खाने की प्रवृत्ति बहुत बलशाली हो गई थी, इसी के कारण पोषण तथा स्वास्थ्य व्यवस्था की सामाजिक सेवाओं को व्यापक स्तर पर सार्वजनिक समर्थन सम्भव हो पाया था। अतः युद्ध अवधियों में जनसामान्य के जीवन-यापन की परिस्थितियों में तथा स्वास्थ्य की देखभाल के अध्ययनों से सामाजिक रवैया तथा सार्वजनिक सम्भरण व्यवस्था आदि के विषय में बहुत ही उपयोगी जानकारी प्राप्त होती है।

लोकतन्त्र तथा राजनीतिक प्रोत्साहन

उपर्युक्त सम्बन्ध सूत्रों के और भी अनेक उदाहरण खोजे जा सकते हैं। आइए, एक और सम्बन्ध पर भी थोड़ा ध्यान दें। यह सम्बन्ध राजनीतिक एवं नागरिक अधिकारों तथा आर्थिक संकटों से बचे रहने के स्वातन्त्र्य के बीच होता है। इस सम्बन्ध का सबसे प्राथमिक उदाहरण तो मैंने चीन एवं भारत की तुलना के सन्दर्भ में पहले दिया है—कि लोकतन्त्रों में अकाल नहीं पड़ते। वास्तव में किसी भी गरीब से गरीब लोकतन्त्र में भी किसी भीषण अकाल के आगमन का कोई प्रमाण नहीं मिलता। इसका कारण यही है कि यदि सरकार अकाल के कुप्रभावों से समाज को बचाने का निश्चय कर ले तो उन्हें टाला जा सकता है। एक स्वतन्त्र संचार माध्यमों और चुनावोंवाली बहुदलीय लोकतान्त्रिक व्यवस्था में अकाल से बचाव के लिए सतत प्रयास करने की अभिप्रेरणाएँ बहुत ही सशक्त हो जाती हैं। इससे यही संकेत मिलते हैं कि लोकतान्त्रिक व्यवस्था के रूप में राजनीतिक स्वातन्त्र्य आर्थिक स्वातन्त्र्य [अतिशय भुखमरी से स्वतन्त्रता] तथा अनुजीवन स्वातन्त्र्य [अकालों के कारण जीवनहानि से बचाव] की संरक्षक बन जाते हैं।

जब देश में कोई गम्भीर आपदा नहीं आई हो तो लोकतन्त्र-प्रदत्त यह सुरक्षा भावना इतनी सबल नहीं लगती क्योंकि सभी कार्य सुचारू रूप से चल रहे होते हैं। किंतु आर्थिक एवं अन्य परिस्थितियों में परिवर्तन या नीतियों में हुई भूलों का परिमार्जन नहीं होने पर एक स्वस्थ दीखने वाली सामाजिक व्यवस्था को भी अनेक खतरों की आशंका बनी रहती है। इसी विषय पर अध्याय 6-7 में विस्तार से चर्चा करते समय कुछ समय पूर्व के एशियाई आर्थिक संकट के राजनीतिक आयामों पर भी खुलकर विचार हो पाएगा।

एक निष्कर्षात्मक टिप्पणी

इस अध्याय में प्रस्तुत विश्लेषण में एक बुनियादी विचार को विकसित किया गया है, कि मानवीय स्वातन्त्र्य का संवर्धन-प्रसार विकास का प्रमुख साध्य या ध्येय भी है और साधन भी। विकास का लक्ष्य ही उन स्वातन्त्र्यों का मूल्यांकन है जो सहज भाव से जनसामान्य को सुलभ हो पाते हैं। व्यक्तियों की क्षमताएँ-योग्यताएँ अन्य कारकों के साथ-साथ आर्थिक, सामाजिक और राजनीतिक संरचनाओं पर भी निर्णायक रूप से निर्भर रहती हैं। उपयुक्त संस्थागत संरचनाओं का निर्माण करते समय विभिन्न स्वातन्त्र्यों के साधनभूत योगदानों पर विचार करना आवश्यक हो जाता है—यह निश्चित ही जनसामान्य के व्यापक स्वातन्त्र्य के विचार से कहीं बहुत आगे निकलने के समान है।

स्वातन्त्र्य के साधनभूत स्वरूप के कई परस्पर सम्बन्धित किंतु पृथक् घटक हैं, जैसे कि आर्थिक सुविधाएँ, राजनीतिक स्वातन्त्र्य, सामाजिक सुयोग, पारदर्शिता की आश्वस्ति और संरक्षणात्मक सुरक्षा। इन साधनस्वरूप अधिकारों, सुअवसरों और अधिकारिताओं के अन्तर्सम्बन्ध बहुत सशक्त एवं बहुआयामी होते हैं। विकास प्रक्रिया पर इन अन्तर्सम्बन्धों का बहुत गहरा प्रभाव पड़ता है। परस्पर सम्बन्धित स्वातन्त्र्यों के बाहुल्य के अनुरूप ही विविध संस्थाओं की संरचना आवश्यक हो जाती है। ये संरचनाएँ होंगी : लोकतान्त्रिक व्यवस्था, कानूनी व्यवस्था, बाजार की संरचना, शिक्षा तथा स्वास्थ्य का प्रावधान, संचार के माध्यमों का विकास, आदि। ये संरचनाएँ निजी एवं सार्वजनिक प्रयासों के (पृथक् पृथक्) आधार तथा सहयोग सामंजस्य पर आधारित भी हो सकती हैं। गैर-सरकारी और सहकारी संस्थाओं का भी अपना योगदान हो सकता है।

विकास के साध्यों एवं साधनों का विश्लेषण स्वातन्त्र्य के आयाम को मंच के मध्य भाग में प्रतिष्ठापित करने की मांग कर रहा है। इसके अनुसार अवसर मिलने पर जन-सामान्य को अपने भाग्य का निर्माण करने के कार्य में सक्रिय रूप से जुटा दिखाई पड़ना ही चाहिए—इसे किसी चातुर्यपूर्ण विकास कार्यक्रम का निष्क्रिय रूप से 'लाभ' पाने वाले समुदाय के रूप में ही 'प्रतिष्ठित' नहीं रहना चाहिए। मानवीय क्षमताओं के सम्पोषण और संरक्षण में सरकार तथा समाज की व्यापक भूमिका हो सकती है। यह इनकी समर्थनकारी भूमिका होगी, सब कुछ पका-पकाया बाँटने की भूमिका नहीं। अतः विकास के साध्यों एवं साधनों का स्वातन्त्र्य-केन्द्रित आयाम निश्चित ही हमारे चिन्तन-मनन का अधिकारी माना जा सकता है।

3.

स्वातन्त्र्य और न्याय के आधार

आइए, एक कहानी से बात आरम्भ करें। अन्नपूर्णा काफी समय से यूँ ही पड़े हुए अपने उपवन की सफाई कराना चाहती है। तीन बेरोजगार मजदूर, दीनू, बिशन्नो और रोगिनि इस काम को पाने को बहुत लालायित हैं। अन्नपूर्णा उनमें से किसी को भी काम दे सकती है किन्तु काम को तीन हिस्सों में बाँटकर उन तीनों को रोजगार नहीं दे सकती। किसी को भी काम पर रखकर उसी मजदूरी के बदले यह काम कराया जा सकता है किन्तु अन्नपूर्णा एक सम्वेदनशील नारी है और इसी नाते वह यह जानना चाहती है कि किसे काम देना अधिक उपयुक्त होगा।

उसे पता चलता है कि वे तीनों ही गरीब हैं, पर दीनू की आर्थिक दशा सबसे कमजोर है—सभी इस बात पर सहमत हैं। इसी कारण से अन्नपूर्णा उसे काम पर रखने को तैयार हो जाती है [वह अपने आप से प्रश्न करती है कि सबसे दरिद्र व्यक्ति की कुछ सहायता करने से बढ़कर क्या हो सकता है ?]।

तभी उसे पता चलता है कि बिशन्नो अभी हाल ही में गरीबी की हालत में पहुँचा है और अपनी दुर्दशा को लेकर मानसिक दृष्टि से बहुत ही दुखी है। दीनू और रोगिनि तो पहले से ही गरीब हैं—उन्हें दारिद्र्य का बहुत अभ्यास है। सभी इस बात पर भी सहमत हैं कि काम मिल जाने पर बिशन्नो को जितनी बड़ी खुशी मिलेगी उसकी कोई समता नहीं हो सकती [क्योंकि वही इस समय सबसे दुखी है]। इस पर अन्नपूर्णा को लगता है कि काम बिशन्नो को ही दिया जाना चाहिए [आखिर दुःख को दूर करने को प्रथम वरीयता मिलनी ही चाहिए]।

अब अन्नपूर्णा को कोई बताता है कि रोगिनि को किसी पुरानी बीमारी ने पंगु बना रखा है, जिसे वह बड़े धैर्य के साथ भुगत रही है। यदि उसे कुछ आमदनी हो जाए तो वह अपना इलाज कराकर व्याधिमुक्त हो सकती है। इस बात से कोई इन्कार नहीं करता कि रोगिनि अन्यों की अपेक्षा कम गरीब है, वह अपने अभाव को भी प्रसन्नमुख से झेल रही है अतः औरों जितनी दुखी भी नहीं है। [वह भी गरीब की सन्तान होने के नाते अपनी गरीबी और अभावों के साथ सहज भाव से

समझौता किए हैं, उसे इस बात का विश्वास हो चला है कि एक लड़की होने के नाते उसे हायतौबा मचाने या अधिक ऊँची अभिलाषाएँ पालने का कोई अधिकार ही नहीं है]। फिर भी अन्नपूर्णा को चिन्ता होने लगती है कि क्या रोगिनि को काम देना बेहतर नहीं होगा ? इस काम से उसके जीवन की गुणवत्ता में एक बहुत बड़ा बदलाव आ सकता है—वह रोगमुक्त का स्वातन्त्र्य पा सकती है।

अब तो अन्नपूर्णा को सचमुच बड़ी असमंजसपूर्ण स्थिति का सामना करना पड़ रहा है। वह जानती है कि उसे यदि केवल यही मालूम होता कि दीनू सबसे गरीब है तो वह निश्चित रूप से उसे काम पर रख लेती। यदि केवल बिशन्नो के ही दुःख की उसे अनुभूति होती तो भी काम आसान रहता—क्योंकि सबसे दुखी बिशन्नो को काम मिलने में होने वाली खुशी भी सबसे अधिक होती। यह उसे काम देने का सर्वोत्तम कारण हो सकता था। इसी प्रकार यदि उसे केवल यही ज्ञात होता कि इस कमाई से रोगिनि की पंगुता दूर हो सकती है तो भी उसे काम देने का निर्णय बहुत आसानी से लिया जा सकता था। किन्तु उसे तीनों से जुड़ी बड़ी उपयुक्त बातें पता चल चुकी हैं, प्रत्येक बात में कुछ-न-कुछ दम भी है।

इस साधारण से उदाहरण में अनेक व्यवाहारिक तथ्य और कारण छुपे हैं। पर मैं यहाँ इसी बात पर आग्रह करना चाहता हूँ कि सैद्धान्तिक मतभेद इसी बात तक सीमित रह जाता है कि कौन सी जानकारी को निर्णायक माना जाए। तीनों जानकारियाँ उपलब्ध हो जाने पर तो निर्णय इस बात पर ही आश्रित रह जाता है कि किस जानकारी को सर्वाधिक प्राथमिकता मिले। इस प्रकार सिद्धान्तों की व्याख्या उनके जानकारी विषयक आधार पर निर्भर हो जाती है। दीनू के मामले में आय-समतावाद केवल आय की गरीबी के प्रति सजग है तो बिशन्नो का प्रतिष्ठित उपयोगितावाद खुशी और आनन्द का मापन-प्राक्कलन कर रहा है। रोगिनि का जीवन की गुणवत्ता पर आधारित मामला इस बात की तुलना पर बल दे रहा है कि ये तीनों पृथक् पृथक् रूप से अपना जीवन निर्वाह किस प्रकार कर सकते हैं। आर्थिक एवं नीतिशास्त्रीय रचनाओं में पहले दो तर्कों की ही विस्तृत विवेचनाएं हुई हैं। मैं तीसरे तर्क के पक्ष में कुछ तर्क दे रहा हूँ। किन्तु अभी तक मेरी महत्त्वाकांक्षा सीमित ही है : मैं केवल वैकल्पिक सिद्धान्तों के सूचना आधारों के निर्णायक महत्त्व को उजागर करना चाहता हूँ।

मैं आगे की चर्चा में इन दो बातों पर विचार करूँगा : (1) मूल्यांकनवादी निर्णयों में सूचना आधार के महत्त्व से जुड़ा सामान्य प्रश्न, और (2) सामाजिक नीतिशास्त्र तथा न्यायशास्त्र के मानक सिद्धान्त के सूचना आधार की पर्याप्तता। इस सन्दर्भ में उपयोगिता, स्वातन्त्र्यवाद तथा रॉल्स के न्याय सिद्धान्त पर विशेष रूप से विचार किया जाएगा। राजनीतिक दर्शन के इन तीनों विचारों में जुड़े सूचना आधारों की प्रयुक्ति से भी बहुत अच्छी जानकारी हासिल हो सकती है, पर यह बात भी निश्चित रूप से उठाई जाती है कि यदि सारभूत वैयक्तिक स्वातन्त्र्य की कसौटी

पर परखें तो तीनों ही विचारों (उपयोगितावाद, स्वातन्त्र्यवाद और रॉल्स के न्याय सिद्धान्त) में प्रत्यक्ष-परोक्ष रूप से प्रयुक्त सूचना आधारों में कुछ गम्भीर त्रुटियाँ विद्यमान हैं। इसी अनुभूति से यह प्रेरणा मिलती है कि मूल्यांकन की कोई वैकल्पिक पद्धति हो जो प्रत्यक्षतः स्वातन्त्र्य पर ही आधारित हो [यहाँ स्वातन्त्र्य को व्यक्ति द्वारा स्वयं महत्त्वपूर्ण या श्रेयस्कर माने गए ढंग से जीवन यापन के उपयुक्त क्षमता-योग्यता का ही एक रूप माना गया है]।

इस प्रकार की विश्लेषण पद्धति के उपर्युक्त अन्तिम अंश का ही इस पुस्तक में बारम्बार प्रयोग किया गया है। यदि पाठक की अन्य विश्लेषण विधाओं (उपयोगितावाद, स्वातन्त्र्यवाद या रॉल्स के न्यायसिद्धान्त) की समालोचना अथवा अच्छाइयों-बुराइयों को जानने में कोई विशेष रुचि नहीं है तो वह यहीं से सीधे इस अध्याय के अन्तिम भाग को जा सकता है।

समाविष्ट (Included) और अपवर्तित (Excluded) सूचनाएँ

प्रत्येक विश्लेषण पद्धति का निरूपण प्रायः इसके सूचना-आधार के माध्यम से ही किया जा सकता है। यहाँ जिस जानकारी का प्रयोग (उस पद्धति के अनुसार) निर्णय करने के लिए किया जाता है उस जितना ही महत्त्व उस सूचना समूह का भी होता है जिसे इस पद्धति विशेष की निर्णय प्रक्रिया में सम्मिलित नहीं किया जाता। सूचना अपवर्तन भी मूल्यांकन पद्धति का एक महत्त्वपूर्ण घटक होता है। अपवर्तित सूचनाएँ किसी के प्रत्यक्षतः मूल्यांकन निर्णयों को प्रभावित नहीं कर पातीं। सामान्यतः इस कार्य को निहित रूप से ही पूरा कर दिया जाता है। किन्तु विश्लेषण पद्धति के चरित्र या स्वरूप पर इस अपवर्तित सूचना के प्रति सम्वेदनहीनता की गहरी छाप रह जाती है।

उदाहरण के लिए, अन्ततः उपयोगितावादी विश्लेषण के सिद्धान्त केवल उपयोगिता तक सीमित रह जाते हैं—भले ही सम्प्रेषणाओं के साधनभूत योगदान के प्रति सजगता का दावा किया जाता है पर नियमों/गतिविधियों या फिर परिस्थितियों का सही मूल्यांकन करने के लिए एकमात्र वैध और उपयुक्त आधार केवल उपयोगिता सूचनाओं को ही माना जाता है। अपने प्रतिष्ठित स्वरूप में [विशेषकर जेरेमी बैंथम के निरूपण में] उपयोगिता को खुशी/सुख या सन्तुष्टि के रूप में परिभाषित किया गया है और सभी चीजों या घटनाओं का उसी अनुभूति की मानसिक उपलब्धियों पर प्रभाव आकलित करने का प्रयास किया जाता है। किन्तु वैयक्तिक स्वातन्त्र्य, मान्य अधिकारों की प्रतिपूर्ति अथवा हनन और जीवन की गुणवत्ता से जुड़े अनेक आयाम बहुत ही महत्त्वपूर्ण होते हुए भी बहुधा सुख या सन्तुष्टि के आँकड़ों में पूरी तरह प्रतिबिम्बित नहीं हो पाते। इसी कारण वे उपयोगितावादी विश्लेषणात्मक संरचना को प्रत्यक्षतः अपने पक्ष में कोई मोड़ नहीं दे पाते। उनका केवल अप्रत्यक्ष प्रभाव हो सकता है—वह भी उपयोगिता के आँकड़ों पर प्रभाव के माध्यम से [अर्थात् केवल

उसी सीमा तक उन्हें प्राक्कलन में अप्रत्यक्षतः स्थान मिल पाएगा जहाँ तक कि उनके कारण उपयोगिता के आँकड़ों में कुछ उतार चढ़ाव आ सके]। यही नहीं, उपयोगिता प्राक्कलन की सारी रचना समूहनवादी (Aggregative) है और इसकी उपयोगिताओं के विभाजन या आबंटन में कोई रुचि नहीं होती। यह आबंटन की विषमताओं के प्रति पूरी तरह निरपेक्ष या सम्वेदनशून्य होती है। इसका तो सारा ध्यान सभी व्यक्तियों को प्राप्त उपयोगिताओं के सामूहिक मान पर ही केन्द्रित रहता है। इस प्रकार के विश्लेषण का सूचना आधार बहुत ही संकुचित रह जाता है। इसमें व्याप्त वितरण के प्रति सम्वेदनहीनता ही उपयोगितावादी नीतिशास्त्र की सबसे बड़ी त्रुटि भी है।

आधुनिक स्वरूप में उपयोगिता के सत्त्व को खुशी, संतुष्टि या सुख की अपेक्षा किसी व्यक्ति की इच्छा की पूर्ति या उसके चयन व्यवहार का रूप दिया जाता है। मैं अभी इन भेदों पर चर्चा करूँगा पर एक बात आरम्भ से ही स्पष्ट है कि उपयोगिता की पुनः परिभाषा करने से भी स्वातन्त्र्य, अधिकारों और स्वतन्त्रताओं के प्रति उपयोगितावादी चिन्तन की सहज रूढ़ सम्वेदनहीनता दूर नहीं हो जाती।

आइए, अब उदारवाद (Libertarianism) पर गौर करें। उपयोगिता की तरह से इसकी खुशी या इच्छा सम्पूर्ति में कोई प्रत्यक्ष रुचि नहीं होती। इसका सूचना आधार भी पूरी तरह अन्यान्य प्रकार के अधिकारों और स्वातन्त्र्यों से ही विनिर्मित होता है। अतः उपयोगितावाद और उदारवाद द्वारा न्याय निर्णय के लिए प्रयुक्त सटीक सूत्रों के विस्तार में झांके बिना भी यह बात तो समझ आ ही जाती है कि इनके सूचना आधार कितने अलग होंगे और उन पर आश्रित न्याय का स्वरूप कितना भिन्न होगा।

वस्तुतः किसी भी न्याय सिद्धान्त की प्रभावोत्पादकता की गहनता को उसके लिए आवश्यक सूचना आधार द्वारा बहुत कुछ जाना-पहचाना जा सकता है [अर्थात् इनमें किस प्रकार की जानकारियों का प्रयोग होता है तथा किन जानकारियों को स्थान नहीं दिया जाता—ये ही बातें उस निर्णय प्रक्रिया के वास्तविक चरित्र को बहुधा उजागर कर देती हैं]। उदाहरण के लिए, उपयोगितावाद विभिन्न लोगों की खुशियों-सुखों का तुलनात्मक परिप्रेक्ष्य की सूचनाओं का आकलन करने का प्रयास करता है तो उदारवाद स्वतन्त्रता और उपयुक्तता के कुछ नियमों के अनुपालन पर बल देते हुए तद्विषयक सूचनाओं के आधार पर ही परिस्थितियों का मूल्यांकन करता है। इस प्रकार ये दोनों विश्लेषण पद्धतियाँ अलग-अलग दिशाओं का अनुसरण करती प्रतीत होती हैं—इनके अलग-अलग किस्म के सूचना आधार रूपी अश्व ही इन्हें पृथक् दिशाओं में खींचे लिए जाते हैं [क्योंकि न्यायपूर्णता या विभिन्न सामाजिक परिदृश्यों को स्वीकार करने के प्रति इनके दृष्टिकोण में उन भिन्न सूचना आधारों का ही महत्त्व केन्द्रिभूत रहता है]। कल्याणशास्त्र, विशेषकर न्यायशास्त्र के सिद्धान्तों की रचना में उनके सूचना आधार का निर्णायक महत्त्व होता है और व्यावहारिक नीतियों से सम्बन्धित चर्चा में यही आधार अन्ततः केन्द्रीय मुद्दे बन जाते हैं। यह बात हमारे आगे आने वाले

तर्कों से और भी स्पष्ट हो जाएगी]।

अगले कुछ पृष्ठों में कुछ प्रमुख न्याय सम्बन्धी आकलन विधियों का विवेचन किया जाएगा। हम आरम्भ उपयोगितावाद से ही करेंगे। प्रत्येक विधि के गुण और दोषों का विवेक इनके सूचना आधारों की पहुँच और सीमाओं को पहचानने में ही निहित होगा। सामान्यतः प्रयुक्त विभिन्न पद्धतियों के अनुसार न्याय का विवेक कर पाने में आ रही कठिनाइयों के सन्दर्भ में एक वैकल्पिक प्रविधि की रूपरेखा निश्चित करने का प्रयास भी किया जाएगा। यह रूपरेखा वैयक्तिक स्वातन्त्र्य (उपयोगिता नहीं) के सूचना आधार पर केन्द्रित होगी किन्तु साथ ही यह परिणामों के प्रति भी सम्वेदनशील रहेगी। मेरा आग्रह होगा कि यह सम्वेदनशीलता ही वस्तुतः उपयोगितावादी परिप्रेक्ष्य का सारसत्त्व है। मैं इसी तथा अगले अध्याय में न्याय के प्रति इस ''क्षमता-योग्यतावादी विश्लेषण विधि'' का विस्तृत विवेचन प्रस्तुत करूँगा।

उपयोगिता : एक सूचना आधार के रूप में

मानक उपयोगितावाद का सूचना आधार विभिन्न परिस्थितियों में संभव उपयोगिताओं के योगफल को माना जाता है। पुरातन बैंथमवादी स्वरूप में किसी व्यक्ति की उपयोगिता उसकी खुशी या सुःख का एक मापक समझी जाती थी। वहाँ मुख्य बात यही थी कि प्रत्येक व्यक्ति की कुशल क्षेम की चिन्ता की जाए तथा वह कुशल क्षेम मुख्यतः एक मानसिक लक्षण ही माना जाए [अर्थात् खुशी या सुःख की भावना का सृजन] ! हां, ऐसी दशा में विभिन्न व्यक्तियों के बीच तुलना का कोई बहुत ठोस वैज्ञानिक या शास्त्रसंगत आधार नहीं बन पाता था। फिर भी हम लोगों को प्रायः इस बात में कोई विचित्रता नहीं प्रतीत होती कि कुछ लोग दूसरों की अपेक्षा अधिक खुश (या दुखी) नज़र आते हैं।

नीति सिद्धान्तों में उपयोगितावाद का स्थान सबसे प्रमुख रहा है। इसी कारण यह एक शताब्दी ये अधिक समय तक न्याय का सबसे अधिक प्रतिष्ठित सिद्धान्त भी माना गया है। कल्याण एवं नीति निर्धारिण से जुड़ी अर्थशास्त्र की परम्परागत शाखा पर भी यही विश्लेषण पद्धति छाई रही है। आधुनिक रूप में इसका प्रवर्तन जैरेमी बैंथम ने किया था, बाद में इस परम्परा को जॉन स्टुअर्ट मिल, विलियम स्टैनले जैवन्स, हेनरी सिडविक, फ्रांसिस एजवर्थ, अल्फ्रेड़ मार्शल तथा ए.सी. पीगू जैसे अर्थशास्त्रियों ने और आगे बढ़ाया है।

उपयोगितावादी विश्लेषण के लिए आवश्यक तत्त्वों को तीन पृथक् घटकों में बाँटा जा सकता है। पहला घटक परिणामवाद (Consequentialism) है। यहाँ यह माना जाता है कि प्रत्येक चयन (कार्य, नियम, संस्था, संरचना आदि) का मूल्यांकन उनके परिणामों अथवा उनसे सृजित नतीजों के आधार पर होना चाहिए। यह परिणाम-केन्द्रित विचार कुछ कल्याणशास्त्रीय प्रतिस्थापनाओं के उस आग्रह के विपरीत है जिसके अनुसार परिणामों की चिन्ता किए बिना ही कुछ सिद्धान्तों का अनुपालन सदैव ही

सही समझा जाता है। यह दृष्टिकोण केवल परिणाम सम्वेदनशीलता की माँग नहीं करता, वस्तुतः यह तो कहीं और आगे निकलकर इस बात पर भी आग्रह करता है कि अन्ततः परिणामों के अतिरिक्त किसी आर्य चीज़ का कोई महत्त्व नहीं होता। इस प्रकार परिणामवाद कई प्रकार की सीमा-बाधाएँ खड़ी कर देता है। उनके विषय में हम थोड़ा ठहर कर विचार करेंगे। पर अभी तो इतना बताना ही पर्याप्त होगा कि ये बाधाएँ किसी न किसी सीमा तक इस बात पर निर्भर रहेंगी कि परिणामों की सूची में क्या सम्मिलित किया गया है और किसे छोड़ दिया गया है। उदाहरण के रूप में, कोई कार्य किया गया है या नहीं, इसका प्रमाण उसके परिणाम में खोजा जा सकता है—यदि परिणाम प्रत्यक्ष है तो वह कार्य भी किया ही गया होगा।

उपयोगितावाद का दूसरा घटक कल्याण या क्षेमवाद है। वह विभिन्न परिस्थितियों के श्रेष्ठ/निकृष्ट होने के निर्णय को उनसे जुड़े उपयोगिता स्तरों के साथ ही बाँध देता है। अधिकारों एवं कर्तव्यों की सम्पूर्ति और हनन आदि पर प्रत्यक्षतः कोई ध्यान नहीं दिया जाता। जब क्षेमवाद और परिणामवाद का परस्पर संसर्ग होता है तभी यह बात सुनिश्चित होती है कि प्रत्येक चयन का मूल्यांकन उस द्वारा सृजित उपयोगिता स्तर के आधार पर ही किया जाना चाहिए। किसी भी कार्य का मूल्यांकन उसके परिणाम (परिणामवाद द्वारा) के आधार पर सृजित परिस्थितियों से होगा और उन परिस्थितियों का अपना आकलन उन द्वारा सृजित उपयोगिताओं के योग (उपयोगितावाद) द्वारा हो पाएगा।

तीसरा घटक 'योगानुसार क्रमबद्धता' (Sum Ranking) है। इसके अनुसार विभिन्न लोगों की उपयोगिताओं के सामान्य योगफल को उनके सामूहिक क्षेमस्तर का मान जा सकता है—इसमें उन व्यक्तियों के बीच उपयोगिताओं के विभाजन-आबंटन पर कोई ध्यान नहीं दिया जाता। दूसरे शब्दों में, उपयोगिताओं के आबंटन में चाहे जितनी विकट विषमताएँ विद्यमान हों, बस, उनके योगफल का अधिकतम स्तर ही सारी निर्णय प्रक्रिया का आधार मान लिया जाता है। इन तीनों घटकों से मिलकर ही उस प्रतिष्ठित सूत्र की रचना होती है जिसके अनुसार प्रत्येक चयन का मूल्यांकन उस द्वारा सृजित उपयोगिता योग के आधार पर ही होना चाहिए।

इस प्रकार के उपयोगितावादी परिवेश में समग्र उपयोगिता में आई किसी भी कमी को 'अन्याय' का पर्याय माना जाता है। यह कमी उस स्तर की तुलना में कमी भी हो सकती है जिसे किसी वैकल्पिक कार्य के सम्पन्न होने पर या सकने की सम्भावना दिखाई देती हो। अतः अन्यायपूर्ण व्यवस्था वह होगी जहाँ सामूहिक रूप से लोग जितना खुश हो सकते थे उससे कम खुश हों। कुछ नई उपयोगितावादी रचनाओं में खुशी पर यह आग्रह कम हो गया है। एक संरचना में उपयोगिता को इच्छा की गहनता (सृजित प्रसन्नता की गहनता नहीं) को ही उपयुक्त मूल्यांकन की कसौटी मान लिया गया है।

किन्तु खुशी और इच्छा, दोनों का ही मापन सहज नहीं है। अतः आधुनिक

आर्थिक विश्लेषण में उपयोगिता को व्यक्ति के दृश्य चयन व्यवहार के किसी संख्यात्मक प्रतिनिधि (संकेत) के रूप में भी परिभाषित किया जा रहा है। इस प्रकार के प्रतिनिधित्व से कुछ बहुत ही तकनीकी मुद्दे जुड़े हैं—पर उन पर हम अभी बात नहीं कर रहे। बस, मुख्य निर्णय सूत्र यही है कि यदि कोई व्यक्ति y की अपेक्षा किसी अन्य विकल्प x का चयन करता है तो उसे निश्चित रूप से x से अधिक उपयोगिता मिल रही होगी। अन्य सभी विकल्पों को लेकर भी उपयोगिता का निर्धारण इसी कसौटी या मानदण्ड के अनुसार ही होगा। ऐसे विश्लेषणात्मक परिवेश में निश्चय ही इस बात को स्वीकार करने में कोई कठिनाई नहीं आती कि यदि किसी व्यक्ति को x से y की अपेक्षा अधिक उपयोगिता मिलती है तो वह इन दोनों में से x का ही चयन करेगा।

उपयोगितावादी विश्लेषण विधि के गुण

चयन-आधारित गणना विधि में कुछ गुण हैं तो कुछ दोष भी हैं। उपयोगिता आकलन में इसका सबसे बड़ा दोष तो यही है कि इसका सारा ध्यान प्रत्येक व्यक्ति के चयन का पृथक् निरूपण करने पर लगा रहता है। इसी से यह तुरन्त विभिन्न व्यक्तियों के बीच तुलना करने का कोई मार्ग नहीं सुझा पाता। यह उपयोगितावाद के लिए पर्याप्त नहीं रहता, इसमें 'योग क्रमबद्धता' को समाहित करना सम्भव नहीं होता। उसके लिए तो व्यक्तियों के बीच तुलना कर पाना आवश्यक होता है। उपयोगिता के चयन-आश्रित स्वरूप का प्रयोग मुख्यतः उन्हीं प्रविधियों के सन्दर्भ में किया गया है जहाँ क्षेमवाद और परिणामवाद की बात करना पर्याप्त रहता है। यह एक उपयोगिता-आधारित विधि अवश्य है पर इसे (सम्पूर्ण रूप से) उपयोगितावाद नहीं माना जा सकता।

उपयोगितावादी विधि के गुणों को लेकर काफ़ी विवाद भी सम्भव है पर इससे कुछ बहुत ही जानकारीपूर्ण बातें उभरकर सामने आती हैं। इनमें से मुख्य हैं :

(1) सामाजिक व्यवस्थाओं के मूल्यांकन में उनके परिणामों की समीक्षा का महत्त्व। बेशक सर्वांगसम्पूर्ण परिणामवाद बहुत दूर की बात लग रहा हो किन्तु परिणामों के प्रति सम्वेदनशीलता को तो व्यावहारिक माना ही जा सकता है;

(2) सामाजिक व्यवस्थाओं और उनके परिणामों के मूल्यांकन में उनमें प्रभावित व्यक्तियों के क्षेम-कल्याण पर ध्यान देने की आवश्यकता। हम भले ही उपयोगिता आश्रित मानसिक गणित द्वारा क्षेम आकलन पर सहमत नहीं हो पाए किन्तु लोगों के हितों के प्रति जागरूकता को लेकर कोई विवाद नहीं होता।

परिणामों की प्रासंगिकता का स्पष्टीकरण करने के लिए हम इस तथ्य की ओर ध्यान दिला रहे हैं कि अक्सर कुछ सामाजिक व्यवस्थाओं की इसी आधार पर वकालत आरम्भ हो जाती है कि उनके घटक बहुत आकर्षक प्रतीत होते हैं [उनके परिणामों की ओर कोई ध्यान नहीं दिया जाता]। सम्पत्ति के अधिकारों की बात ही

लें। कुछ लोग इन्हेंय वैयक्तिक स्वातन्त्र्य का सारभूत घटक मानते हैं और उनका आग्रह है कि सम्पत्ति के स्वामित्व, उत्तराधिकार और प्रयोजन पर कोई प्रतिबन्ध नहीं होना चाहिए। ये लोग तो सम्पत्ति पर किसी भी प्रकार के करारोपण को भी अस्वीकार्य मानते हैं। किन्तु राजनीतिक विभाजन रेखा के दूसरी ओर खड़े लोगों को सम्पत्ति स्वामित्व की विषमताएँ बहुत ही घृणित प्रतीत होती हैं—वे तो निजी सम्पत्ति के अस्तित्व को ही समाप्त करने की माँग करते हैं [कुछ के पास बहुत कुछ और अधिकांश के पास बहुत कम होना वितृष्णाकारी तो अवश्य होता है]।

निजी सम्पत्ति के अन्तर्निहित आकर्षक अथवा फिर उसके बहुत ही हेय लक्षणों को लेकर उसके प्रति विचारों में काफी अन्तरों की सम्भावना होती है। परिणामवादी दृष्टिकोण हमें सुझाता है कि केवल लक्षणों के गुण (या दोष) से प्रभावित होना ठीक नहीं होगा, वास्तव में तो निजी सम्पत्ति होने या नहीं होने के परिणामों के विषय में विचार करना अधिक उपादेय रहेगा। वास्तव में निजी सम्पत्ति के पक्ष में अधिकांश सकारात्मक एवं प्रभावपूर्ण तर्क इसके सकारात्मक परिणामों की ओर ही संकेत करते हैं। यह बताया जाता है कि इस व्यवस्था ने आर्थिक प्रसार एवं सामान्य खुशहाली की गाड़ी के सशक्त ईंजन का काम किया है। परिणामवादी दृष्टिकोण का आग्रह है कि निजी सम्पत्ति के गुणावगुण के विवेचन में उपर्युक्त तथ्य को केन्द्रभूत मान कर ही कोई निर्णय किया जाना चाहिए। दूसरी ओर, यदि केवल परिणामों पर ही विचार करें तो लगता है कि इस निर्बन्ध सम्पत्ति के अधिकार के कारण ही यदि कर आदि भी नहीं लगाए जाएँ तो समाज में गरीबी बहुत रूढ़ हो जाती है, किसी भी कारण से पिछड़े रह गए लोगों को सामाजिक सहयोग प्रदान करना कठिन हो जाता है। उनके पिछड़ने के कई कारण हो सकते हैं—जैसे अपंगता, आयु, बीमार पड़ जाना या फिर अन्य किसी तरह की आर्थिक या सामाजिक दुर्भाग्यपूर्ण घटना आदि। इसी प्रकार अनिर्बंध निजी सम्पत्ति का अधिकार पर्यावरण के संरक्षण और सामाजिक ऊपरी पूंजी की रचना में भी गम्भीर बाधा का रूप धारण कर सकता है।

अतः स्पष्ट है कि परिणामों का विश्लेषण करने पर तो सम्पत्ति के पक्ष और विपक्ष दोनों की प्रकार के तर्क किसी न किसी कसौटी पर आकर कुंठित हो जाते हैं। अतः यही कहना उचित लगता है कि सम्पत्ति विषयक व्यवस्थाओं का मूल्यांकन, आंशिक रूप से, उन व्यवस्थाओं के परिणामों पर भी आधारित होना चाहिए। यह निष्कर्ष किसी सीमा तक उपयोगितावादी भावनाओं के भी अनुकूल है—यद्यपि विशुद्ध उपयोगितावाद में तो परिणामों और उनके औचित्य का किसी विशेष विधि से ही आकलन करने का आग्रह रहता है। अतः नीतियों एवं संस्थाओं/व्यवस्थाओं के मूल्यांकन में उनके परिणामों पर पूरी तरह विचार करने की आवश्यकता एक अत्यन्त महत्त्वपूर्ण एवं व्यावहारिक दृष्टि से उपयुक्त बात लगती है। इसे उपयोगितावादी नीतिशास्त्र की चर्चाओं और विचार-विमर्श से बहुत बल मिला है।

इसी प्रकार के तर्क परिणामों के विश्लेषण में परिस्थितियों के किसी अमूर्त्त और परकीयकृत लक्षणों के स्थान पर मानवीय कुशल क्षेम पर पड़े प्रभावों का आकलन करने के पक्ष में भी दिए जा सकते हैं। इस प्रकार परिणामों और कुशल क्षेम पर विचार केन्द्रण को न्याय सम्बन्धी उपयोगितावादी विधि के आंशिक अनुमोदन का प्रतीक माना जा सकता है—यहाँ इसके सूचना आधार के साथ सीधा सम्बन्ध भी स्पष्ट ही दिखाई दे रहा है।

उपयोगितावादी परिप्रेक्ष्य की सीमाएँ

उपयोगितावादी विधि के अनुसरण में आने वाली बाधाएँ भी इसके सूचना-आधार से ही जुड़ी हैं। वास्तव में न्याय के उपयोगितावादी दृष्टिकोण में त्रुटियाँ ढूँढ़ना इतना कठिन नहीं है। एक सम्पूर्ण उपयोगितावादी विधि में कम से कम ये त्रुटियाँ तो अवश्य दिखाई पड़ जाती हैं :

(1) **वितरण के प्रति उदासीनता :** उपयोगितावादी गणित में प्रसन्नता के प्रसार एवं वितरण की विषमताओं को पूरी तरह अनदेखा कर दिया जाता है—बस, केवल उनका योगफल ही महत्त्वपूर्ण रहता है, वितरण में चाहे जितनी विषमता हो। हमारी रुचि सामान्य प्रसन्नता में होते हुए भी हम केवल योगफल नहीं वरन् उसके वितरण की विषमताओं पर भी ध्यान देना चाहेंगे।

(2) **अधिकारों, स्वतन्त्रताओं तथा अन्य गैर-उपयोगिताकारी सरोकारों की अनदेखी :** उपयोगिता विधि में अधिकारों के दावों और स्वातन्त्र्यों को कोई अन्तर्निहित मान नहीं दिया जाता—उनका महत्त्व केवल उपयोगिता वृद्धि में सहायक तत्त्व के रूप में ही स्वीकार्य होता है। प्रसन्नता का ध्यान रखना समझदारी है—पर हम खुशहाल गुलाम या अतिमुदित-मन पराभृत दास होना तो नहीं ही चाहेंगे।

अभ्यानुकूलन (Adaptation) और मानसिक अनुवर्तिता (Mental Conditioning) : उपयोगितावादी द्वारा मानवीय कुशल क्षेम के प्रति अपनाया गया दृष्टिकोण अपने आप में बहुत सुपुष्ट या आग्रहपूर्ण नहीं है—यह सहज ही मानसिक अनुवर्तिता तथा अभ्यानुकूलनवादी दृष्टिकोण के साथ-साथ इधर-उधर लहराने लगता है।

इनमें से पहली दो आलोचनाएँ अपेक्षाकृत अधिक प्रासंगिक हैं। पर अभी तो मैं केवल तीसरी आलोचना पर ही कुछ टिप्पणी कर रहा हूँ। यह मुद्दा मानसिक अनुवर्तिता और उपयोगिता गणित पर उसके प्रभाव से जुड़ा है। विभिन्न व्यक्तियों के बीच कुशल क्षेम और अभावों की तुलना करते समय खुशी, प्रसन्नता, आनन्द या इच्छा आदि मानसिक गुणों पर ही ध्यान देने के कारण अनेक बाधाकारी त्रुटियाँ पैदा हो जाती है। प्रायः हमारी इच्छाएँ और आनन्द उठा पाने की क्षमताएँ परिस्थितियों के अनुकूल ढल जाया करती हैं। इससे विपरीत परिस्थितियों में भी जीवन किसी सीमा तक सह्य हो जाता है। ऐसी अवस्था में उपयोगिता गणित निरन्तर अभावों से घिरे लोगों के प्रति न्याय नहीं कर पाता। ऐसे लोगों के समूहों का मिला-जुला

आकार बहुत विशाल हो सकता है। इनमें शामिल हैं : क्रमबद्ध समाज के सामान्य दलित वर्ग, असिष्णु समाज में सभी प्रकार के निरन्तर दमित अल्पमत वर्ग, अनिश्चिततापूर्ण विश्व में निर्वाह कर रहे बटाई पर काम करने वाले अति गरीब कृषक, बहुत ही शोषणकारी परिस्थितियों में छोटी-मोटी दुकानों आदि पर कार्य कर रहे मजदूर और अत्यन्त भेदभावपूर्ण सामाजिक व्यवस्थाओं में प्रायः सभी घरेलू महिलाएँ आदि। जीवित रहने की आवश्यकता ही इन प्रताड़ना-पीड़ित वर्गों को सभी प्रकार के अभाव झेलते रहने की शक्ति या अपने हालात से समझौता कर लेने की सूझ दे देती है। परिणामस्वरूप उनमें किसी प्रकार के बड़े परिवर्तन की माँग करने का साहस ही नहीं रहता, ये अपनी इच्छाओं और आकांक्षाओं को भी, जो कुछ उन्हें व्यवहार्य लगता है उसी के अनुरूप सीमित कर लेते हैं। खुशी और इच्छाओं का मानसिक गणित बहुत ही लचीला होता है। इसी कारण इसे अभावग्रस्तता और वंचना के आकलन का आधार बनाना उचित नहीं रहता।

अतः केवल इस बात को स्वीकारना पर्याप्त नहीं होगा कि निरन्तर दमन भोग रहे जनसमुदाय की वंचनाएँ उपयोगितावादी गणित में भी बहुत ही दमित रह जाती हैं बल्कि उन परिस्थितियों की रचना का पक्ष लेना होगा जिनमें लोग अपने मनोवांछित जीवन जी सकने और उसके मूल्यांकन कर पाने के वास्तविक सुअवसरों को प्राप्त कर सकेंगे। बुनियादी शिक्षा, स्वास्थ्य सुविधाएँ तथा रोजगार की निश्चितता आदि ऐसे सामाजिक और आर्थिक कारक हैं जो न केवल अपने आप में महत्त्वपूर्ण हैं बल्कि मनुष्य को साहस और स्वतन्त्रतापूर्वक विश्व से सम्पर्क साधने की क्षमता एवं अवसर भी देते हैं। इन्हीं कारणों से एक अधिक व्यापक सूचना आधार की आवश्यकता प्रतीत होती है। यह आधार निश्चित रूप से जनसामान्य की मनोवांछित जीवन-पद्धति चुन पाने की योग्यता पर ही केन्द्रित होगा।

जॉन रॉल्स और स्वातन्त्र्य की वरीयता

आइए, अब हम आधुनिक युग के सर्वाधिक महत्त्वपूर्ण एवं प्रभावशाली न्याय सिद्धान्त पर विचार करें। इसके प्रणेता जॉन रॉल्स हैं। इस सिद्धान्त के कई घटक हैं, पर मैं एक विशिष्ट अनिवार्यता से ही अपना विश्लेषण प्रारम्भ कर रहा हूँ। इसे रॉल्स ने 'स्वातन्त्र्य की वरीयता' (Priority of Liberty) का नाम दिया है। रॉल्स ने जिस प्रकार इस वरीयता या प्राथमिकता की रचना की है वह अपेक्षाकृत कम महत्त्वाकांक्षापूर्ण ही है, पर, कुछ आधुनिक स्वातन्त्र्यवादी सिद्धान्तों में तो यह वरीयता बहुत ही प्रखर रूप धारण कर लेती है [इस सन्दर्भ में रॉबर्ट नॉज़िक की बहुत ही शानदार गैर समझौतावादी वैचारिक संरचना का उदाहरण सहज ही दिया जा सकता है]। यह प्रखरता वैयक्तिक स्वतन्त्रताओं से लेकर सम्पत्ति के अधिकार आदि सभी प्रकार के अधिकार समूहों को अन्य सामाजिक लक्ष्यों की प्राप्ति के प्रयास पर प्रायः सम्पूर्णरूपेण राजनीतिक वरीयता प्रदान कर देती हैं, भले ही उन सामाजिक लक्ष्यों

में अति दारिद्रय और अभावों का निर्मूलन ही क्यों न सम्मिलित हो। ये अधिकार इस विश्लेषण में ऐसी सह-बाध्यताओं के रूप में सम्मिलित कर लिए जाते हैं जिनकी अवमानना वर्जित रहती है। यह कहा जाता है कि इन अधिकारों को सुनिश्चित करनेवाली प्रविधियाँ सदैव स्वीकार करनी होंगी, चाहे उसका कुछ भी परिणाम हो क्योंकि ये प्रविधियाँ और अधिकार उस स्तर या पटल पर नहीं है जिस पर हम अन्य वांछनीय मानी गई बातों को रखते हैं [जैसे उपयोगिता, कुशलक्षेम, अवसरों और परिणामों क्यों न की समानता आदि]। इस प्रकार की संरचना में अधिकारों के सापेक्ष महत्त्व नहीं बल्कि उनकी परम वरीयता-सम्पन्नता पर बल दिया जाता है।

अनेक विचारकों की उदारवादी रचनाओं (जॉन रॉल्स सहित) में 'स्वातन्त्र्य की वरीयता' का एक अपेक्षाकृत कम प्रखर स्वरूप झलकता है। इसमें वरीयता-प्राप्त अधिकार इतने विस्तृत नहीं होते, इनमें मुख्यतः विभिन्न वैयक्तिक स्वतन्त्रताएँ और कुछ मौलिक राजनीतिक तथा बुनियादी नागरिक अधिकार ही सम्मिलित रहते हैं। किन्तु इन सीमित अधिकारों को प्रदान की गई वरीयता सम्पूर्ण होती है, उसमें किसी प्रकार के समझौते की गुंजाइश नहीं रखी गई है। स्वातन्त्र्यवादी सिद्धान्त के प्रसार की तुलना में ये अधिकार कुछ सीमित भले ही हों पर आर्थिक आवश्यकता के नाम पर इनके साथ कोई छेड़छाड़ करने की छूट नहीं मिलती।

आर्थिक आवश्यकता सहित अनेक प्रकार के सरोकारों की शक्ति को प्रदर्शित कर इस प्रकार की सम्पूर्ण वरीयता के आग्रह पर प्रश्न उठाए जा सकते हैं। आखिर जीवन-मरण के प्रश्न से जुड़ी अति गहन आर्थिक आवश्यकताएँ किस प्रकार किसी के वैयक्तिक स्वातन्त्र्य से हीन मानी जा सकती हैं ? इसी प्रश्न को एक सामान्य स्वरूप में 1973 में लिखे एक प्रसिद्ध लेख में हर्बर्ट हार्ट ने बहुत ही प्रखरतापूर्ण ढंग से उठाया था। जॉन रॉल्स ने इस तर्क की शक्ति को स्वीकार कर 'पालिटिकल लिबरलिज़्म' नामक अपनी बाद में लिखी पुस्तक में इस तर्क को अपने न्याय सिद्धान्त में समाहित करने के तरीके भी सुझाए हैं।

यदि स्वातन्त्र्य की वरीयता को बहुत ही गरीब देशों में भी ग्राह्य बनाना है तो मेरा आग्रह होगा कि इस वरीयता पर कई प्रकार की शर्तें लगाई जाएं। इसका अर्थ यह कदापि नहीं है कि स्वातन्त्र्य को प्राथमिकता नहीं होगी, किन्तु इस वरीयता का अर्थ आर्थिक आवश्यकताओं की सहज भाव से अनदेखी कर देने का हठ नहीं रहेगा। वास्तव में रॉल्स की ही दो प्रतिस्थापनाओं में भेद करना उपयुक्त होगा : (1) एक तो यह कि किसी भी टकराव की स्थिति में स्वातन्त्र्य का स्थान ही सर्वोपरि होगा, तथा (2) वैयक्तिक स्वातन्त्र्य को अन्य प्रकार के विशेष ध्यान देने योग्य लाभों से पृथक पहचान देना। यह द्वितीय एवं अधिक व्यापक धारणा स्वातन्त्र्यों का अन्य प्रकार के वैयक्तिक लाभों की अपेक्षा अलग तरीके से मूल्यांकन करने की आवश्यकता से ही जुड़ा है।

मैं तो यह समझता हूँ कि यहाँ असली मुद्दा यह होना चाहिए कि क्या स्वातन्त्र्य

को आय और उपयोगिता आदि अन्य वैयक्तिक हितों के समान (अधिक बिल्कुल नहीं) ही महत्त्व दिया जाना चाहिए (उसे सर्वोपरि मानने की तो बात ही नहीं है)। अधिक स्पष्ट शब्दों में इसे कुछ इस तरह भी रखा जा सकता है : क्या समाज के लिए स्वातन्त्र्य का महत्त्व उन भारों या अधिमानों द्वारा पूरी तरह परिलक्षित हो जाता है जिन्हें व्यक्ति अपने समग्र हितलाभ आकलन की प्रक्रिया में निर्धारित करता है ? राजनीतिक स्वतन्त्रताओं एवं नागरिक अधिकारों सहित स्वातन्त्र्य को सर्वोपरि मानने का आग्रह करने वाला तो कभी भी स्वातन्त्र्य को अन्य हितलाभों के स्तर पर लाकर, उस स्वातन्त्र्य से प्राप्त अतिरिक्त आय की इकाई की भाँति उसका आकलन स्वीकार नहीं कर सकता।

यहाँ मैं इस बात को स्पष्ट कर देना चाहता हूँ कि मेरा मतभेद इस बात को लेकर नहीं है कि व्यक्ति अपने राजनीतिक विवेक में स्वातन्त्र्यों का क्या मूल्यांकन करते हैं—उन्हें इस मूल्यांकन का पूरा अधिकार भी है। इसके विपरीत मेरा आग्रह तो यही है कि स्वातन्त्र्य का संरक्षण अन्ततः इसके महत्त्व की सामान्य राजनीतिक स्वीकार्यता के साथ ही जुड़ा हुआ होगा। एक प्रकार से तुलना का मुद्दा यह है कि अधिक स्वातन्त्र्य या अधिक अधिकारों से क्या व्यक्तिगत हितलाभों में भी सुधार होता है—यह भी उन सभी बातों के समूह का एक अंग है जिनका स्वातन्त्र्यों से सीधा सम्बन्ध है। हमारा कहना इतना ही है कि कई बार कुछ अधिकारों का राजनीतिक महत्त्व उनके कारण अधिकार-धारकों को हुए लाभ से कहीं अधिक रहता है। अन्यान्य व्यक्तियों के स्वातन्त्र्य अविछिन्न होते हैं, अतः निश्चित ही यहाँ और लोगों के हितों की बात भी उठती ही है। स्वातन्त्र्य के हनन का मामला किन्हीं व्यवस्थाओं के साथ खिलवाड़ या छेड़खानी ही है, जिसका उस शरारत की अपनी बुराई के कारण ही विरोध होना चाहिए। अतः स्वातन्त्र्यों का मूल्यांकन आय जैसे अन्य हितलाभों की तरह से नहीं हो सकता—आय का आकलन तो इसी आधार पर हो सकता है कि इससे व्यक्ति के हितलाभों में क्या योगदान मिला, पर स्वातन्त्र्य को लेकर इस प्रकार का प्रत्यक्ष गणित लगाना सम्भव नहीं हो पाता। इसी प्रकार की विश्लेषणात्मक विसंगति के कारण स्वातन्त्र्य एवं बुनियादी राजनीतिक अधिकारों के संरक्षण को कार्यविधि में वरीयता प्रदान करने की बात उठती है।

सांझे सामाजिक मानदंडों और जीवन मूल्यों के संवादशील प्रादुर्भाव में स्वातन्त्र्य और राजनीतिक एवं नागरिक अधिकारों के सारभूत महत्त्व के सन्दर्भ में यह मुद्दा विशेष रूप से महत्त्वसम्पन्न हो जाता है। मैं इस अपेक्षाकृत अधिक जटिल मामले पर अध्याय 6 तथा 10 में और विस्तार से विचार करूँगा।

रॉबर्ट नॉज़िक और स्वातन्त्र्यवाद

अब मैं पुनः अधिक प्रखर स्वातन्त्र्यवादी संरचनाओं में सम्पत्ति के अधिकार सहित सभी अधिकारों को सम्पूर्ण वरीयता देने के मुद्दे की ओर लौट रहा हूँ। अराजकता,

राज्य तथा आदर्शलोक (Anarchy, State and Utopia) नामक पुस्तक में नॉजिक ने यह सिद्धान्त प्रतिपादित किया है कि इन अधिकारों के प्रयोग से लोगों की जो अधिकारिताएँ बनती हैं उन्हें केवल उनके परिणामों के कारण रद्द नहीं किया जा सकता—वे परिणाम चाहे जितने भी विकृतिपूर्ण क्यों न हों। हाँ, नॉजिक ने एक अपवाद भी बताया है। यह अपवाद है बहुत ही विनाशकारी नैतिक संकट का। किन्तु यह अपवाद उनकी शेष संरचना से बहुत अच्छी तरह से जुड़ा हुआ नहीं लगता। इसका कोई उपयुक्त औचित्य भी उनकी विश्लेषण विधा में नहीं मिलता—केवल तदर्थ रूप में इस अपवाद को बस यूँ ही उछाल दिया गया है। स्वातन्त्र्य अधिकारों की असंदिग्ध एवं समझौतारहित वरीयता कई समस्याओं की जननी हो सकती है, क्योंकि, इन अधिकारिताओं के प्रयोग के कुछ बहुत ही भयावह परिणाम भी हो सकते हैं। इनके फलस्वरूप कुछ मानवों को अत्यन्त महत्त्वपूर्ण लगनेवाले सारभूत वैयक्तिक स्वातन्त्र्यों से भी वंचित होना पड़ सकता है। ये हैं परिहार्य मरणशीलता से बचाव, स्वस्थ्य एवं सुपोषित होना, साक्षर होना, लिख पाना तथा हिसाब लगा पाने योग्य होना आदि। इन स्वातन्त्र्यों के महत्त्व को स्वातन्त्र्य की वरीयता के नाम पर कुर्बान नहीं किया जा सकता।

उदाहरण के लिए, मैंने अपनी पुस्तक 'गरीबी और अकाल' में यह दर्शाया था कि (सम्पत्ति सहित) किसी के भी स्वातन्त्र्यवादी अधिकारों पर आँच आए बिना भी बहुत भीषण अकाल की रचना हो सकती है। बेरोजगार एवं गरीबी के मारे लोग केवल इस कारण भूखों भर सकते हैं कि उनकी अधिकारिताएँ, अपने वैधानिक स्वरूप में, उन्हें उदरपूर्ति के लिए पर्याप्त सामग्री उपलब्ध नहीं करा पातीं। यह अतिविनाशकारी नैतिक संकट का उदाहरण माना जा सकता है किन्तु कितने ही गम्भीर स्वरूप के संकट—ये विकराल अकाल से लेकर नियमित अल्प पोषण और चिरंतन आधे पेट रहने की मजबूरी आदि—का ऐसी व्यवस्था के साथ सहअस्तित्व भाव हो सकता है जिसमें किसी के स्वातन्त्र्याधिकारों पर आँच नहीं आती। इसी प्रकार सभी स्वातन्त्र्याधिकारों के अक्षुण्ण रहते हुए भी अन्य प्रकार की वंचनाओं इलाजयोग्य बीमारियों को दूर करने की व्यवस्था का अभाव) का वर्चस्व बना रह सकता है।

राजनीतिक वरीयता के परिणाम-निरपेक्ष सिद्धान्त की रचना का प्रस्ताव भी उन स्वातन्त्र्यों के प्रति सम्वेदनाहीनता से ग्रस्त लगता है जो जनसामान्य को प्राप्त या अप्राप्य हो जाती हैं। हम परिणामों को जाने बिना ही सामान्य प्रक्रिया सम्बन्धी नियमों को स्वीकार नहीं कर पाते—क्योंकि यहाँ आग्रह है कि सम्बद्ध जन समुदाय के जीवन के लिए ये परिणाम कितने भी घातक या गम्भीर हों, कोई बात नहीं—बस, प्रक्रिया सरल हो और उससे जुड़े विचार 'आकर्षक' लगते हों। परिणामवादी तर्कशास्त्र में वैयक्तिक स्वातन्त्र्यों के फलीभूत होने या हनन को बहुत महत्त्व दिया जाता है [इस पर विशेष ध्यान भी दिया जा सकता है] पर इसके लिए अन्य मुद्दों या सरोकारों को गौण मान लेना आवश्यक नहीं होता। इन सरोकारों में लोगों को वास्तव में उपलब्ध

स्वातन्त्र्यों पर उपयुक्त प्रविधियों के वास्तविक प्रभाव आदि भी सम्मिलित रहते हैं। लोगों को मिले (या न मिल पाए) स्वातन्त्र्यों सहित परिणामों की सामान्य अनदेखी को सहज स्वीकार्य को मूल्यांकन पद्धति का पर्याप्त आधार मान लेना इतना सरल नहीं है।

सूचना आधार की दृष्टि से भी स्वातन्त्र्यवादी दृष्टिकोण बहुत संकीर्ण ही रह जाता है। यह न केवल उन कारकों की अनदेखी करता है जिन्हें उपयोगितावाद और क्षेमवाद में बहुत महत्त्व दिया गया है वरन् साथ ही साथ उन बुनियादी स्वातन्त्र्यों को भी दृष्टि से ओझल कर देता है जिन्हें हम बहुत ही मूल्यवान मानते हैं। यदि स्वतन्त्रता के विशेष महत्त्व को स्वीकार भी कर लिया जाए तो भी इसे वह सर्वोपरि महत्ता तथा स्थान नहीं दिया जा सकता जिसका इस विचार के प्रतिपादक दावा करते हैं। हमें न्याय के और अधिक व्यापक सूचना आधार की आवश्यकता है।

उपयोगिता, वास्तविक आय तथा वैयक्तिक तुलनाएँ

पारम्परिक रूप में उपयोगिता को प्रसन्नता या सुख की अनुभूति के रूप में परिभाषित किया जाता है। कभी-कभी इसे इच्छाओं की सम्पूर्ति का नाम भी दे दिया जाता है। उपयोगिता का इस प्रकार मानसिक गणनावादी स्वरूप में न केवल जेरेमी बैंथम जैसे प्रख्यात दार्शनिक ने ही प्रयोग किया है बल्कि उपयोगितावादी अर्थशास्त्री फ्रांसिस एज़वर्थ, अल्फ्रेड मार्शल, ए.सी. पीगू और डेनिस रॉबर्टसन जैसे उपयोगितावादी अर्थशास्त्री भी इसी का आसरा लेते रहे हैं। हमने इसी अध्याय में यह दर्शाया था कि किस प्रकार निरन्तर अभावग्रस्तता से यह मानसिक गणनाक्रम विकृत हो जाता है। सुखानुभूति या इच्छापूर्ति के मानसिक गणित पर निर्भरता की यह एक बहुत बड़ी त्रुटि रहती है। क्या उपयोगितावाद को इस त्रुटि से मुक्त कराया जा सकता है ?

आधुनिक चयन सिद्धान्तों में उपयोगिता का प्रयोग एक विशिष्ट रूप में किया जा रहा है—यहाँ सुखानुभूति और इच्छा सम्पूर्ति से इसके सम्बन्ध को पूरी तरह से भुला दिया गया है और उपयोगिता को व्यक्ति के चयन व्यवहार से जुड़े कुछ अंकों का पर्याय ही माना जा रहा है। यह परिवर्तन मानसिक गणना के निरन्तर अभाव के कारण दूषित हो जाने की आशंका का परिणाम नहीं है। वस्तुतः इसका कारण तो लायनेल रॉबिन्स जैसे अन्य सकारात्मक व्यवहारवादियों की आलोचनाओं का निराकरण करने का प्रयास रहा है। उनका कहना था कि वैज्ञानिक दृष्टि से विभिन्न व्यक्तियों की मानसिक दशाओं की तुलना करना अर्थहीन है। रॉबिन्स का आग्रह था कि ऐसी कोई विधि है ही नहीं जिसके द्वारा यह तुलना की जा सके। उन्होंने उपयोगितावाद के गुरु माने जाने वाले डब्ल्यु.एस. जेवन द्वारा व्यक्त सन्देह के साथ सहमति जताई : "एक मस्तिष्क में झांक पाना किसी अन्य मस्तिष्क के वश की बात नहीं है और अनुभूतियों के आकलन का कोई सांझा मापदण्ड भी नहीं हो सकता।"

जैसे-जैसे अर्थशास्त्रियों ने यह समझ लिया कि व्यक्तियों के बीच उपयोगिता की तुलना करना वास्तव में तर्कसंगत नहीं है, उपयोगितावादी परम्परा में कुछ फेरबदल के प्रयास प्रारम्भ हो गए। ऐसा ही एक बदलाव उपयोगिता को व्यक्ति की वरीयता का प्रतिनिधि मानना है। जैसे मैंने पहले भी कहा था, इस विचार के अनुसार किसी व्यक्ति की y की अपेक्षा x अवस्था में अधिक उपयोगिता की प्राप्ति का आशय इस बात से भिन्न नहीं है कि वह y की अपेक्षा x अवस्था का चयन करेगा।

इस विधि में विभिन्न व्यक्तियों की मानसिक दशाओं की तुलना करने के कठिन प्रयास की आवश्यकता नहीं रहती। यही इसका सबसे बड़ा लाभ है। किन्तु साथ ही साथ यह उपयोगिताओं के वैयक्तिक स्तरों की तुलना के सभी मार्ग भी बन्द कर देती है। प्रत्येक व्यक्ति की उपयोगिता का मापन उसके अपने विशिष्ट वरीयता क्रम के मापदण्ड के आधार पर किया जाता है। कोई भी व्यक्ति वास्तव में तो किसी दूसरे व्यक्ति का भौतिक-बौद्धिक-मानसिक स्थान नहीं ले सकता अतः किसी के वास्तविक चयनों के माध्यम से किसी भी व्यक्ति की उपयोगिता की गणना नहीं हो सकती।

यदि लोगों की अलग-अलग प्राथमिकताओं/वरीयताओं की झलक उनके पृथक्-पृथक् माँग-वक्रों में दिखाई दे रही हो तो उनके माध्यम से भी उन व्यक्तियों के बीच तुलना कर पाना संभव नहीं होता। वैसे तो होरेस ने ठीक ही कहा है कि जितने लोग हैं उतनी ही उनकी पसन्द या वरीयताएँ भी होती हैं; फिर भी मान लो कि यदि कुछ लोगों की पसन्द आदि इस प्रकार की हो कि वे एक जैसी परिस्थितियों में एक जैसा ही चयन करते हों तो यह एक विशेष प्रकार की अवस्था होगी। फिर भी, क्या इस विशेष मान्यता को आधार बनाकर उन लोगों के बीच तुलना कर पाना उचित होगा ? व्यवहारिक क्षेम अर्थशास्त्र में सांझी वरीयताओं और चयन, व्यवहार की मान्यता एक सामान्य बात है। वहाँ इन्हीं मान्यताओं के आधार पर सभी व्यक्तियों के उपयोगिता-फलन भी एक जैसे मान लिए जाते हैं। यह एक बहुत ही विद्रुप सा वैयक्तिक उपयोगिता तुलन है। क्या उपयोगिता को वरीयता के मान के रूप में परिभाषित करने के लिए इस प्रकार की मान्यता वैध भी होगी ?

उत्तर होगा, नहीं ! यह ठीक है कि यदि सभी के उपयोगिता-फलन समान मान लिए जाएँ तो उनसे वरीयताएँ और चयन व्यवहार भी एक समान हो जाएगा। किन्तु ऐसा तो अनेक मान्यताओं के आधार पर ही सम्भव हो सकता है। उदाहरण के लिए, यदि किसी व्यक्ति को किसी वस्तु समुच्चय से अन्य व्यक्तियों को प्राप्त उपयोगिता का आधा (दसवाँ, सौवाँ या कोई भी और भाग) ही उपयोगिता प्राप्त होती हो तो इस दशा में भी उन सभी का चयन व्यवहार और माँगफलन एक जैसा हो जाएगा—किन्तु क्या सभी को किसी भी वस्तु समुच्चय से एक समान उपयोगिता मिल पाएगी ? गणितीय दृष्टि से चयन व्यवहार की अंकों के रूप में अभिव्यक्ति (अंकाभिव्यक्ति) अनोखी नहीं होती। प्रत्येक चयन व्यवहार को अच्छे ख़ासे विशाल उपयोगिता फलन

समूह द्वारा अभिव्यक्त किया जा सकता है। चयन व्यवहार में सादृश्य को उपयोगिताओं के सादृश्य (समरूपता) का प्रमाण या आधार नहीं माना जा सकता।

यह केवल सैद्धान्तिक झिकझिक नहीं है—इसका व्यवहार पर भी बहुत बड़ा प्रभाव पड़ सकता है। उदाहरण के लिए, मान लो कि एक अपंग/बीमार/अवसाद, ग्रस्त व्यक्ति भी उन्हीं वस्तुओं की माँग कर रहा है जिनकी सामान्य स्वस्थ्य व्यक्ति कर रहे हैं। पर क्या वह व्यक्ति उन चीज़ों की समान मात्राओं से उतनी ही उपयोगिता (कुशल क्षेम या जीवन की गुणवत्ता) भी प्राप्त कर पाएगा ? आइए, इसी उदाहरण को कुछ और सत्त्वपूर्ण बनाएँ : एक गरीब व्यक्ति को कोई परजीव-आधारित उदर रोग है और वह एक की अपेक्षा दो किलोग्राम चावल पाना बेहतर समझता है। कोई अन्य उतना ही गरीब पर रोगरहित व्यक्ति भी दो किलो चावल पाना बेहतर ही मानेगा। किन्तु क्या इस चयन/वरीयता व्यवहार के आधार पर यह निष्कर्ष निकालना उचित होगा कि यदि उन्हें एक-एक किलो चावल ही दिया जाए तो भी उनके क्षेम स्तर एक समान होंगे ? नहीं। अतः समान चयन व्यवहार और माँग फलन की मान्यताएँ अपने आप में बहुत सहज स्वीकार्य न होते हुए भी हमें समान उपयोगिता फलन की अपेक्षा करने का पर्याप्त आधार नहीं प्रदान कर पातीं। वैयक्तिक तुलनाएँ और चयन व्यवहार दो अलग-अलग प्रकार के विचार या अवधारणाएँ हैं—इन्हें समीकृत करने के लिए तो व्यक्ति को बहुत बड़े विभ्रम का शिकार होना पड़ेगा ?

चयन व्यवहार पर आधारित उपयोगिता तुलना के प्रयास बहुधा उपर्युक्त कठिनाइयों की अनदेखी कर जाते हैं, किन्तु ये प्रयास अन्ततः उपयोगिता के वस्तु-आधार अथवा वास्तविक आयों की तुलना से आगे नहीं बढ़ पाते। यदि व्यक्तियों के माँग फलनों में विविधता हो तो यह वास्तविक आय तुलन भी सम्भव नहीं हो पाता। इस दशा में उपयोगिता तो दूर, उसके वस्तु आधार की तुलना का आधार भी सीमित हो जाता है। वास्तविक आय की तुलनाओं को ही किसी तरह उपयोगिता की तुलना मान लेने से बहुत ही गहन त्रुटियाँ सामने आती हैं। इसका एक कारण तो यही है कि माँग फलन भिन्न होते हुए भी समान वस्तु समुच्चय से सभी व्यक्तियों को एक समान उपयोगिता प्राप्त होने की मान्यता ही बहुत मनमानी लगती है। दूसरे, ऐसी ही अवस्था में उपयोगिता के वस्तु आधार [अर्थात् वस्तुओं की मात्रा विशेष से उपयोगिता स्तर का सटीक निर्णय कर पाना] को लेकर भी अनेक कठिनाइयाँ हैं जिनका अभी निराकरण सम्भव नहीं हो पाया है।

व्यावहारिक स्तर पर मानव के कुशलक्षेम को वास्तविक आय से समीकृत करने में सबसे बड़ी कठिनाई यही आती है कि मानव मात्र विविधता से पूर्ण है। आयु, लिंग, विशेष योग्यता, अपंगता, रुग्णता की प्रवृत्ति आदि अनेक कारणों से किन्हीं भी दो व्यक्तियों के समान वस्तु समुच्चयों से जीवन के गुणों को ग्रहण कर पाने के अवसरों में भारी अन्तर आ सकते हैं। इस तरह से विभिन्न व्यक्तियों के अपने-अपने हित लाभों की तुलनाओं के विषय में वास्तविक आय की उपादेयता को वैयक्तिक

विविधता बहुत ही सीमित कर देती है। अगले भाग में इस विषय से सम्बन्धित कठिनाई पर हम संक्षेप में विचार कर रहे हैं–उसके बाद मैं हितलाभों की वैयक्तिक तुलनाओं के विषय में एक वैकल्पिक विश्लेषण विधि पर बातचीत करूँगा।

कुशलक्षेम : विविधताएँ और विषमांगताएँ (Heterogeneties)

हम आय और वस्तुओं को अपने कुशलक्षेम का मौलिक आधार मानते हैं। किन्तु किसी आय के स्तर विशेष या वस्तु समुच्चय विशेष से लाभान्वित हो पाने की हमारी क्षमता अनेक निजी एवं सामाजिक सहायक कारकों पर निर्भर करती है। हमारी वास्तविक आयों और हितलाभों (या कुशलक्षेम अथवा स्वातन्त्र्य) के बीच विसंगति की रचना करने वाले कम से कम पाँच प्रकार के कारक हो सकते हैं :

(1) **वैयक्तिक विषमांगताएँ :** व्यक्तियों के भौतिक (शारीरिक) लक्षणों में काफी अन्तर हो सकते है–इनके कारण अपंगता, रोग-व्याधि, आयु, लिंग आदि होते हैं–इनसे उनकी आवश्यकताओं में अन्तर आ जाते हैं। एक बीमार व्यक्ति को अपनी चिकित्सा के लिए (स्वस्थ व्यक्तियों की अपेक्षा) अधिक आय की आवश्यकता हो सकती है। चिकित्सा के बावजूद एक बीमार व्यक्ति समानस्तरीय आय से सामान्य लोगों की भाँति आनन्द उठा पाने में सफल नहीं रहता। एक अपंग व्यक्ति को विशेष सहायक उपकरण, वृद्ध को सहायता व्यवस्था तथा गर्भवती महिला को अधिक पोषक आहार की आवश्यकता हो सकती है। दूसरे शब्दों में, व्यक्तियों को उनकी बाधिताओं के लिए पर्याप्त क्षतिपूर्ति के स्तर एक समान नहीं होंगे। यही नहीं, क्षतिपूर्ति के माध्यम से भी (आय अन्तरण द्वारा) कुछ अभावग्रस्तताओं को पूरी तरह से दूर कर पाना सम्भव नहीं होगा [एक दुर्घटना-पीड़ित व्यक्ति को चिकित्सा के लिए धन और रोजगार से दूर रहने की मजबूरी की भरपाई के लिए उसकी सामान्य आमदनी के समतुल्य राशि क्षतिपूर्ति के रूप में मिल जाए तो भी उसे कष्ट तो भोगना ही पड़ेगा–यदि अपंगता भी स्थायी हो जाए तो किसी भी तरह की ये क्षतिपूर्तियाँ उन सम्भावित प्रगति के अवसरों की भरपाई नहीं कर पाएँगी जिनसे वह व्यक्ति (दुर्घटनाजनित स्थायी अपंगता के कारण) वंचित रह जाएगा। उसके जीवन की गुणवत्ता को सामान्य स्तर पर पहुँचाने के लिए आर्थिक क्षतिपूर्तियाँ नितान्त अपर्याप्त रह जाएँगी]।

(2) **पर्यावरण की विविधताएँ :** तापमान के प्रसार, वर्षा, बाढ़, सूखा आदि जलवायु से जुड़े पर्यावरणीय लक्षणों में अन्तर भी व्यक्ति की सुनिश्चित आय से लाभान्वित होने की क्षमता को प्रभावित कर सकते हैं। शीत प्रदेशों में बसे गरीबों की कपड़े और घर को गर्म रख पाने की समस्याओं को गर्म क्षेत्रों में रहने वाले गरीब भी प्रायः नहीं समझ पाते। किसी क्षेत्र में प्रचलित संक्रामक रोग, मलेरिया, आंत्रशोध से लेकर एड्स तक, उस क्षेत्र के निवासियों के भोग्य जीवन की गुणवत्ता को बुरी तरह प्रभावित (विकृत भी) कर सकते हैं। प्रदूषण आदि अन्य पर्यावरणगत बाधाओं के भी इसी प्रकार के परिणाम रहते हैं।

(3) **सामाजिक वातावरण में उतार-चढ़ाव :** व्यक्तियों की वास्तविक आय तथा अन्य संसाधनों को जीवन की गुणवत्ता में परिवर्तित करने की प्रक्रिया पर सामाजिक परिवेश का भी प्रभाव रहता है। इस परिवेश में शिक्षा की सार्वजनिक व्यवस्था की सुलभता और क्षेत्र विशेष में अपराध हिंसा आदि के होने (न होने) आदि को प्रमुख रूप से सम्मिलित किया जाता है। महामारियों और प्रदूषण आदि के मुद्दे पर्यावरण से जुड़े हैं किन्तु इन पर सामाजिक प्रवृत्तियों का भी गहन प्रभाव रहता है। अभी कुछ समय से प्रकाश में आ रही 'सामाजिक पूँजी' विषयक रचनाएँ तो यहाँ तक सुझा रहीं हैं कि सार्वजनिक सुविधाओं के साथ-साथ सामुदायिक सम्बन्धों की प्रकृति का भी यहाँ बहुत महत्त्व हो सकता है।

(4) **सम्बन्धवाची संसृष्टियों में अन्तर :** परम्पराओं और रिवाजों के कारण सामान्य व्यवहार के निमित्त आवश्यक वस्तुओं की सूची में भारी अन्तर आ सकते हैं। सम्भव है कि किसी गरीब व्यक्ति की आय का स्तर गरीबों की बस्ती के सामान्य जीवन के ढर्रे के अनुसार निर्वाह करने के लिए तो पर्याप्त से भी अधिक हो किन्तु यदि उसे किसी अमीर क्षेत्र में रहना पड़े तो वह सामाजिक जीवन में भागीदारी से जुड़ी अनेक कृत्यकारिताओं को प्राप्त करने में विफल रह जाता है। ऐडम स्मिथ ने दो सौ वर्ष पूर्व ही उदाहरण देते हुए कहा था कि एक अमीर समाज में बिना संकोच का अनुभव किए घुलने-मिलने के लिए अच्छे कपड़ों और दिखावेपूर्ण उपभोग के अनेक तत्त्वों की 'आवश्यकता' पड़ जाती है—जबकि गरीबों में आपसी संसर्ग इस प्रकार की बाध्यताओं से मुक्त रहता है। आत्मसम्मान की भावना की तुष्टि पर भी इसी प्रकार के कारक प्रभावी हो जाते हैं। यहाँ हम मुख्यतः अन्तर्सामाजिक अन्तरों की बात कर रहे हैं—पर बहुधा ऐसी ही बातें वैयक्तिक अन्तरों पर भी समान रूप से लागू हो जाती हैं।

(5) **परिवार में आन्तरिक आबंटन-वितरण :** परिवार के कमाऊ सदस्यों की आय का सभी मिलकर उपभोग करते हैं। अतः आय के प्रयोजन पक्ष को देखें तो परिवार ही बुनियादी इकाई होगा। परिवार के सदस्यों के क्षेम और स्वातन्त्र्य उसकी आय के विभिन्न सदस्यों की रुचियों और हितों के संवर्धनार्थ प्रयोजन पर निर्भर होंगे। अतः वैयक्तिक उपलब्धियों/सफलताओं और सुअवसरों तथा परिवार की सकल आय के बीच सम्बन्ध का निरूपण करते समय परिवार के भीतर आय के विभाजन पर विचार करना बहुत आवश्यक हो जाएगा। लिंग, आयु या आवश्यकताओं के गणित के आधार परिवार में आन्तरिक आबंटन के नियमों की इसके विभिन्न सदस्यों की सफलताओं और विषमावस्था आदि पर गहरी छाप रहती है।

आय और कुशलक्षेम के सम्बन्धों में भारी अन्तर के ये स्रोत उच्च वास्तविक आय के रूप में परिभाषित विपुलता की क्षेम एवं जीवन की गुणवत्ता के दर्पण के रूप में आभा को धूमिल कर देते हैं। मैं इन अन्तरों एवं इनके प्रभावों के बारे में इसी पुस्तक के अध्याय—4 में आगे और विचार करूँगा। पर विकल्प क्या है ? इस

बारे में कुछ न कुछ विचार तो होना ही चाहिए। आइए, इसी दिशा में चलें।

आय, संसाधन और स्वातन्त्र्य

यह बात प्रायः सभी स्वीकार करते हैं कि आय का अभाव ही गरीबी है। यह विचार ठीक भी लगता है क्योंकि यदि आय की ठीक से परिभाषा की जाए तो हमारी कर्म-क्षमता पर उसके बहुत ही विशद प्रभाव स्पष्ट हो जाते हैं। गरीबी, भुखमरी और अकाल आदि के साथ सामान्यतः जुड़े हुए अनेक अभावों का प्रमुख कारण अपर्याप्त आय ही होती है। अतः गरीबी का अध्ययन आय के आबंटन विशेषकर न्यून वास्तविक आय से सम्बन्धित सुलभ जानकारी से ही प्रारम्भ करने के पक्ष में बहुत अच्छे तर्क विद्यमान हैं।

हाँ, साथ ही सारे विश्लेषण को आय पर ही समाप्त नहीं कर देने के पक्ष में भी उतने ही सशक्त तर्क भी हमारे पास विद्यमान हैं। जॉन रॉल्स के प्रतिष्ठित विश्लेषण में अनेक प्राथमिक या बुनियादी पदार्थों या वस्तुओं (Primary Goods) की चर्चा की गई है। उन्होंने इस परिदृश्य को काफी विस्तार दे दिया है। प्राथमिक पदार्थ वे संसाधन हैं जिनकी हमें आवश्यकता होती ही है—चाहे हमारे ध्येय कुछ भी हों। इनमें आय तो है ही, अन्य सामान्य प्रयोग साधन भी सम्मिलित हैं। ये प्राथमिक पदार्थ वे सामान्य प्रयोग के साधन हैं जिनकी सहायता से व्यक्ति अपने ध्येयों की सम्पूर्ति का प्रयास करता है। इनमें अधिकार, स्वतन्त्रताएँ, सुअवसर, आय और सम्पत्ति और आत्मसम्मान के सामाजिक आधार सम्मिलित हैं। रॉल्स की विश्लेषण विधि में प्राथमिक पदार्थों पर इतना बल दिए जाने का कारण उनकी यह मान्यता है कि व्यक्ति के हितलाभ अपने उद्देश्य की पूर्ति के प्रयास कर पाने के अवसरों से जुड़े हैं। रॉल्स के अनुसार ये उद्देश्य व्यक्ति की 'शुभ विषयक धारणा' (अर्थात् उसके लिए क्या अच्छा है ?) से जुड़े हैं और इस बारे में स्वाभाविक रूप से व्यक्तियों के विचार एक समान होना आवश्यक नहीं होता। अतः अन्य व्यक्तियों के समान ही सभी प्राथमिक पदार्थ पाने के बाद भी यदि कोई व्यक्ति अपने खर्चीले स्वभाव के कारण अन्य व्यक्तियों की अपेक्षा कम खुश रह पाता है तो इस उपयोगिता-पटल की विषमता में कोई अन्याय निहित नहीं होगा। रॉल्स का कहना है कि व्यक्ति को अपनी वरीयताओं का उत्तरदायित्व स्वयं ही वहन करना होगा।

जानकारी/सूचना आधार का आय से आगे बढ़कर प्राथमिक पदार्थों तक विस्तार भी आय एवं संसाधनों तथा कुशलक्षेम एवं स्वातन्त्र्यों के सम्बन्धों के सभी सम्बद्ध स्वरूपों की व्याख्या कर पाने के लिए पर्याप्त सिद्ध नहीं हो पाता। वास्तव में ये प्राथमिक पदार्थ भी अनेक प्रकार के सामान्य प्रयोग के संसाधन ही हैं। इन्हें महत्त्वपूर्ण कार्यों में प्रयोग कर पाने के लिए योग्यता/क्षमता का सृजन कर पाना भी उन सभी विविधताओं और विषमांगताओं से प्रभावित होता है जिनकी हमने पिछले ही खण्ड में आय तथा कुशलक्षेम के सन्दर्भ में चर्चा की है। ये विविधताएँ हैं : वैयक्तिक विषमांगताएँ,

पर्यावरणगत विविधताएँ, सामाजिक वातावरण या परिवेश के अन्तर, सम्बन्धवाची संसृष्टियों में भेद और परिवार में आन्तरिक आबंटन का स्वरूप। इनके कारण व्यक्ति के स्वास्थ्य और स्वस्थ रह जाने की क्षमता पर अनेक प्रकार के प्रभाव पड़ सकते हैं।

अच्छे जीवन के साधनों पर ही ध्यान केन्द्रित रखने का विकल्प उस जीवन पर संकेन्द्रित होना है जिसे लोग वास्तव में पा सकने में सफल हो गए हैं [वैसे इससे भी आगे बढ़कर हम अपने मनोवांछित जीवन की प्राप्ति के स्वातन्त्र्य पर भी ध्यान केन्द्रित कर सकते हैं]। ए.सी. पीगू से प्रारम्भ कर आधुनिक युग में अनेक अर्थशास्त्रियों ने 'जीवन स्तर' और इसके घटकों तथा बुनियादी आवश्यकताओं की पूर्ति का प्रत्यक्ष विश्लेषण करने के प्रयास किए हैं। 1990 से तो महान पाकिस्तानी अर्थशास्त्री, स्वर्गीय महबूब-उल-हक के सद्प्रयासों के फलस्वरूप संयुक्त राष्ट्र विकास कार्यक्रम (UNDP) वार्षिक 'मानव विकास रपट' का प्रकाशन कर रहा है। इसमें व्यक्तियों, विशेषकर अभाव-वंचनाग्रस्त समुदायों, द्वारा वास्तव में भोगे) जा रहे जीवन पर बहुत व्यवस्थित ढंग से प्रकाश डाला जाता है।

जनसामान्य के जीवनयापन में रुचि अर्थशास्त्र के लिए कोई नई बात नहीं है। वास्तव में अरस्तू का मानवीय भलाई का विवरण (जैसे मार्था नसबॉम ने बताया है) स्पष्टतः पहले मनुष्य के कार्यों को जानने और फिर ''जीवन को क्रियाशीलता के रूप में' समझने की स्पष्ट आवश्यकता से ही जुड़ा हुआ था। यही विचार आज के क्षेमशास्त्र का आधारस्वरूप भी है। हमने पहले भी कहा है कि अनेक विद्वान अर्थशास्त्रियों की राष्ट्रीय लेखा और आर्थिक समृद्धि विषयक रचनाओं में जीवन यापन की दशाओं के प्रति यही रुचि या झुकाव दिखाई देता है। ये विद्वान हैं : विलियम पेटी, ग्रेगरी किंग, फ्रांकोस क्वीने, एन्टोनी-लॉरिट लेवोजिये और जोसेफ लुइस लैग्रेंज।

इसी ज्ञान दृष्टि ने एडम स्मिथ को भी व्यस्त रखा था। जैसा हमने पहले बताया है, वे भी इस प्रकार कार्य करने की क्षमता को लेकर चिन्तित थे कि व्यक्ति समाज में बिना किसी शर्मिन्दगी को उठाए शामिल हो सके [वे केवल वास्तविक आय या वस्तु समूह के स्वामित्व मात्र को पर्याप्त नहीं मान पाए थे]। स्मिथवादी विश्लेषण में किसी समाज में 'आवश्यक' क्या होगा, इसका निर्धारण किन्हीं न्यूनतम स्वातन्त्र्यों के आधार पर किए जाने की आवश्यकता होगी जिनमें समाज में बिना संकोच सम्मिलित होने पर निस्संकोच सामाजिक गतिविधियों में भाग ले पाने की योग्यता प्रमुख रहती हैं। एडम स्मिथ ने इस मुद्दों को कुछ इस प्रकार रखा है :

''आवश्यकताओं से मेरा अभिप्राय केवल उन वस्तुओं से नहीं है जो जीवित रहने के लिए अत्यावश्यक होती हैं, इनमें वे वस्तुएँ भी सम्मिलित हैं जिनके अभाव को समाज के [न्यूनतम स्तर के भी] सभ्य सदस्य असह्य मानते हैं। एक सूती कमीज का होना जीवन के लिए अत्यावश्यक तो नहीं है। ग्रीस और रोम के निवासी बिना कपड़े के भी बहुत आराम से रह रहे थे। किन्तु आज'के [एडम स्मिथ के] ज़माने

में, यूरोप के अधिकांश भागों में दिन के समय काम करने वाले मजदूर भी बिना कमीज पहने और लोगों के सामने आने में लज्जा का अनुभव करते हैं। सम्भवतः कमीज नहीं पहन पाने को अत्यन्त ही निकृष्ट स्तर की गरीबी का प्रमाण माना जा रहा है और कोई भी व्यक्ति उस दशा को तभी प्राप्त होता है जबकि वह बहुत ही गलत किस्म का व्यवहार कर बैठता हो। इसी प्रकार परम्परा ने ही इंग्लैंड में चमड़े के जूते पहनना जीवन की आवश्यकता बना दिया है। गरीब से गरीब पर आत्मसम्मानी नर नारी भी कोई बिना चमड़े के जूतों के लोगों के सामने आने में लज्जा अनुभव करते हैं।''

इसी प्रकार अब अमेरिका या युरोप के परिवार टेलीफोन, टेलीविजन और वाहन आदि के बिना सामाजिक जीवन में भागीदारी कर पाना कठिन पाते हैं--जबकि ये चीज़ें गरीब देशों के सामाजिक जीवन का अनिवार्य अंग नहीं होतीं। हमारे इस विश्लेषण में हम चीजों पर नहीं बल्कि उन चीज़ों द्वारा सृजित स्वातन्त्र्यों पर ही सारा ध्यान केन्द्रित रखेंगे।

कुशलक्षेम, स्वातन्त्र्य और योग्यता-क्षमता

मैं काफी समय से इस बात का आग्रह करता रहा हूँ कि अनेक प्रकार के मूल्यांकनों के लिए न तो क्षेमवादी उपयोगिता वितान ही उपयुक्त है और न ही रॉल्स के प्राथमिक पदार्थों का। इसके लिए तो सारभूत स्वातन्त्र्य (Substantive Freedoms) का वितान ही उपयुक्त प्रतीत होता है। सारभूत स्वातन्त्र्य है उस जीवन-पद्धति का चयन कर पाने की क्षमता का होना जिसे व्यक्ति मूल्यवान मानता है। जैसे कि रॉल्स का स्पष्ट आग्रह है, यदि व्यक्ति के अपने ध्येयों की प्राप्ति के प्रयास के वास्तविक अवसरों पर विशेष ध्यान दिया जाना है तो फिर न केवल उसके पास जमा प्राथमिक पदार्थों का भण्डार वरन् उसके वैयक्तिक लक्षणों (गुण विशेष आदि) पर भी ध्यान देना पड़ेगा जो प्राथमिक पदार्थों को ध्येयपूर्ति के निमित्त प्रयोग कर पाने में सहायक रहते हैं। उदाहरण के लिए, एक अपंगताग्रस्त व्यक्ति के पास प्राथमिक पदार्थों का बड़ा भण्डार होते हुए भी उसके सामान्य जीवन जी पाने की सम्भावनाएँ कम ही रहती हैं [जबकि उससे कहीं कम प्राथमिक पदार्थों का स्वामी यदि स्वस्थ है तो सहज ही सामान्य जीवन बिता पाने में समर्थ रहता है]। इसी प्रकार कोई वृद्ध या बीमार व्यक्ति अधिक प्राथमिक पदार्थ सुलभ होने पर भी सामान्य जीवन यापन में कुछ न कुछ बाधा अवश्य अनुभव करेगा।

हमारे कृत्यकारिता विषयक विचार का मूल निश्चय ही अरस्तू के नियमों में खोजा जा सकता है। इसमें उन सभी बातों की झलक है जिन्हें व्यक्ति करने योग्य मानता है अथवा जिस प्रकार का बन जाना महत्त्वपूर्ण समझता है। इन मूल्यवान कृत्यकारिताओं में सभी कुछ शामिल है जैसे बुनियादी स्तर पर पर्याप्त पोषण पाना या व्याधियों से मुक्त रहना या फिर और जटिल पटल पर सामाजिक जीवन में भागीदारी

और आत्मसम्मान की भावना से सम्पन्न होना, आदि।

व्यक्ति की क्षमता-योग्यता से अभिप्राय कृत्यकारिताओं के उन वैकल्पिक संयोजनों से है जो उसके लिए प्राप्य होते हैं। इस प्रकार क्षमता-योग्यता भी एक प्रकार का स्वातन्त्र्य ही है—यह वैकल्पिक कृत्यकारिता संयोजनों (जीवन शैलियों) को प्राप्त कर सकने की सारभूत स्वतन्त्रता ही है। उदाहरण के लिए, यदि एक अमीर व्यक्ति किसी दिन व्रत करने का निर्णय कर ले तो उस दिन उसकी खाना खाने या पोषक पदार्थ ग्रहण करने की कृत्यकारिता भूखे रहने को बाध्य गरीब से भिन्न नहीं रहती—किन्तु इसका क्षमता-योग्यता समुच्चय तो गरीब की अपेक्षा बहुत ही विशाल है। अमीर आदमी अपनी इच्छा से भूखा रह रहा है, चाहे तो बहुत कुछ खा-पी सकता है, जबकि गरीब की एक मजबूरी भूखा रहना है।

महत्त्वपूर्ण सफलताओं और तत्सम्बद्ध योग्यताओं की सूची में किन कृत्यकारिताओं को स्थान मिले और किन्हें नहीं, इस बारे में गम्भीर बहस हो सकती है। इस प्रकार के विश्लेषण में चाहे-अनचाहे जीवन-मूल्यों से जुड़े प्रश्न उठ ही जाते हैं और इस विधि की एक अच्छाई यह है कि इसमें इन प्रश्नों पर खुले मस्तिष्क से विचार किया जाता है—इन्हें किसी निहित वैचारिक संरचना के भीतर छिपाकर रखने का प्रयास नहीं होता।

इस समय हम कृत्यकारिताओं और क्षमता आदि के विश्लेषण और इनकी अभिव्यक्ति की तकनीकी बारीकियों में नहीं जा पाएँगे। किसी व्यक्ति द्वारा भुक्त प्रत्येक कृत्यकारिता को एक वास्तविक अंक द्वारा अभिव्यक्त किया जा सकता है। इस प्रकार उसकी वास्तविक उपलब्धियों को दर्शानेवाले अंकों के समूह को हम 'कृत्यकारिता सदिश' (Functioning Vector) का नाम दे सकते हैं। दूसरी ओर उसका क्षमता-योग्यता समुच्चय उन वैकल्पिक कृत्यकारिता सदिशों का समुच्चय होगा जिनमें से किसी एक का चयन करने को वह व्यक्ति स्वतन्त्र होता है। इस प्रकार कृत्यकारिताओं का संयोजन यदि व्यक्ति की वास्तविक उपलब्धियों का परिचायक है तो क्षमता-योग्यता समुच्चय उसके उपलब्धि स्वातन्त्र्य को अभिव्यक्त करता है—इसमें दर्शाए गए वैकल्पिक कृत्यकारिता संयोजनों में से किसी का भी चुनाव कर पाने को वह व्यक्ति स्वतन्त्र होता है।

हमारी विश्लेषण विधि को वास्तव में प्राप्त हुई (भुक्त) कृत्यकारिताओं या क्षमता-समुच्चय, किसी पर ध्यान केन्द्रित किया जा सकता है। किन्तु इन दोनों केन्द्रणों से अलग-अलग प्रकार की जानकारियाँ प्राप्त होती हैं। पहला केन्द्रण हमें यह बताता है कि व्यक्ति क्या कर रहा है तो दूसरे से हमें यह पता चलता है कि वह क्या कुछ कर पाने योग्य है। योग्यता-क्षमता विधि के दोनों ही प्रतिमानों पर काफ़ी काम हुआ है—कभी-कभी तो दोनों उपविधाओं पर एक साथ ही विचार मंथन हुआ है।

अर्थशास्त्र में यह तो एक बहुत ही मान्य परम्परा है कि विकल्पों के किसी भी समूह का वास्तविक मान (मूल्य) इस बात में निहित माना जाता है कि उनकी

श्रेष्ठतम प्रयुक्ति क्या हो सकती है। यदि अनिश्चितताएँ गौण हों और अधिकतमीकरण की विधि अपनाई जा रही हो तो उपर्युक्त श्रेष्ठतम प्रयुक्ति का अर्थ वास्तविक प्रयुक्ति ही हो जाएगा। इस प्रकार सारे अवसरों के समूह का प्रयुक्ति मान (Use Value) अन्ततः उस समूह के एक तत्त्व पर ही निर्भर रह जाता है [भले ही यह सर्वश्रेष्ठ विकल्प हो—वास्तव में चुना गया विकल्प ही होगा उसी पर श्रेष्ठता आरोपित हो जाती है]। इस प्रकार चुने गए कृत्यकारिता सदिश पर ध्यान केन्द्रण को ही योग्यता-क्षमता समुच्चय पर केन्द्रण के समरूप मान लिया जाता है क्योंकि इस समुच्चय का मान अन्ततः चयित सदिश द्वारा ही मापा जाता है।

योग्यता-क्षमता समुच्चय में परिलक्षित स्वातन्त्र्य को अन्य प्रकार भी प्रयोग किया जा सकता है। आखिर यह आवश्यक तो नहीं कि सदैव ही सारे समुच्चय का मान केवल उसके श्रेष्ठतम या चुने गए तत्त्व के मान के समान ही हो [पिछले अनुच्छेद में इन्हें किन्हीं विशेष मान्यताओं के आधार पर ही समरूप माना गया है]। जिन अवसरों का प्रयोग नहीं किया जाता, उनके अस्तित्त्व में होने का भी अपना महत्त्व माना जा सकता है। यदि जिस प्रक्रिया से अन्तिम परिणाम की प्राप्ति होती है उसे भी महत्त्वपूर्ण समझा जाए तो फिर पिछले वाक्य में इंगित दिशा में चिन्तन स्वाभाविक ही प्रतीत होगा। वास्तव में चयन कर पाना अपने आप में एक बहुत मूल्यवान कृत्यकारिता है क्योंकि जब कोई विकल्प ही नहीं हो, उस समय की स्वीकारोक्ति सारभूत विकल्पों के बीच से x को चुन कर स्वीकार करने से बहुत ही अलग प्रकार की बात होगी। व्रत करना और भूखे रहने को बाध्य होना दो अलग-अलग बातें हैं। यदि खा पाने का विकल्प सुलभ हो तभी व्रत करना महत्त्वपूर्ण प्रतीत होगा, अन्यथा नहीं।

भारमान, मूल्यांकन और सामाजिक चयन

उपयोगिता, प्रसन्नता या इच्छाओं की अपेक्षा वैयक्तिक कृत्यकारिताओं के आधार पर तुलना कर पाना सुगम रहता है। कई कृत्यकारिताएँ, जिनमें मानसिकेतर गुण होते हैं, उन्हें मानसिक अनुभूति से भिन्न रूप में स्पष्टतः माना जा सकता है। साधनों के साध्यों (स्वातन्त्र्यों के साध्यों) में निरूपण में अन्तर आ सकते हैं पर ये अन्तर भी इस बात में ही स्पष्ट हो जाते हैं कि किस सीमा तक उपलब्धियों एवं स्वातन्त्र्यों को साध्य सूची में समाविष्ट किया गया है। मूल्यांकन विश्लेषण के लिए योग्यता-क्षमता के परिप्रेक्ष्य के प्रयोग के यही मुख्य लाभ रहते हैं।

किन्तु समग्र हितों के आधार पर विभिन्न व्यक्तियों की तुलना करने में विषमतापूर्ण अवयवों का समूहन करना ही पड़ता है। हमारा यह समता-योग्यता परिप्रेक्ष्य यहाँ भी बहुलतावादी ही सिद्ध होता है। कई प्रकार की कृत्यकारिताएँ होती हैं, कुछ अपेक्षतया अधिक महत्त्वपूर्ण हो सकती हैं। दूसरे, यह भी समस्या है कि किस सारभूत स्वातन्त्र्य (क्षमता समुच्चय) को वास्तविक उपलब्धि (चुने गए कृत्यकारिता सदिश)

की तुलना में क्या भारमान प्रदान किया जाए। और अन्त में, यह दावा भी नहीं किया जा रहा कि क्षमता परिप्रेक्ष्य मूल्यांकन के उद्देश्य आदि से जुड़े सभी सरोकारों की सम्पूर्ति कर देता है (उदाहरण के लिए, स्वातन्त्र्यों और परिणामों को भी विधियों और नियमों की ही तरह महत्त्व दिया जा सकता है)। अतः यह प्रश्न भी उठ ही जाता है कि अन्य सम्बद्ध बातों की तुलना में क्षमताओं-योग्यताओं को क्या भारमान प्रदान किया जाए।

क्या यह बहुलता-मूल्यांकन के लिए क्षमता परिप्रेक्ष्य की उपादेयता को कुछ कुंठित नहीं कर देती ? नहीं, वास्तव में इसका परिणाम एकदम विपरीत ही होता है। यह आग्रह कि हम केवल एक सर्वांगसमरूप परिमाण को ही मूल्यवान मान सकते हैं, हमारे मूल्यांकन तर्कों के प्रभाव क्षेत्र को बहुत ही सीमित कर डालता है। जैसे, हम कह सकते हैं कि उपयोगितावाद में स्वातन्त्र्य, अधिकार, सृजनशीलता और वास्तविक जीवन दशाओं को छोड़ केवल आनन्द की अनुभूति को ही एकमात्र महत्त्वपूर्ण तत्त्व और कसौटी मान लेना उस मूल्यांकन-विश्लेषण विधि को बहुत सशक्त या गुणसम्पन्न नहीं बना पाया। केवल एक सर्वांगसमरूप 'शुभ तत्त्व' के मशीनी सन्तोष पर आग्रह करना तो हमारी सहज मानवीय सृजनात्मकता का नकारने जैसा होगा। यह तो रसोइए का जीवन आसान बनाने के लिए सभी व्यक्तियों से केवल एक ही पकवान पसन्द करने का आग्रह करने जैसा ही है।

किसी भी वास्तविक मूल्यांकन में व्यक्तियों के हितलाभों को प्रभावित करने वाले अनेक और विविध प्रकार के कारक मिल जाते हैं [यहाँ विविधता से अभिप्राय है कि इन कारकों के प्रभाव सभी व्यक्तियों पर एक जैसे नहीं होते]। यह बात और होगी कि हम इस विषमांगता और विविधता के प्रति आँखें मूँद कर यह मान लें कि आय या उपयोगिता जैसी कोई एक समरूप चीज होती है जो सभी व्यक्तियों के हितलाभों के आकलन और उनके बीच तुलना आदि के लिए पर्याप्त रहती है। किन्तु इस प्रकार के रवैये से समस्या का समाधान नहीं हो जाता, केवल उससे बच निकलने का प्रयास ही हो पाता है। प्राथमिकताओं की सम्पूर्ति व्यक्ति की निजी आवश्यकताओं के सन्दर्भ में तो बहुत आकर्षक अवधारणा प्रतीत होती है किन्तु यह भी व्यक्तियों के बीच तुलना की समस्या को सुलझा पाने में कुछ मदद नहीं कर पाती और किसी भी समाजस्तरीय मूल्यांकन में ये तुलनाएँ ही केन्द्रभूत मुद्दा होती हैं। यदि हम किसी व्यक्ति की वरीयताओं को ही उसके हित साधन की परम कसौटी मान लें, स्वातन्त्र्य आदि सभी बातों की अनदेखी कर केवल इस कुशलक्षेम को ही एकमात्र महत्त्वशाली तत्त्व मान लें और यह भी स्वीकार कर लें कि समाज के प्रत्येक सदस्य के मांगफलन और अनाधिमान वक्र तक भी एक समान होते हैं (जबकि इस बात के सत्य होने में नितान्त सन्देह ही रहता है) तो भी इस प्रकार चुने गए वस्तु संयोजनों के बाजार दामों (या वस्तु वितान में किन्हीं सांझी अनधिमान वक्रों के समूह में उनके सापेक्ष स्थानों) की तुलना से भी हम व्यक्तियों के बीच कोई

तुलना नहीं कर पाते।

जिन मूल्यांकन परम्पराओं में अधिक 'सम्पूर्ण' संरचना पर आग्रह रहता है, वहाँ तो विषमांगता को स्पष्टतः स्वीकार कर लिया जाता है। उदाहरण के लिए, रॉल्स के विश्लेषण में अधिकार, स्वतन्त्रताओं, अवसरों, आय और सम्पत्ति तथा आत्मसम्मान के सामाजिक आधार आदि प्राथमिक पदार्थों की अन्तःरचनाओं में भी व्यापक विविधता को स्वीकार किया जाता है। इस विषमांगता की समस्या के समाधानस्वरूप रॉल्स ने 'प्राथमिक पदार्थधारिता सूचक' (Index of Primary Goods Holdings) का सहारा लिया है। अधिकारिताओं की विधि में भी इसी प्रकार के सूचक का सहारा लेकर विषमांगता के वितान में मार्ग का निश्चयन करने का प्रयास किया जाता है पर यह प्रयास रॉल्स की अपेक्षा कहीं श्रेयस्कर रहेगा क्योंकि उनके विश्लेषण का सूचना आधार अपेक्षतया संकुचित ही है, उसमें उच्च गुणवत्ता सम्पन्न जीवनयापन के अवसरों और संसाधनों तथा प्राथमिक पदार्थों के बीच प्राचलिक व्यतिक्रम रहते हैं।

मूल्यांकन की समस्या का स्वरूप "या तो यह या फिर कुछ भी नहीं" जैसा नहीं होता। जिस वितान पर ध्यान केन्द्रित होता है उसी की रचना के अनुसार कुछ ऐसे विवेचन सम्भव हो जाते हैं जिनका परिक्षेत्र अपूर्ण होता है। जब कुछ कृत्यकारिताओं को महत्त्वपूर्ण मानकर उनका विश्लेषण के लिए चयन कर लिया जाता है तो उनसे सम्बन्धित केन्द्रस्थ वितान भी तय हो जाता है। यहाँ पर प्रबलता का सम्बन्ध वैकल्पिक अवस्थाओं के बीच स्वयमेव ही एक आंशिक क्रमिकता की रचना कर देता है यदि व्यति 'i' की एक महत्त्वपूर्ण कृत्यकारिता अन्य व्यक्ति 'j' की अपेक्षा अधिक प्रबल है और उसकी शेष कृत्यकारिताएँ समान ही हैं ['i' की कृत्यकारिताएँ कम-से-कम उतनी ही श्रेष्ठ हैं जितनी कि 'j' की कृत्यकारिताएँ हों] तो निश्चित रूप से 'i' के कृत्यकारिता सदिश का मान 'j' के सदिश से अधिक होगा। इस आंशिक क्रमिकता की विभिन्न कृत्यकारिताओं के भारमान निर्धारित कर और आगे संवर्धन-प्रसार भी किया जा सकता है। यदि भारमानों का कोई एक 'अनन्य' समुच्चय निर्धारित हो जाए तो वह निश्चित रूप से 'सम्पूर्ण क्रमिकता' की रचना करने के लिए पर्याप्त होगा, किन्तु प्रायः इसकी आवश्यकता ही नहीं पड़ती। यदि भारमानों के प्रसरण (Range) पर भी सहमति हो जाए (अर्थात् यह तय हो जाए कि भारमान कितने विस्तृत अंकों में से ही चुने जाएँगे, भले ही इस विषय में सहमति न हो कि इस विस्तार में किस बिन्दु का चयन होगा) तो विभिन्न क्रमविन्यासों के प्रतिच्छेदन के आधार पर आंशिक क्रमिकता का निर्धारण हो जाता है। जैसे-जैसे भारमानों के प्रसरण का परिसीमन किया जाता है ये आंशिक क्रमिकता वितान के और अधिक विस्तार पर प्रभावी या मान्य हो जाते हैं। इस प्रकार भारमान प्रसरण के परिसीमन में उनकी अनन्यता से बहुत पूर्व ही हमारी उपर्युक्त आंशिक क्रमिकता सम्पूर्ण क्रमिकता का रूप धारण कर जाती है।

इस प्रकार के मूल्यांकन प्रयास में यह प्रश्न सुलझाना बहुत ही निर्णायक रहता

है कि भारमानों का निर्धारण या चयन किस प्रकार किया जाएगा। इस प्रकार के निश्चयन प्रयास को तर्क-आधारित मूल्यांकन के माध्यम से ही पूरा किया जाना चाहिए। यदि एक व्यक्ति केवल अपने निश्चय पर पहुँचने का ही प्रयास कर रहा हो तो उसे अन्य व्यक्तियों के बीच सहमति की आवश्यकता नहीं होगी—केवल आत्मचिन्तन या आत्मालोचन ही पर्याप्त रहेगा। किन्तु समाजव्यापी मूल्यांकन के लिए (जैसे गरीबी आदि के अध्ययन में) तो भारमानों, (कम-से-कम उनके प्रसरण) पर निश्चय ही तर्क-आधारित (सुविचारित) आम सहमति आवश्यक होगी। यह एक सामाजिक चयन से जुड़ा मुद्दा है। इसके लिए सार्वजनिक विचार मंथन, लोकतान्त्रिक सूझबूझ तथा प्रतिग्रहण [एक दूसरे के विचारों/भावों को समझ कर स्वीकार कर लेने की तत्परता] की आवश्यकता होगी। यह कोई विशेष समस्या नहीं है जिसका नाता केवल कृत्यकारिता वितान के प्रयोग से जुड़ा हो [यह समस्या तो सामाजिक स्तर के प्रत्येक मूल्यांकन प्रयास से जुड़ी रहती है]।

कई बार भारमानों के निर्धारण को लेकर लोकतन्त्र और प्रौद्योगतन्त्र (Technocracy) के बीच चयन की बात उठाई जाती है। आइए, इस पर भी कुछ ध्यान दें। लोकतान्त्रिक सहमति की तलाश करने वाली चयन विधियों में बहुधा बहुत कुछ गड्डमड्ड हो जाता है और अनेक प्रौद्योगतन्त्रवेत्ताओं को इससे बड़ी वितृष्णा होती है। वे इस वितृष्णा के कारण किसी ऐसे 'अद्भुत सूत्र' के लिए उत्कंठित हो उठते हैं जो तुरन्त ऐसे बने-बनाए भारमान प्रस्तुत कर दे जिन्हें सही और उपयुक्त घोषित किया जा सके। किन्तु, ऐसे किसी जादुई सूत्र का अस्तित्त्व ही नहीं होता—क्योंकि यह किसी व्यक्ति-निरपेक्ष तक्नोलोजी की रचना या मूल्यांकन की बात नहीं है, यह तो जीते-जागते मनुष्यों के बीच तुलना करने के लिए उपयुक्त मूल्यमानों को निश्चित करने का मामला है!

हमें किसी भी सूत्र के लिए वैकल्पिक कारण सूत्र सुझाने से कोई नहीं रोक सकता, किन्तु इस प्रकार के समाजव्यापी मूल्यांकन-विश्लेषण प्रयास में इस सूत्र की महत्ता निश्चित रूप से अन्य व्यक्तियों की सहमति पर ही निर्भर करेगी। फिर भी किसी न किसी ऐसे सुव्यक्त सूत्र की खोज में विशेषज्ञ भाग-दौड़ करते ही रहते हैं जिसे लेकर किसी भी विवेकयुक्त व्यक्ति को कोई आपत्ति नहीं होगी। इसका एक बहुत ही अच्छा उदाहरण टी.एन. श्रीनिवासन की क्षमता-योग्यता विधि और इसके 'मानव विकास रपट' में आंशिक प्रयोग पर सशक्त समालोचना है। विभिन्न क्षमताओं-योग्यताओं के महत्त्वों में अन्तरों को लेकर वे इतने उद्विग्न हो उठे हैं कि वे वास्तविक आयविधि के गुणों के पक्ष में इस क्षमता विधि को अस्वीकार कर देने का आग्रह कर देते हैं। पर यह समालोचना कहाँ तक विश्वसनीय है ? निश्चित रूप से बाजार द्वारा मूल्यनिर्धारण में कुछ-न-कुछ 'मापन' तो हो जाता है पर यह मापन हमें क्या बता या समझा पाता है ?

हमने पहले भी देखा है कि विनिमय मूल्यों का व्यवहारिक गणित व्यक्तियों

के उपयोगिता स्तरों की तुलना नहीं कर पाता। इसका कारण यही है कि चयन व्यवहार से इन तुलनाओं का निश्चयन नहीं हो सकता। इस विषय में कुछ भ्रान्ति रही है। अपने सन्दर्भ विशेष में उपयुक्त रहे उपभोग सिद्धान्त की किसी व्यक्ति के चयन के अंकों की उपयोगिता मान लेने की परम्परा को गलत अर्थ दिए जाने के प्रयास ही इस भ्रान्ति के जन्मदाता रहे हैं। प्रत्येक व्यक्ति के उपभोग सम्बन्धी व्यवहार को अलग-अलग विश्लेषित करने के लिए तो उपयोगिता की यह अवधारणा उपयोगी रहती है किन्तु इस आधार पर ही व्यक्तियों के बीच तुलना करने के लिए किसी सत्त्वपूर्ण विधि की रचना नहीं हो पाती। पॉल सैम्युअलसन की आधारभूत प्रतिस्थापना कि "विनिमय की व्याख्या के लिए व्यक्तियों की उपयोगिताओं की तुलना करना आवश्यक नहीं है" भी इसी सिक्के का दूसरा पहलू है कि : विनिमय मूल्यों के गणित से व्यक्तियों के बीच उपयोगिता की तुलना के विषय में कुछ भी जानकारी नहीं मिल पाती।

यदि सभी व्यक्तियों के माँगफलन एक समान हों, फिर भी यह कठिनाई पीछा नहीं छोड़ती। यदि माँगफलनों में अन्तर हों तो यह समस्या और भी गहन हो जाती है—फिर तो उपयोगिता के वस्तु आधारों की तुलना भी उलझनपूर्ण हो जाती है। माँग विश्लेषण [जिसमें अभिव्यक्त अधिमान विधि भी सम्मिलित है] की कार्यविधि में ऐसा कुछ भी नहीं है कि वस्तुओं के धारण सम्बन्ध चयनों (और इसी कारण वास्तविक आयों की तुलना के आधार पर भी) से व्यक्तियों की तुलनात्मक उपयोगिता या क्षेम स्तर को बूझा जा सके।

व्यक्तियों के बीच आयु, लिंग, जन्मजात गुण, अपंगता अथवा रोगादि के कारण बहुत ही विविधता आ जाती है। इस दशा में केवल वस्तुओं के भंडार के आधार पर यह निश्चित कर पाना सम्भव नहीं रहता कि कौन किस प्रकार का जीवन जी पा रहा होगा। अतः वास्तविक आय कुशलक्षेम के अनेक महत्त्वपूर्ण घटकों एवं व्यक्तियों द्वारा बहुत महत्त्वपूर्ण मानी जा रही जीवन की गुणवत्ता के विषय में बहुत ही क्षीण संकेत दे पाएगी। यही नहीं, व्यक्तियों के जीवन की गुणवत्ता और कुशलक्षेम की तुलनाओं में जीवन-मूल्याश्रित समीक्षाओं से बच पाना सम्भव नहीं रहता। यही नहीं, जो व्यक्ति सार्वजनिक समीक्षा को मूल्यवान मानते हैं उनके लिए भी यह स्पष्ट करना आवश्यक होना चाहिए कि वे वास्तविक आय का प्रयोग करते समय किस प्रकार के मूल्य-विवेचन का प्रयोग कर रहे हैं और उन द्वारा निहित मूल्य से निर्धारित भारमानों की भी खुली सार्वजनिक समीक्षा होनी ही चाहिए। इस सन्दर्भ में, यदि बाजार-कीमतों के आधार पर चुने गए वस्तु समूहों के मूल्यांकन से कम-से-कम कुछ लोगों को तो यह भ्रम हो ही सकता है कि एक 'व्यवहारिक गणित' को मूल्यांकन-विश्लेषण के लिए पहले से ही चुन लिया गया है। यह तो एक त्रुटि होगी, विशेष गुण नहीं। यदि सुविचारित सार्वजनिक समीक्षा को इस प्रकार के सामाजिक मूल्यांकन में महत्त्वपूर्ण माना जाता है तो फिर निहित भारमानों को भी और अधिक सुस्पष्ट करना पड़ेगा।

यह कह कर स्पष्टीकरण से नहीं बचा जा सकता कि ये भारमान पहले से उपलब्ध किसी गणना विधि से ही लिए गए हैं, अतः इन पर किसी चर्चा की आवश्यकता नहीं है। यह दावा ही निराधार होगा।

अर्थशास्त्रियों को बाजार-कीमत पर आधारित मूल्यांकन से बहुत ही गहरा लगाव होता है। अतः उन्हें यह भी समझाना पड़ेगा कि वस्तु भंडारों के अतिरिक्त अन्य सभी महत्त्वपूर्ण कारकों (जैसे मरणशीलता, रुग्णता, शिक्षा, स्वतन्त्रता और मान्य अधिकार) के लिए तो उनकी वास्तविक आय पद्धति निहित रूप से 'शून्य' के समान प्रत्यक्ष भारमान निश्चित कर देती है। यदि ये कारक किसी तरह वास्तविक आय या वस्तु भंडारों को बढ़ा पाने में सहायक हो सकें तभी उन्हें अप्रत्यक्ष रूप से कुछ घनात्मक मान मिल पाता है। क्षेमकल्याण की तुलना को वास्तविक आय की तुलना के ही समतुल्य मानने का भ्रम वास्तव में बहुत महँगा साबित होता है।

अतः जीवन की गुणवत्ता के विभिन्न घटकों के लिए प्रत्यक्ष भारमानों के निर्धारण की आवश्यकता कार्यपद्धतिगत कारणों के आधार पर भी बहुत अच्छी तरह सिद्ध हो जाती है। उसके बाद उन भारमानों को सार्वजनिक विवेचना के लिए प्रस्तुत करना भी उतना ही आवश्यक होता है। मूल्यांकन सम्बन्धी किसी भी कसौटी के चयन में किसी-न-किसी तरह के जीवन मूल्यों से जुड़े निर्णय ही नहीं, ऐसी बातें भी सम्मिलित हो जाती हैं जिनको लेकर व्यापक सहमति नहीं हो पाती। इस प्रकार के सामाजिक चयन प्रयास में यह अपरिहार्य हो जाता है। सही प्रश्न यह है कि क्या हम ऐसी कसौटी की खोज करें जिस पर व्यापक जन समर्थन सम्भव हो सके या मशीनी आधार पर सुझाए गए वास्तविक आय आधारित मापकों जैसे किसी अनगढ़ सूचकों को ही स्वीकार कर लें। सार्वजनिक नीतियों के मूल्यांकन के सही आधार का निरूपण करने की दृष्टि से यह कथन बहुत ही महत्त्वपूर्ण लगता है।

क्षमता-योग्तया सूचनाओं के वैकल्पिक प्रयोग

हमारा क्षमता-योग्यता परिप्रेक्ष्य अनेक प्रकार से प्रयोग किया जा सकता है। सार्वजनिक नीति के मूल्यांकन की व्यावहारिक रणनीति के चयन की बात व्यक्तियों के हितलाभों के विवेक और उन के बीच सूझबूझ के साथ तुलनाएँ कर पाने के बुनियादी प्रश्नों से अलग है—इस भिन्नता को स्पष्ट रूप से समझना और स्वीकार करना आवश्यक है। बुनियादी स्तर पर क्षमता परिप्रेक्ष्य साधनस्वरूप कारकों (आय आदि) पर निर्भर रहने की अपेक्षा कहीं बेहतर रहता है (इस बारे हम अनेक कारण जान चुके हैं)। पर इससे भी यह बात स्पष्ट नहीं हो पाती कि व्यावहारिक रणनीति की दृष्टि से भी योग्यताओं के मापन पर ही ध्यान केन्द्रित रखना अधिक फलप्रद सिद्ध होगा।

कुछ क्षमताओं का मापन अन्यों की अपेक्षा कठिन होता है और उन्हें भी मापने का प्रयास बहुधा बहुत-सी बातों को छुपा जाता है। अक्सर व्यावहारिक मूल्यांकन

में कीमतों और व्यक्तियों तथा समूहों की वास्तविक परिस्थितियों के अनुरूप परिमार्जन के बाद आय स्तर एक उपयोगी प्रारम्भिक सीढ़ी सिद्ध होता है। उपलब्ध आंकड़ों के आधार पर व्यावहारिक मूल्यांकन और नीति-विश्लेषण में क्षमता परिप्रेक्ष्य के प्रयोग की अन्तर्निहित सम्प्रेरणाओं को व्यावहारिकतापूर्ण बनाए जाने की भी बहुत आवश्यकता है।

बुनियादी सरोकारों को मूर्त रूप देने की तीन वैकल्पिक व्यावहारिक विधियाँ हो सकती हैं :

(1) **प्रत्यक्ष विधि :** इस सामान्य विधि की रचना कुछ इस प्रकार होती है कि कृत्यकारिताओं और योग्यताओं के सदिशों/समुच्चयों की प्रत्यक्ष रूप से जाँच के बाद ही उनके विषय में किसी निष्कर्ष पर पहुँचा जाता है। कई दृष्टियों से यही क्षमता-योग्यता के सरोकारों को मूल्यांकन विधि में समाहित करने का सबसे अधिक सशक्त और स्पष्ट प्रयास माना जा सकता है। इसके कई स्वरूप हो सकते हैं, जैसे कि :

सम्पूर्ण तुलना–इसमें गरीबी विषमता आदि सम्बद्ध मुद्दों से जुड़े सभी सदिशों की पारस्परिक क्रमिकता का निरूपण किया जाता है;

आंशिक क्रमिकता (Partial Ranking) : इसमें कुछ ही सदिशों की क्रमिकता निश्चित करना पर्याप्त रहता है, मूल्यांकन की सम्पूर्ण क्रमिकता का आग्रह नहीं किया जाता;

विशिष्ट क्षमता/योग्यता तुलना : इस स्वरूप में किसी विशेष योग्यता को प्रमुख मान कर उसी के आधार पर क्रमिकता का निर्धारण किया जाता है–इसमें भी सम्पूर्णता पर आग्रह नहीं रहता।

स्वाभाविक ही है कि सम्पूर्ण तुलना की विधि इन तीनों स्वरूपों में सबसे अधिक महत्त्वाकांक्षी होगी–बहुधा यह अतिमहत्त्वाकांक्षापूर्ण ही सिद्ध होती है। हम उस दिशा में बढ़ने के प्रयास कर सकते हैं–सम्भवतः काफी दूर तक पहुँच भी सकते हैं–पर सभी सम्भव विकल्पों की सम्पूर्ण क्रमिकता पर आग्रह कदाचित् पूरा नहीं हो पाता। विशिष्ट योग्यता तुलना के उदाहरणस्वरूप हम किसी विशेष योग्यता जैसे कि रोजगार, दीर्घायुता, साक्षरता या फिर पोषण आदि को विशेष ध्यान में रख कर सारा मूल्यांकन कर सकते हैं।

यह भी सम्भव है कि पहले विशिष्ट योग्यताओं के आधार पर अलग-अलग तुलनाएँ करने के बाद उन सभी निष्कर्षों को समाहित करते हुए सारे योग्यता समुच्चय की क्रमिकता निर्धारित करने का प्रयास किया जाए। यहाँ पर भारमानों की भूमिका महत्त्वपूर्ण हो जाती है–यही आंशिक क्रमिकता (कदाचित् सम्पूर्ण क्रमिकता भी) और विशिष्ट योग्यता आधारित क्रमिकताओं के बीच की खाई को पाटने का प्रयास भी होगा। हम इस बात पर बल देना चाहेंगे कि यद्यपि विशेष योग्यताओं का विश्लेषण सभी विकल्पों के आधार पर क्रमिकता निश्चित नहीं कर पाता, फिर भी ये तुलनाएँ अपने आप में बहुत ही उपयोगी मूल्यांकन प्रयास सिद्ध हो सकती हैं। अगले अध्याय

में हम इस विषय में और विस्तार से चर्चा कर पाएँगे।

(2) **अनुपूरक विधि :** यह विधि बहुत क्रान्तिकारी नहीं है, इसमें आय वितान पर वैयक्तिक तुलनाओं की पारम्परिक विधियों का ही प्रयोग मुख्यतः होता है किन्तु साथ ही अनौपचारिक रूप से क्षमता-योग्यता से जुड़े मुद्दों को भी सम्मिलित कर लिया जाता है। इस तरह से सूचना आधार का कुछ व्यावहारिक प्रसार सम्भव हो जाता है। इस अनुपूरण में योग्यताओं की प्रत्यक्ष तुलना की जा सकती है, अथवा इन्हें प्रभावित करने वाले किन्हीं अन्य साधनस्वरूप कारकों (आय नहीं) को आधार बनाया जा सकता है, जिनका योग्यताओं के निर्धारण पर प्रभाव होने की आशा रहती है। चिकित्सा सुविधाओं की उपलब्धिता और प्रसार, परिवार के आन्तरिक आबंटन में लिंग-आधारित भेदभाव के प्रमाण और बेरोजगारी का प्रभाव-प्रसार आदि पर विचार आय वितान के परम्परागत 'अस्त्रों' से प्राप्त अभिज्ञान की ज्योति को और प्रकाशमय बना सकता है। इस तरह आय आदि के माध्यम से सम्भव विषमता और गरीबी विषयक समस्याओं की सूझ और अधिक तीखी हो सकती है। यहाँ विशेष योग्यता विश्लेषण को ही मुख्यतः अनुपूरण के लिए प्रयुक्त किया जाता है।

(3) **अप्रत्यक्ष विधि :** यह तीसरी विधि अनुपूरक विधि की अपेक्षा अधिक महत्त्वाकांक्षी है किन्तु यह आय वितान के जाने-पहचाने मार्गों का ही अनुसरण करती है—हाँ, आय में उपयुक्त प्रकार के समंजन अवश्य किए जाते हैं ! क्षमता योग्यताओं के आय से भिन्न निर्धारक तत्त्वों से जुड़ी जानकारी का प्रयोग कर आय का समंजन किया जाता है। यदि निरक्षरता हो तो परिवार की आय का कुछ घटा दिया जाता है और उच्च शिक्षा स्तर वाले परिवार की आय को कुछ बढ़ा हुआ मान लिया जाता है। इस प्रकार से दो परिवारों के बीच क्षमता-योग्यता के स्तरों की समानता या समतुल्यता का गणित बैठाने का प्रयास होता है। समतुल्य मानों से जुड़ा सारा साहित्य इसी प्रविधि के उदाहरण प्रस्तुत करता है। इसका परिवार के व्यय के माध्यम से उन कारक प्रभावों की समीक्षा से जुड़े शोध से भी नाता दिखाई देता है जिन्हें प्रत्यक्षतः देख पाना सहज नहीं होता (जैसे कि परिवार में स्त्री-पुरुष के बीच भेदभाव आदि)।

इस विधि में लाभ यही है कि आय के विचार से सभी परिचित होते हैं और इसको अन्य योग्यताओं की अपेक्षा बहुत अच्छी तरह मापा भी जा सकता है। इसके कारण विश्लेषण में अधिक स्पष्टता आ सकती है, परिणामस्वरूप निष्कर्षों की व्याख्या भी सहज हो जाती है। यह आय के गणित का चयन करने के पीछे मन्तव्य कुछ उसी प्रकार के हैं जिनसे प्रेरित होकर ए. वी. ऐटकिन्सन ने ह्यू डाल्टन द्वारा प्रस्तावित उपयोगिता वितान की अपेक्षा 'समान रूप से आबंटित समतुल्य आयों' के आकलन द्वारा निश्चित आय वितान पर ही आय की विषमताओं को मापने का प्रयास किया था। डाल्टन की विधि से तो विषमता का प्रभाव उसके कारण से हुई उपयोगिता की हानि द्वारा माना जाता है जबकि ऐटकिन्सन ने आय के उस समतुल्य मान को ज्ञात करने पर बल दिया है जिससे उस विद्यमान विषमता की भरपाई सम्भव हो सके।

इस प्रकार की गणनात्मक (हिसाब-किताब लगाने की) विधि भी कम महत्त्वशाली नहीं होती—अप्रत्यक्ष विधि के भी कुछ लाभ रहते हैं। पर यह बात जरूर है कि ये भी प्रत्यक्ष आकलन विधि की अपेक्षा बहुत सरल या सीधी-सादी नहीं है। एक तो समतुल्य आय का निर्धारण करने के लिए यह सुनिश्चित करना होगा कि आय का किसी योग्यता विशेष पर क्या सुनिश्चित प्रभाव पड़ता है—क्योंकि ये प्रभाव (अथवा आय को योग्यता में परिवर्तित करने की दरें) योग्यता मूल्यांकन की अन्तर्निहित सम्प्रेरणाओं पर ही आश्रित रहते हैं। यही नहीं, विभिन्न योग्यताओं के बीच समप्रत्ययन अथवा उनके सापेक्ष भारमानों के निर्धारण की समस्या यहाँ भी उतनी ही विकट रहती है जितनी प्रत्यक्ष विधि में थी—केवल अभिव्यक्ति की इकाईयों का ही अन्तर रहता है। इस प्रकार अप्रत्यक्ष विधि भी प्रत्यक्ष विधि से बहुत भिन्न नहीं रह पाती—यहाँ भी समतुल्य आयों के वितान में उपयुक्त मापकों के निर्धारण में किसी-न-किसी प्रकार के जीवनमूल्य विषयक निर्णय प्रवेश पा ही जाते हैं।

दूसरी मुख्य बात आय को विषमता के माप के रूप में स्वीकार करने और उसे विषमताओं को दूर करने का माध्यम मानने के भेद से जुड़ी है। यदि यह स्वीकार भी कर लिया जाए कि क्षमताओं के अन्तर के समतुल्य आय का निर्धारण कर हम क्षमता विषमता की तुलना करने में सफल हो जाएँगे तो भी इससे यह तो सिद्ध नहीं हो जाता कि आय का इस प्रकार इंगित परिमाण में हस्तान्तरण कर देने भर से जो विषमता दिखाई दे रही है उसका निवारण हो जाएगा। इस प्रकार क्षतिपूर्ति का निर्धारण करने की नीतियों के साथ कुछ और प्रश्न भी जुड़े होंगे [जैसे क्षमता विषमताओं को सुधार पाने में आय की कुशलता का या फिर विभिन्न प्रकार की सम्प्रेरणाओं के सापेक्ष प्रभाव आदि का] अतः आय के अन्तरों का सहजतापूर्वक बूझा जाना ही यह निश्चित नहीं कर पाएगा कि इस प्रकार इंगित आय का हस्तान्तरण विषमताओं का सबसे प्रभावपूर्ण ढंग से निवारण कर पाएगा। यद्यपि आय वितान की स्पष्टता एवं सहज भाव से सुलभता बहुत लुभावनी लगती है किन्तु समतुल्य आयों के अर्थ को गलत रूप में समझने के भ्रमपाश में फँसने की आवश्यकता नहीं है, इससे तो बचना ही होगा।

तीसरे, यह तो सही है कि आय वितान में मापन और अभिव्यक्ति अधिक सटीक हो सकते हैं, पर जिन मूल्यों या मानों का निर्धारण यहाँ हो जाता है, वह भ्रमकारी हो सकता है। एक सम्भावना पर विचार करें, किसी व्यक्ति की आय में गिरावट आने से वह व्यक्ति भूखा रहने को बाध्य होने लगा है—अतः किसी न किसी समय पर आकर उसके और जीवित रह पाने की सम्भावना बहुत क्षीण हो जाएगी। जीवन और मरण के आय स्तरों के बीच का अन्तर रुपयों की दृष्टि से बेशक बहुत बड़ा नहीं है किन्तु फिर भी छोटे से आय परिवर्तन का जीवनधारण के सन्दर्भ में बहुत ही विराट महत्त्व हो सकता है। अतः आय का अन्तर छोटा-सा होते हुए भी इस अन्तर को छोटा मान लेना भयंकर भूल बन जाएगा। वास्तव में इसका कारण

यही है कि आय का वास्तविक योगदान तो सहायक स्वरूप में ही होता है। अतः जो वितान अन्ततः महत्वपूर्ण माना जा रहा हो उसमें आय के अन्तर के परिणामों पर विचार किए बिना उन अन्तरों की लघुता या गुरुता का विवेचन नहीं हो पाएगा। गलत ठुकी एक कील के कारण युद्ध हार जाने की पुरानी कथा में भी उस कमी से पैदा हुई समस्याओं की पूरी श्रृंखला का वर्णन मिल ही जाता है—और उससे यह भी स्पष्ट हो जाता है कि छोटी-सी कील के कारण कितना बड़ा परिणाम सामने आ गया था। अतः उस कील की भाँति आय या व्यय के वितान के छोटे-छोटे अन्तरों की गुरुता को ठीक से समझने की आवश्यकता से इनकार करना उचित नहीं रहेगा।

उपर्युक्त सभी विधियों में अपने-अपने गुण और त्रुटियाँ हैं। इनमें विश्लेषण प्रयास की प्रकृति, सूचनाओं की सुलभता और आवश्यक निर्णयों की गम्भीरता के कारण उतार-चढ़ाव भी आ सकते हैं। वैसे कई बार क्षमता विधि के लिए बहुत ही सख्त किस्म की परिस्थितियों की माँग की जाती है (प्रत्यक्ष विधि के अन्तर्गत सम्पूर्ण क्रमिकता) फिर भी इसके लचीलेपन या उदात्त चरित्र की ओर ध्यान दिलाना आवश्यक प्रतीत होता है। क्षमताओं के महत्त्व की बुनियादी स्तर पर स्वीकारोक्ति के बाद वास्तविक मूल्यांकन में इसे अनेक प्रकार के समझौतों के साथ प्रयुक्त किया जा सकता है, यही व्यावहारिकता के तर्कशास्त्र का तकाज़ा भी है।

निष्कर्ष

कहा जाता है कि यूक्लिड ने कभी टॉलेमी को सतर्क किया था कि ज्यामिति की डगर कोई शाही राजमार्ग नहीं है। यही बात आर्थिक-समाजिक नीतियों के मूल्यांकन पर भी लागू होती है। यहाँ अनेक प्रकार के मुद्दे अपनी ओर ध्यान आकर्षित करते हैं और प्रत्येक के प्रति संवेदनशील होकर ही हमें मूल्यांकन करना होगा। मूल्यांकन की वैकल्पिक विधियों के विषय में अधिकांश विवाद क्षेम-कल्याणवादी प्राथमिकताओं के क्रम को लेकर ही चलता रहा है।

हमारा मत है कि विभिन्न विधियों के आधार पर जो मूल्यांकन निष्कर्ष प्राप्त हुए हैं उनके लिए प्रयुक्त सूचनाओं की ठीक से पहचान करके हम नीतिशास्त्र, क्षेम अर्थशास्त्र और राजनीतिक दर्शन की निहित प्राथमिकताओं को भी उजागर कर सकते हैं। इस अध्याय में शुरू में हमने दो बातें समझाई हैं : इन सूचना आधारों की कार्यविधि क्या होती है और किस प्रकार अलग-अलग नीतिशास्त्रीय एवं मूल्यांकन पद्धतियों में पृथक्-पृथक् सूचना आधार प्रयुक्त होते हैं।

इन सामान्य विषयों के बाद हमने उपयोगितावादी, स्वातन्त्र्यवादी और रॉल्स की न्यायवादी विश्लेषण पद्धतियों का विवेचन किया है। मूल्यांकन का कोई राजमार्ग नहीं है—इसी मत के अनुरूप हमने पाया है कि सभी पद्धतियों में कुछ गुण हैं तो कुछ त्रुटियां भी हैं।

आगे चल कर इस अध्याय में हमने प्रत्यक्षतः उन सारभूत स्वातन्त्र्यों पर विचार

केन्द्रण के परिणामों पर विचार किया है जिनका सम्बन्ध लोगों के जीवन जी पाने व अन्य महत्त्वपूर्ण कार्य सम्पादन कर पाने की क्षमताओं और योग्यताओं से है। मैंने अन्यत्र भी इस विधि पर चर्चा की है—और अनेक विद्वानों ने इस विषय पर विचार व्यक्त किए हैं और परिणामस्वरूप इसके गुण और त्रुटियां बहुत स्पष्ट रूप धारण कर चुके हैं। यह स्पष्ट है कि यह विधि न केवल स्वातन्त्र्यों के महत्त्व का प्रत्यक्ष आकलन कर सकती है बल्कि अन्य विधियों की सार्थकता में योगदान देने वाली सम्प्रेरणाओं पर भी काफी कुछ विचार कर पाने में समर्थ है। यह स्वातन्त्र्य परिप्रेक्ष्य, विशेष रूप से मानवीय कुशलक्षेम में उपयोगितावादी दिलचस्पी, चयन और कार्य करने की स्वतन्त्रता के प्रति स्वातन्त्र्यवादी रुझानों और रॉल्स के सिद्धान्त में निहित वैयक्तिक स्वातन्त्र्य तथा सारभूत स्वतन्त्रताओं के परिपोषण के लिए आवश्यक संसाधनों से जुड़ी चिन्ताओं पर भली प्रकार ध्यान दे सकती है। इस रूप में क्षमता विधि का कार्यक्षेत्र बहुत व्यापक हो जाता है और इसकी संवेदनशीलता भी अनेक प्रकार के उन मुद्दों तक पहुँच जाती है जिनकी उपर्युक्त वैकल्पिक विधियों में कारण-अकारण अनदेखी होती रही है। यह पहुँच प्रसरण का विस्तार केवल इसी कारण सम्भव हो पाता है कि व्यक्तियों के स्वातन्त्र्य का आकलन प्रत्यक्षतः उन प्रक्रियाओं और परिणामों के आधार पर हो पाता है जिन्हें वे व्यक्ति मूल्यवान मानते हैं।

इस स्वातन्त्र्य परिप्रेक्ष्य की प्रयुक्ति की अलग-अलग विधियों के बारे में भी हमने चर्चा की है। हमने सतत प्रयास किया है कि हम इस विधि को एकमात्र विकल्प की तरह निरूपित न करें। कितनी ही व्यावहारिक परिस्थितियों में प्रत्यक्षतः स्वातन्त्र्य-आश्रित विधि के प्रयोग में विशेष कठिनाइयाँ नहीं आतीं। तो दूसरी ओर कितने ही ऐसे सन्दर्भ भी होते हैं जहाँ इस विधि का प्रयोग बहुत सहज भी नहीं रहता—किन्तु यहाँ भी अन्य विधियों के सूझबूझपूर्ण प्रयोग की उपादेयता को नकारने के प्रयास से बचते हुए हम स्वातन्त्र्य परिप्रेक्ष्य के माध्यम से प्राप्त जानकारी एवं अभिज्ञान का सदुपयोग तो कर ही सकते हैं। आगे के विश्लेषण में हम इसी सूझबूझ के आधार पर अल्पविकास (अस्वातन्त्र्य के एक स्वरूप की तरह निरूपित) और विकास (अस्वातन्त्र्य-निवारण प्रक्रिया) पर कुछ प्रकाश डालने का प्रयास करेंगे। किसी भी सामान्य विश्लेषण विधि के अनेक प्रयोग हो सकते हैं। ये प्रयोग सन्दर्भ तथा सुलभ सूचनाओं के आधार पर निर्भर रहते हैं। आधारभूत विश्लेषण और व्यावहारिक रूप में प्रयुक्ति-क्षमता का यह सम्मिलन ही क्षमता-योग्यता विधि के प्रभावी कार्यक्षेत्र को इतना विशाल बनाता है।

4.
गरीबी : क्षमता की वंचना

पिछले अध्याय में सामाजिक न्याय के विश्लेषण के सन्दर्भ में हमने तर्क दिया था कि व्यक्तियों के हितलाभों को उनकी क्षमता-योग्यताओं के रूप में ही जाँचने की आवश्यकता है (अर्थात् हितलाभों की परिणति व्यक्ति की मनोवांछित जीवन-यापन की स्वातंत्रता में ही निहित मानी जानी चाहिए)। इस परिप्रेक्ष्य के अनुसार तो आधारिक क्षमताओं के अभाव (Deprivation of Basic Capabilities) को ही गरीबी मानना अधिक उपयुक्त होगा—केवल आमदनी का कम होना ही गरीबी का पर्याप्त प्रमाण नहीं रहेगा (जैसा कि अक्सर मान लिया जाता है)। यह क्षमता-गरीबी किसी भी रूप में आपके अभाव को गरीबी का एक प्रमुख कारण मानने से इनकार नहीं करता—क्योंकि यह अभाव मानव को अनेक प्रकार की योग्यताओं से वंचित कर देने का एक प्रमुख कारण होता है।

दारिद्र्यपूर्ण जीवन की परिस्थितियों के निर्माण का एक बहुत सशक्त आधार आय का अपर्याप्त होना ही है। यदि यह बात सत्य है तो फिर गरीबी को योग्यता-वंचना के रूप में अभिव्यक्त करने की बात को लेकर यह सब हंगामा क्यों हो रहा है, जबकि आमतौर पर न्यून आय के आधार पर गरीबी की परिभाषा हो ही जाती है। मुझे लगता है कि क्षमता-वंचना के रूप में गरीबी के निरूपण के पक्ष में ये दावे किए जा सकते हैं :

(1) गरीबी की, बहुत सूझबूझ के साथ, पहचान तो क्षमता-वंचना के माध्यम से ही हो सकती है। इस विधि में उन अभावों पर ही संकेन्द्रण रहता है जो अन्तर्निहित रूप से महत्त्वपूर्ण हैं, जबकि न्यून आय केवल साधन-स्वरूप में ही महत्त्वशील होती है।

(2) निम्न आय के अतिरिक्त भी अन्य प्रकार के अनेक प्रभाव क्षमता वंचनाओं पर अपनी छाप छोड़ते हैं—अर्थात् केवल आय ही एकमात्र क्षमता-सृजनकारी कारक नहीं है।

(3) न्यून आय तथा न्यून क्षमताओं का संबंध अस्थिर है—यह विभिन्न समुदायों,

यहाँ तक कि विभिन्न परिवारों और व्यक्तियों के बीच भी परिवर्तित होता रहता है। आय का योग्यता-क्षमता आदि पर प्रभाव किन्हीं अन्य प्रकार के कारकों के माध्यम से ही प्रभावोत्पादक हो पाता है, प्रत्यक्षतः और स्वयमेव नहीं।

विषमता और गरीबी निवारण के लिए बनाई जा रही नीतियों के प्राक्कलन-मूल्यांकन में यह तीसरी बात बहुत ही महत्त्वशाली हो जाती है। जिन दशाओं के कारण आय का क्षमताओं पर प्रभाव निश्चित नहीं रह पाता, उनके विषय में हमारे अध्याय-3 सहित अन्य अनेक रचनाओं में व्यापक विचार मंथन हो चुका है। व्यावहारिक नीतियों के निर्धारण के संदर्भ में उनमें से कुछ पर विशेष बल देना आवश्यक हो जाता है।

सर्वप्रथम तो व्यक्ति की आयु का आय तथा क्षमता के बीच संबंध पर गहरा प्रभाव होगा [इस संदर्भ में बहुत ही कम आयु के बच्चों और वृद्धों की विशेष आवश्यकताओं पर ध्यान दिया जाना आवश्यक है]। इसी प्रकार व्यक्ति के स्त्री या पुरुष होने, तथा उसकी विशिष्ट सामाजिक भूमिका का भी प्रभाव रहता है [नन्हें शिशु का पालन कर रही माँ की आवश्यकताएँ-क्षमताएँ परिवार के अन्य सदस्यों से बहुत अलग हो सकती हैं]। व्यक्ति के निवास का स्थान भी इस संदर्भ में कई प्रकार के प्रभावों का आधार बन जाता है। कहीं बाढ़ या अनावृष्टि तो कई सामान्यतः हिंसात्मक वातावरण भी इस बात को प्रभावित कर सकता है कि आय क्षमतावर्धन में कहां तक सहायक हो पाएगी। इनके साथ-साथ क्षेत्र विशेष में महामारियों के प्रसार की आशंका आदि अनेक ऐसे कारक होते हैं जिन पर किसी व्यक्ति का कोई नियंत्रण नहीं रह पाता किंतु वे आय और क्षमता के बीच सम्बन्ध को अवश्य प्रभावित करते हैं। विभिन्न समुदायों, क्षेत्रवासियों और स्त्री-पुरुष वर्गों के बीच तुलना करते समय तो ये अंतर प्राचलीय (Parametric) स्वरूप धारण कर बहुत ही महत्त्वशाली हो जाते हैं।

दूसरे (1) आय वंचना तथा (2) आय को कृत्यकारिताओं (Functionings) में परिवर्तित कर पाने में हीनता भी अनेक बार एक दूसरे से जुड़ जाती हैं। आयु, अपंगता या बीमारी आदि के कारण व्यक्ति की अधिक आय कमा पाने की क्षमता दुष्प्रभावित होती है—पर साथ ही साथ इन्हीं कारणों से उस व्यक्ति की उपलब्ध (अर्जित) आय के आधार पर विभिन्न प्रकार की कृत्यकारिताएँ पा सकने की क्षमता भी कम रह जाती है। सम्भव है उस व्यक्ति को अपनी न्यून आय का एक अच्छा खासा हिस्सा अपनी चिकित्सा या अन्य किसी प्रकार के चिकित्सीय सहायक उपकरण पर ही खर्चा करना पड़ जाए और वह उस आय से जितना आनंद सम्भव हो सकता था, वह नहीं उठा पाए। अतः इस प्रकार की दशा में यह तो स्पष्ट ही है कि आपकी गरीबी की अपेक्षा क्षमता-वंचना की इस गरीबी की गहनता कहीं अधिक है। यह बात ध्यान में रखना उन सार्वजनिक नीतियों की रचना को निर्णायक रूप से प्रभावित कर सकता है जिनका वृद्धों एवं अन्य बाधिताग्रस्त लोगों की सहायता करने से कुछ

भी वास्ता हो (बाधिता से अभिप्राय आय की कृत्यकारिताओं में परावर्तित कर पाने में कठिनाई से ही है)।

तीसरी प्रकार की कठिनाइयाँ परिवार के भीतर ही आय (उपभोग के अवसरों) के विभाजन-आबंटन से जुड़ी हैं। कई बार परिवार में लड़कों के प्रति लगाव इतना सशक्त होता है कि आय का अपेक्षाकृत अधिक भाग उन्हीं के हितों का संवर्धन करने की भेंट चढ़ जाता है। ऐसी दशा में जिन सदस्यों के हितों (यानी बेटियों) का हनन हो रहा है उनकी हितलाभ वंचना की कोई झलक परिवार की आय के स्तर से नहीं मिल पाएगी। यह मुद्दा कुछ विशेष परिवेश आदि में तो बहुत ही प्रबल हो जाता है। एशिया और उत्तरी अफ्रीका के अनेक देशों में परिवार के संसाधनों के आबंटन में स्त्री-पुरुष के बीच की खाई बहुत ही बड़ी दिखाई देती है। लड़कियों की सापेक्ष अभावग्रस्तता की झलक (बहुत ही आसानी से) उनकी अधिक मृत्युदर, रोगग्रस्तता, कुपोषण और चिकित्सीय लापरवाही में दिखाई पड़ जाती है, पर केवल आय का विश्लेषक यह बात नहीं समझ पाता।

यह मुद्दा भले ही उत्तरी अमेरिका और यूरोप में गरीबी तथा विषमता के विश्लेषण-अध्ययन में इतना प्रबल हो, पर यह मान लेना कि 'पश्चिमी देशों में नर-नारी की विषमता है ही नहीं' उचित नहीं होगा। उदाहरणस्वरूप, इटली में महिलाओं के अनभिज्ञात (Unrecognised) श्रम का सामान्य राष्ट्रीय आय आकलन में अभिज्ञात (Recognised) श्रम के साथ अनुपात बहुत ही बड़ा है। इस प्रकार समाज के अर्द्धांश द्वारा किए गए श्रम और समय के प्रयोग तथा उससे जुड़ी स्वातन्त्र्य-हानि की अवहेलना का यूरोप और उत्तरी अमेरिका में भी गरीबी के विश्लेषण पर बहुत प्रभाव पड़ सकता है। अन्य अनेक प्रकार से परिवार के भीतर दायित्वों-अधिकारों के विभाजन विश्व के अनेक देशों में सार्वजनिक नीतियों की रचना एवं मूल्यांकन की दृष्टि से बहुत महत्त्वपूर्ण रहते हैं।

चौथी महत्त्वपूर्ण बात यह भी है कि आय की सापेक्ष (Relative) वंचना क्षमताओं के वितान में परम (Absolute) वंचना का रूप भी धारण कर सकती है। शेष विश्व की तुलना में उच्च आय का उपभोग करते हुए भी किसी अमीर देश के अपेक्षाकृत गरीब निवासियों को अनेक क्षमताओं की संप्राप्ति में बाधाएँ अनुभव हो सकती हैं। प्रायः अधिक अमीर देश में उसी स्तर की 'सामाजिक कृत्यकारिताएँ' प्राप्त करने के लिए पर्याप्त वस्तुएँ खरीदने के लिए अधिक आय की आवश्यकता होती है [एक उदाहरण : प्रायः यह मान लिया जाता है कि अमीर शहर के उपनगरों में बसे सभी व्यक्तियों के पास अपने वाहन होंगे, अतः वहाँ सार्वजनिक परिवहन व्यवस्था की आवश्यकता ही नहीं होगी—पर उन्हीं क्षेत्रों के अपेक्षतया गरीब निवासियों के लिए अमीरों के पड़ोस में रहना इस सार्वजनिक परिवहन सुविधा के अभाव के कारण बहुत ही कष्टप्रद हो सकता है]। एडम स्मिथ ने 1776 में अपनी पुस्तक 'वैल्थ ऑफ नेशन्स' में इस बात को उठाया था। आज भी गरीबी के समाजशास्त्र को समझ पाने में इन

बातों का महत्त्व कम नहीं हुआ है।

उदाहरण के रूप में, कुछ लोगों को सामुदायिक जीवन की गतिविधियों में भागीदारी कर पाने में आ रही कठिनाई उनके 'समाज से बाहर रह जाने' का कारण बन सकती है। कई बार सामाजिक जीवन में भागीदारी के लिए अनेक प्रकार के यंत्र-उपकरणों का होना आवश्यक लगने लगता है [जैसे टेलीविजन, विडियो कैसेट रिकॉर्डर, वाहन आदि]। जिन देशों में ये चीज़ें आम बात बन चुकी हों वहाँ तो अमीर देश के अपेक्षाकृत गरीब व्यक्तियों पर इनके कारण बहुत भारी वित्तीय बोझ पड़ सकता है, भले ही वे व्यक्ति भी अपेक्षतया कम समृद्ध देशों की तुलना में बहुत अधिक आय का उपभोग कर रहे हों। वास्तव में अमीरी के बीच भुखमरी [संयुक्त राज्य अमेरिका भी इससे अछूता नहीं है] का इन स्पर्धात्मक पदार्थों की माँग से कुछ-न-कुछ सम्बन्ध अवश्य रहता है।

क्षमता-योग्यता परिप्रेक्ष्य गरीबी के विश्लेषण में विपन्नता के स्वरूप एवं कारणों को और बेहतर ढंग से समझा पाने में उपयोगी रहता है। इतनी स्पष्टता साधनों, प्रायः आय पर ही ध्यान केंद्रित होने पर संभव नहीं हो पाती। किंतु जब साध्यों की ओर ध्यान दिया जाता है और साध्यों की प्राप्ति के प्रयास की स्वतंत्रता की बात उठती है तो कितनी ही बातें बहुत स्पष्ट हो जाती हैं। हमारे उपर्युक्त उदाहरण उन नई अनुभूतियों की ओर ध्यान दिला रहे हैं जिनका इस प्रकार से विश्लेषण दृष्टि को और विस्तृत करने पर साक्षात्कार होता है। अभाव वंचनाएँ आदि आधारभूत स्तर के कुछ और निकटस्थ दिखाई देने लगती हैं— यह सामाजिक न्याय के सूचना आधार से निकटता है। इस कारण से भी क्षमता की विपन्नता का अध्ययन अधिक उपयुक्त हो जाता है।

आय की दरिद्रता (Income Poverty) और क्षमता दरिद्रता (Capability Poverty)

आय अनेक क्षमताओं को प्राप्त करने का साधन है। इसी कारण गरीबी को आय के अभाव की अपेक्षा क्षमताओं के अभाव की व्याख्या प्रदान करते समय यह बात ध्यान रखनी होगी कि ये दोनों प्रकार के दृष्टिकोण एक दूसरे से जुड़े हुए भी हैं। यही नहीं, यह संबंध द्विपक्षीय भी होता है क्योंकि जीवन यापन की क्षमताओं में सुधार व्यक्ति की उत्पादन क्षमता और अर्जन क्षमता को भी संवर्धित करती है। अतः क्षमता सुधार के कारण आय में भी वृद्धि होगी।

यह दूसरी प्रकार का संबंधसूत्र आय की विषमता के निवारण में बहुत उपयोगी हो सकता है। बुनियादी शिक्षा और स्वास्थ्य व्यवस्था के सुधार केवल प्रत्यक्षतः जीवन की गुणवत्ता में सुधार नहीं लाते, इनके कारण व्यक्ति की उपार्जन क्षमता में भी सुधार आता है और वह आय-आधारित गरीबी से मुक्त हो पाने का प्रयास भी कर पाता है। बुनियादी शिक्षा और स्वास्थ्य व्यवस्था का प्रसार जितना व्यापक होगा, जितने

अधिक व्यक्तियों तक इसकी पहुँच होगी, उतनी ही अधिक सीमा तक समाज के गरीब सदस्य अपनी विपन्नताजनित दुर्दशा से उबर पाने में सफल रहेंगे।

ज्यां द्रीज के साथ मिलकर हाल ही में भारत में आथिक सुधारों के मूल्यांकन विषयक मेरे अध्ययन में इसी संबंधसूत्र को सारे विचार मंथन का केंद्र बनाया था। अनेक प्रकार से आर्थिक सुधारों ने भारतीय जन सामान्य के लिए उन आर्थिक सुअवसरों के द्वार खोल दिए हैं जिन पर पहले अत्यधिक नियंत्रणवादी लाइसेंस राज के ताले जड़े हुए थे। किन्तु इन सुअवसरों का लाभ उठा पाने की सम्भावनाएँ विभिन्न भारतीय जन समुदायों की सामाजिक सन्नद्धता से स्वतन्त्र नहीं हो सकती। सुधार बहुत पहले ही हो जाने चाहिए थे, किन्तु ये और अधिक प्रभावोत्पादक हो सकते थे यदि हम ऐसी सामाजिक सुविधाओं की रचना कर चुके होते जिनसे सुधारजनित सुयोगों से समाज के सभी सदस्य लाभान्वित भी हो पाते। जापान से आरम्भ कर पूर्वी एवं अनेक दक्षिण-पूर्वी एशियाई देशों (सुधारोपरांत चीन, हांगकांग, ताईवान, द. कोरिया, सिंगापुर, थाईलैंड आदि) ने साक्षरता, अंकज्ञान सहित बुनियादी शिक्षा, अच्छी जनस्वास्थ्य व्यवस्था और प्रभावी भू-सुधार आदि के माध्यम से समाज में आर्थिक सुअवसरों का व्यापक प्रसार कर सुधारों की प्रक्रिया से बहुत लाभ उठाया है। भारत ने सूर्य के उदयाचल की दिशा से प्रसारित अर्थव्यवस्था की अनावृत्ति और व्यापार सम्बन्धी उपदेशों को तो बहुत मनोयोग से ग्रहण कर लिया है किन्तु अन्य सन्देश अभी भी प्रायः अनसुने ही रह गए हैं।

भारत में मानवीय विकास की दृष्टि से बहुत विकट क्षेत्रीय विषमताएँ विद्यमान हैं। एक ओर केरल है जहाँ साक्षरता, स्वास्थ्य सेवा, विकास एवं दूरगामी भू-सुधारों में व्यापक सफलता मिल चुकी है तो दूसरी ओर बिहार, उत्तरप्रदेश, मध्यप्रदेश और राजस्थान जैसे विशाल प्रान्त भी हैं जो विराट जन समुदाय से आप्लावित हैं पर जहाँ मानवीय विकास के लक्षण बहुत ही धूमिल हैं। इन त्रुटियों का स्वरूप भी अलग-अलग राज्यों में विलक्षणता से पूर्ण है। यह भी कहा जा सकता है कि हाल ही के समय तक केरल नियंत्रणरहित बाजारआश्रित आर्थिक संवृद्धि के प्रति बहुत ही गहरे संदेहभाव से ग्रसित रहा है। इसी कारण इसके विकसित मानवीय संसाधन आर्थिक संवृद्धि के प्रसार का आधार नहीं बन पाए [जिस प्रकार से अब एक प्रतिपूरक आर्थिक रणनीति बनाने का प्रयास हो रहा है, यदि वह पहले हो गया होता तो सम्भवतः केरल भी तीव्र आर्थिक विकास से लाभान्वित हो रहा होता]। इसके विपरीत उत्तर भारत के कई प्रदेशों में बाजार के सुयोगों तथा नियंत्रण के स्तरों में भले ही अंतर रहे हों पर उन सभी में सामाजिक विकास का स्तर प्रायः न्यून ही रहा है। समाज में व्याप्त अन्यान्य अभावों और बाधिताओं के निवारण के लिए क्षमता-योग्यता और आय परिप्रेक्ष्यों के बीच द्विपक्षीय परिपूरकता को समझ लेने के आवश्यकता बहुत ही अधिक प्रतीत होती है। एक और बात भी बड़ी विलक्षण है। भले ही केरल प्रान्त की आर्थिक संवृद्धि दर बहुत सामान्य रही हो किन्तु उसकी आय विपन्नता में कमी की

दर शेष प्रांतों की तुलना में सबसे अधिक रही है। कुछ राज्यों ने तो तीव्र आर्थिक संवृद्धि के आधार पर आय विपन्नता को कम किया है (पंजाब इसका सबसे उत्कृष्ट उदाहरण है) किन्तु केरल ने अपनी दुरवस्था के निवारण में मुख्यतः बुनियादी शिक्षा, स्वास्थ्य व्यवस्था और प्रभावी ढंग से भूमि के पुनः वितरण का सहारा लिया है।

आय विपन्नता और क्षमता विपन्नताओं के बीच इन सम्बन्ध सूत्रों पर बल देना आवश्यक है पर साथ ही यह भी समझ लेना चाहिए कि केवल आय विपन्नता का निवारण ही निर्धनता निर्वारण नीतियों का एकमात्र और अन्तिम लक्ष्य नहीं हो सकता। निर्धनता को आय अभाव के दृष्टिकोण में बांध कर इस आधार पर शिक्षा, स्वास्थ्य आदि में निवेश को उचित ठहराना कि इससे आय विपन्नता कम करने में सहायता मिलेगी, भी किसी न किसी रूप में समाज के लिए खतरनाक सिद्ध हो सकता है। इस प्रकार तो साध्यों एवं साधनों के विषय में विभ्रम छा जाएगा। हमने पहले भी उन कारकों की चर्चा की है जिनके कारण अनेक मूलभूत प्रश्न हमें गरीबी और वंचनाओं को मनोवांछित जीवनयापन और वास्तविक स्वातन्त्र्यों के रूप में देखने-समझने को बाध्य कर रहे हैं। मानवीय क्षमताओं-योग्यताओं का प्रसार प्रत्यक्षतः इस परिदृश्य का एक अंग बन जाता है। यही नहीं, मानवीय योग्यताओं के संवर्धन से उत्पादिता और उपार्जन क्षमताओं का भी परिपोषण होता है। इस सम्बन्ध सूत्र से हमें एक ऐसा परोक्ष माध्यम भी मिल जाता है जिसके द्वारा योग्यता-संवर्धन परोक्ष एवं प्रत्यक्ष दोनों तरह से मानवीय जीवन को समृद्ध करता है और मानवीय अभावों-वंचनाओं को कुंठित करता है। साधनस्वरूप सम्बन्ध सूत्र महत्त्वपूर्ण हो सकते हैं किंतु वे गरीबी के स्वरूप एवं लक्षणों की बुनियादी समझ-बूझ का स्थान नहीं ले सकते।

विषमता किस बात की ?

आर्थिक सामाजिक विश्लेषण में विषमताओं को लेकर कई प्रकार की दुविधाओं का सामना करना पड़ जाता है। सामान्यतः न्याय्यता या न्यायपूर्णता के किसी भी प्रतिमान के आधार पर बहुत विशाल एवं व्यापक विषमताओं का पक्षपोषण नहीं हो पाता। एडम स्मिथ की गरीबों के हितों के प्रति चिन्ता और उनकी अवहेलना को लेकर आक्रोश वस्तुतः एक निष्पक्ष दर्शक की भाँति सामाजिक निर्णय प्रक्रिया में न्यायपूर्णता की खोज के प्रयास में प्राप्त हुई दूरगामी एक गहरी अंतर्दृष्टि का ही परिणाम रही है। इसी प्रकार जब जॉन रॉल्स न्याय को निष्पक्षता (Justice as Fairness) के रूप में परिभाषित करते हैं तो वे एक ऐसे बिन्दु से विश्लेषण प्रारम्भ करने की बात उठाते हैं जहाँ किसी को भी यह नहीं मालूम होता कि वह क्या बनने वाला है। ऐसे प्रारम्भिक बिन्दु से प्रारम्भ कर सभी को समता के तकाज़े सहज ही समझ आ जाते हैं। इसी समझ से रॉल्स के न्याय सिद्धान्तों के विषमताविरोधी अभिलक्षणों और विशेषताओं की व्युत्पत्ति भी हुई है। समाज के वास्तविक सदस्यों

के प्रति उचित व्यवहार की कसौटी पर भी सामाजिक व्यवस्थाओं में भारी विषमताओं को स्वीकार कर पाना कठिन ही रहता है [उदाहरण के रूप में, कई बार इन विषमताओं के पक्ष में तर्कों की रचना ऐसे शब्दों में की जाती है कि "जिन्हें कोई भी युक्तियुक्त विचारोंवाला व्यक्ति सहज ही अस्वीकार नहीं कर पाए"—यह कसौटी टॉमस स्केनलोन ने सुझाई है और इसका नीतिशास्त्रीय विश्लेषण में बहुत बार प्रयोग भी होता है]। गहन विषमताएँ सामाजिक दृष्टि से अनाकर्षक लगती हैं और अति विराट विषमताएँ तो निश्चित रूप से असभ्यतापूर्ण ही होंगी। यही नहीं, विषमता की भावना से प्रायः सामाजिक सामंजस्य भाव दुष्प्रभावित होता है। कई प्रकार की विषमताएँ तो कुशलता-दक्षता की प्राप्ति को भी कठिन बना देती हैं।

फिर भी अनेक बार विषमता-निर्मूलन के प्रयास में अधिकांश, यहाँ तक कि सभी व्यक्तियों को कुछ न कुछ हानि उठानी पड़ जाती है। परिस्थितियों की विशेषता के अनुसार इस प्रकार का टकराव सामान्य या फिर गहन भी हो सकता है। न्यायपूर्णता के सभी प्रतिमानों [चाहे वे 'निष्पक्ष दर्शक' की संकल्पना पर आधारित हों या किसी 'मौलिक अवस्था' अथवा औचित्यपूर्ण व्यक्ति द्वारा अस्वीकृत नहीं हो पाने की मान्यता पर आश्रित हों] को इन विविधतापूर्ण बातों पर ध्यान देना ही होगा।

स्वाभाविक ही है कि अर्थशास्त्रियों ने समूहन एवं आबंटन से जुड़े मुद्दों पर बहुत गम्भीरता से विचार किया है। यह आवश्यक भी है क्योंकि यह मुद्दे हैं ही इतने महत्त्वपूर्ण। कई प्रकार के सूत्र गढ़े गए हैं जिनसे किसी न किसी प्रकार समूहन और आबंटन के तकाज़ों को समाहित करते हुए सामाजिक उपलब्धियों और सफलताओं का विश्लेषण हो सके। इन्हीं का एक अच्छा उदाहरण ए. बी. ऐटकिन्सन का 'समान रूप से आबंटित समतुल्य आय' (Equally Distributed Equivalent Income) सूत्र है। यह सूत्र आबंटन में 'विषमता की भरपाई कर सकने योग्य आय का समतुल्य मान' सकल आय में से घटा देने का सुझाव देता है। इसमें समूहन एवं आबंटन के मुद्दों के समप्रत्ययन के लिए हमें अपने नीतिगत विवेक के आधार पर प्राचलों के चयन की सुविधा भी सुलभ रहती है।

मतभेद या टकराव का एक और पक्ष भी है। यह उस वितान से जुड़ा है जिसमें विषमता का आकलन एवं निरूपण होता है। हमारा पिछला अध्याय इसी से संबंधित था। आय की विषमता तथा अन्य वितानों [जैसे कि क्षेत्र कल्याण, स्वातन्त्र्य, जीवन की गुणवत्ता से जुड़े शिक्षा, स्वास्थ्य आदि] की विषमताओं से बहुत ही अलग हो सकती हैं। यही नहीं, समाज की सामूहिक सफलताओं का मान भी उस वितान के अनुसार बदल सकता है जिसमें कि हम यह समूहन करते हैं—उदाहरण के लिए, विभिन्न समाजों की औसत आय के आधार पर क्रमिकता उन्हीं देशों की स्वास्थ्य स्तर पर आधारित क्रमिकता से भिन्न हो सकती है।

आय और क्षमता-योग्यता परिप्रेक्ष्यों की तुलना का उस वितान पर प्रत्यक्ष प्रभाव होगा जिसमें विषमता और दक्षता का आकलन होना है। एक उच्च आय सम्पन्न

किन्तु राजनीतिक भागीदारी के अवसरों से वंचित व्यक्ति को सामान्यतः गरीब नहीं कहा जाता—पर यह एक महत्त्वपूर्ण स्वातन्त्र्य की दृष्टि से तो दरिद्र ही है। इसी प्रकार अन्य सभी की अपेक्षा बहुत धनसम्पन्न व्यक्ति को यदि कोई बहुत ही खर्चीली बीमारी भी हो, तो आय वितरण के आंकड़ों के आधार पर गरीब न होते हुए भी उस व्यक्ति की एक अत्यन्त महत्त्वपूर्ण अभावग्रस्तता तो सिद्ध हो ही जाती है। यदि किसी को रोजगार न मिले पर सरकार की ओर से बेरोजगारी भत्ता मिल रहा हो तो बेशक उसकी आय-आधारित वंचना का स्तर न्यून रहे, पर मानसिक सन्तुष्टिदायक सार्थक कार्य के अवसर से तो वह वंचित ही रह जाता है। विश्व के अनेक भागों में बेरोजारी भी एक महत्त्वपूर्ण समस्या बनी हुई है। आज का यूरोप भी इससे मुक्त नहीं है। विषमताओं के विश्लेषण के सन्दर्भ में आय एवं क्षमता वितानों की तुलना में यह बेरोजगारी का पक्ष भी समाहित किया जाना चाहिए।

बेरोजगारी तथा क्षमता-वंचना

कुछ व्यावहारिक महत्त्व के उदाहरण यह स्पष्ट कर देते हैं कि आय वितान में विषमता विषयक निष्कर्ष क्षमता वितान के निष्कर्षों से बहुत ही अलग हो सकते हैं। आज के यूरोप में बेरोजगारी की ऊँची दरों को देखते हुए तो वहाँ यह वितानों की तुलना और भी आवश्यक हो जाती है। बेरोजगारी के कारण आय की हानि की क्षतिपूर्ति तो प्रायः सारे ही पश्चिमी यूरोप में प्रचलित आय-समर्थक (बेरोजगारी भत्ते सहित) नीतियों से हो जाती है। यदि बेरोजगारी के कारण उन व्यक्तियों को केवल आय की हानि ही हो रही होती तो इसकी भरपाई तो हो ही जाती [वैसे इस प्रकार की आय क्षतिपूर्ति नीतियों की राजकोषीय तथा समाज में प्रचलित संप्रेरणाओं पर प्रभावरूपी लागतें भी बहुत महत्त्वपूर्ण होती हैं], किन्तु यदि बेरोजगारी के कारण लोगों के जीवन पर अन्य प्रकार के गम्भीर प्रभाव हो रहे हों और उनके कारण कुछ अभाव-वंचनाओं का सृजन हो रहा हो तो फिर 'आय समर्थक' नीति द्वारा समस्या का निवारण सीमित ही रह जाता है। यह देखा गया है कि रोजगार की हानि के कारण व्यक्ति को आय हानि के अतिरिक्त भी अनेक प्रकार की अन्य वंचनाओं को सहन करना पड़ जाता है। इनमें से कुछ प्रमुख हैं : मानसिक तनाव, कार्य करने की सम्प्रेरणाओं की विलुप्ति, कार्यक्षमता और आत्मविश्वास का कुंठित हो जाना, बीमारियों-व्याधियों का शिकार होना, पारिवारिक एवं सामाजिक संबंधों में व्यवधान आना, सामाजिक बहिष्कृति में वृद्धि, जातीय तनाव एवं स्त्रीपुरुष के बीच विषमांगता में वृद्धि आदि।

आधुनिक यूरोप में बेरोजगारी की उच्च दरों के कारण केवल आय की विषमताओं का पूरा अनुमान नहीं हो सकता। यह भी आग्रह किया जा सकता है कि भारी बेरोजगारी अपने आप में विषमता का उतना ही महत्त्वपूर्ण सारभूत पक्ष बन गया है जितना कि आय की विषमता होती है। केवल आय विषमता पर विचार

से यह भ्रम हो जाता है कि पश्चिम यूरोप संयुक्त राज्य अमेरिका की तुलना में विषमताओं को कम रखने और उनके निवारण में कदाचित अधिक सफल रहा है। आर्थिक सहयोग एवं विकास संगठन [OECD] द्वारा बहुत ही ध्यानपूर्वक किए गए अध्ययन द्वारा यह बात पुष्ट होती है कि यूरोप में विषमताओं के स्तर एवं प्रवृत्ति के सुधार की सफलताएँ निश्चित रूप से बेहतर रही हैं। इसके विपरीत संयुक्त राज्य अमेरिका में न केवल सामान्यतः प्रयुक्त आय विषमता के सूचक उच्चतर रहे हैं बल्कि वहाँ विषमताओं में और अधिक वृद्धि की प्रवृत्ति भी आंकी जा रही है। पश्चिम यूरोप के देशों की अपेक्षा यह एक अलग ही परिदृश्य है।

किंतु यदि हम केवल आय से दृष्टि हटाकर उसे बेरोजगारी की ओर ले जाएँ तो सारा परिदृश्य ही बदल जाता है। सारे ही पश्चिमी यूरोप में बेरोजगारी में नाटकीय वृद्धि हुई है, किन्तु सं. रा. अमेरिका इससे मुक्त ही रहा है। आंकड़ों की दृष्टि से 1965-73 की अवधि में सं. रा. अमेरिका में बेरोजगारी दर 4.5 प्रतिशत, इटली में 5.8 प्रतिशत, फ्रांस में 2.3 प्रतिशत और पश्चिमी जर्मनी में मात्र 1 प्रतिशत थी। किन्तु आज यूरोप के इन तीनों देशों में 10 से 12 प्रतिशत तक जनसमुदाय बेरोजगार है जबकि सं. रा. अमेरिका में आज भी केवल 4 से 5 प्रतिशत लोग ही बेरोजगारी की दशा भुगत रहे हैं। यदि रोजगार मिलने से जीवन-स्तर में सुधार आता है तो विषमताओं के आकलन में इस सुधार का भी हिसाब लगाया जाना चाहिए। आजकल के आय सम्बन्धी आंकड़ों को लेकर यूरोप भले ही आश्वस्त अनुभव कर रहा हो किन्तु यदि विषमता विषयक दृष्टिकोण में जरा भी बदलाव आता है तो निश्चित ही यह आश्वस्ति बहुत भ्रामक सिद्ध होगी।

पश्चिमी यूरोप और सं. रा. अमेरिका की इस तुलना से एक और सामान्य महत्त्व की बात भी स्पष्ट होती है। अमेरिकी सामाजिक नीतिशास्त्र में दीन-दुखी की अधिक चिंता के लिए कोई स्थान नहीं दिखाई पड़ता किंतु कल्याणकारी राज्य की अवधारणाओं की छत्रछाया में पले-बढ़े पश्चिम यूरोपीय परिवेश में इस प्रकार के दृष्टिकोण को सहज ही स्वीकार नहीं किया जा सकता। किन्तु उसी अमेरिकी सामाजिक नीतिशास्त्र में यूरोप में प्रचलित द्विअंकीय बेरोजगारी नितांत असह्य हो जाएगी। यूरोप ने बहुत सहज भाव से रोजगारविहीनता एवं इसकी वृद्धि को भी स्वीकार कर लिया है। समााजिक एवं व्यक्तिगत उत्तरदायित्वों में इस प्रकार के दृष्टिभेदों के कारणों आदि पर अब मैं चर्चा करने जा रहा हूँ।

स्वास्थ्य व्यवस्था और मरणशीलता :
अमेरिकी एवं यूरोपीय सामाजिक दृष्टिकोण

कुछ समय से अमेरिका में विभिन्न जातीय समुदायों के बीच की विषमता पर बहुत चिन्तन-मनन प्रारम्भ हुआ है। आय वितान पर अफ्रीकी मूल के अमेरिकी श्वेत अमेरीकियों से निश्चित रूप से बहुत पीछे हैं। इसे अफ्रीकीमूलकों की अमीर

देश के भीतर सापेक्ष अभावग्रस्तता का उदाहरण माना जाता है—यद्यपि ये भी शेष विश्व के गरीबों की तुलना में बहुत समृद्ध ही प्रतीत होते हैं। तीसरे विश्व के जनसामान्य की तुलना में तो अफ्रीकी अमेरिकी कीमतों के अंतर का हिसाब लगाने के बाद भी कई गुण अमीर ही है, अतः अन्तर्राष्ट्रीय परिप्रेक्ष्य में तो इन अश्वेत अमेरिकियों की अभावग्रस्तता बहुत ही धूमिल सी हो जाती है।

किन्तु क्या आय इस प्रकार की तुलनाओं का सटीक आधार हो भी सकती है ? क्या अकाल मृत्यु का ग्रास हो जाने की आशंका से मुक्त दीर्घ जीवन जी पाने की बुनियादी क्षमता-योग्यता का कोई महत्त्व ही नहीं है ? हमने अध्याय-1 में भी बताया था कि इस कसौटी के आधार पर तो अफ्रीकी-अमेरिकी अत्यन्त गरीब चीनवासियों, भारत के केरलवासियों और श्रीलंका, कोस्टारिका, जमैका आदि सहित अनेक गरीब देशों के निवासियों से बहुत ही पीछे रह गए हैं। [देखें चित्र 1.1] कई बार यह मान लिया जाता है कि अति उच्च मृत्यु दर तो केवल अफ्रीकी मूलक युवा पुरुषों पर ही लागू होती है क्योंकि वे बहुधा हिंसात्मक गतिविधियों में लिप्त रहते हैं। किन्तु हमारे चित्र 1.2 ने तो यह भी स्पष्ट कर दिया था कि अश्वेत महिलाएँ न केवल श्वेत अमेरीकी महिलाओं से अनुजीवन में बहुत पीछे हैं बल्कि वे भारत की केरलवासी नारियों से भी पिछड़ चुकी हैं। चीन की महिलाओं से भी उनकी दशा कुछ अच्छी नहीं कही जा सकती। यही नहीं, अश्वेत पुरुष तो प्रत्येक आयु वर्ग में चीनी एवं भारतीय पुरुषों की अपेक्षा पिछड़ते जा रहे हैं (चित्र 1.1)। अतः युवाओं के बीच हिंसा की प्रवृत्ति के बाद शान्त हो जाने वाले आयु वर्गों में भी उसी अनुजीवन ह्रास के दर्शन होते हैं। निश्चय ही हिंसात्मकता के आधार पर न्यून जीवाशा के स्तर की पूरी व्याख्या नहीं हो पाएगी।

यदि 35-36 वर्ष के आयु वर्गों का विश्लेषण करें तो भी श्वेतों की तुलना में अश्वेत अमेरीकी नागरिकों की मृत्युदर बहुत ही अधिक है। यही बात अश्वेत महिलाओं पर भी लागू पाई गई है। इन अंतरों का निवारण-समंजन आय के अन्तर समाप्त हो पाने पर भी नहीं हो पाता। वास्तव में ऐसा ही साक्ष्य 1980 के दशक के चिकित्सीय अध्ययन से मिला है कि समान आय स्तर वाली श्वेत महिलाओं की तुलना में भी अश्वेत महिलाओं की मृत्युदर बहुत अधिक रही है। चित्र 4.1 में सारे देश में अश्वेत एवं श्वेत नागरिकों की मरणशीलता दरों के अनुपात दिखाए गए हैं। इस सर्वेक्षण के परिणामों के अनुसार अश्वेत पुरुषों की मरणशीलता श्वेतों से 1. 8 गुणा है और अश्वेत महिलाओं की मरणशीलता तो श्वेत महिलाओं से लगभग तीन गुणा है। आय के अन्तरों का समंजन करने के बाद भी ये अनुपात पुरुषों एवं महिलाओं के लिए क्रमशः 1.2 तथा 2.2 रहते हैं। अतः स्पष्ट है कि आय के अन्तरों के प्रभावों का हिसाब लगाने के बाद भी आधुनिक अमेरिका में अश्वेत महिलाएँ श्वेत महिलाओं की तुलना में बहुत अल्पायु में ही काल का ग्रास बन जाती हैं।

सूचना आधार को आय से और अधिक विस्तृत कर बुनियादी क्षमताओं तक

चित्र 4.1 अश्वेतों और श्वेतों की मृत्यु दरों के अनुपात (आयु वर्ग 35-54 वर्ष), वास्तविक और परिवार आय के अनुसार समंजन के पश्चात्

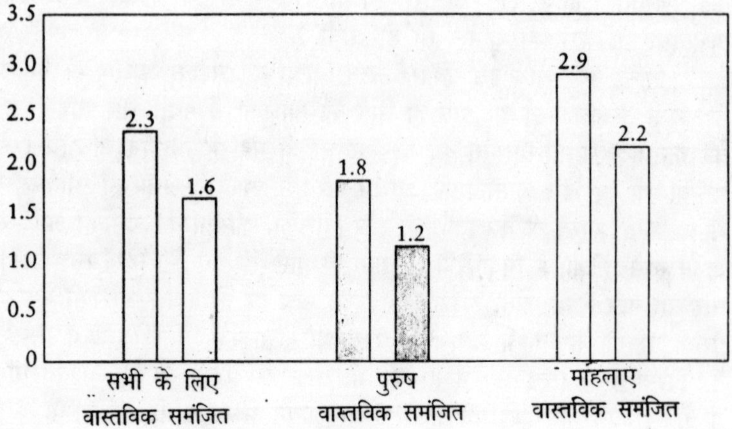

स्रोत : एम. डब्ल्यू. ओवन आदि की *जर्नल ऑफ अमेरिकन मेडिकल ऐसोसिएशन,* 263, संख्या 6 (9 फरवरी 1990) में प्रकाशित

ले जाने से विषमताओं और गरीबी विषयक हमारी सूझ और चिन्तन में भारी बदलाव आ जाता है। जब हमने रोजगार से जुड़ी लाभदायक दशाओं पर ध्यान केन्द्रित किया तो यूरोप का परिदृश्य बहुत ही निराशाजनक प्रतीत हुआ—किन्तु जीवित रह पाने की क्षमता पर विचार करने पर तो अमेरिका की विषमताएँ बहुत ही भयावह दिखाई देती हैं। एटलांटिक महासागर के दो छोरों पर व्याप्त सामाजिक एवं व्यक्तिगत उत्तरदायित्व के प्रति दृष्टिकोणों के अन्तर और उनके कारण से वहां प्रचलित नीतियों की प्राथमिकताओं का इन अन्तरों पर बहुत गहरा प्रभाव है। अमेरिका की शासकीय वरीयताओं के क्रम में सभी को मूलभूत स्वास्थ्य सुविधाएँ प्रदान किए जाने की प्रतिबद्धता के लिए कोई स्थान नहीं है। वास्तव में वहाँ 400 लाख से अधिक व्यक्तियों को किसी प्रकार की चिकित्सा व्यवस्था या चिकित्सा बीमा सुविधा सुलभ नहीं है। यह सम्भव है कि इनमें से बहुत से लोगों ने स्वेचछापूर्वक चिकित्सा बीमा नहीं कराया हो पर वास्तव में अधिकांश बीमाहीन लोगों की आर्थिक दशा उन्हें बीमा कराने की इजाजत नहीं दे पाती। कुछ मामलों में उनकी चिकित्सीय दशा ऐसी है कि कोई निजी बीमा कंपनी उनका बीमा करती ही नहीं। किन्तु यूरोप में तो प्रत्येक नागरिक के लिए चिकित्सा सुविधाओं की उपलब्धिता को आर्थिक एवं चिकित्सीय दशा से स्वतन्त्र

मौलिक अधिकार माना जाता है। अतः वहाँ अमेरिका जैसी अवस्था राजनीतिक दृष्टि से असह्य हो जाएगी। मुझे विश्वास है कि यदि अमेरिका में बेरोजगारी दर दुगुनी हो जाए तो वहाँ की सरकार पुनः चुनाव नहीं जीत पाएगी (यह दुगुना स्तर भी इटली, फ्रांस या जर्मनी की बेरोजगारी दर से कम ही रहेगा)। अतः यूरोप और अमेरिका की राजनीति की सामाजिक प्रतिबद्धताओं की प्रकृति के अन्तर बहुत स्पष्ट हो जाते हैं–ये अन्तर विषमताओं को क्षमता विशेष की विफलताओं के रूप में निरूपित करने से बहुत ही निकट रूप से सम्बन्धित हैं।

भारत और सहारेतर अफ्रीका में गरीबी और अभावग्रस्तता

आज विश्व के दो भागों में दरिद्रता बहुत ही अधिक संकेन्द्रित पाई जाती है। ये भाग हैं दक्षिण एशिया और सहारेतर (Sub Saharan) अफ्रीका। विश्व के सभी क्षेत्रों की तुलना में इनकी प्रतिव्यक्ति आय न्यूनतम है। किन्तु केवल यही कसौटी उनकी अभावग्रस्तता और तुलनात्मक दरिद्रता की पूरी जानकारी नहीं दे पाती। यदि हम दरिद्रता को बुनियादी क्षमताओं की वंचना के रूप में परिभाषित करें तो विश्व के इन हिस्सों में जन जीवन के आयामों से बहुत ही महत्त्वपूर्ण और चौंकाने वाली जानकारी सामने आती है। इसी का संक्षिप्त विश्लेषण यहाँ प्रस्तुत किया जा रहा है–यह ज्यां द्रीज़ के साथ मिलकर किए गए विस्तृत अध्ययनों पर आधारित है।

1991 के आसपास विश्व के 52 देशों में जन्म के समय जीवाशा 50 वर्ष से कम भी। इन सबकी जनसंख्या 169 करोड़ थी। इनमें से 46 देश दक्षिण एशिया और सहारेतर अफ्रीका में हैं–केवल 6 ही इन क्षेत्रों से बाहर बसे हैं (अफगानिस्तान, कंबोडिया, हैती, लाओस, पपुआन्यूगिनि और यमन)। इन 6 की जनसंख्या इस 169 करोड़ के विशालजन समुदाय का मात्र 3.5 प्रतिशत है। श्रीलंका को छोड़ सारा दक्षिण एशिया, दक्षिण अफ्रीका, जिम्बाबवे, लेसोथो और बोवाना व छोटे-छोटे द्वीपों मारिशस, सेशेल्स आदि को छोड़कर सारा सहारेतर अफ्रीका इन्हीं 46 देशों की गिनती में सम्मिलित है। इन देशों में आन्तरिक रूप से भी क्षेत्रीय विषमताएँ विद्यमान हैं। इन दक्षिण एशियाई एवं सहारेतर अफ्रीकी देशों में भी कुछ ऐसे समुदाय हैं जिनमें जीवाशा और दीर्घायुता के स्तर बहुत प्रशंसनीय हैं–जबकि सं. राज्य अमेरिका जैसे उच्च औसत जीवाशा वाले देशों में भी अनुजीवन समस्याओं से ग्रस्त ऐसे विशाल वर्ग मिल जाते हैं जिनकी दशा तीसरे विश्व से बहुत भिन्न नहीं है। उदाहरण के लिए, अमेरिका के न्यूयार्क, सान फ्रांसिस्को, सैंट लुई या वाशिंगटन डी.सी. जैसे महानगरों में बसे अश्वेत अमेरिकियों की जीवाशा हमारी इस 60 वर्ष की कसौटी से बहुत ही कम पाई गई है। किन्तु फिर भी देशव्यापी औसत के आधार पर दक्षिण एशिया एवं सहारेतर अफ्रीकी देशों को विश्व के उन भागों से जोड़ा ही जा सकता है जहाँ जीवन संक्षिप्त और जीवन दशाएँ बहुत ही चिन्तनीय पाई जाती हैं।

तालिका 4.1

भारत और सहारेतर अफ्रीका : कुछ तुलनाएं (1991)

शिशुमृत्यु दरों की तुलना

	क्षेत्र	जनसंख्या (दस लाख में)	शिशु मृत्युदर (प्रति 1000 जीवित जन्मों पर)
भारत	भारत	846.3	80
तीन निकृष्टतम राज्य	उड़ीसा	31.7	124
	मध्य प्रदेश	66.2	117
	उत्तर प्रदेश	139.1	97
निकृष्टतम राज्यों के निष्कृष्टतम जनपद	गंजम (उड़ीसा)	3.2	164
	टीकमगढ़ (मध्य प्रदेश)	0.9	152
	हरदोई (उत्तर प्रदेश)	2.7	129
सहारेतर अफ्रीका	सहारेतर अफ्रीका	488.9	104
सहारेतर अफ्रीका 3 निकृष्टतम देश	माली	8.7	161
	मोज़म्बीक	16.1	149
	गिनी बिसाऊ	1.0	104

नोट : अफ्रीका में 15 वर्ष से अधिक और भारत में 7 वर्ष से अधिक आयुवर्ग के लिए आकलित

वास्तव में इन 52 अभावग्रस्त देशों की जनसंख्या का आधा भाग तो अकेले भारत में बसा है। पर भारत को किसी भी दृष्टि से निकृष्टतम निष्पादनकर्ता नहीं माना जा सकता, उसकी जीवाशा का स्तर 60 वर्ष से ज़रा सा ही नीचे था—अब तो इसके काफी ऊपर उठ चुकने के अनुमान उपलब्ध हो रहे हैं। किन्तु भारत में भी जीवाशा स्तर में व्यापक क्षेत्रीय विषमताएँ एवं विविधताएँ विद्यमान हैं। भारत के कुछ राज्यों, जिनमें प्रत्येक की जनसंख्या विश्व के अधिकांश देशों से अधिक ही है, की दशा अन्य अत्यन्त पिछड़े क्षेत्रों जैसी ही है। औसत रूप से भारत की दशा सर्वनिकृष्ट निष्पादक इथोपिया या कोंगो गणराज्य से भले ही बेहतर हो, पर इसके बहुत बड़े जन समुदाय की जीवन दशाएँ इन सर्वाधिक अभावपूर्ण देशों से बहुत अलग नहीं है।

तालिका 4.1 में सहारेतर अफ्रीका के निष्कृष्टतम निष्पादकों और भारत की शिशुमृत्यु दरों और वयस्क साक्षरता दरों में तुलना की गई है। तालिका में इन दोनों समंकों के 1941 के अनुमानित स्तर राष्ट्रीय/क्षेत्रीय ही नहीं दिए गए वरन् भारत

वयस्क साक्षरता की तुलना

क्षेत्र	जनसंख्या (दस लाख में)	वयस्क दरें स्त्री/पुरुष
भारत	846.3	39/64
राजस्थान	44.0	20/55
बिहार	86.4	23/52
उत्तर प्रदेश	139.1	25/56
बाड़मेर (राजस्थान)	1.4	8/37
किशनगंज (बिहार)	1.0	10/33
बहराइच (उत्तर प्रदेश)	2.8	11/36
सहारेतर अफ्रीका	488.9	40/63
बुर्कीना फासो	9.2	10/31
सियरा लियोन	4.3	12/35
बेनिन	4.8	17/35

स्रोत : अमर्त्य सेन एवं ज्यां द्रीज़ की रचना : 'भारत : विकास की दिशाएँ' की ता. 3.1 से

के तीन सबसे पिछड़े राज्यों और उनके भी सबसे पिछड़े जनपद तथा सहारेतर अफ्रीका के निकृष्टतम निष्पादक तीन देशों के आँकड़े भी दिए गए हैं। यह बहुत ही विलक्षण तथ्य है कि विश्व के किसी भाग में भी (सहारेतर अफ्रीका ही क्यों) शिशु मृत्युदर इतनी अधिक नहीं है जितनी उड़ीसा के गंजम जनपद में और निरक्षरता भी इतनी अधिक नहीं है जितनी की राजस्थान के बाड़मेर क्षेत्र की महिलाओं में इन दोनों जिलों की प्रत्येक की जनसंख्याएँ बोट्सवाना या नामीबिया से अधिक है। इनकी सम्मिलित जनसंख्या तो सियरा लियोन निकारागुआ या फिर आयरलैंड से भी अधिक हो जाती है। वास्तव में ब्राजील तथा रूस जितने विशाल जन बल से सम्पन्न उत्तर प्रदेश राज्य का इन कसौटियों के आधार पर निष्पादन सहारेतर अफ्रीका के निकृष्टतम निष्पादक देशों से बहुत बेहतर नहीं कहा जा सकता।

यदि हम भारत और सारे सहारेतर अफ्रीका की तुलना करें तो इन दोनों क्षेत्रों की वयस्क साक्षरत और शिशुमृत्यु दरों में काफी समानता दिखाई देती है, किन्तु जीवाशा के स्तर में अन्तर महत्त्वपूर्ण हैं। जहाँ भारत में यह स्तर (1881 में) 60 वर्ष के बहुत ही निकट था वहीं सहारेतर अफ्रीका की जीवाशा का स्तर इससे बहुत कम (52 वर्ष के लगभग) ही आँका गया है। इसके विपरीत भारत में कुपोषण का फैलाव सहारेतर अफ्रीका से कहीं अधिक व्यापक पाया गया है।

इस प्रकार (1) मरणशीलता तथा (2) पोषण की कसौटियों पर भारत और सहारेतर अफ्रीकी देशों की तुलना से बहुत ही विलक्षण परिणाम सामने आते हैं। भारत की परिस्थितियों की अनुजीवन में श्रेष्ठता केवल जीवाशा ही नहीं, अन्य मरणशीलतागत आँकड़ों से भी स्पष्ट होती है। 1991 में भारत में मृत्यु के समय माध्य[1] आयु 37 वर्ष थी। इसके मुकाबले में सहारेतर अफ्रीका में तो यह आयु स्तर केवल पाँच वर्ष ही पाया गया है। वहाँ के पाँच देशों में तो यह माध्य आयु केवल तीन वर्ष या उससे भी कम ही आँकी गई है। अतः अफ्रीका में अकाल मृत्यु की समस्या भारत की अपेक्षा बहुत अधिक गम्भीर है।

किन्तु यदि भारत और अफ्रीका के पोषण स्तरों पर विचार करें तो स्थिति एकदम उलट जाती है। भारत में सामान्य कुपोषण के स्तर अफ्रीका की अपेक्षा बहुत उच्च पाए गए हैं। यह बात उस समय और भी विचित्र प्रतीत होती है जबकि भारत तो खाद्यान्न के उत्पादन में आत्मनिर्भर है और सहारेतर अफ्रीका में खाद्य सामग्री का अभाव ही रहता है। वस्तुतः भारतीय आत्मनिर्भरता सामान्य वर्षों में आन्तरिक उत्पादन द्वारा ही बाजार में खाद्यान्न की माँग की सम्पूर्ति पर आधारित है। इस प्रकार की क्रयशक्ति-आश्रित बाजार माँग खाद्य पदार्थों की वास्तविक आवश्यकता को पूरी तरह से अभिव्यक्त नहीं कर पाती। भारत के सामान्य पोषण का स्तर सहारेतर अफ्रीका की तुलना में बहुत न्यून पाया गया है। इसका आकलन बच्चों की आयु के अनुसार भार वृद्धि में ठहराव के आँकड़ों द्वारा लगाया जाता है। इस कसौटी के अनुसार अफ्रीका में 20 से 40 प्रतिशत बच्चे कुपोषण से प्रभावित पाए गए हैं, जबकि भारत में यह अनुपात 40 से 60 प्रतिशत आँका गया है। लगभग आधे भारतीय बच्चे चिरन्तन कुपोषण के शिकार हैं। अतः यद्यपि भारतीय सहारेतर अफ्रीकियों की तुलना में दीर्घायु होते हैं, इनकी मृत्यु के समय माध्य आयु अफ्रीकियों से कई गुना अधिक है, फिर भी भारत में कुपोषित बच्चों की संख्या और अनुपात दोनों ही बहुत अधिक पाए गए हैं। यदि इसके साथ ही भारत में मृत्यु में भी स्त्रीवर्ग के विरुद्ध भेदभाव के साक्ष्यों को भी जोड़ लिया जाए तो फिर सम्मिलित परिदृश्य की दृष्टि से भारतीय समाज की दशा अफ्रीका से बहुत बेहतर नहीं रहती।

विश्व के इन दो अति दरिद्रताग्रस्त क्षेत्रों में अभावग्रस्तता के अपने-अपने जटिल स्वरूप हैं जिनकी अपनी ही विशेषताएँ हैं। अतः उनसे जुड़े अनेक नीतिगत मुद्दों में भी विलक्षणता दिखाई पड़ती है। जीवन धारण को लेकर भारत की दशाओं का स्वरूप अफ्रीका से बहुत ही अलग है [इन्हीं के कारण यहाँ अकालमृत्यु की आशंका अफ्रीका की अपेक्षा बहुत कम रह गई है] ! स्वतन्त्रता के बाद से भारत अकालों

---

1. माध्य (Median)--यह समग्र आबंटन को दो समान भागों में विभक्त करता है। वर्तमान सन्दर्भ में यदि भारत में आयु के अनुसार मृतकों की संख्या का चित्रांकन करें तो 37 वर्ष वह स्तर बनता है जिससे कम आयु में मरने वालों की संख्या उसी स्तर से अधिक आयु भोग कर मरने वालों के एकदम समान पाई गई है।

की छाया से प्रायः मुक्त ही रहा है—जबकि अफ्रीका में अकालों के साथ-साथ आन्तरिक एवं जातीय युद्धों का भी बहुत आतंक रहा है। भारत की स्वास्थ्य सेवाएँ अपर्याप्त भले ही हों किन्तु वे प्रायः राजनीतिक एवं सैन्य उथल-पुथल से मुक्त रहकर अपना कार्य करती रही हैं। फिर अनेक अफ्रीकी देशों को युद्ध, अशान्ति एवं राजनीतिक अव्यवस्था के कारण भी आर्थिक ह्रास का सामना करना पड़ा है। इन दशाओं में जीवन स्तर में सुधार नहीं हो पाता [अतः दोनों क्षेत्रों के विकास-अनुभवों की तुलना में इन दोनों क्षेत्रों की सफलताओं और विफलताओं की समीक्षा करते समय इन सभी मुद्दों का ध्यान रखना होगा]।

एक अन्य समस्या भारत और सहारेतर अफ्रीका को समान रूप से घेरे हुए है। यह है निहित निरक्षरता (Endemic Illiteracy) की समस्या। इसने भी इन दोनों क्षेत्रों को शेष विश्व की तुलना में न्यून जीवाशा की तरह ही 'कुछ अलग' बना दिया है। तालिका 4.1 में यह बात भी स्पष्ट हो चुकी है कि इन दोनों क्षेत्रों की साक्षरता दरें प्रायः समान ही हैं—दोनों ही में आधे वयस्क निरक्षर हैं।

मैंने अभी तक भारत और सहारेतर अफ्रीका की तुलना तीन कसौटियों के आधार पर की है [जीवाशा, कुपोषण और निरक्षरता] किन्तु ये तीनों मिलकर भी इन क्षेत्रों की क्षमता दरिद्रता का पूर्ण चित्रांकन नहीं कर पातीं। पर वे निश्चित रूप से कुछ गम्भीर विफलताओं और निर्णायक हो सकने वाले नीतिगत मुद्दों को स्पष्ट अवश्य कर देती हैं। मैंने विशिष्ट अभावों के भार निर्धारित कर उनके आधार पर समग्र अभावग्रस्तता के किसी माप का प्राक्कलन नहीं किया है। इस प्रकार का समूहित अभाव-सूचक सम्भवतः नीति-विश्लेषण के लिए इतने सटीक संकेत नहीं दे पाता जिनके इन विविधतापूर्ण सफलता-विफलताओं के सारभूत परिदृश्य के आकलन से मिल पा रहे हैं।

स्त्री-पुरुष विषमता एवं विलुप्त नारियां

अब मैं सामान्य विषमताओं के उस पक्ष की ओर बढ़ रहा हूँ जिसकी ओर कुछ समय पूर्व ही लोगों का ध्यान गया है। यह अंश 1992 में *ब्रिटिश मेडिकल जर्नल* में प्रकाशित मेरे एक लेख पर ही आधारित है। मेरा आशय विश्व के अनेक भागों में महिलाओं की अस्वाभाविक रूप से कम अनुजीवन दरों और अत्यधिक मृत्युदर की विभीषिका से है। यह स्त्री पुरुष विषमता का एक बहुत ही घिनौना आयाम है—वैसे प्रायः इसकी अभिव्यक्ति अपेक्षाकृत कम घृणास्पद स्वरूप भी धारण कर लेती है। फिर भी कृत्रिम रूप से उच्च नारी मरणशीलता महिलाओं की एक अत्यन्त गम्भीर अभावग्रस्तता वंचना को उजागर कर देती है।

यूरोप और उत्तरी अमेरिका में तो पुरुषों की अपेक्षा महिलाओं की संख्या बहुत अधिक रहती है। इंग्लैंड, फ्रांस और सं.रा. अमेरिका में स्त्री-पुरुष अनुपात 1.05 है [अर्थात् प्रत्येक 100 पुरुषों के पीछे 105 महिलाएँ हैं] ! किन्तु तीसरे विश्व, विशेषकर

चित्र 4.2

चुने हुए समुदायों की समस्त जनसंख्या में स्त्री-पुरुष अनुपात

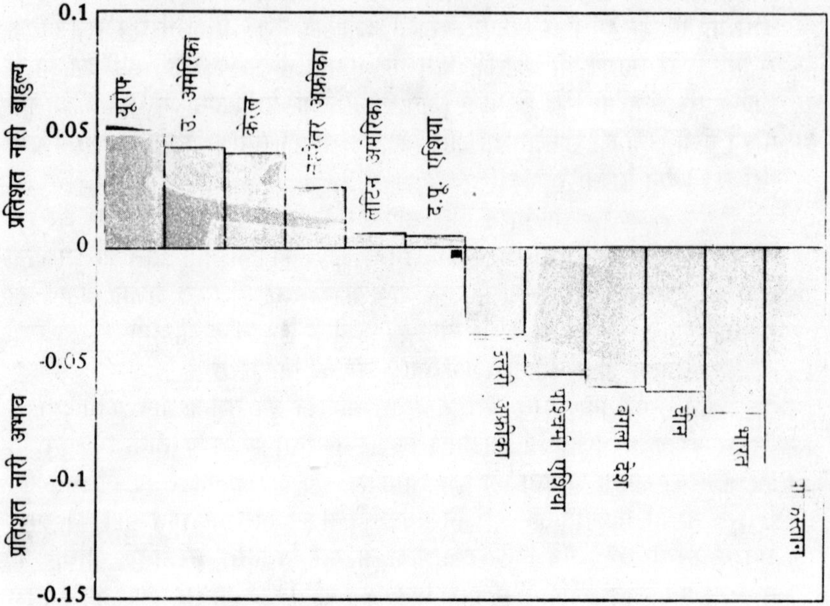

स्रोत : संयुक्त राष्ट्र संघ के जनसंख्या आँकड़ों से आकलित

एशिया और उत्तरी अफ्रीका में यह अनुपात कुछ उलट गया है। मिस्र में यह अनुपात 0.95, बंगलादेश, चीन और पश्चिम एशिया में 0.94, भारत में 0.93 तो पाकिस्तान में केवल 0.90 ही है। स्त्री-पुरुष अनुपात के ये अन्तर विश्वव्यापी नारी-पुरुष विषमता के विश्लेषण में बहुत उपयोगी सिद्ध होते हैं। इसी जानकारी को चित्र 4.2 में दिखाया गया है।

वैसे तो सारे ही विश्व में लड़कियों की अपेक्षा 5 प्रतिशत अधिक लड़के पैदा होते हैं किन्तु यदि दोनों को समान रूप से देखभाल और पोषणादि प्राप्त हों तो अपेक्षाकृत अधिक लड़कियां जीवित रह जाती हैं--संभवतः प्रकृति ने उन्हें अनुजीवन की अधिक क्षमता दी है। यही कारण है कि गर्भावस्था में बालिका भ्रूणों में बालक भ्रूणों की अपेक्षा जीवित रहने की अधिक क्षमता होती है। इसका प्रमाण यही है कि गर्भाधान के समय तो बालक भ्रूणों का अनुपात जन्म के समय के बालक-बालिका अनुपात से और भी अधिक रहा होता है। पश्चिमी देशों में स्त्रियों की न्यून मृत्युदर के कारण ही वहाँ ही जन संख्या का स्त्री-पुरुष अनुपात इकाई से अधिक बना हुआ है। इस स्त्रीबहुलता में कुछ अन्य कारकों का योगदान भी रहा है। पिछले दो महायुद्धों

में भारी संख्या में यूरोपीय पुरुषों की मृत्यु हुई थी। उसके प्रभाव किसी सीमा तक अभी भी बने हुए हैं। पुरुषों में धूम्रपान और हिंसात्मक मृत्यु की प्रवृत्तियाँ भी अपेक्षाकृत अधिक सबल पाई गई हैं। फिर भी यह स्पष्ट हो रहा है कि यदि बालक-बालिकाओं को समान रूप से पोषणादि की सुविधाएँ मिलें तो उपर्युक्त प्रभावों का समंजन करने के बाद भी पश्चिमी देशों में महिलाओं की बहुतायत बनी ही रहेगी।

एशिया और उत्तरी अफ्रीका में स्त्री-पुरुष अनुपात का न्यून स्तर सामाजिक कारकों का ही परिचायक है। यदि इन देशों में भी यूरोप और अफ्रीका जैसा ही स्त्री-पुरुष अनुपात होता तो यहाँ लाखों की संख्या में और महिलाएँ अवश्य होतीं। अकेले चीन में ही यूरोपीय और अमेरिकी स्त्री-पुरुष अनुपात के आधार पर कम-से-कम 5 करोड़ महिलाएँ और होनी चाहिए थीं। कुल मिलाकर एशियाई-अफ्रीकी देशों से 10 करोड़ महिलाएँ इस प्रकार से विलुप्त हो चुकी हैं।

किन्तु क्या युद्ध में हुई व्यापक नर हानि की जानकारी के बाद भी यूरोपीय और अमेरिकी स्त्री-पुरुष अनुपात का प्रयोग कर नारी विलुप्ति का आकलन उचित होगा ? यूरोप में निम्न नारी मरणशीलता के कारण स्त्री-पुरुष अनुपात आयु के साथ-साथ बढ़ता रहता है। एशिया और उत्तरी अफ्रीका में निम्न जीवाशा और उच्चतर जनन दर के कारण यह अनुपात कम रहने की अपेक्षा की जा सकती है। इस समस्या का समाधान करने के लिए हम शेष तीसरे विश्व की तुलना सहारेतर अफ्रीका से कर सकते हैं—वहां का समाज भी महिलाओं को अभावग्रस्त नहीं रखता, उनकी सापेक्ष मरणशीलता अधिक नहीं है किन्तु वहाँ भी जीवाशा और जनन दरें बहुत अलग नहीं हैं। सहारेतर अफ्रीका के स्त्री-पुरुष अनुपात 1.022 का प्रयोग करने पर भी चीन से 440 लाख तथा भारत से 370 लाख नारियों की विलुप्ति के अनुमान प्राप्त होते हैं। सारे अफ्रेशियाई देशों में यह अनुमान मिलकर 10 करोड़ से अभी भी अधिक ही बनता है।

एक और भी आकलन विधि है : यदि इन देशों में नारी अनुजीवन में अपघात नहीं होता तो इन देशों की वास्तविक जीवाशा और जनन दरों के आधार सम्भावित महिलाओं की संख्या का लगाया जा सकता था। पर प्रत्यक्षतः यह कार्य कर पाना बहुत कठिन है। हाँ, पश्चिमी देशों के ऐतिहासिक अनुभवों के आधार पर निर्मित मानक मालिकाओं का प्रयोग कर एन्सले कोल ने कुछ अनुमान तैयार किए हैं। वे भी कम चौंकाने वाले नहीं है। कोल के अनुसार चीन में 290 लाख, भारत में 230 लाख तथा सारे अफ्रेशियाई देशों में कम-से-कम 600 लाख महिलाओं का विलोप हो गया है। ये अनुमान अन्यों की अपेक्षा कम होते हुए भी बहुत ही विशाल हैं और अधिक परिष्कृत ऐतिहासिक जानकारी का प्रयोग कर स्टीफेन क्लेसेन ने तो 9 करोड़ नारियों के विलोप का अनुमान लगाया है।

इन देशों में नारियों की मृत्यु दर पुरुषों से अधिक क्यों है ? भारत की ही

बात लें। यहाँ पैंतीस वर्ष तक के सभी आयुवर्गों में स्त्रियों की मृत्यु दर पुरुषों से अधिक पाई गई है। पर उससे आगे यह अभाविता कम हो जाती है। यद्यपि जननशील आयु में कुछ सीमा तक प्रसव मृत्यु भी नारी मृत्युदर को कुछ ऊँचा उठा सकती है किन्तु शैशव और बाल्यावस्था में तो यह व्याख्या भी काम नहीं आती। यद्यपि कभी-कभी भारत में बालिका हत्या की लोमहर्षक घटनाओं की चर्चा सुनने को मिल जाती हैं पर उनके आधार पर भी अतिरिक्त मृत्युशीलता और इसके आयु वर्गानुसार आबंटन की पूरी व्याख्या नहीं हो सकतीं। मुख्य दोषी तो शैशव से ही स्वास्थ्य और पोषण के मामले में लड़कियों को सुविधा से वंचित रखने को माना जा सकता है। इस बात के बहुत सशक्त प्रमाण हैं कि लड़कियों को चिकित्सा, अस्पताल में रखकर इलाज कराने, और यहाँ तक कि बाल्यावस्था में दूध पिलाने तक में अवलेहना ही झेलनी पड़ रही है।

हालाँकि भारत में इस विषय में अनेक अध्येताओं ने व्यापक रूप से अध्ययन किए हैं, पर अन्य देशों में भी स्वास्थ्य और पोषण में बालिकाओं की अवहेलना के इसी प्रकार के संकेत मिल रहे हैं। चीन में भी पिछले वर्षों में इस अवहेलना के स्तर में वृद्धि होने के समाचार मिल रहे हैं। जब से (1979) वहां एक परिवार एक सन्तान का नियम लागू किया गया है तबसे तो यह अवहेलना बहुत ही बढ़ गई है। यही नहीं, चीन में शेष विश्व की तुलना में बालकों के जन्म का अनुपात बहुत ही आश्चर्यजनक रूप से बढ़ता जा रहा है। इसका एक कारण बालिकाओं के जन्म को [एक परिवार एक बच्चे के नियम से बचने के लिए] छुपाने का परिणाम भी हो सकता है किन्तु इसके बालिका शिशुओं की हत्या का परिणाम होने की सम्भावना अधिक लगती है। इससे भी अधिक गहरे स्त्रीविरोधी रुझानों की झलक तो प्रसव से पूर्व ही लिंग परीक्षण कर बालिका भ्रूणों की हत्या की नई तकनीकी प्रगति के साथ-साथ चीन में तेज़ी से फैल रही है।

निष्कर्ष

अक्सर अर्थशास्त्रियों द्वारा समता की अपेक्षा दक्षता पर अधिक आग्रह किए जाने की आलोचना की जाती है। इस शिकायत में कुछ तथ्य हो सकता है किन्तु इस विषय का इतिहास साक्षी है कि अर्थशास्त्री सदैव ही विषमताओं के विषय में चिन्तित रहे हैं। आधुनिक अर्थशास्त्र के जनक एडम स्मिथ की अमीर-गरीब के बीच की बढ़ती हुई खाई को लेकर चिन्ता पर हम अध्याय 5 और 11 में विस्तार से चर्चा कर रहे हैं। कुछ समाजशास्त्री और दार्शनिक भी इस विषय को जनसामान्य के विचार केन्द्र में प्रतिष्ठापित करने के उत्तरदायी स्वरूप यहाँ कार्ल मार्क्स, जॉन स्टुअर्ट मिल, बी.एस रॉनट्री और ह्यू डॉलटन आदि के नाम गिनाए जा सकते हैं। ये सभी अन्य सब कुछ होते हुए भी बहुत ही समर्पित अर्थविद् भी रहे हैं [इनकी अर्थशास्त्रीय चिन्तन

में गहरी पैठ ही इसका प्रमाण है] । पिछले कुछ वर्षों में ए.वी.एटकिन्सन आदि रचनाकारों ने एक बार पुनः विषमताओं के अर्थशास्त्र के अध्ययन को लोकप्रिय बना दिया है। यह सत्य है कि कई बार कुछ अर्थशास्त्रीय रचनाओं में दक्षता पर आग्रह इतना प्रबल होता है कि अन्य सभी बातों की अनदेखी भी हो जाती है, पर सभी अर्थशास्त्रियों को सामूहिक रूप से विषमताओं के विषय की अवहेलना का दोषी नहीं ठहराया जा सकता।

वास्तव में तो शिकायत का कारण यह होना चाहिए कि अर्थशास्त्री अक्सर विषमताओं का आकलन एक बहुत ही संकीर्ण प्रसरण में करते रहते हैं—अर्थात् वे केवल आय की विषमताओं से ही जूझते रह जाते हैं। इसी संकीर्ण दृष्टिकोण के कारण आर्थिक नीतियों की रचना को प्रभावित करने वाले विषमता के अनेक पक्ष अछूते रह जाते हैं। सार्वजनिक विचार मंथन भी आय दरिद्रता और विषमता पर ही अतिआग्रह के कारण इतना विकृत हो जाता है कि इसमें बेरोजगारी, बीमारी, निरक्षरता एवं सामाजिक बहिष्कृति जैसे महत्त्वपूर्ण पक्षों पर चर्चा की सम्भावना ही नहीं बचती। दुर्भाग्यवश अर्थशास्त्र में आयविषमता को ही आर्थिक विषमता का पर्याय मान लिया गया है। यदि आप किसी को कहें कि आप आर्थिक विषमताओं का अध्ययन कर रहे हैं तो वह सहज ही मान बैठता है कि आप भी आय के आबंटन का ही अध्ययन कर रहे होंगे।

किसी सीमा तक दर्शन शास्त्रीय रचनाओं में भी इसी प्रकार की झलक मिलती है। उदाहरण के लिए प्रख्यात दार्शनिक हैरी फ्रैंकफर्ट ने अपने लेख 'समता एक नैतिक आदर्श' [Equality as a Moral Ideal] में 'आर्थिक समतावाद' की बहुत ही सटीक आलोचना करते हुए इसे इस बात का सिद्धान्त बताया है कि मुद्रा के आबंटन में कोई विषमता नहीं हो।

किन्तु आर्थिक विषमता और आय की विषमता में भेद करना बहुत ही आवश्यक है। आर्थिक समतावाद की अधिकांश आलोचनाएँ मुख्यतः आयसमता के विचार के लिए ही अधिक मान्य सिद्ध होती हैं—उनकी आर्थिक समता के व्यापक विचार के बारे में स्वीकार्यता इतनी अधिक नहीं रहती। किसी अपंगताग्रस्त व्यक्ति को अपेक्षाकृत अधिक आय सुलभ कराना आयसमता के विचार के विरुद्ध हो सकता है, किन्तु यह किसी भी तरह से बृहत्तर आर्थिक समता के विचार का विरोधी नहीं माना जा सकता, क्योंकि आर्थिक समता के तकाज़ों को पूरा करने के लिए अपंगता के कारण उस व्यक्ति की अधिक आय की आवश्यकताओं को भी ध्यान में रखना जरूरी हो जाता है।

यदि हम व्यवहारजन्य आँकड़ों/साक्ष्यों के आधार पर भी विचार करें तो आय के अतिरिक्त और अनेक आर्थिक कारकों के व्यक्तियों के हितलाभों एवं सारभूत स्वातंत्र्यों पर असमान प्रभाव उजागर होते हैं और हमें यह अनुभूति होती है कि आय

की विषमता का अन्य वितानों में विषमता के साथ बहुत दूर का और सहायक स्वरूप सम्बन्ध ही सम्भव है (प्रत्यक्ष नहीं)। उदाहरण के लिए, अफ्रीकी-अमेरीकियों और बहुत ही गरीब चीनियों और केरलवासियों की मृत्युदरों की तुलना तो आय के स्तर और मृत्युदर के प्रत्यक्ष सम्बन्ध का संकेत दे रही है। वास्तव में यहाँ सार्वजनिक नीतियों के अन्य मुद्दों का प्रभाव अधिक प्रबल रहता है। ये मुद्दे स्वास्थ्य-चिकित्सा व्यवस्था और बीमा, सार्वजनिक शिक्षा और स्थानीय स्तर पर जन आरक्षा व्यवस्था आदि से जुड़े हैं।

मरणशीलता के अन्तर विभिन्न प्रजातियों, सामाजिक वर्गों और स्त्री-पुरुषों के बीच की गहन विषमताओं की ओर संकेत कर रहे हैं। हमारे इस अध्याय के उदाहरणों से यही बात स्पष्ट हुई है। विलुप्त महिलाओं की संख्या के आकलन द्वारा नारियों की अभावग्रस्तता का जो चित्रण हो पाया है उसे कोई अन्य सांख्यिकीय विश्लेषण सम्भव नहीं बना पाता। परिवार के कमाऊ सदस्यों की आय सभी सदस्यों के बीच किसी-न-किसी रूप में विभाजित हो जाती है। अतः केवल उस आय के स्तर या आकार के अन्तर किसी भी प्रकार से परिवार के भीतर नारी वर्ग के विरुद्ध भेदभाव की जानकारी नहीं दे पाते। आर्थिक सम्पन्नता के वातावरण में तो हमें परिवार की आन्तरिक संसाधन प्रयुक्ति के विषय में और अधिक जानकारियाँ संग्रहीत करनी होंगी, तभी हम वहाँ व्याप्त विषमताओं के विषय में कुछ कर पाएँगे। किन्तु मरणशीलता तथा कुपोषण और निरक्षरता आदि के आँकड़े, अनेक प्रकार की वंचनाएं किसी न किसी दृष्टि से महत्त्वपूर्ण विषमता और दरिद्रता का बड़ा ही प्रत्यक्ष चित्रण कर देते हैं। इस जानकारी का नारी के लिए अवसरों की विषमता (घर से बाहर निकलकर कमाई करना, स्कूली शिक्षा प्राप्त करना आदि में नारी की अभावग्रस्तता) के साथ संयोग किया जा सकता है। इस प्रकार योग्यता-वंचना के अधिक विस्तृत परिप्रेक्ष्य में विषमता एवं दरिद्रता का आकलन व्याख्या और चित्रण तथा नीति-निर्धारण, दोनों ही कार्यों के लिए अधिक उपयुक्त सिद्ध होता है।

यद्यपि व्यक्ति की आय उसके अनेक हितलाभों का निश्चित रूप से निर्धारण करती है, फिर भी अनेक प्रकार की वैयक्तिक सफलताओं और स्वतन्त्रताओं के साथ आय स्तर का कोई स्थिर और स्वाभाविक सम्बन्ध नहीं दिखाई पड़ता। विभिन्न प्रकार की आकस्मिकताएँ आय के अन्यान्य अधिकारिताओं में परावर्तन और सुलभ जीवनयापन पद्धति पर प्रभावों में बहुत ही व्यवस्थित ढंग से तरह-तरह के बदलाव ला देती हैं। मैंने इस अध्याय में अर्जित आय तथा सुलभ सारभूत स्वातन्त्र्यों के सम्बन्धों में उतार-चढ़ावों का कई प्रकार के उदाहरणों द्वारा स्पष्टीकरण करने का प्रयास किया है। यहाँ व्यक्तियों के अन्तर्निहित अन्तर, पर्यावरणीय विविधताएँ, सामाजिक वातावरण में फेरबदल, सम्बन्धों की संरचना आदि के अन्तर और परिवार में संसाधनों के आन्तरिक विभाजन आदि के प्रश्नों पर गम्भीर चिन्तन के बिना नीति-निर्धारण कर

पाने में सम्भव कठिनाइयों की ओर ध्यान दिलाया गया है।

कई बार यह दावा किया जाता है कि आय एक समरूपतापूर्ण परिमाण है जबकि क्षमताएं-योग्यताएँ तो बहुत ही विविधता एवं विषमांगता से भरी रहती हैं। किन्तु इस प्रकार का बहुत तीखा अन्तर पूरी तरह से ठीक नहीं माना जा सकता। वास्तव में तो आय के आधार पर मूल्यांकन अनेक प्रकार की आन्तरिक विविधताओं पर अक्सर बहुत ही साहसपूर्ण (सहज ही स्वीकार्य नहीं हो पाने वाली) मान्यताओं के पर्दे डालने का प्रयास करता पाया गया है। यही नहीं, विभिन्न व्यक्तियों की वास्तविक आयों की तुलना से तो हमें उनकी वास्तविक उपयोगिताओं की तुलना का भी सटीक आधार नहीं मिल पाता [यह बात और है कि व्यावहारिक क्षेम शास्त्र में कुछ एक बहुत ही मनमानी मान्यताओं का प्रयोग कर आय और उपयोगिता के बीच की खाई को छुपाने का प्रयास बहुत सामान्य हो चला है]। अतः किन्हीं साधनों (आय रूपी) में अन्तरों की तुलना से उन बातों के अन्तर तक पहुँचने, जिन्हें सारभूत महत्त्वसम्पन्न माना जाता है (स्वातन्त्र्य, कुशलक्षेम आदि) में हमें उन आकस्मिक और परिस्थितिजनित विविधताओं का भी लेखा-जोखा करना होगा जो आपकी क्षेम-स्वातन्त्र्य आदि में परावर्तन की दर को प्रभावित करते हैं। आय तुलनाओं को वैयक्तिक हितलाभों के अन्तरों तक पहुँच पाने का अधिक व्यावहारिक एवं सुगम मार्ग मान लेना सर्वथा उचित नहीं होगा।

यही नहीं, विविध क्षमताओं के सार्वजनिक वरीयताओं के परिप्रेक्ष्य में मूल्यांकन का एक और भी लाभ है। यह ऐसा वितान है जहाँ जीवन-मूल्यों के प्रति दृष्टिकोण को छुपाना सम्भव नहीं रहता—और हमारी क्षमता-मूल्यांकन विधि हमें इन मूल्यों के सुस्पष्ट निरूपण के लिए बाध्य कर देती है। लोकतन्त्र और उत्तरदायित्व की भावना सहित सामाजिक चयन प्रक्रिया के व्यवहार में प्रत्यक्ष एवं परोक्ष रूप से इन जीवन मूल्यों से जुड़े विचार मन्थन में व्यापक भागीदारी का निर्णायक महत्त्व होता है। जहाँ सार्वजनिक विवेक की बात हो वहाँ तो सार्वजनिक चर्चा के माध्यम से समीक्षा अवश्य होनी चाहिए—इस प्रकार की समीक्षा से बच निकलने का मार्ग ही नहीं रहना चाहिए। किसी चातुर्यपूर्ण मान्यता को ऐसे सार्वजनिक मूल्यांकन का स्थान हस्तगत करने का अवसर नहीं दिया जाना चाहिए। कुछ मान्यताएँ बहुत सहजभाव से कार्य करती दीखती हैं पर वास्तव में उन्होंने भारमानों तथा मूल्यों के चयन पर अपनी आकर्षकता की चिकनी चादर तानी हुई होती है [जिससे यह पता न चले कि किन अन्तर्निहित जीवन-मूल्यों की पोषक मान्यताओं को आधार बनाकर विवेचन किया जा रहा है]।

उदाहरण के रूप में, यह मान्यता गढ़ ली जाती है कि यदि दो व्यक्तियों के माँगफलन एक जैसे हों तो इसका अर्थ वस्तुओं और कुशलक्षेम के बीच सम्बन्ध भी एक जैसा ही हो जाएगा (चाहे उनमें से एक बीमारी, अपंगता आदि से बाधित ही क्यों न हो)। किन्तु यह तो कुशलक्षेम पर पड़ने वाले अनेक प्रभावों का विश्लेषण

करने से बचने का प्रयास ही होगा (उन्हें समझने का नहीं)। हमने अध्याय–3 में दिखाया था कि जब वस्तुओं और आय के साथ-साथ व्यक्तियों के जीवनमरण जैसी गम्भीर जानकारियाँ भी सामने आती हैं तो यह पलायनवादी आवरण कितना झीना रह जाता है।

अतः लोकतान्त्रिक परिवेश में सार्वजनिक विचार मन्थन एवं सामाजिक भागीदारी के मुद्दे बहुत ही महत्त्वपूर्ण होते हैं। राजनीतिक एवं नागरिक अधिकार लोकतान्त्रिक विशेषाधिकार हैं। आर्थिक नीति के निर्धारण और क्रियान्वयन में इनका प्रयोग (अन्य क्षेत्रों में प्रयोग के साथ-साथ) समाज में निर्णायक रूप से सकारात्मक योगदान दे सकता है। स्वातंत्र्योन्मुखी विश्लेषण-विवेचन पद्धति में भागीदारीपूर्ण स्वतन्त्रता का सार्वजनिक नीतियों के मूल्यांकन में सर्वोपरि स्थान होना ही चाहिए।

5.

बाजार, राज्य और सामाजिक अवसर

टी. एच. हक्सले ने 'साइंस एंड कल्चर' में लिखा है : "यह तो नव प्रतिपादित सत्यों की पारम्परिक नियति ही है कि वे अप-सिद्धान्त (Heresies) से प्रारम्भ कर अन्ततः अन्धविश्वास का रूप धारण कर लेते हैं।" आर्थिक जीवन में बाजारों की आवश्यकता का सत्य भी कुछ इसी प्रकार के नियतिचक्र से गुजर रहा है। कुछ ही समय पूर्व प्रत्येक युवा अर्थशास्त्री यह अच्छी तरह जानता था कि बाजार व्यवस्था की क्या सीमाएँ थीं। अर्थशास्त्र की सभी पाठ्यपुस्तकों में वही त्रुटियाँ बार-बार दोहरायी जाती थीं। इस प्रकार बौद्धिक स्तर पर बाजार को नकार देने के पश्चात् विश्व की पुनः रचना के लिए एक से एक क्रान्तिकारी विचार सुझाए जा रहे थे (कुछ एक में तो 'सर्वशक्तिसम्पन्न' नौकरशाही तथा अकल्पित राजकोषीय भार तक की कल्पना प्रस्तुत की गई थी)। पर यह किसी ने भी नहीं सोचा कि बाजार की सम्भावित विफलताओं से बचने के लिए जिन विकल्पों की रचना की चर्चा हो रही थी, उनमें किस प्रकार की विफलताओं की दुर्सम्भावनाएँ निहित थीं [ये विफलताएँ बाजार की त्रुटियों से भी गम्भीर हो सकती हैं]। नई व्यवस्थाओं से पैदा होने वाली अनबूझी समस्याओं और पहेलियों की चिन्ता करने का तो जैसे किसी को अवकाश ही नहीं था।

पिछले कुछ दशकों से बौद्धिक वातावरण बदल गया है, एक प्रकार से पासा ही पलट गया है। अब बाजार के सद्गुण इतने अधिक व्यापक एवं सारपूर्ण लगने लगे हैं कि उनकी किसी भी सीमा या त्रुटि पर ध्यान देने की आवश्यकता नहीं समझी जा रही। बाजार व्यवस्था की किसी भी त्रुटि की ओर ध्यान दिलाना भी अब पुराने फैशन जैसा अग्राह्य हो चला है [लगता है, इस ज़माने में कोई 1920 के दशक के संगीत, 78 चक्कर प्रति मिनट के रिकार्ड से सुनाने जा रहा हो]। एक प्रकार के पूर्वाग्रहों के स्थान पर दूसरी ओर विपरीत पूर्वधारणाएँ प्रतिष्ठापित हो गई हैं। कल की अविवेचित श्रद्धा आज अप-सिद्धान्त बन गई है तथा पुराने अपसिद्धान्त ने आज नए अन्धविश्वास का रूप धारण कर लिया है।

मानक पूर्वधारणाओं और राजनीतिक-आर्थिक दृष्टिकोणों की आलोचना-समीक्षा की आज जितनी आवश्यकता है सम्भवतः उतनी पहले कभी नहीं रही होगी। आज शुद्ध बाजार व्यवस्था के प्रति पूर्वाग्रह का बहुत ही ध्यान से अध्ययन करने, और मेरा विचार है कि उसे किसी सीमा तक रद्द किए जाने की भी आवश्यकता है। किन्तु हमें पूर्वकालिक मूर्खताओं की पुनरावृत्ति नहीं करनी जिनमें बाजार में किसी भी गुण की सम्भावना [बाजार की आवश्यकता तो बहुत दूर की बात होती] को भी स्वीकार करने की मनाही थी। हमें विश्लेषण करने के बाद ही यह निश्चय करना है कि किस परिप्रेक्ष्य में कौन-सा अंश सही रहेगा। निस्संदेह मेरे देश के एक महान सपूत गौतम बुद्ध सारे संसार के लिए सभी सन्दर्भों में 'मध्यम मार्ग' के प्रति अति उन्मुख रहे होंगे [यद्यपि उन्होंने बाजार व्यवस्था का विशेष रूप से अध्ययन नहीं किया था] किन्तु 2500 वर्ष पूर्व उन्होंने अन-अतिवाद पर जो उपदेश दिए थे उनसे आज भी बहुत कुछ सीखा जा सकता है।

बाजार, स्वातन्त्र्य और श्रम

हालाँकि आज बाजार व्यवस्था के सद्‌गुणों को सभी स्वीकार कर रहे हैं पर उन कारणों को अभी भी ठीक से नहीं समझा जा रहा जिनके आधार पर बाजारों की आवश्यकता प्रतीत होती है। इसी पुस्तक के विषय प्रवेश और अध्याय—1 में इस बात को उठाया गया था, पर यहाँ एक बार फिर इसकी संक्षिप्त पुनरावृत्ति के माध्यम से विकास के संस्थागत आयामों पर विचार किया जाएगा। अभी चल रहे विचार मंथन में बाजार व्यवस्था का समस्त मूल्यांकन उसके द्वारा अन्ततः सृजित परिणामों (आय और उपयोगिता आदि) पर ही केन्द्रित लग रहा है। यह कोई गौण विषय नहीं है। मैं अब इसी पर चर्चा करूँगा। किन्तु बाजार में विनिमय की स्वतन्त्रता की आवश्यकता वस्तुतः उस स्वातन्त्र्य के अपने सारभूत महत्त्व पर ही आधारित होती है। बाजार में क्रय-विक्रय-विनिमय करने और इस प्रकार के प्रत्ययन से समृद्धिशील होने वाले जीवन की सम्प्राप्ति के प्रयास के हमारे पास बहुत अच्छे कारण हो सकते हैं। इस स्वातन्त्र्य से हमें वंचित रखना समाज की एक बहुत बड़ी विफलता ही होगी। बाजार व्यवस्था की अन्ततः, आय उपयोगिता आदि के रूप में अपने परिणामों को उद्‌भासित कर पाने में सफलता के विषय में हम जिन प्रमेयों को सिद्ध कर पाने में सफल (या विफल) रहेंगे उन सबसे पहले इस आधारभूत संरचना की स्वीकारोक्ति की बारी आती है।

आधुनिक जीवन में विनिमय के सर्वव्यापी स्वरूप की ओर प्रायः इसी कारण हमारा ध्यान नहीं जाता कि इसे तो हम बिना किसी प्रमाण के ही सहज भाव से स्वीकार किए रहते हैं। यहाँ एक उपमा बहुत ही सटीक लगती है। पूँजीवादी विश्व में व्यवसाय के मौलिक नीतिशास्त्र के कुछ नियमों का बहुत ही आधारभूत महत्व होता है, किन्तु उनकी ओर ध्यान तभी जाता है जब कोई उनका उल्लंघन करता है। किन्तु जहाँ इस प्रकार के मूल्यमान अभी विकसित ही नहीं हो पाए हों वहाँ तो इनकी

उपस्थिति या अनुपस्थिति का महत्त्व बहुत ही निर्णायक हो जाता है। अतः विकास के अध्ययन-विश्लेषण में व्यवसाय के नीतिशास्त्र के महत्व को कहीं किसी दूरदराज के कोने में पड़े रहने देने के स्थान पर प्रत्यक्षतः (उसकी मानमर्यादा सहित) प्रतिष्ठापित करना होगा। इसी प्रकार स्वातन्त्र्य का होना न होना भी अनेक सन्दर्भों में बहुत ही महत्वशाली प्रश्न बन सकता है।

उस समय तो यह बात बहुत ही गम्भीर हो जाती है जब कानूनों, नियमों या परम्परा के नाम पर श्रम बाजार के स्वातन्त्र्य में किसी को वंचित किया जाता है। यद्यपि गृहयुद्ध से पूर्व अमेरिका के दक्षिणी प्रान्तों में अफ्रीकीमूलक दासों की मौद्रिक आय मजदूरी पर अन्यत्र काम कर रहे स्वतन्त्र श्रमिकों तथा उत्तर के शहरी मजदूरों से अधिक थी, और उनका जीवन भी अपेक्षतया अधिक दीर्घायुतापूर्ण रहता था, फिर भी उनकी 'दासता' का तथ्य एक मूलभूत वंचना का परिचायक था [यहाँ इस बात का कोई अर्थ नहीं रहता कि उनकी आय से उन्हें किस स्तर की उपयोगिता मिल रही थी]। रोजगार के चयन के अवसरों का अभाव तथा कार्य के समय दमनपूर्ण व्यवहार को सहन करने की विवशताएँ अपने आप में बहुत बड़ी स्वातन्त्र्यवंचना होती हैं।

ऐतिहासिक घटनाक्रम के विवेचनों में स्वतन्त्र बाजार के विकास और विशेषकर स्वतन्त्र रूप से रोजगार की तलाश का प्रादुर्भाव एक बहुत ही महत्त्वपूर्ण घटना मानी गई है। हमने अध्याय–1 में ही बताया था कि किस प्रकार पूँजीवाद के कट्टर विरोधी कार्ल मार्क्स ने भी स्वतन्त्र मजदूरी व्यवस्था के उदय को एक महान प्रगति की संज्ञा दी थी। पर यह विषय केवल इतिहास की बात नहीं है, आज भी विश्व के अनेक भागों में रोजगार की स्वतन्त्रता एक बहुत ही बड़ा सामाजिक प्रश्न बनी हुई है। आइए, इस बात की पुष्टि के लिए चार बहुत ही अलग-अलग प्रकार के उदाहरणों का सहारा लें।

सर्वप्रथम तो अभी भी अफ्रीका और एशिया में किसी-न-किसी प्रकार की बँधुआ मजदूरी के दर्शन हो जाते हैं—यहाँ श्रमिकों को परम्परागत मालिकों के अतिरिक्त किसी और के पास रोजगार करने की मौलिक स्वतन्त्रता से निरन्तर वंचित रखा जा रहा है। भारत में बिहार के अत्यन्त पिछड़े क्षेत्रों में उच्चवर्गीय भू-स्वामियों द्वारा अपनी भूमि से जुड़े श्रमिक परिवारों को चुन-चुनकर बलात्कार और हत्या आदि के माध्यम से आतंकित करने की खबरें कभी-कभी समाचार पत्रों में छप ही जाती हैं। इस प्रकार की घटनाओं में वीभत्स कोटि की अपराधिकता भी निहित है। इसी कारण से इन वारदातों को अखबारों की सुर्खियों में स्थान मिल रहा है। सम्भव है कि अन्ततः यही सुर्खियाँ इन घटनाओं पर रोक का कारण बन जाएँ और उन अभागे आतंकग्रस्त समुदायों को भी कुछ राहत की साँस लेने का अवसर मिल पाए। किन्तु इस अपराधिकता के पीछे कुछ आर्थिक प्रश्न भी हैं : यहाँ सवाल स्वतन्त्र रूप से रोजगार कर पाने और उस भूमि, जिससे ये परिवार बँधे हैं, के स्वामित्व का भी है। ऐसी व्यवस्था केवल इसी कारण से गैर कानूनी होते हुए भी चल पा रही है कि इस प्रदेश में स्वतन्त्रता के बाद पारित कुछ कानूनों को पूरी तरह से लागू ही नहीं किया गया।

भारत में तो इस विषम स्थिति का व्यापक अध्ययन हुआ है किन्तु विश्व के अन्य देशों में भी इसी प्रकार की समस्याओं के विद्यमान होने के बहुत से प्रमाण सुलभ हैं।

आइए, अब एक दूसरी ही तरह के उदाहरण पर गौर करें। पूर्वी यूरोप और सोवियत संघ के नौकरशाही समाजवाद की विफलताओं का पूरा चित्रण केवल आय के सृजन या जीवाशा आदि से जुड़े परिणामों की आर्थिक समस्याओं के आधार पर ही सम्पन्न नहीं हो जाता। वास्तव में जीवाशा की कसौटी पर सोवियत संघ, चीन, क्यूबा और वियतनाम आदि साम्यवादी देशों का निष्पादन अपेक्षतया बेहतर ही रहा है। आज के भूतपूर्व साम्यवादी देशों की दशा उस समय ही बेहतर थी जब वहाँ साम्यवादी शासन था। यह बात सोवियत रूस में तो सबसे अधिक स्पष्ट हो रही है जहाँ जीवाशा भारत और पाकिस्तान से भी कम (58 वर्ष ही) रह गई है। फिर भी वहाँ के चुनावों के परिणाम बता रहे हैं कि जनसमुदाय पुनः साम्यवाद की ओर लौटने को तैयार नहीं है, यहाँ तक कि पुराने शासक दलों से उत्पन्न नए राजनीतिक दल भी कुछ अपेक्षाकृत कम क्रान्तिकारी सुधारों पर ही आग्रह कर रहे हैं। वे भी साम्यवाद के पुनः प्रतिष्ठापन की बात तक नहीं उठाते।

वहाँ के घटनाक्रम का मूल्यांकन करते समय साम्यवादी व्यवस्था की आर्थिक अकुशलता की तो बात उठती ही है। अनेक क्षेत्रों में बाजार का अस्तित्व ही प्रतिबंधित होने से जुड़े स्वातन्त्र्य-वंचना का मुद्दा भी वहाँ बहुत महत्त्वपूर्ण रहा है। यही नहीं, व्यक्तियों को उन बाजारों का प्रयोग भी नहीं करने दिया जाता था जो किसी न किसी रूप में अपना अस्तित्व बनाए हुए थे। उन्हें कई बार वर्तमान रोजगार व्यवस्था से भी बाहर निकाल दिया जाता था। अनचाहे लोगों को पार्टी के हुक्मरान चाहे जहाँ रोजगार के लिए फेंक देते थे। इस सन्दर्भ में फ्रेडरिक हाएक द्वारा साम्यवादी व्यवस्था को 'भूदास प्रथा का मार्ग' घोषित करना किंचित अतिशयोक्तिपूर्ण ही सही, पर बहुत ही सटीक था। एक अन्य, पर इसी से मिलते-जुलते परिप्रेक्ष्य में महान पोलिश अर्थशास्त्री, माइकेल केलेस्की की, जो साम्यवादी शासन की स्थापना के बाद बहुत ही उत्साह में भरकर स्वदेश वापस लौटे थे, एक संवाददाता के प्रश्न के उत्तर में पौलेंड की समाजवादी प्रगति पर टिप्पणी भी बहुत ही चौंकाने वाली रही है, "हाँ, हमने पूँजीवाद को ध्वस्त करने में सफलता पा ली है, बस, अब सामन्तवाद को ध्वस्त करना बाकी रहा है।"

तीसरी समस्या भारत, पाकिस्तान, बंगलादेश आदि में प्रचलित घृणित बाल-श्रमिक व्यवस्था है—इसका सबसे अधिक हेय आयाम दासता तथा बँधुआ मजदूरी से जुड़ा है। ये कमरतोड़ मेहनत कर रहे बालक-बालिकाएँ इन कार्यों में लगे रहने को मजबूर किए गए हैं। इनकी इस प्रकार की आर्थिक मजबूरी के स्रोत सूत्र उनकी पारिवारिक परिस्थितियों से जुड़े हैं। बहुधा उनके माँ-बाप भी उन्हीं या अन्य मालिकों के साथ उसी प्रकार के बन्धनकारी आर्थिक सम्बन्ध से बंधे होते हैं। इन बाल-श्रमिकों को तो क्रूरतापूर्ण व्यवहार (मार-पिटाई, भूखे रखना) आदि भी सहज करना पड़ता है। शिक्षा

पाने के लिए स्कूल जा पाने की स्वतन्त्रता पर केवल अपर्याप्त प्राथमिक स्कूल व्यवस्था के कारण ही आघात नहीं लगता—अक्सर माँ-बाप की आर्थिक मजबूरियों के कारण भी उन बच्चों को अपनी इच्छानुसार कुछ भी कर पाने का अवसर नहीं मिल पाता।

बाल-श्रमिकों के मुद्दे पर दक्षिण एशियाई अर्थशास्त्री एकमत नहीं हो पाए हैं। एक वर्ग का कहना है कि जब तक परिवारों की आर्थिक क्षमताओं में व्यापक सुधार नहीं होता, केवल बाल-मजदूरों को रोजगार के जुए से मुक्त करा भर देना सम्भवतः उन बच्चों के हित में भी नहीं होगा। इस मत में निश्चित ही कुछ सत्य है—पर इस व्यवस्था में गुलामी की ही झलक दिखाई पड़ती है और आज के युग में उसे बर्दाश्त कर पाना सहनशक्ति की सीमाओं से परे हो जाता है। इस गुलामी की विकटता को देखते हुए ही दासप्रथा एवं बाल-मजदूरी प्रतिबन्धक कानूनों को बहुत कड़ाई से लागू किया जाना अनिवार्य हो गया है। बालकों को पढ़ने और खेलने की स्वतन्त्रता के स्थान पर मजदूरी की भट्टी में झोंकना अपने आप में ही दुखदायी है—और जब उन्हें बँधुआ मजदूरी की दासता जैसी परिस्थितियों में यातनाएँ सहते हुए काम करने को बाध्य किया जाता है तो इसे नितान्त पाशविकता ही कहा जाएगा।

चौथा मुद्दा महिलाओं का घर की चहारदिवारी से बाहर निकल कर रोजगार कर पाने की स्वतन्त्रता का है। आज भी तीसरे विश्व के अनेक देशों में यह एक महत्वपूर्ण सामाजिक प्रश्न बना हुआ है। अनेक संस्कृतियाँ इस स्वातन्त्र्य को स्वीकार नहीं कर पाई हैं—इसी नाते यह नारी की स्वतन्त्रता और स्त्री-पुरुष समता के हनन का प्रतीक बन गया है। इस स्वातन्त्र्य के अभाव से ही नारी के आर्थिक शक्तीकरण में बाधा आती है और इसके अनेक अन्य दुष्प्रभाव भी रहते हैं। बाहर के रोजगार से न केवल नारी की आर्थिक स्वतन्त्रता बढ़ती है वरन् घर के भीतर आबंटन आदि में भी वह कहीं बेहतर अंशभाग पा सकने में सफल हो जाती है। यह सत्य है कि घरेलू कामों में भी नारी कमरतोड़ मेहनत करती है—पर उसके इस अथक परिश्रम का सम्मान तो दूर, उसे श्रम तक नहीं माना जाता (फिर प्रतिदान का तो प्रश्न ही कहाँ उठता है ?)। अतः घर से बाहर कुछ कार्य करने के अधिकार से वंचना निश्चित ही नारी की स्वतन्त्रता पर भीषण कुठाराघात ही है।

कभी-कभी तो नारी की बाहर रोजगार कर पाने की निषेधाज्ञा को बहुत ही बर्बरतापूर्ण ढंग से लागू किया जाता है—आधुनिक काल में तालिबान सरकार द्वारा अफगानिस्तान में जिन परिस्थितियों की रचना हो रही है वह इसी क्रूरता का उदाहरण है। अन्य स्थानों पर यह निषेध 'परम्पराओं और सामाजिक परिपाटी' का रूप धारण कर लेता है। कई बार तो स्पष्ट रूप से मनाही नहीं होती, पर फिर भी महिलाओं का परम्परागत लालन-पालन ही कुछ इस प्रकार होता है कि वे पुराने ढर्रे को तोड़ पाने का साहस नहीं कर पातीं। इस सन्दर्भ में 'सामान्य' और 'उपयुक्त' व्यवहार की रूढ़ धारणाओं का महत्व बहुत बढ़ा-चढ़ा दिखाई पड़ता है।

यह मुद्दा हमारे इस अध्ययन के अन्य महत्त्वपूर्ण प्रश्नों और सरोकारों से भी जुड़ा है : ये हैं सामाजिक मामलों पर खुले विचार-विमर्श की आवश्यकता और व्यापक एवं दूरगामी सामाजिक परिवर्तन लाने के लिए सामुदायिक भागीदारी के लाभ। विश्व के अनेक देशों में अब महिलाओं की संस्थाएँ सामाजिक बदलाव की प्रक्रिया में भारी योगदान कर रही हैं। भारत में 'सेवा' [स्वरोजगारी महिलाओं की संस्था] न केवल महिलाओं के लिए अधिक रोजगार के अवसर सुलभ करा रही है, वरन् एक नए वैचारिक वातावरण का भी सृजन कर रही है। यही काम भागीदारीपूर्ण सहकारी एवं साख संस्थाओं द्वारा भी सम्पन्न हो रहा है। बंगलादेश की 'ग्रामीण बैंक और ग्राम्य विकास समिति' द्वारा किए जा रहे कार्य बहुत ही स्पृहणीय एवं अनुकरणीय कहे जा सकते हैं। लेनदेन, विनिमय, आर्थिक भागीदारी और स्वतन्त्रतापूर्वक रोजगार का चयन कर पाने के अधिकारों एवं बाजार, सृजित स्वातन्त्र्यों के महत्त्व को स्वीकार करते समय हमें यह नहीं भूल जाना चाहिए कि इन स्वातन्त्र्यों का अन्य गैर बाजार संस्थाओं द्वारा सम्भव बनाई गई स्वतन्त्रताओं के साथ किस प्रकार का सम्पूरकता का नाता होता है। बाजार और गैर-बाजार संस्थाओं के बीच की यही सम्पूरकता हमारे इस अध्ययन की प्रमुख विषय-वस्तु भी है।

बाजार और दक्षता

श्रम बाजार अनेक अर्थों एवं सन्दर्भों में परिमोचक या मुक्तिदायक सिद्ध हो सकता है। आय, उपयोगिता आदि के विषय में बाजार प्रक्रिया के योगदान चाहे जैसे भी रहें, बाजार में स्वतन्त्र रूप से लेन-देन कर पाना अपने आप में एक महत्त्वपूर्ण बुनियादी स्वातन्त्र्य होता है। फिर भी बाजार प्रक्रिया में भागीदारी के कारण सम्भव हो पाए अन्य (आनुषंगिक) प्रभावों एवं परिणामों की समीक्षा भी आवश्यक प्रतीत होती है। आइए, अब इस अलग प्रकार के विषय पर कुछ बातचीत करें !

बाजार प्रक्रिया की विवेचना में इसकी संरचनाओं पर विचार करना भी आवश्यक होगा। दूसरे शब्दों में, यह जानना जरूरी होगा कि बाजार प्रतिस्पर्धात्मक हैं अथवा उनमें किसी न किसी प्रकार की स्पर्धाहीनता है—या फिर कुछ बाजार इस प्रकार लुप्त प्रायः होते हैं कि उन्हें पुनः प्रतिष्ठित कर पाना भी सहज नहीं होता। यही नहीं, कई बार तथ्यात्मक परिस्थितियाँ इतनी विचित्र हो जाती हैं कि किन्हीं विशेष प्रकार की सूचनाओं के अभाव (या प्रचुरता) या बड़े पैमाने पर उत्पादन की मितव्ययताओं की सुलभता आदि के कारण भी बाजार प्रक्रिया की संस्थाओं के माध्यम से प्राप्त हो सकने वाली वास्तविक सम्भावनाओं के स्वरूप पर बहुत ही गहरा प्रभाव पड़ सकता है।

यदि इस प्रकार की त्रुटियाँ आदि नहीं हों—अर्थात् किन्हीं वस्तुओं आदि के

---

1. 'मार्केट्स एंड फ्रीडम्स', ऑक्सफोर्ड इकनामिक पेपर्स 45 (1993)

बाजार विनिमय में बाधाएँ नहीं हो तो फिर व्यापक सामान्य सन्तुलन के चिर-प्रतिष्ठित प्रतिमानों के प्रयोग द्वारा 'आर्थिक दक्षता' की सम्प्राप्ति में बाजार व्यवस्था के गुणों का अनेक विद्वानों ने निरूपण किया है। यह दक्षता सामान्यतः (अर्थशास्त्रियों द्वारा) 'पैरेटो इष्टता' के विचार द्वारा निरूपित की जाती है। इसका अभिप्रायः उस स्थिति से है जहाँ किसी भी व्यक्ति के उपयोगिता स्तर में सुधार लाना तभी सम्भव रहता हो जबकि किसी न किसी अन्य की उपयोगिता (या क्षेम) में हानि स्वीकार करने को हम तत्पर रहें। इस दक्षता के विचार को हम ऐरो-डेबरॉ (Arrow-Debreu) संकल्पना का नाम देते हैं [इन्हीं दो विद्वानों ने सबसे पहले इस अवधारणा की रचना की थी]। यह विचार बहुत ही सामान्य-सी मान्यताओं पर आधारित होते हुए भी बहुत ही महत्त्व सम्पन्न रहा है।

अन्य अनेक बातों के साथ-साथ ऐरो-डेबरॉय अवधारणा यह भी स्पष्ट करती है कि कुछ शर्तें पूरी होने की दशा में बाजार प्रक्रिया के परिणाम हमें ऐसी दशा तक ले जाते हैं जिनमें ऐसा कोई सुधार सम्भव नहीं हो पाता कि सभी की उपयोगिता या क्षेम का स्तर और श्रेष्ठतर बना पाना सम्भव हों [अर्थात् किसी की भी उपयोगिता बढ़ाने के लिए अन्य किसी-न-किसी की उपयोगिता को कम करना आवश्यक हो जाता है]।

यहाँ यह प्रश्न उठाया जा सकता है कि क्या इस दक्षता का आंकलन उपयोगिता के स्थान पर वैयक्तिक स्वातन्त्र्यों के आधार पर नहीं हो सकता ? हमारा वर्तमान अध्ययन तो स्वातन्त्र्य केन्द्रित ही है अतः यहाँ तो यह प्रश्न निश्चित रूप से बहुत तर्क संगत होगा। मैंने अपने एक लेख में[1] यह दर्शाया भी है कि सारभूत वैयक्तिक स्वातन्त्र्यों के कुछ ऐसे निरूपण व्यावहारिक हो सकते हैं जिनके आधार पर 'ऐरो-डेबरॉ दक्षता' के निष्कर्षों को सहज ही उपयोगिता वितान से वैयक्तिक स्वातन्त्र्य वितान तक' संवर्धित किया जा सकता है। यह संवर्धन वस्तु संयोजन चुनने की स्वतंत्रता और क्षमता-योग्यता फलन दोनों ही के आधार पर निरूपित किया जा सकता है। इस संवर्धन को व्यावहारिक बनाने के लिए उसी प्रकार की मान्यताओं की आवश्यकता रहती है जैसीकि ऐरो-डेबरॉ ने मूल रूप से निर्धारित की थीं [अर्थात् किन्हीं भी पदार्थों के बाजार विनिमय में कोई बाधा नहीं हो, आदि]। इस प्रकार से वैयक्तिक स्वातन्त्र्यों का एक यह भी स्वरूप बन जाता है जिसमें स्पर्धात्मक बाजार सन्तुलन यह सुनिश्चित कर देता है कि किसी अन्य के स्वातन्त्र्य ह्रास के बिना किसी भी व्यक्ति के स्वातन्त्र्य का सम्पोषण (संवर्धन) सम्भव नहीं रहता।

इस सम्बन्ध सूत्र की प्रतिष्ठापना के लिए सारभूत स्वतन्त्रताओं को केवल उपलब्ध विकल्पों के रूप में आकलित करना पर्याप्त नहीं रहता, उन विकल्पों की आकर्षकता के प्रति पर्याप्त संवेदनशीलता की भी आवश्यकता रहती है। स्वातन्त्र्य के अनेक आयाम और स्वरूप हैं। हमने वैयक्तिक स्वतन्त्रताओं और विनिमय की स्वतन्त्रता के विषय में पहले भी चर्चा की है। किन्तु व्यक्ति जो कुछ पाना चाहता है

उसके अनुरूप उपलब्धि की स्वातन्त्र्य का आकलन करते समय सुलभ विकल्पों के सापेक्ष गुण-दोषों का विवेचन भी आवश्यक हो जाता है। अधिक तकनीकी उलझनों में फंसे बिना ही इस स्वातन्त्र्य दक्षता के विचार को कुछ इस प्रकार रखा जा सकता है : व्यक्ति के चयन विशेष को देखते हुए उसकी उपयोगिता दक्षता की गणना किसी न किसी रूप में व्यक्ति को चयन के लिए पर्याप्त-विकल्प उपलब्ध कराने पर भी निर्भर करेगी। ये अवसर (विकल्पों की सुलभता) न केवल इस बात में महत्त्वपूर्ण होंगे कि व्यक्ति क़्या चुनता है [और इस प्रकार उपयोगिता के किस स्तर को प्राप्त करता है], बल्कि उन्हें किस प्रकार के उपयोगी विकल्प [सारभूत स्वातन्त्र्य] सुलभ हो पाते हैं।

इसी सन्दर्भ में एक अन्य स्पष्टीकरण भी आवश्यक है। इसका सम्बन्ध बाजार प्रक्रिया के दक्षता निष्कर्षों में आत्महितों को अधिकतम करने की भूमिका से है। ऐरो-डेबरॉ के प्रतिष्ठित प्रतिमान मूलभूत मान्यता है कि प्रत्येक व्यक्ति के लिए एकमात्र सम्प्रेरणा आत्महित को अधिकतम स्तर तक ले जाना ही है। व्यक्तियों के हितों के रूप में परिभाषित 'पैरेटोइष्टता' के परिणाम को बाजार प्रक्रिया की व्युत्पत्ति सिद्ध करने के प्रयास में इस व्यवहार सम्बन्धी मान्यता को अनिवार्य पाया गया है [इसी के आधार पर अन्य किसी के हितों पर आघात किए बिना किसी के हितों का संवर्धन सम्भव नहीं हो पाता]।

किन्तु वास्तविक व्यवहार में इस प्रकार की स्वार्थपरकता की पूर्वधारणा को सही ठहरा पाना कठिन ही रहता है। यही नहीं, ऐरो-डेबरॉ के प्रतिमान में सन्निहित परिस्थितियों से कहीं अधिक जटिल व्यवहार भी सम्भव रहता है। इस बात की सम्भावनाओं को नकार पाना सम्भव नहीं रहता कि विभिन्न व्यक्तियों के हितों में परस्पर प्रत्यक्ष निर्भरता भी हो सकती है। ऐसी स्थिति में तो केवल आत्महित सम्पोषण का प्रयास दक्षतापूर्ण परिणामों की सृष्टि कर पाने में सफल नहीं होगा। अतः यदि ऐरो-डेबरॉ प्रतिमान की दक्षता विषयक प्रतिस्थापनाओं के लिए सार्वभौमिक-आत्मनिष्ठ स्वार्थ एक अत्यावश्यक मान्यता है, तो यह निश्चित रूप से इस विश्लेषण विधा की एक गम्भीर त्रुटि ही होगी। किन्तु दक्षता के तकाज़ों को उपयोगिता के स्थान पर वैयक्तिक स्वातन्त्र्य के आधार पर निरूपित करने पर बहुत सीमा तक इस त्रुटि से भी बचाव हो जाता है।

व्यवहार में आत्मस्वार्थसिद्धि की मान्यता के कारण पैदा हो रही रुकावटों को हम सहज ही दूर कर पाएँगे यदि आत्महित सिद्धि पर आग्रह को छोड़ कर हम मुख्यतः जनसामान्य को सहज-सुलभ सारभूत स्वातन्त्र्यों तक ही अपने विचारों को सीमित कर दें [उन स्वतन्त्रताओं का व्यक्ति किसी भी उद्देश्य की सम्प्राप्ति के लिए प्रयोग करने को स्वतन्त्र होंगे]। यह इस विषय में कोई मान्यता निर्धारित करने की आवश्यकता ही नहीं रहती कि व्यक्तियों को मुख्य प्रेरणा किस बात से मिलती है, क्योंकि अब तो किसी हित की सिद्धि का प्रश्न ही नहीं उठाया जा रहा। यहाँ तो केवल स्वातन्त्र्य का उपलब्ध होना ही महत्त्वपूर्ण है—इस विषय में भी विचार आवश्यक नहीं रहता कि क्या

वह स्वातन्त्र्य किसी आत्महित का सम्पोषक होगा या नहीं। अतः हम कह सकते हैं कि यदि हमारा मूल ध्येय सारभूत स्वातन्त्र्यों या वरीयता सम्पूर्ति दक्षता का प्रतिपादन हो तो ऐरो-डेबरॉय की संस्थापना वैयक्तिक वरीयताओं की नियन्ता सम्प्रेरणाओं से स्वतन्त्र ही रहती है [अर्थात् उन सम्प्रेरणाओं की दुहाई दिए बिना भी उस अवधारणा को 'सिद्ध' किया जा सकता है।

अभावों/वंचनाओं तथा स्वातन्त्र्य विषमता का संयोग

इस प्रकार से बाजार दक्षता के मौलिक निष्कर्ष को सारभूत स्वातन्त्र्य पर भी लागू किया जा सकता है। किन्तु इन दक्षता निष्कर्षों में इनके समता पूर्ण (न्याय युक्त) होने अथवा स्वातन्त्र्यों के आबंटन में समता के विषय में कुछ भी संकेत नहीं मिल पाते। यह सम्भव है कि किसी को हानि पहुँचाए बिना किसी अन्य व्यक्ति की उपयोगिता या स्वतन्त्रता में सुधार नहीं हो पाए किन्तु फिर भी इन उपयोगिताओं और स्वतन्त्रताओं के बँटवारे में भीषण असमानताएँ बनी रह सकती हैं।

वस्तुतः आय के बँटवारे की विषमता से सारभूत स्वातन्त्र्यों और क्षमताओं के वितरण की ओर ध्यानावर्तन करने पर तो यह विषमता की समस्या और भी अधिक गहन हो जाती है। इसका मुख्य कारण आय की विषमता तथा आय को समता में प्रत्यावर्तित कर पाने में कुशलता में अन्तरों की परस्पर सम्प्रति ही है। इसी कारण से आय में पहले से ही परिलक्षित हो रही विषमता और भी गम्भीर स्वरूप धारण कर लेती है। एक वृद्ध, बीमार या अपंग व्यक्ति एक तो अधिक आय कमा नहीं पाता, दूसरे उस आय को क्षमताओं या कुशलक्षेम में रूपान्तरित कर पोन में भी उसे कुछ अधिक समस्याओं का सामना करना पड़ सकता है। अपनी व्याधि या बाधिता के कारण एक और तो व्यक्ति अधिक अच्छे रोजगार के अवसर या आय से वंचित रह जाता है, दूसरे अपने ही समकक्ष रोजगार/आय वाले व्यक्तियों की अपेक्षा वह अपनी आय के प्रयोग द्वारा आनन्द की अनुभूति में भी पिछड़ ही जाता है। दरिद्रता विषयक अध्ययनों में यह आय अर्जनक्षमता एवं आय प्रयुक्ति क्षमता का सम्बन्ध एक व्यावहारिक प्रक्रिया के रूप में बहुत जाना-पहचाना हुआ है। बाजार द्वारा निर्धारित वैयक्तिक आयों की विषमता इस सम्प्रति के (न्यून आय तथा आय की प्रयुक्ति में हीनताओं की सम्प्रति) के कारण और भी बहुगुणित हो जाती है।

अतः बाजार प्रक्रिया की स्वातन्त्र्य दक्षता और स्वातन्त्र्य विषमता की समस्या की गम्भीरता पर एक साथ विचार होना चाहिए। विषमता की समस्या का समाधान किया ही जाना चाहिए, जहाँ गम्भीर वंचनाओं और दरिद्रता की समस्या हो वहाँ तो सरकारी हस्तक्षेप सहित सामाजिक सहयोग की भूमिका बहुत ही महत्त्वपूर्ण हो सकती है। क्षेम प्रेरित शासन व्यवस्थाओं में बहुत सीमा तक सामाजिक सुरक्षा व्यवस्थाएँ यही कार्य करने का प्रयास कर रही हैं। इस प्रयास में स्वास्थ्य चिकित्सा का सार्वजनिक प्रावधान, बेरोजगार एवं बेसहारा लोगों की सहायता आदि अनेक प्रकार के कार्यक्रम

सम्मिलित रहते हैं। फिर भी दक्षता एवं समता पर समन्वित रूप से एक साथ विचार करने की समस्या बनी ही रहती है। इसका कारण यही है कि बाजार प्रक्रिया में समता प्रेरित हस्तक्षेप समतावर्धक हो सकते हैं पर उनके कारण से 'दक्षता' में तो कुछ-न-कुछ हानि अवश्य सहन करनी पड़ जाती है। यह आवश्यक है कि हम सामाजिक मूल्यांकन एवं न्यायता के विभिन्न आयामों और स्वरूपों का विश्लेषण करते समय सभी बातों पर एक साथ ध्यान देने की आवश्यकता को समझ लें [बहुधा अर्थशास्त्री 'अन्य सभी बातें स्थिर' रहने की मान्यता का आसरा लेकर एक बार में केवल एक ही पक्ष अथवा आयाम या कारक पर सारा ध्यान केन्द्रित करने के अभ्यस्त होते हैं। इसी कारण से बार-बार सभी सम्बद्ध मुद्दों पर एक साथ समन्वित रूप से विचार करने का आग्रह किया जा रहा है]।

हमारे इसी अध्ययन में और भी कई सन्दर्भों में पृथक्-पृथक् लक्ष्यों या ध्येयों पर समन्वित रूप से विचार किए जाने की आवश्यकता का अनुभव हुआ है। अध्याय-4 में यूरोप में संयुक्त राज्य अमेरिका की अपेक्षा आय तथा स्वास्थ्य सुविधाओं के न्यूनतम आवश्यक स्तर सभी को सुलभ कराने के प्रति अधिक प्रतिबद्धता और अमेरिका में रोजगार को उच्च स्तर पर बनाए रखने के प्रति अधिक 'सशक्त' कटिबद्धता की तुलना करते समय भी हमने विभिन्न सामाजिक ध्येयों पर समन्वित रूप से विचार करने की आवश्यकता अनुभव की थी। उपर्युक्त प्रतिबद्धताएँ किसी सीमा तक एक साथ निभाई जा सकती हैं, पर, कहीं-न-कहीं उनमें कुछ टकराव भी पैदा हो सकते हैं। जहाँ टकराव हों वहाँ तो विशेष रूप से उन पर समन्वित रूप से विचार समाज की सम्मिलित (सर्वग्राही) वरीयताओं का निर्धारण आवश्यक हो जाता है—इस प्रकार दक्षता और समता दोनों का ही ध्यान रखा जा सकता है।

बाजार एवं हित-गुट

बाजार की भूमिका केवल इस बात पर निर्भर नहीं है कि यह क्या कुछ कर सकता है। इस सम्बन्ध में तो यह बात भी प्रभावकारी रहती है कि बाजार को क्या कुछ करने दिया जाता है। बहुत-से लोगों के हितों का भली प्रकार कार्य कर रही बाजार व्यवस्था स्वतः ही पोषण कर देती है तो ऐसे लोग भी होते हैं जिनके सुनिश्चित हितों पर बाजार की यही सुचारू रूप से कार्य करने की प्रवृत्ति कुठाराघात कर सकती है। यदि वे द्वितीय वर्ग के व्यक्ति राजनीतिक रूप से अधिक शक्तिशाली हों तो इनका प्रयास यही रहता है कि अर्थव्यवस्था में बाजार पूरी तरह पनपने नहीं पाए। जिस समय अकुशलताओं और कई तरह की अयोग्यताओं के बावजूद बाहरी-भीतरी स्पर्धा से 'मुक्त' हो एकाधिकारी उत्पादक समाज में छाए हुए हों तो यह समस्या बहुत ही गम्भीर रूप धारण कर जाती है। ऐसी दशा में ऊँचे दामों पर घटिया माल ही ये कृत्रिम रूप से पोषित उपक्रम पैदा कर पाते हैं। इसी उपभोक्ता वर्ग को भारी लागत भुगतनी पड़ती है, किन्तु ये राजनीतिक दृष्टि से 'शक्तिशाली' उद्योगपति अपने लाभ को अति

उच्च स्तर पर बनाए रखने में सफल रहते हैं।

अठारहवीं शताब्दी के ब्रिटेन में बाजार के सीमित प्रयोग को लेकर एडम स्मिथ की शिकायतों का वास्ता केवल अच्छी तरह से कार्य कर रही बाजार व्यवस्था के सामाजिक हितलाभों से ही नहीं था। वे उन रूढ़ हित-वर्गों के 'प्रभाव' को भी उजागर करना चाहते थे जो स्पर्धा की 'जोखिम' से अपने अनाप-शनाप मुनाफे को सुरक्षित रखना चाहते थे। एडम स्मिथ ने बाजार व्यवस्था की कार्यविधि के अध्ययन पर मुख्यतः इसीलिए बल दिया था ताकि स्पर्धाविरोधी निहित स्वार्थों के तर्कों का निराकरण किया किया जा सके। इन्हीं रूढ़ स्वार्थ गुटों के तर्कों की प्रभावपूर्णता और 'शक्ति' का निराकरण करने में स्मिथ की अधिकांश बौद्धिकता का प्रयोग हुआ था। बाजार पर जिन बन्धनों का स्मिथ ने विशेष विरोध किया था उन्हें बहुत हद तक 'पूर्व पूँजीवादी' बन्धन माना जा सकता है। ये सामाजिक सुरक्षा व्यवस्था जैसे सामाजिक हस्तक्षेपों से बहुत भिन्न थे। स्मिथ के समय में तो सामाजिक सुरक्षा के बहुत ही अपरिष्कृत स्वरूप की एकमात्र झलक 'निर्धन कानूनों' में मिल रही थी। उस समय के बाजार पर बन्धन सरकार द्वारा शिक्षा की व्यवस्था जैसी सुविधाओं से भी अलग ही थे—ऐसे सरकारी हस्तक्षेप के तो स्मिथ एक प्रबल पक्षधर ही थे।

आज अनेक विकासशील देशों तथा भूतपूर्व तथाकथित समाजवादी देशों में जिस प्रकार के प्रतिबन्ध आदि अर्थव्यवस्थाओं के सुचारू संचलन में बाधक हो रहे हैं उन्हें भी हम 'पूँजीवादपूर्व' जैसे ही प्रतिबंधों की संज्ञा दे सकते हैं। बात चाहे किसी प्रकार के आन्तरिक लेन-देन पर प्रतिबन्ध की हो या विदेशी व्यापार पर या फिर 'संरक्षित बुर्जुआ' वर्ग द्वारा संचालित व्यवसायों में बहुत ही दकियानूसी तकनीकों को बनाए रखने की, सभी में एक ही बात निश्चित रूप से साँझी दिखाई पड़ती है : स्पर्धा पर नियंत्रण और पूँजीवाद पूर्व के जीवन मूल्यों, आदतों और विचारों का पोषण। चाहे पुराने जमाने के 'क्रान्तिकारी' एडम स्मिथ [जिनके विचारों ने फ्रांसीसी क्रान्ति के अनेक कर्णधारों को बहुत प्रभावित किया था] रहे हों या माल्थस के 'सुषुप्त' भू-स्वामियों के उत्पादन योगदान की 'सराहना' करने वाले विचारों के विरोधी डेविड रिकार्डो अथवा फिर स्पर्धापूर्ण पूँजीवाद को 'विश्व में प्रगतिवादी परिवर्तन की एक महान शक्ति' कहने वाले कार्ल-मार्क्स, किसी को भी 'पूँजीवादपूर्व' के विचारकों के बाजार विरोधी तर्कों से किसी प्रकार की सहानुभूति नहीं थी।

वैचारिक इतिहास की यह विडम्बना ही है कि आज के अनेक 'क्रान्तिकारी' विचारों की बात करने वाले राजनीतिज्ञ भी बहुधा उन्हीं पुरातन नीतियों का पक्ष लेने लगते हैं जिन्हें वर्षों पूर्व स्मिथ, रिकार्डो तथा कार्ल मार्क्स ने पूरी तरह से नकार दिया था। मैंने कुछ पृष्ठ पहले ही मिशाल कालेकी के उद्वेग भरे शब्दों को उद्धृत किया था कि हमने पूँजीवाद को ध्वस्त कर दिया है—बस सामन्तवाद को ध्वस्त करना ही शेष है। इनमें भी इसी भाव के दर्शन होते हैं। कोई आश्चर्य नहीं सभी 'संरक्षित बुर्जुआ' एकजुट होकर क्रान्तिकारिता और आधुनिकता के भ्रम को भरपूर बढ़ावा देते हुए

झाड़पोंछ कर वर्षों (या सदियों) पुराने बाजार विरोधी तर्कों को ही दोहराते दिखाई पड़ते हैं।

इस विवाद में सम्मिलित होते हुए खुले मस्तिष्क से स्पर्धा पर व्यापक बंधन लगाए जाने का विरोध करना आवश्यक है। समाज के जो गुट इस प्रकार के प्रतिबन्धों के माध्यम से (व्यापार-विनिमय आदि पर) बहुत ही भारी लाभ उठा रहे हैं, उनकी राजनीतिक शक्तियों का जायजा भी लिया जाना चाहिए। अनेक लेखकों ने ठीक ही कहा है कि इन बाजार विरोधियों को इनके निहित स्वार्थों के माध्यम से पहचानना जरूरी होगा तथा यह भी सभी को समझाना होगा कि ये किस प्रकार स्पर्धा को सीमित कर अपने लगान स्वरूप मुनाफों [अनर्जित लाभों] का सवंर्धन करने में ही जुटे हुए हैं। विल्फ्रेडो पैरेटो ने ठीक ही कहा था, ''यदि किसी नीति के कारण एक हजार लोगों को एक-एक फ्रेंक की हानि होने की सम्भावना हो तथा किसी एक व्यक्ति को एक हजार का लाभ हो रहा हो तो जहाँ मात्र एक फ्रेंक की हानि से बचने का वे लोग कोई बहुत सबल प्रयास नहीं करते दिखाई देंगे। किन्तु जिसे एक हजार फ्रेंक का लाभ दिखाई दे रहा हो, वह व्यक्ति उस नीति को लागू कराने के लिए अवश्य जमीन-आसमान एक कर देगा, और इस कार्य में ऐसे लोग अक्सर सफल भी हो जाते हैं।'' जिस विश्व में हम रह रहे हैं वहाँ 'राजनीतिक प्रभाव द्वारा आर्थिक हित साधन' के प्रयास सार्वजनिक जीवन की एक वास्तविकता बन चुके हैं।

ऐसे प्रभावों एवं प्रभावशाली व्यक्तियों की केवल पोल खोल देना ही पर्याप्त नहीं होगा, उनके बौद्धिक प्रयासों का सटीक प्रत्युत्तर भी खोजना होगा। अर्थशास्त्र में तो इस प्रकार के अनुसंधान की बहुत गौरवशाली परम्परा रही है—जो कम-से-कम एडम स्मिथ के जमाने जितनी पुरानी अवश्य है। उन्होंने बहुत ही स्पष्ट शब्दों में 'स्पर्धा को प्रतिबन्धित करने से समाज लाभान्वित होगा' इस मत के पक्षधरों का भंडाफोड़ करते हुए उनके अपने वास्तविक मन्तव्यों को भी उजागर किया था। उनका कहना था कि ये 'निहित स्वार्थ' केवल इस कारण से सफल हो जाते हैं कि उन्हें यह बहुत ही अच्छी तरह से पता है कि उनका अपना फायदा किस बात में है। उन्हें सामाजिक हित जैसी किसी चीज की कोई जानकारी नहीं होती। उन्हीं के शब्दों में :

''व्यापार या विनिर्माण के सभी क्षेत्रों में विक्रेता के हित प्रायः जनसामान्य के हितों से भिन्न ही नहीं विपरीत भी होते हैं। बाजार का विस्तार और स्पर्धा पर नियन्त्रण सदैव ही विक्रेता के हित में रहता है। बाजार का विस्तार किसी सीमा तक जन-सामान्य के लिए भी हितकर होगा परन्तु स्पर्धा का परिसीमन निश्चय ही उनके विरुद्ध जाएगा ! इस परिसीमन से तो व्यापारियों की, अपने लाभ को बढ़ाने के लिए आम जनता पर एक विचित्र-सा कर लागू कर देने की क्षमता ही बढ़ती है। ऐसे क्षेत्रों (व्यापारियों के समूहों) की ओर से जब कभी व्यापार पर इस प्रकार के नियंत्रण लगाने के लिए कानून बनाए जाने की माँग उठे तो उसे बहुत चौकन्ने होकर सुनने, उस पर बहुत ही ईमानदारी से नहीं बल्कि सन्देहपूर्ण होकर दीर्घकाल तक विचार करने के बाद

ही स्वीकार किया जाना चाहिए।''

यदि सभी मुद्दों और पक्षों पर खुलकर बहस करने को बढ़ावा दिया जाए तो कोई कारण नहीं रहता कि ऐसे निहित स्वार्थ विजयी हो पाएं। पैरेटो के ही उस प्रसिद्ध कथन को लें, बेशक एक हजार व्यक्तियों को बहुत मामूली हानि और किसी एक को भारी लाभ हो रहा हो पर यदि एक बार उस व्यक्ति के वास्तविक अभिप्रायः जग जाहिर हो जाएँ तो फिर उन एक हजार लोगों में से अधिकांश सहज ही ऐसी नीतियों का विरोध करने को उठ खड़े होंगे। यह एक सही विषय है जिस पर दोनों पक्षों के तर्क-वितर्कों पर खुली बहस के माध्यम से लोकतान्त्रिक निर्णय प्रक्रिया द्वारा सार्वजनिक हितों के सम्पोषण और निहित स्वार्थों पर कुठाराघात की अपेक्षा की जा सकती है। इस पुस्तक में चर्चित अनेक अन्य सन्दर्भों की भाँति ही इस बारे में भी समस्या का सही समाधान सार्वजनिक चर्चा और राजनीतिक निर्णय प्रक्रिया में भागीदारी की स्वतन्त्रता का सम्पोषण ही है। एक बार फिर हम उसी निष्कर्ष पर पहुँच रहे हैं कि एक प्रकार का स्वातन्त्र्य अन्य स्वातंत्र्यों की सम्प्राप्ति में सहायक होता है। यहाँ राजनीतिक स्वातन्त्र्य आर्थिक स्वतन्त्रता का पोषक सिद्ध हो रहा है।

बाजारों की भूमिका की मीमांसा की आवश्यकता

किसी भी सार्वजनिक नीति पर खुली बहस के माध्यम से उसका खुलासा किए जाने की बहुत ही आवश्यकता रहती है—बाजारों के योगदान एवं उनकी पहुँच या प्रसार के विषय में किसी बड़े शानदार सूत्र या सर्वग्राही-सर्वव्यापी दृष्टिकोण के आधार पर ही [सभी कुछ बाजार के आसरे छोड़ दो या कुछ भी इसके सहारे नहीं चले जैसे दृष्टिकोण] कोई निर्णय नहीं लिया जाना चाहिए। एडम स्मिथ ने भी वहीं बाजार तंत्र का प्रयोग करने की बात कही थी जहाँ यह सुचारू रूप से कार्य कर सके [उनका आग्रह विनिमय व्यापार को पूरी तरह नकारने वाले मत के विरोध में था]। पर साथ ही उन्होंने निस्संकोच होकर उन परिस्थितियों के आकलन की बात भी उठाई थी जहाँ किन्हीं विशेष प्रतिबन्धों का सूझबूझ पूर्ण प्रयोग हो सके या ऐसे आर्थिक क्षेत्रों की पहचान हो सके जहाँ बाजार की क्षमताओं को ही संवर्धित करने के लिए गैर बाजार संस्थाओं की गम्भीर आवश्यकता हो सकती है।

यह भी नहीं मान लेना चाहिए कि स्मिथ की बाजार की आलोचनाएँ जब कीं तो उनका स्वर बहुत कोमल रहा होगा या उनके आलोचना बिन्दु सदैव ही सटीक रहे होंगे। सूदखोरी के बारे में उनके विचारों को ही लें। स्मिथ बाजार विरोधियों के उस विचार से एकदम सहमत नहीं थे कि किसी भी प्रकार के ऋण पर ब्याज वसूलने पर पूरा प्रतिबन्ध लगा दिया जाए। पर फिर भी वह कानून द्वारा अधिकतम ब्याज दरें निर्धारित करने के पक्ष में थे। उनका आग्रह था :

जिन देशों में ब्याज लिया जाना वैध है, वहाँ भी सूदखोरों द्वारा अतिशय शोषण से बचाव के लिए कानून द्वारा ही ऐसी अधिकतम ब्याज दरें निर्धारित रहती हैं जिन्हें

वसूलने पर किसी प्रकार के दंड का भागी नहीं होना पड़ता।

ऐसी कानूनी ब्याज दर का पालन तभी हो पाएगा जबकि यह बाजार में प्रचलित न्यूनतम दर से ज़रा-सा ही अधिक रहे। अगर ब्रिटेन में ब्याज की दर आठ-दस प्रतिशत हो जाएगी तो सारा ही धन अति आशावान तथा सब्जबाग़ दिखाने वालों को ही उधार दिया जाएगा क्योंकि इतना ऊँचा ब्याज तो वही चुका सकते हैं। ऐसे गम्भीर प्रकृति के व्यक्ति जो केवल उधार की रकम से हुई कमाई का एक अंश ही ब्याज देना चाहते हों वे तो ऋण ब्याज में 'अति उत्साही' लोगों से स्पर्धा ही नहीं कर पाएँगे। इस प्रकार देश की अधिकांश पूँजी उन हाथों से निकल जाएगी तो इसका सब प्रकार से लाभप्रद प्रयोग कर सकते हैं तथा ऐसे लोगों के पास पहुँच जाएगी जो अधिकांशतः इसे बर्बाद और नष्ट कर डालेंगे।''

यहाँ स्मिथ के हस्तक्षेपवादी तर्क का आधार यही है कि बाजार व्यवस्था के संकेत भ्रामक हो सकते हैं, स्वतन्त्र बाजार में पूँजी की भारी बर्बादी की जोख़िम हो सकती है। इसका कारण भ्रामक तथा दूरदर्शिताहीन निजी उद्यमों में सामाजिक संसाधनों की बर्बादी ही हो सकता है। जेरेमी बैंथम ने इस बात पर एडम स्मिथ की कड़ी आलोचना करते हुए एक लम्बा पत्र लिखा और कहा कि तुम बाजार को अपना काम आप करने दो—इसमें हस्तक्षेप का रास्ता मत सुझाओ। यह आर्थिक सिद्धान्तों के इतिहास का एक अत्यन्त ही रोचक प्रसंग है जहाँ प्रमुख उपयोगितावादी हस्तक्षेप के पक्षधर स्वतन्त्र बाजार व्यवस्था के प्रवर्तक गुरु को बाजार द्वारा आबंटन के 'सद्गुणों' का 'उपदेश' देते दिखाई पड़ रहे हैं।

आज के विचार मंथन में ब्याज की अधिकतम दर का निर्धारण किए जाने में किसी की कोई रुचि नहीं दिखाई देती [निश्चित रूप से यहाँ तो बैंथम स्मिथ से विजयी ही रहे लगते हैं]। फिर भी यह समझने का प्रयास होना ही चाहिए कि स्मिथ को फिजूल खर्च और मंसूबों बाजी के अर्थव्यवस्था पर दुष्प्रभाव की आशंका क्यों थी ! स्मिथ को सामाजिक धन और उत्पादक पूँजी की बर्बादी बिल्कुल भी सह्य नहीं थी ! फिजूल खर्च लोगों में तो उन्हें सामाजिक धन की बर्बादी का मूर्त्त स्वरूप ही दिखाई देता था क्योंकि ऐसे लोग बस वर्तमान (क्षणिक) आनंद को लेकर ही उत्साहित रहते थे। अतः उन्हें प्रत्येक फिजूल खर्च व्यक्ति समाज का शत्रु लगता था। मंसूबेबाज़ों को लेकर भी स्मिथ की चिन्ताएँ सामाजिक बर्बादी के पक्ष पर ही टिकी थीं :

''गलत आर्थिक व्यवहार के परिणाम भी प्रायः फिजूलखर्ची जैसे ही होते हैं। कृषि, खनन, मत्स्य पालन, व्यापार या विनिर्माण का प्रत्येक गलत ढंग से निर्धारित एवं असफल प्रकल्प उसी प्रकार उत्पादक श्रम का सम्पोषण करने के निमित्त जिस धन का संग्रह किया गया था, उसकी बर्बादी का कारण बन जाता है। ऐसे प्रत्येक प्रकल्प के कारण समाज के सम्भावित उत्पादक धन संचय में कुछ-न-कुछ कमी अवश्य आ जाती है।

स्मिथ के इन विशेष तर्कों की समीक्षा करना विशेष आवश्यक नहीं लगता पर

उनकी सामान्य चिन्ताओं को समझना जरूरी है। यहाँ तो वह निजी लाभ की संकुचित सम्प्रेरणाओं पर आधारित प्रयासों के कारण सामाजिक हानि की सम्भावना को लेकर चिन्तित दिखाई पड़ते हैं। यह बात उन्हीं स्मिथ की एक अत्यन्त 'प्रसिद्ध' उक्ति के बिल्कुल विपरीत लगती है। उनका कथन था, हमें अपना भोजन किसी मांस विक्रेता, शराब बनाने वाले या रोटी बनाने वाले की 'कृपा' से नहीं मिलता बल्कि उनकी अपने हितों के प्रति सजगता के कारण मिलता है। यहाँ उनका मानवता के प्रति स्नेह नहीं स्वहित-साधक व्यवहार ही प्रतिबिम्बित होता है। जहाँ मांस विक्रेता-पासवक और रोटी बनाने वाले का उद्धरण स्वहितआश्रित लेन-देन के पारस्परिक हितसाधक स्वरूप को उजागर करता है वहीं फिजूलखर्ची और मंसूबेबाजी के विरुद्ध तर्क हमें इस सम्भावना के प्रति सतर्क करते हैं कि किन्हीं परिस्थितियों में केवल निजी लाभ की सम्प्रेरणाएँ बृहतर सामाजिक हितों के लिए घातक भी हो सकती हैं। आज इसी सामान्य चिन्ता को महत्त्वपूर्ण माना जा रहा है—आज के विचार मंथन में फिजूलखर्च मंसूबेबाजों को लेकर किसी को विशेष आशंका नहीं है। आज की सामाजिक हितों पर आघात की चिन्ता, उदाहरणतया, निजी उत्पादन के पर्यावरण पारिस्थितिकी आदि पर दुष्प्रभावों से अधिक सम्बद्ध है—यह चिन्ता समाज के सम्भावित उत्पादक कोष में ह्रास की स्मिथ की आशंका से बहुत मेल खाती है।

स्मिथ के बाजार विषयक विश्लेषण से हम यही सबक सीख सकते हैं कि बाजार के पक्ष या विपक्ष में किसी भी प्रकार के निष्कर्ष की ओर छलांग मार कर नीतियाँ निर्धारित करना उचित नहीं होगा। व्यापार और विनिमय के मानव जीवन में योगदान को स्वीकार करने के बाद भी बाजार व्यवस्था के अन्य परिणामों के वास्तविक स्वरूप को समझना आवश्यक रहेगा। वास्तविक सम्भावनाओं की बहुत आलोचनात्मक दृष्टि से समीक्षा करनी होगी और बाजार को बढ़ावा देने या उस पर नियन्त्रण रखने से जुड़ी सभी परिस्थितियों और उनके परिणामों का सतर्कतापूर्वक मूल्यांकन करना होगा। यदि मांस विक्रेता-यासवक-रोटी वाले का उदाहरण प्रतिपूरक हितों के विनिमय द्वारा पारस्परिक सम्पोषण को स्पष्ट करता है तो फिजूलखर्च-मंसूबेबाजी की बात हमें यह भी समझा देती है कि सदैव ही विनिमय द्वारा पारस्परिक हित संवर्धन आवश्यक रूप से सफल नहीं हो पाता। अतः हम आलोचनात्मक समीक्षा की आवश्यकता से किसी भी तरह मुँह नहीं चुरा सकते।

बहुआयामी विश्लेषण विधि की आवश्यकता

पिछले कुछ दशकों में विश्व के अनेक देशों की सफलताओं एवं कठिनाइयों के कारण भी विकास के प्रति एक अधिक व्यापक और बहुआयामी दृष्टिकोण अपनाए जाने की आवश्यकता को बल मिला है। ये सभी मामले सरकार व अन्य राजनीतिक-सामाजिक संस्थाओं और बाजार व्यवस्था की कार्य-पद्धति के बीच समन्वयन से सम्बन्धित हैं।

ये प्रश्न विश्व बैंक के 'अध्यक्ष जेम्ज वुल्फनसन द्वारा सुझाए गए 'व्यापक विकास प्रतिमान' की प्रासंगिकता से भी जुड़े हुए हैं। ऐसे किसी भी व्यापक प्रतिमान में विकास प्रक्रिया को टुकड़ों में बाँट कर देखने के लिए कोई स्थान नहीं बचता। [उदाहरण के लिए केवल 'उदारीकरण' जैसी किसी एक दूरगामी प्रक्रिया को अपना लेना ही पर्याप्त नहीं माना जाता]। वैसे बहुत समय तक किसी एक सर्वग्राही प्रतिस्थापना [मुक्त बाजार, या फिर सही कीमतों का निर्धारण] का विचार विशेषज्ञों के मन-मस्तिष्क पर छाया रहा है। विश्व बैंक स्वयं भी इससे मुक्त नहीं रह पाया है। पर वास्तव में एक समन्वित एवं बहुआयामी दृष्टिकोण की आवश्यकता है जिसका ध्येय अनेक मोर्चों पर [अन्यान्य संस्थागत व्यवस्थाओं सहित] एक साथ समन्वित प्रगति हो।

अक्सर व्यापक विचारों को ठीक से लागू करा पाना सहज नहीं होता, जबकि, संकीर्ण दृष्टिकोण पर आधारित सुधार सहज ही स्वीकार्य हो जाते हैं [क्योंकि इनमें 'एक बार में किसी एक पक्ष' पर ही ध्यान केन्द्रित रखने की बात निहित रहती है]। यह तथ्य इस बात की सहज ही व्याख्या कर देता है कि मनमोहन सिंह के सशक्त बौद्धिक नेतृत्व में संचालित भारतीय आर्थिक सुधार अति आवश्यक सामाजिक सुयोगों के प्रसार की अवहेलना करते हुए केवल उदारीकरण पर क्यों केंद्रित रह गए। फिर भी किन्हीं अर्थों में सरकार की लाइसेंस परमिट राज की अति 'सक्रियता' को कम करने तथा उसकी प्राथमिक शिक्षा जैसे सामाजिक सुअवसरों की रचना के प्रति अवहेलनाकारी निष्क्रियता को कम करने के बीच गहरी पारस्परिकता (प्रतिपूरकता) भी होती है। [यह बात उस समय और भी महत्त्वपूर्ण हो जाती है जब यह बताया जाता है कि भारत की आधी जनसंख्या अक्षर ज्ञान के नितान्त अभाव के कारण ही अर्थव्यवस्था के बढ़ते हुए विश्वीकरण में भागीदारी कर पाने से वंचित रह रही है]। अतः घटनाक्रम कुछ ऐसा रहा कि मनमोहन सिंह कुछ आवश्यक सुधार ही प्रारम्भ कर पाए—यह भी एक प्रशंसनीय सफलता रही है। यदि इन सुधारों के साथ ही उन सामाजिक विकास के उन अवसरों के संवर्धन पर भी ध्यान दिया गया होता जिनकी भारत में निरन्तर अवहेलना होती रही है तो निश्चित ही सोने पर सुहागा हो जाता। सामाजिक विकास के अवसरों के संवर्धन के साथ बाजार व्यवस्था के व्यापक प्रयोग को भी हम उसे और अधिक व्यापक विकास प्रतिमान का एक अंग ही मान पाएँगे जिसमें अन्य प्रकार के स्वातन्त्र्यों [जैसेकि लोकतान्त्रिक अधिकार, संरक्षक आश्वस्तियाँ, सहयोग के सुयोग आदि] को भी सम्मिलित कर लिया जाता है। इस पुस्तक में अनेक साधन स्वरूप स्वातन्त्र्यों [आर्थिक अधिकारिताओं, लोकतांत्रिक स्वतंत्रताओं, सामाजिक सुअवसरों, पारदर्शिता (निष्पक्षता) की आश्वस्ति तथा संरक्षात्मक सुरक्षा] की पहचान उनकी अपनी-अपनी भूमिकाओं और पारस्परिक प्रतिपूरकता के आधार पर की गई है। समालोचक देशों की अपनी परिस्थितियों के अनुसार अपने ध्यान को किन्हीं विशेष सम्बद्ध मामलों पर केन्द्रित रख सकता है। भारत में सामाजिक सुयोगों की अवहेलना

की आलोचना सम्भव है पर चीन में नहीं तो दूसरी ओर लोकतान्त्रिक अधिकारों का दमन जिस प्रकार चीन की आलोचना का आधार हो सकता है वैसा भारत में नहीं हो पाएगा।

परस्पर निर्भरता तथा सार्वजनिक पदार्थ

जो बाजार तंत्र को ही सभी आर्थिक समस्याओं का सर्वश्रेष्ठ समाधान मानने लगे हैं उन्हें भी इस तंत्र की सीमाओं का ज्ञान होना चाहिए। इसी सन्दर्भ में मैंने समता और दक्षता से कहीं आगे निकलने की बात उठाई है। मैंने चर्चा की है कि किन कारणों से बाजार प्रक्रिया के साथ-साथ सम्पूरक रूप से अन्य संस्थागत गतिविधियों का संचालन भी आवश्यक हो जाता है। पर समस्या तो तब आती है जब बाजार तन्त्र 'दक्षता' की प्राप्ति में भी उपयुक्त कुशलता नहीं दर्शा पाता। सार्वजनिक पदार्थों या वस्तुओं (Public goods) की उपस्थिति तो इस दक्षता प्राप्ति की असमर्थता को बहुत ही गम्भीर स्वरूप दे देती है।

बाजार सक्रियता की दक्षता दर्शाने के लिए एक बहुत ही निर्णायक मान्यता कुछ इस प्रकार से है : "सभी पदार्थ अथवा सेवाएँ जिनके उपभोग पर हमारा कुशल क्षेम निर्भर रहता है, बाजार में खरीदे-बेचे जा सकते हैं।" अर्थात् सभी कुछ बिक्री के लिए होता है और हमारे कुशल क्षेम को प्रभावित करने वाली कोई ऐसी महत्त्वपूर्ण चीज़ या बात नहीं होती जिसका व्यापार नहीं होता हो पर वास्तव में मानवीय कुशल क्षेम एवं क्षमताओं को प्रभावित करने वाले ऐसे अनेक कारक होते हैं जिनकी एक समय में एक ही व्यक्ति को बिक्री नहीं की जा सकती। यही वे सार्वजनिक पदार्थ हैं जिनका लोग सांझे रूप से उपभोग करते हैं—अलग-अलग रह कर नहीं।

यह बात पर्यावरण सुरक्षा, महामारियों के नियन्त्रण तथा जन-स्वास्थ्य आदि के विषय में तो विशेष कर लागू होती है। मैं मलेरिया उन्मूलन कार्यक्रम की लागत में अपना अंशदान देने को प्रस्तुत हूँ, फिर भी यह सुरक्षा मैं उस प्रकार नहीं खरीद सकता जैसे किसी कमीज की खरीदारी कर लेता हूँ। मलेरिया मुक्त परिवेश तो एक 'सामाजिक पदार्थ' ही होगा जिसका उपभोग हम सभी मिलकर सांझे रूप से कर सकते हैं। यदि मैं किसी तरह से अपने आसपास के क्षेत्र को मलेरिया मुक्त बनाने में सफल रहूँ तो वही परिवेश मेरे पड़ोसियों को भी अनायास ही मिल जाएगा, उन्हें कहीं से इसकी 'खरीदारी' नहीं करनी पड़ेगी।

बाजार तंत्र का सारा तर्कशास्त्र निजी पदार्थों की दृष्टि से रचा गया है—सार्वजनिक पदार्थों के लिए नहीं। इसी कारण से यह दर्शाया जा सकता है कि निजी व्यापार व्यवस्था द्वारा प्रमाणित स्तर से कहीं आगे बढ़ कर सार्वजनिक रूप से अनेक सामुदायिक उपभोग के पदार्थों/सुविधाओं की व्यवस्था करनी ही चाहिए। ऐसे ही तर्क अन्य कई प्रकार की सेवाओं तथा क्षेत्रों पर लागू होते हैं—वहाँ भी उपयुक्त पदार्थ/सेवाओं सामुदायिक उपभोग के लिए सामूहिक रूप से ही सुलभ करानी आवश्यक जान पड़ती

है। राष्ट्रीय सुरक्षा, आन्तरिक सुरक्षा पर्यावरण संरक्षण आदि ऐसे ही क्षेत्र हैं।

कुछ ऐसे भी क्षेत्र हैं जहाँ निजी एवं सार्वजनिक का कुछ सम्मिश्रण हो जाता है। बुनियादी शिक्षा के सांझे हितलाभों की बात ही लें : ये निश्चित रूप से शिक्षित हुए व्यक्ति के निजी लाभ से कहीं अधिक व्यापक होते हैं। इसी कारण से हम मानते हैं कि बुनियादी शिक्षा का एक अंग अवश्य ही सार्वजनिक स्वरूप का रहता है। अतः शिक्षा प्रसार को अर्द्ध-सार्वजनिक पदार्थ तो माना ही जा सकता है। शिक्षा पा रहे व्यक्ति को तो उससे लाभ होता ही है, साक्षरता और शिक्षा के प्रसार से किसी भी क्षेत्र में सामाजिक परिवर्तन की प्रक्रिया को भी बढ़ावा मिलता है। इसके जनन दर एवं मरणशीलता पर भी प्रभाव देखे गए हैं [इस बारे में अध्याय–8 और 9 में हम विस्तार से बातचीत करेंगे]। इन सबसे ऐसे घटना चक्र की सृष्टि होती है जिसमें सुलभ आर्थिक प्रगति से सभी व्यक्ति लाभान्वित होते हैं। इन सेवाओं के प्रभावी प्रसार के लिए सहकारी, सरकारी या स्वशासी स्तर पर व्यवस्था किए जाने की आवश्यकता हो सकती है। वास्तव में सारे ही विश्व में शिक्षा के प्रसार में सरकार ने मुख्य भूमिका निभाई है। इतिहास साक्षी है कि आज के सभी समृद्ध देशों में साक्षरता का तीव्र प्रसार सरकारी शिक्षा व्यवस्था की न्यून लागतों के आधार पर सुलभता और उसके सभी को सहज भाव से मिल सकने वाले साझे लाभों के कारण ही सम्भव हो पाया है।

इस सन्दर्भ में बाजार व्यवस्था के कुछ अति उत्साही समर्थकों की यह सलाह बड़ी ही विचित्र-सी लगती है कि अल्प विकसित देशों को बुनियादी शिक्षा के लिए भी खुले बाजार पर ही निर्भर रहना चाहिए। इस तरह से ये लोग इन देशों को यूरोप, अमेरिका तथा पूर्वी एशिया में जिस प्रकार साक्षरता शिक्षा का प्रसार हुआ था उस प्रक्रिया से भी वंचित कर देना चाहते हैं। एडम स्मिथ के ये आरोपित शिष्य इस विषय में उनकी रचनाओं को सम्भवतः पढ़ तो सकते हैं। इनमें शिक्षा व्यवस्था पर सार्वजनिक न्याय की कंजूसी को लेकर उनकी व्यथा और कड़ुवाहट दोनों ही साफ़ दिखाई दे जाती हैं :

बहुत कम लागत पर ही सरकार जन-समुदाय को सम्प्रेरित कर सकती है, यहाँ तक कि सभी को यह समझने को बाध्य कर सकती है कि शिक्षा के बुनियादी अंशों को ग्रहण कर लेना क्यों आवश्यक है।

'सार्वजनिक पदार्थों' पर आधारित बाजार व्यवस्था के तर्कशास्त्र से आगे निकल कर इसे और संवर्धित करने का आग्रह बुनियादी क्षमताओं (शिक्षा-साक्षरता, स्वास्थ्य चिकित्सा) के आधार पर सार्वजनिक रूप से कुछ व्यवस्थाएँ किए जाने के विचार को और बल प्रदान करता है। इस प्रकार से दक्षता का तकाज़ा है कि बुनियादी शिक्षा स्वास्थ्य आदि अनेक सामुदायिक/अर्द्ध-सामुदायिक पदार्थों की व्यवस्था में सार्वजनिक सहायता (प्रत्यक्षता समताकारी) होनी ही चाहिए।

सार्वजनिक व्यवस्था तथा सम्प्रेरणाएँ (Incentives)

आर्थिक विकास और सामाजिक परिवर्तन के लिए महत्त्वपूर्ण क्षेत्रों में सार्वजनिक व्यय के पक्ष में उपर्युक्त तर्क उचित आधार तैयार कर देते हैं, पर इसके (व्यय के) विरुद्ध तर्कों पर भी विचार किया जाना चाहिए। एक बात तो व्यय के बोझ से जुड़ी है—क्या कुछ किए जाने को 'आवश्यक' माना जा रहा है, इसी के अनुसार यह व्यय का बोझ बहुत भारी हो सकता है। बजटीय घाटे में वृद्धि, मुद्रा स्फीति और समष्टि स्तरीय अस्थिरता की आशंका आजकल आर्थिक नीतियों सम्बन्धी चर्चाओं पर अपना घेरा डाले रहती है। यह वास्तव में बहुत ही बड़ा प्रश्न है। एक और प्रश्न सम्प्रेरणाओं से जुड़ा है। सार्वजनिक समर्थन-सहयोग व्यवस्था व्यक्तियों के उत्साह को कम करने तथा इस प्रकार से उनके प्रयासों को शिथिल बनाने का अवांछित कार्य भी कर सकती है। वित्तीय विवेक एवं सम्प्रेरणाओं के महत्त्व के इन दोनों ही प्रश्नों पर गम्भीरतापूर्वक विचार होना चाहिए। अभी मैं सम्प्रेरणाओं पर विचार कर रहा हूँ, कुछ समय बाद वित्तीय बोझ और उसके परिणामों की ओर ध्यान दूँगा।

किसी भी विशुद्ध हस्तान्तरण के अर्थव्यवस्था में प्रचलित सम्प्रेरणाओं पर कुछ-न-कुछ प्रभाव अवश्य होते हैं—ये हस्तान्तरण चाहे आय के पुनः वितरण के रूप में हों अथवा किन्हीं सार्वजनिक सेवाओं की निःशुल्क उपलब्धि के रूप में। यह भी तर्क दिया जाता है कि अत्यधिक उदार बेरोजगारी भत्ता मिल रहा हो तो बेरोजगारों की काम तलाश करने की कटिबद्धता में कुछ-न-कुछ शिथिलता आ ही जाती है। यूरोप में ऐसा ही हुआ भी है। किन्तु बेरोजगारी बीमे के पक्ष में समता पर आधारित तर्क भी कम सशक्त नहीं हैं। यदि इन दोनों के बीच का यह टकराव व्यावहारिक दृष्टि से बहुत भारी दिखाई पड़ने लगे तो निश्चय ही एक गम्भीर समस्या का जन्म हो सकता है। किन्तु रोजगार प्राप्ति का ध्येय केवल आय पाना ही नहीं है अतः सार्वजनिक समर्थन से आय की हानि की आंशिक भरपाई भले ही हो जाती हो वह समर्थन रोजगार की तलाश के उत्साह को इतना अधिक शिथिल नहीं कर पाएगी जितनी कि कई बार मान ली जाती है। वास्तव में अभी तक बेरोजगारी बीमों के संप्रेरणा कुंठक परिणामों के सम्भावित प्रभावों की गहनता और विस्तार के विषय में अभी तक बहुत अधिक स्पष्टता नहीं आ पाई है। फिर भी इन प्रभावों के विषय में अनुभव जन्य आंकड़ों के विश्लेषण के बाद ही उन्हें सटीक सार्वजनिक नीति विषयक चिन्तन-मनन का आधार बनाया जा सकता है। उसी से समता और दक्षता के बीच सही सन्तुलन स्थापित हो पाएगा।

अधिकांश विकासशील देशों में बेरोजगारी बीमे की कोई व्यवस्था नहीं है किन्तु इस कारण से इन देशों में भी सम्प्रेरणाओं की समस्या समाप्त नहीं हो चली है। यूँ तो निःशुल्क चिकित्सा और शिक्षा को लेकर भी लोग इस तरह के सवाल उठा ही देते हैं, (1) इन सेवाओं की क्या वास्तव में उन लक्षित व्यक्तियों को जरूरत भी है (या

नहीं) ? (2) वे व्यक्ति किस सीमा तक इन सेवाओं का दाम चुका पाने की स्थिति में हैं (यदि सार्वजनिक रूप से ये सेवाएँ नहीं मिलती तो भी वे खर्च करते कि नहीं ?)। जो व्यक्ति इन अधिकारिताओं (मूलभूत सामाजिक सुविधाओं की व्यवस्था) को नागरिकों का अक्षोभनीय अधिकार मानते हैं उन्हें तो इस प्रकार के प्रश्न बेहद बेतुके और मानसिक विकृति के प्रमाण ही लगेंगे। उनके विचार से तो ऐसी सुविधाओं के अभाव में आधुनिक समाज का स्वरूप एक 'भीड़' जैसा होकर रह जाएगा। इस प्रकार के विचार को किसी सीमा तक अवश्य उचित ठहराया जा सकता है। परन्तु आर्थिक संसाधन तो सीमित ही है, यह मामला भी बहुत गम्भीर प्रकार के चयन करने से जुड़ा है और इसका निर्णय केवल गैर आर्थिक 'सामाजिक' नियमों के आधार पर कर डालना उचित नहीं होगा। वैसे भी, किसी-न-किसी रूप में सम्प्रेरणाओं का प्रश्न फिर सामने आ ही जाएगा क्योंकि अन्ततः समाज की सार्वजनिक सहयोग जुटा पाने की क्षमता भी इसकी लागत और सम्प्रेरणाओं पर भी निर्भर करती है।

सम्प्रेरणाएँ, क्षमताएँ और कृत्यकारिताएँ

सम्प्रेरणाओं की मूल समस्या पर पूरी तरह पार पाना तो कठिन ही रहता है। ऐसे किसी भी अभावसूचक की तलाश तो व्यर्थ ही है जिसे सार्वजनिक समर्थन नीति का आधार बनाए जाने पर किसी भी प्रकार से सम्प्रेरणाओं पर प्रभाव नहीं हो ! फिर भी सम्प्रेरणाओं पर पड़े प्रभावों की गहनता अभाववंचना की कसौटियों की प्रकृति और स्वरूप (अन्तःरचना) पर अवश्य निर्भर करती है।

इस पुस्तक में गरीबी की समस्या के विश्लेषण में हमारी जानकारियों का केंद्र न्यून आय से विवर्तित होकर बुनियादी क्षमताओं के अभाव तक पहुँच गया है। इस विवर्तन का आधार मूलभूत चिन्तन का अन्तर है, किसी विश्लेषणात्मक युक्ति का परिणाम नहीं। मेरा यही आग्रह रहा है कि क्षमता वंचना अभावग्रस्तता का आकलन करने के लिए आय की न्यूनता की अपेक्षा कहीं बेहतर कसौटी है—क्योंकि आय का महत्त्व तो मात्र साधन स्वरूपी ही होता है—और इस रूप में भी अनेक सामाजिक एवं आर्थिक परिस्थितियाँ उन प्रभावों की गहनता एवं प्रसार को नियमित करने का 'दायित्व' निभाती ही हैं। मेरा सुझाव है कि क्षमता वंचना पर केन्द्रित दृष्टिबोध आय केन्द्रित दृष्टिकोण की तुलना में एक अन्य प्रकार से भी बेहतर रहेगा। हस्तान्तरणों और सहाय्यों के कारण आय से जुड़ी सम्प्रेरणाओं पर दुष्प्रभाव भले ही पड़ें पर इस प्रकार की विकृतियाँ क्षमताओं के वितान में अपेक्षाकृत कम रहती हैं। यह साधन स्वरूप तर्क क्षमतावादी दृष्टिबोध के मूलभूत कारण को और अधिक पुष्ट बनाने में सहायक रहता है।

क्षमताओं का मूल्यांकन जन-सामान्य की वास्तविक कृत्यकारिताओं के निरीक्षण के आधार ही होना चाहिए, हाँ इस कार्य में अन्य जानकारियों की भी सहायता ली जा सकती है। यहाँ कृत्यकारिताओं से क्षमताओं की ओर 'छलांग' अवश्य है पर इस

छलांग का आकार बहुत बड़ा होना आवश्यक नहीं है क्योंकि वास्तविक कृत्यकारिताओं के मूल्यांकन की एक विधि यह भी तो हो सकती है कि लोग सुलभ अवसरों को क्या मान देते हैं। यदि कोई व्यक्ति कम उम्र में ही मर जाता है या बहुत ही कष्टप्रद और खतरनाक बीमारी से ग्रस्त होता है तो निश्चित ही उसे क्षमताओं का बहुत बड़ा अभाव झेलना पड़ रहा होगा।

वैसे कुछ मामलों में हमारी उपर्युक्त बातें लागू नहीं होतीं–हो सकता है कोई आत्महत्या कर ले या अपनी इच्छा से भूखे रहने का वरण करे। पर इन्हें अपेक्षाकृत असामान्य घटनाएँ माना जा सकता है। इनका अन्य पूरक जानकारियों के आधार पर विश्लेषण किया जा सकता है। भूखे रहने के संदर्भ में ये जानकारियाँ किन्हीं धार्मिक विश्वासों या राजनीतिक रणनीति आदि से भी जुड़ी हो सकती हैं। सैद्धान्तिक रूप से किसी व्यक्ति द्वारा चुनी गई कृत्यकारिताओं से आगे बढ़कर उसकी क्षमताओं का भी आकलन होना चाहिए, पर इस कार्य में कितनी प्रगति हो पाएगी यह तो उस समय की विशेष परिस्थितियों पर ही निर्भर करेगा। राजनीति की भाँति ही सार्वजनिक नीति निर्धारण भी सम्भाविता-कौशल की कला ही है। इस बात को सैद्धान्तिक अन्तर्दृष्टि का वास्तविक व्यवहार की सम्भावनाओं की सही पहचान के साथ संयोजन करते समय ध्यान में रखना चाहिए। हाँ यह बात अवश्य बहुत अच्छी तरह से याद रखनी चाहिए कि दीर्घायु, अच्छे स्वास्थ्य साक्षरता आदि कृत्यकारिताओं विषयक सूचनाओं पर ध्यान केन्द्रित रहते हुए भी हमें अभावग्रस्तता के जो माप मिल जाते हैं वे आय के आंकड़ों की अपेक्षा कहीं अधिक कारगर होते हैं।

यह सत्य है कि कुछ कृत्यकारिताओं के विषय में पर्याप्त जानकारियाँ पाने में कठिनाइयाँ आ सकती हैं। किन्तु फिर भी कुछ बुनियादी एवं प्राथमिक कृत्यकारिताओं को प्रत्यक्ष रूप से देखा जा सकता है तथा उन्हीं से प्राप्त जानकारी अभाव वंचना निवारण नीतियों के लिए उपयोगी सूचना आधार की रचना करने को पर्याप्त रहती है। साक्षरता अभियान चलाने, अस्पताल आदि बनवाने और पोषण प्रतिपूरण की व्यवस्था करने की आवश्यकता है या नहीं, इस बारे में जानकारियाँ अभी भी छुपी हुई नहीं रहतीं। यही नहीं, इन आवश्यकताओं एवं बाधिताओं में कौशलपूर्ण विकृतियाँ भी प्रायः आय वितान की अपेक्षा कम ही होती हैं क्योंकि आय को छुपाना तो बहुत ही आसान रहता है [खासकर अल्पविकसित देशों में]। यदि लोगों को केवल गरीबी के आधार पर सरकारी अनुदान दिया जाए तथा उनसे अपनी समग्र आमदनी में से चिकित्सा शिक्षा आदि पर होने वाला खर्च उठाने की अपेक्षा की जाए तो निश्चित ही बहुत-सी जानकारियों का दुराव-छिपाव आरम्भ हो जाएगा। हमारे इस अध्ययन में प्रयुक्त कृत्यकारिता एवं क्षमता दृष्टिबोध विधि सम्प्रेरणाओं की युक्तियुक्तता की कठिनाइयों को काफ़ी कम कर देती हैं। आखिर कैसे ?

एक तो लोग केवल सहायता पाने के लालच में अशिक्षित रहना, बीमार पड़ना या भूखों मरना नहीं चाहेंगे। चयन और तर्कशास्त्र की प्राथमिकताएँ निश्चित रूप से

इन बुनियादी अभावों को अपने आप ओढ़ने की मानसिकता को बढ़ावा नहीं देने देतीं। हाँ कुछ अपवाद अवश्य हो सकते हैं। कई स्थानों पर अकाल सहायता कार्यों में लगे लोगों ने देखा है कि कुछ परिवार अपने किसी एक बच्चे को जानबूझ कर बहुत ही भूखा रखते हैं जिसकी दुर्दशा से द्रवित होकर कोई उनके परिवार को भी सहायता प्रदान करने लगे। ऐसी घटनाएँ वहाँ अधिक होती हैं जहाँ लोगों को अपने घर ले जाने के लिए राशन बाँटा जाता हो। वे लोग एक तरह से बच्चे को अपने राशन कार्ड की तरह प्रयोग कर रहे होते हैं। किन्तु इस प्रकार से किसी को कुपोषणग्रस्त रखने, बीमार का इलाज़ न कराने या निरक्षर रखने की 'दुष्प्रेरणाएँ' कम ही होती हैं। ऐसी दुष्प्रेरणाओं के कारण कोई बहुत हैरान करने वाले नहीं है।

दूसरे कुछ अभावों के व्यावहारिक कारण तो आय अभाव की तुलना में बहुत ही गहरे होते हैं और उन्हें किसी लालच में और बढ़ा-चढ़ा पाना और भी दुष्कर रहता है। उदाहरण के लिए शारीरिक अपंगता, बुढ़ापा या लिंग भेद आदि ऐसे भी क्षमताओं को कुप्रभावित करने वाले कारक हैं जो प्रायः व्यक्तियों के अपने नियंत्रण में नहीं होते। इसी कारण से किसी भी प्रकार की सम्प्रेरणा विकृति भी इन्हें प्रभावित नहीं कर पाती, जबकि आय जैसे सहज 'समंजन' योग्य कारकों में बहुत आसानी से हेराफेरी हो सकती है। अतः इन क्षमता अभावों पर केन्द्रित साहाय्यों के कारण सम्प्रेरणाओं के स्वरूप में विकृति की आशंकाएँ भी सीमित रह जाती हैं।

तीसरा मुद्दा तो और भी बड़ा है। किन्हीं भी सरकारी साहाय्यों से लाभान्वित होने वाले व्यक्ति स्वयं भी कृत्यकारिताओं और क्षमताओं पर (इन लाभों के कारण) अधिक ध्यान देने लगते हैं। इस प्रकार वे जीवन की गुणवत्ता के प्रति अधिक संचेतना प्रदर्शित करते हैं और केवल अधिक 'आय' प्राप्त करना ही उनका एकमात्र ध्येय नहीं रहता। अतः व्यक्तियों की अपनी निर्णय प्रक्रिया से जुड़े कारकों के आधार पर सार्वजनिक नीतियों के निर्धारण का मूल्यांकन सहज ही उन व्यक्तियों के चयन अस्त्रों आदि को प्रभावित कर देता है। यह प्रश्न एक प्रकार से सार्वजनिक सहायता की प्राप्ति के विषय में व्यक्तियों द्वारा स्वयं चयन से जुड़ जाता है। अक्सर अकाल सहायता जैसे कार्यों से इसे 'काम के बदले अनाज' जैसा स्वरूप देने पर तो वही व्यक्ति आगे बढ़कर अनाज ले पाएगा जो काम भी करने को तैयार हो। अति अभावग्रस्त एवं गुजर चलाने के लिए काम की तलाश में रहने वाले व्यक्ति ही ऐसी सार्वजनिक सहायता नीति से लाभान्वित हो पाएंगे। अकाल सहायता आदि में बहुत सफल रही ऐसी नीतियाँ स्वस्थ किन्तु अभावग्रस्त जनता के लिए आर्थिक सुअवसरों को संवर्धित करने में बहुत उपयोगी हो सकती हैं। इस विधि का तर्क आधार यही है कि इससे लाभान्वित व्यक्तियों को केवल अधिकतम आय नहीं वरन् कहीं अधिक विस्तृत एवं महत्त्वपूर्ण प्रश्न उद्वेलित कर रहे होते हैं। ये व्यक्ति अपने प्रयास की अतिरिक्त लागत (मेहनत) और अतिरिक्त कमाई से फायदे सहित कुल मिलाकर समग्र सुयोगों पर अधिक ध्यान देते हैं। उनके इसी व्यापक हितचिन्तन का सार्वजनिक

नीति निर्माता बड़ी कुशलता से प्रयोग कर सकते हैं।

चौथे, ध्यान को निम्न वैयक्तिक आय से हटा क्षमतावंचना पर लगाने से चिकित्सा-स्वास्थ्य-शिक्षा आदि के लिए सार्वजनिक व्यवस्था करने पर प्रत्यक्ष रूप से बल देना आसान हो जाता है। इन सेवाओं को प्राप्त करने वाले इनका हस्तान्तरण/विवर्तन या विक्रय नहीं कर सकते। और यदि इनकी वास्तव में किसी को आवश्यकता नहीं है तो उन्हें इनके प्रयोग से कुछ लाभ भी नहीं हो पाता। अतः इन व्यवस्थाओं की रचना में ही इन्हें लक्षित समुदायों के लिए ही उपयोगी बनाने का गुण अन्तर्निहित रहता है। अतः यह क्षमता निर्देशित व्यवस्था करना सही अर्थों में सार्वजनिक सेवाओं को लक्षित समूह तक ही पहुँचाना अधिक आसान बना देता है। इस कारण भी सम्प्रेरणाओं में विकृति की प्रवृत्ति पर अंकुश रहता है।

सार्वजनिक सेवाओं को लक्षित व्यक्तियों तक ही पहुँचाना और उनकी अपनी साधन-सम्पन्नता

यद्यपि निम्न आय के स्थान पर क्षमतावंचनाओं को लक्षित करने में उपर्युक्त लाभ अवश्य रहते हैं, फिर भी, इस कारण से लक्षित जन समुदाय की आर्थिक दरिद्रता की समीक्षा करने की आवश्यकता समाप्त नहीं हो जाती क्योंकि अभी भी पूरे प्रश्न का निदान तो बाकी है कि सार्वजनिक रूप से उपलब्ध कराए जा रहे प्रावधानों का वितरण या आबंटन कैसे किया जाएगा। कई बार सार्वजनिक सेवाओं से लाभ उठाने वाले की भुगतान क्षमता के अनुरूप कीमत वसूलने की बात उठाई जाती है। यह बात हमें पुनः उनकी आय के आकलन को विवश कर देती है।

सारे विश्व में ही सार्वजनिक प्रावधानों के साथ अब लाभान्वितों की भुगतान क्षमता की बात को जोड़ा जा रहा है। सैद्धान्तिक दृष्टि से इसके कारणों को समझने में कोई कठिनाई नहीं आती। इससे सरकारी बजट पर बोझ कम हो जाता है। यदि समृद्ध लोग सार्वजनिक सेवाओं की कीमत चुका दें तो उपलब्ध-सार्वजनिक धन संसाधनों का अधिक संख्या में सहायता के पात्रों को लाभ पहुँचाने में प्रयोग हो पाता है [यदि समृद्ध जनसमुदाय से इन लागतों की वसूली में अच्छा योगदान भी मिल जाए तो बहुत ही धनाभाव की समस्याओं का समाधान हो जाता है]। किन्तु सबसे कठिन बात यही है कि अन्य किसी प्रकार के हानिकारक प्रभावों से बचते हुए व्यक्तियों की साधन-सम्पन्नता की जाँच का कार्य कैसे किया जाए ?

सार्वजनिक रूप से चिकित्सा या शिक्षा की व्यवस्था के सन्दर्भ में दो प्रकार की समस्याएँ सम्प्रेरणाओं को लेकर उठ खड़ी होती हैं : (1) किसी व्यक्ति में शारीरिक अपंगता आदि के कारण बाधिता या क्षमतावंचना का क्या स्तर है ? (2) उस व्यक्ति की आर्थिक परिस्थितियाँ (भुगतान क्षमता) कैसी है ? जहाँ तक पहली समस्या का प्रश्न है, यहाँ तो सहायता का स्वरूप एवं उसकी अहस्तान्तरणीयता से ही बहुत कुछ समाधान हो जाता है। हमने पहले भी यह बात कही है कि यदि व्यक्ति की वास्तविक

चिकित्सीय आवश्यकताओं का अनुमान लगा उसे उसके रोग के अनुरूप निःशुल्क चिकित्सा सहायता ही दी जाए तो उसे किसी और व्यक्ति को हस्तान्तरित कर पाने जैसी हेरा-फेरी नहीं हो पाएगी—अर्थात् किसी भी प्रकार से सूचनाएँ विकृत नहीं हो सकेंगी। इस नीति की तुलना सहज ही चिकित्सा के लिए प्रयोज्य नकद सहायता से की जा सकती है—पर उस प्रकार की सहायता राशि का निर्धारण करने के लिए और अधिक अप्रत्यक्ष जाँच पड़ताल करनी आवश्यक होगी। अतः स्पष्ट रूप से हम यह दावा कर सकते हैं कि स्वास्थ्य सुविधाओं एवं स्कूली शिक्षा के सार्वजनिक प्रावधान आदि ऐसे प्रत्यक्ष समाज सेवा कार्यक्रम हैं जिनके दुरुपयोग की सम्भावनाएँ काफी कम रहती हैं।

किन्तु व्यक्ति की आर्थिक क्षमता के आंकलन का मामला कुछ अलग है। यदि मन्तव्य केवल उन्हीं को निःशुल्क सुविधाएँ प्रदान करना है जो उनके निमित्त भुगतान करने की स्थिति में नहीं हैं तो फिर सभी लाभाकांक्षी व्यक्तियों की आर्थिक परिस्थितियों का आंकलन करना भी अनिवार्य हो जाएगा। जिन देशों में आय तथा सम्पत्ति की जानकारी भी मिलनी कठिन रहती हो वहाँ तो यह समस्या और भी दुःसाध्य हो जाएगी। यूरोप में तो स्वास्थ्य सेवाओं के बारे में बिना किसी प्रकार की आर्थिक क्षमता का आकलन किस प्रत्येक चिकित्सा की आवश्यकता वाले व्यक्ति के लिए सुलभ राष्ट्रीय स्वास्थ्य सेवा की व्यवस्था का मार्ग अपनाया गया है। इससे सूचना संग्रह से जुड़े काम भले ही आसान हो जाते हैं, पर अमीर-गरीब के बीच भेद से जुड़े प्रश्न अनुत्तरित ही रह जाएँगे। इसके दूसरी ओर अमेरिकी चिकित्सा सहायता लक्षिता पर बल देता है और उसके लिए दोनों ही प्रकार के सूचना आधारों की चुनौतियों का सामना करना आवश्यक हो जाता है।

सम्भावित लाभार्थी ही इस कार्य के कर्त्ता भी होते हैं—इसी कारण से लक्षिता निर्धारण का कार्य इतना सरल नहीं होता जितना कि इसके कुछ समर्थक समझते हैं। लक्षिता को सूक्ष्म दृष्टि से निश्चित स्वरूप प्रदान करने, विशेषकर व्यक्ति के आर्थिक संसाधनों की समीक्षा करने की समस्याएँ बहुत गम्भीर होती हैं। यहाँ ऐसी लक्षिता अपने आंप में बहुत स्पष्ट और सुदृढ़ होनी हो तो फिर बात ही क्या है। अस्पष्ट लक्षिता के कारण सम्भावित विकृतियों में ये बातें अवश्य सम्मिलित होंगी :

(1) **सूचना विकृति** (Information Distortion) : अपनी आर्थिक दशा को हीन बताकर अनुचित ढंग से फायदा उठाने वालों को पकड़ने के लिए बनाई गई कोई भी अनुवीक्षण व्यवस्था समय-समय पर किन्हीं निर्दोष व्यक्तियों को भी आरोपी बना उन्हें विधि ग्राह्य हितलाभों से वंचित कर ही बैठती है। इस प्रकार की घटनाओं से कई ऐसे व्यक्ति भी, जिन्हें इस प्रकार के लाभ मिलने चाहिए, इनके लिए आवेदन करने से कतराने लगते हैं। जानकारियों की विषमांगता के कारण हेरा-फेरी की जोखिम को पूरी तरह समाप्त करने की किसी भी व्यवस्था की रचना में कुछ-न-कुछ ईमानदार लोगों को भी गलत ढंग से आरोपी होने का भारी खतरा बना ही रहता है। अतः गैर

जरूरतमन्दों को व्यवस्था से बाहर/न रख पाने की 'प्रथम कोटि की त्रुटि' को नियन्त्रित करने के प्रयास में एक गम्भीर स्तर की द्वितीय कोटि की त्रुटि (अर्थात् वास्तविक जरूरत मंदों का निष्कासन) हो जाने की बहुत ही सम्भावना होती है।

(2) **सम्प्रेरणा विकृति** (Incentive Distortion) : सूचनाओं की विकृति से खातों के रजिस्टर बेशक भर जाएँ पर उनके सहारे से वास्तविक आर्थिक परिस्थितियों में बदलाव नहीं आ सकते। लक्षित समर्थन भी कई बार प्रभावित व्यक्तियों के आर्थिक व्यवहार को बदल सकता है। उदाहरण के लिए यदि कमाई में ज़रा-सी वृद्धि हो जाने पर सारे समर्थन आदि से हाथ धो बैठने का खतरा हो तो कुछ व्यक्ति निश्चित रूप से आर्थिक गतिविधियों में शिथिलतापूर्ण व्यवहार करने लगते हैं। यदि सहायता की पात्रता का निर्धारण व्यक्ति की अपनी गतिविधियों पर आधारित आय जैसे कारक हों तो फिर निश्चित रूप से सूचनाओं में कुछ विवर्तनात्मक विकृति आ ही जाएगी। ऐसी विकृतियों की 'सामाजिक लागत' उन आर्थिक गतिविधियों से सम्भावित उत्पादन आदि है जिन्हें समर्थन के लालच में लोग करने से कतराने लगते हैं।

(3) **अनुपयोगिता और लांछन** (Disutility and Stigma) : कोई भी ऐसी सामाजिक समर्थन व्यवस्था जिसके लाभ उठानेवाले गरीब और अपना काम चलाने में असमर्थ घोषित हो जाते हों, उन व्यक्तियों के आत्मसम्मान पर ही आघात नहीं करती बल्कि अन्य लोगों की निगाह में भी उन्हें नीचे गिरा देती है। इस प्रकार की लांछना भी कई बार सहायता पाने वालों को बहुत ही निरुत्साहित कर देती है—साथ-ही-साथ इसके कुछ-न-कुछ प्रत्यक्षतः मान प्रतिष्ठा को ठेस पहुँचाने वाले कारण भी बन जाते हैं। अक्सर नीति निर्धारक इस 'आत्मसम्मान' की बात को बहुत सीमान्त महत्त्व की बात कह कर टाल जाते हैं। पर मैं जॉन रॉल्स के हवाले से यह दावा कर सकता हूँ कि 'आत्मसम्मान की भावना' वह सबसे प्रमुख प्राथमिक पदार्थ है जिस पर न्याय सिद्धान्त का न्यायता पूर्ण पक्ष सदा ही केन्द्रित रहना चाहिए।

(4) **प्रशासनिक लागतें, हस्तक्षेप के कारण हानि और भ्रष्टाचार** (Adminstrative Costs, Invasive Loss and Corruption) : लक्षिता के साथ-साथ भारी प्रशासकीय व्यय जुड़ा रहता है। यह संसाधन खर्च और नौकरशाही द्वारा लगाई गई देर के कारण उत्पन्न होते हैं। साथ ही लोगों के निजी जीवन की गोपनीयता तथा उनकी स्वायत्तता की हानि भी होती है क्योंकि उन्हें अपने घर परिवार के बारे में बहुत-सी ऐसी बातें, उस सहायता व्यवस्था के संचालकों एवं बाद में सूक्ष्म दृष्टि से छानबीन करने वालों के समक्ष बतानी पड़ जाती है। यही नहीं सरकारी तन्त्र के 'बड़े साहब' जिस प्रकार से लाभ चाहने वालों के साथ हेयतापूर्ण व्यवहार करते हैं उसकी भी सामाजिक लागत बहुत भारी पड़ती है। यहीं भ्रष्टाचार भी आरम्भ होता है क्योंकि 'बड़े साहब' की कलम में इतनी ताकत आ जाती है कि वे किसी को भी सहायता देने से मना कर सकते हैं और मजबूरन प्रार्थियों को उस कलम की राह को 'चिकना' बनाना पड़ जाता है।

(5) राजनीतिक दृष्टि से व्यवहार्यता और गुणवत्ता (Political Sustainability and Quality) : अक्सर लक्षित सहायता कार्यक्रमों से लाभान्वित हो सकने वाले जनसमुदाय राजनीतिक दृष्टि से बहुत कमजोर होते हैं, इसी कारण वे इन कार्यक्रमों को राजनीतिक आपाधापी के वातावरण में चलाए रखने के लिए अथवा इनके अन्तर्गत सुलभ सेवाओं की गुणवत्ता को बनाए रखने के लिए उचित दबाव नहीं बना पाते। इसी आधार पर संयुक्त राज्य अमेरिका में भी 'केवल निर्धनतम' नहीं 'सर्व सुलभ' कार्यक्रमों के लिए आवाज उठाई जा रही है। इस प्रकार के कार्यक्रम को व्यापक समर्थन भी मिल सकता है। ऐसे ही तर्क गरीब देशों में भी मान्य हो सकते हैं।

इन कठिनाइयों का वर्णन करने का उद्देश्य यह कहना नहीं है कि लक्षितापूर्ण नीतियाँ बेकार होती हैं अथवा उनमें बहुत ही कठिनाइयों का सामना करना पड़ता है। हम तो सिर्फ यही बताना चाहते हैं कि अधिकतम लक्षिता के तर्क के विपरीत भी बहुत से तर्क और आधार होते हैं। लक्षिता तो एक प्रयास है—परिणाम नहीं। किन्हीं कार्यक्रमों की लक्षिता सफल रहती है तो इसका यह अर्थ नहीं होगा कि इन कार्यक्रमों के कारण एकदम सटीक या न्यायपूर्ण परिणाम भी मिले होंगे। पिछले कुछ समय से सार्वजनिक विचार मंथन में बहुत ही अति सरलीकृत तर्कों के आधार पर बार-बार लक्षिता निर्धारण की बात उठ रही है। इसी कारण यह आवश्यक समझा गया है कि ऐसी नीतियों के बहुत ही अस्पष्ट और उलझे हुए क्रियान्वयन और कुप्रेरणास्पद प्रभावों की ओर भी ध्यान दिला दिया जाए।

बृहत्तर भूमिका और सूचना-आधार

बहुत ही साधारण से तर्कों के आधार संसाधन क्षमता के बारे में सर्वानुमति पाप्त करने का प्रयास भी उतना ही निष्फल रहेगा जितना उसे प्रत्येक स्थिति में अस्वीकृत कराने का। हमारी अभी तक की चर्चा में यही बात समझाने का प्रयास रहा है कि सूक्ष्मतापूर्वक संसाधन परीक्षण के पक्ष और विपक्ष के तर्क साथ ही साथ दिखाई-सुनाई पड़ जाते हैं। व्यावहारिक स्तर पर इस विषय में किसी न किसी प्रकार समझौते करने ही पड़ जाएँगे। वस्तुतः समस्या का स्वरूप कुछ ऐसा है कि किसी प्रकार के 'अभीष्टतम' समझौते तक पहुँचने का कोई सूत्र भी निर्धारित नहीं हो पाता। उचित यही होगा कि परिस्थितियों के प्रति संवेदनशील बना जाए, पर संवेदनशीलता सार्वजनिक सेवाओं के स्वरूप तथा सामाजिक दशाओं के प्रति दृष्टिकोण में भी परिलक्षित होनी चाहिए। सामाजिक परिस्थितियों में वे सभी प्रकार के व्यवहारिक जीवन मूल्य होते हैं जिनका वैयक्तिक चयनों और सम्प्रेरणाओं पर प्रभाव रहता है।

यहाँ जिन मुख्य प्रश्नों का सामना हुआ है वे किसी-न-किसी रूप में हमारी इस पुस्तक में प्रयुक्त मुख्य विश्लेषण धारा से भी सम्बन्धित हैं। इनमें व्यक्तियों को रोगियों की भाँति नहीं समाज में बृहत्तर भूमिका के सम्पादन कर्ता के रूप में देखने

और केवल आय की दरिद्रता के स्थान पर क्षमतावंचनाओं से जुड़ी जानकारियों के प्रयोग पर बल दिया गया है। पहला प्रश्न सहायता चाहने वालों को भी समाज में कुछ करने में समर्थ अभिकर्त्ता मानने की बात उठाता है [उन्हें विवश पड़े रोगी नहीं मानता] जिनके प्रति लक्षिता की जा रही है वे निष्क्रिय और निर्जीव लक्ष्य नहीं हैं, उनके क्रियाकलापों से लक्षिता के प्रयासों और उपलब्धियों में काफी अन्तर आ जाते हैं।

दूसरा मुद्दा लक्षिता के सूचना आधारों से सम्बन्धित है। इनमें चुनी गई आबंटन व्यवस्था के लिए उपयुक्त लक्षणों की पहचान की बात भी शामिल है। इस कार्य में आप दरिद्रता से क्षमतावंचना की ओर दृष्टि वर्तन बहुत उपयोगी रहता है। जहाँ संसाधन सम्पन्नता विधि से भुगतान क्षमता अनुवीक्षण और आय की स्पष्ट पहचान (आंकलन) आवश्यक होता है वहीं दूसरी विधि में लोगों की क्षमता को बाधित करने वाले लक्षणों (बीमारी, निरक्षरता आदि) की स्पष्ट ही पहचान हो जाती है। सार्वजनिक प्रावधानों की व्यवस्था के लिए ये बहुत ही सार्थक प्रत्यक्ष जानकारियाँ सिद्ध होती हैं।

वित्तीय विवेक और समन्वित विचार की आवश्यकता

अब हम पिछले कुछ दशकों से विश्व भर में महत्त्वपूर्ण समस्या का रूप धारण किए हुए वित्तीय विवेक के प्रश्न पर आ रहे हैं। अत्यधिक स्फीति और अस्थिरता के विघटनकारी प्रभावों को सभी प्रत्यक्ष देख चुके हैं और इसी कारण वित्तीय मामलों में अनुदारतावादी दृष्टिकोण बहुत बलशाली हो रहे हैं। अब तो अनुदारता ही वित्तीय विवेक की सर्वोपरि कसौटी बन गई है। आइए यह भी अच्छी तरह समझ लें कि वित्तीय अनुदारवाद के तकाजे क्या हैं और उनके कारण क्या हैं।

वित्तीय अनुदारवाद 'उतने पाँव पसारिए जितनी चादर होय' की उक्ति में निहित अभिप्रायः तक ही सीमित नहीं रहता। जैसे चार्ल्स डिकन्स की रचना डेविड कॉपर फील्ड के पात्र मिस्टर मिकॉबर ने बहुत ही मुखर होकर कहा है : वार्षिक आय 20 पौंड, वार्षिक खर्च 19 पौंड 6 शिलिंग : परिणाम खुशहाली। वार्षिक आय 20 पौंड, वार्षिक खर्च 20 पौंड 6 शिलिंग : परिणाम दुख और परेशानी। 'वित्तीय तरलता' के विचार की उपमा को अनेक अनुदारतावादियों ने बहुत प्रभावपूर्ण ढंग से प्रयोग किया है—शायद सबसे अधिक कुशल प्रयोग मार्गरिट थ्रैचर ने किया था। किन्तु मि. मिकॉवर के विपरीत सरकार तो अपनी आय से अधिक खर्च कर सकती है, उसके पास ऋण लेने तथा और दूसरे रास्ते भी होते हैं। वास्तव में दुनिया में प्रायः सभी सरकारें ऐसा ही करती भी हैं।

वास्तविक प्रश्न यह नहीं है कि क्या ऐसा किया जा सकता है (यह सम्भव तो है ही)। प्रश्न तो यह है कि आय से अधिक खर्च करने के प्रभाव क्या होंगे ? यहाँ मुख्य प्रश्न यही उठता है कि गम्भीर स्फीतिकारी दबाव नहीं हो तो फिर 'समष्टि अर्थशास्त्रीय स्थिरता' किस प्रकार का महत्त्व धारण कर लेती है। वित्तीय अनुदारवाद के सभी तर्क, बहुत सीमा तक इसी बात की स्वीकारोक्ति पर पहुँच कर रुक जाते हैं

कि कीमतों में स्थिरता आवश्यक है और वित्तीय गैर जिम्मेदारी और फिजूलखर्ची से कीमत स्थिरता के लिए बहुत बड़ा खतरा पैदा हो सकता है।

मुद्रास्फीति के हानिकारक परिणामों के हमारे पास क्या प्रमाण हैं ? माइकेल ब्रूनो के एक सशक्त अन्तर्राष्ट्रीय स्तर के अध्ययन के निष्कर्ष कुछ इस प्रकार रहे हैं : 20 से 40 प्रतिशत वार्षिक स्फीति दर के अनेक मामले सामने आए हैं—इससे अधिक कीमत वृद्धि दर के उदाहरण भी कम नहीं हैं। पर एक बात स्पष्ट है, जहाँ कहीं भी स्फीति दर ऊँची रही है वहीं आर्थिक संवृद्धि की दरों पर नकारात्मक प्रभाव पड़े हैं और यह बात तो और भी अधिक सही रही है कि जब भी उच्च स्फीति दर से कोई देश कीमत स्थिरता की राह पर चला है तो अल्प से मध्यम अवधि में भी बड़े सशक्त सकारात्मक संवृद्धि प्रभाव दिखाई पड़ने लगे हैं।

यहाँ नीतिगत निष्कर्षों तक पहुँचने में बहुत सूक्ष्म दृष्टि की आवश्यकता है। ब्रूनो का यह भी कहना है कि अपेक्षाकृत निम्न स्फीति दरों (15 से 20 प्रतिशत वार्षिक) के आर्थिक संवृद्धि पर प्रभाव बहुत स्पष्ट नहीं रहते। वे और आगे प्रश्न उठाते हैं कि, "निम्न दर स्फीति की चिन्ता क्यों की जा रही है ? प्रत्याशित स्फीति की लागतों का निराकरण तो अनेक मामलों में कीमत सूचक के साथ आय आदि के स्तर का गठबन्धन कर देने से हो जाता है तथा शेष अप्रत्याशित स्फीति की दर तो निम्न ही है। वे यह भी कहते हैं कि प्रायः सभी उच्च स्फीति अनुभवों का जन्म वित्तीय घाटे (और प्रायः इसकी मुद्रा मुद्रण द्वारा पूर्ति) से ही हुआ है, पर यह तथ्य बहुत प्रकार के स्फीतिकारी सन्तुलनों से सम्बन्धित हो सकता है।

समस्या का वास्तविक कारण तो यह है कि स्फीति एक निरन्तर बनी रहने वाली प्रवृत्ति है और इसके बने रहने के स्तर में स्फीति दर बढ़ने पर और भी उछाल आ जाता है। उन्होंने स्फीति की दर में वृद्धि का भी बहुत ही स्पष्ट चित्रण करते हुए इसकी धूम्रपान की लत से तुलना की है कि एक बार किसी न्यूनतम सीमा का उल्लंघन होने के बाद तो यह नशा उत्तरोत्तर बढ़ता ही जाता है। जब कभी कोई संकट आ जाता है (वैयक्तिक संकट धूम्रपानों के लिए, कीमतों का संकट अर्थव्यवस्था में) फिर तो यह नशे की आदत और अधिक गहन होने की ही सम्भावना रहती है। उस संकट के गुजर जाने के बाद भी नशे की लत अपने पुराने स्तर तक नहीं लौटती। और भी ज्यादा गम्भीर बात तो यह है कि ऐसी घटनाओं की बार-बार पुनरावृत्ति भी होती रहती है।

ये तर्क मुख्यतः अनुदारवादी ही हैं, यह बहुत अच्छी अन्तर्राष्ट्रीय साक्ष्यों पर आधारित और सहज ही भरोसे लायक भी लगते हैं। मुझे ब्रूनो के विश्लेषण और निष्कर्षों को स्वीकार करने में कोई संकोच नहीं है। पर यह जान लेना आवश्यक है कि ब्रूनो ने वास्तव में क्या प्रतिस्थापना की है और वित्तीय अनुदारवाद का सही तकाज़ा क्या है ? यह, अक्सर वित्तीय अनुदारवाद ही मान ली जानेवाली स्फीति विरोधी क्रांतिकारिता की माँग तो हरगिज नहीं है। स्फीति के पूर्ण उन्मूलन नहीं करने

की बात उठी है, चाहे उसके लिए कुछ भी बलिदान करने पड़ें। एक प्रकार से यह आग्रह किया गया है कि स्फीति की पूर्ण समाप्ति की लागतों की इसे सहन करने की लागतों से तुलना होनी चाहिए। यहाँ मुख्य बात उस 'चलित अस्थिरता' से बचने की है जो 'सत्वर स्फीति' के कारण बनी रहती है। ब्रूनो ने इस विषय में ये नीति निष्कर्ष निकाले थे, "निम्न स्फीति दर पर स्थायित्व की भारी लागत और स्फीति में स्वयं-पोषण (और बढ़ने की) प्रवृत्तियों को देखते हुए संवृद्धि-लागत लेखांकन अन्ततः स्फीति को निम्न स्तर तक ही सीमित रखने का सुझाव देता है—भले ही संवृद्धि की हानि रूपी लागतें मुख्यतः बहुत उच्च स्फीति दरों पर ही दिखाई पड़ती हों।" इस प्रकार इस निष्कर्ष में न केवल उच्च बल्कि स्फीति की मध्यम दरों से बच कर रहने की सलाह शामिल है।

फिर भी शून्य स्फीति दर के पक्ष की अति सक्रियता कहीं भी विशेष समझदारी या वित्तीय अनुदारवाद के निश्चित तकाज़े के रूप में उभरकर नहीं आती। इन मुद्दों को लेकर बनी हुई अस्पष्टता के कारण ही बजट को पूरी तरह सन्तुलित रखने का अतिशय आग्रह पैदा हुआ है जिसके परिणामस्वरूप पिछले कुछ समय में बार-बार अमेरिकी प्रशासन को आंशिक 'तालाबंदी' का सामना करना पड़ा है (अधिक व्यापक गम्भीर तालाबंदी की आशंका भी बनी हुई है)। इसी कारण व्हाईट हाऊस और अमेरिकी कांग्रेस के बीच एक अस्थायी सहमति की आवश्यकता पड़ी है जो अपनी सफलता के लिए देश की अर्थव्यवस्था के अल्पकालिक निष्पादन पर निर्भर है। अतः स्फीति विरोधी अति सक्रियता और वित्तीय अनुदारवाद के बीच अन्तर किया ही जाना चाहिए। अनेक देशों के बजट में विशालकाय घाटे हैं, जो कि राष्ट्रीय ऋणों के बढ़ते हुए भार के कारण और भी गम्भीर हो रहे हैं। इन पर अंकुश लगना ही चाहिए। किन्तु अंकुश का अर्थ इन घाटों को पूरी तरह और जल्दी से समाप्त करना हरगिज़ नहीं है (ऐसे किसी भी प्रयास की भारी सामाजिक लागतों को अनदेखा नहीं किया जा सकता)।

यूरोप को बजटीय घाटों की चिन्ता संयुक्त राज्य अमेरिका से कहीं अधिक होनी चाहिए। एक तो वैसे ही अमेरिकी बजट के घाटे 'यूरोपीय मौद्रिक संघ के मास्ट्राईट समझौते' द्वारा निर्धारित स्तर में कम ही रहे हैं। यह समझौता बजट के घाटे को सकल घरेलू उत्पाद के 3 प्रतिशत से कम रखने का आग्रह करता है। इस हिसाब से तो अमेरिका में कोई घाटा ही नहीं है। दूसरी ओर यूरोप के अधिकांश देशों में अभी भी भारी घाटे की स्थिति बनी हुई है। यह उचित ही है कि कई देश घाटे के स्तर को नियंत्रित करने का प्रयांस कर रहे हैं। इटली को पिछले वर्षों में इस दिशा में बहुत अच्छी सफलताएँ मिली हैं।

एक बार पुनः अध्याय—4 में इंगित नीतियों की मुख्य दिशा से सम्बन्धित प्रश्न सामने आ जाता है। क्या केवल स्फीति से बचे रहने के एक उद्देश्य को इतना महत्त्व दिया जाना चाहिए कि उसके कारण से बेरोजगारी के भारी स्तर को सहन करना पड़

जाए ? यदि हमारे इस अध्ययन के निष्कर्ष सही हैं तो यूरोपीय देशों को अपनी सार्वजनिक नीतियों की प्राथमिकताओं को कुछ इस प्रकार चुनना चाहिए कि अधिक बेरोजगारी में निहित गंभीर क्षमता-योग्यता के अभावों का निर्मूलन सम्भव हो सके।

वित्तीय अनुदारवाद के तार्किक आधार बहुत अच्छे हैं और उनके आग्रह भी बहुत सशक्त हैं—पर इन सभी तकाज़ों की सही व्याख्या तो सार्वजनिक नीतियों के सभी ध्येयों के सन्दर्भ में ही सम्भव हो पाएगी। अनेक बुनियादी क्षमताओं की रचना और उनके बने रहने में सार्वजनिक व्यय के योगदान और महत्त्व पर ध्यान दिया जाना चाहिए पर इस पर विचार करते समय इसके 'समष्टि अर्थशास्त्रीय स्थायित्व' पर प्रभावों पर भी ध्यान दिया जाना आवश्यक है। वस्तुतः इस स्थायित्व का विश्लेषण भी व्यापक सामाजिक ध्येयों के परिप्रेक्ष्य में ही होना चाहिए।

विभिन्न नीतिगत मुद्दों के महत्त्व परिस्थितियों के अनुसार (अधिक अथवा कम) निर्णायक स्वरूप धारण कर सकते हैं। यूरोप (जहाँ वर्षों से 12 प्रतिशत बेरोजगारी चल रही है) में रोजगार सृजन का प्रश्न अधिक महत्त्वपूर्ण लगता है तो अमेरिका में बहुत विशाल जनसमुदाय को चिकित्सा जैसी सुरक्षा व्यवस्था सुलभ नहीं होना ही सबसे बड़ी और गम्भीर चुनौती दिखाई पड़ रही है। वस्तुतः विश्व के अमीर देशों में से केवल संयुक्तराज्य अमेरिका ही एक ऐसा देश है जहाँ यह सुविधा नहीं है तथा इसके कारण 4 करोड़ से अधिक लोग चिकित्सा बीमे से वंचित रह जाते हैं। भारत में सार्वजनिक नीति की सबसे विकट विफलता आधी वयस्क जनसंख्या को निरक्षर बनाए हुए हैं—महिलाओं में से तो दो-तिहाई निरक्षर हैं। पूर्वी और दक्षिणपूर्वी एशिया में तो वित्त व्यवस्था के व्यापक नियमन की आवश्यकता प्रतीत हो रही है—यहाँ किसी ऐसी बचावकारी व्यवस्था की भी आवश्यकता है कि हाल ही में जिस प्रकार इन देशों की मुद्रा और निवेश के अवसरों में विश्वास डगमगा गया था ऐसी घटनाओं की पुनरावृत्ति नहीं होने पाए (आपको याद होगा कि अंतर्राष्ट्रीय मुद्राकोष को कितने विशाल पैमाने पर इन देशों के लिए वित्तीय बचाव अभियान चलाना पड़ा था)। समस्याएँ अनेक हैं, उनकी सापेक्ष गम्भीरता के कारण ही प्रत्येक देश की अपनी सार्वजनिक नीतियों के समग्र ध्येयों के सन्दर्भ में उन पर विचार होना चाहिए। वित्तीय अनुदारवाद भी इसी विविधापूर्ण एवं व्यापक परिदृश्य का एक अंग हो सकता है—इसे सरकार या केन्द्रीय बैंक की एकमात्र प्राथमिकता का दर्जा नहीं दिया जा सकता। सार्वजनिक व्यय के सभी घटकों की तुलनात्मक समीक्षा करने की बहुत ही गहन आवश्यकता है।

निष्कर्षात्मक टिप्पणियाँ

सभी व्यक्ति संस्थाओं-व्यवस्थाओं भरे विश्व में रहते और व्यवहार करते हैं। हमारे सुअवसरों और भविष्य का चित्रण इस बात पर निर्भर होगा कि किस प्रकार की व्यवस्थाएँ अस्तित्व में हैं और वे किस प्रकार कार्य करती हैं। ये संस्थाएँ हमारे

स्वातन्त्र्य में योगदान ही नहीं देतीं इनकी भूमिका का सही मूल्यांकन भी स्वातन्त्र्य संवर्धन में योगदान के आधार पर ही हो सकता है। इस तरह से विकास का स्वातन्त्र्य के रूप में निरूपण एक ऐसे परिप्रेक्ष्य की स्थापना कर देता है जिसमें विभिन्न संस्थाओं का विधिवत् मूल्यांकन हो सकता है। विद्वानों ने अलग-अलग संस्थाओं को लेकर अपनी टिप्पणियाँ की हैं—कहीं बाजार, कहीं लोकतान्त्रिक व्यवस्था या संचार माध्यमों अथवा सार्वजनिक वितरण व्यवस्था की बात उठी है। हमें इन सभी पर एक साथ विचार करते हुए यह देखना है कि अन्य संस्थाओं के साथ मिलकर ये क्या कुछ कर पाने में सफल हो सकती हैं। इसी समन्वित एवं एकीकृत परिप्रेक्ष्य में विभिन्न संस्थाओं व्यवस्थाओं का तर्कसंगत मूल्यांकन और विश्लेषण सम्भव हो पाएगा।

बाजार प्रक्रिया (जिसे लेकर पक्ष-विपक्ष में बहुत सशक्त तर्क दिए जाते हैं) एक बुनियादी व्यवस्था है जिसके माध्यम से लोग एक-दूसरे से लेन-देन करते हुए पारस्परिक हितसाधक क्रियाएँ सम्पन्न कर सकते हैं। इस तरह से तो यह लगता ही नहीं कि कोई भी समझदार व्यक्ति बाजार व्यवस्था का आलोचक हो सकता है। समस्याएँ बाजार व्यवस्था को लेकर नहीं बल्कि अन्य पक्षों से उद्‌गमित होती हैं—जैसे क्या समाज बाजार व्यवस्था का सही उपयोग कर पाने की पूरी तैयार कर चुका है, कहीं जानकारियों के अनिर्बन्ध दुराव-छिपाव के कारण कुछ सशक्त तत्व अपनी विषमतापूर्ण परिस्थितियों का गलत लाभ तो नहीं उठा रहे आदि। इन समस्याओं के समाधान के लिए बाजार का दमन नहीं बल्कि ऐसी नीतियाँ बनाना आवश्यक होगा जिनके आधार पर बाजार अधिक बेहतर और समतापूर्वक कार्य कर सकें। यहाँ आवश्यक होने पर, सरकार को उपयुक्त प्रतिपूरक नीतियाँ भी अपनानी चाहिए। बाजार की उपलब्धियाँ कुल मिला कर राजनीतिक एवं सामाजिक संरचनाओं पर ही आधारित होती हैं।

जहाँ बाजार के सुयोगोद्धार सुलभ अवसरों को समाज में व्यापक रूप से आबंटित करना सम्भव हो पाया है वहाँ बाजार प्रक्रियाओं की सफलताएँ बहुत ही स्पृहणीय रही हैं। इसे सम्भव बनाने में बुनियादी शिक्षा के प्रावधान, प्राथमिक चिकित्सा सुविधाओं की उपलब्धिता तथा कृषि जैसी आर्थिक गतिविधियों के लिए अत्यावश्यक भूमि के जैसे संसाधनों के न्यायपूर्ण पुनः वितरण आदि से जुड़ी उपयुक्त सार्वजनिक नीतियों ने बहुत भारी योगदान दिया है। जहाँ बाजारोन्मुखी सुधारों की आवश्यकता अनुभव हो रही है वहाँ भी इन गैर-बाजार सुविधाओं पर बहुत ध्यान देने और उपयुक्त सार्वजनिक प्रयास किए जाने की आवश्यकता है।

इस पुस्तक में हम बार-बार इस प्रकार की प्रतिपूरकता पर आग्रह करते रहे हैं। बाजार प्रक्रियाओं के दक्षता योगदान पर शायद ही कोई संदेह हों, तथा दखता को उपयोगिता, समृद्धि या विपुलता की परम्परागत आर्थिक कसौटियों पर तोलने के लिए बनाई गई विधियों द्वारा ही वैयक्तिक स्वातन्त्र्य संवर्धन में दक्षता का आंकलन भी हो सकता है। किन्तु ये दक्षता विषयक निष्कर्ष हमें आबंटन की समता के प्रति आश्वस्त

नहीं कर पाते। सारभूत क्षमताओं की विषमता के संदर्भ में तो यह समस्या और भी गम्भीर हो सकती है क्योंकि इन क्षमतावंचनाओं के कारण व्यक्ति की आय उपार्जन की कठिनाइयों तथा उपार्जित आय से लाभान्वित हो पाने में कठिनाइयों के बीच एक गम्भीर वंचनाकारी 'प्रति' की रचना भी हो जाती है। अतः बाजार प्रक्रिया के सशक्त एवं दूरगामी प्रभावों के सम्पूरक के रूप में सामाजिक समता और न्याय के लिए बुनियादी सामाजिक सुअवसरों की रचना करना आवश्यक हो जाता है।

विकासशील देशों में तो सार्वजनिक नीति के माध्यम से सामाजिक सुअवसरों की रचना करने का महत्त्व और भी निर्णायक सिद्ध होगा। आज के विकसित देशों की विकास यात्रा के इतिहास में शिक्षा चिकित्सा, भू-सुधार आदि को लेकर इसी प्रकार की सार्वजनिक नीतियों के प्रमाण भरे पड़े हैं। इन सामाजिक सुयोगों में व्यापक भागीदारी ने ही अधिकांश जनसमुदाय को आर्थिक संवृद्धि के कार्य में प्रत्यक्ष योगदान देने योग्य बनाया है।

यहाँ वित्तीय अनुदारवादी विवेक की आवश्यकता कोई समस्या पैदा नहीं करती—वास्तव में सही समस्या तो कुछ क्षेत्रों में रूढ़ हो गयी। यह विश्वास है कि मानवीय विकास तो एक विलासिता है जिसके लिए केवल अमीर देश ही कीमत चुका पाने की स्थिति में हो सकते हैं। जापान से प्रारम्भ हो सभी पूर्वी एवं दक्षिण पूर्वी एशियाई देशों के सफल अनुभव इस रूढ़ विश्वास को बहुत ही शानदार चुनौती दे रहे हैं। इन अर्थव्यवस्थाओं में अमीरी आने से बहुत पहले ही शिक्षा के प्रसार के लिए व्यापक प्रबन्ध कर लिए थे। यद्यपि आजकल ये देश कुछ वित्तीय संकटों से दो चार हो रहे हैं पर पिछले अनेक दशकों में इनकी सफलताएँ बहुत ही शानदार रही हैं। मानवीय संसाधनों के संदर्भ में तो यही कहा जा सकता है कि जैसे बीज़ उन्होंने बोए थे वैसी ही फसलें काटी हैं। जापान में तो मिज़ीयुग (मध्य 19वीं सदी) में भी शिक्षा के प्रसार को बहुत अधिक प्राथमिकता मिलनी प्रारम्भ हो गई थी। इस प्राथमिकता में जापान के अमीर और समृद्ध होने के कारण कोई सुधार नहीं हुआ है। मानवीय विकास तो गरीब का ही प्रथम और सर्वोत्तम सहायक है किसी अमीर धनवान का नहीं।

मानवीय विकास का योगदान क्या होता है ? सामाजिक सुयोगों की सृजना मानवीय क्षमताओं और जीवन की गुणवत्ता के संवर्धन में बहुत ही स्पष्ट एवं प्रत्यक्ष रूप से योगदान देती है। शिक्षा, स्वास्थ्य व्यवस्था सामाजिक सुरक्षा आदि का प्रसार प्रत्यक्षतः मानव जीवन के स्तर और गुणवत्ता को सुधारता है। सभी साक्ष्य इस बात को प्रमाणित कर रहे हैं कि कम आय वाले देशों में भी सर्वसुलभ चिकित्सा और शिक्षा सारी ही जनसंख्या के जीवन की दीर्घायुता तथा गुणवत्ता को बढ़ाने में बहुत योगदान दे रही है। इन दोनों सेवाओं में श्रम की अपेक्षाकृत अधिक जरूरत रहती है और गरीब देशों में मजदूरी दरें कम होने के कारण इनके प्रसार की लागत बहुत अधिक नहीं आती।

मानवीय विकास के सुफल केवल जीवन की गुणवत्ता तक ही सीमित नहीं रह जाते, इनका व्यक्तियों की उत्पादिता की वृद्धि के माध्यम से व्यापक भागीदारी पूर्ण आर्थिक संवृद्धि सुनिश्चित करने में भी बहुत योगदान होता है। अक्षर और संख्या ज्ञान जनसामान्य को आर्थिक प्रगति में बढ़-चढ़ कर भाग लेने योग्य बनाता है (जापान से थाईलैंड तक हर जगह यही बात सिद्ध हो चुकी है)। विश्वव्यापी बाजार के अवसरों का लाभ उठाने के लिए अच्छी गुणवत्तापूर्ण और निर्दिष्ट आकार प्रकार में ही उत्पादन करने का बहुत महत्त्व होता है। किन्तु निरक्षर एवं संख्या ज्ञान शून्य श्रमिक शायद ही ऐसा कर पाएँगे। यह भी बहुत अच्छी तरह से सिद्ध हो चुका है कि सुपोषित एवं स्वस्थ श्रमिक बल ही अधिक उत्पादक एवं कमाऊ हो पाता है।

एक अन्य स्तर पर अनेक अध्ययनों ने प्रमाणित किया है कि नारी साक्षरता का जनन दरों पर बहुत अच्छा शुभ प्रभाव रहता है। उच्च जनन दर निश्चित रूप से निम्न स्तरीय जीवनयापन का प्रतीक है क्योंकि बार-बार गर्भधारण से युवा नारियों के कुशलक्षेम और स्वास्थ्य सहित सभी प्रकार के स्वातन्त्र्यों पर बहुत ही भारी बन्धन लागू हो जाते हैं। इसी कारण से शिक्षा और घर से बाहर रोजगार द्वारा नारी को सशक्त बनाने से जनन दर पर अंकुश लगता है। जन्म दर कम करने में युवा नारियों का अपना हित भी जुड़ा रहता है। सशंकित के कारण उनकी पारिवारिक निर्णयों में प्रभावपूर्ण ढंग से भागीदारी की समता बढ़ती है। इस बारे में अध्याय–8 और 9 में और विस्तार से बातचीत होगी।

अपने आपको वित्तीय मामलों में अनुदार कहने वालों को मानवीय विकास की उपादेयता को लेकर सन्देह बने रहते हैं। पर उनके इस सन्देह का कोई उचित तार्किक आधार नहीं है। मानवीय विकास के लाभ तो बहुआयामी होते हैं–इसके प्रभावों के समग्रवाची दृष्टिकोण में ही उनका पूरा आकलन सम्भव हो पाता है। लागतों के प्रति सचेत होने पर इन मानवीय विकास सम्बन्धी गतिविधियों को अधिकतम आवश्यकता वाले क्षेत्रों में प्रवाहित कर उन्हें अधिक प्रभावोत्पादक बनाया जा सकता है। इस तरह से प्रत्यक्ष और परोक्ष रूप से जीवन की गुणवत्ता में सुधार ही होते हैं–किसी प्रकार से इसके हितों को ठेस नहीं पहुँचती।

वास्तव में तो वित्तीय विवेकपूर्ण व्यवहार से उन कार्यों पर हो रहे सार्वजनिक धन के व्यय पर ही अंकुश लगेगा जिनकी उपादेयता सन्देहास्पद ही है। उदाहरण के लिए अनेक गरीब देशों में हथियारों की होड़ और सेनाओं पर भारी व्यय, शिक्षा और स्वास्थ्य आदि से कई गुना दिखाई पड़ रहा है। वित्तीय विवेक से तो सैन्यीकरण वादियों को खतरा हो सकता है, स्कूल शिक्षकों या अस्पतालों की नर्सों को नहीं। पर यह हमारे युग की विडम्बना ही है कि वित्तीय विवेक से शिक्षकों और नर्सों को जितनी घबराहट हो रही है उतनी सेनाध्यक्षों को नहीं होती। इस विरोधाभास का उपचार करने के लिए वित्तीय विवेक को ठोंक पीट कर सुधारने की अपेक्षा सामाजिक धन के प्रयोग को लेकर वैकल्पिक दावों की अधिक व्यवहारिक होकर खुले मस्तिष्क से समीक्षा करने की आवश्यकता है।

6.
लोकतन्त्र का महत्त्व

बंगाल की खाड़ी के साथ लगता हुआ, भारत के पश्चिम बंगाल और बंगला देश के दक्षिण छोर से सटा हुआ एक वन है—सुन्दरवन ! यह शान शौकत, गति, शक्ति और भीषण उग्रता के प्रतीक शाही बंगाली बाघ का निवासस्थान है। अब तो उनकी बहुत ही कम संख्या बची है और उनके शिकार पर प्रतिबन्ध ही उनकी रक्षा कर रहा है। सुन्दरवन शहद के उत्पादन के लिए भी विख्यात है जो इसमें लगे बहुत बड़े-बड़े प्राकृतिक छत्तों से निकाला जाता है। आसपास के गाँवों के गरीब निवासी वन से शहद इकट्ठा करने जाते हैं जिसकी उन्हें शहरों में बहुत अच्छी कीमत मिल जाती है। यह कीमत प्रायः 50 अमेरिकी सैंट के समतुल्य रुपयों में प्रति बोतल की दर से होती है। किन्तु इन शहद संग्रहकों को बाघ से बचना होता है। भाग्यशाली रहे वर्षों में भी पचासियों शहद वाले बाघ के शिकार हो जाते हैं—बुरे वर्षों की तो बात ही कुछ नहीं कही जा सकती। बाघ तो सुरक्षित है पर इन सुन्दर, गहन, खतरनाक वनों में इन निरीह प्राणियों की रक्षा की कोई व्यवस्था नहीं है जो किसी तरह अपने परिवार का पेट पालने के काम में लगे हैं।

तीसरे विश्व के अनेक देशों में आर्थिक आवश्यकताएँ कितनी 'सशक्त' हो सकती हैं, यह तो इसका एक उदाहरण मात्र है। तत्काल ही समझ आ जाता है कि यह शक्ति राजनीतिक स्वतन्त्रता और नागरिक अधिकारों जैसी कितनी ही बड़ी-बड़ी बातों से बहुत प्रबल सिद्ध होती हैं। गरीबी ही लोगों को भारी से भारी जोखिम उठाने को मजबूर कर देती है—एक या दो डालर के बराबर शहद इकट्ठा कर पाने की चाह में ये लोग कितनी दर्दनाक मौत से दो-चार होते रहते हैं। इनके लिए राजनीतिक स्वातन्त्र्य और नागरिक अधिकारों की बातें एक भद्दे मज़ाक से अधिक कुछ नहीं होतीं। यहाँ 'बन्दी प्रत्यक्षीकरण' जैसी किसी याचिका के महत्त्व को समझा पाना सम्भव नहीं होगा। यहाँ तो आर्थिक जरूरतें पूरी करने (पेट की आग बुझाने) को ही सर्वप्रथम वरीयता मिलनी चाहिए (राजनीतिक स्वातन्त्र्यों का चाहे जो होता रहे)। ऐसे परिवेश में तो लगता है कि लोकतन्त्र और राजनीतिक स्वातन्त्र्य ऐसी विलासिताएँ हैं जिनका

खर्च गरीब देश नहीं उठा पाते।

आर्थिक आवश्यकताएँ और राजनीतिक स्वातन्त्र्य

अनेक अन्तर्राष्ट्रीय चर्चाओं में कुछ इसी प्रकार की बातें बताई जाती हैं। जब आर्थिक आवश्यकताएँ इतना विशाल मुँह फाड़े खड़ी हों तो राजनीतिक स्वतन्त्रताओं के सूक्ष्म चित्रण की चिन्ता निरर्थक सी लगती है। वर्ष 1993 के वसन्त काल में वियना में विश्व मानवाधिकार महासम्मेलन में राजनीतिक स्वातन्त्र्यों और नागरिक अधिकारों की तात्कालिक अनिवार्यता को लेकर इसी प्रकार के प्रश्न उठे थे—और इनकी उपादेयता के विषय में आशंकाएँ व्यक्त हुई थीं। अनेक देशों के प्रतिनिधियों ने विश्व भर के लिए बुनियादी राजनीतिक एवं नागरिक अधिकारों के घोषणा पत्र के अनुमोदन पर, विशेषकर तीसरे विश्व के देशों के लिए इसकी ग्राह्यता पर कड़ी आपत्तियाँ दर्ज कराई थीं। उनका कहना था कि कहीं अधिक महत्त्वपूर्ण भौतिक पदार्थों की अति विशाल आवश्यकताओं से जुड़े आर्थिक अधिकारों पर दृष्टि को केन्द्रित किया जाना चाहिए।

इस प्रकार के विश्लेषण का बहुत गर्मजोशी के साथ प्रतिपादन चीन, सिंगापुर आदि पूर्वी एशियाई देशों के सरकारी प्रतिनिधि-मण्डलों ने किया था, पर भारत, दक्षिण एवं पश्चिम एशिया और अफ्रीका की सरकारों की ओर से इसका कोई प्रतिवाद नहीं किया गया। इस प्रकार के विश्लेषण में बार-बार यही बात दोहराई जाती है : पहले क्या काम होना चाहिए : गरीबी और दरिद्रता का निवारण या राजनीतिक नागरिक अधिकारों की व्यवस्था—जिसका गरीबों के लिए शायद ही कोई उपयोग हो ?

राजनीतिक स्वातन्त्र्यों और लोकतन्त्र का सर्वोपरि स्थान

क्या इस मूलभूत द्वैध, जिसमें आर्थिक आवश्यकताओं की अति-गहनता के कारण राजनीतिक स्वातन्त्र्यों पर ग्रहण लग जाता हो, के आधार पर ही आर्थिक आवश्यकताओं और स्वातन्त्र्यों की समस्या पर विचार मंथन आरम्भ करना उचित होगा ? नहीं। मेरा मत यह है कि यह आर्थिक जरूरतों को सबसे अधिक महत्त्वपूर्ण सिद्ध करने का उपयुक्त ढंग नहीं है। इस प्रकार से आर्थिक स्वातन्त्र्यों के महत्त्व को समझ पाना भी सम्भव नहीं होगा। वास्तविक मुद्दे कुछ दूसरे ही हैं, उनमें राजनीतिक स्वातन्त्र्यों और आर्थिक आवश्यकताओं तथा इनकी सम्पूर्ति के बीच व्यापक अन्तर्सम्बन्धों की सही पहचान भी सम्मिलित है। ये सम्बन्ध केवल निमित्त या साधन मात्र नहीं होते (राजनीतिक स्वातन्त्र्य भीषण आर्थिक आवश्यकताओं की सम्पूर्ति के लिए उचित सम्प्रेरणाओं और सूचनाओं के निर्माण आदि में बहुत निर्णायक योगदान दे सकते हैं)। ये रचनात्मक भी होते हैं। सार्वजनिक चर्चाएँ ही यह निर्धारित कर देती हैं कि हम किन बातों को आर्थिक आवश्यकता समझते हैं, पर उन सार्वजनिक चर्चाओं का आयोजन राजनीतिक स्वातन्त्र्य के अभाव में सम्भव ही नहीं हो पाएगा।

उन स्वातन्त्र्यों के लिए राजनीतिक स्वातन्त्र्यों और नागरिक अधिकार ही इस प्रकार से सार्वजनिक चर्चाओं के लिए उपयुक्त आधार तैयार कर हमें आर्थिक आवश्यकताओं के सही स्वरूप का अभिज्ञान कराते हैं।

मैं तो यहाँ तक कहूँगा कि आर्थिक जरूरतों की गहनता राजनीतिक स्वातन्त्र्य की नितान्त आवश्यकता को और बल प्रदान करती है—उन्हें क्षीण नहीं बना देती। तीन पृथक्-पृथक् प्रकार की बातें हमें राजनीतिक एवं उदारमना नागरिक अधिकारों के सर्वोच्च महत्त्व को समझने में सहायता देती हैं :

(1) राजनीतिक एवं सामाजिक भागीदारी सहित बुनियादी क्षमताओं-योग्यताओं से जुड़े मानव जीवन के पक्ष में तो इनका महत्त्व प्रत्यक्ष ही है;

(2) आर्थिक आवश्यकताओं सहित सभी प्रकार के राजनीतिक ध्यान-आकर्षण के निमित्त लोग अपनी बात के सुने जाने का जो दावा और आग्रह करते हैं उसमें भी इन स्वातन्त्र्यों और अधिकारों का बहुत साधनस्वरूप योगदान होता है;

(3) आवश्यकताओं की अवधारणा की रचना करने में भी इन्हीं स्वातन्त्र्यों और अधिकारों की आवश्यकता होती है (इस अवधारणा में आर्थिक आवश्यकताएँ भी समाहित रहती हैं)।

हम बारी-बारी से तीनों बातों पर विचार करेंगे, पर, उससे पूर्व, आइए, उन लोगों के तर्कों पर भी एक निगाह डाल लें जिन्हें राजनीतिक स्वातन्त्र्य एवं लोकतान्त्रिक अधिकारों तथा बुनियादी आर्थिक जरूरतों की सम्पूर्ति के बीच कोई बहुत बड़ा टकराव दिखाई पड़ रहा है।

राजनीतिक स्वातन्त्र्यों और नागरिक अधिकारों के विरुद्ध तर्क

विकासशील देशों के लोकतन्त्र और बुनियादी नागरिक एवं राजनीतिक अधिकारों के विरुद्ध तीन दिशाओं से आवाज उठाई जाती है। एक तो यह दावा किया जाता है कि स्वतन्त्रताएँ और अधिकार आर्थिक संवृद्धि और विकास में बाधक होते हैं। इस विचार को हम सिंगापुर के भूतपूर्व प्रधानमन्त्री ली क्वान यू के 'ली सिद्धान्त' का नाम देते हैं। इस बारे में हमने प्रथम अध्याय में भी संक्षिप्त शब्दों में कुछ बात की थी।

दूसरा दावा यह किया जाता है कि यदि गरीब देशों की जनता को आर्थिक जरूरतों की सम्पूर्ति तथा राजनीतिक स्वातन्त्र्यों के बीच चयन करने दिया जाए तो वह निश्चित रूप से अपनी जरूरतों की सम्पूर्ति को ही चुनेगी। यह तर्क कुछ विचित्र-सा लगता है। एक ओर लोकतन्त्र का विरोध किया जा रहा है और उस विरोध का औचित्य सिद्ध करने के लिए लोकतान्त्रिक पद्धति—चुनाव—का ही सहारा लेने का प्रयास हो रहा है। दावा है कि बहुमत लोकतन्त्र को नकार देने का चुनाव करेगा। इसी तर्क से बहुत कुछ मिलता-जुलता एक और भी तर्क है—कि लोग क्या चुनते हैं इससे ज्यादा महत्त्व इस बात का होगा कि क्या उनके पास चुनाव करने के लिए

उपयुक्त कारण मौजूद हैं। लोग निश्चित ही आर्थिक दरिद्रता एवं कष्टों को सबसे पहले मिटाना चाहते होंगे अतः उन्हें राजनीतिक स्वतन्त्रता पर आग्रह नहीं करना चाहिए क्योंकि ये उनकी प्राथमिकताओं को व्यावहारिक रूप प्रदान करने में बाधक हो सकती हैं। इस वाक्चातुर्य में निहित रूप से आर्थिक आवश्यकताओं की पूर्ति और राजनीतिक स्वतन्त्रताओं के बीच एक बहुत चौड़ी खाई की मान्यता सम्मिलित कर इसी को निष्कर्ष के रूप में दिखाने का प्रयास हो रहा है। यह प्रकारान्तर से ली सिद्धान्त का ही एक रूप बन जाता है।

कई बार कहा जाता है कि राजनीतिक स्वातन्त्र्यों, नागरिक अधिकारों और लोकतन्त्र पर आग्रह तो पश्चिमी विचार है जो एशियाई जीवन मूल्यों का विशेष रूप से विरोधी ही है। यहाँ तो लोग व्यवस्था और अनुशासन को ही स्वातन्त्र्य आदि से बेहतर मानते हैं। उदाहरण के लिए प्रेस सेंसर को भी एशियाई जनमानस पाश्चात्य जनता की तुलनाओं में अधिक सहज भाव से स्वीकार कर लेता है क्योंकि यह भी अनुशासन की स्थापना का एक माध्यम ही है। सन् 1993 के वियना सम्मेलन में सिंगापुर के विदेश मन्त्री ने चेतावनी दी थी कि मानव अधिकारों को सार्वभौम स्वरूप प्रदान करने के फेर में विविधता और बहुलता की वास्तविकताओं को छुपाने का प्रयास हानिकारक सिद्ध हो सकता है। चीन के प्रतिनिधि ने तो कुछ ऐसा भ्रम पैदा करने का प्रयास किया जैसे सारे ही एशिया की जनता की मान्यता है कि "लोगों को अपने अधिकारों पर सरकार के अधिकारों को प्राथमिकता/वरीयता देनी ही चाहिए।"

यह तीसरा तर्क सांस्कृतिक व्याख्या का एक प्रयास है। मैं इसकी समीक्षा अध्याय–10 में करूँगा। शेष दोनों तर्कों पर यहाँ ध्यान देते हैं।

लोकतन्त्र और आर्थिक संवृद्धि

क्या वास्तव में निरंकुश शासन व्यवस्था इतना अच्छा काम करती है ? यह तो सच है कि कुछ निरंकुश देश जैसे ली का सिंगापुर और चीन आदि में आर्थिक संवृद्धि की दर भारत, कोस्टारीका और जमैका आदि कम निरंकुश देशों की अपेक्षा काफी अधिक रही है। पर ली सिद्धान्त वास्तव में सीमित जानकारी के कुछ चुने हुए हिस्सों के प्रयोग पर ही आधारित है। इसमें उपलब्ध व्यापक सांख्यिकीय जानकारियों का विश्लेषण किया ही नहीं गया। हम चीन या दक्षिण कोरिया की तीव्र आर्थिक प्रगति को इस बात का प्रमाण नहीं मान सकते कि निरंकुश शासन में आर्थिक प्रगति की दर तीव्र होती है और न ही हम इसके विपरीत किसी निष्कर्ष पर आसानी से पहुँच पाएँगे। अफ्रीका ही नहीं विश्व भर में सबसे तीव्र प्रगति कर रहा देश बोट्सवाना उस नित्य आपदा ग्रस्त महाद्वीप में बेशक लोकतन्त्र की एक अनूठी मिसाल हो, पर उसी के आधार पर लोकतन्त्र की श्रेष्ठता का विश्वव्यापी पटल पर दावा नहीं हो सकता। वास्तविक परिस्थितियों पर भी बहुत कुछ निर्भर करता है। वास्तव में कोई

प्रमाण है ही नहीं कि तानाशाही और राजनीतिक नागरिक अधिकारों के दमन से कहीं आर्थिक विकास में सहायता मिली हो। इस बारे में सांख्यिकीय चित्र तो बहुत ही जटिलतापूर्ण है। व्यवस्थित ढंग से किए गए अध्ययन भी इस विचार की पुष्टि नहीं कर पाते कि राजनीतिक स्वातन्त्र्य और आर्थिक निष्पादन में कोई प्रत्यक्ष एवं मौलिक टकराव हैं। दोनों के बीच सहसम्बन्ध के आकलन में भी विशेष सुनिश्चित संकेत नहीं मिलते। कुछ अध्ययन हल्की सी नकारात्मकता दिखा रहे तो अन्यों में क्षीण सी सकारात्मकता दृष्टिगोचर हो रही है। कुल मिलाकर हमारे पास इस विचार को नकार पाना बहुत कठिन हो जाता है कि उनके बीच किसी प्रकार कोई सम्बन्ध नहीं है। राजनीतिक स्वातन्त्र्यों और स्वतन्त्रताओं के अपने सारभूत महत्त्व के कारण भी उनके पक्ष में तो पहले से भी बहुत ठोस आधार बना हुआ है।

इसी संदर्भ में शोध प्रविधि के बुनियादी प्रश्न पर भी कुछ विचार करना उचित ही जान पड़ता है। केवल सांख्यिकीय सूत्रों पर विचार करना पर्याप्त नहीं है, हमें उनकारक प्रक्रियाओं पर भी ध्यान देना होगा जिनकी आर्थिक संवृद्धि और विकास से गहरी घनिष्ठता होती है। पूर्वी एशियाई देशों की आर्थिक सफलताओं की आधार रही नीतियों और परिस्थितियों के विषय में अब कोई भ्रम नहीं है। वैसे तो आँकड़ों पर आधारित अध्ययनों में कुछ-न-कुछ अन्तर अवश्य रहते हैं पर अब सहायक नीतियों की सूची यह पर्याप्त आम सहमति बन चुकी है। इस सूची में शामिल हैं : प्रतियोगिता के लिए खुलापन, अन्तर्राष्ट्रीय बाजारों का प्रयोग, साक्षरता एवं स्कूली शिक्षा का उच्च स्तर, भू-सुधारों में सफलता, निवेश निर्यात और औद्योगीकरण को बढ़ावा देने वाले सार्वजनिक प्रावधान। इनमें से कोई भी नीति अधिक लोकतन्त्र की विरोधी नज़र नहीं आती—किसी में भी ऐसा कोई तत्त्व भी दिखाई नहीं पड़ता जिसके लिए चीन सिंगापुर या दक्षिण कोरिया जैसी तानाशाही की आवश्यकता रही हो।

यही नहीं, आर्थिक संवृद्धि का मूल्यांकन करते समय भी केवल सकल राष्ट्रीय उत्पाद की वृद्धि जैसे समग्र आर्थिक प्रसार के किसी एक सूचक पर ही ध्यान देना पर्याप्त नहीं होगा। हमें लोकतन्त्र और राजनीतिक स्वतन्त्रताओं के जनता के जीवन एवं क्षमताओं पर प्रभावों की भी समीक्षा करनी होगी। यहाँ इन स्वतन्त्रताओं, अधिकारों और अकाल जैसी विभीषिकाओं से निपट पाने की क्षमता पर भी विचार करना होगा। राजनीतिक एवं नागरिक अधिकार जनसामान्य को अपनी जरूरतों की ओर ध्यान दिलाने की आवाज उठाने और उचित सार्वजनिक नीतियों की माँग करने का सुअवसर प्रदान करते हैं। अक्सर सरकार उन्हीं लोगों को विषम दुर्दशा में सहायता देती है जो उन पर पर्याप्त दबाव बना सकें। यहाँ चुनाव में मतदान, आलोचना और विरोध आदि के अधिकारों का प्रयोग बहुत ही प्रभावपूर्ण हो सकता है। यह लोकतान्त्रिक और राजनीतिक अधिकारों के साधन स्वरूप योगदान का एक अंग ही है। इसी अध्याय में आगे चलकर इस महत्त्वपूर्ण विषय में मैं कुछ और बातें भी कहना चाहूँगा। पर अभी इतना ही।

क्या गरीबों को लोकतन्त्र और राजनीतिक अधिकारों की चिन्ता होती है ?

आइए, अब दूसरे प्रश्न की कुछ व्याख्या करें। क्या तीसरे विश्व के निवासी वास्तव में राजनीतिक और लोकतान्त्रिक अधिकारों के प्रति उदासीन हैं ? यह उदासीनता का दावा भी 'ली सिद्धान्त' की ही भाँति बहुत ही सीमित आँकड़ों पर आधारित है। इस बात का सही पता तो विरोध और अभिव्यक्ति की स्वतन्त्रता के परिवेश में स्वतन्त्र निष्पक्ष किए गए चुनावों से ही लग सकता है। पर निरंकुशतावाद के समर्थकों को यही बातें तो नहीं सुहातीं। इन्हीं से जनसामान्य को वंचित रखने के लिए वे इस प्रकार की दलीलें गढ़ते रहते हैं। जब आम नागरिक को अपने विचार व्यक्त करने का राजनीतिक अवसर भी नहीं मिल पाता, जहाँ सत्तारूढ़ व्यक्तियों के विचारों की आलोचना कर पाने का प्रश्न ही नहीं उठता वहाँ इस प्रकार के प्रस्तावों का सत्यापन किस प्रकार हो पाएगा ? अनेक विकासशील देशों के सत्ताधीशों ने इन अधिकारों-स्वातन्त्र्यों के दमन का ही अपना मज़हब बना रखा है पर इसे ही जन-सामान्य का धर्म मान लेना तो इस महत्त्वपूर्ण प्रश्न के साथ अन्याय ही होगा।

इसी सन्दर्भ में एक बहुत विलक्षण अनुभव मैं यहाँ दोहराना चाहता हूँ। भारत में भी एक बार इन्दिरा गाँधी की सरकार ने गलत सलाह के आधार पर लागू किए गए आपात्काल की व्यवस्था को उचित ठहराने के लिए इसी प्रकार के तर्क गढ़े थे। बाद में एक चुनाव द्वारा उसने अपने मत का अनुमोदन प्राप्त करने का भरसक प्रयास किया और इन्हीं मुद्दों पर मत विभाजन चाहा था। किन्तु आपात घोषणा का जनसामान्य ने अनुमोदन नहीं किया, उसने तो बुनियादी राजनीतिक एवं नागरिक अधिकारों की उस दमनकारी व्यवस्था को पूरी तरह अस्वीकार कर दिया। भारत, जिसके मतदाता दुनिया के गरीबतम जनसमुदायों में गिने जाते हैं, में भी आम जनता ने यह सिद्ध कर दिया कि उसे जितनी चिन्ता आर्थिक अभावों से मुक्ति पाने की है उतनी ही मौलिक स्वतन्त्रताओं और नागरिक अधिकारों के हनन नहीं होने देने की भी है। तो जहाँ तक इस बात की जांच का प्रश्न रहा है कि लोगों को लोकतन्त्र की कोई खास फिक्र नहीं होती, हमारे पास सुलभ साक्ष्य तो इस प्रस्ताव को रद्द ही कर रहे हैं। दक्षिण कोरिया, थाईलैंड, बंगलादेश, पाकिस्तान, म्यांमार और एशिया के अन्य अनेक देशों में लोकतान्त्रिक अधिकारों के लिए चलते रहे संघर्षों से भी यही जानकारी मिलती है। इसी तरह अफ्रीका में भी प्रत्येक उस देश में जहाँ राजनीतिक स्वातन्त्र्य का शमन हुआ है, मौका मिलते ही प्रतिरोध आरम्भ हो गया है—वैसे अफ्रीकी तानाशाहों ने ऐसे मौके कम ही दिए हैं।

इसी तर्क के दूसरे स्वरूप 'कि लोगों के पास राजनीतिक लोकतान्त्रिक अधिकारों को आर्थिक हितों की कसौटी पर कुर्बान कर देने के वैध कारण होते हैं', की हालत तो और भी खस्ता सिद्ध होती है। यह तो अपने 'जीवन' की रक्षा के लिए भी

'ली-सिद्धान्त' सही सिद्ध होने पर निर्भर रहता है। पर जब उस सिद्धान्त को ही पर्याप्त व्यवहार जनित आँकड़ों पर आधारित समर्थन नहीं मिल पा रहा तो केवल वाक्चातुर्य द्वारा परजीवी संरचना को जीवित रख पाना सहज सम्भव नहीं हो पाता।

राजनीतिक स्वातन्त्र्य का साधनभूत (Instrumental) महत्त्व

अब मैं राजनीतिक स्वातन्त्र्य विरोधियों की आलोचनाओं को छोड़कर इन स्वातन्त्र्यों के सकारात्मक महत्त्व की बात पर आ रहा हूँ। यह स्वातन्त्र्य बुनियादी क्षमताओं का एक महत्त्वपूर्ण अंग होता है। इस बारे में हम पिछले अध्यायों में काफ़ी बात कर चुके हैं। हम सामाजिक प्राणी हैं। इसी नाते हमें अपनी स्वतन्त्रताएँ अभिव्यक्ति और जीवन यापन की स्वतन्त्रताएँ सहज ही प्रिय हैं। हम सामाजिक एवं राजनीतिक कार्यों में भागीदार भी होने के अभिलाषी रहते हैं। हमारे जीवन मूल्यों की बोध आधारित एवं प्रतिबंधित की रचना के लिए भी संवाद एवं विचार विनिमय तथा राजनीतिक-सामाजिक अधिकारों की आवश्यकता है—इनके बिना यह जीवन मूल्यों की रचना हो ही नहीं पाएगी। फिर, जो बात हमें मूल्यवान लगती हो उसे खुलकर कह पाने, उस पर ध्यान दिए जाने की माँग करने के लिए हमें सम्भाषण की स्वतन्त्रता और चयन का अधिकार होना ही चाहिए।

जब राजनीतिक स्वातन्त्र्य की प्रत्यक्ष से परोक्ष भूमिका की ओर आते हैं तो हमें सरकारों और सत्ताधारी लोगों को जो राजनीतिक प्रेरणाएँ प्रभावित करती हैं उनके विषय में विचार करना होगा। शासक तभी जनता की बात सुनने को तैयार होते हैं जब उन्हें पुनः सत्ता में आने के लिए जनता के समर्थन और मतदान की आवश्यकता होती है। जैसे हमने पहले भी ध्यान दिया था, किसी लोकतान्त्रिक शासन एवं अपेक्षाकृत मुक्त समाचार पत्रों वाले देश में अकाल नहीं पड़ पाते। पुरानी राजशाहियों और आज के युग की निरंकुशतापूर्ण सामाजिक रचनाओं, आदिम जनजातियों, प्रौद्योगतन्त्रवादी तानाशाहियों, उत्तरी साम्राज्यवादियों की गिरफ्त में फँसे अभागे देशों और दक्षिण के नवस्वतन्त्र राष्ट्र जो तथाकथित राष्ट्रवादी पर अतिवादी तानाशाहों के शिकंजे में फँसे हैं या फिर एक ही दल के शासन का भार ढो रहे देशों को ही अकाल की विभीषिका और इसके कारण से व्यापक जन हानि भुगतनी पड़ रही है। किन्तु यह काली छाया किसी भी स्वतन्त्र, नियमित चुनावों, संगठित विपक्षी दलों और समाचारों आलोचनाओं को ईमानदारी से अपने पृष्ठों में स्थान देने वाले समाचार पत्रों से लैस देशों, जहाँ सरकार के विवेक पर प्रश्न उठाए जा सकते हों और सेंसर जैसी बाधा नहीं आती हो, कभी भी नहीं पड़ पाती। हम अगले अध्याय में, जहाँ विशेष रूप से अकालों एवं अन्य आपदाओं पर ही विचार किया गया है, इन व्यवस्थाओं के बीच की तुलना बहुत विस्तार से करेंगे।

राजनीतिक स्वातन्त्र्य की रचनात्मक भूमिका

राजनीतिक स्वातन्त्र्य एवं नागरिक अधिकारों से साधन स्वरूप योगदान बहुत व्यापक एवं विस्तृत हो सकते हैं—पर आर्थिक आवश्यकताओं और राजनीतिक स्वातन्त्र्यों के बीच कुछ रचनात्मक सम्बन्धसूत्र भी हो सकते हैं। बुनियादी राजनीतिक अधिकारों का प्रयोग यह सुनिश्चित कर देता है कि आर्थिक नीतियाँ आवश्यकताओं के अनुरूप रची जाएँ, यही नहीं, उन आर्थिक आवश्यकताओं के निरूपण में भी इन्हीं अधिकारों की जरूरत पड़ जाती है। यह भी कहा जा सकता है कि स्वतन्त्र वैचारिक आदान-प्रदान के बिना आर्थिक जरूरतों के सही स्वरूप और शक्ति की अनुभूति नहीं हो पाती। खुले संवाद, विवाद, आलोचना, विरोधाभिव्यक्ति आदि को सुनिश्चित करने वाले स्वातन्त्र्य और अधिकार सुविचारित चयन की सृष्टि करने के लिए अत्यन्त आवश्यक होते हैं। यही प्रक्रियाएँ सामाजिक मूल्यों, प्राथमिकताओं आदि की रचना भी करती हैं। सामान्यतः हम वरीयताओं के विचार विमर्श से स्वतन्त्र अस्तित्त्व को स्वीकार नहीं कर पाते, चाहे खुले संवाद और चर्चा विवाद आदि की छूट हो या नहीं।

अक्सर सामाजिक राजनीतिक समस्याओं के निदान में खुले संवाद की प्रभावोत्पादक क्षमता को ठीक से आँका ही नहीं जाता। उदाहरण के लिए, व्यापक जन संवाद विकासशील देशों में छायी उच्च जनन दरों की समस्या को सुलझाने में बहुत सहायक हो सकता है। भारत के अपेक्षाकृत अधिक साक्षर प्रदेशों में जन्मदर में तीव्र गिरावट का एक मुख्य कारण अधिक ऊंची जनन दर के युवा नारियों के जीवन पर दुष्प्रभावों पर सार्वजनिक चर्चाएँ भी रही हैं। यदि आज के केरल या तमिलनाडु में यह धारणा विकसित हो गई है कि छोटा परिवार ही सुखी परिवार है तो इसकी रचना के पीछे व्यापक जन संवाद का बहुत बड़ा हाथ रहा है। केरल की जनन दर 1.7 है। यह ब्रिटेन की दर के समान तथा चीन (1.9) से भी कम है। इस न्यून दर को जोर जबरदस्ती नहीं वरन् नए जीवन मानों के आधार पर पाया गया है। इन जीवन मानों की सर्जना में मुख्य योगदान व्यापक राजनीतिक एवं सामाजिक संवाद का रहा है। केरल के जनसामान्य, विशेषकर नारी वर्ग की साक्षरता दरें चीन के प्रत्येक प्रान्त से श्रेष्ठतर हैं। इस साक्षरता ने ही उपर्युक्त राजनीतिक-सामाजिक संवाद को सम्भव बनाया है (इस बारे में और आगे विचार अगले अध्याय में किया जाएगा)।

कष्ट अभाव दुर्दशा के अनेक रूप हो सकते हैं। कुछ का सामाजिक स्तर पर समाधान अधिक आसान होता है—कुछ का नहीं भी होता। हमारी आवश्यकताओं की सही पहचान के लिए मानवीय आपदाओं के समुच्चय को ही एक मोटा आधार माना जा सकता है। अनेक बातें, अगर उन्हें पा सकना व्यवहारिक हो तो, हमें बहुत मूल्यवान लग सकती हैं। उदाहरण के लिए, हम मैत्रेयी की भाँति अमरत्व की कामना भी कर सकते हैं। पर हम उन्हें 'आवश्यकता' नहीं मानते। आवश्यकता सम्बन्धी हमारे विचार किसी-न-किसी परिहार्य अभाव या वंचना से बचने (इसके लिए क्या

कुछ किया जा सकता है आदि) से सम्बन्धित चिन्तन पर आधारित रहते हैं। इस सूझबूझ तथा विश्वास के विकास में जन संवाद का योगदान निर्णायक रहता है। संभाषण की स्वतन्त्रता सहित राजनीतिक अधिकार न केवल आर्थिक आवश्यकताओं के प्रति सामाजिक प्रतिक्रिया को जन्म देने में सहायक होती हैं, वे इन आवश्यकताओं के स्वरूप की रचना में भी केन्द्रीय योगदान देते हैं।

लोकतन्त्र की कार्य-पद्धति

लोकतन्त्र की अन्तर्निहित उपादेयता, संरक्षात्मक भूमिका और रचनात्मक महत्त्व बहुत ही विशाल है। पर लोकतन्त्र के इन लाभों पर ही अपने तर्कों को आधारित करना इनके प्रभावों की अतिरंजना ही होगी। हमने पहले भी कहा है कि राजनीतिक स्वातन्त्र्य-स्वतन्त्रताएँ तो सुविधाकारी प्रतिलाभ ही हैं, इनकी प्रभावोत्पादकता उनके प्रयोग करने पर ही निर्भर रहती है। जिन आपदाओं को लोग प्रत्यक्षतः समझ जाते हैं और जिनमें सहानुभूति का तत्त्व सहज जागृत हो जाता है, उनके निवारण में लोकतन्त्र बहुत ही सफल रहा है। पर अनेक अन्य समस्याओं के विषय में यही बात इतनी ठीक नहीं लगती। भारत अकाल निवारण में जितना सफल रहा है उतनी कुशलता से कुपोषण, निरक्षरता और स्त्रियों के विरुद्ध भेदभाव दूर नहीं कर पाया है। अकाल पीड़ितों के कष्ट को सहज ही राजनीतिक स्वरूप मिल जाता है पर अन्य अभावों के विषय में गहन विश्लेषण, संवाद-सम्प्रेषण और राजनीतिक भागीदारी (अर्थात लोकतन्त्र के बेहतर एवं व्यापक प्रयोग) की आवश्यकता होगी।

अनेक बहुत पुराने लोकतन्त्रों से भी व्यवहार में त्रुटियों के कारण कई प्रकार की सामाजिक विफलताएँ दिखाई पड़ जाती हैं। अफ्रीकी-अमेरिकी नागरिकों की स्वास्थ्य व्यवस्था, शिक्षा और सामाजिक परिवेश की अतिगहन वंचनाओं के कारण ही उनके मरण दरें शेष देश की तुलना में बहुत ही अधिक हो गई हैं (देखें अध्याय–1 और 4) और अमेरिका की बहुत कुशलतापूर्वक कार्य कर रही लोकतान्त्रिक व्यवस्था इन अभावों को दूर नहीं कर पाई है। लोकतन्त्र कुछ सुअवसरों का सृजन कर सकता है, पर उनकी प्रयुक्ति के लिए लोकतान्त्रिक व्यवहार और राजनीतिक अधिकारों के व्यावहारिक प्रयोग का विश्लेषण करना आवश्यक है। इस संदर्भ में अफ्रीकी-अमेरीकियों के निम्न मतदान अंश, सामान्य उपेक्षा और विरोध भाव आदि की भी उपेक्षा नहीं हो सकती। लोकतन्त्र किन्हीं भी समस्याओं का उस प्रकार समाधान नहीं कर सकता जैसे कुनैन से मलेरिया का इलाज हो जाता है। इसके द्वारा सुलभ कराए गए अवसरों को ग्रहण करना होगा तभी अभीष्ट प्रभावों की प्राप्ति सम्भव होगी। यह बात वैसे सभी प्रकार के स्वातन्त्र्यों पर लागू होती है—परंतु बहुत कुछ इसी बात पर निर्भर रहता है कि स्वतन्त्रताओं का प्रयोग कैसे किया जाता है ?

लोकतन्त्र का व्यवहार और विपक्ष की भूमिका

लोकतन्त्र की सफलताएँ और उपलब्धियाँ केवल नियमों और प्रविधियों की रचना के कारण सम्भव नहीं हो जातीं—इनके लिए सुअवसरों का जनसामान्य द्वारा प्रयोग भी आवश्यक है। यह बात 1998 में ऑस्ट्रेलियन राष्ट्रीय विश्वविद्यालय के समक्ष अपने अभिभाषण में फिलीपीन्स के पूर्वराष्ट्रपति फिरेल रामोस ने बहुत स्पष्ट शब्दों का प्रयोग करते हुए इस प्रकार रखी थी :

"तानाशाही शासन में लोगों को न सोचने की जरूरत पड़ती है न चुनने की—ना ही अपना मन बनाकर सहमति देने की। उन्हें तो बस अनुसरण करना होता है। कुछ ही पहले तक के फिलीपीन्स के राजनीतिक अनुभवों ने यही कड़वाहट भरा सबक सिखाया है। पर एक लोकतन्त्र तो नागरिक सद्भाव इत्यादि के बिना चल ही नहीं सकता...। आज विश्व समुदाय के समक्ष सबसे बड़ी चुनौती केवल निरंकुशतावादी सरकारों को उखाड़ फेंकने की ही नहीं है, यह चुनौती लोकतन्त्र को जनसामान्य की सेवा में सक्रिय करने की है।"

लोकतन्त्र इन अवसरों की रचना कर देता है। ये इसके साधन स्वरूप और रचनात्मक भूमिका से सम्बन्धित है। पर इन सुअवसरों को कितनी गर्मजोशी के साथ ग्रहण किया जाता है यह अनेक अन्य बातों पर निर्भर करता है, जैसे : बहुदलीय राजनीति की क्षमता-ओजस्विता और नैतिक तर्कों एवं मूल्यमानों की रचना की सक्रियता आदि। उदाहरण के लिए, भारत में. स्वतन्त्रता के समय से ही अकाल और भुखमरी को दूर करने की वरीयता बहुत स्पष्ट रूप से समझी जा चुकी थी। (आयरलैंड, जिनसे ब्रिटिश शासन व्यवस्था के अधीन इसी प्रकार के कष्ट भोगे थे, भी इन वरीयता को समझे हुए था)। राजनीतिक कार्यकर्ताओं की अकाल से बचाव और लोगों को भूखों मरने देने पर सरकार की भर्त्सना में सरगर्मी देखते ही बनती थी। इस प्रक्रिया की शक्ति और तीव्रता ने ऐसे संकटों के निवारण को सरकारों की प्राथमिकता सूची में बहुत उच्च स्थान पर प्रतिष्ठित कर ही दिया। पर फिर भी यह स्पष्ट है कि निरक्षरता और बहुत अधिक (अतिभीषण नहीं) कुपोषण की भर्त्सना करने में प्रायः सभी विपक्षी दलों का स्वर कुछ मन्द ही रह जाता है। यहाँ तक कि पहले से ही रचित सुधार कार्यक्रमों को लागू करने के मामले में भी ऐसे ही निरपेक्ष भाव के दर्शन होते हैं। विपक्ष की इसी निष्क्रियता के कारण एक के बाद एक सरकार सार्वजनिक नीतियों के इन मुद्दों की हृदयहीनतापूर्ण अवहेलना कर पाने में सफल रही हैं।

वास्तव में तो विपक्षी दलों की भूमिका लोकतन्त्र और गैर लोकतान्त्रिक, दोनों ही व्यवस्थाओं में बहुत निर्णायक हो सकती है। लोकतन्त्र से पूर्व के कोरिया और पिनोचे के चिली में भी लोकतान्त्रिक अधिकार नहीं होने पर भी विपक्ष इतना सक्रिय और सशक्त था कि वह इन देशों के शासन प्रबन्ध पर अपनी छाप बनाए रहता था। हाँ यह सत्य है कि विपक्षियों को बहुत ही कष्ट और यातनाएँ भी झेलनी पड़ती

थीं। इन देशों में विपक्षियों की आकर्षण शक्ति को कम करने के लिए भी सरकारों ने कई प्रकार के सामाजिक कार्यक्रम आरम्भ कर दिए थे। इस तरह विपक्ष सत्ता तक पहुँचने से पूर्व ही शासन में प्रभावी हो गए थे।

दूसरा ऐसा क्षेत्र स्त्री पुरुष विषमता का है। इसमें भी बहुत सशक्त पहल (आलोचना-समालोचना एवं दिशा-निर्धारण) की आवश्यकता है। ज्यों ही ये उपेक्षित विषय सार्वजनिक चर्चा में आकर टकराव का कारण बनेंगी। सरकार कुछ न कुछ करने को बाध्य हो ही जाएगी। लोकतन्त्र में लोगों को वही मिलता है जिसकी वे माँग करते हैं और जो नहीं माँगते, वह कभी नहीं मिल पाता। भारत में सामाजिक सुअवसरों के दो आयामों—स्त्री-पुरुष क्षमता और बुनियादी शिक्षा की ओर अब विपक्षी दल अधिक ध्यान देने लगे हैं—इसी कारण विधायिका और कार्यपालिका में भी सक्रियता के लक्षण दिखाई देने लगे हैं। अन्तिम परिणाम तो भविष्य के गर्भ में छुपे हैं, पर जिस प्रकार के प्रयत्न किए जाने लगे हैं, वे कम महत्त्वपूर्ण नहीं हैं। भारत के विधान मंडलों में महिलाओं के लिए एक तिहाई स्थानों के आरक्षण और प्राथमिक शिक्षा के अधिकार को बहुत अधिक व्यापक बाल समुदाय तक पहुँचाने के लिए स्कूलों के विस्तार-प्रसार की बातें इसी दिशा में शुभ संकेतों की परिचायक हैं।

यह तर्क भी दिया जा सकता है कि भारत में लोकतन्त्र का योगदान केवल अकाल आदि की समस्याओं के निवारण तक सीमित नहीं रहा है। इसके व्यवहार में त्रुटियां भले ही रही हों पर स्वतन्त्रता के समय कुछ क्षेत्रों में व्यक्त आशंकाओं के विपरीत भारतीय लोकतन्त्र देश में स्थिरता और सुरक्षा की भावना पैदा करने में सफल रहा है। सन 1947 में भारत की सरकार अनुभवहीन, विभाजन से पीड़ित मानसिकता, राजनीतिक रुझानों में अस्पष्टता के साथ-साथ साम्प्रदायिक हिंसा और सामाजिक अव्यवस्था छाई थी। लोकतान्त्रिक एवं एकतापूर्ण भारत के भविष्य का विश्वास सहज जाग्रत नहीं हो पा रहा था। पर आज आधी शताब्दि व्यतीत हो जाने के बाद हम देख रहे हैं कि यहाँ लोकतन्त्र सभी प्रकार के ऊँच-नीच का सामना करते हुए काफ़ी अच्छी तरह से चलता ही रहा है। अधिकांश राजनीतिक मतभेदों का निपटारा संवैधानिक व्यवस्थाओं के अंतर्गत होता ही रहा है। सांसदीय एवं मतादेश की व्यवस्थाओं के अनुरूप ही सरकारों का गठन एवं पतन होता रहा है। भारत अपनी विचित्र विरोधाभासों से सम्पन्न विविधताओं सहित न केवल अपनी अखण्डता बनाए हुए है। वरन् एक लोकतान्त्रिक इकाई की भाँति कार्य भी कर पा रहा है। यह सारा 'चमत्कार' लोकतान्त्रिक पद्धति की क्रिया विधि का ही है।

भारत में बड़ी-बड़ी एवं समृद्ध भाषाओं की चुनौती भी कम नहीं रही है और उसके साथ ही प्रायः सभी प्रमुख धर्मावलम्बियों के विशाल समुदाय भी इसकी धार्मिक-सांस्कृतिक बहुलता के वितान को विशालता एवं गहनता प्रदान कर रहे हैं। मतमतान्तरों और साम्प्रदायिक मतभेदों को सामाजिक विभाजन की राजनीति करने वाले सहज ही अपनी गतिविधियों में मोहरे की तरह प्रयोग कर लेते हैं। पिछले कुछ

वर्षों में ऐसा कई बार हुआ है और उससे देश को बहुत ही कष्टप्रद परिस्थितियों का सामना करना पड़ा है। पर सामान्य देशवासी की प्रतिक्रिया ऐसी घटनाओं के प्रति वितृष्णा से भरी रही है। किन्तु इस प्रकार की हिंसा के प्रति जन सामान्य की यही वितृष्णा और ऐसी दुर्भाग्य पूर्ण वारदातों के प्रति भर्त्सना भाव ही अन्ततः संकीर्ण मनोवृत्ति के लोगों द्वारा छोटे-छोटे मतभेदों को विघटन का आधार बनाने के विरुद्ध लोकतान्त्रिक आश्वस्ति की रचना करता है। ये देश के अस्तित्त्व और समृद्धि के लिए भी अनिवार्य है क्योंकि विश्व में भारत ही एक ऐसा देश है जहाँ हिन्दू बहुमत होते हुए भी विश्व का तीसरा सबसे विशाल मुस्लिम समुदाय भी है और साथ ही लाखों की संख्या में ईसाई, सिक्ख-पारसी, जैन आदि भी निवास करते हैं।

एक निष्कर्ष

लोकतान्त्रिक व्यवस्था का उत्थान और संवर्धन करना विकास की प्रक्रिया का एक आवश्यक अंग है। मेरा विचार है कि लोकतन्त्र के महत्त्व इसके तीन सद्गुणों में निहित हैं : (1) इसका अन्तर्भूत महत्त्व, (2) इसका साधन स्वरूप योगदान, तथा (3) सामाजिक जीवन मूल्यों एवं मानकों की रचना में इसका रचनात्मक योगदान। इन तीनों पर विचार किए बिना लोकतान्त्रिक शासन पद्धति का मूल्यांकन विश्लेषण कभी पूरा नहीं हो सकता।

अनेक सीमाएँ होते हुए भी प्रायः राजनीतिक स्वातन्त्र्यों और नागरिक अधिकारों का बहुत प्रभावोत्पाद प्रयोग हो ही जाता है। जिन क्षेत्रों में ये अभी तक प्रभावपूर्ण ढंग से अपना योगदान नहीं कर पाएँ हैं वहाँ भी इन्हें क्रियान्वित करने के बहुत अच्छे सुअवसर विद्यमान हैं। राजनीतिक एवं नागरिक अधिकार अपने अनुमतिदायी स्वरूप में बहुत ही व्यापक पटल पर लागू हो सकते हैं। हाँ इनकी प्रभावोत्पादक कहीं अधिक होती है कहीं कम (वैसे यह अनुमतिदायी स्वरूप अक्सर बढ़ावा देने वाला स्वरूप भी बन जाता है, जैसे कि खुले संवाद, भागीदारी की राजनीति और सताए जाने की आशंका से मुक्त विपक्ष आदि के मामलों में)। आर्थिक विनाशकारी संकटों से बच पाने में इसके योगदान तो बहुत ही अच्छी तरह सिद्ध हो चुके हैं। जब सब कुछ ठीक-ठाक चल रहा हो तो लोकतन्त्र के इस योगदान की ओर किसी का ध्यान भी नहीं जाता। किन्तु जब कुछ गड़बड़ घोटाला हो जाए तो फिर इसके महत्त्व की सही अनुभूति होती है। जैसे कि पूर्वी एवं दक्षिण पूर्वी एशिया के अनेक देशों में वित्तीय संकट के कारण जब लाखों लोगों का जीवन दूभर हो गया तो जनता को लोकतन्त्र का अभाव भी खटकने लगा था। ऐसे समय में ही लोकतान्त्रिक व्यवस्था द्वारा सृजित राजनीतिक संप्रेरणाओं के व्यावहारिक महत्त्व मान का सही ज्ञान होता है।

हमें यह भी समझ लेना चाहिए कि लोकतान्त्रिक संस्थाएँ चाहे जितनी महत्त्वपूर्ण हों, वे अपने आय यंत्रवत् आर्थिक विकास का सृजन नहीं कर सकतीं। उनके प्रयोग

का स्वरूप हमारे जीवन मानों और प्राथमिकताओं के साथ उन्हें प्रयोग करने के हमारे तौर तरीकों व भागीदारी पर भी निर्भर रहता है। इस सन्दर्भ में संगठित विपक्षी समूहों का योगदान भी बहुत महत्त्वशाली हो जाता है।

राजनीतिक स्वातन्त्र्यों और नागरिक अधिकारों द्वारा सुलभ अवसरों का प्रयोग कर आयोजित हुए सार्वजनिक संवाद और चर्चाएँ सामाजिक जीवन मूल्यों की रचना में बहुत महत्त्वपूर्ण योगदान दे सकते हैं। यहाँ तक कि आवश्यकताओं के स्वरूप का निर्धारण भी सार्वजनिक संवाद और भागीदारी से ही संभव हो पाता है। सार्वजनिक संवाद लोकतन्त्र का एक सहगामी ही नहीं है, इसकी शक्ति और पहुँच बहुत विशाल है और इस संवाद का संपोषण सारे लोकतन्त्र को ही और अधिक श्रेष्ठतर निष्पादन करने योग्य बना सकता है। उदाहरण के लिए पर्यावरण संबंधी विषयों पर संवाद कहीं हाशिये पर पड़ा न रह कर अगर सामाजिक चिन्तन की मुख्य धारा में सम्मिलित हो जाता है तो इससे केवल पर्यावरण का ही भला नहीं होगा वरन् सारी लोकतान्त्रिक व्यवस्था और स्वस्थ एवं समृद्ध बन सकेगी।

लोकतन्त्र की आवश्यकता पर बल दिए जाने की तरह ही उन सभी परिस्थितियों, हालात आदि की संरक्षा करना भी आवश्यक है जिनके आधार पर लोकतान्त्रिक पद्धति विकसित होती है और भली प्रकार कार्य कर पाती है। लोकतन्त्र सामाजिक सुयोगों के सृजन का एक महत्त्वपूर्ण स्रोत है। इस कथन के पक्ष में तो जितना कहा जाए उतना ही कम रहता है। इस व्यवस्था की सभी अन्तर्निहित सम्भावनाओं के पूर्ण प्रस्फुटन के लिए आवश्यक तरीकों के विषय में भी जानकारी होना उतना ही जरूरी है। सामाजिक न्याय की उपलब्धिता केवल संस्थागत आकार प्रकारों पर भी निर्भर नहीं रहती वरन् उन नियमों के अनुसार प्रभावपूर्ण व्यवहार का भी महत्त्व होता है। राजनीतिक स्वातन्त्र्यों एवं नागरिक अधिकारों से जिन योगदानों की अपेक्षा हम करते हैं उनके निर्धारण और संप्राप्ति में सफलता में वास्तविक रूप में लोकतान्त्रिक व्यवहार के कारणों की चर्चा भी मैंने इसी अध्याय में की है। यह एक ऐसी चुनौती है जो केवल नए लोकतन्त्रों के समक्ष ही नहीं खड़ी है बल्कि संयुक्त राज्य अमेरिका जैसे देशों को भी इसका सामना करना पड़ रहा है (सभी प्रजातियों के नागरिकों को जनतान्त्रिक गतिविधियों में समान रूप से भागीदारी करने के उपयुक्त परिस्थितियों की रचना ऐसी ही चुनौती है)। अर्थात नए और पुराने लोकतन्त्रों के समक्ष कुछ समस्याएँ एक जैसी हैं तो कुछ का स्वरूप उनके अपने-अपने अनुभवों के अनुसार अलग-अलग हो जाता है।

7

अकाल और अन्य आपदाएँ

हम व्यापक भूख, कुपोषण से ग्रसित और बार-बार अकालों से आक्रान्त होने वाले विश्व में रहते हैं। कई बार तो यह भी मान लिया जाता है कि हम इन आपदाओं से छुटकारा पाने के लिए कुछ नहीं कर सकते। कभी-कभी तो यह आशंका भी व्यक्त की जाती है कि विश्व जनसंख्या में वृद्धि के साथ-साथ ये समस्याएँ भी और अधिक गहरी तथा दुःसाध्य होती चली जाएंगीं। आज विश्व में व्याप्त दुर्दशा के प्रति इसी प्रकार की हत्‌भाव मनोदशा छायी हुई है। भूख का समाधान कर पाने में असमर्थता ही भाग्यवाद का कारण बन सकती है—उसी से आज विद्यमान समस्याओं एवं दुर्दशा के समाधान के निमित्त प्रयासों में गम्भीरता की कमी का जन्म होता है।

पर इस निराशावाद का कोई तथ्यात्मक आधार नहीं है। भूख और अभावों की अनश्वरता का भी कोई कारण नहीं है। उपयुक्त नीतियों एवं उनके क्रियान्वयन से निश्चित रूप से आज विश्व की भूख की समस्या का समाधान हो सकता है। हाल ही में हुए आर्थिक, राजनीतिक एवं सामाजिक अनुसन्धानों ने मुझे तो यह विश्वास दिला दिया है कि अकालों की समाप्ति सम्भव है और चिरन्तन कुपोषण की दशा में भी क्रान्तिकारी सुधार हो सकता है। इनके लिए उपयुक्त नीतियाँ बनाई जा सकती हैं। बस, उपयुक्त अध्ययनों में सन्निहित जानकारियों को भली प्रकार समझकर नीति निर्धारण के प्रयासों में स्थान देना ही आवश्यक है।

हमारा यह अध्याय अकालों और अन्य अल्पकालिक विपत्तियों के अध्ययन से जुड़ा है। इन आपदाओं में भले ही लोगों को भूखों मरने की नौबत नहीं आती, पर बहुत विशाल जनसमुदाय को भारी संकट का सामना करना पड़ जाता है (ऐसा ही पूर्वी एवं दक्षिणपूर्वी एशियाई देशों के आर्थिक संकट के समय भी हुआ था)। अकाल और ऐसी आपदाएँ चिरन्तन भूख और गरीबी की स्थायी समस्याओं से भिन्न होती हैं—यद्यपि इन चिरन्तन समस्याओं में अचानक दुर्भाग्य का कोई विस्फोटक स्वरूप नहीं दिखाई देता जिससे बहुत से लोग अनायास ही आक्रान्त हो जाते हों। इन निरन्तर

चली आ रही कुपोषण आदि की समस्याओं और स्थायी अभावों पर हम इस पुस्तक के अध्याय–9 में बात करेंगे। वहाँ अकालों के विषय में वर्तमान अध्याय से सीखी गई सीखों का प्रयोग कर कुछ और अन्तर्दृष्टि विकसित करने का प्रयास भी होगा।

आधुनिक विश्व से भूख को मिटाने के लिए अकालों की सृष्टि की प्रक्रिया को ठीक से समझना आवश्यक है। यह केवल अनाज की उपलब्धता और जनसंख्या के बीच किसी मशीनी सन्तुलन का मामला नहीं है। भूख के विश्लेषण में सबसे अधिक महत्त्व व्यक्ति या उसके परिवार की आवश्यक मात्रा में खाद्य भंडारों पर स्वत्वाधिकार स्थापना की स्वतन्त्रता का है। यह दो प्रकार से सम्भव है : या तो किसानों की तरह स्वयं अनाज का उत्पादन करके या फिर बाजार से खरीदारी द्वारा। आसपास प्रचुर मात्रा में अनाज उपलब्ध रहते हुए भी यदि किसी व्यक्ति की आय के स्रोत सूख जाएँ तो उसे भूखे रहना पड़ सकता है। आय के स्रोत सूखने के कई कारण हो सकते है, जैसे–रोजगार छूट जाना, या उस व्यक्ति द्वारा उत्पादित पदार्थों के बाजार का किसी कारण से बिखर जाना आदि। दूसरी ओर, खाद्यान्न-उपलब्धता में भारी कमी आने पर भी जो कुछ सुलभ हो उसी के बेहतर बंटवारे द्वारा देश या क्षेत्र के प्रत्येक नागरिक के जीवन की रक्षा कर पाना सम्भव हो सकता है (इस कार्य के लिए अकालपीड़ितों आदि के लिए रोजगार के विशेष अवसरों का सृजन कर उन्हें खाद्य भंडारों पर पुनः अपनी अधिकारिता स्थापित करने में समर्थ बनाया जा सकता है)। विदेशों से अनाज का आयात कर इस प्रयास को और भी अधिक प्रभावपूर्ण बनाया जा सकता है। पर अनेक बार अकालों की आशंका का निवारण आयात का सहारा लिए बिना भी सम्भव हो जाता है, बस, घरेलू खाद्य भंडारों को ही और बेहतर ढंग से पुनः वितरित करना पर्याप्त रहता है। सारा दृष्टिबोध देश में विद्यमान खाद्य भंडार पर नहीं वरन् जनसामान्य की आर्थिक शक्ति और खाद्य सामग्री खरीद पाने के सारभूत स्वातन्त्र्य पर केंद्रित करना अनिवार्य होता है।

आज आर्थिक एवं राजनीतिक विश्लेषण की बहुत ही गम्भीर आवश्यकता है। साथ ही, अकालों के अतिरिक्त जो अन्य प्रकार के संकट-आपदाएँ जनसामान्य को घेरे रहती हैं, उनके विषय में भी अधिक सटीक चिन्तन किए जाने की आवश्यकता है। एक अच्छा उदाहरण पिछले कुछ समय में पूर्वी और दक्षिणपूर्वी एशिया का आर्थिक संकट रहा है। यहाँ भी अकाल ही की भाँति विशाल जनसमुदाय अनायास ही अपनी आर्थिक अधिकारिताएँ खो बैठा। इस प्रकार के संकटों की तीव्र गति और गहनता समाज में घर किए बैठी चिरन्तन दरिद्रता से बहुत ही भिन्न होती है। यह अन्तर वैसा ही है जैसा अकाल और चिरन्तन भुखमरी के बीच होता है।

अधिकारिता और अन्तर्निर्भरता

भूख का सम्बन्ध केवल खाद्यान्न-उत्पाद और कृषि के प्रसार से नहीं है–यह

तो सारी अर्थव्यवस्था के काम करने के तौर-तरीकों से भी जुड़ा है। यही नहीं, व्यापक दृष्टि से देखने पर तो वे सभी राजनीतिक और सामाजिक व्यवस्थाएँ/संरचनाएँ, जो लोगों की खाद्य समाग्री प्राप्त करने और स्वास्थ्य तथा पोषण लाभ करने की क्षमताओं को प्रभावित करती हैं, किसी-न-किसी तरह से भूख की समस्या से अवश्य सम्बन्धित रहती हैं। यह ठीक है कि समझदारीपूर्ण सरकारी नीतियाँ बहुत-कुछ कर सकती हैं, पर फिर भी सरकारी नीतियों के साथ अन्य आर्थिक एवं सामाजिक संस्थाओं के कुशलतापूर्वक संचालन का सहयोग भी आवश्यक होगा। इन संस्थाओं में सम्मिलित होंगे, वाणिज्य-व्यापार बाजार, राजनीतिक दलों की सक्रियता, गैर-सरकारी संस्थाएँ, जनजागरणकारी संवाद को बढ़ावा देनेवाली संस्थाएँ और प्रभावपूर्ण समाचार-संचार माध्यम आदि।

कुपोषण, भुखमरी और अकाल सारे अर्थतन्त्र और समाज की कार्यपद्धति से भी प्रभावित होते हैं (केवल खाद्य-उत्पादन और कृषिकार्यों का ही इन पर प्रभाव नहीं पड़ता)। आर्थिक-सामाजिक अन्तर्निर्भरताओं के आज के विश्व में भुखमरी पर पड़ रहे प्रभावों को ठीक से समझना अत्यावश्यक हो गया है। खाद्य का वितरण किसी धर्मार्थ (मुफ्त में) अथवा प्रत्यक्ष स्वचालित विधि से नहीं होता। खाद्य सामग्री पाने की क्षमता का उपार्जन करना पड़ता है। हमें देश में समग्र खाद्य-उत्पादन पर नहीं बल्कि प्रत्येक व्यक्ति की वास्तविक खाद्य अधिकारिताओं पर ध्यान देना होगा (दूसरे शब्दों में, यह देखना होगा कि किन वस्तुओं पर व्यक्ति अपना अधिकार सुनिश्चित कर पाते हैं)। जब पर्याप्त खाद्य-सामग्री पर अधिकार सिद्ध नहीं हो पाता तो लोग भूखे रहने को बाध्य हो जाते हैं।

किसी परिवार की अधिकारिताओं के निर्धारक तत्व क्या हैं ? इनमें कई प्रकार के प्रत्यक्ष प्रभाव सम्मिलित होते हैं। एक तो प्रारम्भिक साधन-सम्पन्नता है अर्थात् उन उत्पादक साधनों और सम्पत्ति का स्वामित्व जिनकी बाजार में कुछ कीमत मिल सकती हो। अधिकांश मानव समाज की एकमात्र सम्पत्ति उसका श्रम ही है। इसी श्रम द्वारा वे लोग अपने कौशल तथा अनुभव के विभिन्न स्तरों के साथ मिलाकर उत्पादन और आयसृजन की प्रक्रिया में भागीदारी करते हैं। कुल मिलाकर श्रम, भूमि और अन्य संसाधन मिलकर समाज की उत्पादक सम्पत्ति की रचना करते हैं।

दूसरा महत्त्वपूर्ण प्रभाव उत्पादन-सम्भावनाएँ और उनकी प्रयुक्ति है। यहीं पर तकनोलोजी की बात आती है। उपलब्ध तकनीकी ज्ञान का स्तर उत्पादन-सम्भावनाओं का निर्धारण करता है—उन पर उपलब्ध जानकारियाँ तथा जनता की उन जानकारियों को प्रयोग के निमित्त जुटा पाने की योग्यताओं के प्रभाव भी रहते हैं।

अधिकारिताओं की सर्जना में श्रम और भूमि का तो प्रत्यक्षतः खाद्य-उत्पादन में (कृषि कार्य में) प्रयोग हो सकता है। इसका एक विकल्प यह होगा कि परिवार के सदस्य कहीं और से आय कमाकर अनाज आदि खरीदने योग्य हो सकें। यह

योग्यता रोजगार के अवसरों तथा प्रचलित मजदूरी दरों पर भी निर्भर रहेगी। ये अवसर और दरें कृषि, उद्योग तथा अन्य गतिविधियों में उत्पादन सम्भावनाओं पर आश्रित होंगे। अधिकांश व्यक्ति अपने लिए आवश्यक खाद्य सामग्री का स्वयं उत्पादन नहीं करते, वे अन्य उत्पादक कार्यों में रोजगार के माध्यम से अपनी खाद्य सामग्री की क्रय शक्ति का उपार्जन करते हैं। इन गतिविधियों में नगदी फसलों की कृषि, दस्तकारियाँ, औद्योगिक वस्तुएँ तथा अन्यान्य प्रकार के काम-धन्धों वाली सेवाएँ आदि सम्मिलित रहती हैं। ये परस्पर निर्भरताएँ अकालों की परिस्थितियों के सही आकलन में बहुत उपयोगी होंगी, क्योंकि कितने ही लोग खाद्यान्न-उत्पादन में कमी नहीं वरन् अन्य वस्तुओं और सेवाओं के उत्पादन में बाधा के कारण खाद्यान्न खरीद पाने की क्षमता से वंचित हो जाते हैं।

तीसरी मुख्य बात यह है कि विनिमय की दशाएँ या शर्तें भी प्रभावपूर्ण होती हैं। यहां वस्तुओं और सेवाओं के क्रय-विक्रय की योग्यता और उनकी सापेक्ष कीमतों के निर्धारण का प्रश्न आता है। अधिकांश मानव समाज के पास तो केवल एक ही संपत्ति होती है—उनका अपना श्रम। अतः श्रम-बाजार पर ध्यान देना बहुत ही आवश्यक हो जाता है। क्या काम की तलाश में मजदूरों को प्रचलित दर पर रोजगार मिल पाता है ? क्या दस्तकार एवं सेवाप्रदाता अपने उत्पादन बेच पाते हैं ? इन सबके खाद्य सामग्री की तुलना में दाम क्या मिलते हैं ?

आर्थिक आपदाकाल में ये विनिमय दशाएँ बहुत तेजी से परिवर्तित हो सकती हैं। इससे भी अकाल जैसी स्थिति पैदा हो सकती है। अनेक प्रकार के प्रभावों के कारण इनमें बड़ी तेजी से उतार-चढ़ाव आ सकते हैं। कई बार खाद्य सामग्री की तुलना में अन्य वस्तुओं के दाम गिरने के कारण भी अकाल जैसे हालात पैदा हुए हैं। इस सापेक्ष कीमत परिवर्तन का कारण कहीं अनावृष्टि रही है तो कहीं बाढ़ या रोजगार स्तर में सामान्य गिरावट अथवा व्यापार संवर्धन के विषम स्वरूप—जहाँ कुछ व्यक्तियों की आय में बहुत तेजी से वृद्धि होती है तथा अन्य पिछड़ जाते हैं। कहीं-कहीं तो खाद्य-उत्पादन को लेकर अनावश्यक आशंकाएँ भी उनके दामों को बहुत ऊँचे चढ़ा देती हैं और संकट का सूत्रपात हो जाता है।

आर्थिक संकट के समय सभी सेवाओं पर एक जैसे प्रभाव नहीं पड़ते, कुछ पर अपेक्षाकृत अधिक दुष्प्रभाव पड़ते हैं तो कुछ कम प्रभावित होते हैं। 1943 के बंगाल के अकाल में खाद्य तथा अन्य कीमतों के अनुपात में भारी बदलाव आ गया था। मजदूरी और खाद्य कीमत अनुपात तो बदला ही था, साथ-ही-साथ मछली-अनाज कीमत अनुपात भी बहुत बदल गया था। इसी कारण उस अकाल से सबसे बुरी तरह प्रभावित होने वाला पेशावर्ग मछुआरों का था। मछली भी खाद्य पदार्थ है—पर यह उच्चस्तरीय खाद्य है और गरीब मछुआरे इन्हें बेचकर अन्य प्रकार की सस्ती खाद्य सामग्री खरीदते और अपनी उदरपूर्ति करते हैं (बंगाल में इस प्रकार मुख्यतः चावल

खरीदा जाता है)। उनका जीवनधारण-सन्तुलन इसी विनिमय पर आश्रित है—पर यदि चावल की तुलना में अचानक मछली के भाव गिर जाएँ तो उनका जीवन दूभर हो जाता है।

कई अन्य पेशेवाले वर्ग भी सापेक्ष दामों और विक्रय मूल्य के उतार-चढ़ाव से बहुत ही संशय की स्थिति में फँस जाते हैं। केशकर्त्तन का काम ही लें। आर्थिक संकट के समय नाइयों को दोहरी मार सहन करनी पड़ती है : (1) आपदाकाल में लोग बाल कटवाने जैसे काम को सहज ही स्थगित कर देते हैं, अतः नाइयों की सेवा की मांग बहुत कम रह जाती है, (2) इस प्रकार की मात्रात्मक गिरावट के साथ ही बाल कटाई की कीमतें भी कम हो जाती हैं। 1943 में बंगाल के कुछ जिलों में बाल कटाई की दर और चावल के दामों का अनुपात 70 से 80 प्रतिशत तक कम हो गया था। अतः पहले से ही गरीब नाइयों की दुर्दशा कल्पनातीत हो गई। अनेक सेवाकर्मियों की हालत प्रायः उन्हीं जैसी रही। यह सब उस समय हो रहा था जब खाद्य उत्पादन में या आपूर्ति में किसी प्रकार की भारी कमी नहीं आई थी। युद्ध से लाभान्वित शहरी जनता की अधिक क्रय शक्ति और सट्टेबाजों द्वारा खाद्य भंडारों की बाजार में आमद रोक लेने के कारण खाद्य वितरण में भारी विकृति आई और इसी ने भयंकर अकाल की सृष्टि कर डाली। अतः भूख और भुखमरी का अध्ययन करने के लिए केवल खाद्य उत्पादन आपूर्ति की बात पर्याप्त नहीं रहती, सारे ही अर्थतन्त्र का विश्लेषण करना होता है।

अकाल की सृष्टि

अकाल की जननी अधिकारिता-विफलता पर कई प्रकार के प्रभाव पड़ते हैं। अकालों के समाधान और उनसे बचाव के लिए इन विविध कारणों को समझना बहुत ही आवश्यक है। अकालों के कारण पैदा समस्या सांझी हो सकती है पर उसके, जन्मदाता कारक सांझे (एक जैसे) होने आवश्यक नहीं।

जो अपना अनाज स्वयं नहीं उगाते (औद्योगिक और सेवा क्षेत्र के श्रमिक) या जिनका उगाए गए अनाज पर अपना अधिकार नहीं होता (कृषि मजदूर) वे लोग केवल बाजार से अनाज खरीद कर ही अपना पेट भर पाते हैं। इनकी क्रयक्षमता उनकी कमाई, बाजार में अनाज की कीमतों और उनके अन्य गैर-खाद्य खर्चों (की विवशता) पर निर्भर रहती है। उनकी खाद्य सामग्री प्राप्त करने की क्षमता इन आर्थिक परिस्थितियों पर आश्रित हो जाती है : मजदूरों के लिए रोजगार का स्तर और मजदूरी की दरें, अन्य वस्तुओं का उत्पादन और दस्तकारों तथा सेवा क्षेत्र के कर्मियों की आय आदि।

जो खाद्य उत्पादन में लगे हैं उनकी अधिकारिताएँ भी उनके अपने उत्पादन तक ही सीमित रहती हैं, राष्ट्रीय उत्पादन पर नहीं (और अधिकतर अकालविषयक

अध्ययन केवल राष्ट्रीय उत्पादन की चर्चा तक ही सीमित रह जाते हैं)। कई बार लोगों को महंगी खाद्य सामग्री बेच सस्ती उदरपूर्ति सामग्री खरीदनी पड़ती है। उदाहरण के लिए, सहेल और अफ्रीकी ऊसर क्षेत्र के घुमन्तु चरवाहे पशुधन एवं उसी के उत्पाद बेचकर अनाज खरीदते हैं। इन कबीलों की मांस आदि बेच कर अनाज खरीदने की विवशता बंगाल के मछुआरों से बहुत भिन्न नहीं है। विनिमय दरों में ज़रा से उतार-चढ़ाव से यह विनिमय सन्तुलन बुरी तरह चरमरा सकता है। अनाज की अपेक्षा पशुधन उत्पादों की कीमतें कम होने पर इस चरवाहा समुदाय का जीवन दूभर हो जाता है। अनेक अफ्रीकी अकालों में यही कुछ देखने को मिला है। अनावृष्टि के कारण भी मांस आदि पशुधन उत्पादों के सापेक्ष दाम कम हो जाते हैं क्योंकि अभाव के मारे लोग परंपरागत सस्ते पदार्थों (अनाज) द्वारा ही उदरपूर्ति पर बल देने को विवश हो जाते हैं। चमड़े की बनी गैरखाद्य सामग्री को तो पूरी तरह अनावश्यक मान लिया जाता है। इन सापेक्ष विनिमय मूल्यों में कमी के कारण चरवाहे आवश्यक खाद्य सामग्री खरीद कर निर्वाह कर पाने में सफल नहीं हो पाते।

खाद्य उत्पादन या उसकी सुलभता में कमी आए बिना भी अकाल पड़ सकते हैं। सामाजिक सुरक्षा/बेरोजगारी बीमा आदि के अभाव में रोजगार छूट जाने पर किसी भी मजदूर को भूखा रहना पड़ सकता है। यह बहुत आसानी से हो सकता है। ऐसे में तो खाद्य उत्पादन एवं उपलब्धिता का स्तर उच्च होते हुए भी अकाल पड़ सकता है (कई बार तो देश में खाद्य उत्पादन अपनी चरम सीमा पर होता है, फिर भी अकाल जैसी हालत हो जाती है)।

खाद्य उत्पादन के चरम स्तर और भीषण अकाल का एक उदाहरण बंगलादेश का 1974 का अनुभव रहा है। यह अकाल उस समय पड़ा जब 1976-77 की अवधि में सबसे अधिक प्रतिव्यक्ति अन्न उपलब्धता भी विद्यमान थी (देखें चित्र 7.1)। भुखमरी के दौर का प्रारम्भ एक क्षेत्र में बाढ़ के कारण बेरोजगारी से हुआ। कुछ महीनों बाद इसका प्रभाव कम फसलों की कटाई में भी परिणत हो गया (दिसम्बर में) किन्तु देश को अकाल की स्थिति तो दिसम्बर माह से पूर्व ही भुगतनी पड़ चुकी थी। वस्तुतः दिसम्बर में काटी गई फसल में उत्पादन बहुत कम हुआ है—इस बात की जानकारी मिलने से पूर्व तो अकाल समाप्त ही हो चला था। बाढ़ के कारण 1974 की गर्मियों में ग्रामीण मजदूरों को तुरन्त रोजगार की हानि भुगतनी पड़ गई। धान की रोपाई आदि से जो आमदनी उन्हें हो सकती थी, वे उससे वंचित रह गए। इसी कमाई से वे अनाज खरीदने की क्षमता पाते हैं। इस प्रकार कुछ क्षेत्रों में सीमित भुखमरी ने देश में आशंकापूर्ण माहौल पैदा कर दिया और आत्मविश्वासशून्य खाद्य बाजार ने भविष्य में अन्न उत्पादन में गिरावट की सम्भावना के भरोसे चावल के दामों को आसमान पर पहुंचा दिया। परिणामतः सारे देश में भुखमरी का प्रभाव छा गया।

चित्र 7.1
बंगला देश में खाद्यान्न की उपलब्धता, 1971-75

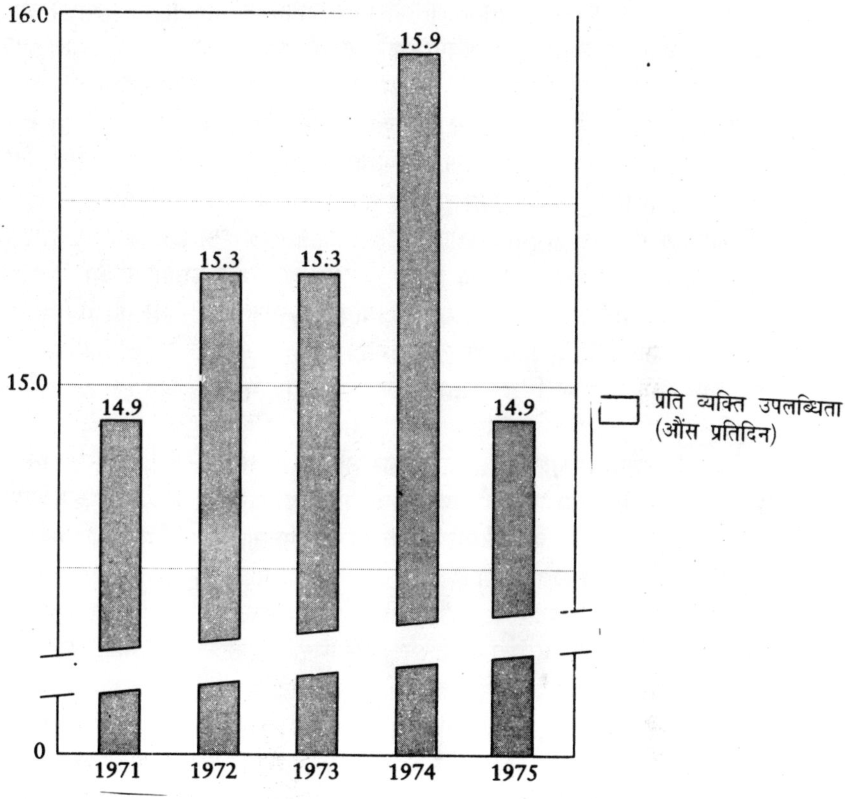

स्रोत : अमर्त्य सेन : 'गरीबी और अकाल' की ता. 9.5 पर आधारित। यह अकाल 1974 में पड़ा था।

भविष्य में होने वाली कमी का अति अनुमान ही नहीं हुआ, उसमें हेरा-फेरी भी की गई। अन्ततः उस आधार पर बढ़ाई गई कीमतें कम भी हुई पर तब तक अकाल के कारण भारी नुकसान हो चुका था।

जब अकाल के दौरान खाद्य उत्पादन में सचमुच गिरावट आई हो (चीन, 1958-61 तथा आयरलैंड 1840 का दशक) तब भी हमें उत्पादन सम्बन्धी आंकड़ों

से आगे बढ़कर यह तो देखना ही चाहिए कि आखिर समाज के कुछ वर्ग इस अकाल की बलिवेदी पर पूरी तरह कुर्बान क्यों हो गए तथा शेष वर्ग इससे अप्रभावित कैसे रह गए। अकाल भी समाज के विभाजन के सहारे पनपते हैं। सारे देश में विशेष कमी नहीं होने पर भी किसी क्षेत्र के अनावृष्टि-पीड़ित किसान अपनी अन्न-अधिकारिता से हाथ धो बैठते हैं। उनका अपना उत्पादन बर्बाद हो गया है, उनके पास और कोई बेचने योग्य चीज़ है ही नहीं तो स्वभाविक रूप से वे अन्य स्थानों से अनाज खरीदने की हालत में ही नहीं होंगे। अन्य पेशों से अपेक्षाकृत स्थायित्वपूर्ण आमदनी वाले सामाजिक वर्ग इस समस्या से अप्रभावित रहते हैं—क्योंकि उनके पास तो और क्षेत्रों से अनाज खरीदने के लिए पर्याप्त आय आदि संसाधन बने रहते हैं। 1973 मे इथोपिया के वोलो क्षेत्र के अकाल का घटनाक्रम कुछ ऐसा ही रहा है। इस प्रान्त के गरीब निवासी भूखों रहने को बाध्य हो चले थे जबकि इसकी राजधानी देस्सी में अनाज के भाव अन्य शहरों (अदीस अबाबा, अस्मारा आदि) जैसे ही थे। वास्तव में अनाज की वोलो से निकासी और इथोपिया के अपेक्षाकृत अधिक समृद्ध क्षेत्रों में बिक्री के प्रमाण भी मिले हैं क्योंकि उन क्षेत्रों के लोगों के पास अनाज खरीदने के लिए पर्याप्त आमदनी मौजूद थी।

एक अन्य घटनाक्रम कुछ इस प्रकार भी हो सकता है : किसी व्यवसाय विशेष में लगे लोगों की क्रयशक्ति में अप्रत्याशित वृद्धि के कारण खाद्य पदार्थों की कीमतें तेजी से बढ़ सकती हैं। इसके परिणामस्वरूप अन्य लोगों की भौतिक आय की क्रय शक्ति में भारी कमी आ जाती है और उन्हें अनाज की खरीदारी भी करनी हो तो वे सचमुच बर्बादी के कगार पर पहुँच जाते हैं। ऐसे अकाल के लिए भी खाद्य उत्पादन में कमी आनी आवश्यक नहीं रहती। यह तो कुल आपूर्ति में कमी नहीं वरन् किसी एक क्षेत्र की स्पर्धापूर्ण मांग में उछाल के कारण पैदा होती है। ऐसा ही घटना क्रम 1943 में बंगाल अकाल के उद्‌गम स्रोत का रहा था। युद्ध के कारण आर्थिक गतिविधियों के उछाल ने शहरी क्षेत्रों में आमदनी के अम्बार लगा दिये, जापानी सेनाएँ देश की सीमाओं पर दस्तक दे रही थीं और कलकत्ता सहित सारे ही बंगाल के शहरों में अंग्रेजी एवं भारतीय सैन्य व्यय अपने चरमोत्कर्ष पर था। एक बार जब चावल की कीमतें बढ़ने लगीं तो आशंकित लोगों की खरीदरी तथा सट्टेबाजों की मिलीभगत ने उन्हें तुरन्त ही आकाश तक पहुँचा दिया। ग्रामीण बंगाल का अधिकांश जन समुदाय तो हतप्रभ होकर यह विनाशकारी नजारा देखता ही रह गया—उन कीमतों पर चावल खरीदाने की बात उनकी कल्पना से भी बाहर थी। और ऐसी दशा में विनाश का शैतान सबसे पिछड़े हुओं को ही अपना ग्रास बनाना आरम्भ कर देता है।

घटनाक्रम कुछ अन्य रूप भी धारण कर सकता है : अर्थव्यवस्था में बदलाव के कारण कमाऊ काम-धंधों में क्षेत्रीय बदलाव भी आ सकते हैं। सहरेतर अफ्रीका में कुछ ऐसा ही हुआ था, वहाँ पर्यावरण और मौसम के परिवर्तनों ने अर्थ व्यवस्था

की क्षेत्रीय संरचनाओं पर अपना प्रभाव डाला। ऐसे में भी जो अभी तक कमाऊ श्रमिक थे, वे बेरोजगार होकर असहाय हो जाते हैं, सामाजिक सुरक्षा व्यवस्था के अभाव में तो उनका जीवन निर्वाह दूभर ही हो जाता है।

कई बार तो कमाऊ रोजगार में अस्थायी व्यवधान भी अकाल की सृष्टि आरंभ कर देते हैं। 1974 के बंगलादेशी अकाल में ग्रीष्मकालीन बाढ़ के फलस्वरूप ग्रामीण कृषि मजदूरों में व्यग्रता के प्रथम चिह्न दिखाई दिए थे क्योंकि बाढ़ के कारण धान की रोपाई बन्द हो गई थी। ये रोज की कमाई से ही गुजर चलानेवाले श्रमिक मजदूरी नहीं मिल पाने के कारण भूखे मरने लगे। यह सब बाढ़ से दुष्प्रभावित फसल के पकने और कटने से बहुत पहले ही शुरू हो गया था।

अकाल समाज में बहुत बड़ा विभाजन कर डालते हैं ! उनकी केवल औसत प्रतिव्यक्ति खाद्य उपलब्धता के आधार पर व्याख्या करने के प्रयास बहुत ही भ्रामक हो सकते हैं। शायद ही किसी अकाल ने कहीं 5 से 10 प्रतिशत से अधिक जनसंख्या को प्रभावित किया हो। बहुत बार दावे किए जाते हैं कि किसी देश में सारी जनता भूखी रहने को बाध्य हो गई थी पर ऐसे दावे समीक्षा-विश्लेषण की किसी कसौटी पर खरे नहीं उतरते। 'इन्साइक्लोपीडिया ब्रिटेनिका' ने अपने 11वें संस्करण में 1344-1345 में भारत में पड़े उस भीषण अकाल के बारे में लिखा है जिसमें मुगल बादशाह भी अपने प्रयोग की आवश्यक वस्तुएँ पा सकने से मजबूर हो गया था। पर यहीं पर इस किस्से की छीछालेदर शुरू हो जाती है। भारत में मुगल साम्राज्य की स्थापना तो उस अकाल के पूरे 180 वर्ष बाद सन् 1526 में हुई थी। यही नहीं, उस समय मुहम्मद बिन तुगलक देश के बादशाह थे और इतिहास गवाह है कि उन्हें न केवल अपने उपभोग के लिए कमी नहीं हुई थी वरन् उस समय तक के इतिहास में सबसे व्यापक एवं शानदार अकाल सहायता कार्यक्रम का आयोजन करने का श्रेय भी उन्हें ही दिया जाता है। सर्वव्यापी सर्वग्राही भुखमरी के किस्से विभाजित दुर्भाग्य की वास्तविकता के समक्ष टिक नहीं पाते।

अकाल से बचाव

अकाल का सम्बन्ध किसी क्षेत्र में एक या दो पेशा वर्गों की अधिकारिता-विफलता से ही होता है, अतः उन वर्गविशेष के लिए ही न्यूनतम आय और अधिकारिता सृजन कार्यक्रम चलाना पर्याप्त रहता है जिन्हें इन आर्थिक परिवर्तनों का दुष्परिणाम भोगना पड़ा हो। इनकी संख्या विशाल भले ही लगे पर ये देश की कुल जनसंख्या का बहुत ही न्यून अंश होती है। इनको भुखमरी से बचाने के लिए आवश्यक क्रय शक्ति भी बहुत ही कम होती है। अकाल से बचाव के लिए आवश्यक सार्वजनिक कार्यक्रम की कुछ लागत गरीब देशों के लिए भी इतनी असह्य नहीं होती—बस, आवश्यकता यही होती है कि समय रहते व्यवस्थित रूप से कुशलतापूर्ण प्रबंध कर

लिए जाएँ।

आइए, इस सहायता कार्य के परिमाण का कुछ मोटा-मोटा अनुमान लगाते हैं : मान लो कि अकाल से देश की जनसंख्या का दसवां अंश प्रभावित हुआ है (वैसे यह अंश काफी कम ही होता है)। सामान्यतः ऐसे अतिगरीब लोगों को देश की समग्र आय का 3 प्रतिशत से अधिक सुलभ नहीं होता। उनका खाद्यान्न उपभोग भी देश के उपभोग का 4 या 5 प्रतिशत ही होता है। अतः उनकी समग्र आय की पुनःसर्जना या कम-से-कम उनकी खाद्य आपूर्ति की पुनःस्थापना (शून्य के आधार से प्रारम्भ कर) बहुत विशालकाय नहीं हो पाएगी—बस, ये बचाव-राहत कार्य दक्षतापूर्वक आयोजित एवं संचालित होने चाहिए। वैसे अकालपीड़ितों के पास भी कुछ-न-कुछ अवश्य बचा होता है—हर चीज़ की शून्य के स्तर से पुनः रचना आवश्यक नहीं होती। अतः शुद्ध रूप से आवश्यक संसाधनों का परिमाण तो और भी कम रह जाएगा।

अकालों के कारण मरणशीलता में बहुत उछाल आ जाता है पर इसके अधिकांश का आधार वस्तुतः कमजोरी, स्वच्छता व्यवस्था भंग होने, जनसंख्या के पलायन आदि के कारण बीमारियों और अन्य संक्रमणों के कारण ही होता है। महामारी रोकथाम एवं जन स्वास्थ्य कार्यक्रमों के सूझबूझ भरे कार्यक्रमों द्वारा इस समस्या पर भी काबू पाया जा सकता है। यहाँ भी सुनियोजित सार्वजनिक व्यय कार्यक्रम पर हुए थोड़े से व्यय से बहुत भारी सामाजिक हितलाभों का अर्जन सम्भव हो सकता है।

अकाल से बचाव अधिकारिता-संरक्षण की राजनीतिक व्यवस्था पर भी बहुत निर्भर करता है। अमीर देशों में तो ये व्यवस्थाएँ दरिद्रता-निवारण कार्यक्रमों और बेरोजगारी बीमे के रूप में हो जाती हैं। पर अधिकांश विकासशील देशों में इस प्रकार की व्यापक बेरोजगारी बीमा व्यवस्था का अस्तित्व ही नहीं होता। वहाँ तो प्राकृतिक/अप्राकृतिक आपदा काल में रोजगार की भारी हानि होने पर ही आपद्-धर्म के रूप में सार्वजनिक रोजगार सृजन कार्यक्रम प्रारम्भ किए जाते हैं। इस प्रकार का प्रतिपूरक सार्वजनिक व्यय अकाल से जनता को बचा पाने में बहुत सफल सिद्ध हो सकता है। वास्तव में स्वाधीनता के बाद से भारत में अकाल की छाया से दूर रहने के लिए इसी प्रकार की प्रतिपूरक रोजगार-सृजन नीतियों का आश्रय लिया गया है। वर्ष 1973 में महाराष्ट्र में गम्भीर अनावृष्टि से जूझने के लिए 50 लाख लोगों को अस्थायी रोजगार सुलभ कराए गए थे। यह बहुत ही बड़ी संख्या है और श्रमिकों के परिजनों का आकलन करने के बाद तो सहायता प्राप्त जन समुदाय का आकार अत्यन्त विशालकाय हो जाता है। इस प्रयास के परिणाम भी बहुत शानदार रहे : मृत्यु दर में किसी भी तरह की वृद्धि नहीं हो पाई, यहाँ तक कि लोगों के कुपोषण के स्तर आदि में भी कोई और गिरावट नहीं आ पाई। यह सब कुछ उस समय सम्भव हुआ जबकि प्रान्त के बहुत बड़े क्षेत्र में खाद्य उत्पादन में 70 प्रतिशत तक कमी आ गई थी।

अकाल और विरोध भाव में वृद्धि

अकाल-रचना और बचाव की राज्यार्थ नीति में संस्थाओं और संगठनों के साथ-साथ शक्ति और सत्ता के प्रयोग से जुड़ी अनुभूतियाँ और सूझ-बूझ भी सम्मिलित रहते हैं। शासकों की शासित समाज से दूरी का तो बहुत ही गहरा प्रभाव होता है। बेशक अकाल का प्रारम्भ किसी अन्य स्रोत से हुआ हो फिर भी शासक-शासित की खाई का निवारण नहीं कर पाने का इसमें बहुत बड़ा हाथ रहता है।

इस सन्दर्भ में 19वीं सदी के पाँचवें दशक (1840-50) में आयरलैंड के भयावह अकाल का उदाहरण दिया जा सकता है। इस भीषण अकाल में मृतक जनसंख्या का अनुपात इतिहास में अंकित किसी भी अन्य अकाल से बहुत अधिक रहा है। इस अकाल ने आयरलैंड देश की प्रकृति में ही एक निर्णायक बदलाव ला दिया। इसने अत्यन्त कठिन सामुद्रिक यात्राओं का सामना करते हुए भी देश से पलायन की बाढ़ जैसी स्थिति पैदा कर दी। आज भी आयरलैंड की जनसंख्या 1845 में अकाल के आरम्भ के जनस्तर से कम ही है।

इस भीषण घटना के कारण क्या थे ? जार्ज बर्नार्ड शॉ की रचना 'मैन एंड सुपरमैन' के एक अमीर आयरिश अमेरिकी पात्र मि. मेलोन उन आयरिश अकालों को अकाल मानने से ही मना कर देते हैं। वे अपनी अंग्रेज बहू, वायलेट, को बताते हैं कि उनके पिता 1847 के काले वर्ष में भूख से मर गए थे। बहू ने पूछा कि अकाल के कारण ?—तो उन्होंने कहा, ''नहीं, भूख से। जब देश खाद्य सामग्री से भरा पड़ा हो और निर्यात भी कर रहा हो तो अकाल की गुंजायश कहाँ होती है ?''

मेलोन के इस बयान में कई प्रकार की त्रुटियाँ हैं। यह ठीक है कि भूखे मर रहे आयरलैंड से अमीर इंग्लैंड को खाद्य सामग्री का निर्यात चल रहा था पर आयरलैंड में खाद्य सामग्री के अम्बार नहीं लगे थे। वास्तव में व्यापक भुखमरी और निर्यात का सह-अस्तित्व अनेक अकालों की एक साझी विशेषता रही है। भूख और भुखमरी के विचार पहले तो वास्तव में लोगों के भूखे रहकर मर जाने के ही द्योतक थे पर आज इस कल्पना में बहुत बदलाव आ गए हैं। पर किसी भी कसौटी से देखें, उस समय का आयरलैंड एक भीषण अकाल की गिरफ्त में ही दिखाई पड़ता है।

साहित्यिक अतिरंजना सहित ही सही, मेलोन एक अन्य प्रकार के कटु सत्य को अभिव्यक्त कर रहे थे। यहाँ मुख्य बात अकाल पैदा करने और उसे बना रखने में मानवीय भूमिका के योगदान की है। यदि आयरलैंड के अकालों को टाल पाना सम्भव था, यदि सत्तारूढ़ वर्ग उन्हें टाल सकता था तो फ़िर आयरिश लोगों को भूखे मारने का आरोप वास्तव में ही बहुत गम्भीर स्वरूप धारण कर लेता है। यहाँ इस अकाल से जनता को न बचाने का आरोप प्रत्यक्षतः सार्वजनिक नीति और उसका निर्धारण करने वाले राजनीतिक, सामाजिक और सांस्कृतिक प्रभावों पर ही लगाया

जा रहा है। ये नीतिगत मामले, जो कुछ किया गया और नहीं किया गया, दोनों ही पक्षों से जुड़े हुए हैं। आज के विश्व में 150 वर्ष पूर्व की तुलना में समृद्धि के सामान्य स्तर बहुत अच्छे हैं फिर भी कितने ही देशों में अकाल की छाया मंडराती रहती है। इसी कारण सार्वजनिक नीतियों और उनकी प्रभावोत्पादकता का प्रश्न बहुत महत्त्वपूर्ण बन गया है।

आइए, आयरिश अकाल के तात्कालिक कारणों पर गौर करें। आलू की फसल में लगी एक बीमारी के कारण खाद्य उत्पादन में निश्चित रूप से गिरावट आई थी पर इस गिरावट का अकाल की रचना में योगदान कितना था ? इस प्रश्न का उत्तर इस बात पर निर्भर रहेगा कि हमारे खाद्य आपूर्ति सम्बन्धी आंकड़े कितने व्यापक और विस्तृत हैं। सारा कुछ इसी पर निर्भर है कि आयरलेंड के कितने भू-भाग के खाद्य उत्पादन के आंकड़ों पर विचार किया जाता है। कॉर्मेक ओ ग्रैडा का कहना है कि यदि सारे ग्रेट ब्रिटेन को देखें तो खाद्य उत्पादन और आपूर्ति में किसी प्रकार का संकट नहीं दिखाई देता किन्तु अकेले आयरलैंड का घटनाक्रम बहुत ही अलग रहा। अगर आयरलैंडवासी खरीदारी कर पाने की हालत में होते तो निश्चित रूप से खाद्य सामग्री की इंग्लैंड से आपूर्ति आ सकती थी ! पर सच्चाई यह है कि ऐसा नहीं हो पाया, बल्कि इसके विपरीत आयरलैंड से इंग्लैंड की ओर विपरीत खाद्यप्रवाह चला। यह तो सीधे ही आयरलैंड की गरीबी और वहाँ के अकाल पीड़ितों के आर्थिक अभावों की ओर संकेत करता है। आयरिश अकालों को टेरी ईगलटन ने बहुत ही सशक्त रूप से अपनी रचना 'हीथक्लिफ़ एण्ड द ग्रेट हंगर' में साहित्यिक अभिव्यक्ति प्रदान की है। इस प्रकार से कहा जा सकता है कि आयरिश लोग भोजन की कमी से नहीं मरे, वे तो मुख्यतः पैसों की कमी के शिकार हुए थे क्योंकि भोजन सामग्री तो सारे संयुक्त राज्य में भरपूर मात्रा में उपलब्ध थी, बस, केवल आयरलैंडवासियों को इसमें से पर्याप्त हिस्सा नहीं मिल पाया।

अकाल की निर्मिति का अध्ययन करते समय देश या क्षेत्रविशेष में व्याप्त गरीबी का सही आकलन करना भी आवश्यक है। आयरलैंड के मामले में वहाँ के निवासियों की सामान्य गरीबी, उनके संसाधनों के सीमित आकार आदि ने उन्हें आलू की बीमारी के परिणाम भुगत पाने में नितान्त असमर्थ बना दिया था। अतः केवल सम्बद्ध जनसमुदाय की सामान्य गरीबी पर ध्यान देना पर्याप्त नहीं रहता बल्कि आर्थिक परिवर्तनों की दशा में उन लोगों पर भी ध्यान देना होगा जिनकी अधिकारिताएँ बहुत ही क्षणभंगुर होती हैं। यह गरीबों की सामान्य असहायता ही है जो आर्थिक उतार-चढ़ाव के थपेड़ों के साथ मिलकर भीषण भूख से पीड़ित जन समुदाय की रचना करती है। छोटे आलू किसानों पर उस बीमारी का बड़ा भयंकर प्रभाव पड़ा और खाद्य सामग्री की कीमतें बढ़ जाने के कारण और लोग भी इसी दुर्भाग्य की चपेट में आ गए।

जहाँ तक खाद्य सामग्री का प्रश्न है, अकाल को तोड़ने के लिए आयरलैंड में व्यवस्थित रूप से इसका आयात तो दूर की बात है, यहाँ तो आयरलैंड से इंग्लैंड की ओर खाद्य प्रवाह चल रहा था (खास तौर पर अच्छी किस्म की सामग्री का)! इस प्रंकार के दुर्बलताजन्य अकालों में खाद्य सामग्री के विपरीत प्रवाह कोई विलक्षण बात नहीं है, क्योंकि इस अवस्फीति काल में जनता की सामान्य क्रयशक्ति बहुत क्षीण हो जाती है और पहले से ही कम रह गई खाद्य आपूर्ति कहीं और बेहतर कीमत की तलाश में निर्यात हो जाती है। ऐसा ही विपरीत प्रवाह 1973 में इथोपिया के वोलो अकाल में भी दिखाई दिया था। इस प्रान्त में खाद्य पदार्थों की कीमतें शेष देश से प्रायः कम ही थीं, फिर भी यहाँ के निवासी आवश्यक मात्रा में खरीदारी कर पाने में असमर्थ हो गये थे। वास्तव में यहाँ से इथोपिया के उन प्रान्तों की ओर खाद्य प्रवाह चल रहा था जहाँ के निवासी अधिक आय के कारण खरीदारी करने में अधिक समर्थ थे।

आयरलैंड में तो उस दशक (1840-50) में यह सब कुछ बहुत बड़े पैमाने पर हुआ जब एक के बाद एक गेहूँ, जौ, मवेशियों, सूअरों, अंडों और मक्खन भरे जहाज भूखों मर रहे आयरलैंड के बंदरगाह शैनॉन से खूब खाते-पीते इंग्लैंड की ओर रवाना हो रहे थे। अकालग्रस्त आयरलैंड से इंग्लैंड को यह खाद्य निर्यात आयरलैंड के मन-मस्तिष्क में एक गहरी कड़ुआहट भरी छाप छोड़ गया। आज भी उन दोनों क्षेत्रों के बीच भारी अविश्वास की जटिलताओं के पीछे इसी की छाप दिखाई पड़ रही है।

आयरिश अकाल के दौरान हुए विपरीत खाद्य प्रवाह कोई अबूझ आर्थिक पहेली नहीं थी। बाजार की प्रक्रिया सदैव ही वस्तुओं का प्रवाह उस दिशा में मोड़ देती है जहाँ लोग अधिक कीमत देने को तैयार हों। समृद्ध इंग्लैंड यही कर रहा था जिसे गरीब आयरलैंड नहीं कर पा रहा था। इसी प्रकार 1973 में अदीस अबाबा के निवासी उस भोजन सामग्री को खरीद रहे थे जो वोलो वासियों की पहुँच से बाहर निकल गई थी।

यहाँ यह निष्कर्ष निकालना उचित नहीं होगा कि अकाल से बचने का सबसे अच्छा उपाय बाजार पर प्रतिबंध लगा देना होगा। किन्हीं विशेष दशाओं में शायद कुछ सीमित लक्ष्यों की पूर्ति में यह सहायक हो सकता है (अगर आयरलैंड की खाद्य सामग्री की इंग्लैंड को बिक्री बंद कर दी जाती तो सम्भवतः कुछ आयरिश नागरिकों को राहत मिल जाती) किन्तु, फिर भी अकाल-पीड़ितों की आर्थिक दुर्दशा और गरीबी की वास्तविक समस्याएँ अछूती ही रह जातीं। उन्हें सुधारने के लिए तो कहीं और सकारात्मक नीतियों की आवश्यकता थी न कि बाजार प्रतिबंधन जैसी विशुद्ध नकारात्मक विधियों की। वास्तव में यदि सार्वजनिक रूप से अकाल-पीड़ितों के लिए रोजगार-सृजन द्वारा उनकी आय का संवर्धन किया जाता तो खाद्य सामग्री का विपरीत

प्रवाह स्वयमेव ही थम जाता—क्योंकि घरेलू उपभोक्ता भी उस सामग्री के खरीदार हो जाते।

यह तो हम जानते ही हैं कि इंग्लैंड सरकार ने आयरलैंडवासियों के इन दुर्दिनों में उनके कष्टों के निवारण के लिए कोई सहायता नहीं दी। वैसे तो सारे ही ब्रिटिश साम्राज्य में अंग्रेज सरकार का ऐसा ही व्यवहार रहा है, पर आयरलैंड के बारे में तो सबसे विलक्षण बात यही है कि वह तो उसी द्वीप पर बसा है जहाँ इंग्लैंड भी अवस्थित है। फिर भी यहाँ राजनीतिक विषमांगता से कहीं अधिक सांस्कृतिक विद्वेष भाव का महत्त्व अधिक बढ़ा-चढ़ा लगता है (वैसे यह सांस्कृतिक विद्वेष भी किसी न किसी तरह राजनीति-प्रेरित ही होता है)।

यहाँ हम यह बात बता देना भी प्रासंगिक मानते हैं कि जब आयरलैंड अकाल की मार झेल रहा था उस समय तक सारे इंग्लैंड में गरीबी-निवारण की एक बहुत व्यापक व्यवस्था की रचना हो चुकी थी। देश के उस भाग में भी गरीब रहते थे और इंग्लैंड के मजदूरों की दशा भी बहुत समृद्धिपूर्ण नहीं थी। वास्तव में आयरिश अकाल के आरम्भ वर्ष 1845 में ही इंगलिश मजदूरों की दुर्दशा का चित्रण करते हुए फ्रेडरिक एंगेल्स ने अपनी रचना 'द कंडीशन्स ऑफ द वर्किंग क्लास इन इंग्लैंड' प्रकाशित की थी। फिर भी इंग्लैंड में जनसामान्य को भूख से बचाने के लिए कुछ सार्वजनिक प्रतिबद्धता अवश्य दिखाई दे रही थी। पर इस प्रकार का दायित्वबोध सारे साम्राज्य तो क्या आयरलैंड के प्रति भी नहीं दिखाई पड़ा। इंग्लैंड के दरिद्रता कानूनों ने वहाँ के गरीबों के लिए जो कुछ किया, आयरलैंड में बाद में लगाए गए एक क्षीण से दरिद्रता कानून वह भी कर पाने में समर्थ नहीं थे।

जॉएल मॉकिर ने ठीक ही कहा है कि "आयरलैंड को इंग्लैंड वाले एक विद्वेष-ग्रस्त, बल्कि शत्रुतापूर्ण देश ही मानते थे।" इस प्रकार के तनावपूर्ण दृष्टिकोण ने आयरिश-ब्रिटिश संबंधों के अनेक आयामों पर अपनी छाप छोड़ी है। मॉकिर ने यह भी पाया है कि इसी भावना के कारण ब्रिटिश पूंजी का आयरलैंड में संयोजन हतोत्साहित किया जाता था। पर हमारे वर्तमान अध्ययन के संदर्भ में तो एक ही बात महत्त्वपूर्ण है कि लंदन के सत्ताधीश आयरलैंड के अकाल और वहाँ की जनता के कष्टों के प्रति उपेक्षा वृत्ति धारण किए रहे और उन्होंने आयरिश लोगों की भूख तथा दुर्दशा का निवारण करने के लिए कोई प्रतिबद्धता नहीं दर्शायी। रिचर्ड नेडलेबी का कहना है कि इंग्लैंड की गरीबी को वहाँ के आर्थिक उतार-चढ़ाव का दुष्परिणाम बताया जाता था और आयरलैंड के लोगों की गरीबी का दायित्व उन्हीं की सुस्ती, उदासीनता, अक्षमता के जिम्मे मढ़ दिया जाता था। अतः इंग्लैंड का सदुद्देश्य आयरिश लोगों के दुखों को दूर करना नहीं बल्कि उन्हें सभ्य बनाकर इन्सानों की तरह जीना सिखाना था। इस कथन में कुछ अतिशयोक्ति भी हो सकती है किन्तु इस बात पर सहज विश्वास नहीं होता कि इंग्लैंड में 1840 के दशक में आयरलैंड जैसा अकाल कभी बर्दाश्त

किया जाता।

यहाँ नीतिनिर्धारण की पृष्ठभूमि में रहे जिन सामाजिक और सांस्कृतिक प्रभावों के कारण अकाल का निर्माण हो गया था, उन्हें जानना भी आवश्यक है। ब्रिटिश नीति-निर्धारक स्वयं को (और ब्रिटेन को भी) आयरिश लोगों से अलग और श्रेष्ठ मानते थे। आयरिश अकाल का मूल तो 1590 में प्रकाशित एडमंड स्पेंसर की रचना 'द फेयरी क्वीन' और उससे पहले तक खोजा जा सकता है। इस रचना में भी पीड़ितों को ही उनके दुर्भाग्य के लिए उत्तरदायी ठहराया जाता था। यही नजरिया उस अकाल की अवधि में दिखाई दिया जब कि अंग्रेजों ने यहाँ तक कह डाला कि आयरिश लोगों के दुर्भाग्य के लिए वे आलू खाने वाले लोग स्वयं जिम्मेदार हैं।

यह सांस्कृतिक श्रेष्ठता का गरूर राजसत्ता के संसर्ग से और बहुगुणित हो जाता है। भारत में ब्रिटिश काल के अन्तिम अकाल (जो भारत में 20वीं शताब्दी का भी अन्तिम अकाल ही रहा) के बारे में विन्सटन चर्चिल ने बहुत ही घृणापूर्वक कहा था कि इसका कारण तो यहाँ के लोगों की खरगोशों की भाँति अपनी आबादी बढ़ाने की प्रवृत्ति है। यह हर प्रकार की विपत्तियों के लिए उपनिवेशवासियों को ही दोष देने की साम्राज्यवादी मानसिकता का ही एक नमूना था। उन्हीं साहब का यह भी शानदार विचार था कि जर्मनों के बाद भारतीय ही दुनिया के सबसे पाशविक लोग होते हैं। पर चर्चिल साहब को दोहरी व्यथा का क्या अनुमान रहा होगा जब पाशविक जर्मन उनकी सरकार को गिराने की फिराक़ में थे और भारतीय बेहतर शासन चाहते थे।

आयरिश अकाल के दौरान उस अभागे देश के प्रति ब्रिटिश आर्थिक नीति का नियन्ता चार्ल्स एडवर्ड ट्रेवेलियन (इंग्लैंड का वित्तमंत्री) था। उसने भी आयरिश लोगों की आदतों को ही अंशतः अकाल का कारण ठहराया था। उसका सबसे बड़ा आरोप यही था कि आयरिश गरीब आलू खाते हैं और इसी कारण केवल एक फसल पर निर्भर होकर रह गए हैं। अकाल के कारण का यही निदान उन साहब के आयरिश संस्कृति के विषय में अन्य विचारों से भी सही मेल खाते हैं, उनके शब्दों में पश्चिम आयरलैंड की किसान महिलाओं का सारा पाकशास्त्र ज्ञान बस आलू उबालने तक ही सीमित होता है। इस टिप्पणी में यही उल्लेखनीय है कि किसी अंग्रेज ने अन्तर्राष्ट्रीय स्तर पर पाकशास्त्र को लेकर अपना मुँह खोलने का साहस किया था। वास्तव में आयरिश गरीबों की आलू के अतिरिक्त और कुछ भी उपभोग कर पाने की मजबूरी को भी उनका ही अपराध घोषित कर डाला गया। इस मत के अनुसार उन अकालपीड़ितों ने स्वयं ही अपने आपको उस दलदल में धकेल दिया था, वरना लंदन की सरकार तो उन्हें बचा ही लेती।

आयरिश अकाल के दौरान इस सांस्कृतिक विद्वेष के साथ ही अंग्रेजों का वहाँ कुछ भी बचाव करने के लिए किसी प्रकार की राजनीतिक संप्रेरणाओं का भी नितान्त

अभाव ही था। अकाल से बचना इतना आसान होते हुए भी उन्हें पड़ने देना बड़ा आश्चर्यजनक लगता है। शासक और शासित के बीच की खाई–'उन' और 'हम' का अन्तर ही इन अकालों में एक निर्णायक कारक रहा है। आज के इथोपिया, सोमालिया और सूडान में भी यह अन्तर उतना ही विशाल है जितना पिछली शताब्दी में विदेशी शासन के अन्तर्गत भारत या आयरलैंड को भुगतना पड़ रहा था।

उत्पादन : विविधीकरण और संवृद्धि

आइए, अब अकाल से बचने के अर्थशास्त्र की ओर वापस चलें। अकाल-निवारण में एक समृद्धिशाली और संवृद्धिशील अर्थव्यवस्था का बहुत योगदान हो सकता है। आर्थिक प्रसार हो रहा हो तो फिर अधिकारिता-संरक्षण की जरूरत ही नहीं रहती (क्योंकि व्यापक रूप से अधिकारिता-संवर्धन चल रहा होता है), साथ ही यह प्रसार का दौर इस प्रकार के संरक्षण आदि के लिए अधिक संसाधन भी सुलभ करा देता है। इस कथन में सहरेतर अफ्रीका के लिए एक बहुत बड़ी सीख विद्यमान है। वहाँ व्याप्त अभाव-वंचनाओं का एक बहुत बड़ा कारण उस क्षेत्र में आर्थिक प्रगति का नितान्त अभाव भी है। जब जनसामान्य पहले ही गरीबी झेल रहे हों और सरकार के पास भी धन के स्रोत बहुत कम हों तो फिर अकाल से बच पाना बड़ा कठिन हो जाता है।

उत्पादन (खाद्यान्नसहित) और आय के प्रसार के लिए उपयुक्त प्रोत्साहनों की रचना की ओर भी ध्यान देना होगा। सूझबूझ के साथ कीमतों पर आधारित योजनाएँ विकसित करनी होंगी, साथ ही तकनीकी परिवर्तन, ज्ञान संवर्धन और कृषि एवं अन्य क्षेत्रों में उत्पादिता को बढ़ाने के प्रयास करने होंगे।

खाद्य उत्पादन महत्त्वपूर्ण है, पर मुख्य बात आर्थिक प्रसार की है, क्योंकि खाद्य पदार्थ तो विश्व बाजार से खरीदे भी जा सकते हैं। पर कोई देश विश्व बाजार से अनाज तभी खरीद पाएगा जब उसके पास बदले में बेचने के लिए औद्योगिक उत्पादन हो। यदि हम अफ्रीका-एशिया में खाद्य उत्पादन के प्रतिव्यक्ति आंकड़ों की तुलना करें तो 1979-81 से 1995-96 की अवधि में द. कोरिया में 1.7 प्रतिशत, जापान में 12.4 प्रतिशत, बोत्सवाना में 33.5 प्रतिशत और सिंगापुर में 58.0 प्रतिशत की कमी आई है। फिर भी इन देशों में खाद्य सामग्री का अभाव नहीं नजर आता। इसका कारण यही है कि इन्होंने उद्योग और खनन के व्यापक प्रसार के माध्यम से बड़ी तीव्र दर से अपनी प्रतिव्यक्ति आय को समृद्ध बनाया है–वैसे भी ये गरीब देश नहीं रहे। इन वृद्धिमान आयों में जनसामान्य की बेहतर भागीदारी के कारण इनके नागरिक पहले की अपेक्षा (उत्पादन घटने पर भी) अधिक खाद्य सामग्री उपभोग कर पाने में सफल रहे हैं। इनके विपरीत ऐसे भी देश हैं जहाँ खाद्य उत्पादन में गिरावट का कोई चिह्न ही नहीं है। (सूडान में 7.7 प्रतिशत वृद्धि, बुर्कीना फासो में 29.4 प्रतिशत

वृद्धि) फिर भी उनकी सामान्य और व्यापक गरीबी तथा बहुत ही भंगुर अधिकारिता व्यवस्था के कारण वहाँ बड़े व्यापक स्तर पर भूख का आतंक रहा है। अतः उस प्रक्रिया पर ध्यान देना भी जरूरी है जिसके माध्यम से कोई परिवार खाद्य सामग्री पर अपना अधिकार स्थापित करता है।

यह ठीक ही कहा गया है कि पिछले कुछ समय तक सहरेतर अफ्रीका में प्रतिव्यक्ति खाद्य उत्पादन में कमी ही आ रही थी। यह वास्तव में एक गम्भीर समस्या रही है, इस पर सार्वजनिक नीति निर्धारकों को ध्यान देना चाहिए। इसका एक आयाम जनसंख्या-नियंत्रण से भी जुड़ा है। परंतु इस प्रकार प्रतिव्यक्ति आय में गिरावट तो विश्व के अनेक देशों में आई है पर इन देशों में अकाल नहीं पड़ पाए क्योंकि (1) इन्होंने अन्य उत्पादन क्षेत्रों में अच्छी संवृद्धि की प्राप्ति कर ली, (2) इन देशों की आय के स्रोत के रूप में खाद्य उत्पादन पर निर्भरता सहरेतर अफ्रीकी अर्थव्यवस्था की अपेक्षा बहुत कम है।

खाद्य समस्या का समाधान करने के लिए खाद्य उत्पादन बढ़ाने की नीति अपनाना ही श्रेयस्कर लगता है। इसके कुछ वैध कारण भी रहे हैं। पर सारा परिदृश्य कहीं अधिक जटिल भी है, कुछ वैकल्पिक सुअवसर भी हो सकते हैं, अन्तर्राष्ट्रीय बाजार की सम्भावनाएँ भी हैं। जहाँ संवृद्धि के अभाव का प्रश्न है, सहरेतर अफ्रीका में खाद्य उत्पादन में संवृद्धि का अभाव नहीं वरन् सामान्य संवृद्धि का अभाव ही अधिक व्यापक रहा है (खाद्य संवृद्धि का अभाव तो उसका एक अवयव मात्र है)। मौसम की अनिश्चितताओं और अन्य क्षेत्रों के विकास की सम्भावनाओं को देखते हुए सहरेतर अफ्रीका में उत्पादन तन्त्र में विविधता लाने की बहुत भारी आवश्यकता प्रतीत होती है। अक्सर केवल कृषि पर, विशेषकर खाद्यान्न-उत्पादन पर केंद्रित विकास की वकालत की जाती है पर यह तो सभी अंडों को एक ही टोकरी में रखने जैसी घातक नीति सिद्ध हो सकती है।

निकट भविष्य में तो सहरेतर अफ्रीका की खाद्य उत्पादन पर आय के लिए निर्भरता कम हो पाने की अधिक सम्भावना नहीं होगी। पर कुछ विविधता लाने के प्रयास तो तुरन्त आरम्भ हो ही सकते हैं–केवल इनी-गिनी फसलों पर ही निर्भर रहना छोड़ने से भी आय में काफी सुधार हो सकता है (साथ ही इसकी निश्चितता भी बढ़ेगी)। दीर्घकाल में सहरेतर अफ्रीका भी शेष विश्व की भांति ही विकास पथ पर अग्रसर हो सकता है। यह क्षेत्र भी खाद्य ही नहीं, कृषि के अतिरिक्त अन्य आय के स्रोतों का अधिक सरगर्मी से विदोहन आरम्भ कर लाभान्वित हो सकता है।

रोजगार का मार्ग और बृहत्तर भूमिका का प्रश्न

अन्तर्राष्ट्रीय व्यापार के अवसर विद्यमान न होने पर भी देश के भीतर विभिन्न समूहों के बीच समग्र खाद्य-आपूर्ति का विभाजन-वितरण बहुत ही महत्त्वपूर्ण स्वरूप

धारण कर सकता है। सम्भावित पीड़ितों की आय की क्षतिपूर्ति (आय का पुनः सृजन) द्वारा अकाल का निवारण सम्भव है (विशेष रूप से प्रायोजित सार्वजनिक निर्माण कार्यों में अस्थायी मजदूरी की व्यवस्था यह कार्य सहज ही कर सकती है)। इस प्रकार उन व्यक्तियों को भी बाजार में उपलब्ध अन्न सामग्री के लिए प्रतियोगिता में शामिल होने का अवसर मिलेगा और देश की समग्र खाद्य आपूर्ति का बेहतर आबंटन सम्भव हो पाएगा। अधिकांश अकाल प्रकरणों में उपलब्ध खाद्य सामग्री के अधिक समतापूर्ण वितरण से भुखमरी का निवारण सम्भव हो सकता था–वैसे अधिक अन्न आदि प्राप्त होने पर तो यह काम और भी आसान हो जाता। खाद्य सम्भरण में वृद्धि हो या नहीं पर रोजगार सृजन द्वारा अकाल निवारण की नीति पर भारत, बोत्सवाना और जिम्बाब्वे सहित अनेक देशों ने आचरण कर अपेक्षित सफलता पाई है।

यह रोजगार सृजन विधि वाणिज्य व्यापार को भी बढ़ावा देती है और इसके कारण आर्थिक, सामाजिक एवं पारिवारिक जीवन में भी कोई व्यवधान नहीं आता। सहायता पाने वाले लोग अपने कृषि आदि प्रमुख कार्यों की स्थली के पास अपने घरों में रहते हुए ही इन प्रकल्पों (सार्वजनिक निर्माण कार्यों) पर भी काम कर सकते हैं। इस प्रकार उनके अपने मुख्य व्यवसाय से उन्हें विरत नहीं किया जाता। पारिवारिक जीवन भी पूर्ववत् चलता रहता है–लोगों को किसी राहत शिविर में घेर कर नहीं रखना पड़ता। सामाजिक निरन्तरता बनी रहती है, उन संक्रामक रोगों के फैलने की आशंका कम होती है जो भीड़ भरे शिविरों में अक्सर फैल जाते हैं। रोजगार के माध्यम से सहायता कार्य एक और दृष्टि से भी महत्त्वपूर्ण होते हैं–इनमें सहायता पानेवाले व्यक्ति सरकार द्वारा दी गई 'भिच्छा' पाने वाले नहीं वरन् मेहनत कर अपनी रोजी कमाने वाले प्रतिष्ठित श्रमिक ही रहते हैं।

इस पुस्तक की अन्तर्धारा के अनुरूप ही इस अकाल निवारण विधि में विभिन्न सामाजिक संस्थाओं के समन्वित प्रयास पर आग्रह रहता है। यहाँ सार्वजनिक नीति इन अलग-अलग प्रकार की संस्थागत व्यवस्थाओं का सहारा ले सकती है :

(1) रोजगार और आय सृजन में सरकारी योगदान;
(2) खाद्य सामग्री और श्रम के निजी बाजारों का प्रयोग; और
(3) सामान्य वाणिज्य और व्यवसाय पर भरोसा।

अकाल निवारण के लिए एक पर्याप्त रूप से व्यापक, बाजार और गैर-बाजार सहित विभिन्न सामाजिक संरचनाओं की भूमिकाओं को अपने आप में समाहित रखने वाली नीति की आवश्यकता है। यही आर्थिक विकास की भी उपयुक्त युक्ति होगी।

लोकतन्त्र और अकाल-निवारण

इसी पुस्तक में मैंने पहले भी अकाल निवारण में लोकतन्त्र की भूमिका की

चर्चा की है। इसमें चुनावों, बहुदलीय प्रणाली और खोजी पत्रकारिता के माध्यम से रचित राजनीतिक सम्प्रेरणाओं की बात उठाई गई थी। यह तो एक निर्विवाद सत्य है ही कि कभी किसी प्रभावी ढंग से कार्य कर रहे लोकतन्त्र को अकाल नहीं भुगतना पड़ा है।

क्या यह ऐतिहासिक सह-सम्बन्ध किसी कारण-प्रभाव सम्बन्ध का द्योतक है ? अथवा यह एक संयोग मात्र ही है। राजनीतिक अधिकारों एवं अकाल अनुपस्थिति के बीच के सम्बन्ध को 'भ्रामक सहसम्बन्ध' कहने की बात भी उठ सकती है, क्योंकि अक्सर लोकतान्त्रिक देश बहुत अधिक समृद्ध और सम्पन्न भी पाए जाते हैं। इसी से वे सम्भवतः अन्य कारकों के प्रभावस्वरूप अकाल से बचे रहते होंगे। किन्तु विश्व के अत्यन्त गरीब लोकतन्त्र, भारत, बोत्सवाना और जिम्बाब्वे भी अकालमुक्त रह पाने में सफल रहे हैं (अतः भ्रामक सह सम्बन्ध वाली बात इतनी सही नहीं लगती)।

यह भी एक सत्य है कि गरीब लोकतन्त्रों में खाद्य उत्पादन, आपूर्ति तथा जन सामान्य की क्रय शक्ति में अलोकतान्त्रिक देशों की अपेक्षा कहीं भारी गिरावट भी आती रही है। पर जहाँ तानाशाही व्यवस्थाओं में मामूली गिरावट ने ही अकाल का रूप धारण कर लिया वहाँ लोकतन्त्र इनसे कहीं गहन कमियों को भी झेल पाने में सहज सफल रहे हैं। उदाहरण के लिए, 1979-81 से 1983-84 की अवधि में बोत्सवाना का खाद्य उत्पादन 17 प्रतिशत और जिम्बाब्वे का 38 प्रतिशत कम हो गया था। इसी अवधि में सूडान में 11 और इथोपिया में 12 प्रतिशत की गिरावट ही आई थी। पर इन कम गिरावट वाले सूडान इथोपिया में तो भयंकर अकाल की स्थिति उत्पन्न हो गई थी, जबकि बोत्सवाना और जिम्बाब्वे इस काली छाया से पूरी तरह मुक्त रहे। इसमें इन देशों की लोकतान्त्रिक सरकारों द्वारा व्यापक रूप से अकाल-निवारण नीतियों का संचालन ही श्रेय का भागी रहा है।

यदि बोत्सवाना और जिम्बाब्वे की सरकारों ने समय रहते उचित कार्यवाही नहीं की होती तो उन्हें विपक्ष से भारी आलोचना और दबाव का सामना करना पड़ता—साथ ही अखबारों में भी उनकी जमकर भर्त्सना होती। इनके विपरीत सूडान और इथोपिया के तानाशाहों को ऐसी कोई चिन्ता नहीं थी—इन देशों में लोकतान्त्रिक संरचनाओं द्वारा सृजित प्रोत्साहन योजनाओं का नितान्त अभाव ही था। सूडान और इथोपिया ही क्यों, अनेक सहरेतर देशों के अकालों को वहाँ की निरंकुश सरकारों ने ही पाल-पोस कर बड़ा किया है। यही बात आजकल के उत्तर कोरिया पर भी लागू होती है।

वास्तव में अति प्रभावित वर्गों की आय की पुनःसर्जना के माध्यम से अकालों पर सहज ही काबू पाया जा सकता है। इसके लिएं अनेक प्रकार के कार्यक्रम अपनाए जा सकते हैं—हमने इस सन्दर्भ में अल्पकालिक सार्वजनिक प्रकल्पों में आपद् धर्म स्वरूप रोजगार सृजन की अभी कुछ ही पहले व्याख्या भी की है। स्वतन्त्र भारत

को अनेक बार खाद्यान्न उत्पादन तथा आपूर्ति में भारी कमी का सामना करना पड़ा है। बहुत विशाल जनसमुदाय की आर्थिक दुर्बलता की हानि भी विशालकाय रही है। फिर भी सम्भावित पीड़ित वर्ग को समय रहते रोजगार-सृजन प्रकल्पों पर लगा मजदूरी के माध्यम से खाद्य अधिकारिता की पुनःरचना में समर्थ बनाकर अकाल की विभीषिका से बचाया जा सका है। यह सच है कि अकाल-प्रभावित क्षेत्र में अधिक खाद्य सामग्री पहुँचाकर अकाल निवारण सहज बनाया जा सकता है—पर वहाँ लोगों के पास पर्याप्त क्रयशक्ति का होना भी अनिवार्य है। यदि ऐसा नहीं है तो फिर उन क्षेत्रों के सम्भावित अकाल-पीड़ितों को रोजगार के माध्यम से क्रयशक्ति प्रदान करना जरूरी हो जाता है। प्रभावित क्षेत्र में अनाज का आयात नहीं हो तब भी उपलब्ध सामग्री के बेहतर बंटवारे से दरिद्रनारायण की भूख को कम तो किया ही जा सकता है।

भारत के महाराष्ट्र प्रान्त में 1973 में भयंकर अनावृष्टि के कारण प्रतिव्यक्ति खाद्य उत्पादन घटकर सहरेतर अफ्रीका से आधा ही रह गया था। पर महाराष्ट्र में अकाल की छाया नहीं पड़ी—यहाँ 50 लाख लोगों को तुरन्त प्रायोजित किए गए सार्वजनिक प्रकल्पों में अस्थाई रोजगार प्रदानकर उनके परिवारों को भूख से बचा लिया गया। किन्तु सहरेतर अफ्रीका में बहुत ही गहन अकालों की विभीषिका भोगने को वहाँ के जनसमुदाय विवश हो गए। विभिन्न देशों के अनुभवों की तुलना तो लोकतन्त्र के अकाल-निवारण योगदान की प्रतिष्ठापना करती है, समय के साथ-साथ किसी देश के लोकतन्त्र को अपनाने पर वहाँ आए परिवर्तन भी बहुत अच्छे परिणामों के उदाहरण दे रहे हैं। भारत में 1947 तक लगातार अकाल पड़ते रहे। सबसे भीषण अकाल (वही अन्तिम भी था) 1943 के ग्रीष्मकाल में पड़ा। मैं उस समय नौ वर्ष का था और उस अकाल के भीषणतम स्वरूप का प्रत्यक्षदर्शी रहा हूँ। उस अकाल के दौरान 20 से 30 लाख की जनहानि का अनुमान रहा है। किन्तु स्वाधीनता के बाद बहुदलीय लोकतन्त्र की स्थापना के उपरान्त कोई अकाल हमारे देश में अपने पांव नहीं पसार पाया है, जबकि 1968, 1973, 1979 और 1987 में फसलें नाकाम रही हैं और जनता की क्रयशक्ति में बहुत ही भारी कमी अनुभव की गई है।

प्रोत्साहन, जानकारी और अकाल निवारण

लोकतन्त्र और अकाल की अनुपस्थिति के बीच कारण और प्रभाव के सम्बन्ध का निरूपण विशेष कठिन नहीं है। अकाल से दुनिया भर में लाखों लोग मरते रहे हैं पर कभी भी शासक वर्ग को कोई अकाल नहीं लील पाया। राजा, राष्ट्रपति, नौकरशाह, साहब और सेनाध्यक्ष कभी अकालपीड़ित नहीं हुए। यदि कोई चुनाव न हो, न विपक्षी दल और न ही सेंसरविहीन सार्वजनिक आलोचना हो तो फिर शासक वर्ग को अकाल निवारण में अपनी अकर्मण्यता का दंड देने वाला कौन बचता है ?

किन्तु लोकतन्त्र तो इस प्रकार की अकर्मण्यता के दंड को सहज ही शासक वर्ग और राजनीतिक नेताओं की पीठ तक पहुँचा देता है। इसी कारण से राजनीति उन्हें किसी भी अकाल की आशंका को टालने के लिए प्रयास करने की संप्रेरणा देती है। अकालों का निवारण बहुत कठिन भी नहीं होता (यहाँ आर्थिक एवं राजनीतिक तर्क सहज ही एक दूसरे से मिल जाते हैं) अतः अकाल की आसन्न छाया को टाल पाना सहज हो जाता है।

दूसरा प्रश्न जानकारी (सूचना) से जुड़ा है। स्वतन्त्र समाचार पत्र और लोकतान्त्रिक व्यवहार अकाल-निवारण के लिए नीतिनिर्धारण में उपयोगी जानकारियों को सामने लाने में बहुत भारी योगदान दे सकते हैं। ये सूचनाएँ अनावृष्टि/बाढ़ के प्रारम्भिक प्रभावों, इनके कारण रोजगार के स्तर और सम्भावना आदि के बारे में हो सकती हैं। दूर-दराज के क्षेत्रों से प्रायः सबसे पहली जानकारी का स्रोत समाचार माध्यम ही होते हैं। जब लोकतान्त्रिक व्यवस्था के कारण सरकार के लिए लज्जास्पद सूचनाओं का उद्घाटन करने की राजनीतिक सम्प्रेरणाएँ भी प्रबल हों तो फिर ये माध्यम बहुत ही प्रभावी ढंग से इस दायित्व का निर्वाह करते हैं। निरंकुश शासन व्यवस्था में तो ऐसी जानकारी पर सेंसर की कैंची चला दी जाती है। मैं यही तर्क और आगे बढ़ाने जा रहा हूँ कि सक्रिय राजनीतिक विपक्ष और स्वतन्त्र प्रेस किसी भी देश में सम्भव अकाल आदि संकटों के लिए सबसे कुशल तुरन्त जानकारी एवं चेतावनी व्यवस्था की रचना कर देते हैं।

राजनीतिक अधिकारों और आर्थिक आवश्यकताओं के बीच के सम्बन्ध को चीन के 1958-61 के अकाल के उदाहरण द्वारा बहुत ही स्पष्ट शब्दों में समझाया जा सकता है। अपने आर्थिक सुधारों से पूर्व भी चीन आर्थिक विकास के कई आयामों को लेकर भारत की अपेक्षा अधिक सफलताएँ अर्जित कर चुका था। जीवाशा का जो उच्च स्तर भारत में आज बताया जा रहा है, चीन 1979 से प्रारम्भ सुधारों से पूर्व ही उसे प्राप्त कर चुका था। फिर भी अकाल निवारण में चीन की एक बहुत बड़ी विफलता भी जगजाहिर हो चुकी है। 1958-61 की अवधि के चीनी अकालों में अब यह अनुमान लगाया जा रहा है कि 3 करोड़ के करीब लोगों की जानें गईं। यह भारत में ब्रिटिश शासन के अंतिम वर्षों में आए भयंकर अकाल से भी दस गुणा बड़ी जनहानि रही है।

1950 के दशक की तथाकथित 'लम्बी छलाँग' एक 'जबरदस्त विफलता' सिद्ध हुई थी। किन्तु चीन सरकार इस वस्तुस्थिति को स्वीकार करने को तैयार नहीं थी और वह उन्हीं घातक नीतियों का तीन वर्ष और अन्धा अनुसरण करती रही। नियमित निर्वाचन एवं स्वतन्त्र प्रेस वाले किसी देश में इस प्रकार की किसी घातक नीति के चल पाने की बात कभी सम्भव नहीं हो सकती। इस भयावह त्रासदी के समय भी सरकार को समाचार पत्रों की ओर से कोई दबाव अनुभव नहीं हुआ—क्योंकि उन

पर सरकार का पूरा शिकंजा कसा हुआ था। विपक्षी दलों की ओर से तो दबाव का प्रश्न ही नहीं उठता था क्योंकि उनका कोई अस्तित्व ही नहीं था।

समाचार सम्प्रेषण की स्वतन्त्र व्यवस्था के अभाव ने सरकार को भी गुमराह कर दिया–क्योंकि सारे अखबार सरकार के अपने झूठे प्रचार और बीजिंग की ठकुरसुहाती गा रहे क्षेत्रीय साम्यवादी छुटभैयों के खोखले दावों से भरे रहते थे। जब अकाल की विभीषिका अपने चरमोत्कर्ष की ओर अग्रसर हो रही थी तो बीजिंग में बैठे चीनी तानाशाह इस ढकोसले को सही माने बैठे थे कि उनके पास तो अनाज के विपुल भंडार जमा हैं जबकि वास्तविक भंडार उनके अनुमान से 10 करोड़ मीट्रिक टन कम थे।

यह भी बहुत ही मजेदार बात है कि जब अन्ततः सारी पोल खुल ही गई तो चेयरमैन माओ के क्रान्तिकारी विचारों और उत्साह के चलते, जिसने उस 'लम्बी छलांग' जैसी घातक भूल को प्रारम्भ किया और चलाए रखा, उन्हें भी लोकतन्त्र की सूचनाप्रदायी भूमिका को स्वीकार करना पड़ा। 1962 में जब करोड़ों लोग अकाल के गाल में समा चुके थे तो उन्होंने अपने 7 हजार अनुयायियों को सम्बोधित करते हुए कहा :

> लोकतन्त्र के अभाव में आपको यही नहीं पता चलता कि नीचे क्या हो रहा है। स्थिति अस्पष्ट ही रहेगी, आप हर पक्ष की जानकारी नहीं पा सकेंगे; नीचे से शिखर तक कोई संवाद सम्प्रेषण नहीं हो पाएगा; शिखर नेतृत्व को युद्धों पर फैसला करने के लिए एकपक्षीय और गलत जानकारियाँ ही पहुँचेंगी; इस प्रकार आप कें निर्णयों में अपनी सूझ ही झलकेगी, 'एक सोच और एक ही प्रकार के कार्य' का ध्येय विफल हो जाएगा तथा वास्तविक केन्द्रवाद की प्राप्ति असम्भव हो जाएगी।

यहाँ माओ ने लोकतन्त्र का जो समर्थन किया है वह बहुत सीमित ही है। सारा आग्रह केवल सूचना-सम्प्रेषण पर ही है, इसकी सम्प्रेरणात्मक भूमिका और अन्तर्निहित एवं रचनात्मक महत्त्व की अभी भी अवहेलना ही की गई है। फिर भी यह बड़ी बात है कि माओ को स्वयं यह स्वीकार करना पड़ा कि घातक अधिकारिक नीतियाँ सूचना सूत्रों के अभाव पर ही आधारित थीं। एक लोकतान्त्रिक व्यवस्था में निश्चित ही चीन जैसी विनाशक घटनाओं को नहीं होने दिया जाता।

लोकतन्त्र की संरक्षणात्मक भूमिका

ये मुद्दे आज भी विश्व भर में उतने ही महत्त्वपूर्ण हैं। आज अत्यन्त सफल माने जा रहे चीन में भी इनका महत्त्व कम नहीं हो गया है। 1979 से आरम्भ सुधारों के बाद चीनी अफसरशाही आर्थिक प्रोत्साहनों के महत्त्व को बहुत बार स्वीकार कर

चुकी है पर अभी भी वह राजनीतिक प्रोत्साहनों की महत्ता स्वीकार करने से कतरा रही है। जब हालात ठीक चल रहे हों तो लोकतन्त्र का यह सुविधाकारी स्वरूप किसी को सम्भवतः दिखाई भी नहीं देता, किन्तु जब बड़ी नीतिगत भूलें हो जाती हैं तो इनका अभाव अत्यन्त विनाशकारी सिद्ध होता है। आज के चीन में चल रहे लोकतन्त्रवादी आंदोलनों पर इसी संदर्भ में विचार किया जाना चाहिए।

1970 के दशक से लगातार अकालों को झेल रहे सहरेतर अफ्रीका का एक दूसरा बड़ा उदाहरण हमारे सामने है। इस क्षेत्र के अकालप्रिय होने के अनेक कारण हैं : इनमें पर्यावरण-परिस्थितिकी और जलवायु के निरन्तर ह्रास के कारण फसलों में आ रही अनिश्चितता से लेकर निरन्तर चल रहे जनजातीय संग्रामों के हानिकारक प्रभाव आदि सभी कुछ सम्मिलित हैं। पर इन देशों में व्याप्त निरंकुश शासन व्यवस्था अकालों की निरन्तरता को बनाए रखनेवाला सबसे प्रमुख कारण है।

सभी राष्ट्रवादी आंदोलन उपनिवेशविरोधी तो होते ही हैं पर उनकी लोकतान्त्रिक प्रेरणाएँ इतनी सबल नहीं रहतीं। सहरेतर अफ्रीका के देशों में तो कहीं अब जाकर लोकतन्त्र के मूल्य को कुछ सम्मान की दृष्टि से देखा जाने लगा है। इस प्रकार के राजनीतिक परिवेश में विश्व के शीत युद्ध का भी भारी नकारात्मक योगदान रहा है। संयुक्त राज्य अमेरिका और पश्चिमी देश प्रत्येक उस तानाशाह का समर्थन करने को तैयार रहते थे जो किसी भी तरह साम्यवाद का विरोध व्यक्त कर दे। इसी प्रकार आन्तरिक रूप से घोर विषमतापोषक शासकों को भी चीन और सोवियत रूस का समर्थन सहज ही मिल जाता था—बस, उनके लिए साम्यवाद की प्रशंसा में कुछ शब्द कह देना पर्याप्त रहता था। जब इन दोनों ही प्रकार के देशों में विपक्षी दलों पर प्रतिबंध लगाए गए, समाचार पत्रों का दमन हुआ तो विश्व के किसी भी हिस्से में इन बातों का ज्यादा विरोध नहीं हुआ था।

हम यह इनकार नहीं कर रहे कि कुछ एकदलीय अफ्रीकी सरकारों ने भी प्राकृतिक आपदाओं का सामना करने का भरसक प्रयत्न किया है। इसके उदाहरण अत्यन्त लघु राष्ट्र कैप वर्दे से लेकर राजनीतिक प्रयोगवादी देश तंजानिया तक से मिल जाते हैं। पर अक्सर विपक्ष पर प्रतिबंध तथा अखबारों के दमन ने इन सरकारों को हर प्रकार की आलोचनाओं के विरुद्ध एक ऐसा सुरक्षा कवच प्रदान कर दिया होता है कि वे राजनीतिक दबाव की चिन्ता से मुक्त हो अत्यन्त संवेदनहीन एवं घातक नीतियों पर उन्मुक्त आचरण करती रहती हैं ऐसी स्थिति में अकाल तो पड़ेंगे ही—यह विचार दृढ़ हो चला था। इनका दोष भी प्राकृतिक कारकों एवं अन्य देशों संसाधनों का अधिक प्रयोग करने की प्रवृत्तियों के मत्थे मढ़ दिया गया। सूडान, सोमालिया, इथोपिया व सहेल के देश यह बहुत अच्छी तरह दिखा सकते हैं कि लोकतन्त्रीय विपक्षी दलों और स्वतन्त्र प्रैस के अनुशासन के अभाव में नीतियाँ और उनके कारण परिस्थितियां किस प्रकार विकृत हो सकती हैं।

हम यह नहीं कह रहे कि अक्सर इन देशों के अकालों की शुरुआत फसल के नाकाम हो जाने से नहीं हुई थी। जब फसल बर्बाद होती है तो केवल खाद्य आपूर्ति ही नहीं प्रभावित होती, जनसमुदाय के रोजगार और रोजी-रोटी का भी विनाश हो जाता है। पर फसल की बर्बादी सार्वजनिक नीतियों के प्रभावों से स्वतन्त्र नहीं होती। सरकार द्वारा नियत सापेक्ष दामों, सिंचाई व्यवस्था और कृषि अनुसंधान विषयक नीतियों का इस पर बहुत गहरा प्रभाव होता है। फिर, फसल की तबाही के बाद भी कुशलतापूर्वक तैयार की गई पुनःवितरण नीतियों के माध्यम से अकाल की सम्भावना का निवारण किया जा सकता है। इन नीतियों में ही अस्थायी वैकल्पिक रोजगार-सृजन भी होता है। हमने पहले भी बताया है कि बोत्सवाना और जिम्बाब्वे जैसे लोकतान्त्रिक देश खाद्य उत्पादन और विशाल जनसमुदाय की अधिकारिताओं में भारी गिरावट का सामना अपनी उचित नीतियों के सहारे कर पाने में सफल रहे हैं। इनके विपरीत अलोकतान्त्रिक देशों को कहीं बेहतर खाद्य आपूर्ति के बावजूद अकाल जनित आपदाएँ भोगनी पड़ी हैं। अतः यह निष्कर्ष अनुचित नहीं होगा कि आधुनिक विश्व में लोकतन्त्र अकाल-निवारण में बहुत ही सकारात्मक प्रभाव सिद्ध हो सकता है।

पारदर्शिता, सुरक्षा तथा एशियाई आर्थिक संकट

लोकतान्त्रिक व्यवस्था की निवारणकारी भूमिका विभिन्न साधनस्वरूपी स्वातन्त्र्यों में सम्मिलित 'संरक्षात्मक सुरक्षा' की अवधारणा के अनुरूप ही है। बहुदलीय लोकतन्त्र और स्वतन्त्र समाचार माध्यम यह सुनिश्चित कर देते हैं कि देश में किसी-न-किसी प्रकार की संरक्षात्मक सामाजिक सुरक्षा व्यवस्था अवश्य स्थापित हो जाएगी। वास्तव में अकाल निवारण तो लोकतान्त्रिक सुरक्षा व्यवस्था की प्रभावोत्पादकता का एक उदाहरण ही है। राजनीतिक एवं नागरिक अधिकारों की सकारात्मक भूमिका सभी प्रकार के आर्थिक एवं सामाजिक संकटों के निवारण में सहायक हो सकती है।

जब सारा कुछ ठीक चल रहा हो तो लोकतन्त्र की इस साधनभूत भूमिका की ओर शायद ही किसी का ध्यान जाए पर जब किसी भी कारण से कुछ गड़बड़ हो जाती है तो इसके महत्त्व की अनुभूति होती है। उस समय लोकतान्त्रिक शासन व्यवस्था द्वारा सम्भव बनाई गई राजनीतिक सम्प्रेरणाओं का व्यवहारिक महत्त्व और भी बढ़ जाता है। यहाँ कुछ महत्त्वपूर्ण आर्थिक और राजनीतिक सबक भी सीखे जा सकते हैं। अनेक आर्थिक प्रौद्योगिकतन्त्रवादी विशेषज्ञ बाजारतन्त्र द्वारा प्रदत्त आर्थिक सम्प्रेरणाओं के प्रयोग पर ही आग्रह करते हैं—वे लोकतन्त्र द्वारा सहज सुलभ राजनीतिक सम्प्रेरणाओं की पूर्ण अवहेलना कर देते हैं। किन्तु महत्त्वपूर्ण होते हुए भी आर्थिक सम्प्रेरणाएँ किसी भी प्रकार से राजनीतिक सम्प्रेरणाओं का स्थान ग्रहण नहीं कर पातीं। पर्याप्त राजनीतिक सम्प्रेरणाओं की व्यवस्था का अभाव एक ऐसी कमी है जिसे आर्थिक प्रोत्साहन कभी भी पूरा नहीं कर सकते।

यह प्रश्न बहुत ही महत्त्वपूर्ण है—क्योंकि किसी भी स्वस्थ दीख रही अर्थव्यवस्था में आर्थिक अथवा अन्य परिस्थितियों में बदलाव और नीतियों की किसी त्रुटि को दूर न कर पाने के कारण असुरक्षा की आशंका सदैव बनी रहती है। पूर्वी एवं दक्षिण पूर्वी एशिया के हाल ही के आर्थिक संकट को अन्य बातों के साथ-साथ अलोकतान्त्रिक शासन की संज्ञा भी दी जा सकती है। इसके दो स्वरूप हैं। दोनों में ही हमारे पूर्वचर्चित दो साधनस्वरूप स्वातन्त्र्यों की अवहेलना स्पष्ट दिखाई पड़ रही है। एक तो संरक्षणात्मक सुरक्षा (जिस पर हम अभी चर्चा कर रहे हैं) की बात है और दूसरा मुद्दा पारदर्शिता की आश्वस्ति से जुड़ा है (यह आर्थिक और राजनीतिक एजेन्टों की सुरक्षा के प्रावधानों से सम्बन्धित है)।

एक बात तो यह है कि इन देशों के वित्तीय संकट का विकास व्यवसाय में पारदर्शिता के अभाव से हुआ है। यहाँ वित्तीय और व्यावसायिक व्यवस्थाओं की समीक्षा में सार्वजनिक भागीदारी शून्यप्राय ही रही है। किसी प्रभावपूर्ण लोकतान्त्रिक मंच के नहीं होने का परिणाम इस विफलता के रूप में सामने आया है। लोकतान्त्रिक प्रक्रियाएँ सारे अर्थतन्त्र पर कुछ परिवारों के वर्चस्व को चुनौती देने के जिन अवसरों की रचना कर सकती थीं उनके कारण इस व्यापारिक 'कुव्यवस्था' पर बहुत बड़ा सकारात्मक प्रभाव पड़ सकता था।

अन्तर्राष्ट्रीय मुद्रा कोष ने इन लड़खड़ाती हुई अर्थव्यवस्थाओं पर जिस वित्तीय सुधार के अनुशासन का अंकुश लगाना चाहा था, उनका सम्बन्ध भी व्यावसायिक मामलों में खुलेपन और जानकारी प्रत्यक्ष करने के अभाव और उनमें संदिग्ध तत्वों की मिलीभगत आदि में ही था। ये सब तत्व मिलकर ऐसे व्यवसायतन्त्र की रचना कर देते हैं जिसके विषय में सारा देश अन्धकार में ही रहता है। जब एक जमाकर्ता कुछ रकम बैंक में जमा करता है तो उसे कुछ भरोसा होना चाहिए कि उसका पैसा ठीक से काम में आएगा और उसका प्रयोग अनावश्यक जोखिम के काम में नहीं होगा। वह पर्याप्त रूप से सुरक्षित भी रहेगा। इस विश्वास को अक्सर तोड़ दिया जाता था—इस व्यवस्था को सुधारने की बड़ी तीव्र आवश्यकता थी। मैं यहाँ यह तो नहीं कह रहा कि इस संकट का विश्व मुद्राकोश द्वारा किया गया प्रबन्धन बिलकुल सही था या तत्काल प्रारम्भ किए गए आर्थिक सुधारों को वित्तीय विश्वास की पुनःस्थापना तक स्थगित रखा जा सकता था (अथवा नहीं) इस प्रकार का फेरबदल चाहे जैसे भी किया जाता, सबसे बेहतर रहता। इससे पारदर्शिता-स्वातंत्र्य—या इसके अभाव—का एशियाई संकट के प्रादुर्भाव में 'योगदान' पर कोई आंच नहीं आती।

अगर इंडोनेशिया या द. कोरिया में लोकतान्त्रिक आलोचक इसकी मांग कर पाते तो निश्चित रूप से निवेश के जोखिमों और उनके उपयुक्त-अनुपयुक्त स्वरूप की कहीं बेहतर समीक्षा सम्भव हो सकती थी। पर दोनों ही देशों में सरकार के बाहर से ऐसी किसी मांग का उठ पाना सम्भव बनाने वाली लोकतान्त्रिक व्यवस्था थी ही

नहीं। चुनौतीरहित शासन की शक्ति सहज ही उत्तरदायित्व एवं पारदर्शिताशून्य व्यवहार की स्वीकारोक्ति में भी परिवर्धित हो गई। इसमें सरकार और वित्तव्यवस्था पर अधिकार किए लोगों के आपस के पारिवारिक रिश्तों-नातों का भी बहुत बड़ा योगदान था। इन आर्थिक संकटों की रचना में अलोकतान्त्रिक शासन व्यवस्था का बहुत ही विशद योगदान रहा है।

दूसरे, जब वित्तीय संकट ने आर्थिक दुर्बलता का सृजन कर दिया तब कहीं जाकर जिस प्रकार की लोकतान्त्रिक शक्ति अकाल निवारण में सफल रहती है, उसका अभाव सभी को अखरना आरम्भ हुआ। नवविपन्न वर्ग की सुनने वाला कोई था ही नहीं। यदि दशकों तक 5 से 10 प्रतिशत वार्षिक संवृद्धि की पृष्ठभूमि में देखा जाए तो सकल राष्ट्रीय आय में 10 प्रतिशत की कमी कोई बहुत बड़ी बात नहीं लगती। फिर भी यह कमी लाखों लोगों की जीवनयापन व्यवस्था को ध्वस्त कर उन्हें असह्य कष्ट भोगने को विवश कर सकती है—यदि इस कमी के बोझ को व्यापक रूप से वितरित करने की बजाय केवल उन्हीं लोगों पर थोप दिया जाए जिनका रोजगार अभी-अभी छिन गया हो और जो इसे सह पाने में सबसे कम समर्थ हों। जब अर्थव्यवस्था ऊपर ही ऊपर जा रही थी तो इंडोनेशियाई समाज के निम्न स्तर पर कार्य कर रहे लोगों को भी लोकतन्त्र का अभाव कभी नहीं खटका होगा पर जैसे ही यह महान संकट विकसित हुआ, इसी अभाव के कारण उनकी पुकार को क़िसी ने नहीं सुना। लोकतन्त्र के इस संरक्षणकारी स्वरूप का महत्त्व तभी समझ आता है जब सिर पर भारी आपदा आ गिरती है।

निष्कर्षात्मक टिप्पणियाँ

विकास की चुनौतियों में स्थायी चिरन्तन अभावों से मुक्ति और अचानक हो जाने वाले भयावह दारिद्र्य का निवारण, दोनों ही सम्मिलित हैं। किन्तु तब ये दोनों कार्य समाज की व्यवस्थाओं से अलग-अलग किस्म के तकाजे कर सकते हैं। एक की दृष्टि से सफलता के कारण दूसरे की सदैव सफल संपूर्ति सम्भव नहीं हो पाती। पिछली अर्द्ध-शताब्दी में भारत और चीन के निष्पादन को ही लें। भारत की अपेक्षा चीन जन्म के समय जीवन की आशा को सुधारने और मरणशीलता को घटाने में अधिक सफल रहा है। वास्तव में ये श्रेष्ठतर सफलताएँ 1979 में सुधार कार्यों के प्रारम्भ से पहले ही अर्जित हो चुकी थीं (सुधार-पश्चात् काल में तो जीवाशा सुधार कुछ पिछड़ ही गया है)। भारत चीन की अपेक्षा बहुत ही विविधतापूर्ण देश है। यहाँ केरल जैसे प्रदेश भी हैं जहाँ जीवाशा-सुधार दर चीन से भी ऊँची रही है। पर देशव्यापी तुलना की दृष्टि से चीन ही कुछ आगे रहा है। फिर भी चीन में इतिहास का सबसे भीषण और विनाशक अकाल पड़ा और 3 करोड़ की विशाल जनसंख्या को लील गया। यह अकाल उसकी 'लंबी छलांग' योजना की विफलता के तुरन्त पश्चात्

1959-61 में पड़ा था। इसके विपरीत स्वतन्त्रता के बाद से ही भारत ने अकालों पर पूरी तरह से काबू पा लिया है। अकाल और अन्य विनाशकारी आपदाओं की सम्भावना का निराकरण जीवाशा-संवर्धन एवं अन्य सफलताओं की अपेक्षा कुछ अलग ही किस्म की सफलता है।

अकाल आदि आपदाओं के विकास में विषमताओं का भी भारी योगदान रहता है। वास्तव में तो लोकतन्त्र का अभाव भी एक विषमता ही है। यह विषमता राजनीतिक शक्तियों और अधिकारों की गैर-बराबरी है। पर अकाल और ऐसे संकट तो गहन और अचानक और बढ़ गई विषमताओं के कारण ही पनपते, फूलते-फलते हैं। इसका प्रमाण यही तथ्य है कि खाद्य उत्पादन में कमी आए बिना भी समाज के किसी वर्ग को रोजी की भारी हानि भुगतनी पड़ सकती है (जैसे अचानक बड़े पैमाने पर लोग बेरोजगार हो जाएँ)। इस नई विषमता के कारण अनेक लोग भुखमरी के कगार पर पहुँच सकते हैं।

पूर्वी एवं दक्षिणपूर्वी एशिया के आर्थिक संकटों के विश्लेषण से भी ऐसे ही प्रश्न उठे हैं। इंडोनेशिया, थाईलैंड और उनसे पहले द. कोरिया के संकटों का उदाहरण लें। पहले-पहल तो यह समझ ही नहीं आता कि जिस देश में दशकों से पाँच से दस प्रतिशत वार्षिक दर से आय-संवृद्धि हो रही थी वहाँ किसी एक वर्ष में 5-10 प्रतिशत की कमी से कौन-सा पहाड़ टूट पड़ेगा। समष्टि स्तर पर तो यह कोई विशेष संकटसूचक घटना नहीं है। पर यदि यह 5-20 प्रतिशत की गिरावट सारे समाज में बंटने के स्थान पर गरीबतम वर्ग के मत्थे ही मढ़ दी जाए तो (चाहे पहले कुछ भी होता रहा हो) उस वर्ग के पास जीवित रह पाने लायक कुछ भी नहीं बचेगा। ऐसे और अकाल आदि संकटों में ही समाज के सबसे पिछड़े लोग शैतान के ग्रास बन जाते हैं। यह भी एक कारण है जहाँ सामाजिक सुरक्षा कवच के रूप में लोकतन्त्र द्वारा प्रदत्त 'संरक्षणात्मक सुरक्षा' इतनी आवश्यक साधनस्वरूप स्वातंत्र्य बन जाती है। यहीं आकर हमें आर्थिक अधिकारों और जीवित रह पाने के लिए भी नागरिक अधिकार और भागीदारी के अवसरों के रूप में राजनीतिक स्वातंत्र्य का महत्त्व सही अर्थों में समझ में आता है (देखे अध्याय–6 तथा वर्तमान अध्याय के पिछले अंश)।

चिरन्तन गरीबी के संदर्भ में भी विषमता का प्रश्न महत्त्वपूर्ण रहता है किन्तु यहाँ भी निरन्तर अभावों और अनायास दरिद्रता के बीच विषमता के प्रभावसूत्र कुछ अलग-अलग तरह से कार्य करते हैं। दक्षिण कोरिया की आर्थिक संवृद्धि अपेक्षाकृत अधिक क्षमतापूर्ण होने को सभी स्वीकार करते रहे हैं। किन्तु लोकतन्त्र के अभाव में सभी आपदाग्रस्तों का ध्यान रखने में भी बराबरी का व्यवहार इसी के कारण सुनिश्चित नहीं रह पाया। यह समता किसी ऐसी सामाजिक व्यवस्था की रचना भी नहीं कर पायी जो तुरन्त प्रतिपूरक सुरक्षा प्रदान करने का इन्तजाम करने में समर्थ हो। किसी नई विषमता का उदय और निर्द्वन्द्व दारिद्र्य का। विकास के पुराने अनुभव

के साथ भी सह-अस्तित्व हो सकता है।

इस अध्याय का मुख्य वास्ता तो अकाल और अन्य विनाशकारी संकटों से निपटने की समस्या से रहा है। यह विकास की स्वातन्त्र्य-संवर्धन-स्वरूपी प्रक्रिया का एक महत्त्वपूर्ण अवयव ही है। क्योंकि इसमें जनसामान्य को सुलभ सुरक्षा भाव का संवर्धन निहित रहता है। यह सम्बन्ध रचनाकारी भी है और साधनस्वरूप भी। एक तो भुखमरी, महामारियों तथा अनायास गहन दरिद्रता के विरुद्ध सुरक्षा अपने आप में सुरक्षित एवं अच्छे जीवन के सुअवसरों को बढ़ाने वाली होती है। इस प्रकार विनाशकारी संकटों का निवारण वह स्वातन्त्र्य बन जाता है जिसे बहुत महत्त्वपूर्ण मानने के जन-सामान्य के पास पर्याप्त कारण विद्यमान होते हैं। दूसरे, अकाल आदि की विभीषिका का विचार कर पाने में खुले संवाद, सार्वजनिक समीक्षा, चुनावी राजनीति और अप्रतिबंधित समाचार माध्यमों आदि के साधनस्वरूपी स्वातन्त्र्य का भी बहुत योगदान होता है। किसी भी लोकतान्त्रिक देश में विपक्ष की राजनीति के खुले दबाव से कोई भी सत्तारूढ़ सरकार अकाल आदि से बचाव के लिए तुरन्त प्रभावी कदम उठाने को बाध्य हो जाती है। पर चीन, कम्बोडिया, इथोपिया और सोमालिया जैसे गैरलोकतान्त्रिक देशों में ऐसा कभी नहीं हो पाया। आज भी उत्तर कोरिया और सूडान में वैसा ही तानाशाही व्यवहार दोहराया जा रहा है। विकास के अनेक आयाम हैं तथा उनमें से प्रत्येक के नानाविध विश्लेषण और समीक्षा की आवश्यकता है।

8

नारी की बृहत्तर भूमिका और सामाजिक परिवर्तन

वर्ष 1792 में मैरी वोलस्टोनक्राफ्ट की एक महत्त्वपूर्ण पुस्तक प्रकाशित हुई थी। 'ए विंडीकेशन ऑफ दि राइट्स ऑफ वुमेन' नामक इस पुस्तक में उन्होंने नारी-अधिकारों की प्रतिस्थापना करते समय कुछ विशेष आग्रह भी किए थे। इन अधिकारों में उन्होंने केवल नारी के अपने हितसाधन (और उनसे जुड़ी अधिकारिताओं) करनेवाले अधिकारों तक सीमित रहने की अपेक्षा उन अधिकारों की बात भी उठाई थी जिनका मुख्य सम्बन्ध समाज में नारी की बृहत्तर भूमिका (Free Agency of Women) से रहता है।

आज भी ये दोनों प्रकार के मुद्दे नारीवादी आन्दोलनों की कार्यसूची में विद्यमान हैं। वैसे मैं फिर भी यही कहना चाहूँगा कि पहले तो इन आन्दोलनों का सारा ध्यान केवल नारी के अपने कुशलक्षेम के संवर्धन तक ही सीमित रहता था, पर अब ये भी नारी की बृहत्तर भूमिका पर ध्यान देने लगे हैं। कुछ समय पहले तक इन आन्दोलनों का ध्येय नारी की दशा को पहले से बेहतर बनाना ही था--ये नारी के प्रति कुछ और न्यायप्रद व्यवहार की माँग कर रहे थे। उनका सारा ही दृष्टिबोध नारी के कुशलक्षेम पर टिका हुआ था जो उसकी बहुत ही गहन आवश्यकता भी थी। पर धीरे-धीरे उनके ध्येय भी (विकास क्रम से गुजरते हुए) और व्यापक हो रहे हैं। अब इस क्षेमवादी से निकलकर ये समाज में नारी की व्यापक एवं बृहत्तर भूमिका के विशाल वितान पर आ गए हैं। अब नारी किसी कल्याणकारी कृपादृष्टि की निष्क्रियप्राय पात्री बने नहीं रहना चाहती—वह सामाजिक परिवर्तन की प्रक्रिया में सक्रिय रूप से विश्व के सभी नर-नारियों के भाग्य की नवसंसृष्टि में अपना योगदान करना चाहती है।

बृहत्तर भूमिका और कुशलक्षेम

दृष्टिबोध और आग्रह में इस परिवर्तन की ओर कई बार ध्यान ही नहीं जाता क्योंकि इन दोनों विधियों में कुछ सांझापन भी बना रहता है। नारी की सक्रिय बृहत्तर भूमिका किसी भी तरह उन विषमताओं को अनदेखा नहीं छोड़ सकती जो उसके कुशलक्षेम पर धब्बे की तरह हों और जिनके कारण उसे असमानतापूर्ण व्यवहार सहन करने को बाध्य रहना पड़ता हो। इस प्रकार बृहत्तर भूमिका का नाता नारी के कुशलक्षेम के साथ भी हो जाता है। यदि दूसरे पक्ष से देखें तो नारी के कुशल क्षेम संवर्धन का प्रत्येक प्रयास किसी न किसी रूप में उसी भूमिका को और व्यापक बनाने में भी सहायक रहता है। इस तरह से नारी आन्दोलनों के कुशलक्षेम आयाम और बृहत्तर भूमिका आयाम के बीच एक बहुत व्यापक स्तर पर संयुक्ति बनी हुई है। फिर भी आधारभूत स्तर पर उनमें कुछ न कुछ भेद भी अवश्य रहता है। आखिर कर्ता के रूप कोई व्यक्ति निश्चित रूप से एक 'भुक्तभोगी' से कुछ अलग अवश्य होता है। कर्ता को अनेक बार अपने आप को ही 'भुक्तभोगी' के स्थान पर रखकर आगे के कदमों का फैसला करना होता है। [अर्थात् यह मानकर अपना व्यवहार निश्चित करना होता है कि यदि इनकी जगह पर मैं होती तो मेरी क्या प्रतिक्रिया रहती] पर यह किसी भी प्रकार से 'कर्ता' की अतिरिक्त जिम्मेदारियों तथा व्यवहार के स्वरूप विशेष को बदल नहीं सकता।

उन्हें अनुभव करना और कुशलक्षेम धारण योग्य इकाइयाँ मानना अपने आप में एक आवश्यक स्वीकारोक्ति है पर इसी पर रुक जाना तो नारी के अस्तित्व बोध को बहुत संकुचित स्वरूप प्रदान करना होगा। किसी की बृहत्तर भूमिका को ठीक से समझना ही उसकी उत्तरदायित्व भाव से सम्पन्न व्यक्ति के रूप में पहचान बनाता है। हम सभी स्वस्थ या बीमार ही नहीं होते बल्कि हम कुछ करने या करने से मना करने अर्थात् किसी विशेष प्रकार का व्यवहार करने न करने के बीच चुनाव कर सकने वाले व्यक्ति अथवा कर्ता होते हैं। अतः कुछ करने या न करने का दायित्व भी हम सभी नर-नारियों को स्वीकार करना ही होगा। इसमें कुछ अन्तर भी आता है। उस अन्तर को समझना आवश्यक है। यह सामान्य-सी स्वीकारोक्ति सिद्धान्त रूप से बहुत ही साधारण लगती है पर सामाजिक विश्लेषण और व्यावहारिक कारणों और कार्यों में इसके बहुत ही गहन अर्थ हो सकते हैं।

नारीवादी आन्दोलनों के दृष्टिबोध का यह परिवर्तन इस प्रकार से उनके पुराने सरोकारों का संवर्धन है, उन्हें नकारने का प्रयास नहीं। पहले उनका सारा ध्यान नारी के कुशलक्षेम (वास्तव में दुर्दशा ही कहिए) पर ही केन्द्रित था। यह संकेद्रण अर्थविहीन नहीं था। नारी के कुशलक्षेम में नारी की सापेक्ष अभावग्रस्तता एक सच्चाई रही है। आज भी यह (विश्व के अनेक भागों में) एक सत्य ही है। सामाजिक न्याय, विशेषकर

महिलाओं सहित समग्र समाज के लिए न्याय के सन्दर्भ में यह बात ध्यान रखना बहुत ही आवश्यक है। उदाहरण के लिए, ढेरों साक्षियाँ यह प्रमाणित कर रही है। कि प्रकृति के नियमों के विपरीत और समाज के व्यवहार द्वारा रचित कारकों ने एशिया और उत्तरी अफ्रीका में नारी की अति-मरणशीलता की भयावह सृष्टि रच दी है। परिणामस्वरूप इन क्षेत्रों में चिकित्सा, स्वास्थ्य एवं पोषण आदि में लिंग भेद के कारण करोड़ों की संख्या में नारियां विलुप्त हो गई हैं। [अर्थात् सामान्य परिस्थितियों में तो नारियों की संख्या अनेक करोड़ अधिक होनी चाहिए थी किन्तु इन कृत्रिम अभावों के कारण वे सब काल की भेंट चढ़ चुकी हैं] यह प्रश्न भी नारी के कुशलक्षेम के सन्दर्भ में बहुत ही निर्णायक हो जाता है। इससे स्पष्ट पता लग रहा है कि नारियों को बराबर से कहीं कम स्तर पर रखा जा रहा है। इनसे विश्व भर में सांस्कृतिक आधार पर नारी की आवश्यकताओं की उपेक्षा का आभास मिलता है। इन अभावों को उजागर करना और इन्हें दूर करने की बात को कार्य-सूची का महत्त्वशाली मुद्दा बनाए रखना बहुत आवश्यक है।

यह बात भी समझ लेनी चाहिए कि नारी की सक्रिय भूमिका को संकुचित रखने के दुष्प्रभाव केवल नारी जाति तक ही सीमित नहीं रह जाते—वे समस्त मानव मात्र को समान रूप से प्रभावित करते हैं—इनके परिणाम सभी को भुगतने पड़ते हैं चाहे वे बालक हों या बालिकाएँ या फिर वयस्क स्त्री-पुरुष। आज भी नारी के कुशलक्षेम को बढ़ाने और उसकी दुर्दशाओं का निवारण करने के प्रयास सतत सजगता के साथ चलाये रखने की आवश्यकता कम नहीं हुई है पर साथ ही साथ अब नारीवादी कार्य सूची मेँ नारी के 'कर्त्ता' स्वरूप को स्वीकृत कर उस आधार पर कार्य करने की आवश्यकता भी बहुत बलवती हो गई है।

बृहत्तर भूमिका पर ध्यान देने के पक्ष में सबसे बड़ा तर्क तो सम्भवतः यही है कि इसके माध्यम से नारी के कुशलक्षेम का दमन करनेवाली सभी विषमताओं को दूर कर पाना सम्भव हो सकता है। पिछले कुछ वर्षों से हुए व्यवहारिक शोध कार्यों ने बहुत ही स्पष्ट रूप से यह उजागर कर दिया है कि नारी की घर से बाहर निकल कर कुछ उपार्जन करने की क्षमता से किस प्रकार उसके अपने कुशलक्षेम के प्रति भी सम्मान का भाव विकसित होने लगा है। ऐसे ही प्रभाव उनके सम्पत्ति-सम्पन्न होने तथा साक्षर होने से भी पैदा हुए हैं। साक्षरता ने उन्हें परिवार की निर्णय प्रक्रिया में शिक्षित भागीदार की प्रतिष्ठा भी दिलाई है। इन भूमिका-प्रसारक कारकों में सुधार के साथ-साथ विकसित देशों में पुरुषों की तुलना में नारियों की अनुजीवन वंचनाएँ भी बहुत तेजी से कम हो रही हैं। आशा की जा सकती है कि ये अन्ततः समाप्त भी हो जाएँगी।

प्रथमतः ये आयाम [नारी की उपार्जन क्षमता, घर से बाहर आर्थिक भूमिका, साक्षरता और शिक्षा, सम्पत्ति अधिकार आदि] अलग-अलग दिखाई देते हैं पर अन्ततः

इनके प्रभाव सांझे ही होते हैं। ये सभी नारी की स्वायत्तता और शक्तिसम्पन्नता के माध्यम से उसकी वाणी और भूमिका को और प्रबल बनाने में सकारात्मक योगदान करते हैं। घर से बाहर निकलकर रोजगार करने और स्वतन्त्र आय कमानेवाली नारी के समाज और परिवार में स्थान और सम्मान में वृद्धि होती है। परिवार की समृद्धि में उसका योगदान अधिक प्रत्यक्ष रूप से दिखाई पड़ता है। वह परावलम्बी नहीं रह जाती, अतः उसकी बात को अन्य सभी लोग ध्यान से सुनते भी हैं। बाहर रोजगार करने का कुछ 'शिक्षात्मक' प्रभाव भी रहता है, नारी को घर से बाहर के लोगों से सम्पर्क के माध्यम से अनेक प्रकार की जानकारियां प्राप्त होती हैं। इनसे वह अपनी बृहत्तर भूमिका के निर्वहण में भी अधिक कुशल हो पाती है। इसी प्रकार नारी शिक्षा से उसकी भूमिका अधिक सारगर्भित और कुशल होने के नाते अधिक सशक्त भी हो जाती है। सम्पति का स्वामित्व भी नारी को परिवार के निणर्यों में भागीदारी की शक्ति प्रदान करता है—वहाँ भी उसकी बात, उसकी राय पर ध्यान दिया जाता है।

अतः जिन अलग-अलग आयामों की पहचान विभिन्न अध्ययनों द्वारा की गई है वे अन्ततः एकीकृत रूप से नारी संशक्तिकारी स्वरूप धारण कर लेते हैं। इस स्वरूप का सीधा अभिप्राय यही है कि आर्थिक स्वायत्तता और सामाजिक विमुक्ति पर आधारित नारी शक्ति का, परिवार के भीतर और सारे समाज में ही नारी की अधिकारिताओं पर प्रत्यक्ष एवं परोक्ष प्रभावकारी सिद्धातों, नियामों आदि की रचना और व्यवहार पर बहुत दूरगामी प्रभाव पड़ता है।

सहयोगी प्रतिद्वन्द्विता

इस प्रक्रिया को समझने की शुरुआत कुछ ऐसे की जा सकती है : किसी भी परिवार के स्त्री-पुरुष सदस्यों के कुछ निजी हित होते हैं जो सारे परिवार को प्रभावित करते हैं। इन हितों में कहीं सहयोगिता तो कहीं टकराव या प्रतिद्वन्द्विता भी निहित रहती है। अतः परिवार की निर्णय प्रक्रिया सहयोग की तलाश का रूप धारण कर लेती है। इसमें किसी न किसी निहित रूप से द्वन्द्वों या टकरावों का सभी पक्षों को मान्य समाधान प्राप्त करने का प्रयास किया जाता है। इसी प्रकार की सहयोगात्मक प्रतिद्वन्द्विता अनेक सामूहिक सम्बन्धों की विशेषता मानी जा सकती है। इसी के अनुसार टकरावों को सहयोग की भावना से दूर करने की प्रक्रियाओं के अध्ययन से ही हम पारिवारिक विभाजनों [अन्यान्य दायित्वों और अधिकारों] में नारी की उपलब्धियों को प्रभावित करनेवाले कारकों को और बेहतर ढंग से समझ सकते हैं। निहित रूप से मान्य व्यवहार पर आचरण दोनों ही पक्षों के हित में रहता है किन्तु अनेक प्रकार के समझौते भी सम्भव हैं किन्हीं में किसी पक्ष की प्रबलता दिखाई देती है तो अन्यों में दूसरे पक्ष का पलड़ा भारी हो सकता है। इन विकल्पों (सहयोगात्मक संरचनाओं) में से किसी एक का चयन साझे हितलाभों के आबंटन

का निर्धारण कर देता है।

परिवार विभिन्न हितों के आंशिक टकराव के समाधान के लिए जिस सहमतिपूर्ण निहित व्यवहारस्वरूप का चयन होता है, उसका समतापूर्ण होना भी आवश्यक नहीं होता। पारिवारिक जीवन का स्वभाव ही ऐसा होता है कि इसमें एक घर में मिलजुल कर रहने में टकरावों पर ही आग्रह बनाए रखना उस परिवार में टूटन पैदा कर सकता है। कई बार तो अभावग्रस्त महिला अपनी सापेक्ष वंचनाओं का सही आकलन कर पाने की स्थिति में भी नहीं रहती। इसी प्रकार 'कौन कितना उत्पादक काम कर रहा है' या 'परिवार की समृद्धि में किसका कितना योगदान है' आदि को लेकर जो अनुभूतियाँ रहती हैं उनका भी बहुत गहन प्रभाव होता है–भले ही कभी योगदान और उत्पादकता का स्पष्टतः आकलन नहीं हुआ हो।

अधिकारिता की अनुभूतियॉं

किसी भी परिवार में साझे हितलाभों का [उसके सदस्य स्त्री-पुरुषों के बीच] विभाजन मुख्यतः सदस्यों के योगदानों एवं अधिकारिताओं-विषयक अनुभूतियों अथवा धारणाओं पर ही आधारित रहता है। अतः इन धारणाओं और अधिकारिताओं को प्रभावित करने वाली परिस्थितियों के इस विभाजन पर बहुत ही निर्णायक प्रभाव हो सकते हैं। इन परिस्थितियों में सम्मिलित होंगे : स्त्री की घर से बाहर रोजगार करने व स्वतंत्र रूप से कमाई कर पाने की क्षमता, उसकी शिक्षा का स्तर और सम्पत्ति पर अधिकार आदि, इस प्रकार नारी के अधिक शक्तिकरण और स्वन्तत्र बृहत्तर भूमिका के कारण उन अनेक विषमताओं का निराकरण हो जाता है जो पुरुषों की तुलना में नारी के जीवन पर धब्बे की तरह चिपकी रहती हैं। अपनी अधिक सशक्त बृहत्तर भूमिका के माध्यम से नारी न केवल अपने जीवन को समृद्ध बनाती है वरन् और अनेक जीवनों की संरक्षिका भी बन जाती है।

लेकिन सारी गाथा यहीं पर समाप्त नहीं हो जाती। अन्य जीवनों से भी इसका कुछ न कुछ लेना-देना अवश्य है, ये जीवन पुरुषों और बच्चों के हैं। परिवार के भीतर तो मुख्यतः बच्चों के जीवन पर ही इसका [नारी शक्तिकरण का] सकारात्मक प्रभाव पड़ता है। अनेक अध्ययनों से यही स्पष्ट निष्कर्ष मिल रहे हैं कि नारी शक्ति के कारण बालमृत्यु दरों में काफी गिरावट आ जाती है। इससे कहीं और व्यापक स्तर पर देखें तो नारी की बृहत्तर भूमिका और आवाज जहाँ शिक्षा और रोजगार से प्रभावित होती हैं वहीं स्वीकार्य जनन दरों (केवल उनके अपने परिवारों में ही नहीं) और पर्यावरण पारिस्थितिकी आदि से सम्बद्ध अनेक सामाजिक विषयों पर जन-चिन्तन को प्रभावित भी करती है।

परिवार में आन्तरिक रूप से खाद्य सामग्री, चिकित्सा सुविधा आदि के आबंटन

की बातें भी कम महत्त्वपूर्ण नहीं हैं। बहुत कुछ इस बात पर निर्भर रहता है कि परिवार के आर्थिक संसाधनों का उसके स्त्री-पुरुष, बालक-बालिका, बाल-वयस्क और युवा-वृद्ध सदस्यों के हितों के संवर्धन के निमित्त किस प्रकार प्रयोग किया जाता है।

परिवार की आन्तरिक विभाजन व्यवस्था मुख्यतः प्रचलित परम्परा आदि के अनुसार रहती है, फिर भी इस पर नारी की शक्तिसम्पन्नता और आर्थिक योगदान तथा समाज के व्यापक स्तर पर जीवन मूल्यों के प्रभाव भी पड़ते हैं। इन सामाजिक मूल्यमानों और पारिवारिक परम्पराओं की रचना में नारी की शिक्षा, उसके रोजगार, सम्पत्ति-अधिकार आदि के बहुत दूरगामी प्रभाव हो सकते हैं, क्योंकि इनके माध्यम से परिवार के विभिन्न सदस्यों के आर्थिक भाग्य और कुशलक्षेम तथा स्वातन्त्र्य आदि पर निर्णायक प्रभाव पड़ सकते हैं।

हमारी इस पुस्तक की अन्तर्धारा हमें इस प्रकार के सम्बन्धों का कुछ और विश्लेषण-निरूपण करने को प्रेरित कर रही है। हमने पहले भी देखा है कि अकाल के परिणामों की अधिक सटीक समझ के लिए उसके कारण अधिकारिताओं की हानि पर ध्यान दिया जाना चाहिए—ये अधिकारिताएँ मुख्यतः खाद्य सामग्री खरीद पाने के स्वातन्त्र्य में बहुत तीव्र गिरावट के रूप में ही होती हैं। इस कारण सारे परिवार की खाद्य सामग्री पाने और उपभोग करने की क्षमता छिन्न-भिन्न हो जाती है। अकाल के समय में तो परिवार के भीतर पोषक तत्वों का विभाजन बहुत ही गड़बड़ा जाता है—पर अनेक समुदाय जो सामान्य अवस्था में भी चिरन्तन दरिद्रता भोग रहे होते हैं उनमें भी यह (विभाजन सम्बन्धी) विकृति सामान्य कुपोषण और भूख के स्वरूप को निर्णायक रूप से प्रभावित करती है। भोजन और चिकित्सा सुविधाओं की विषमताएँ उन गरीब समुदायों में, जहाँ पहले ही नारीविरोधी रुझान मौजूद हों, बहुत निकृष्ट कोटि के लिंगभेद (स्त्री-पुरुष के बीच भेदभाव) का रूप धारण कर जाती हैं।

इस नारीविरोधी रुझान पर नारी के सामाजिक स्थान और उसकी आर्थिक शक्ति का बहुत प्रभाव पड़ता है। पुरुष की सापेक्ष प्रबलता का आधार यही है कि परिवार का गुजारा उसकी कमाई पर होता है—इसी कारण परिवार में उसकी आर्थिक शक्ति को सम्मान की भावना से देखा जाता है। यह भी अब बहुत स्पष्ट हो चुका है कि जब नारी घर से बाहर कदम निकालकर कुछ कमाकर लाने लगती है, उससे परिवार की आन्तरिक आबंटन व्यवस्था तथा उसके स्तर और स्थान में भी सुधार होता है।

महिलाएँ घर में चाहे जितनी देर तक मेहनत करती हों, पर उससे कोई प्रत्यक्ष आमदनी नहीं होती। इसी कारण परिवार की समृद्धि में स्त्री-पुरुषों के सापेक्ष योगदान का आकलन करने में नारी के अंश का पूरी तरह से अवमूल्यन हो जाता है। किन्तु घर से बाहर काम करके कमाई लाने वाली महिला का योगदान बहुत ही स्पष्ट रूप से सभी को दिखाई दे जाता है। अन्य लोगों पर उसकी निर्भरता कम होती है तो स्वाभाविक रूप से उसकी बात पर अधिक ध्यान भी दिया जाता है। नारी के उन्नयन

का प्रभाव बालिकाओं के अधिकार विषयक चिन्तन पर भी अपनी छाप अवश्य छोड़ता है। इस प्रकार घर से बाहर काम कर पाने के स्वातन्त्र्य से नारी के परम और सापेक्ष अभावों के उन्मूलन में भारी योगदान मिलता है। एक क्षेत्र में स्वातन्त्र्य (घर से बाहर काम करने की स्वतन्त्रता) अन्य क्षेत्रों की स्वतन्त्रताओं का भी सम्पोषण करता है। ये स्वतन्त्रताएँ भूख, बीमारी और सापेक्ष अभावों के उन्मूलन की स्वतन्त्रताएँ हैं।

यह भी अब बहुत अच्छी तरह से सिद्ध हो रहा है कि नारी के शक्तिकरण में सुधार के कारण जनन-दर में यथोचित कमी आ रही है। इसमें कोई आश्चर्य नहीं होना चाहिए क्योंकि बार-बार गर्भधारण, प्रसव और पालन-पोषण के दायित्व का बोझा अन्ततः युवा नारियों के ही कुपोषित और जीर्ण शरीरों पर पड़ता रहा है। अतः जब भी कोई चीज उनकी निर्णय शक्ति को बढ़ाकर उनके हितों के प्रति सजगता को संवर्धित करती है तो निश्चित रूप से अत्यधिक प्रजनन पर भी अंकुश लग ही जाता है। भारत के लगभग 300 जनपदों के आंकड़ों का अध्ययन यह स्पष्ट स्थापना कर रहा है कि जनन दर कम करने पर दो सबसे सशक्त प्रभाव नारी शिक्षा और नारी की रोजगार में व्यस्तता से ही पैदा हुए हैं। जिन प्रभावों से नारी जागृति एवं विमुक्ति की रचना होती है (यथा नारी-साक्षरता एवं रोजगार-सम्पन्नता) उन्हीं के कारण जनन दर भी सर्वाधिक प्रभावित होती है। विश्व जनसंख्या समस्या के विश्लेषण के सन्दर्भ में इसी पुस्तक के अध्याय–9 में मैं एक बार फिर इस विषय पर कुछ और आगे चर्चा करूँगा। पर्यावरण की अति भीड़-भाड़ की जिस समस्या का आज स्त्री-पुरुष सभी सामना करने को बाध्य हो रहे हैं, उसका सीधा सम्बन्ध नारी की निरन्तर बच्चे पैदा करने और उनका पालन करने की स्वतन्त्रता (वास्तव में मजबूरी) से ही है। इसके कारण विकासशील विश्व में देशों में युवा नारियों का जीवन नर्कतुल्य यातनामय बना हुआ है।

बाल अनुजीवन एवं नारी की बृहत्तर भूमिका

अब अनेक साक्ष्यों से यह बात स्पष्ट हो चुकी है कि नारी साक्षरता और शिक्षा बालमृत्यु दर को कम करने में सहायक होती है। यह प्रभाव अनेक प्रकार से कार्य करता है–पर इसका सबसे बड़ा और तात्कालिक स्वरूप तो यही है कि माँ अपनी सन्तान के कुशलक्षेम के प्रति सदैव सजग रहती है और जब परिवार में उसकी बृहत्तर भूमिका को स्वीकार कर उसका सम्मान किया जाता है तो फिर उसकी यह सजगता बहुगुणित हो उठती है। इसी प्रकार नारी संशक्ति बालिका अनुजीवन के विरुद्ध झुकाव को कम करने की दिशा में भी बहुत प्रभावोत्पादक पाई गई है [ऐसा दुर्भाग्यपूर्ण झुकाव बहुत से देशों में पाया गया है–इसकी शिकार बहुत अल्पवय बालिकाएँ होती हैं– अब तो अनेक देशों में चिकित्सीय तकनीकों का दुष्प्रयोग कर नारी भ्रूण हत्या का सिलसिला भी चल पड़ा है]।

यूरोप और अमेरिका तथा सहरेतर अफ्रीका की तुलना में मूलरूप से लिंग-आधारित विषमताओं से आक्रान्त भारत, पाकिस्तान, चीन, बंगलादेश, ईरान, पश्चिमी एशियाई व उत्तरी अफ्रीकी देशों में बालिकाओं की शैशव एवं बाल्यावस्था में मृत्यु दरें बहुत अधिक पाई गई हैं। भारत में 0-4 वर्ष के वय वर्ग में स्त्री एवं पुरुष मृत्यु दरें देशव्यापी औसत की दृष्टि से प्रायः समान ही हैं किन्तु उत्तर भारतीय राज्यों सहित उन सभी क्षेत्रों में, जहाँ स्त्री-पुरुष विभेद बहुत अधिक है, नारी की सापेक्ष अनुजीवन अभावग्रस्तता बहुत ही स्पष्ट दिखाई पड़ती है।

इन मुद्दों पर भारत की 1981 की जनसंख्या के आंकड़ों के आधार पर 296 जनपदों की परिस्थितियों का एक बहुत ही महत्त्वपूर्ण अध्ययन ममता मूर्ति, एन. के. पेरिन गुयो तथा ज्याँ द्रीज़ ने किया है। बाद के आंकड़ों का और आगे विश्लेषण ममता मूर्ति और ज्याँ द्रीज़ ने किया—उनका मत है कि 1991 में आकड़े भी 1981 की जानकारी पर आधारित निष्कर्षों की पुष्टि करते हैं।

इन अध्ययनों में अलग-अलग पर कतिपय परस्परसम्बन्धित कारकों के समुच्चयों के प्रभावों का आकलन किया गया है। जनन दर, बाल मृत्यु दर तथा बाल अनुजीवन में नारी की अभावग्रस्तता (0-4 वर्ष वय वर्ग में) का जनपदस्तरीय आकलन किया गया है। सांख्यिकीय दृष्टि से उपर्युक्त तीन समंकों को 'निर्भरता समंक' माना गया है। इनकी व्याख्या के लिए नारी साक्षरता दर, नारी की श्रम में भागीदारी, दरिद्रता का प्रभाव (आय-स्तर), शहरीकरण, चिकित्सीय सुविधाओं की सुलभता और जनसंख्या में सामाजिक दृष्टि से अभावग्रस्तों (अनुसूचित जाति, जनजातीय जनानुपात) के अनुपात को स्वतन्त्र चर मानकर प्रतीयगमन की सांख्यिकीय विधि का प्रयोग किया गया है।

बाल अनुजीवन और मृत्युदरों पर नारी की व्यापक भूमिका से जुड़े दो कारकों—साक्षरता-शिक्षा और श्रम में भागीदारी के क्या परिणाम होने चाहिए ? शिक्षा साक्षरता का प्रभाव तो सुनिश्चित रूप से बहुत सकारात्मक होने की हम आशा करते हैं और आंकड़े भी इस बात की पुष्टि करते हैं (इस बारे में थोड़ा ठहरकर और विस्तार से बात होगी)।

किन्तु नारी की श्रमशक्ति में भागीदारी के परिणामों को लेकर आर्थिक एवं सामाजिक विश्लेषण विपरीत अपेक्षाओं की रचना कर रहे हैं। एक तो कमाऊ रोजगार के कारण नारी की बृहत्तर भूमिका पर सकारात्मक प्रभाव होता है—वह संयुक्त परिवार के परिवेश में बच्चों का अधिक ध्यान रखे जाने का आग्रह करने की बेहतर स्थिति में होती है—तो दूसरी ओर सामान्यतः पुरुष घर के कामों का दायित्व उठाने से कतराते हैं और इसी कारण घर और बाहर की जिम्मेदारियों के दो पाटों के बीच पिसती नारी के पास बच्चों की ओर ध्यान देने को, समय और शक्ति, दोनों का ही अभाव हो जाता है। अतः इन दोनों प्रकार के कारकों का शुद्ध, सम्मिलित प्रभाव किसी

भी दिशा में हो सकता है। इनका कोई भी पूर्वाकलन सहज नहीं रहता। मूर्ति आदि के पूर्व उद्धृत अध्ययन में भारत के जिलास्तरीय आंकड़ों के विश्लेषण में नारी के घर से बाहर रोजगार और बाल अनुजीवन के बीच सम्बन्ध का कोई सांख्यिकीय दृष्टि से महत्त्वपूर्ण स्वरूप स्पष्ट नहीं होता।

दूसरी ओर नारी-साक्षरता निश्चित रूप से 5 वर्ष से कम आयु वर्ग में बाल अनुजीवन को सुधारने में सहायक (अर्थात् बाल मृत्यु दर को कम करने में सहायक) सिद्ध हुई है। यह परिणाम परिवारों में पुरुष साक्षरता दरों के समंजन के बाद भी उतना ही स्पष्ट रहता है। यह निष्कर्ष विश्वव्यापी स्तर पर विभिन्न देशों में पाई गई तुलनात्मक प्रवृत्तियों के अनुरूप ही है। नारी की संशक्ति और बृहत्तर भूमिका-सृजित इस प्रभाव को पुरुषों की, बालकों की देखभाल और गृहकार्यों में हाथ बंटाने के प्रति उदासीनता भी किसी प्रकार से कमजोर नहीं कर पाती।

बात केवल बाल अनुजीवन पर नहीं रुक जाती, इससे भी कहीं गहन समस्या बाल अनुजीवन में लिंग-भेद की समस्या भी है। उपर्युक्त सांख्यिकीय अध्ययन से पता चला है कि इस समंक पर (अर्थात् अनुजीवन में बालिकाओं की विशेष अभावग्रस्तता को कम कर पाने में) नारी साक्षरता के उच्चतर स्तरों और श्रम-शक्ति में उनकी भागीदारी के 'पृथक्-पृथक्' सकारात्मक प्रभाव रहते हैं। इसके विपरीत आधुनिकीकरण एवं विकास के सामान्य स्तर का बाल अनुजीवन में लिंगभेद पर कोई सांख्यिकीय दृष्टि से महत्त्वपूर्ण प्रभाव नहीं दिखाई पड़ा—वास्तव में जहाँ यह आधुनिकीकरण नारी के शक्तिकरण में सुधार के बिना ही आ गया है, वहाँ तो बालिकाओं की अनुजीवन वंचना और भी अधिक हो गई है। ये कथन (अन्य बातों के साथ-साथ) शहरीकरण, पुरुष साक्षरता, चिकित्सा सुविधाओं की सुलभता तथा गरीबी के स्तर के विषय में भी लागू होता है [ध्यान रहे कि उच्च गरीबी स्तर और उच्च नारी-नर अनुपात के बीच सकारात्मक सहसम्बन्ध पाया गया है] भारत में जहाँ कहीं भी विकास के स्तर में वृद्धि के साथ-साथ बाल अनुजीवन में भेदभाव में कमी के दर्शन हुए हैं, वहाँ इस कमी को मुख्यतः नारी की भूमिका का प्रसार करने वाले कारकों [नारी साक्षरता एवं नारी की श्रमशक्ति में भागीदारी] ने ही सम्भव बनाया है।

नारी शिक्षा के प्रसार द्वारा बृहत्तर भूमिका के संवर्धन के प्रभाव को और आगे व्याख्या करना भी उपयोगी रहेगा। मूर्ति, गुयो और द्रीज़ के आंकड़ों ने स्पष्ट किया है कि परिमाण की दृष्टि से नारी साक्षरता का बाल मरणशीलता घटाने में प्रभाव अन्य कारकों की अपेक्षा बहुत ही सशक्त रहा है। उदाहरण के लिए, अन्य कारकों का मान स्थिर रखते हुए यदि नारी साक्षरता अनुपात को 1981 के भारतवर्षीय औसत 22 प्रतिशत से बढ़ाकर 75 प्रतिशत तक ले जाने पर पाँच वर्ष से कम आयु वर्ग में मृत्यु दर 156 प्रति हजार (1981 का वास्तविक स्तर) से घटकर 110 प्रति हजार

हो सकती है।

नारी साक्षरता के इस प्रभाव की प्रबलता उस समय और महत्त्वशाली हो जाती है जब इसकी तुलना सामान्य साक्षरता और पुरुष साक्षरता के प्रभावों के साथ की जाती है। पुरुष साक्षरता में उतनी ही वृद्धि (22 से 75 प्रतिशत) के कारण बालमृत्यु दर 156 से घट कर 141 प्रति हजार तक ही पहुँच जाती है। इसी प्रकार निर्धनता स्तर में 50 प्रतिशत की कमी से तो यह पाँच वर्ष से कम वयवर्ग की मृत्युदर के आकलन में बहुत ही मामूली कमी (156 से 153) ही आ पाती है।

अतः इसका बहुत ही सीधा-सा सन्देश यह है : नारी की बृहत्तर भूमिका से जुड़े कुछ कारकों (यहाँ नारी साक्षरता) के सामाजिक कुशलक्षेम संवर्धन (बाल अनुजीवन संवर्धन) पर प्रभाव समाज के सामान्य विपुलतासूचक कारकों की अपेक्षा कहीं अधिक सशक्त एवं व्यापक होते हैं। इन निष्कर्षों का व्यावहारिक नीति निर्धारण में बहुत बड़ा महत्त्व हो सकता है। सार्वजनिक प्रयास से दोनों ही प्रकार के कारकों को प्रभावित किया जा सकता है किन्तु इनके लिए आवश्यक सार्वजनिक हस्तक्षेप का स्वरूप पृथक्-पृथक् ही रहेगा।

बृहत्तर भूमिका, विमुक्ति और जनन दर में कमी

जनन दर घटाने में नारी की बृहत्तर भूमिका का योगदान बहुत ही महत्त्वशाली होगा। उच्च जनन दर का प्रत्यक्ष परिणाम बार-बार बच्चों को जन्म देकर उनकी देख-भाल का सारा जिम्मा उठाने के कारण नारी की सारभूत स्वतन्त्रताओं के हनन में दिखाई पड़ता है। अफ्रीका और एशिया की अधिकांश महिलाओं की यही नियति रही है। अतः जनन दर में परिवर्तन के माध्यम से नारी की बृहत्तर भूमिका उसके कुशलक्षेम के प्रश्न के साथ भी बंध जाती है। अतः इस बात में कोई आश्चर्य नहीं होता कि प्रायः जन्मदर में कमी आने पर नारी के स्थान, सम्मान और शक्ति में भी अपेक्षित सुधार आए हैं।

भारत में जनपदस्तरीय समग्र जनन दरों सम्बन्धी आंकड़ों में भी इन सम्बन्धों की झलक दिखाई देती है। वास्तव में मूर्ति आदि द्वारा किए गए विश्लेषण में प्रयुक्त अन्यान्य समंकों में से केवल नारी साक्षरता और श्रमशक्ति भागीदारी का ही जनन दर पर सांख्यिकीय दृष्टि से महत्त्वपूर्ण प्रभाव पाया गया है। एक बार फिर यह विश्लेषण बहुत स्पष्टतः नारी की बृहत्तर भूमिका का महत्त्व निरूपित कर रहा है। इसकी तुलना में सामान्य आर्थिक प्रगति सूचकों का प्रभाव तो बहुत ही क्षीण-सा प्रतीत होता है।

नारी साक्षरता और जनन दर में नकारात्मक सम्बन्ध के पक्ष में आंकड़ों की भरमार दिखाई देती है। अन्य अनेक देशों में यही प्रवृत्ति बार-बार प्रमाणित हुई है। अतः भारत में इस प्रवृत्ति के दर्शन होना कोई नई बात नहीं है। शिक्षित नारी बार-बार लगातार बच्चे पालने के बंधन में बंधी रहने को तैयार नहीं होती। इसी का योगदान

जनन दर में ह्रास का रूप धारण कर लेता है। यही नहीं, शिक्षा व्यक्ति के दृष्टि बोध के वितान का भी प्रसार करती है और निम्नतर स्तर पर परिवार नियोजन सम्बन्धी जानकारी के प्रसारण में भी सहायक रहती है। यही नहीं, शिक्षित नारी परिवार की निर्णय प्रक्रिया में अपना योगदान देने को कहीं अधिक स्वतन्त्र होती है और ये निर्णय बहुधा जनन एवं जन्म से सम्बन्धित भी होते हैं।

भारत के सामाजिक दृष्टि से सबसे अधिक विकसित प्रान्त केरल का उदाहरण विशेष ध्यान देने योग्य है। यहाँ नारी की बृहत्तर भूमिका के आधार पर ही जनन दर में आशातीत कमी सम्भव हुई है। समग्र भारत में तो अभी भी यह दर 3 बनी हुई है पर केरल में यह दर 2 बच्चे प्रति युगल की अनुपूरण दर से भी नीचे चली गई है। इसका स्तर 1.7 है, यह चीन की दर 1.9 से भी कम है। इस प्रकार जन्म दर में कमी लाने में केरल में नारी शिक्षा के उच्च स्तर का बड़ा भारी योगदान रहा है। नारी साक्षरता और बृहत्तर भूमिका मरणशीलता को भी घटाती है। इसके माध्यम से भी अप्रत्यक्ष रूप से जन्मदर घटाने में इनका योगदान सम्भव हो जाता है [प्रायः देखा गया है कि बाल अनुजीवन में सुधार होने पर जनन दर में कुछ कमी आने लगती है]। केरल में तो नारी संशक्ति एवं उसकी व्यापक भूमिका के पक्ष में कुछ अन्य सामाजिक कारक भी प्रभावशाली रहे हैं। यहाँ के समाज के एक बहुत विशाल एवं प्रभावशाली वर्ग में सम्पत्ति पर नारी का ही अधिकार पुरातन परम्परा से चला आ रहा है [यहाँ के समाज के एक बड़े वर्ग में कुलानुगामिता (मातृवंशिता) प्रचलित है—यहाँ सारी सम्पत्ति पर परिवार की महिलाओं का ही कानूनी अधिकार होता है, पुरुषों एवं पुत्रों का नहीं]। अगले अध्याय में हम अन्य सम्भावित कारकों सहित इसके विषय में और गहरी खोजबीन करने का प्रयास करेंगे।

नारी की राजनीतिक, सामाजिक एवं आर्थिक भूमिकाएं

यह बात तो अब सभी स्वीकार करने लगे हैं कि जब भी नारी को वे कार्य करने का सुयोग मिलता है जिन पर परम्परा से पुरुषों का एकाधिकार रहा हो, उसका योगदान और उसकी सफलताएँ पुरुषों से कभी कम नहीं रहीं। कई विकासशील देशों में उच्चस्थ राजनीतिक स्तर पर महिलाओं को कार्य करने के अवसर मिलते रहे हैं पर यह प्रायः बहुत ही विलक्षण परिस्थितियों में सम्भव हो पाया है। [अक्सर उनके अतिप्रतिष्ठित पिता या पति के देहावसान के तुरन्त पश्चात ही उन्हें सत्ता सौंपी गई है, किन्तु उन्होंने उस दायित्व को बहुत ही उत्साह और उत्तरदायित्व की भावना से निभाया है]। हाल ही के इतिहास में (पिछले 50 वर्षों में) श्रीलंका, भारत, बंगलादेश, पाकिस्तान, फिलीपींस, मयन्मार और इंडोनेशिया में उच्चतम राजनीतिक पदों पर महिलाओं ने अपने कीर्तिमान स्थापित किए हैं। फिर भी अवसर मिले होते तो नारी राजनीतिक गतिविधियों और सामाजिक आन्दोलनों में और क्या योगदान कर सकती

थी, इस विषय में और छानबीन करना आवश्यक लगता है।

नारी की सक्रियता का सामाजिक जीवन पर बहुत व्यापक प्रभाव पड़ सकता है। कई बार तो इन प्रभावों को सभी जानते हैं, ये आशा के अनुरूप ही होते हैं (जैसे कि नारी शिक्षा का जनन दर ह्रास पर प्रभाव)। अन्य भी कई ऐसे प्रभाव हो सकते हैं जिनके बारे में अभी बहुत कुछ विश्लेषण करने की आवश्यकता है—जैसे कि हिंसात्मक अपराधों के प्रचलन पर पुरुषों के प्रभाव की तुलना में नारी किस प्रकार का योगदान कर पाएगी ? यह तो सभी जानते हैं कि दुनिया में अधिकांश हिंसात्मक अपराधों में पुरुष ही लिप्त रहते हैं, पर ऐसे अन्य कारक प्रभाव भी हो सकते हैं जिनकी ओर अभी पर्याप्त ध्यान नहीं दिया गया है।

भारत में आंकड़ों के आधार पर इन्हीं प्रभावों के एक आयाम को लेकर कुछ विलक्षण जानकारी मिल रही है। जनपदस्तरीय आंकड़ों में स्त्री-पुरुष अनुपात एवं हिंसात्मक अपराध लिप्ति के लोप के बीच बहुत महत्त्वपूर्ण एवं प्रबल सांख्यिकीय सम्बन्ध पाया गया है। अनेक अन्य अध्येताओं ने भी हत्या जैसे अपराधों की दर तथा स्त्री-पुरुष अनुपात के बीच विलोम सम्बन्ध की चर्चा की है और इसकी कारक प्रक्रियाओं की अलग-अलग ढंग से व्याख्या करने का प्रयास किया है। कुछ ने हिंसात्मक अपराधों के कारण बेटों को वरीयता दिए जाने की बात कही है (क्योंकि बेटे लड़ाई झगड़े में अधिक 'समर्थ' होते हैं), तो अन्य विशेषज्ञों का विचार है कि नारी की मानसिकता हिंसात्मक नहीं होती, इसी कारण इनकी बहुलता अपराधों की रोकथाम में सहायक रहती है। कुछ अन्य कारक ऐसे भी हो सकते हैं जो हिंसात्मक अपराधों और स्त्री-पुरुष अनुपात में पुरुषों की प्रबलता, दोनों पर ही अपना प्रभाव डालते हों। और भी अनेक प्रश्नों का समाधान अभी बाकी है—पर किसी भी तरह से स्त्री-पुरुष सम्बन्धों और उनकी व्यापक भूमिकाओं की तुलना करने से बच पाना सम्भव नहीं लगता।

आइए, अब आर्थिक गतिविधियों के प्रश्न पर विचार करें। यहाँ भी नारी की भागीदारी परिस्थितियों में बड़ा भारी बदलाव ला सकती है। अनेक देशों में नारी की दैनन्दनिक भागीदारी के निम्न स्तर का एक मुख्य कारण आर्थिक संसाधनों तक उनकी पहुँच का अभाव है। अधिकांश विकासशील देशों में भूमि एवं सम्पत्ति पर परिवार के पुरुषों का ही अधिकार रहा है। उपयुक्त संसाधनों के अभाव के कारण नारी सामान्य से व्यवसाय आरम्भ कर पाने में भी प्रायः कठिनाइयों का ही सामना करती है।

फिर भी इस बात के पर्याप्त प्रमाण हैं कि जहाँ भी नारी को परम्परा से हटकर (पुरुष स्वामित्व से हटकर) काम करने का अवसर मिला है, उसने बहुत ही सफलतापूर्वक व्यावसायिक एवं आर्थिक सम्प्रेरणाओं को समझकर कामधन्धों का कुशलतापूर्वक संचालन किया है। कार्य में भागीदारी से केवल भागीदार महिला की

आय में वृद्धि नहीं होती वरन् उसकी मान-प्रतिष्ठा में वृद्धि के माध्यम से मरणशीलता एवं जनन दरों में गिरावट सहित और अनेक सामाजिक हितलाभों का सृजन भी होता है। अतः आर्थिक कार्यों में नारी की भागीदारी अपने आपमें तो एक पुरस्कार स्वरूप है ही, (परिवार के भीतर इसके कारण नारी के विरुद्ध भेदभाव में कमी आती है), साथ ही यह सामाजिक बदलाव को भी बहुत सकारात्मक रूप से प्रभावित करती है।

बंगला देश में ग्रामीण बैंक की सफलता इसका एक बहुत बड़ा उदाहरण है। मुहम्मद यूनुस के नेतृत्व में चल रहे इस स्वप्नदर्शी लगनेवाले अल्प-कर्ज आन्दोलन (Micro-Credit Movement) ने निरन्तर महिलाओं द्वारा भोगे जा रहे भेदभाव एवं अभाव-वंचनाओं के निराकरण को ही अपनी गतिविधियों का केन्द्र बनाए रखा है। परम्परागत ग्रामीण कर्ज व्यवस्था प्रायः नारी के प्रति न्याय नहीं करती, पर इस ग्रामीण बैंक ने महिलाओं को कर्ज लेकर काम-धंधा करने सम्बन्धी जरूरतों पर विशेष ध्यान दिया है। इसी कारण इस बैंक के ग्राहकों में महिलाओं की बहुतायत है। इस बैंक की ऋण-वापसी दर बहुत ही शानदार स्तर-98 प्रतिशत पर--आंकी गई है; यह दर भी महिलाओं द्वारा उन्हें दिए गए सुअवसरों से स्वतन्त्र नहीं है। उन्होंने उधार की राशियों का सदुपयोग कर ऋण वापस किए हैं ताकि उन्हें जब भी आवश्यकता पड़े, पुनः उधार ले पाने में कोई कठिनाई नहीं आए। एक अन्य स्वप्नदृष्टा, फज़ल हसन अबेद द्वारा चलाए जा रहे ब्रैक (BRAC) नामक आन्दोलन में भी महिलाओं की भागीदारी पर बहुत बल दिया जा रहा है। बंगलादेश में चल रहे इस प्रकार के सामाजिक-आर्थिक आन्दोलनों से न केवल नारी की अपनी दशा में सुधार आ रहा है वरन् उनकी बृहत्तर भूमिका के माध्यम से समाज में भी बड़े बदलाव सम्भव हो रहे हैं। इन आर्थिक-सामाजिक कार्यों में महिलाओं की बढ़ती भागीदारी के कारण ही पिछले कुछ वर्षों में बंगलादेश में जनन दर में भारी कमी दिखाई देने लगी है। साथ ही देश के दूरदराज के देहात में भी परिवार नियोजन की सुविधाएँ सुलभ हो रही हैं।

एक अन्य क्षेत्र भी है जहाँ आर्थिक कार्यों में नारी की संलिप्ति का स्तर स्वामित्व के साथ ही जुड़ा रहता है। यह क्षेत्र कृषि है। इसमें भी नारी को सुलभ आर्थिक अवसरों का अर्थतन्त्र की कार्यपद्धति और उससे सम्बन्धित सामाजिक व्यवस्थाओं पर निर्णायक प्रभाव पड़ता है। 'अपना खेत होना' (बीना अग्रवाल के शब्दों में) नारी की सम्प्रेरणाओं और कार्य संलिप्ति पर इतना गहरा प्रभाव डालता है कि स्त्री-पुरुषों के बीच आर्थिक एवं सामाजिक शक्ति के सन्तुलन का स्वरूप ही बदल जाता है। नारी के कार्य और जीवन से जुड़े अनेक प्रश्नों के साथ-साथ पर्यावरण (जैसे वृक्ष) आदि की सुरक्षा के सन्दर्भ में नारी के योगदान को समझने के लिए भी ऐसे मुद्दों पर विचार करना आवश्यक रहता है।

आज विश्व के अनेक देशों में नारी का शक्तिकरण विकास प्रक्रिया का एक अति महत्त्वपूर्ण प्रश्न बन गया है। इसमें नारी की शिक्षा, सम्पत्ति-स्वामित्व, उनके

रोजगार के अवसर तथा श्रम बाजार की कार्यविधि आदि कारक सम्मिलित रहते हैं। इन चिरपरिचित कारकों से कहीं आगे बढ़कर रोजगार व्यवस्था के स्वरूप, परिवार एवं समाज के नारी की आर्थिक गतिविधियों के प्रति दृष्टिकोण तथा इन दृष्टिकोणों में परिवर्तन मे सहायक (विरोधी/प्रतिरोधी) आर्थिक एवं सामाजिक परिस्थितियों पर भी ध्यान देना आवश्यक हो जाता है। ढाका और लन्दन में बंगलादेशी महिलाओं की आर्थिक गतिविधियों और कार्यों का एक बहुत ही सटीक अध्ययन नेला कबीर ने किया है। उनका कहना है कि पिछली व्यवस्था के बने रहने या उसे छोड़कर आगे निकल जाने में स्थानीय स्तर पर प्रचलित आर्थिक एवं सामाजिक सम्बन्धों का बहुत गहरा प्रभाव दिखाई देता है। नारी की बृहत्तर भूमिका में बदलाव आर्थिक-सामाजिक परिवर्तन को सहज बनाने में बड़ा सहयोग दे रहे हैं। इन्हीं से सामाजिक-आर्थिक बदलाव के स्वरूप एवं रचना का निर्धारण हो रहा है तथा इस प्रकार से विकास-प्रक्रिया के अनेक केन्द्रभूत लक्षणों और विशेषताओं की 'नियति' भी बन रही है।

एक निष्कर्ष

नारी की भूमिका का विस्तार उसके अपने कुशलक्षेम से भी कहीं बहुत आगे तक प्रभावकारी होता है। इस अध्याय में मैंने इस भूमिका और कुशलक्षेम के बीच अन्तर्सम्बन्धों का निरूपण और उनके बीच भेद करने का प्रयास किया है। उसके बाद बृहत्तर भूमिका के (1) बाल-अनुजीवन संवर्धन तथा (2) जनन दर नियन्त्रण में योगदान के प्रश्नों पर विचार किया है। इन दोनों ही प्रश्नों का सम्बन्ध केवल नारी के कुशलक्षेम से ही नहीं वरन् व्यापक स्तर पर समाज के सामान्य विकास हितों के साथ भी जुड़ा है। हाँ, यह सत्य है कि इनमें नारी का अपना कुशलक्षेम तो बहुत ही स्पष्ट रूप में सिद्ध होता दिखाई पड़ जाता है—और यह भी समाज की सामान्य उपलब्धियों को बढ़ाने में सहायक रहता है।

यही बात आर्थिक-राजनीतिक एवं सामजिक जीवन के अनेक अन्य पहलुओं पर भी लागू पाई गई है—चाहे ये ग्रामीण कर्ज व्यवस्था या आर्थिक गतिविधियों का पक्ष हो या राजनीतिक आन्दोलनों अथवा सामाजिक विचार मंथन की बात हो या कोई अन्य मुद्दा हो। विकास अध्ययनों में अभी भी नारी की बृहत्तर भूमिकाओं के व्यापक प्रसार के प्रति उपेक्षा भाव ही प्रदर्शित हो रहा है। इसे तुरन्त बदलने की आवश्यकता है। आज के युग में विकास की नीति में सबसे महत्त्वपूर्ण मुद्दा राजनीतिक-आर्थिक स्तर पर नारी की भागीदारी और नेतृत्व का है। यही विकास के हमारे स्वातन्त्र्योन्मुखी निरूपण का एक अत्यावश्यक आयाम भी है।

9

जनसंख्या, खाद्य-आपूर्ति और स्वातन्त्र्य

आधुनिक युग में घिनौनी और भयंकर घटनाओं की कोई कमी नहीं रही है—पर सबसे अधिक दुस्सह तो अभूतपूर्व विपुलतापूर्ण इस विश्व में भी बड़े व्यापक स्तर पर विशाल जनसमुदायों को निरन्तर भूख की समस्या का सामना करना पड़ने की वास्तविकता ही है। अनेक देशों में अकाल बार-बार अपनी लोमहर्षक विभीषिका के साथ आ रहे हैं। विश्व के अनेक भाग तो चिरंतन भूख के पाश में बिद्ध पड़े हैं, इसके कारण लाखों-करोड़ों लोग नितान्त असहाय-सा 'जीवन' भुगत रहे हैं और असमय में ही काल का ग्रास बनते चले जा रहे हैं। इस व्यापक भूख की सबसे बड़ी त्रासदी यह है कि हमने इसे विश्व जीवन का एक अभिन्न अंग स्वीकार कर इसे सहन करने की मानसिकता विकसित कर ली है। हम यह मान बैठे हैं कि ग्रीक त्रासदियों की तरह यह त्रासदी भी बदली नहीं जा सकती। अतः इसका सामना करने के प्रयास भी शिथिल हो जाने के कगार पर पहुँच रहे हैं।

मैंने पहले भी यह तर्क दिया है कि भूख, कुपोषण और अकाल की समस्याओं की गहनता और इनकी प्रकृति का निर्णय केवल खाद्य सामग्री के उत्पादन पर सारे दृष्टिबोध को केन्द्रित रखकर नहीं हो पाएगा। हाँ, यह अवश्य सत्य है कि अन्य बातों के साथ-साथ खाद्य-उत्पादन के स्तर का भी भूख के प्रसार पर प्रभाव पड़ सकता है, यहाँ तक कि खाद्य-उत्पादन का प्रभाव उन कीमतों पर भी अवश्य पड़ता है जिन पर कोई उपभोक्ता आवश्यक सम्भरण सामग्री खरीद पाता है। जब हम एक देश की अपेक्षा विश्व-स्तर पर खाद्य समस्या पर विचार करते हैं तो एक अन्य गम्भीर बन्धन का भी सामना करना पड़ता है : कि बाहर से खाद्य सामग्री के आयात कर पाने की सम्भावना नहीं है। अतः स्पष्ट है कि विश्व स्तर पर खाद्य उत्पादन में (प्रतिव्यक्ति स्तर पर) कमी की आशंकाओं को ऐसे ही नकारना ठीक नहीं होगा।

क्या विश्व में खाद्य संकट है ?

किन्तु क्या यह आशंका उचित है ? क्या खाद्य-उत्पादन और जनसंख्या की दौड़ में उत्पादन पिछड़ रहा है ? इस विषय में आशंकाएँ बहुत ही प्रबल बनी हैं–बारम्बार यही बात दोहराई जा रही है कि यदि खाद्य उत्पादन अभी नहीं पिछड़ा है तो शीघ्र ही पिछड़ जाएगा। यह बात और है कि इस बात के पक्ष में किसी प्रकार का कोई साक्ष्य या प्रमाण नहीं मिल पा रहा। दो सौ वर्ष पूर्व माल्थस ने कहा था कि "खाद्य उत्पादन पिछड़ता जा रहा है और इस कारण जनसंख्या तथा खाद्य सामग्री की प्राकृतिक वृद्धि का अनुपात बिगड़ जाने के फलस्वरूप बहुत ही भयावह परिणाम सामने आएँगे।" अठारहवीं शताब्दी के उत्तरार्द्ध में वे महाशय तो इसी बात के कायल हुए बैठे थे कि वह दौर शुरू हो गया है जब मनुष्यों की संख्या निर्वाह के लिए आवश्यक साधनों से अधिक हो गई है। उनका जनसंख्या-विषयक यह लेख 1798 में प्रकाशित हुआ था–किन्तु उसके बाद से विश्व की जनसंख्या 6 गुना हो जाने पर भी प्रतिव्यक्ति खाद्य-उत्पादन एवं उपभोग माल्थस के ज़माने की अपेक्षा बहुत ही उच्चतर स्तर पर दिखाई दे रहे हैं–यही नहीं, सामान्य जीवन स्तर में भी अप्रत्याशित सुधार इसी अवधि की देन है।

माल्थस ने अति जनसंख्या (विश्व भर की जनसंख्या उस समय 100 करोड़ भी नहीं थी) और खाद्य उत्पादन के पिछड़ने के फलस्वरूप जिन भयावह परिस्थितियों की कल्पना कर ली थी, वे सब निर्मूल सिद्ध हुई हैं–किन्तु इसका अर्थ यह नहीं है कि हमेशा ही ये आशंकाएँ इसी प्रकार गलत साबित होती रहेंगी। अब आज की दशा कैसी है ? क्या खाद्य-उत्पादन जनसंख्या वृद्धि से सचमुच पिछड़ रहा है ? हमारी ता. 9.1 में विश्व खाद्य संगठन की सूचनाओं पर आधारित आंकड़े दिए गए हैं। 1979-81 की तीनवर्षीय अवधि को आधार मानकर विश्व के प्रमुख क्षेत्रों के प्रतिव्यक्ति खाद्य उत्पादन के त्रैवार्षिकीय औसत स्तर दिखाए गए हैं (यह त्रैवार्षिक औसत विधि उत्पादन में वार्षिक उतार-चढ़ाव के प्रभाव का निराकरण कर देती है)। इस सूचक का मान 1996-97 तक दिया गया है। 1998 के आंकड़े और जोड़ देने पर भी मूलभूत परिदृश्य में कोई विशेष बदलाव नहीं आ रहा। यहाँ हमारा निष्कर्ष बहुत ही उत्साहवर्धक है : उत्पादन में किसी प्रकार की वास्तविक गिरावट का कोई संकेत नहीं मिलता–इसके विपरीत प्रतिव्यक्ति उत्पादन में अधिकतम वृद्धि भारत, चीन तथा अन्य एशियाई देशों सहित तीसरे विश्व में ही पाई गई है।

किन्तु अफ्रीका का चित्र इतना उत्साहवर्धक नहीं है–वहाँ खाद्य उतपादन में निश्चित रूप से गिरावट आई है। अफ्रीकी देशों की व्यापक गरीबी तो वहाँ की हालत

तालिका 9.1

क्षेत्रवार प्रतिव्यक्ति खाद्य-उत्पादन सूचकांक

क्षेत्र	1974-1976	1979-1981	1984-1986	1994-1996	1996-1997
विश्व	97.4	100.0	104.4	108.4	111.0
अफ्रीका	104.9	100.0	95.4	98.4	96.0
एशिया	94.7	100.0	111.6	138.7	144.3
भारत	96.5	100.0	110.7	128.7	130.5
चीन	90.1	100.0	120.7	177.7	192.3
यूरोप	94.7	100.0	107.2	102.3	105.0
उत्तरी एवं मध्य अमेरिका	90.1	100.0	99.1	99.4	100.0
सं. रा. अमेरिका	89.8	100.0	99.3	102.5	103.9
द. अमेरिका	94.0	100.0	102.8	114.0	117.2

स्रोत : संयुक्त राष्ट्र संघ और विश्व स्वास्थ्य संगठन के विभिन्न प्रकाशनों से संकलित

को बहुत ही नाजुक बना देती है। हमने अध्याय-7 में यह बात उठाई थी कि अफ्रीका की यह समस्या उस महाद्वीप के सामान्य और व्यापक आर्थिक संकटों की एक प्रतिमूर्ति है। इसके बहुत ही प्रबल सामाजिक, आर्थिक और राजनीतिक घटक भी हैं। यह केवल खाद्य उत्पादन का संकट नहीं है। अफ्रीकी खाद्य उत्पादन की दशा वहाँ के सामान्य आर्थिक परिदृश्य का ही एक अवयव है और इसके समाधान के लिए उसी समग्रवाची परिप्रेक्ष्य पर विचार करना होगा।

वास्तव में वर्तमान विश्व में कोई विश्वव्यापी खाद्य संकट नहीं दिखाई पड़ता। खाद्य-उत्पादन की संवृद्धि दर में ऊंचनीच चलता रहता है—कभी-कभी विपरीत मौसम के फलस्वरूप कुछ गिरावट भी आ जाती है (उस समय एक-दो साल तक निराशावादी बहुत चहकते दिखाई पड़ते हैं) पर कुल मिलाकर मूल प्रवृत्ति ऊपर की ओर उठान की ही है।

आर्थिक प्रोत्साहन और खाद्य-उत्पादन

यह बात भी ध्यान देने योग्य है कि विश्व खाद्य उत्पादन में यह वृद्धि उस समय हो रही है जबकि वास्तविक खाद्य कीमतों में निरन्तर ह्रास की प्रवृत्ति (काफ़ी समय से) बनी हुई है। यह अवधि 1950-52 से 1995-97 तक के 45 वर्षों तक

तालिका 9.2

खाद्यान्न कीमतें, 1990 के स्थिर अमेरिकी डालरों में

अन्न	1950-1952	1995-1997	% परिवर्तन
गेहूँ	427.6	159.3	-62.7
चावल	789.7	282.3	-64.2
ज्वार	328.7	110.9	-66.2
मक्का	372.0	119.1	-68.0

G-5 के विनिर्माण मूल्य-सूचक द्वारा विभाजित

स्रोत : विश्व बैंक *(i) प्राइस प्रास्पेक्ट्स फार मेजर प्रायमरी कमॉडिटीज़*

(ii) कमाडिटी मार्केट्स एण्ड डेवलपिंग कंट्रीज 1998

फैली हुई है। निश्चित रूप से व्यावसायिक आधार पर अनाज की खेती करने वाले उत्तरी अमेरिका आदि क्षेत्रों में आर्थिक प्रोत्साहन योजनाएं कुछ कमजोर पड़ती रही होंगी।

खाद्य कीमतों में अल्पकालिक उतार-चढ़ाव आते ही रहते हैं। 1990 के दशक के मध्य में कीमत वृद्धि को लेकर कुछ लोगों ने काफी हाय-तौबा भी मचाई थी किन्तु यह वृद्धि 1970 से चल रही गिरावट की तुलना में बहुत ही कम थी (देखें चित्र 9.1)। वास्तव में दीर्घकालिक प्रवृत्ति तो सशक्त स्वरूप में खाद्य कीमतों की कमी का ही प्रमाण प्रस्तुत कर रही है। ऐसा कोई संकेत अभी तक नहीं मिल पाया है कि सापेक्ष खाद्य कीमतों में गिरावट की प्रवृत्ति पर अंकुश लग रहा है। वर्ष 1998 में ही विश्व में गेहूँ की कीमत 20 प्रतिशत और मोटे अनाजों की कीमतों में औसतन 14 प्रतिशत की गिरावट अंकित की गई है।

वर्तमान परिस्थितियों के आर्थिक विश्लेषण के सन्दर्भ में हम विश्व खाद्य कीमतों के उत्पादन पर अभी तक पड़ चुके नकारात्मक प्रभाव की अवहेलना नहीं कर सकते। अतः उस प्रोत्साहन विरोधी (कीमत ह्रास) प्रभाव के बाद भी खाद्य उत्पादन में जनसंख्या की अपेक्षा अधिक तीव्र दर से संवृद्धि होना अपने आप में बहुत प्रभावशाली उपलब्धि मानी जा सकती है। वास्तव में यदि विश्व के पीड़ित विशाल जनसमुदाय की आमदनी में वृद्धि हुए बिना ही अधिक अन्न उत्पादन हो जाता तो निश्चित रूप से खाद्य सामग्री के विपणन की समस्याएँ और भी गहन हो जातीं [अर्थात वर्तमान कीमत ह्रास द्वारा इंगित समस्या से भी गम्भीर हो जाती]। अतः कोई आश्चर्य नहीं कि उत्पादन में अधिकांश वृद्धि उन देशों (भारत, चीन आदि) में दर्ज की गई है जहाँ के आन्तरिक खाद्य बाजार विश्व बाजारों और उनकी कीमतों में गिरावट के प्रभाव से प्रायः 'मुक्त' ही हैं।

चित्र 9.1 : खाद्यान्न कीमतें : वर्ष 1990 के स्थिर अमेरिकी डालरों में

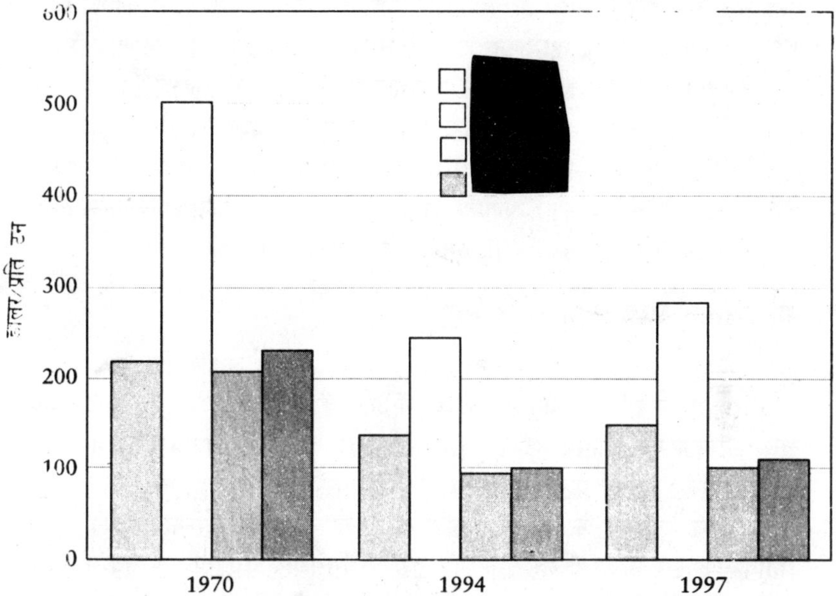

इकाइयों को स्थिर (1990) अमेरिकी डालरों में व्यक्त किया गया है। इन्हें G-5 के विनिर्माण मूल्य सूचक (MUV) द्वारा विभाजित भी किया गया है

स्रोत : विश्व बैंक : *कमॉडिटी मार्केट्स एण्ड डेवलपिंग कंट्रीज़* 1998

खाद्य उत्पादन को मानव की बृहत्तर भूमिका (या प्रयास) का परिणाम मानना ही अधिक उपयोगी होगा। इसी तरह से हम व्यक्तियों के निर्णयों एवं क्रिया-कलापों पर प्रोत्साहनों के प्रभावोत्पादक हो पाने की कार्यविधि को समझ पाने में सफल होंगे। अन्य आर्थिक गतिविधियों की भाँति ही व्यावसायिक स्तर पर खाद्य उत्पादन पर बाजार और कीमतों के प्रभाव अवश्य पड़ते हैं। इस समय तो मांग के अभाव और कीमतों के ह्रास ने विश्व खाद्य उत्पादन पर अंकुश लगाया हुआ है। यह तथ्य विश्व के सबसे अधिक जरूरतमन्द इन्सानों की गरीबी की ओर ही संकेत करता है। और अधिक खाद्यान्न उत्पादन की तकनीकी सम्भावनाओं के आकलन हमें बता रहे हैं कि जब भी इनकी माँग में वृद्धि होगी, इनकी सहायता के लिए प्रतिव्यक्ति खाद्य उत्पादन में बहुत ही तेजी से और बहुत बड़े परिणाम में वृद्धि के सुयोगों की रचना हो चुकी है। विश्व के सभी भू-भागों में प्रति हैक्टेयर उत्पादन में वृद्धि का क्रम निरन्तर चल रहा है। 1981-93 की अवधि में विश्वव्यापी औसत रूप से प्रति हैक्टेयर 42.6

किलोग्राम अनाज अधिक उत्पादन होने लगा है। विश्व उत्पादन के सन्दर्भ में ही पता चल रहा है कि 1970 से 1990 के बीच हुई उत्पादन वृद्धि के 94 प्रतिशत का श्रेय उत्पादिता वृद्धि को जाता है। कृषित भू क्षेत्र की वृद्धि का योगदान केवल 6 प्रतिशत रहा है। खाद्य मांग बढ़ने पर और सघन खेती को बढ़ावा मिलेगा, इस आशावादिता का एक आधार तो यही है कि अभी भी विश्व के विभिन्न क्षेत्रों में प्रति हैक्टेयर उत्पादिता स्तरों के अन्तर बहुत ही विशाल स्तर पर बने हुए हैं–[अर्थात् जहाँ अन्य देशों की अपेक्षा उत्पादिता बहुत कम है, वहाँ तो उत्पादन में भारी वृद्धि की सम्भावना निश्चित रूप से विद्यमान मानी जा सकती है]।

प्रति व्यक्ति खाद्य उत्पादन से आगे

हमारा उपर्युक्त विवरण जनसंख्या वृद्धि पर अंकुश लगाने की आवश्यकता का निराकरण कदापि नहीं करता। वास्तव में आज की पारस्थितिकीगत चुनौती केवल खाद्य उत्पादन तक सीमित नहीं है–इसमें जनसंख्या वृद्धि और जनाक्रान्ति (भीड़भाड़ में भारी वृद्धि) से जुड़े प्रश्न भी सम्मिलित हैं। हमारा ध्येय तो यही सिद्ध करना रहा है कि खाद्य उत्पादन के जनसंख्या वृद्धि से पिछड़ जाने की दुर्सम्भावना को लेकर अनावश्यक रूप से आशंकित रहना पूरी तरह से निराधार ही होगा। वास्तव में खाद्य अधिकारिताओं की अवहेलना कर केवल खाद्य उत्पादन पर ही बल देते रहने के विपरीत परिणाम भी हो सकते हैं। खाद्य उत्पादन की अच्छी सम्भावनाएँ नीति निर्धारकों को भूख की वास्तविक परिस्थितियों और अकाल आदि के खतरों के प्रति किसी सीमा तक लापरवाह भी कर सकती हैं।

उदाहरण के लिए, 1943 के बंगाल के अकाल को ही लें। 'खाद्य उत्पादन में विशेष कमी नहीं आई हैं'–इस बात ने प्रशासकों को इतना आश्वस्त कर दिया था कि वे बंगाल में अकाल पड़ने की आशंका तो दूर, पूरी तूफानी भयावहता के साथ उसके आगमन के बाद भी उसकी उपस्थिति को स्वीकार नहीं कर पा रहे थे। जैसे 'माल्थसवादी निराशा' विश्व खाद्य उत्पादन की सम्भावनाओं का एक भ्रामक चित्रण पेश कर रही थी, उसी प्रकार 'माल्थसवादी अतिआशा' भी प्रशासकों को औसत उत्पादन के भ्रमपाश में बांध उन्हें संकट एवं अकाल के प्राथमिक लक्षणों की अवहेलना करने को बाध्य कर देती है। यह भ्रांति लाखों लोगों के जीवन से खिलवाड़ का कारण बन सकती है। एक गलत सिद्धान्त घातक हो सकता है, खाद्य-जनसंख्या अनुपात के माल्थसवादी परिप्रेक्ष्य के हाथ अनगिनत निरीह लोगों ने खून से रंगे हुए हैं।

जनसंख्या-वृद्धि और इसके नियंत्रण में जोर-जबरदस्ती की वकालत

दीर्घावधि की दृष्टि से माल्थस की खाद्य उत्पादन सम्बन्धी आशंकाएँ तो निराधार हैं, पर फिर भी विश्व जनसंख्या में तीव्र वृद्धि सामान्य रूप से चिन्ता का कारण बनी हुई है। ऐसे सन्देह भी हैं कि पिछली शताब्दी में विश्व की जनसंख्या वृद्धि की दर में काफी उछाल आ गया है। विश्व जनसंख्या लाखों वर्षों में 100 करोड़ के स्तर पर पहुँची किन्तु उसने अपना अगला शतक केवल 123 वर्षों में ही पूरा कर डाला। तीसरा शतक 33, चौथा 14, पाँचवाँ 13 वर्षों में ही पूरा हो गया। केवल 1980-90 के दशक में ही विश्व जनसंख्या में 12 करोड़ 30 लाख की वृद्धि हुई है—यह वृद्धि माल्थस के समय की समग्र जनसंख्या के समान रही है। 1990 के दशक का जनप्रसार इससे किसी भी तरह कम नहीं हुआ होगा।

यदि यही क्रम चलता रहा तो 21वीं शताब्दी के अन्त तक सारे विश्व में बहुत जबरदस्त भीड़ हो जाएगी। वैसे बहुत कुछ स्पष्ट संकेत मिल रहे हैं कि यह संवृद्धि दर कुछ कम होने जा रही है—पर प्रश्न यह है कि क्या ये अंकुशकारी कारण और अधिक सशक्त हो पाएँगे ? यदि हाँ, तो किस दर तक। यह प्रश्न भी महत्त्वपूर्ण है कि इस जनवृद्धि को नियन्त्रित करने के लिए क्या सार्वजनिक रूप से भी कुछ प्रयास किए जाने चाहिए ?

इस विषय में बड़े तीव्र मतभेद हो सकते हैं। एक ओर तो इस विचार के भी प्रबल पक्षधर हैं जिनका मत है कि इस समस्या का समाधान तो जोर-जबरदस्ती से ही सम्भव है। चीन जैसे देशों में इस दिशा में कुछ कदम भी उठाए गए हैं [वहाँ 1979 में इस विषय में कुछ नीतियाँ अपनाई गई थीं]। जबरदस्ती करने का यह मुद्दा तीन अलग-अलग प्रश्नों को जन्म देता है :

(1) क्या इस विषय में जोर-जबरदस्ती स्वीकार्य होगा ?

(2) क्या जोर-जबरदस्ती नहीं होने पर जनसंख्यावृद्धि बेलगाम हो जाएगी ?

(3) क्या जोर-जबरदस्ती प्रभावोत्पादक रहेगी और इसके कोई दुष्प्रभाव नहीं होंगे ?

जोर-जबरदस्ती और प्रजनन का अधिकार

पारिवारिक निर्णयों में जोर-जबरदस्ती की 'स्वीकृति' को लेकर बहुत ही गम्भीर प्रश्नों का उठना स्वभाविक है। इसके विरोध में दो प्रकार के स्वर उठ सकते हैं : एक वे जिनके अनुसार यह परिवार का अपना मामला है कि उसमें कितने बच्चे हों; दूसरे वे जिनका आग्रह है कि बच्चे होने-न-होने का निर्णय करने का अधिकार

केवल सम्भावित माँ को ही होना चाहिए, विशेषकर जब बच्चों की संख्या 'निर्धारित' करने के विषय में गर्भपात और नारी देह से छेड़छाड़ करने की बात भी उठाई जा रही हो। वैसे यह बात मुख्यतः परिवार नियोजन के लिए गर्भपात को एक अस्त्र बनाने के सन्दर्भ में ही अधिक उठाई जाती है, पर यहाँ भी दबे स्वर में नारी को, यदि वह चाहे तो गर्भपात करने का 'अधिकार' दिया जा रहा है [भले ही यह सरकारी नीति के विपरीत हो]। अतः यह प्रश्न निश्चित रूप से किसी के प्रजनन के अधिकार से भी जुड़ जाता है।

आजकल के सभी राजनीतिक विवादों में अधिकारों की बहुत दुहाई दी जाती है। पर 'अधिकार' शब्द की प्रयुक्ति बहुत स्पष्ट नहीं है। यह पता नहीं चल पाता कि कोई व्यक्ति व्यवस्था द्वारा अनुमोदित एवं विधि द्वारा लागू किए जाने योग्य अधिकारों की बात कर रहा है अथवा उसका तात्पर्य उन क्षेमशास्त्रीय 'अधिकारों' से है जिन्हें अभी विधिसंगत मान्यता की शक्ति नहीं मिल पाई है। इनके बीच भेद अस्पष्ट होते हुए भी ये प्रश्न तो स्पष्टतः उठाए ही जा सकते हैं कि क्या अधिकारों की अन्तर्निहित क्षेमकारी महत्ता भी हो सकती है अथवा वे केवल किसी कानूनी सन्दर्भ में साधनस्वरूप में ही उपयोगी हो सकते हैं।

अनेक राजनीतिक चिन्तकों ने अधिकारों के अन्तर्निहित सारभूत महत्त्व को मान्यता देने से इन्कार ही किया है। इनमें उपयोगितावादी अग्रणी रहे हैं। जेरेमी बैंथम ने तो बड़े साफ शब्दों में 'प्राकृतिक' या 'स्वाभाविक' अधिकार के विचार को ही 'बेहूदगी' (Nonsense) का नाम दिया है। उनके अनुसार प्राकृतिक एवं अक्षोभनीय (Imprescriptible) अधिकार तो 'खपच्चियों पर खड़ी बेहूदगी' से अधिक कुछ नहीं है (अर्थात यह ऐसा बेहूदापन है जिसे कृत्रिम रूप से बहुत ही बढ़ा-चढ़ा कर पेश किया जा रहा है)। बैंथम तो अधिकारों को केवल साधन स्वरूप में ही मान्य करते थे और उनकी संस्थागत भूमिका को किन्हीं ध्येयों (समग्र उपयोगिता सवंर्धन सहित) की सम्प्राप्ति के प्रयास के संदर्भ में ही स्वीकार करते थे।

यहाँ अधिकारों के प्रति दो दृष्टिबोधों का टकराव बहुत ही स्पष्ट दिखाई दे जाता है। यदि बैंथम के विचारों के अनुरूप ही प्रजनन अधिकार सहित सभी अधिकारों की व्याख्या की जाए तो जबरदस्ती करने की स्वीकार्यता अन्ततः इसके 'परिणाम' पर आधारित हो जाएगी—यहाँ उपयोगिता पर प्रभाव प्रमुख होगा, और इसमें किसी अधिकार संज्ञाधारी की सम्प्राप्ति या हनन को किसी प्रकार का कोई महत्त्व नहीं दिया जाएगा। दूसरी ओर यदि अधिकारों को केवल महत्त्वपूर्ण ही नहीं माना जाता, वरन् उन्हें उनके परिणामों-प्रभावों के गणित से भी पहले स्थान दिया जाता है तो निश्चित रूप से उन अधिकारों को बिना शर्त स्वीकार करना होगा। वास्तव में

स्वातन्त्र्यवादी सिद्धान्तों में स्पष्टतः निरूपित अधिकारों के साथ यही होता है—इन्हें इनके सम्भावित परिणामों की चिन्ता किए बिना ही स्वीकार किया जाता है। इस प्रकार ये अधिकार सामाजिक संरचनाओं और व्यवस्थाओं के अभिन्न अंग बन जाते हैं—अन्ततः इनके क्या परिणाम होंगे, इस विषय में कोई प्रश्न नहीं उठाए जाते।

मैंने ऐसे द्विविधापूर्ण प्रश्न के समाधान के लिए उपर्युक्त दो में से ही किसी एक विधि का चयन करने के स्थान पर एक ऐसी विधि का अनुसरण करने का आग्रह किया है जिसमें अधिकारों की सम्पूर्ति को भी अन्य लक्ष्यों और ध्येयों के बीच स्थान मिल जाता है। यह उपयोगितावादियों की तरह अधिकारों के परिणामों पर विचार करना चाहता है पर इस विचार को केवल उपयोगिता तक सीमित नहीं रखता। इसी प्रकार स्वातन्त्र्यवादियों की तरह अधिकारों की अन्तर्निहित महत्ता को स्वीकार करते हुए भी इन परिणामों को पूरी तरह दृष्टिगत रख सम्पूर्ण प्राथमिकता नहीं प्रदान की जाती। ऐसी 'लक्ष्य-अधिकार' विधि में कुछ और भी आकर्षक विशेषताएँ होती हैं। इसकी विधि काफ़ी लचीली और दूरगामी भी होती है—इस विषय में मैंने अन्यत्र विस्तार से चर्चा की है।

यहाँ मैं इस 'लक्ष्य अधिकार' विधि के पक्ष में तर्क को दोहराना नहीं चाहता—हाँ, अगले अध्याय में इसके बारे में कुछ और बातें अवश्य कहूँगा। पर उपयोगितावाद से तुलना के सन्दर्भ में यह मान पाना सरल नहीं लगता कि हमारे सभी प्रकार के अधिकारों के समर्थन को केवल 'उपयोगिता' परिणामों के आधार पर उचित ठहराया जा सकता है [इन अधिकारों में व्यक्ति की गोपनीयता, स्वायत्तता और स्वातन्त्र्य के अधिकार भी सम्मिलित होते हैं]। अक्सर अल्पमत वर्ग के अधिकारों की रक्षा बहुत के विशाल हितों के गणित को भी मान्यता देनी पड़ती है। एक महान उपयोगितावादी जॉन स्टुअर्ट मिल ने तो स्वीकार भी किया था कि "कई बार विभिन्न गतिविधियों में उपयोगिताओं की तुलना कर पाना बहुत कठिन हो जाता है।" उदाहरण के लिए, किसी व्यक्ति की अपने विचारों के लिए अनुभूति या भावना की तुलना किसी अन्य व्यक्ति की अनुभूति से कर पाना सम्भव नहीं रहता—विशेषकर यदि दूसरे व्यक्ति को वे विचार बहुत ही बुरे लग रहे हों। इसी प्रकार की विषमांगता किन्हीं अभिभावकों की अपने बच्चों की संख्या की गणना और सरकार चला रहे महाप्रभुओं की तत्विषयक गणना पर भी लागू होती है। अतः स्वायत्तता और स्वातन्त्र्य के सारभूत महत्त्व को स्वीकार करने से बच पाना सहज नहीं है और इसका केवल विशुद्ध उपयोगिता को अधिकतम करने के परिणामों से टकराव सहज ही हो जाता है [उस विधि में उपयोगिता-सृजन की प्रक्रिया पर कोई ध्यान नहीं दिया जाता]।

अतः परिणाम-प्रभाव विश्लेषण को स्वातन्त्र्य, स्वायत्तता आदि से जुड़े अधिकारों

की सम्पूर्ति और हनन को पूरी तरह दृष्टिगत कर केवल उपयोगिता गणित तक सीमित रखना अव्यवहारिक लगता है। पर इन अधिकारों को पूरी तरह समीक्षा से परे मान लेना भी ठीक नहीं होगा [जैसे कि स्वातन्त्र्यवादी आग्रह करते हैं--क्योंकि उनके विश्लेषण में अधिकारों के परिणामों का कोई आकलन नहीं किया जाता। अतः हम प्रजनन के अधिकारों के सन्दर्भ में कह सकते हैं कि ये अधिकार महत्त्वपूर्ण हैं, लेकिन वहीं तक जहाँ तक कि इनके निर्बाध प्रयोग से सारे समाज को ही भूख, दुर्दशा और आपदाओं की आशंका से जूझने को बाध्य नहीं होना पड़े। सीधे-सादे शब्दों में, किसी अधिकार के होने और उसके प्रयोग को किसी-न-किसी रूप में उसकी स्वीकार्यता पर निर्भर होना ही चाहिए।

हमने इसी अध्याय में जनसंख्यावृद्धि और खाद्य समस्या तथा भूख का विश्लेषण करते हुए वर्तमान समय में अनावश्यक आशंकाओं का निराकरण करने का प्रयास किया है। किन्तु यदि जनांकिकीय विस्फोट का क्रम निरन्तर चलता रहा तो भविष्य में हो सकता है कि भोजन सामग्री की उपलब्धिता भी एक समस्या का रूप धारण कर जाए। तीव्र जनसंख्या वृद्धि के साथ कुछ और समस्याएँ भी जुड़ी हैं। इनमें शहरी भीड़भाड़ और स्थानीय तथा विश्व स्तर पर पर्यावरण आदि की चुनौतियाँ भी सम्मिलित हैं। अब यह जानना आवश्यक लगता है कि जनसंख्या वृद्धि की दर पर अंकुश लग पाने की सम्भावनाएँ क्या हैं ? आइए, अब पूर्व निर्धारित तीन प्रश्नों में से दूसरे की ओर चलें।

माल्थसवादी विश्लेषण

यद्यपि जनसंख्या में अत्यधिक वृद्धि (और उसके कारण से सम्भावित भयावह स्थिति जिसमें निरन्तर खुशी/आनन्द का क्षय होता रहेगा) सम्बन्धी विश्लेषण का प्रथम श्रेय माल्थस को ही दिया जाता है किन्तु उनसे भी पहले प्रख्यात फ्रैंच गणितज्ञ एवं ज्ञानोदय चिन्तक कन्डोर्से ने उन तथ्यों का सार प्रस्तुत किया था जिन्हें कि माल्थस के विचारों का आधार माना जा सकता है। इसमें 'मनुष्यों की संख्या का जीवन निर्वाह के साधनों से अधिक हो जाना' और इसके कारण निरन्तर सुख और जनसंख्या की हानि जो निश्चित ही कष्टप्रद होती या फिर 'अच्छाई' और 'बुराई' के बीच झूलने की परिस्थितियों की रचना निहित थी।

माल्थस को कंडोर्से के इस विश्लेषण से बहुत लगाव था। वे इससे प्रभावित थे और उन्होंने अपने लेख में इसका उद्धरण भी बड़े सम्मान की भावना के साथ दिया है। पर इन दोनों के बीच जनन सम्बन्धी व्यवहार को लेकर मतभेद भी था। कंडोर्से ने जनन दर में ऐच्छिक कमी की सम्भावना को स्वीकार किया था और यह कहा था कि "तर्क की प्रगति अन्ततः छोटे परिवार के विचार का आधार बन जाएगी।"

उनका विचार था कि एक समय आएगा जब लोग सोचने लगें कि अभी तक अजन्मे लोगों के प्रति यदि हमारा कुछ कर्तव्य है तो उन्हें 'जन्म नहीं' दें' बल्कि उन्हें अस्तित्त्व प्रदान न करके ही, सुख, प्रदान करें। इस प्रकार के तर्क, शिक्षा, विशेषकर नारी शिक्षा का सहारा पाकर लोगों को न्यून जनन दर और छोटे परिवार की ओर बढ़ने को सम्प्रेरित करेगा—लोग इस मार्ग का चयन स्वेच्छा से करेंगे, यही उन्हें मूर्खतावश उत्पन्न बेकार और अभागों से भरे इस विश्व के चयन की अपेक्षा श्रेयष्कर प्रतीत होगा। कंडोर्से ने समस्या को जानकर उसका एक सम्भावित समाधान भी बूझ लिया था [यहाँ यह बताना भी प्रासांगिक रहेगा कि कन्डोर्से नारी शिक्षा के सर्वप्रथम एवं बहुत उग्र समर्थकों में रहे हैं]।

किन्तु माल्थस को इस प्रकार का चित्रण व्यवहारिक नहीं लगा। सामान्यतः उन्हें यह बात पच नहीं पाई कि किसी सामाजिक समस्या का समाधान उसमें फँसे लोग सुविचारित निर्णय के माध्यम से भी खोज पाएँगे। जहाँ तक जनसंख्या की बात थी, उन्हें पूरा विश्वास हो चला था कि यह तो निश्चित रूप से खाद्यान्न की उपलब्धिता से कहीं आगे निकल जाएगी और खाद्यान्न के उत्पादन की वृद्धि की सीमाएँ इतनी लचीली नहीं होंगी। हमारे इस अध्याय के लिए माल्थस का सबसे उपयोगी निष्कर्ष तो यही था कि लोग ऐच्छिक रूप से परिवार को सीमित नहीं रखेंगे। उन्होंने यह तो माना था कि अत्यन्त कष्ट और मरणशीलता वृद्धि के माध्यम से जनसंख्या नियन्त्रण का एक विकल्प 'नैतिक अंकुश' भी हो सकता है—पर उन्हें इसका विश्वास नहीं हो पाया कि यह अंकुश ऐच्छिक भी हो सकेगा।

बाद के वर्षों में माल्थस स्वयं भी अपनी भविष्यवाणी की 'अपरिहार्यता' पर इतने दृढ़ नहीं रह गए थे। आज के माल्थस अध्येता उनके विचारों के इस परिवर्तन को बहुत महत्त्व देते हैं और वे माल्थस के प्रारम्भिक और परिपक्व विचारों में भेद को समझने का आग्रह करते हैं। पर दोनों ही विचारों में उनका विचारशक्ति के प्रति अविश्वास और आर्थिक मजबूरियों के कारण ही छोटे परिवार का मंत्र स्वीकार्य हो पाने पर आग्रह बना रहा है। अपनी एक अंतिम रचना में उन्होंने इस निष्कर्ष पर पुरजोर आग्रह भी किया है यह रचना उनकी मृत्यु से चार वर्ष पूर्व 1830 में प्रकाशित हुई थी। उन्हीं के शब्दों में :

> ''पर्याप्त मात्रा में जीवन के लिए आवश्यक सामग्री पा सकने में कठिनाई के अतिरिक्त ऐसा कोई कारण नहीं दीखता जो किसी को जल्दी शादी करने और अपने स्वस्थ जीवन में ही बड़े से बड़े परिवार को जन्म देने से विमुख कर सके।''

ऐच्छिक मार्ग पर अविश्वास के कारण ही माल्थस को जबरदस्ती जनसंख्या वृद्धि दर पर नियन्त्रण करने के रास्ते की खोज करने को बाध्य होना पड़ा, उनका

विचार था कि यह 'विवशता' प्रकृति द्वारा रचित होगी। जनसंख्या वृद्धि के कारण जीवन स्तर में गिरावट इतनी तीव्र होगी कि एक ओर मृत्यु दर बहुत बढ़ जाएगी (इसे माल्थस ने सकारात्मक अथवा प्रत्यक्ष नियन्त्रण का नाम दिया था) तो साथ ही आर्थिक मजबूरियाँ उन्हें छोटे परिवार तक सीमित रहने को विवश कर देंगीं। इस सारे तर्कशास्त्र का आधार माल्थस के इस विश्वास पर टिका है कि पर्याप्त मात्रा में जीवन के लिए आवश्यक सामग्री प्राप्त कर पाने में कठिनाइयों के अतिरिक्त और कोई बात जनसंख्या वृद्धि की दर को नीचे नहीं खींच सकती। माल्थस ने निर्धनता कानूनों का विरोध भी किया था, वे केवल अतिकष्टग्रस्त को ही कुछ सहायता देना स्वीकार कर पाते थे। इनका कारण भी यही था कि वे गरीबी और न्यून जनसंख्या संवृद्धि के बीच कारण और प्रभाव जैसे सम्बन्ध में विश्वास करते थे।

माल्थस और कन्डोर्से के इस विवाद के बाद का इतिहास माल्थसवाद के लिए विशेष सुखकर नहीं रहा है। सामाजिक-आर्थिक विकास के साथ-साथ जनन दरों में भारी कमी आई है। यह पहले यूरोप और उत्तरी अमेरिका में हुआ था, अब अधिकांश एशिया और लैटिन अमेरिका में यही अनुभव दोहराया जा रहा है। पर विश्व के सबसे पिछड़े क्षेत्र, सहरेतर अफ्रीका में अभी भी जनन दर अपने उच्च स्तर पर जमी हुई है। किन्तु वहाँ अभी अधिक सामाजिक-आर्थिक विकास भी सम्भव नहीं हो पाया है। ये क्षेत्र अभी भी गरीब ही हैं और शिक्षा, स्वास्थ्य तथा जीवाशा की कसौटियाँ इन्हें अभी भी पिछड़े हुए ही मानती हैं।

जनन दरों में व्यापक सामान्य गिरावट की व्याख्या कुछ इस प्रकार की जा सकती है : कई बार विकास और जनन दर ह्रास के सकारात्मक सम्बन्ध को कुछ अभद्र से नारे का रूप दे दिया जाता है—"विकास ही सबसे अच्छा गर्भनिरोधक है।" इस कथन में कुछ मोटी-मोटी सच्चाई भी हो सकती है "किन्तु पश्चिमी विश्व में विकास के अनेक अवयव साथ-साथ ही मुखरित हुए हैं। इनमें सम्मिलित हैं : प्रतिव्यक्ति आय में वृद्धि, शिक्षा का प्रसार, नारी की अधिक आर्थिक स्वतन्त्रता, मृत्यु दरों में गिरावट और परिवार नियोजन के अवसरों का प्रसार। इनमें से कुछ को अंशतः सामाजिक विकास भी कहा जा सकता है। अतः हमें विश्लेषण इस प्रकार करना चाहिए कि सभी आयामों और कारकों के सापेक्ष महत्त्व और योगदानों का पृथक्-पृथक् निरूपण सम्भव हो सके।

विकास : आर्थिक अथवा सामाजिक

आजकल चल रही जनन दर ह्रास की प्रक्रिया की व्याख्या के लिए कई प्रकार की अवधारणाएँ सुझाई जा रही है। गैरी बेकर का जनन दर निर्धारण प्रतिमान एक

प्रभावशाली उदाहरण माना जा सकता है। यद्यपि बेकर ने अपनी अवधारणा को माल्थस के विचारों को और आगे बढ़ाने का प्रयास कहा है और इसमें माल्थस की विश्लेषण पद्धति के अनेक तत्वों को समाविष्ट भी किया है [इन्होंने भी परिवार को एक आन्तरिक विभाजनहीन निर्णयकारी एकक माना है] पर वास्तव में बेकर के निष्कर्ष माल्थस की मूल प्रतिस्थापना को नकार ही देते हैं [माल्थस की स्थापना यही थी कि समृद्धि से जनसंख्या दर में भी संवृद्धि आ जाती है]। बेकर के विश्लेषण में बच्चों की गुणवत्ता सुधारने में निवेश [शिक्षा आदि पर] पर आर्थिक विकास के प्रभावों का एक महत्त्वपूर्ण योगदान रहा है।

बेकर के विश्लेषण के विपरीत जनन दर ह्रास की सामाजिक अवधारणाओं में सामान्य शिक्षा और विशेषतः नारी शिक्षा आदि के सामाजिक विकास के कारण सामाजिक वरीयताओं में परिवर्तन को प्रमुखता दी गई है। यह कंडोर्से द्वारा आग्रहपूर्वक सुझाए गए सम्बन्ध सूत्रों में से एक है। किन्तु हमें इन दो बातों का अन्तर स्पष्ट रूप से समझना होगा : (1) वरीयताओं में परिवर्तन आए बिना भी लागतों एवं हितलाभों के बदलाव के प्रभावस्वरूप बच्चों की वांछित संख्या में कमी, तथा (2) सामाजिक परिवर्तनों के कारण वरीयताओं में ही बदलाव [इन सामाजिक परिवर्तनों में सामाजिक सांझे मानदंडों में परिवर्तन और परिवार के समग्र ध्येयों में नारी के हितों के अनुमान में सापेक्ष सुधार आदि भी सम्मिलित होते हैं]। कंडोर्से का आग्रह हमारे (2) संख्या वाले पक्ष पर था तो बेकर पक्ष संख्या (1) पर ही सारा ध्यान केन्द्रित किए हुए हैं।

एक और साधारण पर महत्त्वपूर्ण प्रश्न जन्म निरोधक सुविधाओं की उपलब्धिता और इस विषय की तकनीकी जानकारियों के प्रसार से जुड़ा है। पहले तो इस बात पर कुछ अविश्वास का भाव ही था, पर अब सभी यह स्वीकार करने लगे हैं कि जानकारी और व्यावहारिक सुविधा प्राप्त होना उच्च जन्म दर वाले देशों में परिवारों के जनन व्यवहार पर प्रभाव डाल सकता है। बंगलादेश में जनन दर में तीव्र गिरावट का श्रेय वहाँ के परिवार नियोजन कार्यक्रमों को दिया गया है—इसमें जानकारी और सुविधाओं की सुलभता का स्थान प्रमुख रहा है। बंगला देश 1980-96 के मात्र 15 वर्षों में जनन दर को 6.1 से घटा कर 3.4 तक ला पाने में सफल रहा है। इस सफलता से सहज ही उस विश्वास को गहरा धक्का लगता है कि गरीब देशों की जनता ऐच्छिक रूप से परिवार नियोजन को अंगीकार नहीं करेगी। पर अभी भी बंगला देश को अनेक मंजिलों का सफर तय करना है—तभी यह जनन दर की गिरावट उसे सही स्तर तक पहुँचा सकेगी। इस महती कार्य के लिए केवल परिवार नियोजन सुविधाओं का सुलभ होना पर्याप्त नहीं रहेगा [ज्ञातव्य है कि 2.0 से 2.1 तक की जनन दर को सही जनन दर माना जाता है]।

युवा नारियों का शक्तीकरण

पिछले कुछ वर्षों से विश्लेषण की एक नई दिशा का उदय हुआ है। मैंने भी पिछले अध्यायों में इस पर आग्रह किया है। इस विश्लेषण धारा का मत है कि परिवार की निर्णय प्रक्रिया तथा सामाजिक मानदंडों की संसृष्टि में नारी की शक्ति को निर्णायक भूमिका या स्थान दिया जाना चाहिए। पर जहाँ तक ऐतिहासिक आंकड़ों का प्रश्न है, हम आर्थिक विकास और सामाजिक विकास के प्रभावों का स्पष्ट पृथक्कीकरण नहीं कर पाते; ये दोनों प्रक्रियाएँ साथ-साथ ही फलती-फूलती हैं [इसी को सांख्यिकीविद् बहुरेखीयता (Multicollinearity) की समस्या कहते हैं]। मैं यहाँ सभी के नमूने (Cross Section) विश्लेषण विधि का प्रयोग कर इसी भेद का और स्पष्टीकरण करने का प्रयास कर रहा हूँ। पर यह बात तो अब तक समझ आ ही जानी चाहिए कि 'जीवन की आवश्यकताओं की सम्पूर्ति कर पाने में कठिनाई' के अतिरिक्त भी कुछ बातों ने लोगों को क्रांतिकारी रूप से छोटे परिवारों का स्वेच्छा से वरण करने के लिए प्रेरित किया है (ये प्रेरणाएँ बहुत प्रबल भी रही होंगी)। कोई कारण नहीं कि आज के उच्च जननदर विकासमान वाले देश उन देशों का अनुसरण नहीं कर सकते जिन्होंने पूर्वकाल में सामाजिक-आर्थिक विकास को आधार बनाकर जनन दरों को कम कर पाने में व्यापक सफलताएँ अर्जित की हैं। यहाँ सामाजिक और आर्थिक में से किस घटक का समग्र जनन दर ह्रास में क्या योगदान होगा, यह बहस का प्रश्न नहीं है।

किन्तु हमें यह ध्यान रखना होगा कि जनन 'वातावरण' के बदलाव में सबसे महत्त्वपूर्ण कारक क्या होगा। विभिन्न देशों के बीच और क्षेत्रों के बीच तुलनाओं से ऐसे ढेरों प्रमाण प्राप्त हो रहे हैं जिनके अनुसार नारी शिक्षा (साक्षरता भी) का जनन दर पर गहरा प्रभाव निरूपित हो रहा है। इन अध्ययनों में प्रयुक्त अन्य कारक (स्वतन्त्र समंक/चर) रहे हैं : घर से बाहर नारी की कमाई पूर्ण व्यस्तता, उसके लिए स्वतंत्र रूप से आय कमा पाने के अवसर, नारी के सम्पत्ति अधिकार और सामाजिक संस्कृति में नारी का स्थान तथा प्रतिष्ठा। मैं इन बातों पर इसी पुस्तक में अलग-अलग बिन्दुओं पर चर्चा कर चुका हूँ—अब तो बस इन सभी का समामेलन शेष है।

ये सम्बन्ध सूत्र न केवल विभिन्न देशों की तुलना में स्पष्ट होते हैं बल्कि भारत जैसे विशाल देश के विभिन्न क्षेत्रों की तुलनाओं में भी यही सूत्र दृष्टिगोचर हो रहे हैं। इस सम्बन्ध का सबसे नया अध्ययन ममता मूर्ति, एन केथेरिन गुयो तथा ज्यां द्रीज़ ने किया है [देखें अध्याय–8]। इस अध्ययन में प्रस्तावित सभी निर्धारक कारकों में से जनन दर पर सांख्यिकीय दृष्टि से महत्त्वपूर्ण प्रभाव केवल इन दो का

रहा है : (1) नारी साक्षरता और (2) श्रमशक्ति में नारी की भागीदारी। इस विश्लेषण में आर्थिक विकास के सूचकों की तुलना में नारी की भूमिका के प्रसार का महत्त्व बहुत ही बढ़ा-चढ़ा दिखाई दिया है।

इस विश्लेषण के अनुसार तो आर्थिक विकास 'सर्वश्रेष्ठ गर्भ निरोध' के समान प्रतीत नहीं होता; हाँ, इसके स्थान पर नारी शिक्षा और रोजगार निश्चित रूप से बहुत प्रभावोत्पादक सिद्ध हुए हैं। पंजाब और हरियाणा जैसे समृद्ध प्रान्तों में जनन दर अभी भी बहुत ऊँची बनी हुई है पर उनकी अपेक्षा उच्च नारी शिक्षा और रोजगार वाले गरीब दक्षिण भारतीय राज्यों में जनन दरों पर सहज ही अंकुश लग चुका है। भारत के 300 जनपदों के आंकड़ों के विश्लेषण में वास्तविक प्रतिव्यक्ति आय का जनन दर पर कोई प्रभाव नहीं दिखाई पड़ता जबकि नारी की शिक्षा तथा आर्थिक स्वतंत्रता के प्रभाव बहुत ही स्पष्ट एवं एक ही निश्चित दिशा में संकेत कर रहे हैं। इस अध्याय में पहले तो केवल 1981 की जनगणना के आंकड़ों का प्रयोग हुआ था पर बाद में डीज़ और मूर्ति ने ही 1991 के आंकड़ों का प्रयोगकर पाया कि पुराने (मौलिक) निष्कर्षों में कोई परिवर्तन नहीं आया है।

बाह्यताएँ (Externality), जीवन मूल्य और सम्प्रेषण

उपयुक्त सांख्यिकीय सम्बन्ध के पक्ष में साक्ष्य तो बहुत सशक्त है ही, पर इनके सामाजिक एवं सांस्कृतिक मूल्यांकन पर प्रभावों को भी स्पष्ट समझना आवश्यक होगा। स्कूली शिक्षा अनेक रूपों में युवा नारी की परिवार में आन्तरिक निर्णय क्षमता को बढ़ा सकती है : इस शिक्षा के कारण उसके सामाजिक रुतबे पर प्रभाव, उसकी स्वतन्त्र रूप से कार्य करने की क्षमता, उसकी अपनी बात को ठीक से कह पाने की क्षमता, बाहरी दुनिया की जानकारी और सामूहिक निर्णय-प्रक्रिया को प्रभावित करने की क्षमता आदि सभी पर प्रभाव पड़ता है। इन्हीं के आधार पर वह परिवार की आन्तरिक निर्णय-प्रक्रिया पर अपनी छाप बनाने में समर्थ होती है।

मैं यह भी बता दूँ कि कुछ रचनाओं में स्कूली शिक्षा द्वारा नारी की स्वायत्तता वृद्धि के माध्यम से जनन दर कम होने के विश्वास के प्रतिकूल भी कुछ संकेत मिले हैं। पर ये संकेत परिवारों के आन्तरिक अध्ययनों से हो प्राप्त हो रहे हैं--जनपदों के तुलनात्मक विश्लेषण में ऐसी कोई जानकारी नहीं प्राप्त हुई। इन अध्ययनों का प्रसार भी मूर्ति, गुयो, द्रीज़ के भारतव्यापी अध्ययन की तुलना में बहुत ही सीमित रहा है—फिर भी इस प्रतिकूल साक्ष्य को बिना विश्लेषण के ही नकारना उचित नहीं होगा।

हाँ, हमारा विश्लेषण निश्चित रूप से विश्लेषण की इकाई सम्बन्धी निर्णय से भी प्रभावित होता है। यदि नारी के प्रभाव की संवृद्धि किसी क्षेत्र में साक्षरता प्रसार, सुविचारित सामाजिक विचारों के आदान-प्रदान तथा जीवन मानों की संसृष्टि पर आधारित है तो फिर किसी एक ही परिवार की जानकारी इन प्रभावों को धारण कर पाने में सफल नहीं होगी। मूर्ति आदि के अध्ययन में उन प्रभाव सूत्रों को भी सहज रूप से स्थान मिल गया है जो किन्हीं परिवारों की दृष्टि से बाह्य हो सकते हैं किन्तु जनपद स्तर पर 'आन्तरिक' बन जाते हैं [उदाहरणस्वरूप, हम परिवारों के बीच संवाद संप्रेरण को ही ले सकते हैं]। हमारी इस पुस्तक की अन्तर्धाराओं में सार्वजनिक विचार मंथन का महत्त्व भी एक मुख्य विचार रहा है।

जबरदस्ती कहाँ तक प्रभावोत्पादक हो सकती है

हमारे उपर्युक्त सुझाव चीन में जबरदस्ती से 'अर्जित' सफलताओं की तुलना में कहाँ तक कारगर सिद्ध हो पाएँगे ? 1979 से प्रारम्भ सुधार कार्यक्रम के अन्तर्गत चीन के बहुत बड़े भू-भाग में 'प्रति परिवार एक सन्तान' की नीति का कड़ाई से पालन कराया जा रहा है। सरकार बड़े परिवारों को आवास तथा अन्य सुविधाओं से वंचित रखकर वयस्कों ही नहीं, बच्चों को भी पीड़ित कर रही है। अब चीन की जनन दर 109 हो गई है, जो भारत की 3.1 से काफ़ी कम है। [भारत चीन को छोड़ शेष विकासशील देशों की भारित औसत जनन दर 5.0 से तो यह बहुत ही कम है]।

जनसंख्या को बम की तरह मानकर उसके सम्भावित विस्फोट से घबराए हुए विशेषज्ञों को चीन का उदाहरण बहुत ही अनुकरणीय लगता है। इस मार्ग की स्वीकार्यता पर विचार करने से पूर्व यह बात समझ लेनी चाहिए कि इस नीति पर आचरण के अनेक सारभूत महत्ता-सम्पन्न अधिकारों की हनन रूपी लागत भी रही है। कई बार तो परिवार के आकार को सीमित करने के प्रयास अत्यन्त दंडकारी स्वरूप धारण कर गए हैं। 'द न्यूयार्क टाइम्स' में कुछ समय पूर्व प्रकाशित एक लेख की इन जानकारियों पर गौर कीजिए :

"जिस दिन परिवार नियोजन अधिकारी श्रीमती लियाओ ने उनके घरों को विस्फोट द्वारा उड़ाने की धमकी दी तो उस समय तोंग मू चोंग गांव के निवासियों को किसी और तर्क-वितर्क की आवश्यकता नहीं थी। पिछले ही वर्ष पड़ोस के गाँव ज़ियाआक्सी में हुआँग फुकु नामक एक व्यक्ति को परिवार सहित बाहर निकाल कर उसके घर को परिवार नियोजन अधिकारी बम के विस्फोट से मलबे का ढेर बना चुके थे। यह सब कुछ गाँव वालों की आँखों के सामने घटित हुआ था। ये सरकारी

विस्फोटकारी वहां की एक दीवार पर यह चेतावनी भी लिख गए थे : ''जो परिवार नियोजन पुलिस की अवज्ञा करेंगे, उनकी सम्पत्ति का इसी प्रकार नाश कर दिया जाएगा।''

इस प्रकार के स्वातन्त्र्य हनन को लेकर मानवाधिकार एवं नारीवादी संगठन बहुत ही क्षुब्ध हैं।

दूसरे, यदि प्रजनन और अन्य स्वातन्त्र्यों की बात को एक बार अनदेखा कर दें तो भी अनिवार्य जन्म नियन्त्रण के कुछ अन्य परिणामों के विश्लेषण की आवश्यकता बनी रहती है। एक अनिच्छुक और प्रताड़ित जनसमुदाय इस उत्पीड़न के प्रति किस प्रकार से अपनी प्रतिक्रिया को व्यक्त करेगा और उसके सामाजिक परिणाम कितने भयावह हो सकते हैं, इस विषय में केवल अटकलें ही लगाई जा सकती हैं। उदाहरण के लिए, 'एक बच्चे' के नियम का पालन करने के लिए बच्चों की नितान्त अवहेलना अथवा हत्या तक के जघन्यतापूर्ण अपराध किये जा सकते हैं। इनके कारण शिशुमृत्यु दर में उछाल आ सकता है। भारत, एशिया और अफ्रीका की ही तरह चीन में भी बेटे को तरजीह दी जाती है—अतः केवल 'एक बच्चे' के नियम का प्रभाव लड़कियों के अनुजीवन पर तो बहुत ही बुरा प्रभाव पड़ सकता है। चीन में यह [लड़कियों की उपेक्षा] अब बहुत बड़े पैमाने पर हो रहा है।

जनन व्यवहार में जबरन लाया गया कोई परिवर्तन स्थायी नहीं रहता। वर्ष 1999 के आरम्भ में चीन के राजकीय परिवार नियोजन आयोग के एक अधिकारी ने कुछ पत्रकारों को यह जानकारी दी थी :

> ''अभी चीन के निम्न जन्म दर को स्थायी नहीं कहा जा सकता। इसका कारण यही है कि आम जनता का सामान्य व्यवहार मूल रूप से अपरिवर्तित है।''

चौथा और सबसे महत्त्वपूर्ण प्रश्न यह है कि इस उत्पीड़नकारी नीति के कारण चीन की जनन दर में कितनी कमी आ पाई है ? यह मान लेना तो उचित ही लगता है कि चीनी समाज में अनेक वर्षों से चल रहे सामाजिक-आर्थिक कार्यक्रमों की सफलता का भी जनन दर को घटाने में बहुत मूल्यवान योगदान रहा होगा क्योंकि इन कार्यक्रमों में स्त्री-पुरुषों के लिए शिक्षा का प्रसार, स्वास्थ्य सुविधाओं की बेहतर सुलभता, नारियों के लिए अधिक रोजगार के अवसर और हाल ही में सामान्य आर्थिक संवृद्धि में उछाल भी शामिल रहे हैं। ये सभी कारक अपने आप भी जन्म दर को काफी कम कर पाने में समर्थ हैं। फिर इस प्रश्न का उठना स्वाभाविक ही है कि जबरदस्ती ने जन्म दर में और अतिरिक्त कितनी कमी की है ? चीन की शिक्षा, स्वास्थ्य व्यवस्था, नारी रोजगार अवसरों तथा सामाजिक विकास के अन्य क्षेत्रों में अधिक प्रगति के

आधार पर भी हम यह अपेक्षा करेंगे कि चीन की जनन दर भारत से काफ़ी कम रहनी चाहिए।

इन कारकों के प्रभावों को जबरदस्ती के प्रभाव से अलग करने के लिए हम भारत में व्याप्त विविधताओं का प्रयोग कर सकते हैं [ये चीन की तुलना में बहुत अधिक हैं]। आइए, भारत के उन्हीं राज्यों पर ध्यान दें जो सामाजिक क्षेत्र में अधिक विकसित हो चले हैं। भारत के केरल प्रान्त की चीन से तुलना बहुत ही विलक्षण सिद्ध होती है। यहाँ के साक्षरता, स्वास्थ्य व्यवस्था आदि के स्तर चीन के औसत स्तरों से कुछ बेहतर ही हैं। इस प्रान्त में नारी संशक्ति और उसकी व्यापक भूमिका के कुछ लक्षण और यहाँ के समाज के एक बड़े हिस्से में सम्पत्ति पर नारी के अधिकार की विधिग्राह्यता आदि विशेषताएँ भी विद्यमान हैं।

केरल की जन्म दर 18 प्रति हजार है, यह चीन की दर 19 प्रति हजार से कम है। केरल में यह कमी सरकार द्वारा किसी भी प्रकार के दबाव के बिना ही आ गई है। केरल की जनन दर 1.7 है, यह भी चीन की पिछले दशक मध्य (1990 के दशक के मध्य) की दर 1.9 से बहुत ही कम है। केरल के अनुभव यह स्पष्ट कर देते हैं कि सामाजिक विकास के कारकों में प्रगति से जन्म दर में स्वैच्छिक कमी को बढ़ावा मिलता है [यह कार्य बिना किसी जोर जबरदस्ती के ही सम्पन्न हो जाता है]।

जनन दर ह्रास की दर और उसके आनुषंगिक प्रभाव

केरल के जनन दर ह्रास की एक और विशेषता रही है : यह केवल स्वैच्छिक आधार पर ही सम्भव नहीं हुआ वरन् इसमें चीन की भाँति बालिकाओं की मृत्यु दर में उछाल और बालिका भ्रूणों की हत्या जैसे घिनौने तरीकों को भी नहीं अपनाया गया। केरल की शिशुमृत्यु दरें प्रति हजार जीवित जन्मे बच्चों के अनुपात में बालिकाओं के लिए 16 तथा बालकों के लिए 17 है। चीन में तो यह दरें क्रमशः 33 और 28 हैं। जबकि चीन के जबरी परिवार नियोजन कार्यक्रम के आरम्भ काल 1979 में केरल और चीन की बाल मृत्यु दरें एक समान थीं। केरल में चीन की भाँति नारी भ्रूण हत्याओं की घिनौनी व्याधि भी घर नहीं कर पाई है।

यहीं इस विचार की भी व्याख्या कर लेनी चाहिए कि स्वेच्छया जनन दर की कमी तो बहुत धीरे-धीरे आएगी जबकि जबरदस्ती द्वारा यह सब बहुत तेज़ी से सम्पन्न हो सकता है। किन्तु यह बात भी केरल के अनुभव द्वारा तो प्रमाणित नहीं होती : यहाँ बिना किसी उत्पीड़न के जन्म दर 1950 की 44 प्रति हजार से घट कर 1991 में 18 प्रति हजार हो गई है—यह कमी चीन की उत्पीड़नसहित कमी से अधिक ही

है, कम नहीं।

यह तर्क दिया जा सकता है कि इतनी लम्बी अवधि की चर्चा से चीन के 'एक संतान' कार्यक्रम की प्रभावोत्पादकता का सही चित्रण नहीं हो पाता क्योंकि यह कार्यक्रम तो 1979 में ही शुरू किया गया था। अतः केवल 1979 के बाद के अनुभव की तुलना ही उचित होगी। अस्तु, 1979 में केरल की जनन दर 3.0 थी, जबकि चीन की औसत 2.8 बैठती थी। 1991 में केरल की जनन दर घटकर 1.8 हो गई। जो चीन के नए स्तर 2.0 से कम है। 'एक संतान' योजना के 'शानदार' योगदान के दावों के बावजूद (सारे उत्पीड़न एवं दंड विधानों के प्रयोग के बाद भी) चीन में जनन दर की कमी की दर इस अवधि में भी भारत के उत्पीड़नमुक्त केरल प्रान्त से धीमी ही रही है।

भारत के ही एक अन्य प्रान्त, तमिलनाडु में भी जनन दर ह्रास की दर कम तीव्र नहीं रही। यहां इसी अवधि में यह 3.5 से घट कर 2.2 तक आ गई है। इस प्रान्त में एक सक्रिय परंतु सहयोगात्मक परिवार नियोजन कार्यक्रम चल रहा है, जिसमें सामाजिक सफलताओं का भी भली प्रकार से प्रयोग किया जा रहा है। इस प्रान्त में भारत के बड़े प्रान्तों की तुलना में साक्षरता दर और नारी की रोजगार में भागीदारी अधिक है तथा यहाँ की शिशुमृत्यु दरें अन्यों की अपेक्षा कम पाई गई हैं। तमिलनाडु और केरल, दोनों ही प्रान्तों में चीन की तरह का कोई उत्पीड़न प्रयोग में नहीं लाया गया, फिर भी यहाँ जनन दर में ह्रास चीन के 'एक संतान' प्रकरण की अपेक्षा (उसी समतुल्य अवधि में) कहीं तीव्र रहा है।

भारत के अन्य राज्यों की तुलनाएँ भी इस विषय में कुछ और जानकारी प्रदान कर सकती हैं। जहाँ केरल और तमिलनाडु में जनन दर नियन्त्रण में बहुत भारी सफलताएँ अर्जित हुई हैं वहीं उत्तर भारत की मुख्य भूमि कहे जाने वाले राज्यों, उत्तर प्रदेश, मध्य प्रदेश, बिहार और राजस्थान में ऐसी कोई सफलता नहीं मिल पाई है। इन राज्यों की कुछ अन्य विशेषताएँ निम्न साक्षरता–विशेषकर अति निम्न नारी साक्षरता–और खस्ताहाल जन स्वास्थ्य व्यवस्थाएँ भी हैं। इनकी जनन दरें 4.4 से 5.1 के बीच हैं। यहाँ एक और बात की ओर भी मैं ध्यान दिलाना चाहूँगा : इन्हीं प्रान्तों में अक्सर राज्य सरकारों ने धौंस-डपट द्वारा परिवार नियोजन करने के प्रयास भी सबसे अधिक किए हैं [इसके विपरीत केरल व तमिलनाडु में यह कार्यक्रम पूरी तरह एच्छिक एवं सहकारी रहे हैं]। भारत के क्षेत्रीय अन्तर भी परिवार परिसीमन कार्यक्रम को उत्पीड़न नहीं बल्कि ऐच्छिक आधार पर नारी की शिक्षासम्पन्न भागीदारी के संवर्धन के सहारे चलाने का ही सबक सिखा रहे हैं।

प्रशासक वर्ग को उत्पीड़न का मार्ग आकर्षक क्यों लगता है ?

भारत में उत्पीड़न की विधि अपनाने में चीन की अपेक्षा अधिक सूझ-बूझ या किसी सीमा तक सतर्कता का प्रयोग हुआ है पर दबाव द्वारा परिवार नियोजन का विचार भारत में भी अनेक लोगों को बहुत ही आकर्षक लगता रहा है। 1970 के दशक के मध्य में इन्दिरा गाँधी की सरकार ने आपातकाल की घोषणा द्वारा बनाई गई उपयुक्त वैधानिक परिस्थितियों का लाभ उठाकर जबरी परिवार नियोजन कार्यक्रम चलाने का भरसक प्रयास किया था। इस अवधि में सभी प्रकार के मानवीय एवं वैधानिक अधिकारों को निलम्बित कर दिया गया था। पूर्व उल्लिखित उत्तरी राज्यों में जमकर स्त्री-पुरुषों की नसबन्दी जैसे परिवार नियन्त्रण के ऐसे कदम उठाए गए थे जिन्हें पुनः सुधारा नहीं जा सकता।

जहाँ सरकारी नीति में उत्पीड़न को शामिल नहीं किया गया हो, वहाँ भी अक्सर 'परिवार नियोजन के लक्ष्यों की पूर्ति' पर अधिकारियों का आग्रह प्रशासकों एवं स्वास्थ्य-कर्मियों को ऐसे कदम उठाने को बाध्य कर देता है जो किसी भी तरह से उत्पीड़न से कम नहीं होते। कुछ क्षेत्रों में मौखिक धमकियों का सहारा लिया जाता है तो कुछ जगहों पर नसबन्दी को गरीबी निवारण कार्यक्रमों के लाभ की पूर्व शर्त बनाया जा रहा है। दो से अधिक बच्चों की माँ को प्रसवकालिक विशेषाधिकारों से वंचित रखना, स्वास्थ्य सेवाएँ उन्हीं को देना जिन्होंने नसबन्दी करा ली हो तथा पंचायत आदि स्थानीय स्वशासी संस्थाओं में दो से अधिक बच्चों के अभिभावकों को भाग लेने की मनाही आदि भी इसी प्रकार के कदम हैं।

यह अन्तिम कदम कुछ वर्ष पूर्व ही राजस्थान और हरियाणा में उठाया गया है। कुछ क्षेत्रों में इसकी बहुत सराहना भी हुई है पर इसमें निश्चित रूप से एक मूलभूत लोकतान्त्रिक अधिकार का हनन भी हो रहा है। ऐसा ही विधेयक भारत की लोकसभा के सामने भी आया था, पर उसे पारित नहीं किया गया क्योंकि उसके बाद दो से अधिक बच्चों के पिता राष्ट्रीय एवं राज्य स्तर पर किसी पद को पाने के अधिकारी नहीं रहते।

कई बार यह भी तर्क दिया जाता है कि भारत जैसे गरीब देश में थोड़ी बहुत जबरदस्ती को भी 'अस्वीकार' कर देना तो एक विलासिता से कम नहीं है और उस विलासिता का खर्च केवल अमीर देश ही उठा सकते हैं। वैसे भी गरीबों को जोर-जबरदस्ती की परवाह कहाँ होती है [वे तो अपने दैनंदिन जीवन में इसे रोज ही भुगत रहे होते हैं]। पर यह स्पष्ट नहीं हो पाता कि ये तर्क किस तथ्य पर आधारित हैं। जिन लोगों को इन दमनकारी कदमों के परिणाम भुगतने को विवश होना पड़ता

है वे समाज के अत्यन्त ही गरीब और दुविधाग्रस्त सदस्य होते हैं। जिस प्रकार से ये कायदे-कानून बनाए और लागू किए जाते हैं उनका भी सबसे भीषण प्रभाव नारी की प्रजनन की स्वतन्त्रता पर ही पड़ता है। उत्तर भारत के अनेक क्षेत्रों में वन्ध्याकरण लक्ष्य की समयसीमा निकट आने पर गरीब वर्गों की महिलाओं को वन्ध्याकरण शिविरों में घेरकर लाने जैसी नृशंसतापूर्ण घटनाओं के समाचार भी यदाकदा मिल ही जाते हैं।

वास्तव में गरीब जनसमुदाय इस दमन चक्र को क्या मानता है—इस बात की जाँच तो केवल लोकतान्त्रिक विधि से हो सकती है—चीन जैसे निरंकुशतावादी देश में जनता को ऐसा कोई अवसर देने का प्रश्न ही नहीं उठ सकता। हाँ—भारत में जबरी नसबन्दी कार्यक्रम की लोकतान्त्रिक समीक्षा एक बार हो चुकी है, जब इन्दिरा सरकार ने आपातकाल में आतंक तन्त्र की रचना कर, वैधानिक एवं नागरिक अधिकारों को निलम्बित कर दिया था। इसी अवधि में सरकार ने अनिवार्य नसबन्दी कार्यक्रम भी चलाया था किन्तु कुछ ही समय बाद जब आम चुनाव हुए तो उनकी सभी दमनकारी नीतियों का जनसामान्य ने मुँहतोड़ उत्तर दिया और उन्हें अपने दलसहित बहुत भारी पराजय का मुँह देखना पड़ा। भारत के दरिद्रताग्रस्त मतदाता ने भी अपने राजनीतिक, नागरिक और प्रजनन अधिकारों के दमन का उतनी ही तीव्रता से प्रतिकारात्मक विरोध किया जितनी गहराई से वह आर्थिक-सामाजिक विषमता को लेकर दर्शाता है। अनेक अफ्रीकी एशियाई देशों में चल रहे राजनीतिक आन्दोलन भी जनता की स्वातन्त्र्य एवं नागरिक अधिकारों में रुचि का ही प्रमाण प्रस्तुत कर रहे हैं।

जनता की अनुपीड़न के विरुद्ध प्रतिक्रिया का एक और भी स्वरूप है—वे पलायन कर जाते हैं [वे अपने पैरों द्वारा 'मतदान' का सहारा ले लेते हैं]। भारत के परिवार नियोजन विशेषज्ञों का अनुभव रहा है कि उस थोड़े से समय की जोर-जबरदस्ती ने सारे ही परिवार कल्याण कार्यक्रमों के प्रति जनमानस में घोर अविश्वास भर दिया है। इसके कारण भी यहाँ जनसंख्या नियन्त्रण कार्यक्रम को बहुत क्षति पहुँची है। वास्तव में आपातकाल के जबरी नसबन्दी कार्यक्रम का जनन दर पर तो बहुत ही कम प्रभाव पड़ा था—पर बाद में पूरे एक दशक तक प्रतिक्रियास्वरूप जन्मदर स्थिर (उच्च स्तर पर) होकर रह गई थी। उसमें पहले से चल रही ह्रासमान प्रवृत्ति 1985 के बाद से ही अब दुबारा दिखाई पड़ी है।

एक निष्कर्ष

अक्सर जनसंख्या समस्या की गम्भीरता को कुछ ज्यादा ही बढ़ा-चढ़ाकर प्रस्तुत किया जाता है—फिर भी अधिकांश विकासमान देशों में जनन दर में कमी लाने के

उपायों की खोज आवश्यक लगती है। इस सन्दर्भ में स्त्री-पुरुष भेदभाव को कम करने व नारी और नारी स्वातन्त्र्य संवर्धक नीतियों (नारी शिक्षा, स्वास्थ्य चिकित्सा और नारी के लिए उपयोगी रोजगार का सृजन) और जनन दर के बीच सम्बन्ध सूत्रों पर ध्यान देने की आवश्यकता अनुभव होती है। इनके साथ ही परिवार के दायित्व बोध और भावी माँ-बाप की निर्णय शक्ति के प्रयोग का भी बहुत महत्त्व प्रतीत होता है। इस नीति की सफलता का मार्ग युवा नारियों के कुशलक्षेम और उनकी भूमिका के प्रसार के मार्ग से ही गुज़रता है।

यह सब बातें विकासशील देशों की गरीबी के बावजूद उन पर पूरी तरह लागू होती हैं। इनके लागू न होने का कोई कारण ही नहीं है। कई बार यह तर्क दिए जाते हैं कि गरीबों को ऐसे स्वातन्त्र्यों, विशेषकर प्रजनन स्वातन्त्र्य जैसे शब्दाडम्बरों से कुछ लेना-देना नहीं होता। पर इस तर्क का कोई आधार नहीं है—वास्तव में जो थोड़ा बहुत साक्ष्य मिल पा रहा है वह निर्णायक रूप से इस विचार का खंडन ही करता है। लोग अन्य अनेक बातों को बहुत मूल्यवान मानते हैं—उन्हें ऐसा मानना भी चाहिए। इन बातों में सम्मिलित हैं कुशलक्षेम और सुरक्षा भावना, पर इन दोनों की सम्प्राप्ति उन्हें किसी भी तरह से नागरिक अधिकारों और प्रजनन स्वातन्त्र्य के प्रति उदासीन नहीं बना सकती।

इस बात की पुष्टि का भी कोई आधार नहीं है कि सामाजिक परिवर्तन और विकास की एच्छिक प्रेरणाओं की अपेक्षा दमनचक्र अधिक तेज़ी से जनन दर को नियन्त्रित कर पाने में सफल रहता है। वास्तव में परिवार नियोजन में जबरदस्ती के कुछ अन्य बहुत ही अवांछित परिणाम भी होते हैं—इनके कारण प्रजनन स्वातन्त्र्य पर तो कुठाराघात होता ही है, साथ ही शिशुमृत्यु दर—विशेषकर बालिकाशिशु मृत्यु दर में तो बहुत ही उछाल आ जाता है। अनेक नारीविरोधी कुंठाओं से ग्रस्त देशों में तो यह प्रभाव बहुत ही दूरगामी रहते हैं। अतः अन्य किन्हीं सद्परिणामों की आशा में प्रजनन स्वातन्त्र्य के हनन के पक्ष में कोई ठोस आधार यहाँ दिखाई नहीं पड़ता।

नीति विश्लेषण की दृष्टि से अब हमारे पास अन्तर्देशीय और क्षेत्रीय तुलनाओं पर आधारित काफ़ी साक्षियाँ एकत्र हो गई हैं। इन सभी से यही प्रमाणित होता है नारी संशक्ति (इसमें नारी शिक्षा-साक्षरता, रोजगार अवसर और उसके सम्पत्ति अधिकार सम्मिलित हैं) तथा अन्य सामाजिक परिवर्तनों (जैसे मरणशीलता में कमी) आदि का जनन दर को घटाने में बहुत योगदान रहता है। इन जानकारियों में निहित नीतिगत सीखों की अवहेलना कर पाना बहुत कठिन लगता है। ये संसृष्टियाँ अन्य कारणों से भी बहुत वांछनीय लगती है (जैसे कि नर-नारी का भेदभाव कम करना)। इसी कारण ये विकास विश्लेषण के मुख्य सरोकारों में सम्मिलित हो जाती हैं। यही नहीं,

सामाजिक मानदंड समस्या के स्वरूप की सही पहचान से स्वतन्त्र नहीं रह सकते, सार्वजनिक विचार मन्थन उनकी रचना और पुनःरचना में भारी योगदान दे सकता है।

जनन दर को कम करना केवल उसके आर्थिक समृद्धिकारी प्रभावों के आधार पर ही आवश्यक नहीं हो गया है। इसके उच्च स्तर के कारण सभी की (विशेषकर महिलाओं की) अपनी वांछित जीवन यापन की स्वतन्त्रता पर भी बहुत गहरा दुष्प्रभाव पड़ रहा है। इसका गहनतम दुष्प्रभाव तो उन युवा नारियों के जीवन पर पड़ रहा है जिन्हें दुनिया के कुछ देशों में केवल बच्चे पैदा करने की मशीन बना दिया गया हैं। यह विचित्र 'सन्तुलन' केवल इसी कारण बना हुआ है कि परिवार के फैसलों में युवा नारियों की बात को प्रायः कोई सुनता ही नहीं और किन्हीं अधकचरे विचारों को परम्परा के नाम पर निरन्तर बच्चे पैदा करते रहने का आधार बना लिया जाता है। 19वीं शताब्दी तक यूरोप में भी यही हाल था। नारी साक्षरता, रोजगार और स्वतन्त्र रूप से वैचारिक आदान-प्रदान द्वारा समाज में रूढ़ न्याय और अन्याय की अवधारणाओं में भी भारी बदलाव आ सकते हैं।

इन अनुभवजन्य साक्ष्यों द्वारा भी हमारे स्वातन्त्र्योन्मुखी विकास के विचार की पुष्टि ही होती है—ऐसा प्रतीत होता है कि अन्य अनेक सामाजिक समस्याओं की भाँति ही जनसंख्या समस्या का समाधान भी समाज के उन सदस्यों के स्वातन्त्र्य संवर्धन में ही छुपा है जिन्हें बारम्बार प्रसव एवं शिशुपालन के प्रत्यक्ष प्रभाव भुगतने पड़ रहे हैं। ये सदस्य हैं युवा नारियाँ। जनसंख्या समस्या के समाधान के लिए भी स्वातन्त्र्य संवर्धन की ही आवश्यकता है--उसके परिसीमन की नहीं !

10.

संस्कृति और मानव अधिकार

पिछले कुछ वर्षों से मानवाधिकारों का विचार सारे विश्व में मान्य होता जा रहा है। अन्तर्राष्ट्रीय स्तर पर संवाद एवं विचार विमर्श में तो अब इसे अधिकारिक रूप से सम्मिलित कर लिया गया है। 'भारी भरकम' (प्रभावशाली व्यक्तियों से बनीं) समितियाँ नियमित रूप से अपनी बैठकों में विभिन्न देशों में मानवाधिकारों के अनुपालन और हनन जैसे प्रश्नों पर विचार करती हैं। निश्चित रूप से मानव अधिकार सम्बन्धी शब्दपाश का आज (पहले की अपेक्षा) कहीं बढ़-चढ़ कर प्रयोग किया जा रहा है। राष्ट्रीय-अन्तर्राष्ट्रीय स्तर के संवादों की भाषा में एक निश्चित बदलाव आ गया है—पहले उसमें द्वन्द्ववादी स्वरूप की झलक मिलती थी पर अब सभी का सरोकार कुछ ऐसे अधिकारों से हो गया है जो प्रत्येक देश के प्रत्येक नागरिक को सुलभ होने ही चाहिए। इन्हीं मानवाधिकारों का अब विकास सम्बन्धी रचनाओं में भी समावेश हो चला है।

अभी मानवाधिकारों के विचार की यह प्रयुक्ति और 'विजय निर्द्वन्द्व नहीं है—अभी भी इसकी बौद्धिक संरचना के विषय में संशय और अविश्वास का भाव बना हुआ है। कुछ आलोचनात्मक स्वर तो इस विधि की गहनता-गम्भीरता और तर्कसंगति को लेकर भी प्रश्न उठा रहे हैं। उनका संदेह यही है कि मानवाधिकारों को लेकर ऊँची-ऊँची बातें तो बहुत बनाई जा रहीं हैं पर उनकी वास्तविक संरचना के विषय में कुछ ऊपरी उत्साह भले ही हो, गहरी समझ का अभाव ही प्रतीत होता है।

तीन समालोचना विधियाँ

तो फिर समस्या का सही स्वरूप क्या है ? मेरे विचार से मानवाधिकारों की बौद्धिक संरचना के विषय में आलोचकों को तीन प्रकार की आपत्तियाँ हैं। एक तो यही चिन्ता है कि मानवाधिकारों के प्रश्न उस कानून व्यवस्था को बहुत उलझनपूर्ण

बना देंगे जिसके आधार पर व्यक्तियों को कुछ निश्चित एवं स्पष्ट रूप से परिभाषित नागरिक एवं राजनीतिक अधिकार मिले हुए हैं—जब कि मानवाधिकार 'कानून से कुछ परे' लगते हैं, इनके आधार पर न्याय व्यवस्था का संचालन अर्थात् इन्हें न्याय व्यवस्था के माध्यम से लागू करवा पाना सम्भव नहीं होगा। यह प्रश्न वस्तुतः मानवाधिकारों की माँग के औचित्य का प्रश्न है : अन्तिम विधिग्राह्य सत्ता की अधिष्ठात्री, सरकार द्वारा प्रदत्त अधिकारिताओं के बिना मानव अधिकारों का 'वास्तविक' स्थान कैसे विधिमान्य हो सकता है ? जन्म के समय कोई भी व्यक्ति उतने ही अधिकार साथ लेकर आता है जितने कि उसने वस्त्र पहने होते हैं। जैसे उसके वस्त्रों की रचना सिलाई से होती है उसी प्रकार अधिकार भी विधेयन आदि की प्रक्रिया द्वारा ही सृजित होकर उसे प्राप्त हो सकते हैं। जैसे सिलाईपूर्व परिधान नहीं होते वैसे ही विधेयनपूर्व अधिकारों की चर्चा सारविहीन होगी। इस आलोचना धारा को मैं 'विधिग्राह्य समालोचना' (Legitimacy Critique) का नाम दे रहा हूँ।

दूसरी आलोचना धारा का सम्बन्ध मानवाधिकारों के नीतिशास्त्र और राजनीति के स्वरूप से है। इस मत के अनुसार अधिकार वस्तुतः ऐसी अधिकारिताएँ हैं जिनसे सम्बन्धित (सह सम्बन्धित) कुछ न कुछ उत्तरदायित्व (अधिकारसम्पन्न् प्रशासकों के नहीं वरन् किन्हीं और व्यक्तियों या संस्थाओं के) भी होने चाहिए। यदि व्यक्ति A को किसी x पर कुछ अधिकार है तो कोई न कोई ऐसी संस्था या व्यवस्था B भी होनी चाहिए जिसका कर्त्तव्य A को वह अधिकार प्रदान (सुलभ) करना हो। ऐसे कर्त्तव्य की व्यवस्था के अभाव में वे अधिकार खोखले ही रह जाएँगे। इसके कारण मानवाधिकारों को अधिकार स्वरूप में स्वीकार कर पाना ही कठिन हो जाता है। यह कहना बहुत सुखकर लगता है कि मानव का भोजन और आवश्यकता होने पर खा पाने का अधिकार है—परन्तु यदि ये दोनों चीजें सुलभ कराने का दायित्व जब तक किसी संस्था विशेष के लिए सुनिश्चित नहीं कर दिया जाता, इन अधिकारों का कोई अर्थ ही नहीं होगा। इस प्रकार से इस मत के अनुसार मानवाधिकार संवेदनशील हृदय के उद्गार तो हैं पर उनमें स्पष्टता एवं सुनिश्चितता नहीं है। अतः इन्हें अधिकार मानना ठीक नहीं होगा, ये तो गले में अटकी कौर की तरह ही हैं। इस धारा को मैं 'समंजस समालोचना' (Coherence Critique) का नाम दे रहा हूँ।

तीसरी आलोचना कानूनी एवं संस्थाबद्धता के दाँवपेच का सहारा नहीं लेती। इसके अनुसार तो ये अधिकार सामाजिक नीतिशास्त्र की विषयवस्तु से सम्बन्धित हैं। इन अधिकारों का नैतिक बल नीतिशास्त्र की स्वीकार्यता से ही संबल पा सकता है। किन्तु क्या ये नीतिशास्त्र सार्वभौमिक एवं सर्वव्यापी होते हैं ? सम्भव है कि किन्हीं संस्कृतियों में इन अधिकारों का महत्त्व किन्हीं और सद्गुणों की अपेक्षा कम माना जाता हो। कई बार इस प्रकार के संस्कृति-आश्रित तर्कों के आधार पर भी मानवाधिकारों के प्रभाव क्षेत्र के विषय में प्रश्न उठाए गए हैं। इस सन्दर्भ में सबसे मुखर स्वर

यह रहा है कि यह मानवाधिकारों की वैचारिक संसृष्टि मूलतः पश्चिमी संस्कृति की देन है और एशियाई जीवन मूल्यों में इसके लिए अधिक स्थान सुलभ होने की सम्भावना नहीं है। जब कोई मानवाधिकारों की बात उठाता है तो उन्हें सभी मानव मात्र के लिए व्यवहार्य होना चाहिए, किन्तु इनमें ऐसी सर्वग्राह्यता एवं सर्वव्यापकता का नितान्त अभाव है। इसे मैं 'सांस्कृतिक समालोचना' (Cultural Critique) की संज्ञा दे रहा हूँ।

विधिग्राह्य समालोचना

विधिग्राह्य समालोचना का बड़ा लम्बा इतिहास है। नीतिशास्त्रीय प्रश्नों के विषय में अधिकार-आश्रित तर्कों के प्रति आश्वस्त नहीं हो पाने वाले अनेक व्यक्तियों ने समय-समय पर इसी प्रकार के आलोचना भरे स्वर उठाए हैं। इस समालोचना की कई उपशाखाएँ भी हैं—उनमें कहीं समानता तो कहीं कुछ अन्तर दिखाई पड़ जाते हैं। एक ओर तो कार्ल मार्क्स का आग्रह है कि अधिकारों का अस्तित्व सरकार से पहले नहीं हो सकता [इन्हें तो राज्य या सरकार नामक संस्था की रचना के बाद ही कुछ 'स्वरूप' मिल पाएगा]। यह बात उन्होंने अपने बहुत उग्र स्वर में लिखे गए पत्रक ''सवाल यहूदियों का'' [On the Jewish Question] में उठाई है। इनके साथ ही [पर अलग से] वे सब तर्क भी हैं जिनके आधार पर जैरेमी बैंथम ने 'प्राकृतिक' अधिकारों को 'बेहूदगी' और 'खपच्चियों के सहारे खड़ी बेहूदगी' कहा था। इन दोनों एवं अन्य अनेक आलोचनाओं में एक सांझा सूत्र है : ये सभी अधिकारों के उद्भव को 'सरकार' नामी संस्था के उदय के बाद से ही सहायक अथवा साधन स्वरूप में ही स्वीकार करने को तैयार हो पाती हैं। इन्हें किसी भी प्रकार की संस्थापूर्व नैतिक अधिकारिता का रूप प्रदान करने पर सहमति नहीं हो पाती। यह तो सर्वव्यापी मानवीय अधिकारों के मूल विचार का बहुत ही बुनियादी आधार पर विरोध बन जाता है। यह बात सत्य है कि न्यायपूर्वी नैतिक दावे अभी भी अपने वैधानिक स्वरूप की खोज कर रहे हैं—अतः उन्हें किसी न्यायालय या अन्य संस्थागत रचना के माध्यम से लागू करवा पाना सहज नहीं होगा। किन्तु इसी आधार पर मानवाधिकारों के विचार को ही नकार देना भी इस विषयक सभी प्रयासों के साथ न्याय नहीं होगा। वैधानिकता की माँग आखिर एक माँग ही तो है, इस माँग का औचित्य इस स्वीकारोक्ति पर ही आश्रित है कि कुछ अधिकारों पर मानव मात्र की उपयुक्त अधिकारिता है। इस दृष्टि से मानवाधिकार कुछ दावों, शक्तियों और विशिष्टताओं का स्वरूप तो पा ही जाते हैं, इनमें 'अधिकार' की अवधारणा से जुड़ी अनेक और 'आश्वस्तियां' भी निहित हो जाती हैं। नीतिशास्त्रीय विवेक इन आश्वस्तियों के अन्तर्निहित महत्त्व को स्वीकार कर इन अधिकारों का संपोषण करता है।

यही नहीं, वास्तविक कानूनी अधिकारों के विपरीत मानवाधिकार 'संभाविता'

अथवा 'अपेक्षा' के वितान से कहीं आगे निकल जाते हैं। किसी मानव अधिकार की बात उन परिस्थितियों में भी उठाई जा सकती है जहाँ उसे वैधानिक रूप से लागू करना पाना बहुत अनुपयुक्त प्रतीत होता हो। अनेक व्यक्ति इस बात पर सहमत होंगे कि पति चाहे जितना भी 'पुरुषप्रधानवादी' हो पर उसकी पत्नी को घर के प्रत्येक निर्णय में एक समानतापूर्ण धरातल पर भाग लेने का अधिकार है–किन्तु इसे कानूनी स्वरूप देकर पुलिस के माध्यम से लागू कराने की बात शायद ही कोई स्वीकार कर पाएगा। इसी तरह से 'सम्मान के अधिकार' की बात भी उठाई जा सकती है–यहाँ भी इसे वैधानिक स्वरूप प्रदानकर लागू करने के प्रयास समस्या भरे, बल्कि विचित्र रूप भी धारण कर सकते हैं [बुजुर्गों को बच्चों से सम्मान मिलना ही चाहिए–पर क्या यह सम्मान पुलिस या कानून के माध्यम से सुनिश्चित किया जा सकता है ?]।

वास्तव में सबसे अच्छा तो यही होगा कि मानवीय अधिकारों को नीतिशास्त्रीय दावों के रूप में स्वीकार कर लिया जाए और इन्हें विधेयित कानूनी अधिकारों के साथ समीकृत न किया जाए। किन्तु यह क्षेत्र शास्त्रीय स्थापना, जिन परिस्थितियों में मानवाधिकारों का प्रश्न उठाया जाता है उन के सन्दर्भ में इनकी उपादेयता को धूमिल नहीं कर सकती। अधिकारविशेष के साथ सम्बद्ध स्वातन्त्र्यों पर विचार मंथन को केन्द्रित किया जा सकता है। हमें मानवाधिकारों का मूल्यांकन नीतिशास्त्रीय तर्कों और राजनीतिक माँगों के आधार के रूप में करना चाहिए।

समंजस समालोचना

आइए, अब दूसरी आलोचना पर विचार करें। क्या यह बताए बिना कि उन अधिकारों को सुनिश्चित (लागू) करना किसका दायित्व या कर्तव्य होगा, अधिकारों के विषय में सामंजस्यपूर्ण वार्तालाप सम्भव हो पाएगा ? अधिकारों के विषय में मुख्य चिन्तन धारा वास्तव में ऐसी ही है कि अधिकारों की संसृष्टि में तत्सम्बद्ध दायित्वों को भी अवश्य सम्मिलित करना चाहिए। किसी व्यक्ति (कर्ता) के किसी वस्तु पर अधिकार के साथ ही किसी अन्य एजेन्ट पर पहले कर्ता को वह वस्तु सुलभ कराने का दायित्व भी लागू हो जाता है। इस प्रकार की अधिकार-दायित्व की युग्मता के पक्षधर मानव अधिकारों के विचार में 'अधिकार' शब्द के समावेश से बहुत चिढ़ जाते हैं क्योंकि इन (मानवाधिकारों) के सम्बनध में उन अभिकर्ताओं की प्रायः कोई चर्चा नहीं होती जिन्हें इनकी सिद्धि के लिए उत्तरदायी बनाया जाता है। अतः इसी कारण मानवाधिकारों की माँग इन्हें 'अनर्गल प्रलाप' प्रतीत होता है।

इस प्रकार की आशंकाओं का जन्म कुछ ऐसे प्रश्नों से होता है : जब तक इनसे जुड़े दायित्वों का निर्धारण नहीं हो जाता, इस बात का क्या विश्वास है कि ये अधिकार व्यवहारिक रूप से सुलभ हो जाएँगे ? कुछ लोग तो इम्मेनुअल कांट की तरह से 'सम्पूर्ण दायित्व' (Perfect Obligation) से शून्य किसी अधिकार में

कोई औचित्य नहीं देख पाते। यह 'सम्पूर्ण दायित्व' किन्हीं विशेष एजेन्टों को उस अधिकार विशेष की पूर्ण सिद्धि के लिए उत्तरदायी बनाने का ही एक नाम है।

किन्तु 'सम्पूर्ण दायित्व' के बिना 'अधिकार' की प्रयुक्ति के विरुद्ध जो तर्क दिए जा रहे हैं उनका खण्डन भी हो सकता है। यह कहना कि ऐसे अधिकारों में संस्कृति का अभाव है, पूर्णतः सत्य नहीं होगा। किन्हीं विशेष कानूनी दाँव-पेंचों के सन्दर्भ में ऐसा दावा भले ही सत्यतापूर्ण प्रतीत हो किन्तु क्षेमशास्त्री परिचर्चाओं में तो प्राय 'अधिकार' शब्द का प्रयोग उन विशेष अधिकारिताओं, शक्तियों और अप्रभाविताओं के लिए ही किया जाता है जिनका किसी व्यक्ति के पास होना अच्छा समझा जाता हो। मानवाधिकार ऐसे अधिकार हैं जिनसे प्रत्येक व्यक्ति सन्नद्ध होता है, वह भले ही किसी देश का नागरिक हो या नहीं, ये ऐसे हितलाभ हैं जो सभी को सुलभ होने चाहिए। किसी व्यक्तिविशेष का यह दायित्व नहीं होता कि वह इन अधिकारों को सुलभ कराए, किन्तु इस सन्दर्भ में यह दायित्व उन सभी व्यक्तियों एवं संस्थाओं पर सांझे रूप से रहता है जो भी इन अधिकारों को सुलभ बना पाने की स्थिति में हो [या समर्थ हो]। कांट महाशय ने स्वयं भी इस प्रकार के दायित्व को 'अपूर्णदायित्व' की संज्ञा दी थी। उन्होंने सामाजिक जीवन में ऐसे अपूर्ण दायित्वों की उपादेयता का विश्लेषण भी किया है। ये दायित्व उन सभी पर लागू होते हैं जो किसी प्रकार की सहायता कर पाने में समर्थ होते हों, भले ही किसी संस्था विशेष को इनकी संपूर्ति के लिए बाध्य किए जाने की कोई व्यवस्था न की गई हो।

यह सम्भव है कि इस प्रकार से नियमित अधिकार कई बार फलीभूत न हो पाएँ। किन्तु यह भेद तो हम कर ही सकते हैं कि व्यक्ति को कौन सा ऐसा अधिकार है जो फलीभूत नहीं हो पाया तथा किस प्रकार का अधिकार उसे है ही नहीं। अन्ततः अधिकारों को लेकर नैतिक आग्रह उससे संबद्ध स्वातन्त्र्य से केवल इतना आगे निकल पाता है कि इनमें अन्य सभी लोगों से [जो सहायता करने में समर्थ हों] सहायता का अनुरोध भी सम्मिलित हो जाता है। हम अधिकारों की भाषा के स्थान पर स्वातन्त्र्य की भाषा से भी काम चला सकते हैं [इस पुस्तक में मेरा सारा आग्रह विकास के स्वातन्त्र्य संवर्धनकारी स्वरूप पर ही रहा है]। पर फिर यह सुझाने या माँग उठाने के कुछ आधार हो सकते हैं कि और लोग भी किसी व्यक्ति के स्वातन्त्र्य की सम्प्राप्ति में सहायक बनें। यह अधिकारों की भाषा स्वातन्त्र्य-संवर्धन में सहायक हो सकती है।

सांस्कृतिक समालोचना : एशियाई जीवन-मूल्य

तीसरी समालोचना कुछ अधिक रोचक लगती है—इस पर कुछ ज्यादा ही ध्यान भी दिया गया है। क्या मानवीय अधिकारों का विचार सचमुच ही इतना सार्वभौमिक है ? क्या ऐसे नीतिशास्त्र नहीं हैं जिनमें अधिकार की अपेक्षा कर्तव्य पर अधिक

बल दिया गया है [जैसाकि कन्फ्युशियस के अनुयायियों के विश्व में रहा है] ? या फिर अधिकारिता नहीं वफादारी पर अधिक आग्रह रहा है ? जहाँ मानवीय अधिकारों में राजनीतिक स्वतन्त्रता और नागरिक अधिकारों का नाम लिया, वहीं तथाकथित एशियाई सिद्धान्त की भृकुटियाँ तन जाती हैं।

एशिया के अनेक देशों में निरंकुश व्यवस्था का औचित्य सिद्ध करने के लिए पिछले कुछ वर्षों में बार-बार एशियाई जीवन-मूल्यों की विशेष प्रकृति की दुहाई दी गई है। विलक्षण बात-यह है कि यह दुहाई किसी स्वतन्त्र रूप से कार्य कर रहे इतिहासवेत्ता ने नहीं बल्कि ऐसे निरंकुश शासकों या फिर आश्रित सरकारी अफसरों ने ही दी है। वैसे ऐसी व्यवस्थाओं में इन्हीं लोगों के विचारों का 'मान' होता है और इन्हीं का अन्य देशों से सम्बन्ध निर्धारित करने पर भी 'प्रभाव' रहता है।

क्या एशियाई जीवन-मूल्यों में राजनीतिक अधिकारों के प्रति अवहेलना अथवा विरोध भरा है ? बहुत बार ऐसे विरोध या उदासीनता का दावा किया जाता है, पर क्या इन दावों का कोई सुदृढ़ आधार भी है ? वास्तव में एशिया जैसे विशाल भूभाग के लिए ऐसा कोई सामान्यीकरण सहज नहीं है। यह विश्व की 60 प्रतिशत से अधिक जनसंख्या का निवासस्थान है। इतने बड़े भूखंड पर बसे विशालकाय जनसंमुदाय के लिए किसी एक सांझी जीवन मूल्य विषयक अवधारणा की कल्पना भी विचित्र सी लगती है [इस क्षेत्र में वैसे ही विविधताओं की बहुत ही भरमार पाई जाती है]। इस बाहुल्यसम्पन्न विराट जनसमुदाय के लिए ऐसे किन्हीं विशिष्ट जीवन मूल्यों की बात निश्चित नहीं की जा सकती जिनके आधार पर इन्हें शेष दुनिया से कुछ 'अलग' माना जा सके।

कई बार ये एशियाई जीवनमूल्य चिन्तक अपने विचारों को पूर्वी एशिया पर विशेष रूप से लागू बताने लगते हैं। पश्चिमी विश्व और एशिया की तुलनाओं के लिए केवल थाईलैंड से पूर्व के भूभाग के आधार पर सामान्यीकरण करने के प्रयास होते हैं—और फिर कहीं-कहीं अति महत्त्वाकांक्षाग्रस्त विश्लेषक यह भी कह जाते हैं कि यही बात शेष सारे एशिया महाद्वीप पर भी लागू होगी। उदाहरण के लिए, ली क्वान यू समाज और शासन के सन्दर्भ में पश्चिमी विचारों और पूर्वी एशियाई अवधारणाओं में मूलभूत भेदों की चर्चा करते हुए यह व्याख्या भी देते हैं कि पूर्वी एशिया से उनका तात्पर्य कोरिया, जापान, चीन, वियतनाम से ही है—क्योंकि यह क्षेत्र दक्षिण पूर्व एशिया से भिन्न है, और ये देश चीनी-भारतीय संस्कृतियों का संगम हैं—हालाँकि भारतीय संस्कृति भी प्रायः ऐसे ही (पूर्वी एशियाई) जीवन मूल्यों पर आग्रह करती रही है।

वस्तुस्थिति तो यह है कि पूर्वी एशिया में भी अनेक प्रकार की विविधताएँ भरी हुई हैं। जापान, चीन और कोरिया तथा अन्य पूर्वी एशियाई देशों के बीच भी महत्त्वपूर्ण अन्तर स्पष्टतः देखे जा सकते हैं। इस विशाल भूखण्ड के जनजीवन पर

अनेक आन्तरिक एवं बाहरी सांस्कृतिक प्रभाव पड़ने का पूरा इतिहास रहा है। ये प्रभाव किसी न किसी रूप में अपनी छाप बनाए हुए हैं। मेरे पास एच. मिफलिन के विश्व पंचाग की एक प्रति है जिसमें 12 करोड़ 40 लाख जापानियों का धर्मानुसार विभाजन इस प्रकार दिया गया है : शिन्तो 11 करोड़ 20 लाख तथा बौद्ध 9 करोड़ 30 लाख। आज के जापानियों के जीवन के अन्यान्य आयामों पर पृथक् पृथक् सांस्कृतिक प्रवाहों का प्रभाव स्पष्ट दिखाई दे ही जाता है। एक व्यक्ति किन्हीं मामलों में बौद्ध तो अन्य मामलों में शिन्तो का अनुयायी हो सकता है।

पूर्वी एशिया जैसे क्षेत्रों में संस्कृतियों और परम्पराओं में बहुत कुछ सम्मिश्रण हुए हैं—इनसे चीन, जापान या कोरिया भी मुक्त नहीं रह पाए हैं। अतः सारे ही एशिया महाद्वीप पर किसी एक एशियाई जीवन-मानों के प्रतिमान को लागू करने का प्रयास बहुत ही विचित्र लगता है [इसमें इस क्षेत्र के बाहुल्य भरे धार्मिक, सामाजिक प्रतिबद्धताओं तथा विचारधाराओं के परिवेश को किसी एक प्रतिमान में बाँधने का बड़ा भौंडा प्रयास भी निहित है]। ली क्वान यू के केवल 28 लाख लोगों के देश सिंगापुर के निवासी भी अनेक प्रकार की सांस्कृतिक और ऐतिहासिक परम्पराओं का पालन करते हैं। वस्तुतः इस देश में अन्तर्सामुदायिक सद्भाव और मैत्रीपूर्ण सह अस्तित्व को लेकर बहुत ही प्रशंसनीय उदाहरण स्थापित हुए हैं।

वर्तमान पश्चिम और इसके विशिष्ट स्वरूप के दावे

एशियाई नहीं, सभी गैर-पाश्चात्य देशों की निरंकुशतावादी विचारधाराओं को अक्सर पाश्चात्य विचारधारा से ही भरपूर समर्थन मिलता है। यूरोप और अमेरिका की चिन्तनधारा में, कम-से-कम निहित रूप से यह विचार बहुत रूढ़ हो चुका है कि राजनीतिक स्वातंत्र्य और लोकतंत्र तो केवल पश्चिमी सभ्यता की पुरातन विशेषताएँ हैं, ये एशिया में कैसे पाई जा सकती हैं ? यह एक प्रकार से कन्फ्यूशियसवाद में निहित तथाकथित निरंकुशता और पश्चिमी सभ्यता की उदारवादी धारा की तुलना करने का प्रयास है। पश्चिमी विचारधाराओं के हिमायती अक्सर यह दावा करते हैं कि वे पश्चिम की उदारमना चिन्तनधारा के प्रकाश को 'अन्धकारमय' एशियायी समाज तक पहुँचाने का प्रयास कर रहे हैं और सारे विश्व को 'पाश्चात्य लोकतन्त्र के क्लब' का सदस्य बन इन परम्परागत 'उदार' जीवन मूल्यों से अनुग्रहीत होने को आमंत्रित कर रहे हैं।

इस सारे बौद्धिक प्रयास को वर्तमान समय के इतिहास पर आरोपित करने का प्रयास हुआ है। जो जीवनमूल्य कुछ ही समय पहले के 'यूरोपीय जागृति' काल की संरचनाएँ हैं, उन्हें यूरोप की पुरातन ऐतिहासिक परम्परा और धरोहर का नाम देना विचित्र-सा लगता है। अरस्तू जैसे पुरातन पश्चिमी विचारकों की रचनाओं में

तो इन आधुनिक राजनीतिक स्वातंत्र्य की रचनाकारी विचारधाराओं के प्रति केवल चयनात्मक समर्थन (जहाँ जी चाहा वहाँ समर्थन किन्तु सामान्यतः उदासीनता या विरोध भी) ही झलकता है। पर इस प्रकार का समर्थन तो एशियायी चिन्तनधारा की अनेक रचनाओं में भी मिल जाता है।

आइए, इस बात का कुछ स्पष्टीकरण करें। इसी विचार को लीजिए कि सभी के लिए अधिक स्वातन्त्र्य सारे समाज के हितों की दृष्टि से महत्त्वपूर्ण हैं। इसमें दो स्पष्ट अवयव या घटक हैं :

(1) **वैयक्तिक स्वातन्त्र्य का महत्त्व या मान :** अर्थात् वैयक्तिक स्वातन्त्र्य महत्त्वपूर्ण है और उन सभी के लिए इसे सुनिश्चित किया जाना चाहिए जिनका किसी अच्छे समाज में 'कुछ स्थान' हो, तथा

(2) **स्वातन्त्र्य की समानता :** समाज में सभी व्यक्तियों का कुछ स्थान होता है और जैसी स्वतन्त्रता एक व्यक्ति के लिए सुनिश्चित की जा रही हो वैसी ही प्रत्येक के लिए सुलभ होनी चाहिए।

इन दोनों उपरचनाओं से मिलकर ही मुख्य स्थापना का निर्धारण होता है कि स्वातन्त्र्य सर्वसुलभ एवं सांझे होने चाहिए। अरस्तू ने प्रथम अंश का तो बहुत जमकर समर्थन किया था किन्तु इस स्वातन्त्र्य से महिलाओं और दासों को वंचित रखने का उसका आग्रह स्वातन्त्र्य की दूसरे अंश में निहित व्यापकता के साथ न्याय नहीं कर पाया। वास्तव में सर्वव्यापी समता का विचार तो पश्चिमी विचारधारा में अभी कुछ ही दशक पुराना है [ब्रिटेन में भी महिला मताधिकार बीसवीं शताब्दी के तीसरे दशक से पूर्व अकल्पनीय था]। ऐसे अभाव जिनमें जाति या वर्ग के अनुसार बहुत निश्चित विभाजन हों, वहाँ भी विशेषाधिकार-सम्पन्न सम्भ्रान्त वर्गों (पुरोहितों, ब्राह्मणों) आदि के लिए तो वैयक्तिक स्वातन्त्र्य के महत्त्व का बहुत खुलकर प्रतिपादन होता है पर ग्रीक सभ्यता की भाँति इसके दास वर्ग तक पहुँचने से पूर्व ही सारे औदार्य स्रोत शुष्क हो जाते हैं।

एक अन्य प्रमुख भेद होगा (1) सहिष्णुता के महत्त्व और (2) सहिष्णुता की समता के बीच। सहिष्णुता के महत्त्व से अभिप्रायः है विविध विचारों, प्रतिबद्धताओं और लोगों के क्रिया-कलापों के प्रति सहिष्णुता का भाव होना चाहिए। दूसरी बात यह है कि जिस प्रकार का सहिष्णुतापूर्ण भाव किसी एक व्यक्ति या समूह के प्रति होता है वैसा ही अन्य सभी के प्रति भी हो [हाँ, अपवाद उस समय होना चाहिए जहाँ किसी के प्रति सहिष्णुता का अर्थ अन्य लोगों के प्रति सहिष्णुता की समाप्ति हो]। पुरानी पाश्चात्य रचनाओं में कुछ सहिष्णुता की बात तो कहीं-कहीं दिखाई पड़

जाती है, किन्तु सहिष्णुता की क्षमता का विचार कहीं नहीं मिलता। आधुनिक लोकतान्त्रिक एवं उदार विचारों के मूल की समग्र रूप से उन पुरातन पाश्चात्य विचारों में खोज निष्फल रहती है—हाँ, उनके कुछ घटक अंश इधर-उधर अवश्य दिखाई पड़ जाते हैं।

एशियाई विचारों के साथ तुलनात्मक समीक्षा करते समय तो यही देखना होगा कि क्या इसी प्रकार के कुछ उदारवादी अंश यहाँ भी (बिखरे हुए स्वरूप में) मिलते हैं या नहीं। इन घटकों की उपस्थिति को इनके विपरीतार्थक तत्त्वों की अनुपस्थिति का प्रमाण मान लेना भी ठीक नहीं होगा। अर्थात् यदि कहीं कुछ उदारता-सहिष्णुता दिखाई पड़े तो यह मान लेना ठीक नहीं होगा कि स्वातन्त्र्य और सहिष्णुता पर बल न देने वाले विचार थे ही नहीं। व्यवस्था और अनुशासन पर आग्रह केवल कन्फ्यूशियस का एकाधिकार नहीं रहा, पुरातन पश्चिमी विचारक भी इस मत से बहुत सहमत दिखाई पड़ते हैं। मुझे नहीं लगता कि इस दृष्टि से कन्फ्युशियस प्लेटो या सेंट आगस्टाइन से अधिक निरंकुशतावादी थे। वास्तविक प्रश्न यह नहीं है कि क्या एशियाई परम्पराओं में गैर-स्वातन्त्र्य पक्ष समाहित है या नहीं—वास्तविक प्रश्न यह है कि क्या इन परम्पराओं में स्वातन्त्र्य पक्ष की पूरी तरह अवहेलना हुई है (अर्थात् क्या यहाँ स्वातन्त्र्य और सहिष्णुता का कोई स्थान ही नहीं रहा)?

इस बिन्दु पर आकर एशियाई मूल्यमानों की व्यवस्थाओं के बहुलवादी विराट स्वरूप के दर्शन होते हैं—इसमें केवल क्षेत्रीय आधार पर विविधताएँ नहीं दिखाई पड़तीं, वरन् विभिन्न क्षेत्रों की विविधताओं में कुछ-न-कुछ सम्मिश्रण भी स्पष्ट दृष्टिगोचर हो जाते हैं। एक विशेष उदाहरण तो बौद्धमत का ही है। यह मत एक विचारधारा भी रहा है। बौद्ध परम्परा में स्वातन्त्र्य को बहुत महत्त्व दिया गया है और जिस पुरातन चिन्तनधारा में से बौद्धधर्म का उदय हुआ है उसकी सैद्धान्तिक रचना में स्वतंत्र रूप से चयन करने, अपना मार्ग स्वयं चुनने जैसी अन्तर्धाराएँ सहज ही समाहित थीं। व्यवहार की भद्रता किसी पर थोपी नहीं जा सकती—अपने व्यवहार को व्यक्ति स्वयं ही स्वतंत्र रूप से भद्र बना सकता है। वास्तव में मोक्ष जैसे विचार में भी कहीं-न-कहीं स्वातंत्र्य (की पराकाष्ठा) का ही भाव निहित रहा है। बौद्धमत में इन तत्त्वों की उपस्थिति का अभिप्राय यह कदापि नहीं है कि एशियाई विचार तंत्र में कन्फ्यूशियस ने व्यवस्थित अनुशासन की बात ही नहीं उठाई—पर इस अनुशासनवाद को चीन का भी एकमात्र सामाजिक दर्शन मान लेना ठीक नहीं होगा, इसे पूरे एशिया पर आरोपित करना तो और भी विचित्र विप्रयास बन जाएगा। आज एशियाई जीवन-मूल्यों को निरंकुशतावादी रंग में रंगने के अधिकांश प्रयास कन्फ्युशियस के विचारों का सहारा ले रहे हैं—उन्हें यह बहुलता समझाना बहुत जरूरी है।

कन्फ्युशियस के विचारों की व्याख्याएँ

वास्तव में जो लोग कन्फ्युशियस की रचनाओं के सहारे केवल निरंकुशता का गुणगान कर रहे हैं वे उनकी रचनाओं में निहित विविधताओं के प्रति पूरा न्याय नहीं कर रहे। कन्फ्युशियस ने राज्य की अन्धभक्ति का मार्ग किसी को नहीं दर्शाया था। जब ज़िलू ने उनसे पूछा, ''किसी राजा की सेवा कैसे करूँ ?'' तो उनका उत्तर था, ''उसे सच बता कर, भले ही यह सत्य उसे बुरा भी लगे।'' किन्तु आज सिंगापुर और चीन में सैंसर व्यवस्था का संचालन कर रहे लोगों को यह बात शायद ही हजम हो पाए। कन्फ्युशियस व्यवहारिक सतर्कता और किंचित होशियारी भी प्रयुक्त करने को तैयार थे, पर उन्होंने बुरे शासन का विरोध करने की सलाह देने से कभी परहेज़ भी नहीं किया। उनका कहना था : ''जब शासन में अच्छाई का बोलबाला हो तो अपनी बात पूरे आग्रह से कहो और साहसपूर्ण व्यवहार करो, जब राज्य पथभ्रष्ट हो गया हो तो व्यवहार तो साहसपूर्ण ही रखो पर बोलो दबी जुबान से।''

वास्तव में कन्फ्युशियस ने यह बात भी बहुत स्पष्ट रूप से समझाई थी कि एशियाई जीवन दर्शन के आचार स्तम्भों–परिवार के प्रति वफादारी और शासन की आज्ञा के पालन के बीच भी टकराव पैदा हो सकते हैं। एशियाई जीवनमूल्यों की शक्ति के कई समर्थक राज्य को परिवार की भूमिका का ही संवर्धित स्वरूप मानते हैं–पर कन्फ्युशियस ने तो इन दोनों के बीच टकराव की सम्भावना को स्पष्ट रूप से समझाया था। एक दृष्टान्त कुछ इस प्रकार है : शी के राज्यपाल ने कन्फ्युशियस को बताया, ''मेरे लोगों में एक नितान्त सत्यनिष्ठ आदमी भी है। उसके पिता ने एक भेड़ चुरा ली थी, पर उसने इसके बारे में भी बता दिया।'' उत्तर में कन्फ्युशियस ने कहा, ''मेरे लोगों में सत्यनिष्ठ लोग कुछ दूसरी तरह से व्यवहार करते हैं। पिता पुत्र की बुराईयों को छुपाता है और पुत्र पिता की–इस प्रकार वे जो कुछ करते हैं पूरी सत्यनिष्ठता के साथ करते हैं।''

अशोक और कौटिल्य

कन्फ्युशियस के विचार उन उक्तियों की अपेक्षा कहीं अधिक जटिल और गूढ़ थे जिन्हें उनके नाम पर चलाया जा रहा है। चीन के ही अन्य विचारकों तथा अन्य एशियाई सभ्यताओं की भी पूरी तरह अनदेखी करने का प्रयास भी चल रहा है। यदि भारतीय विचार परम्परा पर गौर करें तो उसमें भी स्वातन्त्र्य, सहिष्णुता और समता के विषय में बहुत प्रकार की अन्तर्धाराएँ मिल जाएँगी। तीसरी शताब्दी ईसापूर्व में सम्राट अशोक ने [जो भारतवर्ष के सबसे बड़े सम्राट रहे हैं–जिनका साम्राज्य मुगलों

से ही नहीं बल्कि भारत में फैले ब्रिटिश राज्य की तुलना में भी कहीं अधिक विशाल था] समतापूर्ण सहिष्णुता की आवश्यकता का जो प्रतिपादन किया है वह निश्चित ही विचारणीय है। अपने ही कलिंग पर आक्रमण के परिणामस्वरूप जन-त्रास से अभिभूत हो ये सम्राट सार्वजनिक नीतिशास्त्र और प्रबुद्ध राजनीति की ओर उन्मुख हो गए थे। यह बौद्ध मत के अनुयायी बन गए, उन्होंने विश्व भर में बौद्ध धर्म का सन्देश फैलाने के लिए अपने राजदूत भी भेजे—साथ ही साथ उन्होंने सारे देश में अच्छे जीवन एवं अच्छे प्रशासन विषयक अपने उद्‌गारों की घोषणा करते हुए अनेक शिलालेख भी उत्कीर्ण कराए।

इन शिलालेखों में विविधता के प्रति सहिष्णुता की बात को बहुत महत्त्व दिया गया है। उदाहरण के तौर पर, एरागुडी में पाए गए अभिलेख [इसे बारहवां अभिलेख कहा जाता है] में इस बात को इस तरह से उठाया गया है :

> मानव को अपने मत का सम्मान और दूसरे मत का निरादर अकारण ही नहीं करना चाहिए। प्रत्येक व्यक्ति के मत-मतान्तर किसी न किसी कारण से सम्मान या आदर के पात्र है—अतः बिना किसी विशेष कारण के किसी को भी हीन नहीं मान लेना चाहिए।
>
> इस प्रकार व्यवहार करने वाला व्यक्ति अपने मत को और गौरवान्वित करता है तथा अन्य लोगों के मतों की सेवा भी करता है। किन्तु इसके विपरीत व्यवहार करने वाला व्यक्ति न केवल अन्य मतों का अनादर करता है वरन् अपने मत को भी हानि पहुँचाता है। जो व्यक्ति अन्य लोगों के मतों का अपमान करते हुए अपने मत के ही प्रति श्रद्धा व्यक्त करता है, उसका ध्येय भले ही स्वमत के मान का संवर्धन हो किन्तु वह वास्तव में इस प्रकार के व्यवहार से केवल अपने मत को गम्भीर आघात पहुँचा रहा होता है।

ईसापूर्व तीसरी शताब्दी की ये राजाज्ञाएँ सरकारी नीति और नागरिकों के पारस्परिक व्यवहार के लिए परामर्श के रूप में सहिष्णुता का महत्त्व समझा रही हैं।

इस सहिष्णुता के प्रसार क्षेत्र के बारे में तो सम्राट अशोक सार्वभौमिकतावादी ही थे। उन्होंने आग्रह किया कि यह सहिष्णु व्यवहार केवल नागरिकों को नहीं बल्कि वनों में रहने वाले (जनजातीय समूहों) जनसामान्य के प्रति भी इसी प्रकार का व्यवहार होना चाहिए। किन्हीं टीकाकारों को अशोक की यह समतापूर्ण सार्वभौमिक सहिष्णुता गैर-एशियाई प्रतीत हो सकती है किन्तु उनके यह विचार भारत की बौद्धिक परम्पराओं में सदियों से रूढ़ रही विश्लेषण धाराओं के अनुरूप ही थे।

इसी संदर्भ में एक अन्य भारतीय विचारक [जिनकी रचना का राज्य संचालन

एवं राज्यार्थ नीति पर बहुत गहन प्रभाव रहा है] के चिन्तन पर ध्यान देना भी बहुत लाभदायक सिद्ध होगा। ये कौटिल्य थे, जिनकी रचना का नाम 'अर्थशास्त्र' था। वैसे यह रचना अर्थशास्त्र और व्यवहारिक राजनीति दोनों ही विषयों से समान रूप से सम्बद्ध थी। कौटिल्य चौथी शताब्दी ईसापूर्व में हुए हैं और ये अरस्तू के समकालिक थे। ये सम्राट अशोक के दादा सम्राट चन्द्रगुप्त के एक वरिष्ठ मंत्री थे। इन्हीं चन्द्रगुप्त ने भारतीय उपमहाद्वीप पर अपना मौर्य साम्राज्य स्थापित किया था।

अक्सर कौटिल्य की रचनाओं का उद्धरण देकर यह कहा जाता है कि भारत में स्वातन्त्र्य और सहिष्णुता की कोई पुरातन परम्परा नहीं रही। 'अर्थशास्त्र' में राजनीति और आर्थिक मामलों के दो बहुत विस्तृत आयाम हैं जिनके आधार पर इस बात का दावा किया जाता है। एक तो कौटिल्य बहुत ही संकीर्ण प्रकार के अनुवर्तनवादी थे। उन्होंने प्रजा की खुशहाली और राज्य में व्यवस्था के विषय में तो विस्तृत नीतिगत परामर्श दिया ही है, पर साथ ही उनकी दृष्टि में राजा एक सदाशयसम्पन्न महाप्रभु ही था और अच्छी संगठनात्मक व्यवस्था के माध्यम से उसकी प्रजाहितसाधन क्षमता (शक्ति) को बढ़ाया जाना भी आवश्यक था। अतः 'अर्थशास्त्र' में एक ओर अकालों से बचाव तथा प्रशासनिक प्रभावोत्पादकता के लिए बहुत गहरी सूझ-बूझ भरे ऐसे सूत्र दिए गए हैं, जिन्हें दो हजार वर्ष बाद आज भी उतना ही उपयोगी माना जा सकता है, तो दूसरी ओर उन्हें राजा को ऐसे तरीके सुझाने में भी कोई हिचकिचाहट नहीं रही कि वह अपनी इच्छा के अनुसार व्यवहार करने में सफल रहे—भले ही इसमें उसके विपत्तियों और विरोधियों के स्वातन्त्र्यों का हनन ही क्यों न होता हो।

दूसरी ओर कौटिल्य को राजनीतिक या आर्थिक समता से भी कुछ लेना-देना नहीं था, वे तो श्रेणी एवं जाति के आधार पर सुगठित समाज को ही अच्छा मानते थे। यद्यपि उन्होंने सर्वसुलभ प्रसन्नता/खुशहाली को एक बहुत ही उत्तम कोटि का लक्ष्य घोषित किया है किन्तु उनके द्वारा प्रतिपादित अन्य ध्येय निश्चित रूप से अपने स्वरूप और विषयवस्तु की दृष्टि से असमताकारी ही थे। समाज के कम भाग्यशाली सदस्यों को दुर्दशा-निवारण तथा अच्छे जीवनयापन के लिए सहायता देने का भी कौटिल्य ने आग्रह किया है और राजा का यह विशेष कर्त्तव्य बताया है कि वह अनाथों, वृद्धों, रोग-व्याधिग्रस्तों तथा अन्य असहाय नागरिकों के निर्वाह की व्यवस्था करे। साथ ही निस्सहाय महिलाओं के गर्भधारण काल और उनके नवजात शिशुओं तक की देखभाल और भरणपोषण को राजा का कर्त्तव्य माना गया है। पर इस प्रकार के सामाजिक समर्थन के दायित्व को उन लोगों की अपनी इच्छानुसार जीवनयापन की स्वतंत्रता या विभिन्नता के प्रति सहिष्णुता कह पाना कुछ कठिन ही रहेगा।

तो फिर इस जानकारी के आधार पर हम किस निष्कर्ष तक पहुँच पाएँगे ?

निश्चित रूप से कौटिल्य न लोकतन्त्रवादी हैं न समतावादी या सभी के सामान्य स्वातन्त्र्य के संवर्धक। किन्तु जहाँ तक समाज के अभिजात वर्गों के लिए उनके विचारों का प्रश्न है, उन्हें सबसे पहले स्वातन्त्र्य प्रदान करने की बात कौटिल्य ने उठाई है। उच्चवर्णीय आर्यजनों को वैयक्ति स्वातन्त्र्य से वंचित रखना उन्हें स्वीकार्य नहीं था, यहाँ तक कि ऐसे लोगों, या बच्चों को किसी बन्धन में लेने वालों के लिए बहुत ही सख्त दंड विधान भी किया गया था—किन्तु इस प्रकार की कोई संवेदना, उस समय जो अभागे दासता झेल रहे थे, उनके प्रति नहीं दिखाई गई। कौटिल्य की रचनाओं में अरस्तू की भाँति क्षमताओं-योग्यताओं के स्वतन्त्र व्यवहार के महत्त्व का प्रतिपादन नहीं मिलता—पर कौटिल्य निश्चित रूप से अभिजात्य वर्गों के लिए स्वातन्त्र्य के प्रबल पक्षधर थे। यही नहीं, उन्होंने निम्न वर्णों/वर्गों के लिए शासन के जो कर्तव्य बताए हैं वे तो मामूली सार्वजनिक सहायता समर्थन द्वारा अति अभावग्रस्त वर्ग के दुःख निवारण भाव के परिचायक हैं। कुल मिलाकर कौटिल्य की रचना से अच्छे जीवन का जो प्रतिमान उभरता है वह निश्चित ही स्वातन्त्र्य को मान देने वाली नीतिशास्त्रीय व्यवस्था के अनुरूप है। भले ही इसका सरोकार समाज के सम्भ्रांत वर्गों तक ही प्रत्यक्षतः सीमित रहा हो—पर यह विचार ग्रीक चिन्तन के इस स्वरूप से भिन्न नहीं है जिसमें सभी कुछ स्वतंत्र पुरुषों के लिए था—महिलाओं और दासों को सभी प्रकार के अधिकारों आदि से वंचित ही रखा जाता था। अतः जहाँ तक विचारों के प्रसार वितान का प्रश्न है, कौटिल्य का दृष्टिकोण सार्वभौमिकतावादी अशोक के चिंतन से भले ही संकीर्ण प्रतीत हो—पर विशिष्टतावादी अरस्तू के विचारों से उन्हें बहुत दूर नहीं माना जा सकता [दूसरे शब्दों में, कौटिल्य भी उतने ही उदारमना सिद्ध होते हैं जितने ग्रीक चिन्तक अरस्तू थे—यदि कौटिल्य को संकीर्ण अथवा अनुदार कहा जा सकता है तो फिर तुलना उनके समकालिक किसी पाश्चात्य चिन्तक से नहीं वरन् उनसे दो सौ वर्ष बाद भारत में ही पैदा हुए, उनके अपने शिष्य सम्राट चन्द्रगुप्त मौर्य के पौत्र सम्राट अशोक से करनी होगी। स्पष्ट है, उनका अलोकतान्त्रिक या स्वातन्त्र्य-परिसीमनकारी या विषमताकारी चिन्तन भारत की ही परम्परा की तुलना में संकीर्ण लगता है, विदेशी चिन्तन की तुलना में नहीं]।

इस्लामी सहिष्णुता

मैं अभी तक भारत में चौथी और तीसरी शताब्दी ईसापूर्व में प्रचलित राजनीतिक विचारों एवं व्यवहारिक तर्कप्रणालियों की दो अत्यन्त सशक्त और प्रभावपूर्ण अभिव्यक्तियों का विवरण दे रहा था। इसका मुख्य कारण यही है कि बाद के वर्षों में भारत में रचित अनेक वैचारिक रचनाओं पर इनका बहुत गहन प्रभाव रहा है।

किन्तु हम अन्य अनेक समाजनेताओं के विचारों पर भी ध्यान दे सकते हैं। भारत में विविधता के प्रति सहिष्णुता के अत्यन्त प्रभावशाली प्रतिपादकों और आचरणकर्ताओं में महान मुगल सम्राट अकबर का स्थान भी अग्रगण्य है। उसने सन् 1556 से 1605 ईसवी की अवधि में शासन किया था। यहाँ भी हम किसी लोकतंत्रवादी की बात नहीं कर रहे, हमारा वास्ता एक बहुत शक्तिशाली राजा से है, जिसने सामाजिक-धार्मिक व्यवहार में विविधताओं को स्वीकार करने पर बल दिया था, जिसने अन्यान्य प्रकार के मानवीय अधिकारों को सहज भाव से स्वीकार किया था। इन अधिकारों में पूजा पद्धति और धार्मिक आचरण की स्वतन्त्रता भी सम्मिलित थीं—ये ऐसी स्वतन्त्रताएँ हैं जिन्हें अकबर के ज़माने के यूरोप में किसी भी तरह सहन नहीं किया जाता था।

उदाहरण के लिए, वर्ष 1591-92 में मुस्लिम पंचांग (हिजरी संवत्) की सहस्राब्दि (1000 वर्ष) पूरे हो रहे थे। दिल्ली और आगरा के शहरों में इस सहस्राब्दि-पूर्ति को लेकर बहुत उत्साह था (जैसाकि पिछले दिनों ईसाई पंचाग की द्विसहस्राब्दि-पूर्ति को लेकर देखा गया है)। इतिहास के इस मोड़ पर अकबर ने कई शाही फरमान जारी किए थे। इनमें अन्य बातों के साथ-साथ धार्मिक सहिष्णुता पर भी बल दिया गया था। प्रस्तुत है एक झलक :

> धर्म के नाम पर किसी व्यक्ति के साथ कोई छेड़खानी नहीं हो, प्रत्येक व्यक्ति अपने मनचाहे धर्म को अपनाने को स्वतन्त्र रहे।
>
> यदि किसी हिन्दू बच्चे को उसकी इच्छा के विरुद्ध मुसलमान बना दिया गया हो तो वह अपने बाप-दादाओं के धर्म में लौट जाने को स्वतन्त्र हो।

किन्तु सहिष्णुता का यह धर्म-निरपेक्ष स्वरूप लिंग-निरपेक्ष या वय-निरपेक्ष नहीं रह पाया। इसी फरमान में आगे कहा गया है कि यदि कोई हिन्दू लड़की अपने मुसलमान प्रेमी के साथ भाग गई हो तो उसे पकड़कर पुनः उसके अभिभावक के परिवार को सौंप दिया जाए। जहाँ युवा प्रेमियों और परिवार के बुजुर्गों के बीच सहानुभूतियों के बंटवारे का प्रश्न आया, वहाँ बादशाह अकबर भी बुजुर्गों के साथ ही नजर आए। किन्हीं मामलों में सहिष्णुता-समता और किन्हीं अन्य में असहिष्णुतापूर्ण व्यवहार उस युग की अपनी विशेषता थी। परंतु धर्म और आस्था के क्षेत्र में सहिष्णुता बहुत ही महत्त्वपूर्ण रही होनी चाहिए, क्योंकि आज उदारवाद का ढोल पीट रहे पश्चिमी देशों में तो उस ज़माने में ईसाइयत की जाँच करने का दौर चल रहा था। जो व्यक्ति ईसाइयत की कसौटियों पर खरे नहीं उतरते थे, उन्हें मौत के घाट उतार दिया जाना एक आम बात थी।

मध्यपूर्व (प. एशिया) क्षेत्र में उस समय चली राजनीतिक लड़ाइयों के अनुभव कुछ ऐसे रहे हैं कि सारी इस्लामी सभ्यता को ही मूलतः असहिष्णु और वैयक्तिक स्वातन्त्र्यविरोधी मान लिया गया। किन्तु किसी भी अन्य परम्परा की ही भाँति इस्लाम में भी विविधता और बहुलता निश्चित रूप से पाई जाती है। भारत में अकबर ही नहीं, और भी अधिकांश मुगल काल में राजनीतिक और धार्मिक सहिष्णुतापूर्ण व्यवहार ही प्रचलित रहा था। इसी प्रकार के उदाहरण अन्य इस्लामिक सभ्यताओं में दिखाई दे जाते हैं। तुर्की बादशाह अपने समकालीन यूरोपीय राजाओं की तुलना में कहीं अधिक सहिष्णु रहे हैं। इस बात के अनेक उदाहरण काहिरा और बगदाद में भरे पड़े हैं। वास्तव में महान यहूदी विद्वान मैमोनीदेस (Maimonides) को अपने जन्म-स्थान यूरोप में असहिष्णुता भरे वातावरण में यहूदियों को दी जा रही यातनाओं से भाग कर अधिक सभ्य और शालीन काहिरा में सुल्तान सलादीन की शरण लेनी पड़ी थी।

इसी प्रकार इरानी गणितज्ञ अल बरूनी (जिन्होंने भारत के गणित सम्बन्धी ग्रंथों का अरबी अनुवाद किया था) ने 11वीं शताब्दी में भारत के सम्बन्ध में पहली सामान्य परंतु व्यापक ज्ञान से पूर्ण पुस्तक भी लिखी थी। उन्हें विश्व के प्रथम मानव-शास्त्र अध्येताओं में माना जाता है। उन्होंने इस बात पर विशेष ध्यान दिलाया है और इसका जमकर विरोध भी किया है--कि ''प्रायः सभी देशों में विदेशियों को 'घटिया' माना जाता है।'' उस 11वीं शताब्दी के काल में वे अपना अधिकतर समय विभिन्न देशों, जनसमुदायों के बीच पारस्परिक सौहार्द, सद्भावना और सहिष्णुता का वातावरण बनाने पर ही लगाते रहे थे।

इस प्रकार के अनेक उदाहरण मिल जाएँगे। मुख्य बात यही है कि आज जो लोग 'एशियाई जीवनमूल्यों' की निरंकुशता का दावा कर रहे हैं, वे वास्तव में बहुत ही संकीर्णतापूर्वक कुछ रचनाओं और परम्पराओं में से चुनी हुई बातों की मनमानी और गलत व्याख्याएँ कर अपने 'तर्कों' को सही साबित करने का प्रयास कर रहे हैं। स्वतन्त्रता को महत्त्वपूर्ण मानना किसी एक ही संस्कृति की बपौती या धरोहर नहीं है—और केवल पाश्चात्य परम्पराएँ ही इसकी एकमात्र उत्तराधिकारिणी होने का दावा नहीं कर सकतीं। वास्तव में उनके सांस्कृतिक परिवेश हमें सामाजिक समस्याओं के प्रति स्वातन्त्र्योन्मुखी विश्लेषण विधि अपनाने को प्रेरित कर सकते हैं।

विश्वीकरण : अर्थनीति, संस्कृति और अधिकार

लोकतन्त्र के प्रश्न का एक और संस्कृति पक्ष से भी गहरा नाता है—अभी कुछ समय से इस पक्ष पर ध्यान दिया जाने लगा है। यह पक्ष परम्परागत जीवन

शैली और सामाजिक परिवेश आदि के विध्वंस में पश्चिमी सभ्यता और जीवन पद्धति के अति सशक्त प्रभावों से जुड़ा है। स्वदेशी संस्कृति और परम्पराओं को महत्त्वपूर्ण मानने वाला प्रत्येक व्यक्ति इस खतरे को लेकर निश्चित ही चिन्तित होगा।

आधुनिक विश्व पर पश्चिम का प्रभाव छाया हुआ है—भले ही पूर्व काल की औपनिवेशिक शक्तियाँ अब क्षीण पड़ चुकी हैं, फिर भी विश्व-पटल पर पश्चिम का प्रभाव कम नहीं हुआ है, वस्तुतः सांस्कृतिक क्षेत्रों में तो यह कुछ और ज्यादा प्रबल हो चला है। अब वास्तव में कोकाकोला और एम टीवी के साम्राज्यों में कभी सूर्यास्त नहीं होता।

किसी सीमा तक आज विश्वीकरण की ओर बढ़ रहे संसार में देशज संस्कृतियों के ह्रास की आशंका अपरिहार्य-सी लगती है। व्यापार और अर्थव्यवस्थाओं के विश्वीकरण को रोक पाने का मार्ग अपनाना तो अब सम्भव नहीं रहा। आज के युग के तकनीकी विकास के तूफान ने आर्थिक स्पर्धा में नई तकनीकों को इतना प्रबल बना दिया है कि इनके माध्यम से सृजित आर्थिक विनिमय और श्रम विभाजन की शक्तियों का सहज प्रतिकार कर पाना सम्भव नहीं रहा है।

यह एक समस्या है—पर समस्या केवल एक ही नहीं है। एडम स्मिथ ने भविष्यवाणी की थी कि विश्वव्यापी व्यापार-वाणिज्य से प्रत्येक देश में अधिक समृद्धि का संचार होगा। फिर भी, जब सारे आंकड़ों में उन्नयन हो रहा हो, तब भी कुछ लोग/देश लाभ में रहते हैं और अन्यों को घाटा उठाना पड़ जाता है। आर्थिक विषमताओं को ध्यान में रखते हुए उपयुक्त नीति तो वही होगी जिसमें विश्वीकरण की प्रक्रिया में इस बात पर पूरा बल दिया जाए कि लोगों के रोजगार और परम्परागत निर्वाह व्यवस्था को कम-से-कम ठेस पहुँचे—इन क्षेत्रों में धीरे-धीरे परिवर्तन ही उपयुक्त होगा। इस परिवर्तन की प्रक्रिया को और सहज बनाने के लिए श्रमशक्ति के पुनः प्रशिक्षण और नव-प्रशिक्षण की पर्याप्त सुविधाओं की व्यवस्था करना भी अनिवार्य होगा, साथ-ही-साथ सामाजिक सुरक्षा तथा अन्य सार्वजनिक समर्थन-सहयोग आदि से युक्त सुरक्षा जाल की रचना भी करनी होगी। तभी जाकर विश्वीकरण की प्रक्रिया से दुष्प्रभावित हो रहे सामाजिक वर्गों के कष्टों का निवारण हो पाएगा।

सांस्कृतिक पक्ष के प्रति भी इसी प्रकार की संवेदनशीलता व्यवहारिक होगी। कम्प्यूटर और इन्टरनेट आदि सुविधाओं का प्रयोग कर पाने में सिद्धहस्तता केवल आर्थिक सम्भावनाओं का ही विस्तार नहीं करती, इस प्रकार के तकनीकी परिवर्तन व्यक्ति के समग्र जीवन को प्रभावित कर सकते हैं। इसे लेकर मन में खेदभाव जागृत नहीं होना चाहिए। पर दो समस्याएँ फिर भी बनी हुई हैं—एक का नाता आर्थिक विश्व से है और दूसरी का स्वरूप कुछ और ही है।

एक तो आधुनिक विश्व में संवाद-सम्प्रेषण और वैचारिक आदान-प्रदान के लिए कुछ-न-कुछ न्यूनतम प्रशिक्षण आवश्यक हो गया है। विश्व के कुछ गरीब लोगों ने इस क्षेत्र में बहुत शानदार प्रगति की है [पर्वी एवं द. पूर्वी देश इसका प्रमाण हैं] तो दूसरी ओर अभी भी दक्षिण एशिया और अफ्रीका के देशों में पिछड़ापन बना हुआ है। विश्वीकरण की ओर उन्मुख विश्व में सांस्कृतिक एवं आर्थिक सुयोगों की समता बहुत महत्त्वपूर्ण सिद्ध हो सकती है। आज विश्व के सांस्कृतिक एवं आर्थिक पटल पर यह एक बहुत बड़ी चुनौती है।

दूसरी समस्या कुछ इस प्रकार की है कि उसमें सांस्कृतिक पक्ष को आर्थिक समस्याओं के दायरे से बाहर रखने का प्रयास निहित रहता है। जब समाज में व्यापक आर्थिक बदलाव आता है तो प्रायः उत्पादन के पुराने पड़ गए तौर-तरीकों और घिसीपिटी तकनीकों को लोग भूल ही जाते हैं—उनके पराभव पर कोई अश्रुपात नहीं करता। कहीं-कहीं कुछ लोग पुराने 'संग्रहणीय' बन गए भाप के इंजनों या दीवार घड़ियों आदि के विषय में बहुत प्रशंसापूर्ण भावों की अभिव्यक्ति करते दिखाई पड़ जाएँगे, पर सामान्यतः पुरानी घिसी-पिटी मशीनों को लेने को कोई तैयार नहीं होता। किन्तु संस्कृति के विषय में इस प्रकार की बात ठीक नहीं जँचती, पुरातन परम्पराओं को सहज विस्मृत नहीं किया जा सकता। पुरानी जीवन-पद्धति के ह्रास से बहुत कष्ट और अधूरेपन की अनुभूति होती है। यह धारणा लुप्तप्राय हो चले प्राणियों के विषय में चिन्ता से कम नहीं है। पुरानी नस्लों का नई तथा अधिक 'कुशल' एवं 'समृद्धिशाली' नस्लों के विकास क्रम में लुप्त होना भी खेदकारी हो जाता है—डार्विन महाशय के विकासवादी दृष्टिकोण के अनुसार नई प्रजातियाँ भले ही बेहतर हों पर यह तुलना-विवेक किसी भी रूप से विलुप्ति में निहित हानि की प्रतिपूर्ति नहीं कर पाता।

यह विषय बहुत गम्भीर है, पर अन्ततः इस विषय में समाज ही निर्णय करेगा कि उसे पुराने जीवन यापन के ढर्रे को बनाए रखना है या नहीं—वैसे इस प्रकार के किसी भी 'संरक्षण' की आर्थिक लागतें बहुत विशाल हो सकती हैं। यदि समाज चाहे तो वह अपनी किसी भी जीवन-शैली को 'सुरक्षित' बनाए रख सकता है—पर इस दशा में उसे इस संरक्षण की 'लागतों' की उस शैली में निहित जीवन-मूल्यों-मानों के महत्त्व के साथ तुलना अवश्य करनी होगी। इस प्रकार के हितलाभ-लागत विश्लेषण के लिए कोई सुनिश्चित सूत्र तो अभी उपलब्ध नहीं हैं—पर इस प्रकार के चयनों को युक्तियुक्त तभी ठहराया जा सकता है जबकि इस विषयक विचार मंथन में जन सामान्य की व्यापक स्तर पर भागीदारी हो—उनकी इस कार्य में भाग ले पाने की योग्यता या क्षमता भी उतनी ही महत्त्वपूर्ण होगी। इस प्रकार हम फिर से एक क्षमताओं के परिप्रेक्ष्य पर ही पहुँच जाते हैं। मुख्य बात यही है कि समाज के विशिष्ट ही नहीं,

सामान्य सदस्य भी क्या बचाएँ, क्या विस्मृत हो जाने दें संबंधित निर्णय-प्रक्रिया में भागीदार होने के योग्य हों। प्रत्येक पुरानी बात को भारी कीमत चुकाकर बनाए रखना आवश्यक नहीं, पर क्या आवश्यक है क्या नहीं, इस विषय में फैसलों के आम जनता की भागीदारी आवश्यक है। इसी कारण से पढ़-लिख पाने, स्वतंत्र संचार माध्यमों द्वारा विभिन्न विषयों के उन पक्षों को समझ पाने और निर्बाध रूप से निर्णय में भागीदारी के वास्तविक सुअवसरों आदि की बुनियादी क्षमताओं/योग्यताओं का महत्त्व और भी बढ़ जाता है। इस प्रयास में भी मानवीय अधिकार अपने विषद स्वरूप में अवश्य निहित हो जाते हैं।

सांस्कृतिक आदान-प्रदान और व्यापक परस्परावलम्बन

इन मौलिक तथ्यों की स्वीकारोक्तियों से भी बढ़कर बात तो यह है कि विभिन्न सभ्यताओं के बीच संवाद और सम्मान की भावना के साथ-साथ उनके श्रेयस्कर गुणों-विचारों आदि को ग्रहण कर आत्मसात कर लेने में किसी प्रकार की लज्जा या हीनता की भावना का पैदा होना आवश्यक नहीं होता। हम उन चीजों/बातों का भी आनंद उठा पाने में सक्षम हैं जिनका प्रादुर्भाव कहीं और हुआ हो। सांस्कृतिक राष्ट्रवाद अथवा अन्धभक्ति को ही जीवनदर्शन बना बैठना व्यक्तियों और समाज को पंगु बना सकता है। महान बंगाली कवि रवीन्द्रनाथ टैगोर ने इसी पर बहुत ही मुखर टीका कुछ इस प्रकार की थीः

> मानवीय उत्पादों/संरचनाओं में हमें जो कुछ सुखकर लगता है वही तत्काल हमारा 'अपना' हो जाता है चाहे उनका उद्‌गम कहीं भी हुआ हो। जब मैं अन्य देशों के कवियों और कलाकारों को भी अपना मानता हूँ तो उसमें मेरे मानव होने के गर्व की ही झलक मिलती है। मैं तो अत्यन्त आह्लाद की अनुभूति के साथ यह कहता हूँ कि मानव मात्र की महान उपलब्धियाँ मेरी ही थाती हैं—धरोहर हैं।

सभ्यताओं-संस्कृतियों की विशेषताओं की अवहेलना में कुछ जोखिम हो सकती है—पर उन्हें नितान्त निर्लिप्त मान लेने की सम्भावना भी बहुत भ्रामक सिद्ध होगी।

सांस्कृतिक विघटन की आशंकाओं से घिरे लोगों को सम्भवतः इस बात की अनुभूति ही नहीं हो पाती कि विश्व की संस्कृतियों के बीच कितने गहरे और व्यापक पारस्परिक सम्बन्ध तथा आदान-प्रदान चलते रहे हैं। सांस्कृतिक 'भय' से आक्रान्त व्यक्ति वास्तव में अपनी संस्कृति की अन्तर्शक्तियों से ही परिचित नहीं होता—वह यह जानता ही नहीं कि उसकी अपनी सभ्यता में अन्यों से सीखकर उससे अभिभूत

हुए बिना उसे आत्मसात् कर पाने की कितनी विशाल क्षमता है। वास्तव में 'राष्ट्रीय परम्परा' को लेकर बुने गए शब्दजाल प्रायः अन्य सभ्यताओं से आए प्रभावों के इतिहास को ढांपने का असफल प्रयास करते पाए गए हैं। आज भले ही लालमिर्च भारत के पाकशास्त्र की एक 'अनुपम विशेषता' बन चुकी हो पर कुछ शताब्दियों पूर्व तक यह भारतीय लोगों की जानकारी की सीमाओं से भी परे थी—इसे तो यहाँ पुर्तगाली व्यापारी ही लाए थे। इससे पूर्व भारतीय पाकशास्त्र में काली मिर्च का ही प्रयोग होता था। किन्तु फिर भी पुर्तगालियों द्वारा लाई गई लाल मिर्च के कारण आज भारत की मसालेदार खाद्यसामग्रियाँ और व्यंजन गैर-भारतीय तो नहीं हो जाते ?

इस तथ्य में भी किसी प्रकार की ओछी हरकत या शरारत की तलाश उचित नहीं होगी कि ब्रिटेन में 'भारतीय करी' आदि की लोकप्रियता को देखते हुए वहाँ का पर्यटन विभाग अब उन व्यंजनों को भी 'मानक ब्रिटिश व्यंजनों' की सूची में सम्मिलित करने लगा है। कुछ ही वर्षों पूर्व मुझे तो किसी व्यक्ति की अंग्रेजियत का यह उपमान भी लंदन में सुनने को मिल गया था कि—अमुक व्यक्ति "डैफोडिल के फूल या चिकन टिक्का मसाला" से कम अंग्रेज नहीं है।

सांस्कृतिक दृष्टि से क्षेत्रीय आत्मनिर्भरता का विचार भी बहुत भ्रामक है। इसी प्रकार परम्परा को विशुद्ध एवं 'प्रदूषण'-मुक्त रखने का महत्त्व भी समझ से परे ही लगता है। कितनी ही बार विश्व के अन्य क्षेत्रों से आए बौद्धिक प्रभाव भी काफी कुछ गोलमोल और बहुपक्षीय होते हैं। भारत के कुछ विशिष्टतावादी लोगों ने स्कूली पाठ्यक्रम में आधुनिक गणित में पश्चिमी शब्दावली के प्रयोग पर आपत्ति की है। पर गणित की दुनिया के अन्तर्सम्बन्धों की रचना कुछ इतनी विचित्र है कि इसमें क्या पश्चिमी है और क्या पूर्वी, इस बारे में कुछ भी निश्चित रूप से कह पाना सम्भव नहीं होगा। उदाहरण के लिए, भारत में त्रिकोणमिति में साइन (Sine) शब्द का प्रयोग सीधे ही ब्रिटिश प्रभाव के फलस्वरूप प्रारम्भ हुआ है, किन्तु शब्द की व्युत्पत्ति में एक बहुत ही महत्त्वपूर्ण भारतीय योगदान भी है। पाँचवी शताब्दी में भारत में एक महान गणितज्ञ हुए हैं, आर्यभट्ट। उन्होंने अपने शोधकार्य में साइन (Sine) शब्द द्वारा अभिव्यक्त गणितीय अवधारणा का प्रतिपादन किया था। उन्होंने संस्कृत भाषा इसे 'ज्या-अर्द्ध' कहा था। हावर्ड ईव्स ने इस शब्द की आगे की यात्रा का वर्णन कुछ इस प्रकार किया है :

> आर्यभट्ट ने इसे 'अर्द्ध-ज्या' तथा 'ज्या-अर्द्ध', दोनों ही नामों से पुकारा था और फिर आगे प्रयोग में इसके संक्षिप्त स्वरूप 'ज्या' का ही व्यवहार करना शुरू कर दिया। अरबी भाषा में प्रायः स्वरों का विलोप हो जाता है और अरब

गणितज्ञों ने ध्वनि समता के आधार पर 'ज्या' को 'जिबा' कहना शुरू किया पर इसका लिखित रूप 'ज्ब' होकर रह गया। भले ही 'जिबा' शब्द का तकनीकी दृष्टि से विशेष महत्त्व रहा है, पर अरबी भाषा की दृष्टि से तो यह एक निरर्थक शब्द ही था। बाद के कुछ लेखकों ने 'जिबा' के रूप में 'ज्ब' लिखा देखा तो उन्होंने इसे 'जैब' मान लिया। इस शब्द में भी ज, और ब व्यंजनों का ही प्रयोग होता है, पर 'जैब' शब्द का अरबी में अर्थ खाड़ी या तीन ओर से घिरा स्थान (समुद्र का एक भाग) होता है। और आगे चलकर जब सन् 1150 में गेरार्डो ने अरबी से इस विषय का लैटिन में अनुवाद किया तो खाड़ी के लिए 'जैब' के स्थान पर लैटिन शब्द 'साईनस' का प्रयोग कर लिया। वहीं से अन्ततः बदलकर 'साईन' शब्द आया है।"

मेरा अभिप्राय किसी भी सभ्यता और संस्कृति के विशिष्ट स्वरूप पर आघात करना नहीं है, फिर भी मैं चाहता हूँ कि पारस्परिक सांस्कृतिक प्रभावों एवं प्रवाहों के साथ हमारी अन्य स्रोतों से प्रवाहमान हुए विचारों, बातों और पदार्थों का आनंद उठा पाने की क्षमता के विषय में भी कुछ और अधिक परिष्कृत विधि से विचार किए जाने की आवश्यकता है। अपने पुरातन स्वरूप की 'शुद्धता' को अक्षुण्ण रखने के प्रयास में हमें बाहरी संस्कृतियों की उपपत्तियों से लाभान्वित होने की अपनी क्षमता का परित्याग बिना सोचे-विचारे नहीं करना चाहिए।

सर्वतावादी पूर्वधारणाएँ

इस अध्याय के समापन से पूर्व मैं इस पुस्तक की सामान्य अन्तर्धारा के संदर्भ में सांस्कृतिक विलगाववाद से जुड़े कुछ प्रश्नों पर बात करना चाहूँगा। अभी तक मेरे पाठक यह तो समझ ही चुके होंगे कि हमारा विश्वास विभिन्न देशों और संस्कृतियों के सदस्यों की अनेक प्रश्नों पर सहमत होने और सांझी प्रतिबद्धताएँ विकसित कर पाने की क्षमता में है। इस शोधकार्य की सारी अन्तर्रचना में स्वातन्त्र्य का महत्त्व इसी सर्वव्यापकता या सर्वतावादी (Universalist) की पूर्वधारणा की ओर संकेत कर रही है।

मैंने कुछ ही पृष्ठ पहले इस भ्रांति का खंडन किया है कि एशियाई जीवन-मूल्य स्वातंत्र्य की अवहेलना करते हैं और स्वतंत्रता को महत्त्व देना केवल पश्चिम की ही बपौती रहा है। कई बार यह भी दावा किया जाता है कि धार्मिक मामलों में विषमांगता को सहज भाव से स्वीकार करना भी ऐतिहासिक रूप से केवल पश्चिमी सभ्यता की ही एक विशेषता रही है। 1997 में मेरा एक लेख 'ह्यूमन राइट्स एण्ड

एशियन वैल्यूज़' 'दि न्यू रिपब्लिक' पत्रिका में (14 और 21 जुलाई 1977) प्रकाशित हुआ था। उसमें मैंने इस बात का खंडन किया था कि एशियाई जीवन-मूल्यों का स्वरूप निरंकुशतावादी है। इस लेख पर अनेक प्रतिक्रियाएँ मुझे मिली–कुछ ने तो मेरे इस मत का समर्थन करते हुए यह भी कह डाला कि सहिष्णुता की दृष्टि से पश्चिम ही वास्तव में कुछ दोषी है।

यह दावा किया गया है कि धर्म के सम्बन्ध में अविश्वास भाव तथा विविधताओं/विषमांगताओं के प्रति सहिष्णुता पश्चिमी सभ्यता का एक विलक्षण सद्गुण रहा है। एक महाशय तो यहाँ तक कह गए कि धार्मिक सहिष्णुता की पराकाष्ठा तो यही रही है कि अनीश्वरवाद को भी आस्था के सैद्धान्तिक आधार पर नकारने के नाम पर स्वीकार कर लिया जाता है। इस प्रकार की सहिष्णुता केवल पश्चिमी सभ्यता में ही पाई जाती है। यह महाशय वहाँ तक तो ठीक हैं जहाँ तक ये अनास्था और अनीश्वरवाद को सामाजिक स्वातन्त्र्य का अंग मानते हैं पर इन्होंने यहीं सब्र नहीं कर लिया; ये आगे कहते हैं कि "क्या अमर्त्य सेन एशियाई इतिहास में इस प्रकार से अनास्थावाद, अनीश्वरवाद और स्वतन्त्र चिन्तन को सहन करने की कोई मिसाल तलाश कर सकते हैं ?"

यह सवाल तो बहुत अच्छा है–पर इसका जवाब खोजना कोई खास मुश्किल नहीं है। वास्तव में तो इस दृष्टि से एशियाई इतिहास इतना समृद्धिशाली है कि यही नहीं समझ आता कि किस युग के उदाहरणों से उन महाशय को जवाब देना आरम्भ करूँ। भारत को ही लें, यहाँ चार्वाक और लोकायत की अनीश्वरवादी चिन्तनधारा का उदय ईसामसीह के जन्म से बहुत पहले हो चुका था–इन धाराओं का बहुत ही प्रभावशाली, विस्तृत और समृद्ध साहित्य आज भी सुलभ है। इन बौद्धिक रचनाओं की कहीं अनेक तथाकथित रूढ़िवादी ग्रन्थों में भी विषमांगतापूर्ण विचारों की अभिव्यक्ति भरी हुई मिलती है। प्राचीन महाकाव्य रामायण [जिसे हिन्दू राजनीतिक कार्यकर्ता भगवान राम का जीवन-वृत्तान्त मानते हैं] में भी वैकल्पिक और विरोधी विचारों को बहुत स्पष्ट शब्दों में अभिव्यक्त किया गया है। इस ग्रन्थ में तो एक महर्षि जाबालि राम को ही धार्मिक आस्थाओं की निहित मूर्खता पर इन शब्दों में भाषण दे गए हैं, "राम, समझदार बनो। इस संसार से अन्यथा और कुछ भी सत्य नहीं है। यही सत्य है। अतः जो कुछ तुम्हारे सामने है, उसका भोग करो और जो कुछ भी असुखकर है उसका परित्याग कर दो !"

इस बात पर भी विचार करना उपयोगी होगा कि विश्व का एकमात्र अनास्थावादी धर्म (बौद्ध धर्म) भी एशिया में ही पैदा हुआ है। वास्तव में बौद्ध धर्म की जन्मभूमि भारत ही है। इसका उदय ईसापूर्व छठी शताब्दी के भारत में हुआ था जब यहाँ

चार्वाक और लोकायत की विचारधाराएँ बहुत प्रबल थीं। यही नहीं, इससे पूर्व रचित उपनिषदों [जिन्हें हिन्दू धर्मग्रन्थों में महत्त्वपूर्ण स्थान प्राप्त है और जिनमें से मैंने याज्ञवल्क्य-मैत्रेयी संवाद उद्धृत भी किया है] ने भी बहुत सम्मानपूर्वक इस विचार पर चर्चा की है कि विचार एवं बौद्धिकता तो शरीर की भौतिक परिस्थितियों की संसृष्टि मात्र हैं और जब मृत्यु के बाद वे परिस्थितियाँ नष्ट हो जाती हैं तो उनकी संसृष्टि यह बौद्धिकता भी समाप्त हो जाएगी। अनास्था और संशय व्यक्त करने वाली विचार-परम्पराएँ भारतीय विचारकों के बीच तो हजारों वर्षों से जीवित ही नहीं रहीं वरन् फलती-फूलती रही हैं। चौदहवीं शताब्दी में एक जानेमाने वैष्णव मतानुयायी हिंदू विचारक माधवाचार्य हुए हैं। उन्होंने एक लब्धप्रतिष्ठित ग्रन्थ की रचना की थी जिसका नाम है 'सवर्दर्शन संग्रह'। इसके पहले ही अध्याय में भारत के अनास्था और अनीश्वरवादी चिन्तकों के तर्कों को पूर्ण गम्भीरता के साथ प्रस्तुत किया गया है। अतः मैं दावे के साथ कह सकता हूँ कि धार्मिक संशयवाद या इसके प्रति सहिष्णुता कोई पश्चिम का एकाधिकार नहीं रहा।

मैंने पहले भी अरबी, चीनी और भारतीय इतिहास परम्पराओं से सहिष्णुता के अनेक उदाहरण दिए हैं—इनमें यह भी स्पष्ट है कि धार्मिक सहिष्णुता भी उस व्यापक वैचारिक सहिष्णुता का एक अनिवार्य अंग रही है। वैसे किसी भी सभ्यता में सहिष्णुता के दुर्दम हनन के उदाहरण भी मिल ही जाते हैं। इनमें पश्चिम का मध्ययुगीन इतिहास ईसाइयत की जाँच के प्रकरणों से भरा है, तो अभी आधुनिक युग के नाज़ी यातना-शिविरों को भी हम भूल नहीं पाए हैं जिनमें एक धर्मविशेष के आधार पर जीते-जागते इंसानों को पाशविकतापूर्ण मौत के हवाले कर दिया गया था। हाँ, पूर्व के क्षेत्र में तालिवान द्वारा चलाए जा रहे दमनचक्र को भी मैं निस्संदेह इसी श्रेणी में सम्मिलित करूँगा। किन्तु ऐसे किसी भी दमनचक्र के विरुद्ध पुराने युगों में भी किसी-न-किसी रूप में आवाज अवश्य उठती रही है। यदि इस पुस्तक में निहित स्वातन्त्र्य के महत्त्व-प्रतिपादन को स्र्वव्यापी-सार्वभौमिक अवधारणा का स्वरूप देने से किसी को आपत्ति हो तो उस आपत्ति का आधार कुछ और होना चाहिए, सांस्कृतिक विभेद नहीं।

एक निष्कर्षात्मक टिप्पणी

बुनियादी स्वातन्त्र्यों और तत्विषयक अधिकारों सम्बन्धी संरचनाओं का वैचारिक आधार इन बातों पर निर्भर है :

(1) इनका अन्तर्निहित महत्त्व;

(2) आर्थिक सुरक्षा प्रदान करने के लिए राजनीतिक सम्प्रेरणाओं की रचना में इनका प्रतीकस्वरूपी योगदान; तथा

(3) समाज के जीवनमूल्यों और प्राथमिकताओं की संसृष्टि में इनका रचनाकारी योगदान।

एशिया में यह स्वरूप अन्य क्षेत्रों से भिन्न नहीं रहा और एशिया के जीवन-मूल्यों की इन्हें अस्वीकार करने वाली किसी 'विलक्षणता' के दावे का कोई ऐतिहासिक आधार सिद्ध नहीं हो पाता।

यही पाया गया है कि एशिया के भीतर से एशियाई जीवनमूल्यों पर 'विशुद्धतम रूप में निरंकुशता' आरोपित करने वाले लोग स्वयं तानाशाही व्यवस्थाओं के प्रवक्ता ही रहे हैं—उन्हें अक्सर उन पश्चिमी चिन्तकों ने बढ़ावा भी दिया है जो उदारता को केवल पश्चिम की बपौती मानने का भ्रम पाले हुए हैं। किन्तु किसी स्थान की सभ्यता और संस्कृति और जीवन मूल्यों की व्याख्या का एकाधिकार किसी धार्मिक नेता, सरकारी अधिकारी या विदेश मंत्री को किसने दिया है ? प्रत्येक समाज में निरंकुशता-विरोधी स्वरों की गूंज को सुनना भी आवश्यक है। मयनमार की जनता की अभिलाषाओं की अभिव्यक्ति वहाँ सत्तारूढ़ सैन्याधिकारियों की अपेक्षा आंग सान सू की अधिक अच्छी तरह से रही हैं [आपको याद होगा कि इन्होंने जेल में बंदी किए जाने से पहले व्यापक जनसमर्थन के आधार पर ही सैन्याधिकारियों के उम्मीदवार को निष्पक्ष चुनाव में बहुत अच्छी तरह से पराजित किया था]।

आज के विश्व में विभिन्न संस्कृतियों में बहुलता और विविधता की स्वीकारोक्ति बहुत महत्त्वपूर्ण हो गई है। इस विविधता की धारणा पर निरन्तर पश्चिमी सभ्यता, एशियाई जीवन मूल्य, अफ्रीकी संस्कृति जैसी 'अति सामान्यीकृत' संरचनाओं के गोले दागे जा रहे हैं। किन्तु इतिहास और सभ्यताओं के विषय में ऐसी अनेक व्याख्याएँ स्वयं तो बौद्धिक स्तर पर खोखली सिद्ध हो ही रही हैं, वे हमारे विश्व को और अधिक विभाजित करने का प्रयास भी कर रही हैं। वास्तव में, जहाँ कहीं भी अवसर मिलता है लोग एक दूसरे से तर्क-वितर्क अवश्य करते हैं। इस कारण जब पृथक्-पृथक् मत अभिव्यक्त हो रहे हों तो किसी भी स्थान के जीवन मूल्यों में वास्तविक स्वरूप का सुस्पष्ट चित्रण सम्भव नहीं रहता। असन्तुष्ट व्यक्ति प्रत्येक समाज में होते हैं—इनकी संख्या कम नहीं होती। ये प्रायः अपने जीवन को अपने विचारों के प्रतिपादन/अभिव्यक्ति के लिए, दांव पर लगाने को तैयार रहते हैं। वास्तव में यदि ये लोग सक्रिय नहीं होते तो किसी भी तानाशाह को अपनी बात सबके गले उतारने के लिए दमन का सहारा लेना आवश्यक नहीं होता। असन्तुष्टों की उपस्थिति के

कारण ही बार-बार निरंकुश शासक और उनके प्रतिनिधि उन क्षेत्रों की परम्परा को निरंकुशतापूर्ण बताकर अपने सत्तासीन बने रहने को 'उचित' सिद्ध करने का प्रयास करते हैं, किन्तु यही उपस्थिति सत्ताधारियों द्वारा स्थानीय विचार समुदाय को केवल एक ही रंगत में रंगने के प्रयासों की विफलता की परिचायक भी है।

गैर-पश्चिमी समाजों के प्रति पश्चिमी संवाद में अधिकारियों, शासकों, मंत्रियों, सैनिक तानाशाहों और धार्मिक नेताओं की बातों को ही गौर से सुना और समझा जाता है। यह अधिकारस्तरीय रुझान इस तथ्य से भी प्रभावित रहता है कि अक्सर अन्तर्राष्ट्रीय मंचों पर पश्चिमी देशों का प्रतिनिधित्व भी सरकारी अफसर और प्रवक्ता ही करते हैं तथा वे इस बारे में केवल अपने समकक्ष अधिकारियों की बातें ही सुनते हैं। किन्तु विकास के प्रति एक पर्याप्त दृष्टिकोण केवल सत्ता की धुरी के गिर्द घूमता हुआ नहीं रह सकता। इस दृष्टिकोण को इतना व्यापक बनाना होगा कि इसमें केवल विशेषाधिकारियों की बकवास की चीखें नहीं बल्कि जन-सामान्य की भागीदारी के स्वरों की गूंज भी सुनाई देने लगे। विकास का विचार इस प्रकार के प्रसार-विस्तार से अलग नहीं किया जा सकता।

जहाँ तक एशियाई जीवनमूल्यों के निरंकुशतावादी स्वरूप की बात है, यही कहना पर्याप्त होगा कि पूर्वी एशिया सहित इस महाद्वीप के सभी देशों का इतिहास व्यापक वैचारिक विविधताओं एवं बहुलताओं का गवाह रहा है। अनेक अर्थों में ये विविधताएँ पश्चिमी विचारों के इतिहास जैसी ही रही हैं। एशिया के सारे इतिहास को निरंकुशता के अति संकीर्ण दृष्टिबोध से बेधित करना एशियाई विचार-परम्पराओं की समृद्धिशालिनी धरोहर के साथ भारी अन्याय है। भ्रामक इतिहास कभी भी शंकाकुल राजनीति को उचित आधार प्रदान नहीं कर सकता।

11

सामाजिक चयन और वैयक्तिक व्यवहार

समाज की संरचना को और श्रेयस्कर बनाने, सामाजिक संस्थाओं की कार्य-पद्धति को और अधिक स्वीकार्य बनाने के लिए तर्कशास्त्र का प्रयोग करने की बात कभी से बहुत आकर्षक लगती रही है। इसका आकर्षण आज भी धूमिल नहीं पड़ा है। अरस्तू एगेथॉन की इस बात से तो सहमत थे कि भगवान भी जो हो चुका है उसे बदल नहीं सकते किन्तु उनका मत था कि हम अपने भविष्य का स्वयं निर्माण अवश्य कर सकते हैं। इस कार्य के लिए हमें अपने सभी निर्णय तर्क के आधार पर ही करने होंगे। इस कार्य के लिए हमें उपयुक्त मूल्यांकन-पद्धति की रचना करनी होगी, ऐसी संस्थाओं का निर्माण करना होगा जो हमारे ध्येयों और मूल्यमान-विषयक प्रतिबद्धताओं का सम्पोषण करें, साथ-ही-साथ हमें उन व्यवहारिक मानकों और तर्कों की सृष्टि भी करनी होगी जो वांछित लक्ष्यों की प्राप्ति में सहायक हो सकें।

किन्तु इस विषय की व्याख्या से पूर्व मैं उन आशंकाओं और आपत्तियों के विषय में कुछ चर्चा करना चाहता हूँ जो इस तर्कशास्त्र-आधारित निर्णय परम्परा से जुड़े साहित्य में समय-समय पर व्यक्त की गई है। इन आशंकाओं का सम्बन्ध तर्क के आधार पर प्रगति की सम्भावनाओं से है। यदि ये आशंकाएँ सुदृढ़ वैचारिक आधार पर टिकी हैं तो फिर इनका हमारी इस पुस्तक की मुख्य अन्तर्धारा पर बहुत ही विनाशकारी प्रभाव रहेगा। फिर तो इस पुस्तक की अन्तर्धाराओं का और विकास करना दलदल की नींव पर महल-निर्माण सरीखा ही होगा।

यहाँ तीन प्रकार की आशंकाओं पर विशेष रूप से ध्यान दिए जाने की आवश्यकता है। पहली आपत्ति तो यही है कि किसी भी समाज में लोगों की वरीयताओं और मूल्यमानों में इतनी विविधताएँ भरी रहती हैं कि तर्क-आश्रित सामाजिक निष्कर्ष-निर्धारण के लिए उपयुक्त विधि-प्रविधि की रचना नहीं हो पाती। इस मत के अनुसार

युक्तियुक्त एवं तर्कसंगत सामाजिक मूल्यांकन हो ही नहीं सकता। इसी बात पर आग्रह को दोहराते हुए कैनेथ ऍरो की 'असम्भाविता प्रमेय' का हवाला दिया जाता है। उस विलक्षण प्रमेय की व्याख्या इस प्रकार करने का प्रयास होता है कि वैयक्तिक वरीयताओं की संयुति द्वारा तर्कसंगत सामाजिक चयनों का निर्धारण नहीं हो पाता। यह निष्कर्ष निश्चित ही बहुत निराशापूर्ण है। इस प्रमेय के विश्लेषणात्मक तत्त्वों और इसकी सारभूत व्याख्याओं पर भी एक बार फिर विचार की आवश्यकता लगती है। यहाँ अध्याय–3 में व्यक्त सूचना-आधार का विचार बहुत उपयोगी सिद्ध हो सकता है।

एक अन्य आलोचनाधारा विश्लेषण-पद्धति पर ही विशेष रूप से केंद्रित रहती है। यह ऐसे तर्कों का सहारा लेती है जो हमारी मनोवांछित परिणाम तक पहुंचने की क्षमता को लेकर ही प्रश्न उठा देते हैं। इनका कहना है कि सारे ही इतिहास में प्रायः अवांछित परिणामों का ही वर्चस्व रहा है। एडम स्मिथ, कार्ल मेंजर तथा फ्रेड्रिक हैक जैसे अनेक विद्वानों ने अलग-अलग ढंग से अवांछित परिणामों के महत्त्व का प्रतिपादन किया है। यदि अधिकांश महत्त्वपूर्ण घटनाएँ हमारे किसी सुविचारित प्रयास के फलस्वरूप नहीं वरन् अनायास ही घटित हो जाती हों तो फिर लक्ष्य की प्राप्ति के लिए अपने विवेक द्वारा निर्दिष्ट प्रयासों की बात पूरी तरह से निरर्थक हो जाएगी। अतः हमें इस बारे में भी गम्भीरता से विचार करना होगा कि स्मिथ द्वारा प्रारम्भ किए गए इस विश्लेषणात्मक विचारतन्त्र से सुलभ अन्तर्दृष्टियों के निहितार्थ क्या हो सकते हैं।

संदेहों का तीसरा वर्ग मानवीय मूल्यों एवं व्यवहारिक मानदंडों की सम्भावित सीमा या प्रसार से संबद्ध आशंकाओं का है। क्या हमारा व्यवहार संकीर्ण रूप से परिभाषित आत्महित की सीमाओं से दूर निकल सकता है ? यदि नहीं तो केवल स्वहित प्रेरित बाजार ही ठीक से कार्य कर पाएँगे, हम ऐसी किसी सामाजिक व्यवस्था की रचना नहीं कर पाएँगे जो स्वहित से अधिक 'सामाजिक', 'नैतिक' अथवा 'प्रतिबद्धतासम्पन्न' हो। इस प्रकार इस मत के अनुसार तर्क-आधारित सामाजिक परिवर्तन बाजार प्रक्रिया के व्यवहार से आगे नहीं बढ़ पाएगा–भले ही इसके परिणाम-स्वरूप कतिपय अकुशलताओं, विषमताओं और गरीबी का सामना क्यों न करना पड़े। इस परिप्रेक्ष्य में और अधिक पाने की लालसा बहुत ही गम्भीर रूप से कल्पनालोक का विहार ही बन जाएगी।

इस अध्याय में हमारी मुख्य इच्छा तो स्वातन्त्र्य-संवर्धन और विकास की सम्प्राप्ति में जीवनमूल्यों और तर्क विवेक की उपादेयता पर विचार-विमर्श ही है। आइए, उपर्युक्त तीनों आलोचनाओं पर क्रमशः विचार करें।

असम्भाविता (Impossibility) और सूचना आधार

ऍरो का प्रमेय वास्तव में वह प्रतिस्थापना नहीं करता जो सामान्य रूप से लोग समझे बैठे हैं। यह युक्तियुक्त सामाजिक चयन को असम्भव नहीं बताता, वरन् यह समझाता है कि कुछ सीमित जानकारियों के आधार पर सामाजिक चयन कर पाना सम्भव नहीं है। आइए, ऍरो के इस प्रमेय पर एक सीधी-सरल दृष्टि डालें [इसमें मुझे किसी सीमा तक अतिसरलीकरण का दोषी माना जा सकता है]। कन्डोर्से तथा जीन-चार्ल्स दी बोर्डा जैसे 18वीं शताब्दी के गणितविदों-विचारकों को उद्वेलित करने वाले 'मतदान विरोधाभास' (Voting Paradox) के चिरपरिचित उदाहरण को लें ! एक व्यक्ति x को y से तथा y को z से बेहतर मानता है। दूसरा व्यक्ति y को z से तथा z को x से बेहतर मानता है। तीसरे व्यक्ति का वरीयता क्रम कुछ ऐसा बनता है कि वह z को x से तथा x को y से बेहतर मान लेता है। हम जानते ही हैं कि ऐसी दशा में बहुमत के आधार पर निर्णय में विसंगतियाँ आ जाती हैं। विशेष रूप से यह स्पष्टतः दर्शाया जा सकता है कि y की अपेक्षा x के पक्ष में बहुमत है ओर z की अपेक्षा y के पक्ष में। यही नहीं x की अपेक्षा z के पक्ष में बहुमत का भी पक्का प्रमाण उपर्युक्त उदाहरण में दर्शायी गई वरीयता/संरचनाओं में विद्यमान है। अन्य अंतर्दृष्टियों के अतिरिक्त ऍरो का प्रमेय हमें यह विशेष रूप से समझाता है कि ऐसी दशा में हमें या तो किसी एक व्यक्ति की वरीयताएँ शेष सभी पर लाद कर उसे 'तानाशाह' बनाना पड़ेगा अथवा केवल संबद्ध विकल्पों की वैयक्तिक क्रमिकताओं के सीमित सूचना आधार का प्रयोग करने वाली प्रत्येक निर्णय-प्रक्रिया में हमें किसी-न-किसी विसंगति या असुविधा का सामना करना पड़ेगा।

यह एक बहुत ही प्रभावशाली और सुस्पष्ट प्रमेय है—सामाजिक शास्त्रों में इस प्रकार की अनुपम विश्लेषणात्मक रचना विरले ही मिलती है। किन्तु इस प्रमेय में कहीं भी अन्य अथवा अधिक व्यापक सूचना आधार का प्रयोग करने वाली निर्णय प्रक्रिया को भी असम्भावी नहीं सिद्ध किया गया। अतः आर्थिक प्रश्नों पर सामाजिक निर्णय करते समय हम अन्य प्रकार की सूचनाओं, जानकारियों का प्रयोग तो बिना किसी संकोच के कर पाने को स्वतंत्र हैं—वहाँ ऍरो प्रमेय हमारा मार्ग नहीं रोक पाता।

वास्तव में बहुमत के शासन जैसा नियम, भले ही उसमें विसंगतियाँ हों या नहीं, आर्थिक समस्याओं के निराकरण में कभी उपादेय नहीं होता। आइए, तीन लोगों के बीच एक केक के विभाजन की समस्या को लें। ये व्यक्ति हैं 1, 2 तथा 3। ये तीनों ही केवल अपने केक अंश को अधिकतम बनाने के पक्ष में मतदान कर रहे हैं। वैसे इस प्रकार के मतदान को मान्यता मैं उदाहरण को अत्यन्त सरल स्वरूप

देने की दृष्टि से दे रहा हूँ, कोई भी बुनियादी बात इस मान्यता पर निर्भर नहीं है। इसके स्थान पर किसी अन्य वरीयता संरचना को भी मान्य किया जा सकता है। केक का प्रारम्भिक विभाजन कुछ भी हो, हम इसमें अंश पाने वालों के बहुमत की दशा को सदैव सुधार सकेंगे। उदाहरणस्वरूप, यदि प्रथम व्यक्ति के अंश का कुछ भाग उससे वापस लेकर उसे दूसरे तथा तीसरे के बीच बांट दिया जाए तो ये दोनों निश्चित रूप से पहले की अपेक्षा श्रेयस्कर स्थिति में पहुँच जाएँगे। इस प्रकार से सामाजिक परिणामों को 'सुधार' पाना सदैव सफल होगा—क्योंकि यहाँ तो केवल बहुतों का हितसाधन ही सामाजिक विवेक की कसौटी बन गया है। इस विवेक में कदाचित इस बात का कोई स्थान नहीं होगा कि अल्पमत (यहाँ व्यक्ति 1) का क्या हाल होता है—भले ही वह समाज का दरिद्रतम सदस्य हों। वास्तव में हम इस गरीबतम व्यक्ति के पहले से ही अतिन्यून भाग को लूटकर उसे कुछ अमीरों में विभाजित कर उनकी दशा में सुधार का दावा कर सकते हैं। अन्ततः हम ऐसी स्थिति तक पहुँच जाएँगे जहाँ इस गरीब व्यक्ति के पास केक का जरा-सा अंश भी नहीं बच पायेगा। क्या शानदार तरीका है समाज के बहुमत के हितसाधन का—समाज को पहले की अपेक्षा कितनी खूबसूरती के साथ (इस बहुमतवाद द्वारा) पहले से बेहतर बना दिया गया है।

इस प्रकार के निर्णय नियम केवल लोगों की वरीयता-क्रमिकताओं के सूचना-आधार का प्रयोग करते हैं—इनमें इस बारे में कोई चिन्ता नहीं की जाती कि कौन सबसे गरीब है अथवा किस व्यक्ति को लाभ पहुँच रहा है या आय के पुनःविभाजन से किसे कितनी हानि (अथवा लाभ) हो रही है। यह भी विचार नहीं किया जाता कि कौन व्यक्ति अपना आय-अंश किस प्रकार अर्जित कर रहा है। अतः बहुमत-नियम द्वारा निर्मित प्रक्रियाएँ जिस सूचना-आधार का प्रयोग करती हैं, वह आधार तो क्षेम अर्थशास्त्रीय समस्याओं के समाधान के लिए नितान्त ही अपर्याप्त सिद्ध होता है। यह अपर्याप्ति केवल इस कारण से नहीं होती कि ऍरो के प्रमेय की तर्ज पर कोई विसंगति पैदा हो गई है—इसका मुख्य कारण तो यही होता है कि केवल इतनी सीमित जानकारी को ही सामाजिक निर्णय-प्रक्रिया का आधार स्वीकार कर लिया जाता है।

सामाजिक न्याय और समृद्धतर जानकारियाँ

सहज स्वीकार्य सामाजिक निर्णय प्रक्रिया के नियमों में तो और अनेक सम्बद्ध तथ्यों की जानकारी का प्रयोग कर केक का विभाजन होगा : कौन गरीब है, कौन अमीर, किसके कुशलक्षेम में कितनी वृद्धि होगी, या किसके जीवन के लिए अत्यन्त

अनिवार्य तत्त्वों की सुलभता पर इस वितरण का क्या प्रभाव होगा और इस केक अंश को किस प्रकार 'कमाया' या 'लूटा' जा रहा है, आदि। यह आग्रह करना कि वरीयता-क्रमिकताओं के अतिरिक्त किसी अन्य जानकारी की आवश्यकता नहीं है तथा ऐसी जानकारी सुलभ हो तो भी उसका निर्णयों पर कोई प्रभाव नहीं होगा, बहुत ही विद्रूप-सा लगता है। वास्तव में इस प्रकार के आग्रह से पूर्ण नियमों को आर्थिक निर्णयन के लिए उपयुक्त मानना भी कठिन हो जाता है। इस सत्यानुभूति के बाद तो यह जानकर कुछ सन्तोष ही होता है कि केक के विभाजन में बहुमतवादी कसौटियों में विसंगतियाँ भी होती हैं—क्योंकि बहुत ही सीमित जानकारी के आधार पर मनमानी दिशा की ओर अग्रसर किसी भी प्रक्रिया को केवल युक्तियुक्तता के बल पर स्वीकार कर लेने की विडम्बना से हम 'मुक्त' हो जाते हैं।

अध्याय-3 के आरम्भ में हमने दीनू, विशन्नो और रोगिनी का उदाहरण दिया था। ऍरो के सूचना-आधार में तो इनमें से किसी को भी काम पर रखने के लिए उचित प्रतीत होने वाले किसी भी तर्क को कोई स्थान नहीं मिल पाएगा। आपको ध्यान होगा कि दीनू को रोजगार देने के लिए उसकी सबसे दरिद्र दशा, विशन्नो के लिए उसका सबसे दुखी होना तो रोगिनी का बहुत बीमार होना ही उसकी पात्रता का आधार था। किन्तु ऍरो की वरीयता-क्रमिकताओं के सूचना-आधार में तो ये तीनों ही बातें बाहरी एवं असंबद्ध जानकारियाँ बन जाती हैं। वास्तव में हम प्रायः सभी प्रकार के आर्थिक निर्णयों में ऍरो द्वारा निर्धारित सीमाओं से कहीं व्यापक सूचनाओं पर आधारित प्रक्रियाओं का प्रयोग करते हैं।

मेरा तो मत है कि ऍरो के असम्भाविता प्रमेय की व्याख्या असम्भवता की भावना से ऊपर उठकर करनी चाहिए। ऍरो ने वैयक्तिक दशाओं पर आधारित सामाजिक निर्णय-प्रक्रिया के विवेक के लिए एक सामान्य (और व्यापक) विश्लेषण विधि सुझाई है। उनके इस नवप्रवर्तन के बाद और अनेक अध्येताओं ने कई तरह से क्या-कुछ कहाँ तक सम्भव हो सकता है आदि प्रश्नों के समाधान को लेकर कई प्रतिस्थापनाएँ की हैं। इन सभी से यही बात स्पष्ट होती है कि क्या सम्भव है (या नहीं) यह बात तो सामाजिक निर्णय-प्रक्रिया में प्रयुक्त जानकारियों के आधार पर ही आश्रित रहती है। वास्तव में जानकारियों के विस्तार-प्रसार के माध्यम से हम सुसंगत और टकरावविहीन सामाजिक-आर्थिक मूल्यांकन-विवेचन की कसौटियों का निर्धारण कर पाने में सफल हो सकते हैं। ऍरो के प्रवर्तन के बाद से विकसित 'सामाजिक चयन' की विश्लेषण विधियों की संसृष्टि का जितना सम्बन्ध सशर्त असम्भाविताओं (Conditional Impossibilities) से है उतना ही सम्भावनाओं से भी है।

सामाजिक आदान-प्रदान और आंशिक सहमति

यहाँ एक और मुद्दा भी बहुत महत्त्वपूर्ण रहता है : सामाजिक आम राय की राजनीति में केवल पूर्वनिर्धारित वैयक्तिक वरीयताओं के अनुसार ही व्यवहार नहीं होता, इसमें तो सामाजिक निर्णयों को व्यक्तियों की वरीयताओं तथा मानक मूल्यमानों के विकास के प्रति संवेदनशील भी रहना होता है। सांझे जीवनमूल्यों एवं प्रतिबद्धताओं के निर्माण में सार्वजनिक विचार मंथन और वैचारिक आदान-प्रदान का महत्त्व तो स्वयं सिद्ध ही होता है। हम किस बात को न्यायपूर्ण या उचित मानते हैं, इस पर वैचारिक आदान-प्रदान की बहुत गहरी छाप हो सकती है। कितनी ही बार हम भव्य दिखनेवाली व्यक्तियों के विचारों के प्रति समझौते की भावना का प्रदर्शन करते हैं तो कहीं-कहीं सौदेबाज़ी का सहारा भी ले लेते है। किन्हीं अन्य परिस्थितियों में हम हठधर्मिता की सीमा तक जाकर अपनी बात पर ही अड़े रहते हैं। इस पुस्तक की अन्तर्धाराओं में से एक सामाजिक आदान-प्रदान द्वारा वरीयताओं तथा प्राथमिकताओं का निर्माण भी है। हम वर्तमान तथा अगले अध्याय में इस विषय में और आगे बातचीत करेंगे।

यह जान लेना आवश्यक है कि सामाजिक व्यवस्थाओं और उपयुक्त सार्वजनिक नीतियों पर सहमति के लिए किसी ऐसी विशिष्ट 'सामाजिक वरीयता-क्रमिकता' की आवश्यकता नहीं होती जिसमें सभी वैकल्पिक सामाजिक सम्भावनाओं की पूर्ण क्रमिकता निहित हो। आंशिक सहमतियाँ भी अनेक अस्वीकार्य विकल्पों को नकार कर स्वीकार किए जा सकने योग्य विकल्पों का निर्धारण कर ही देती हैं। इस प्रकार से सर्वग्राही सामाजिक सहमति के बिना भी किन्हीं विशेष प्रावधानों की स्वीकृति के आधार पर कामचलाऊ (व्यवहारिक) समाधानों का निराकरण हो जाता है।

यह भी कहा जा सकता है कि 'सामाजिक न्याय' के विवेक में हमें बहुत ही बारीकी से उलटफेर करने की आश्यकता ही नहीं होती। उदाहरण के लिए, यह कहना कि 39.0 प्रतिशत की दर से कर लगाना न्यायपूर्ण है परंतु कर देने से बड़ा भारी अन्याय हो जाएगा, बड़ा विचित्र-सा लगता है। वास्तव में तो घोर अन्याय आदि से जुड़ी मोटी-मोटी बातों को स्पष्टतः पहचान लेने के बारे में किसी कामचलाऊ सहमति की ही आवश्यकता रहती है।

वास्तव में प्रत्येक सम्भव विकल्प पर विचारकर सम्पूर्णतायुक्त विवेक-आधारित निर्णय पर आग्रह न केवल व्यवहारिक सामाजिक कार्यवाही का शत्रु होता है वरन् इस आग्रह में न्याय की प्रकृति को लेकर अनेक भ्रांतियों की झलक भी मिलती है। उदाहरण के लिए, किसी परिहार्य अकाल के आगमन को अन्यायपूर्ण मानने पर सहमति

का अर्थ यह कदापि नहीं है कि इसे खींचतानकर सभी नागरिकों के बीच खाद्य सामग्री के विभाजन के इस प्रारूप को पा सकने की योग्यता तक पहुँचा दिया जाए जो "सबसे अधिक न्याययुक्त" हो। किन्हीं सुस्पष्ट अन्यायपूर्ण परिस्थितियों—जैसे परिहार्य वंचनाओं की उपस्थिति, व्यापक स्तर पर भूख एवं भुखमरी, कुपोषण, अनावश्यक रोगाक्रांति, असमय मरणशीलता, गरीबी की विभीषिका, बालिकाओं की अवहेलना, नारी का पददलन और इस प्रकार की अनेक समस्याओं—की स्वीकारोक्ति छोटे-छोटे अन्तरों और असुविधाओं आदि पर सम्पूर्ण क्रमिकता के निर्धारण तक स्थगित नहीं रह सकती। वास्तव में जब उन अति गम्भीर अभावों-वंचनाओं और विषमताओं की बात आती है जिनसे हमारा संसार पीड़ित है तो फिर न्याय के विचार पर बहुत अधिक बारीकी से मंथन करना इस अवधारणा की अन्तर्निहित शक्ति को ही दुर्बल कर डालता है। न्याय तो एक तोप की भांति है—मच्छर माने के लिए इसे चलाना उचित नहीं होगा।

इच्छित परिवर्तन और अनिच्छित परिणाम

आइए, अब तर्काधारित प्रगति के विचार के प्रति अविश्वास के कारणों के दूसरे वर्ग पर विचार करें। इस वर्ग के प्रतिपादकों का मत है कि वास्तव में अवांछित अथवा अप्रत्याशित परिणाम ही इस विश्व में प्रबल रहते हैं। इसी कारण से तर्क पर आधारित और चाही गई दिशा में प्रगति की सम्भावनाओं को लेकर संदेह की भावना बनी रहती है। इस बात को समझ पाने (सम्भवतः मान लेने) में भी कोई विशेष कठिनाई नहीं आती कि विश्व में अनेक बड़े बदलाव मानवीय क्रियाकलापों के अपयोजित अथवा अनचाहे परिणामों द्वारा ही सृजित हुए हैं। सारा घटनाचक्र इस प्रकार नहीं चलता जैसा हम तय करते हैं। कभी-कभी तो हमें इस प्रकार से हो जानेवाली घटनाओं के प्रति आभार भी व्यक्त करना चाहिए—चाहे ये बचे-खुचे सामान से भरी तश्तरी में पैंसिलिन नामक औषधि की खोज रही हो या हिटलर के अति सैन्य उत्साह के कारण हुए (पर उस द्वारा प्रायोजित नहीं) नाज़ी पार्टी और उसकी विचारधारा का विध्वंस हो। यदि हम यह सोचने लगे कि परिणाम सदैव ही हमारी अपेक्षाओं के अनुरूप रहेंगे तो हमारा यह विचार इतिहास के प्रति एक बहुत ही संकीर्ण दृष्टिबोध का परिचायक होगा।

इन सब बातों से हमारी इस पुस्तक की तर्कशीलता पर आधारित प्रविधियों को किसी भी प्रकार लज्जित होने की आशंका नहीं झेलनी होगी। हमारी विधि की सफलता के लिए अवांछित या अप्रायोजित परिणामों की पूर्ण वर्जना आवश्यक नहीं होगी—हमारा आग्रह तो बस इतना ही है कि यदि परिस्थितियों के अनुरूप विचार

कर कुछ सौम्य कदम उठाए जाएँ तो उनके परिणामस्वरूप हालात कुछ बेहतर हो पाएँगे। इस प्रकार की सम्प्रेरणाओं पर आधारित आर्थिक एवं सामाजिक सुधार कार्यक्रमों की सफलता के अनेक उदाहरण हमारे समक्ष हैं। जब कभी सम्पूर्ण साक्षरता के निमित्त गम्भीरतापूर्ण प्रयास किए गए हैं, सफलता ही मिली है—चाहे यह अनुभव यूरोप का हो या अमेरिका, जापान या फिर अन्य पूर्वी एशियाई देशों का। चेचक जैसी महामारियों के उन्मूलन के प्रयास भी सफल ही रहे हैं। यूरोप के अनेक देशों में राष्ट्रीय स्वास्थ्य सेवाओं ने जनसामान्य को जिस स्तर की चिकित्सा सुविधाएँ सुलभ करा दी हैं वैसी पहले कभी उपलब्ध नहीं रहीं। अक्सर चीजें/घटनाएँ वैसी ही पाई गई हैं जैसी दिखाई देती हैं—ये वैसी ही हैं जैसी कि इनके लिए मेहनत करनेवालों ने आशा की थी। इन सफलता की कहानियों के साथ-साथ विफलताओं पर भी विचार होना चाहिए ताकि उन विफलताओं के कारणों को समझकर भविष्य में और बेहतर प्रयास किए जा सकें। विवेकशील सुधारक तो प्रत्येक अनुभव से कुछ न कुछ सीख ग्रहण करता है—यही सीख ग्रहण कर पाना उसके विवेक का सबसे बड़ा सहायक और साथी है।

तो फिर हम एडम स्मिथ द्वारा कथित रूप से प्रतिपादित और मेंजर तथा हैक द्वारा निश्चित रूप से समर्थित उस अवधारणा का क्या करें जिसके अनुसार अधिकांश अच्छी बातें तो मानव के क्रियाकलापों के अनचाहे परिणामों के रूप में ही उद्घाटित होती हैं। इस प्रकार के अवांछित परिणामों के विचार की प्रशंसा में निहित दर्शन शास्त्र पर तो गम्भीरतापूर्वक विचार होना ही चाहिए। मैं एडम स्मिथ से ही आरम्भ कर रहा हूँ। इसके दो कारण हैं, एक तो इसलिए कि उन्हीं पर इस अवधारणा की मूल स्थापता आरोपित की जाती है तथा दूसरे, मेरी मान्यता है कि मेरी इस वर्तमान पुस्तक की रचना एडम स्मिथवादी विचारपरम्परा के ही अनुरूप है (इस दृष्टि से स्मिथ के विचारों की व्याख्या और भी अधिक आवश्यक हो जाती है)।

हमें इसी बिंदु से आरम्भ करना होगा कि एडम स्मिथ अमीर लोगों की नैतिकता को लेकर बहुत ही आशंकित थे—कार्ल मार्क्स सहित किसी भी अन्य लेखक ने गरीबों के हितों के प्रति अमीर लोगों के रवैये की इतनी सशक्त भर्त्सना नहीं की है जितनी कि स्मिथ ने की थी। 'वैल्थ ऑफ नेशन्स' रचना से 17 वर्ष पूर्व सन् 1759 में उनकी एक रचना प्रकाशित हुई थी—जिसका नाम था 'द थ्यौरी ऑफ मोरल सेंटीमैंट्स'। इस रचना में स्मिथ ने आरोप लगाया था कि अनेक अमीर भूस्वामी अपनी स्वाभाविक स्वार्थलोलुपता और अपहरणवादी प्रवृत्ति के द्वारा अपनी निस्सार एवं अतृप्य कामनाओं के पीछे ही भागते रहते हैं। फिर भी कई बार उनके इस 'कर्म' से कुछ लोगों को फायदा भी हो जाता है—क्योंकि अन्यान्य लोगों के कामों में कुछ-न-कुछ उत्पादक

परिपूरकता भी सम्भव रहती है। यहाँ स्मिथ किसी प्रकार के अच्छे घटनाक्रम का श्रेय किसी अमीर व्यक्ति द्वारा जानबूझ कर किए गए किसी 'कर्म' को नहीं दे रहे। उनका अवांछित रूप से घटित घटनाक्रम का विचार वस्तुतः अमीरों के व्यवहार के प्रति उनकी वितृष्णा को ही और आगे बढ़ा रहा है। ऐसे स्वार्थी एवं अपहरणवादियों को भी 'एक अदृश्य हाथ' किसी ऐसी दिशा की ओर खींच ले जाता है जिससे कि सारे समाज के हितों का संवर्धन ही होता है—पर यह कार्य वे जानबूझकर अपनी सद्इच्छाओं के कारण नहीं करते—ये तो बस अनायास ही बन जाते हैं। इन शब्दों को आधार बना, मेजर और हैक का सहारा पा 'अवांछित' परिणामों की अवधारणा ने जन्म लिया है।

'वैल्थ ऑफ नेशन्स' में उल्लिखित स्मिथ की आर्थिक विनिमय के सद्गुणों विषयक चर्चा का निरूपण भी उन्होंने इसी व्यापक सन्दर्भ में किया था :

"हम अपना भोजन किसी बधिक की सदाशयता या शराब अथवा रोटी बनाने वाले नानबाई की उदारता के फलस्वरूप नहीं पाते—वस्तुतः यह उपलब्धि तो उनके स्वहित-साधन का ही परिणाम होती है। हम उनकी किसी मानवताप्रेमी भावना की बात नहीं कर रहे वरन् उनके स्वहित-पोषण सम्बन्धी स्वार्थपूर्ण व्यवहार की चर्चा कर रहे हैं।"

बधिक किसी उपभोक्ता को सेवाभाव से प्रेरित होकर मांस नहीं बेचता—वह तो रुपया कमाने के लिए यह काम करता है। इसी प्रकार नानबाई और शराबवाले भी अपने ही हितों के प्रति सचेत होते हैं—यह दूसरी बात है कि इस प्रकार के स्वहित-साधन की प्रक्रिया में अन्य लोगों को भी कुछ लाभ हो जाता है (उन्हें स्वयं शिकार करने, डबलरोटियां बनाने और शराब खींचने के झंझट नहीं उठाने पड़ते)। इसी प्रकार मांस, रोटी या आसव खरीदते समय उपभोक्ता इन विक्रेताओं पर कृपा नहीं करता, बल्कि अपने स्वहित का ही पोषण कर रहा होता है। किन्तु उपभोक्ता की आत्मतुष्टि की तलाश की प्रक्रिया में ही बधिक, नानबाई और शराबवाले का भी हितसाधन हो जाता है। इस प्रकार, स्मिथ के शब्दों में "अदृश्य हाथ व्यक्तियों से वे काम भी सम्पन्न करा डालता है जिन्हें करने की उनकी कोई इच्छा नहीं रही होती।"

'अवांछित परिणामों' की अवधारणा का उदय इस प्रकार की सामान्य-सी चर्चा से हुआ है। मेंजर ने इसी को अर्थशास्त्र की केंद्रभूत संरचना और सिद्धान्त की संज्ञा दे डाली [उसका मत था कि स्मिथ इस संरचना के महत्त्व को ठीक से ग्रहण नहीं कर पाए थे]। बाद में फ्रेड्रिक हैक ने तो इस विचार का और विस्तारकर इसे 'सभी सामाजिक सिद्धान्तों में निहित गूढ़ अन्तर्दृष्टि' का नाम दे डाला।

यह सिद्धान्त कितना महत्त्वपूर्ण हो सकता है ? हैक तो इसी सामान्य-सी

जानकारी से अभिभूत हो गए थे कि अनेक महत्त्वपूर्ण कार्य जानबूझकर किए जाने के बिना ही हो जाते हैं। ऐसे घटनाक्रम में आश्चर्यजनक कुछ भी नहीं होता। प्रत्येक कार्य के अनेक सम्भावित परिणाम होते हैं, कार्य करने वालों ने उनमें से केवल कुछ ही परिणामों का प्राक्कलन किया होता है। मैं सुबह-सवेरे घर से एक पत्र डाक पेटिका में डालने निकला। आपने मुझे देख लिया। मेरा मन्तव्य आपके दृष्टिपथ में आने का तो नहीं था--मैं तो केवल पत्र डालने जा रहा था। पर आप द्वारा देख लिया जाना मेरे घर से निकलकर डाक डब्बे की ओर चलने का एक परिणाम तो अवश्य है। यह मेरे काम का एक अनचाहा या अप्रायोजित/अवांछित परिणाम ही तो है। एक उदाहरण और लीजिए : किसी एक कमरे में बहुत-से लोगों के जमा होने पर उस कमरे का तापमान बहुत बढ़ जाता है—पर जब इन लोगों ने पार्टी का आयोजन किया तो उस समय उनके मन में कमरे का तापमान बढ़ाने का विचार कदापि नहीं रहा होगा। किसी का इरादा कमरे को गर्म करना नहीं था, फिर भी उन सबकी उपस्थिति मात्र का यह भी एक परिणाम है (यह परिणाम प्रायः अपरिहार्य ही रहता है)।

क्या इन बातों की पहचान कर लेना (और फिर इन्हें ही पकड़ कर बैठ जाना) किसी बहुत बड़ी बुद्धिमत्ता का प्रमाण है—मुझे तो नहीं लगता। मुझे तो यह विचार करना भी कठिन लगता है कि अनेक अवांछित परिणामों के आसपास ही प्रत्यक्ष हो जाने के पीछे कोई गूढ़ रहस्य हो सकता है। फ्रेड्रिक हैक ने संवैधानिकता, अधिकारों की उपयुक्तता, सामाजिक प्रक्रियाओं के महत्त्व सहित अनेक सामाजिक और आर्थिक विषयों पर हमारा ज्ञानवर्धन किया है—इन सबके लिए मैं उनकी बहुत प्रशंसा भी करता हूँ। फिर भी मेरा मानना है कि इन अवांछित परिणामों को ही सिद्धान्त-रचना का आधार बनाना कोई बहुत उत्तम विचार नहीं है। यदि इसे हैक के शब्दों में 'गूढ़ अन्तर्दृष्टि' भी कहें तो फिर इसकी गूढ़ता में कुछ-न-कुछ गड़बड़ अवश्य है। पर इसी प्रश्न को एक दूसरी दृष्टि से भी देखा जा सकता है। हो सकता है, हैक वास्तव में इस पक्ष पर ही आग्रह करने के इच्छुक रहे हों। यहाँ कुछ परिणामों का अवांछित होना इतना महत्त्वपूर्ण नहीं लगता जितना कि कारण-निर्धारण विश्लेषण द्वारा उन अवांछित प्रभावों को भी पूर्वानुमेय बना देना है। बधिक यह अनुमान लगा सकता है कि उसके बेचे गए मांस को खरीदने वाले उपभोक्ता को भी कुछ फायदा ही होगा। अतः यह दोनों तरफ लाभदायक सौदा होगा—ऐसे सम्बन्ध में टिकाऊपन आ जाता है। इसी प्रकार नानबाई, शराबवाला और उपभोक्ता भी इन आर्थिक सम्बन्धों को स्थायी स्वरूप देने को तत्पर हो जाते हैं। दूसरे शब्दों में, किसी अप्रायोजित परिणाम का अपूर्वानुमेय भी होना आवश्यक नहीं होता, वास्तव में बहुत कुछ पूर्वानुमेयता पर ही निर्भर करता है। वास्तव में इसी पूर्वानुमानन के कारण बाजार में विनिमय कर

रहे सभी पक्षों का पारस्परिक विश्वास जमता है—यह पूर्वानुमेयन प्रत्यक्ष या परोक्ष या निहित किसी भी स्वरूप में हो सकता है।

यदि अप्रायोजित परिणामों की अवधारणा को इस प्रकार से महत्त्वपूर्ण अप्रायोजित परिणामों की पूर्वापेक्षा या पूर्वानुमानन के रूप में व्याख्यायित किया जाता है तो फिर विवेकाधारित सुधारों से किसी टकराव की सम्भावना नहीं रहती। वास्तव में इसके विपरीत ही परिणाम होता है। आर्थिक एवं सामाजिक तर्कों द्वारा उन सम्भव किन्तु अप्रायोजित परिणामों का भी पूर्वाकलन सम्भव होता है और इसी के आधार पर सामाजिक व्यवस्था विशेष आदि का बेहतर मूल्यांकन कर पाना भी सम्भव हो जाता है—[अर्थात् जब कोई बड़ा कार्य किसी विशेष उद्देश्य से किया जाता है तो उसके भली प्रकार सम्पादन के लिए किसी न किसी संस्थागत व्यवस्था की आवश्यकता पड़ती है। इस बारे में अनेक सम्भावनाएँ या विकल्प सुझाए जा सकते हैं। पर अप्रायोजित परिणामों के आधार पर उन विकल्पों के बीच तुलना करके हम सामाजिक दृष्टि से सबसे उपयुक्त प्रतीत होने वाली संरचना को स्वीकार कर सकते हैं]।

चीन से कुछ उदाहरण

कभी-कभी ऐसे परिणाम भी सामने आ जाते हैं जिन्हें पाने की न किसी ने कामना की थी और न ही पहले से कोई आशा रही थी। मैं इन तथ्य की ओर विशेष रूप से ध्यान दिला रहा हूँ क्योंकि मानवीय अपेक्षाएँ गलत भी सिद्ध हो सकती हैं—किन्तु ये निष्फल रही अपेक्षाएँ भी भविष्य में नीति-निर्धारण में सहायक हो सकने वाली कोई-न-कोई सीख हमें अवश्य सिखा जाती हैं। चीन के अपेक्षाकृत हाल ही के इतिहास से दो एक उदाहरण इन मुद्दों का और स्पष्टीकरण करने में काफी सहायक हो सकते हैं।

वर्ष 1979 से आरम्भ आर्थिक सुधारों के बाद से बार-बार यह प्रश्न उठे हैं कि इन सुधारों के कारण अनेक महत्त्वपूर्ण सामाजिक लक्ष्यों की सम्प्राप्ति के निमित्त चल रहे प्रयासों पर दुष्प्रभाव पड़ रहे हैं। इस सन्दर्भ में विशेष रूप से ग्रामीण चिकित्सा व्यवस्था की कार्यपद्धति का उदाहरण दिया जा रहा है। सुधारकर्ताओं का ऐसे नकारात्मक सामाजिक प्रभावों की सृष्टि करने का कोई मन्तव्य नहीं था, फिर भी ये दुष्प्रभाव पैदा हो ही गए हैं। 1970 के दशक में चीन के कृषि क्षेत्र में पहले की सहकारी खेती व्यवस्था के स्थान पर नयी 'उत्तरदायित्व व्यवस्था' लागू की गई थी। इस नई व्यवस्था ने कृषि उत्पादन में तो आशातीत वृद्धि कर दिखाई किन्तु इसके कारण ही ग्रामीण क्षेत्रों में सार्वजनिक स्वास्थ्य व्यवस्था के लिए वित्त जुटा पाना बहुत कठिन भी हो गया था। इस व्यवस्था के लिए सहकारी कृषि संस्थाओं से वसूल की

गई राशि द्वारा ही वित्तीय प्रबन्ध होता था। किन्तु इसके स्थान पर ग्रामीण जनता के लिए ऐच्छिक आधार पर ग्रहणीय चिकित्सा व्यवस्था को प्रभावपूर्ण ढंग से लागू करा पाना बहुत कठिन हो गया। इसी कारण से सुधारों के तुरन्त पश्चात् सार्वजनिक स्वास्थ्य व्यवस्था में सुधार-संवर्धन की गति धीमी पड़ गई। इस शिथिलता से सुधारकर्ता तो आश्चर्यचकित ही रह गए। यहाँ यह भी तर्क दिया जा सकता है कि यदि चीन में स्वास्थ्य व्यवस्था के वित्तीयन का अधिक व्यापक एवं अन्य देशों से तुलनात्मक अध्ययन किया गया होता तो निश्चित ही इस प्रकार के दुष्प्रभावों का पूर्वाकलन भी हो जाता।

आइए, अब एक और उदाहरण देखते हैं। चीन ने 1979 में जन्मदर को कम करने के लिए 'एक परिवार एक सन्तान' की परिवार नियोजन की नीति बड़े दमनकारी स्वरूप में लागू की थी। किन्तु इसके कारण शिशुओं, विशेषकर लड़कियों की मृत्युदर में कमी आने का क्रम बहुत शिथिल पड़ गया है। वास्तव में बालिकाओं की शैशवकाल में ही अवहेलना द्वारा उन्हें मौत के कगार तक धकेलने, नारी भ्रूणों की हत्या आदि की घटनाएँ भी सरकार की इन नीतियों के फलस्वरूप बहुत बढ़ गई हैं। इसका एक कारण यह भी है कि परिवार बेटे के प्रति अपने लगाव और सरकार के आदेशों का एक साथ निर्वाह करने का प्रयास कर रहे हैं। सामाजिक सुधारों तथा बाध्यतापूर्ण परिवार नियोजन के सूत्रधारों का मन्तव्य शिशुमृत्यु दर में वृद्धि, बालिकाओं की मरणशीलता में विशेष उछाल एवं बालिका भ्रूणों का ही गर्भपात कराने का तो कदापि नहीं होगा। वे तो केवल जनन दर में कमी लाना चाहते होंगे, पर फिर भी ये नकारात्मक परिणाम सामने आए हैं। इन पर ध्यान दिया जाना चाहिए, इनके प्रतिकार के लिए उपयुक्त नीतियाँ भी बनाई और लागू की जानी चाहिए।

अब फिर वही प्रश्न उठ खड़ा होता है : क्या इन परिणामों की पूर्वापेक्षा सम्भव थी ? क्या इनके घटित होने की आशंका के बारे में पहले से नहीं सोचा जाना चाहिए था ? चीन के सामाजिक-आर्थिक सुधार कार्यक्रम यदि कारणों और उनके प्रायोजित एवं अनपेक्षित परिणामों के बीच के सम्बन्धों का सही आकलन कर बनाए जाते तो निश्चित ही समाज को कहीं अधिक लाभ हो सकता था। यह सच्चाई है कि हानिकारक प्रभाव उन सुधारों का ध्येय नहीं थे—पर इसका यह अर्थ नहीं होगा कि उनके विषय में पूर्वानुमान कर पाना सम्भव नहीं था। इन परिणामों की आशंकाओं को अच्छी तरह समझ-बूझकर प्रस्तावित परिवर्तनों के सभी प्रभावों का बेहतर पूर्वाकलन हो सकता है—सम्भवतः इसके माध्यम से उपयुक्त नीतिगत परिवर्तन भी सूझ जाते।

चीन के अनुभव सामाजिक दृष्टि से नकारात्मक परिणामों के उदाहरण हैं। इनकी दिशा एडम स्मिथ, कार्ल मेंजर और फ्रेडरिक हैक आदि द्वारा विचारित अप्रायोजित

परिणामों से एकदम विपरीत रही है—उन विचारकों के अनुसार तो ऐसे प्रभाव सामान्यतः सकारात्मक ही होते थे। वैसे एक प्रकार के प्रभाव आकर्षक एवं ग्राह्य प्रतीत होते हैं और दूसरे त्याज्य किन्तु फिर भी इन दोनों के व्यवहारिक होने की पद्धति में एक मूलभूत समता भी दिखाई पड़ रही है।

वास्तव में स्मिथ आदि द्वारा चर्चित सकारात्मक अप्रायोजित परिणामों से मिलते-जुलते कुछ प्रभाव भी चीन के आर्थिक आयोजन में रहे हैं, पर इन्हें देखने के लिए हमें चीन के आर्थिक इतिहास की एक अन्य अवधि पर ध्यान देना होगा। जैसे-जैसे पूर्वी एवं दक्षिण पूर्वी एशियाई देशों की तीव्र आर्थिक प्रगति का और बेहतर विश्लेषण हो रहा है, यह स्पष्ट होता जा रहा है कि अधिक खुलेपन—आन्तरिक एवं बाह्य बाजारों के अधिक प्रयोग—ने ही इन अर्थव्यवस्थाओं में इतने तीव्र आर्थिक परावर्तन को जन्म नहीं दिया है। इस परावर्तन के लिए अनेक सकारात्मक सामाजिक परिवर्तनों द्वारा पहले से ही उपयुक्त आधार की रचना हो चुकी थी। इन परिवर्तनों में भू-सुधार, साक्षरता-शिक्षा का प्रसार और जनस्वास्थ्य व्यवस्था की बेहतर रचना आदि विशेष रूप से उपयोगी सिद्ध हुए हैं। हम यहाँ आर्थिक सुधारों के सामाजिक प्रभावों के दर्शन नहीं कर रहे, वास्तव में हम सामाजिक सुधारों के कारण सम्भव हुए आर्थिक पुरस्कारों का दर्शन कर रहे हैं। बाजार व्यवस्था इस प्रकार के सामाजिक विकास की नींव पर ही फलती-फूलती हैं। अभी कुछ समय से भारत को भी यह बात समझ आने लगी है किस सामाजिक विकास का अभाव आर्थिक विकास के प्रसार को सीमित कर सकता है।

चीन में ये सामाजिक परिवर्तन कब और कैसे सम्भव हो पाए थे ? इन परिवर्तनों का जोर-शोर तो 1979 के सुधारों से पहले ही था—वास्तव में माओवादी नीतियों का दौर ही इनका स्वर्णयुग भी था। किन्तु क्या माओ पूँजीवादी बाजार व्यवस्था के फलने-फूलने के लिए उचित और व्यापक आधार की रचना करने का प्रयास कर रहे थे ? ऐसा सोच पाना भी उनके प्रति घोर अन्याय होगा [किन्तु उनके द्वारा प्रारम्भ और पूरे उत्साह के साथ लागू की गई नीतियों ने ऐसे आधार की रचना बहुत ही सफलतापूर्वक कर दिखाई]। माओवादी भूमि सुधार, साक्षरता प्रसार तथा जनस्वास्थ्य व्यवस्था संवर्धन आदि की नीतियों का सुधार-उपरान्त (1979) चीन की आर्थिक संवृद्धि पर बहुत ही गहन और सकारात्मक प्रभाव पड़ा है। सुधारवादी चीन सुधार-पूर्व के घटनाक्रम से किस प्रकार लाभान्वित हुआ है, इस बात को अभी और अच्छी तरह समझने की बहुत आवश्यकता है। यहाँ अप्रायोजित सकारात्मक प्रभाव बहुत ही महत्त्वपूर्ण रहे हैं।

माओ ने कभी यह बात गम्भीरतापूर्वक सोची ही नहीं थी कि उनके देश में

कभी बाजार व्यवस्था फूले-फलेगी। अतः स्वाभाविक ही है कि उनका ध्यान इन सम्भावनाओं की ओर गया ही नहीं होगा कि उनके नेतृत्व द्वारा प्रारम्भ सामाजिक परिवर्तनों के बाजार व्यवस्था के लिए बहुत लाभदायक परिणाम भी हो सकते हैं। फिर भी यहाँ जो सामान्य सम्बन्ध सूत्र स्पष्ट हो रहा है वह हमारी इस पुस्तक की क्षमता-योग्यता अन्तर्धारा के बहुत निकट है। साक्षरता प्रसार, स्वास्थ्य-चिकित्सा व्यवस्था का विस्तार और भू-सुधार मिलकर उन सामाजिक परिवर्तनों की रचना कर देते हैं जिनके कारण मानव की अधिक सुखकर जीवनयापन की क्षमता में सुधार होता है। यही क्षमता व्यक्ति की उत्पादिता को भी बढ़ाती है—इन्हीं के कारण वह पहले की अपेक्षा रोजगार पाने के अधिक योग्य भी बन जाता है। एक प्रकार से इन्हीं क्षमताओं का संवर्धन मानवीय पूंजी का सृजन भी है। मानवीय क्षमताओं और मानवीय पूँजी के बीच का यह सम्बन्ध बहुत ही प्राक्कलनयोग्य माना जा सकता है। भले ही माओ का बाजार-आधारित व्यवस्था का मार्ग सहज बनाने का कोई इरादा नहीं रहा हो पर कोई भी सामाजिक अध्येता सहज ही माओ के युग में भी इन सम्बन्धों की भविष्यवाणी सहज ही कर सकता था। ऐसे सामाजिक सम्बन्धों की पूर्वानुभूति और इनमें निहित कारण-प्रभाव सम्बन्ध हमें सामाजिक व्यवस्था में भावी परिवर्तनों और प्रगति के विषय में बहुत सटीक निष्कर्षों पर पहुंचने में सहायक हो सकते हैं।

अतः अप्रायोजित परिणामों की पूर्वापेक्षा तो संरचनात्मक सुधारों और सामाजिक परिवर्तन के प्रति विवेकशील विश्लेषण-पद्धति का एक अनिवार्य अंग बन जाता है—इनमें टकराव नहीं होता। स्मिथ, मेंजर और हेंक का विश्लेषण हमारे ध्यान को सहज ही अप्रायोजित प्रभावों की ओर खींच लेता है (उन्होंने स्वयं भी इन प्रभावों का अध्ययन किया था)। अतः यह मान लेना तो सरासर भूल होगी कि अप्रायोजित प्रभाव इतने प्रबल होते हैं कि जानबूझकर सभी प्रकार के प्रभावों का विश्लेषण करने की आवश्यकता ही नहीं है। इनके विश्लेषण से ऐसा कोई संकेत नहीं मिलता जिनसे वैकल्पिक नीतियों के सभी सम्भावित परिणामों-प्रभावों के पूर्वाकलन के प्रयास का महत्त्व कम हो जाता हो। इससे वैकल्पिक परिदृश्यों की विवेकशील विवेचना पर नीतिविषयक निर्णयों को आधारित करने की आवश्यकता भी समाप्त नहीं हो जाती।

सामाजिक मूल्य और सार्वजनिक हित

आइए, अब तीसरी आपत्ति की ओर ध्यान दें। दावा किया गया है कि मनुष्य तो निकृष्ट कोटि का आत्महितकेन्द्रित रहने वाला प्राणी है। एक प्रकार से यही सन्देह व्यक्त किया गया है कि मनुष्य को बृहत्तर सामाजिक हितों जैसी किसी चीज़ से कुछ लेना-देना नहीं होता—इस दावे के बारे में आप क्या कहेंगे ? क्या मानव प्रत्येक

सुलभ स्वातन्त्र्य का सदैव इस प्रकार ही प्रयोग करेगा कि उसके व्यवहार के माध्यम से सुविचारित सामाजिक प्रगति और सार्वजनिक प्रयासों के विचार एक छलावा मात्र बनकर रह जाएँगे ?

मेरा तो आग्रह है कि इस प्रकार की आशंकाएँ उचित नहीं होतीं। स्वहित-पोषण एक सशक्त सम्प्रेरणा होती है और आर्थिक सामाजिक व्यवस्था में कितनी ही बार इस पक्ष की अनदेखी के कारण बहुत हानियाँ भी उठानी पड़ जाती हैं। फिर भी दिन रात हमें ऐसे अनेक कार्य और व्यवहार दिखाई देते रहते हैं जिनके पीछे कुछ-न-कुछ व्यापक सामाजिक हितों के सम्पोषण का मन्तव्य दिखाई दे रहा होता है—जो स्पष्टतः हमें विशुद्ध स्वार्थप्रेरित व्यवहार के संकीण दायरों से बाहर खींच कर ले जा रहा लगता है। सामाजिक व्यवहार के मानदंडों का प्रादुर्भाव और सम्प्रेषण विचार-मंथन द्वारा ही नहीं, व्यवहार में निरन्तर विकास जनित मानवीय सुधारों द्वारा भी हो सकता है। अब तो इस विषय पर बहुत विस्तृत साहित्य की रचना हो चुकी है और मैं इस पुस्तक में इस विषय पर अधिक समय नहीं लगाऊँगा।

समाज के प्रति उत्तरदायित्व पर आग्रहशील तर्कों और न्याय के विचारों का वैयक्तिक स्वतन्त्रता के अन्तर्मन से घनिष्ठ सम्बन्ध है। हमारा यह तात्पर्य तो नहीं है कि व्यक्ति सदैव ही अपने स्वातन्त्र्य के प्रयोग/व्यवहार में अपने न्याय-विवेक अथवा सामाजिक हितों के प्रति संवेदनशीलता की शक्तियों की प्रयुक्ति करता है। किन्तु 'न्याय' की भावना एक ऐसी सशक्त भावना है जो लोगों के व्यवहार को प्रभावित कर सकती है—वास्तव में यह बहुधा अपना प्रभाव छोड़ती भी है। सामाजिक मूल्यमान अनेकों सामाजिक संरचनाओं की सफलता में बहुत बड़ा योगदान देते रहे हैं—ये संरचनाएँ चाहे बाजार की प्रक्रियाएँ हों, लोकतांत्रिक राजनीति हो, बुनियादी नागरिक एवं राजनीतिक अधिकार हों, मूलभूत सार्वजनिक पदार्थों के लिए प्रावधान की व्यवस्था हो या फिर सार्वजनिक प्रयास और विरोधाभिव्यक्ति के लिए उपयुक्त संस्थाएँ ही हों।

नीतिशास्त्रीय विचारों की व्याख्या में अलग-अलग व्यक्तियों के अपने-अपने दृष्टिकोण हो सकते हैं। यह विचारभिन्नता सामाजिक न्याय के विषय में भी सम्भव है। उन व्यक्तियों को कदाचित् अपने विचारों को सामाजिक न्याय की अवधारणा के इर्द-गिर्द व्यवस्थित करना भी नहीं आता होगा किन्तु उनके सामाजिक न्याय सम्बन्धी विचारों में जमीन-आसमान का अन्तर नहीं होगा, क्योंकि अन्ततः वे सभी सामाजिक जीव हैं और इसी नाते स्वहित-साधन में व्यस्त होते हुए भी वे प्रायः अपने परिजनों, पड़ोसियों, अन्य नागरिकों और विश्व के अन्य सभी निवासियों की पूरी तरह अवहेलना नहीं कर पाते। एडम स्मिथ ने एक बहुत ही सुंदर वैचारिक प्रयोग को विश्लेषण

का माध्यम बनाया था—उसे उन्होंने 'निष्पक्ष दर्शक' के व्यवहार की अवधारणा का नाम दिया था। इसकी शुरुआत ही इस प्रभावशाली प्रश्न से होती थी कि इन परिस्थितियों में कोई निष्पक्ष दर्शक क्या करता ? इस प्रकार विश्लेषण हम सभी के मन में अनौपचारिक रूप से उदित होने वाले विचार को ही औपचारिक विश्लेषण पद्धति की भाँति निरूपित कर देता है। मानव मन में निरन्तर नैतिक प्रहारों या नीतिशास्त्रीय बमवर्षा के माध्यम से न्याय्यता अथवा 'उचित-अनुचित विवेक' के लिए जबरदस्ती स्थान की रचना नहीं करनी पड़ती। यह स्थान तो स्वयमेव ही विद्यमान होता है। वास्तव में यह तो व्यक्ति के मन में पहले से ही बसी सामान्य एवं व्यापक संवेदनाओं के व्यवस्थित, सुस्पष्ट और प्रभावशाली प्रयुक्ति का ही प्रश्न होता है।

पूँजीवाद में जीवनमूल्यों की भूमिका

सामान्यतः पूँजीवाद को एक ऐसी व्यवस्था कहा जाता है जो सभी व्यक्तियों की स्वार्थलोलुपता के सहारे ही चलती है—पर पूंजीवादी अर्थव्यवस्था के सकुशल संचलन के लिए भी अनेक जीवनमानों और व्यवहार सम्बन्धी मानकों की एक बहुत सशक्त व्यवस्था की आवश्यकता होती है। वास्तव में पूँजीवाद को केवल स्वार्थ प्रेरित लोलुपों के जमघट का नाम देना उसकी नीतिशास्त्रीयता की अवमानना ही होगा, क्योंकि इस नीतिशास्त्र ने ही इस व्यवस्था की अतिश्लाघ्य सफलताओं की रचना की है।

औपचारिक आर्थिक प्रतिमानों के प्रयोग द्वारा बाजार-प्रक्रिया की कार्यप्रणाली को समझने-समझाने का अर्थशास्त्रीय रिवाज़ एक दोधारी तलवार की तरह होता है। ये प्रतिमान वास्तविक विश्व के व्यवहार के बारे में बड़ी सटीक जानकारी दे सकते हैं। दूसरी ओर, इन्हीं प्रतिमानों की संरचना कई बार अति महत्त्वपूर्ण निहित मान्यताओं को दृष्टि से ओझल भी कर देती है—जबकि प्रतिमान के आधारस्वरूप सम्बन्धों की रचना उन्हीं मान्यताओं पर निर्भर रहती है। सफलतापूर्वक कार्य कर रही बाजार व्यवस्थाएँ केवल उन विनिमयों पर आधारित नहीं हैं जिन्हें कर पाने की 'इजाज़त' मिली हुई है—यह व्यवस्थाएँ तो अनुबन्धसृजित अधिकारों को प्रभावोत्पादक बनाने में सक्षम विविध विधान और अनुबन्धों का सामान्यतः पालन करने को प्रेरित करने वाली सामान्य नीतिशास्त्रीय सोच जैसी सामाजिक संस्थाओं के सुदृढ़ आधार का सहारा लेकर अपना कार्य कर पाती है [यदि व्यक्ति सामान्यतः अनुबन्धों का अनुपालन करने से कतराने लगे तो सारा ही समाज लेन-देन करने के स्थान पर मुकदमेबाज़ी में ही उलझकर रह जाएगा]। एक दूसरे के शब्दों और वायदों में विश्वास की भावना का उदय एवं उस विश्वास का प्रयोग बाजार-व्यवस्था की सफलता के लिए एक अत्यन्त आवश्यक रचनाकारी तत्त्व होता है [इसके बिना बाजार में कोई लेन-देन

नहीं हो सकता]।

पूँजीवाद के पुराने पक्षधरों को यह बात बहुत अच्छी तरह से ज्ञात थी कि इसके उद्भव और विकास में अन्धी स्वार्थपरकता ही नहीं, और भी अनेक महत्त्वपूर्ण तत्त्वों का समावेश रहा है। मानचेस्टर के उदारवादी केवल स्वार्थ और आत्म-प्रेम की विजय के लिए संघर्ष नहीं कर रहे थे, उनकी मानवता की अवधारणा में बृहत्तर मूल्यमानों का वितान भी समाहित था। यह सम्भव है कि उन्होंने व्यक्ति के [को अकेला छोड़ देने पर उसके] के व्यवहार से कुछ अधिक ही आशाएँ लगा ली हों, पर उन्होंने व्यक्तियों की एक दूसरे के प्रति सहज संवेदना की भावना का प्रयोग करने में कोई गलती नहीं की थी। इसी प्रकार वे यह भी मानते थे कि व्यक्तियों को यह सहज ही समझ आ जाएगा कि किस प्रकार का व्यवहार उन सबके हितों का संवर्धन कर पाएगा [इसके लिए बार-बार सरकारी अंकुश के प्रयोग द्वारा उन्हें उकसाने की आवश्यकता नहीं होगी]।

यही बात एडम स्मिथ पर भी लागू थी—उन्होंने भी आर्थिक, सामाजिक एवं राजनीतिक सम्बन्धों से जुड़े अनेक मूल्यमानों पर भली प्रकार विचार किया था। मोंटेस्क (Montesquieu) और जेम्ज स्टुअर्ट जैसे प्रारम्भिक टीकाकारों ने पूँजीवाद को 'अन्तरभावनाओं' के स्थान पर 'स्वहित' की प्रतिस्थापना करनेवाली व्यवस्था कहा था—पर वे भी इस बात की ओर ध्यान आकर्षित कर गए कि विवेकशील समझदारीपूर्ण हितसाधन के प्रयास उत्कट लालसा और दमनकारी प्रवृत्तियों से भरी व्यवस्था की तुलना में एक बहुत बड़ी नैतिक सफलता से कम नहीं थे। जेम्स स्टुअर्ट का मत था कि 'स्वहित' का विचार 'स्वेच्छाचारी वृत्ति की मूर्खताओं' पर 'प्रभावी लगाम' का हो सकता है। अलबर्ट हर्शमैन ने बहुत ही सुन्दर रूप में विश्लेषण किया है कि पुरातन पूँजीवादी विचारकों को पूँजीवादी नीतिशास्त्र के प्रादुर्भाव में महान सम्प्रेरणात्मक सुधार के दर्शन हो रहे थे। उनका विचार था कि यह कुछ 'विद्वेषपूर्ण प्रवृत्तियों' की कीमत पर 'मानवीय सद्भावनाओं' को जागृत कर पाएगा।

भले ही पूँजीवादी नीतिशास्त्र बहुत प्रभावोत्पादक रहा हो, पर फिर भी किन्हीं अन्य दृष्टियों से यह बहुत ही सीमित या संकुचित रह जाता है। बाजार-प्रक्रिया के बाहर रह गए आर्थिक विषमता, पर्यावरण प्रतिरक्षण एवं अन्य प्रकार के सहयोग आदि के साथ यह नीतिशास्त्र पूरा न्याय नहीं कर पाता। किन्तु अपने अपेक्षाकृत सीमित वितान प्रसरण में तो पूँजीवाद बाजार और समानुषांगी संस्थाओं-व्यवस्थाओं की सफल प्रयुक्ति के लिए आवश्यक जीवनदृष्टि और विश्वास का सृजन करनेवाली नीतिशास्त्रीय व्यवस्था के माध्यम से बहुत ही प्रभावोत्पादक स्वरूप में निष्पादन कर पाने में सफल रहा है।

व्यवसाय का नीतिशास्त्र, विश्वास और अनुबन्ध

विनिमय पर आधारित अर्थव्यवस्था का सफलतापूर्वक संचालन पारस्परिक विश्वास और स्पष्ट एवं निहित मानक व्यवहार के अनुसरण पर निर्भर रहता है। जब इस प्रकार की अनेक व्यावहारिक विधाएँ सुलभ हों तो किसका योगदान कितना है—इस बारे में ध्यान देने की विशेष आवश्यकता नहीं रहती। किन्तु जहाँ इनका अभाव हो, उनकी रचना करने की आवश्यकता हो तो फिर आर्थिक सफलता के मार्ग में अनेक बाधाएँ खड़ी हो सकती हैं। पूर्व-पूँजीवादी अर्थव्यवस्थाओं में पूँजीवादी मूल्यों के अल्पविकास के कारण आई कठिनाइयों के उदाहरणों की कोई कमी नहीं रही है। अनेक प्रकार से यह बात स्वीकार की जा चुकी है कि पूँजीवादी सम्प्रेरणाओं की रचना केवल विशुद्ध रूप से लाभ को अधिकतम करने की मानसिकता से कहीं अधिक जटिल है। समय-समय पर अनेक विद्वान चिन्तकों ने इस तथ्य को स्वीकार किया है [मार्क्स, वेबर, टॉने आदि आदि]। यह बात कोई नई सूझ नहीं है कि पूँजीवाद की सफलता में गैर-लाभ सम्प्रेरणाओं का भी योगदान रहता है—यह बात और है कि आज के पेशेवर अर्थशास्त्री प्रायः इस विषय से संबंधित समृद्ध ऐतिहासिक साक्षियों और अवधारणागत तर्कों आदि की अवहेलना कर देते हैं।

अच्छे व्यवसायिक व्यवहार की बुनियादी संहिता तो आक्सीजन गैस की तरह से है—इसकी विद्यमानता की ओर उसी समय हमारा ध्यान जाता है जब यह उपस्थित नहीं होती। एडम स्मिथ ने अपनी रचना 'हिस्ट्री ऑफ ऐस्ट्रोनोमी' में इस सामान्य प्रवृत्ति पर कुछ इस प्रकार टिप्पणी की थी :

> "कोई चीज़ जिससे हम बहुत परिचित हों, जो हमें रोज दिखाई देती हो, उसका प्रभाव बहुत सुंदर और महान होते हुए भी बहुत लघुतम रह जाता है क्योंकि यह प्रभाव विस्मय और आकस्मिकता के भाव से रहित होता है।"

किन्तु जो बात ज्यूरिख, लंदन या पैरिस में आश्चर्यकारी नहीं हो, वही घटना बाजार व्यवस्था के लिए उपयुक्त संस्थाओं के निर्माण में व्यस्त काहिरा, मुम्बई, लागोस अथवा फिर मास्को में बहुत बड़ी समस्या का रूप धारण कर सकती है। इटली की बहुचर्चित राजनीतिक भ्रष्टाचार की समस्या को ही लें (कुछ समय से इसके कारण वहाँ के राजनीतिक सन्तुलन में बड़ा भारी बदलाव भी आया है)। इसका बहुत कुछ सम्बन्ध इटली की अर्थव्यवस्था की द्वैधताग्रस्त संरचना से है। इस अर्थव्यवस्था में जहाँ कुछ एक क्षेत्रों में बहुत ही सक्रिय पूँजीवाद छाया हुआ है, वहीं अनेक क्षेत्र अभी भी अल्पविकास से ग्रस्त हैं।

पुराने सोवियत संघ एवं पूर्वी यूरोपीय देशों की अनेक आर्थिक कठिनाइयों का मूल स्रोत भी पूँजीवाद की सफलता के लिए आधारस्वरूप मानी जाने वाली संस्थागत संरचनाओं और व्यवहार-संहिताओं का नितान्त अभाव ही रहा है। अपने ही तर्कशास्त्र एवं प्रतिबद्धताओं पर आधारित वैकल्पिक संस्थाओं और संहिताओं का विकास पूँजीवादी व्यवस्थाओं में तो समाज की संरचना का एक मानक अंग बन चुका है किन्तु इस नये 'योजनाबद्ध पूँजीवाद' में इसे अनायास ही समाज में प्रतिष्ठापित कर पाना इतना सहज नहीं रहता। ये 'नवप्रवर्तन' प्रभावशाली ढंग से तुरन्त कार्य नहीं कर पाते–इसमें समय लगता है–यह सबक पूर्वी यूरोप और भूतपूर्व सोवियत संघ के देश बहुत कष्टप्रद रूप में आजकल सीख रहे हैं। बाजार-व्यवस्था के तथाकथित स्वचालित स्वरूप के जादू से अभिभूत अन्धानुकरण के उत्साह में ये देश संस्थाओं और व्यवस्थाओं और व्यवहारिक अनुभवों आदि के महत्त्व को अनदेखा कर गए थे।

संस्थाओं और विकास की आवश्यकता के कुछ बहुत ही स्पष्ट सम्बन्ध व्यवहार अथवा आचरण संहिता की भूमिका से भी हैं। अन्तर्वैक्तिक व्यवस्थाओं और साँझी सूझ-बूझ पर आधारित संस्थाएँ सांझे व्यवहार-प्रतिमानों और दूसरे पक्षों की नीतियुक्तता में पारस्परिक विश्वास के आधार पर ही काम कर पाती हैं। व्यवहार के नियमों पर यह आश्रितता प्रायः निहित स्वरूप में ही होती है–इसे बार-बार स्पष्ट करने की आवश्यकता नहीं समझी जाती। जहाँ विश्वास की समस्या बहुत जटिलता भरी न हो, वहाँ तो इसकी ओर ध्यान भी नहीं जाता किन्तु जहाँ जटिलतापूर्ण माहौल हो, वहाँ इस पक्ष को नज़रअन्दाज करना बहुत घातक सिद्ध हो सकता है। पुराने सोवियत संघ में कुख्यात माफ़िया गिरोह जैसा व्यवहार आरम्भ हो गया है–पर इस मुद्दे का सही विवेचन करने से पूर्व हमें इसके पूर्ववर्ती व्यवहार को समझना होगा। इस पूर्ववर्ती व्यवहार में 'व्यवहार के प्रतिष्ठित नियमों' की दूरगामी भूमिका का एडम स्मिथ द्वारा विश्लेषण भी सम्मिलित है।

बाजार व्यवस्था में व्यवहार-मानकों और संस्थाओं के अन्तर

विकसित पूँजीवादी अर्थव्यवस्थाओं में प्रचलित व्यवहार संहिताओं में भी काफी अन्तर हो सकते हैं–इसी प्रकार इनकी आर्थिक निष्पादन को बढ़ा पाने की प्रभावोत्पादकता में भी अन्तर आ जाते हैं। यह ठीक है कि पूँजीवाद आधुनिक विश्व में उत्पादन और उत्पादिता के स्तरों को बहुत ऊँचा उठा पाने में सफल रहा है किन्तु फिर भी ये सफलताएँ सभी देशों में एक जैसी नहीं रहीं। हाल ही के दशकों में पूर्वी एशियाई देशों की सफलताएँ (और उनसे पूर्व जापान के अनुभव) परम्परागत आर्थिक सिद्धान्तों में पूँजीवादी प्रतिमान की संरचना के विषय में कुछ महत्त्वपूर्ण प्रश्न उठा

रही हैं। पूँजीवाद को मात्र पूँजी के निजी स्वामित्व पर आधारित अधिकतम लाभ कमाने की व्यवस्था का नाम देना उन सभी कारकों एवं पक्षों की अवहेलना कर देता है जिनके कारण यह व्यवस्था उत्पादन-संवृद्धि एवं आय-सृजन में इतनी सफल रही है।

जापान को पूँजीवाद की सफलता का उत्कृष्टतम उदाहरण कहा जाता है—इसकी लंबी चली मन्दी और वित्तीय संकट की गहनता भी उपर्युक्त निरूपण की छवि को धूमिल नहीं कर पाएगी। किन्तु जापानी व्यवसायियों की सम्प्रेरणाओं पर छाए हुए तत्त्व केवल लाभ को अधिकतम स्तर तक पहुँचाने से बहुत ही अलग और विस्तृत दिखाई पड़ते हैं। अनेक अध्येताओं ने जापानी व्यवसाय की सम्प्रेरणाओं की इन विलक्षणताओं की व्याख्या की है। मिशिओ मोरीशिमा ने जापान के इतिहास और इसकी नियम-आश्रित व्यवहार-संहिता के आधार से पैदा हुई विशेष 'जापानी लोकाचार' की विलक्षण विशिष्टताओं का चित्रण किया है। रोनाल्ड डोर और राबर्ट वेड को इसमें 'कन्फ्युशियसवादी नीतिशास्त्र' की झलक दिखाई दी है। मासाहिको आओकी ने सहयोग और व्यवहार संहिताओं की युक्तिआश्रित तर्कों के द्वारा अधिक संवेदनशील स्वरूप में व्याख्या की है। कोतारो सुजुमुरा का आग्रह है कि यहाँ प्रतिबद्धता के स्पर्धात्मक वातावरण और विवेकशील सार्वजनिक नीतियों का सुखद संयोग रहा है। ईको इकेगामी को तो इस सफलता में समुराई की क्षत्रिय संस्कृति का ही योगदान दिखाई दे रहा है। और भी अनेक व्यवहार-आधारित व्याख्याएँ उपलब्ध हैं।

वास्तव में तो शेयर बाजार के लब्ध प्रतिष्ठित पत्र 'वाल स्ट्रीट जर्नल' में किए गए, कदाचित उलझन भरे दावे में भी कुछ सत्य अवश्य है। यह दावा था : ''जापान एकमात्र ऐसा साम्यवादी देश है जो ठीक से काम कर पा रहा है।'' इस गूढ़ टिप्पणी का संकेत जापान के अनेक व्यवसायों की आर्थिक गतिविधियों की गैर-लाभ सम्प्रेरणा की ओर ही रहा है। हमें इस विशिष्ट सत्य को समझना होगा और व्याख्या भी करनी होगी कि विश्व के सफलतम पूँजीवादी देश में किस प्रकार पूँजीवाद की आधारभूत स्वहित व्यवहार संहिता से बहुत ही अलग सम्प्रेरणा व्यवस्था का सहारा लेकर भी आर्थिक समृद्धि के कीर्तिमान स्थापित हो पाए हैं [जबकि हमें तो बार-बार यही बताया जाता रहा है कि पूँजीवाद की नींव ही स्वहितपोषक व्यवहार पर टिकी है]।

पूँजीवादी सफलता को संवर्धन प्रदान करनेवाले विशिष्ट व्यवसायी नीतिशास्त्र का जापान एकमात्र विलक्षण उदाहरण नहीं है। विश्व के अनेक देशों में उद्यम के प्रति श्रद्धा और अपने निजी हित पर ध्यान न देते हुए उद्यम की उत्पादिता बढ़ाने में जुटे रहने का अनेक देशों की आर्थिक उपलब्धियों-सफलताओं में बहुत भारी योगदान रहा है। विश्व के अति विकसित औद्योगिक देशों में इस प्रकार की व्यवहार संहिताओं

के अनेक स्वरूप या संस्करण प्रचलित हैं।

संस्थाएँ, व्यवहारिक मानदंड और माफ़िया

पूँजीवादी सफलताओं में मूल्यमानों की भूमिका के विभिन्न आयामों संबंधी चर्चा का समापन करते हुए हमें यह समझना ही होगा कि पूँजीवाद के अंतर्भूत नीतिशास्त्र में केवल स्वार्थवाद और आकर्षणवाद को महिमामंडित करने से आगे भी बहुत कुछ सन्निहित है। विश्व सामान्य आर्थिक समृद्धि के स्तरों में भारी परावर्तन कर पाने में पूँजीवाद को मिली सफलता बाजार के विनिमय को मितव्ययी और प्रभावोत्पादक बनाने वाले सदाचरण और व्यवहार संहिताओं पर ही आश्रित रही है। बाजार-प्रक्रिया तथा व्यापार-विनिमय द्वारा सुलभ बनाए जा रहे सुअवसरों का लाभ उठाने में विकासमान देशों को विवेकपूर्ण व्यवहार के सद्परिणामों को ही नहीं बल्कि उन पारस्परिकतापूर्ण मूल्यमानों पर ध्यान देना होगा जो विश्वास का सृजन और सम्पोषण करते हैं, व्यापकस्तरीय भ्रष्टाचार के आकर्षण से बचाते हैं और दंडात्मक कानून प्रक्रिया द्वारा लागू किए जाने के स्थान पर लोगों के पारस्परिक वचन आदि के सहज अनुपालन के लिए उपयुक्त सामाजिक वातावरण की रचना करते हैं। पूँजीवाद के इतिहास में बुनियादी व्यवहार संहिता में भी बहुत महत्त्वपूर्ण परिवर्तन आते रहे हैं–सदैव ही भाँति-भाँति के अनुभवों तथा सफलताओं से कुछ-न-कुछ सीख और ग्रहण किया गया है–यही आवश्यकता (सीखने ग्रहण करने की) आज भी बनी हुई है।

आधुनिक युग में पूँजीवाद के समक्ष दो बड़ी चुनौतियाँ उपस्थित हैं। एक तो उस घोर विषमता की चुनौती है जिसमें विश्व में अप्रत्याशित समृद्धि के वातावरण के बाद भी विशाल जनसमुदाय दरिद्रता की चक्की में पिस रहा है। दूसरी चुनौती पर्यावरण आदि साँझी धरोहर से जुड़े सार्वजनिक पदार्थों के संरक्षण-परिपोषण की है। इन चुनौतियों का सामना करने के लिए, ऐसा लग रहा है कि निश्चित रूप से ऐसी संस्थाओं की रचना करनी पड़ेगी जो हमें पूँजीवादी बाजार व्यवस्था के व्यवहार तंत्र से बाहर की ओर खींच ले जाएँगी। किन्तु इन्हीं चिन्ताओं के प्रति संवेदनशील उपयुक्त नीतिशास्त्र की रचना के माध्यम से बाजार व्यवस्था के प्रभावक्षेत्र को विस्तृत कर पाना भी असम्भव नहीं है। बाजार व्यवस्था में बहुत विस्तृत प्रसरण क्षेत्र वाले मूल्यमानों के साथ सामंजस्य स्थापित कर काम करते रहने की अद्भुत क्षमता रही है। संस्थागत व्यवस्थाओं को बाजार-प्रक्रिया की सीमाओं से आगे तक बढ़ाते हुए भी उन्हें प्रभावोत्पादक बनाए रखने की सम्भावनाओं की खोज में इस विलक्षण क्षमता का ध्यान रखना बहुत उपयोगी होगा।

आजकल व्यवहार-संहिता से जुड़े एक मुद्दे पर बहुत चर्चा चल रही है–यह

समस्या है आर्थिक भ्रष्टाचार और संगठित अपराधी गिरोहों की सांठगांठ की। इटली में चली चर्चाओं में बार-बार 'प्रतिसत्तामूल संहिता' (Deontological Codes) की बात उठी है। इस प्रकार की संहिताओं के प्रयोग की सम्भावनाओं और गैर कानूनी ढंग से सार्वजनिक नीतियों को अन्यायपूर्ण दिशा में मोड़ने से रोकने के प्रति कर्त्तव्य की बात भी चली है। इन नीतियों के माध्यम से इटली की सरकार के कामकाज पर माफ़िया की काली छाया को कुछ कम करने की सम्भावना की चर्चा भी चल रही है।

माफ़िया जैसे संगठन अर्थव्यवस्था के अत्यल्प विकसित कुछ भागों में कदाचित् पारस्परिक लाभप्रद आदान-प्रदान को सहज बनाने के सामाजिक कार्य का सम्पादन भी कर सकते हैं, किन्तु ऐसे संगठनों की व्यवहारिक भूमिका अर्थव्यवस्था के कानूनी एवं प्रत्यक्ष सम्भागों में प्रचलित वास्तविक आचार संहिता पर ही बहुत कुछ निर्भर रहती है। एक उदाहरण तो इन संगठनों द्वारा अनुबन्धों को लागू कराने में दिए गए योगदान का ही है। बाजार-प्रक्रिया में ऐसी व्यवस्था होनी चाहिए कि एक अनुबन्धकारी दूसरे पक्ष को कार्य पूरा किए बिना बीच में नहीं छोड़ पाए। इस प्रकार के अनुबन्ध लागू करने की व्यवस्था या तो पारस्परिक विश्वास और दायित्व की निहित भावना कर सकती है या फिर विकल्प के रूप से कानून द्वारा इस कार्य का सम्पादन होना चाहिए। सरकार द्वारा गढ़ी गई व्यवस्था अक्सर बहुत मंथर गति से ही काम करती है अतः अधिकांश व्यवसायिक लेनदेन परस्पर विश्वास एवं बात के सम्मान के आधार पर ही चलते हैं।

किन्तु जहाँ बाजार के नीतिशास्त्र के मानदंड अभी बने ही नहीं हों और व्यावसायिक विश्वास की भावनाएँ भी विकसित नहीं हुई हों, वहाँ अनुबन्धों का अनुपालन सन्दिग्ध हो जाता है। ऐसी अवस्था में कोई भी बाहरी संगठन अपने ही दंड विधान की शक्ति के आसरे यह संस्थागत विकास की खाई को पाटने की मूल्यवान सामाजिक सेवा प्रदान कर सकता है। माफिया जैसे संगठन तेजी से पूँजीवादी आदान-प्रदान की ओर अग्रसर पूर्वपूँजीवादी अर्थव्यवस्थाओं में एक महत्त्वपूर्ण भूमिका निभाते हुए प्रशंसा भी पा सकते हैं। पारस्परिक सम्बन्धों के स्वरूप के आधार पर इस प्रकार अनुबन्ध परिपालन करा पाना अनेक ऐसे पक्षों के लिए भी उपयोगी प्रतीत हो सकता है जिनका सामान्यतः भ्रष्टाचार या अपराध जगत से कोई नाता नहीं होता। अनुबन्ध के सभी पक्षों को कोई 'आश्वासन' दिलाने वाला होना चाहिए—कि वे सभी पक्ष अपने-अपने हिस्से का काम ठीक से करेंगे।

इस आश्वासन में बाहरी संगठनों की भूमिका तो ऐसी व्यवस्था का सहारा लेने को मजबूर कर रही व्यवहार संहिता की अस्तित्त्वहीनता ही निर्धारित कर देती

है। जैसे-जैसे विश्वासपूर्ण व्यवहार का विकास होगा, ये बाहरी संस्थाएँ महत्त्वहीन होती जाएँगी। अतः हम कह सकते हैं कि व्यवहारिक मानदंडों के विकास और समाज के संस्थागत ढाँचे के सुधारों में गहरी परस्परनिर्भरता रहती है। कुछ पिछड़ी हुई अर्थव्यवस्थाओं में माफिया जैसे गिरोहों के प्रभाव का विश्लेषण और समाधान करते समय इस प्रकार के बहुत ही सामान्य किन्तु व्यापक महत्त्व के प्रश्नों पर भी विचार होना चाहिए।

माफिया जैसे संगठन बहुत घृणास्पद हो सकते हैं किन्तु इसके बंदूकों और बमों की शक्तियों का परिपोषण करने वाले आर्थिक आधार को समझने के लिए उन आर्थिक गतिविधियों पर विचार करना जरूरी है जिनके कारण माफिया अर्थव्यवस्था का एक व्यवहारिक रूप से महत्त्वपूर्ण घटक बन जाता है। जब भी पारस्परिक विश्वास भावना, क्षेमशास्त्रीय संहिताएँ और विधिग्राह्य अनुबन्धन परिपालन व्यवस्थाएँ मिलजुल कर क्रियाशील होंगी, माफ़िया आदि की आर्थिक भूमिका स्वयमेव ही गौण होकर समाप्त हो जाएगी। अतः व्यवसाय के मानक व्यवहार के अल्प विकास और संगठित अपराध के वर्चस्व के बीच बहुत ही सीधा सम्बन्ध बना रहता है।

पर्यावरण संरक्षण, नियम-विनियम और जीवन मूल्य

पर्यावरण की रक्षा के सन्दर्भ में भी बाजार के नियमों से आगे बढ़ने की आवश्यकता पर आजकल काफी चर्चा चल रही है। इस दिशा में कुछ कदम उठाए भी गए हैं, कहीं सरकार द्वारा नियमन तो कहीं करों एवं सहाय्यों के माध्यम से उचित सम्प्रेरणाओं की सृष्टि करने की बात उठाई जा रही है। पर्यावरण के प्रति मैत्रीपूर्ण व्यवहार के मानदंडों की रचना का नीतिशास्त्रीय प्रश्न भी उठाया जा रहा है। यह प्रश्न सहज ही एडम स्मिथ द्वारा 'द थ्यौरी ऑफ मोरल सेंटिमेंट्स' में चर्चित विभिन्न सरोकारों की श्रेणी में स्थान पा जाता है। वैसे यह बात और है कि पर्यावरण संरक्षण उस जमाने में कोई महत्त्वपूर्ण मुद्दा नहीं था और न ही एडम स्मिथ ने कभी इस बारे में स्पष्ट रूप से कोई चर्चा की थी।

इन बातों का एडम स्मिथ की एक और चिन्ता से भी कुछ नाता है–अध्याय-5 में हमने उनकी फिजूलखर्च लोगों के कारण संसाधनों के अपव्यय सम्बन्धी आशंकाओं की चर्चा की थी। उन्होंने ब्याज दरों पर नियंत्रण के माध्यम से इस प्रकार के निरर्थक निवेश के प्रभाव को घटाने का सुझाव दिया था–उनको आशंका थी कि ये फिजूलखर्च लोग अनापशनाप दरों पर ब्याज का झांसा देकर इस पृथ्वी के समस्त संसाधनों को अपने हवाई किले में लगाकर बर्बाद कर सकते हैं। स्मिथ ने बाजार में इस हस्तक्षेप को सूदखोरी के नियमन के साथ भी जोड़ दिया था–इस बात को लेकर जेरेमी बैंथम

तो उनसे बहुत नाराज़ भी हुए थे।

आजकल के फिजूलखर्च मंसूबेबाज जल और वायु को दूषित करने में जुटे हैं। स्मिथ का विश्लेषण इन द्वारा पैदा की जा रही समस्याओं और कठिनाइयों की सटीक व्याख्या करने और उपयुक्त समाधान खोज पाने में भी बहुत उपयोगी सिद्ध हो सकता है। इस सन्दर्भ में नियमन और व्यवहार में संयम की भूमिकाओं की तुलना की व्याख्या करना भी उपयुक्त होगा। यह पर्यावरणगत चुनौती वास्तव में 'सार्वजनिक वस्तुओं' (जहाँ सभी लोग साझे रूप से किसी वस्तु या सुविधा का उपभोग करते हैं) तथा केवल निजी उपभोग के बीच संसाधनों के आबंटन से जुड़ी है। इन सार्वजनिक वस्तुओं को दक्षतापूर्वक सुलभ बनाने में हमें न केवल सार्वजनिक अथवा सरकारी प्रयास द्वारा प्रावधान करने, बल्कि उन उत्तरदायित्वपूर्ण सामाजिक मूल्यमानों के विकास पर भी विचार करना होगा जिनसे सरकार द्वारा सबल प्रयास की आवश्यकता का ही निराकरण हो जाए। उदाहरण के लिए, उपयुक्त पर्यावरण सम्बन्धी व्यवहार अथवा शील के विकास द्वारा भी वही कार्य सम्पन्न हो सकते हैं जिनके लिए सरकार द्वारा बाध्य करने वाले नियमों की रचना की बात उठाई जा रही है।

विवेक, सहानुभूति और प्रतिबद्धता

अर्थशास्त्र और राजनीतिशास्त्र की कुछ रचनाओं में [कभी-कभी दर्शन शास्त्र में भी] 'विवेकशील चयन' (Rational Choice) के विचार पर चर्चाएँ हुई हैं। पर इसमें बहुत अधिक सरलीकरण निहित रहा है क्योंकि इनकी सारी ही चयन व्यवस्था का एकमात्र आधार वैयक्तिक हितलाभ रहा है। यदि इस वैयक्तिक हितलाभ की अवधारणा को कुछ सीमित स्वरूप दे दिया जाए तो फिर इस प्रकार के विवेकपूर्ण प्रतिमान में नीतिशास्त्र, न्यायता या फिर भावी पीढ़ियों के हितों के प्रति संवेदनशीलता आदि के कोई भी तत्त्व हमारे चयन व्यवहार में कभी परिलक्षित नहीं हो पाएँगे।

क्या 'विवेकशीलता' का स्वरूप इतना संकीर्ण होना चाहिए ? यदि विवेकशील व्यवहार में हमारे उद्देश्यों की सम्प्राप्ति के लिए निश्चित प्रयास सन्निहित रहें तो फिर इसी प्रकार सहानुभूति या न्याय पाने के प्रयासों को भी विवेकशील चयन की प्रक्रिया में स्थान अवश्य मिल पाएगा। संकीर्ण आत्मकेन्द्रित व्यवहार से भिन्न दो प्रकार के व्यवहार हो सकते हैं : एक का मार्ग 'सहानुभूति' का मार्ग है तो दूसरा रास्ता 'प्रतिबद्धता' का है। एक तो हमारे स्वहित-चिन्तन में ही दूसरों के प्रति संवेदना भी सम्मिलित हो सकती है। इस प्रकार सहानुभूति हमारी व्यापक स्वहित अवधारणा का ही अंग बन जाती है। दूसरे, इस प्रकार की व्यापक स्वहित परिकल्पना से भी आगे बढ़कर हम सामाजिक न्याय, राष्ट्रवाद या सामुदायिक हितसाधन आदि मूल्यमानों के संवर्धन

के निमित्त कुछ 'त्याग' करने को भी तत्पर हो सकते हैं। यह मार्ग किसी के प्रति सहानुभूति या दया से द्रवित होने का नहीं है—यह तो किसी भिन्न प्रकार की सामाजिक या बृहत्तर प्रतिबद्धता का मार्ग है। इसमें केवल व्यक्तिगत हित नहीं, कुछ अन्य किस्म के जीवनमूल्यों के प्रति निष्ठा सन्निहित रहती है [हाँ, जिनके प्रति हमें सहानुभूति हो उनके हितसाधन से जुड़ा स्वहित भी इसमें शामिल हो जाता है]।

एक उदाहरण द्वारा हम ये भेद कुछ और स्पष्ट कर सकते हैं। यदि आप इसलिए किसी दरिद्र की सहायता करते हैं कि आपको उसकी दुर्दशा से दुख हो रहा है तो इसे हम एक सहानुभूति-आधारित कार्य कहेंगे किन्तु यदि दरिद्रता को देख आपको दुख नहीं होता, पर आप इस प्रकार की अन्यायपूर्ण व्यवस्था को बदलने को कटिबद्ध हो जाते हैं तो फिर आपके इस निश्चय की पूरी व्याख्या केवल किसी दीनदुखी को देखकर हुई अप्रसन्नता के आधार पर नहीं हो पाएगी। यहाँ तो किसी 'प्रतिबद्धता' के कारण ही आप सक्रिय हो रहे होंगे।

एक और बात भी बहुत महत्त्वपूर्ण है। जब हम अपनी सहानुभूतियों से प्रेरित होकर कुछ काम करते हैं तो वास्तविक रूप से किसी स्वहित का बलिदान नहीं कर देते। यदि आप किसी के दुख में दुखी हो उठे हैं तो निश्चित रूप से उसकी सहायता करने से आपको सुख की अनुभूति भी होगी। किन्तु प्रतिबद्धता-प्रेरित व्यवहार में कुछ आत्महित-बलिदान भी हो सकता है—क्योंकि यह कार्य आप अपनी परदुखकातरता के निवारण की इच्छा से नहीं, वरन् किसी 'अन्याय' को दूर करने के निमित्त कर रहे होते हैं। फिर भी किसी-न-किसी रूप में प्रतिबद्धता में भी व्यक्ति के 'आत्म' का भी समावेश रहता है क्योंकि वह प्रतिबद्धता भी उसकी 'अपनी' होती है। इससे भी महत्त्वपूर्ण बात यह है कि यह आवश्यक नहीं कि इस प्रकार का प्रतिबद्ध व्यवहार किसी के आत्महितों का भी पोषण करे, इसी प्रकार इस व्यवहार के कारण व्यक्ति की विवेकाश्रित स्वेच्छा की अवमानना होनी भी आवश्यक नहीं है।

एडम स्मिथ ने इन दोनों ही प्रकार के प्रत्यन्तरों की आवश्यकता की चर्चा की है। उनका कहना है कि "अधिकांश मानवीय कार्यों में किसी प्रकार के त्याग, आत्मसंयम या फिर औचित्य पर बल देने की आवश्यकता नहीं पड़ती। सहानुभूति की भावना द्वारा सहज ही प्रेरित होकर हम उन्हें कर डालते हैं। किन्तु उदारता की बात कुछ अलग होती है।" इसी प्रकार न्याय आदि व्यापक जीवनमूल्य भी व्यक्ति के स्वहित पर अंकुश लगाने, उसके 'निष्पक्ष दर्शक' को व्यवहार के सिद्धान्तों में प्रविष्ट कराने और किसी-न-किसी रूप में सार्वजनिक भावना पर अधिक बल देने की माँग करते हैं।

स्मिथ का 'मानवता और न्याय के औचित्य' सम्बन्धी विचार 'कर्ता और दर्शकों

की भावनाओं के तारतम्य' पर ही आश्रित रहता है। स्मिथ की विवेकशील व्यक्ति की अवधारणा उस व्यक्ति को बहुत दृढ़ता के साथ उसके उपयुक्त स्थान पर प्रतिष्ठित कर देती है—अर्थात् उसके अपने समाज के मध्य में। व्यक्ति के सभी मूल्यांकन, आकलन प्राक्कलन और व्यवहार अन्य व्यक्तियों की उपस्थिति को भी ध्यान में रखकर ही पूरे हो पाते हैं—व्यक्ति कभी भी शेष समाज से कटा हुआ नहीं रह पाता।

इस सन्दर्भ में आधुनिक अर्थशास्त्र के जनक एडम स्मिथ को 'केवल स्वहित साधन के मसीहा' का रूप देने के प्रयासों का खंडन करना भी अनिवार्य लगता है। अर्थशास्त्रियों में तो स्मिथ को 'स्वहित-साधना चिन्तन का प्रवर्तक' मानने की परम्परा ही बन गई है। उनके अनुसार स्मिथ को विश्व में स्वहित के अतिरिक्त कुछ सूझता ही नहीं था और वे उसी स्वहित दर्शन में मग्न रहते थे। आम तौर पर उनके विशाल रचना संग्रहों में से केवल एक आध अनुच्छेद (बधिक, नानबाई, शराबवाला उदाहरण) आदि को उठाकर उन पर यह आरोप मढ़ दिया जाता है। इसी के आधार पर जॉर्ज स्टिग्लर जैसे सिद्ध अर्थशास्त्री भी स्मिथ के विचारों की परिणति एक वाक्य में कर बैठे हैं, "अधिकतर व्यक्ति केवल स्वहित साधन से ही अभिभूत होते हैं।"

यह सत्य है कि उस अनुच्छेद में स्मिथ का यही तर्क था किन्तु प्रश्न यह उठता है कि यदि हम किसी से मांस, डबलरोटी या शराब खरीदना चाहते हैं, या इनके निर्माता/विक्रेता ये वस्तुएँ हमें बेचना चाहते हैं तो इस सन्दर्भ में किसी का भी दया-भाव, सदाशय अथवा सहानुभूति से आप्लावित होने का प्रश्न ही कहाँ उठता है ! स्मिथ ने ठीक ही कहा था कि पारस्परिक लाभप्रद विनिमय की व्याख्या के लिए तो केवल स्वहित साधन की सम्प्रेरणा ही पर्याप्त होगी [और अधिकांशतः अर्थशास्त्रीय विश्लेषण में विनिमय या लेनदेन ही मुख्य विषय-वस्तु रहते हैं]। किन्तु समता और आबंटन, नियमानुसार आचरण द्वारा उत्पादन-क्षमता-संवर्धन आदि के सन्दर्भ में स्मिथ ने व्यापक सम्प्रेरणाओं पर ही आग्रह किया था। ऐसे परिप्रेक्ष्यों के लिए स्मिथ का कहना था कि जहाँ विवेक प्रत्येक व्यक्ति के लिए बहुत उपयोगी है वहीं मानवता, उदारता और सार्वजनिक भावना ऐसे सद्‌गुण होंगे जो अन्य सभी की दृष्टि से भी बहुत उपयोगी रहते हैं।" जिन व्यापक सम्प्रेरणाओं को हम मानवीय व्यवहार की व्याख्या में स्थान देना आज आवश्यक समझते हैं, वही स्मिथ के अति गहन और समृद्ध विश्लेषण में भी सन्निहित रही हैं। स्मिथ का यह स्वरूप तो स्टिग्लर के 'स्मिथ' से बहुत भिन्न है—इसका स्वहित-साधन की संस्कृति के 'परम आचार्य' की तरह स्मिथ के चित्रण से भी कोई नाता नहीं दिखाई देता। शेक्सपीयर की उक्ति को कुछ तोड़-मरोड़ कर हम कह सकते हैं : 'कुछ लोग पैदा ही ओछे होते हैं, कुछ अपने व्यवहार से ओछापन पा जाते हैं किन्तु एडम स्मिथ पर तो अधिकांशतः ओछापन

थोप ही दिया गया है।''

मुख्य बात वह है जिसे हमारे आज के युग के महान दार्शनिक जॉन रॉल्स ने हमारी 'सांझी' नैतिक शक्तियो' (Moral Powers) का नाम दिया है। उन्हीं के शब्दों में : ''यह हमारी न्याय भावना और अच्छाई को धारण करने की क्षमता होती है।'' रॉल्स इन सांझी शक्तियों को ही तर्क-विवेक की शक्तियों [अर्थात इन शक्तियों से जुड़े विचार निष्कर्ष और निर्णय] के साथ मिल कर 'लोकतान्त्रिक विचार परम्परा' के आधार की निर्माता मानते हैं। वास्तव में मानवीय व्यवहार में जीवन के मूल्यमानों का बहुत ही अधिक महत्त्व रहता है, इसे अस्वीकार करने का अर्थ न केवल लोकतान्त्रिक विचार परम्परा से दूर हो जाना वरन् अपनी विवेकशीलता को भी संकुचित-सीमित कर डालना होगा। यह तर्क या विवेक की शक्ति है जो हमें अपने हितों एवं लाभों के साथ-साथ दायित्वों और आदर्शों का भी बोध कराती है। इस वैचारिक स्वातन्त्र्य से वंचित करना हमारी विवेकशीलता एवं युक्तियुक्तता के प्रभाव-क्षेत्र को बहुत ही सीमित कर डालेगा।

सम्प्रेरणात्मक चयन (Motivational Choice) और विकासवादी अनुजीवन (Evolutionary Survival)

विवेकयुक्त व्यवहार के लिए आवश्यक बातों का विश्लेषण करते समय तात्कालिक लक्ष्यों से आगे निकल कर उन उद्देश्यों की ओर ध्यान देना भी आवश्यक होगा जो अपनी प्रभावोत्पादकता के सहारे दीर्घकाल तक (स्थायित्वपूर्ण) स्व-अस्तित्त्व धारण किए रहने में सफल रहते हैं। कुछ समय से प्राथमिकताओं की रचना और उस रचना में विकासवादी योगदान को लेकर जो शोध कार्य हुए हैं उन्होंने तो विवेकयुक्त चयन व्यवहार सम्बन्धी सिद्धान्तों के प्रसार और वितान को बहुत ही व्यापक बना दिया है। भले ही किसी व्यक्ति का प्रत्यक्षतः न्याय और नीतिशास्त्रीय मुद्दों से कुछ भी वास्ता नहीं हो पर ये मुद्दे भी उसकी आर्थिक सफलताओं में साधन रूप में सहायक हो सकते हैं—और इनके द्वारा सुलभ श्रेष्ठतर स्थिति के आधार पर वह अपने प्रतिद्वंद्वियों की अपेक्षा सामाजिक व्यवहार के नियमों पर बेहतर डटा रह सकता है।

इस प्रकार की व्युत्पन्न तार्किकता की किन्हीं व्यवहारिक नियमों के जानबूझ कर किए गए चुनाव से सहज ही तुलना हो सकती है। ऐसा चयन तो व्यक्ति को ''कैसे व्यवहार करना चाहिए'' आदि प्रश्नों पर नीतिशास्त्रीय विधि से विचार के बाद ही करता है [इन बातों के विषय में इम्मेनुअल कांट और एडम स्मिथ के विश्लेषण तो बहुत जाने-माने रहे हैं]। व्युत्पन्न की अपेक्षा न्याय एवं परहित-निष्ठा के प्रत्यक्ष

नैतिक कारणों की आधुनिक काल की अनेक नीतिशास्त्रीय रचनाओं में भी समीक्षा की गई है। व्यवहार की आचार नीति में विशुद्ध रूप से नैतिक बातों के साथ-साथ अनेक सामाजिक एवं मनोवैज्ञानिक प्रभावों को भी सम्मिलित किया गया है। इनमें से कुछ मानदंडों व कसौटियों की रचना तो काफ़ी जटिलता भरी भी रही है।

हमारे विचार मंथन में न्याय की बातों को प्रत्यक्ष और व्युत्पन्न दोनों ही प्रकार के कारणों से शामिल किया जा सकता है। इन कारणों को वैकल्पिक नहीं माना जाना चाहिए। भले ही व्यवहार के मानक और तकाज़ों का प्रादुर्भाव नैतिक, सामाजिक या मनोवैज्ञानिक आधार पर हुआ हो, उनका दीर्घ अवधि तक बने रहना उनके परिणामों से स्वतन्त्र नहीं रह सकता। इस अनुजीवन पर उस विकास प्रक्रिया का भी गहरा प्रभाव रहता है जिसके माध्यम से उन मानकों-तकाज़ों का प्रादुर्भाव सम्भव हुआ है। दूसरी ओर, व्यापक सन्दर्भ में विकासवादी चयन के अध्ययन में निःस्वार्थ व्यवहार को केवल इस चयन तक ही सीमित रखने की भी आवश्यकता नहीं है—इसमें विवेकशील विचार विमर्श की भी स्वतन्त्र भूमिका अवश्य हो सकती है। वास्तव में प्रतिबद्धतापूर्ण व्यवहार के विचाराधारित एवं विकासवादी चयनों को एक ही समन्वित विश्लेषण-मूल्यांकन तन्त्र में सन्निहित किया जा सकता है।

हमें प्रभावित करने वाले मूल्यमान अनेक प्रकार से उदित हो सकते हैं। इनका उदय चिन्तन-विश्लेषण से सम्भव है। चिन्तन का हमारी भावनाओं और उत्तरदायित्वों से प्रत्यक्ष सम्बन्ध हो सकता है। इनका अच्छे व्यवहार के प्रभावों के साथ भी अप्रत्यक्ष नाता रहता है [जैसे कि अच्छी प्रतिष्ठा के कारण विश्वासपात्रता में वृद्धि से सम्भावित लाभ आदि]।

इनके उदय का दूसरा मार्ग समाज की परम्पराओं के अनुपालन में हमारी निष्ठा हो सकती है—यहाँ हम उसी प्रकार सोचने और काम करने लगते हैं जैसे कि होता रहा है [अथवा परम्परा हमसे अपेक्षा करती है]। इस प्रकार युक्तियुक्त व्यवहार भी तर्कशास्त्र की सीमाओं को व्यक्ति की अपनी विवेचना से आगे तक बढ़ा देता है—हम वैसा ही व्यवहार करने लगते हैं जैसाकि अन्य लोगों ने उचित पाया था।

तीसरे, सार्वजनिक विचार-विमर्श का मूल्यमानों के निर्धारण पर गहन प्रभाव हो सकता है। जैसे कि शिकागो के महान अर्थविद् फ्रैंक नाइट ने कहा है, "मूल्यमानों की स्थापना या मंडन एवं स्वीकृति विचार-विमर्श के माध्यम से ही होती है—यह विवेचना एक ही साथ सामाजिक, बौद्धिक एवं सृजनात्मक गतिविधि बन जाती है।" सार्वजनिक चयन के सन्दर्भ में जेम्ज कनन ने कहा है : "लोकतन्त्र की 'विचार-विमर्श द्वारा शासन' की परिभाषा का अर्थ है कि व्यक्तियों के मूल्यमान निर्णय-प्रक्रिया के दौरान बदल भी सकते हैं—बदल ही जाते हैं।"

चौथे, विकासवादी चयन का भी बहुत ही निर्णायक प्रभाव हो सकता है। व्यवहार का स्वरूप कई बार इसी कारण अपने आप को बनाए रख पाता है कि उसके परिणामात्मक योगदान बहुत महत्त्वपूर्ण होते हैं। व्यवहार सम्बन्धी चयनों की प्रत्येक विधि [विचाराश्रित चयन, संयुतियुक्त व्यवहार, सार्वजनिक विचार-विमर्श और विकासवादी चयन] पर ध्यान दिए जाने की आवश्यकता है। मानवीय व्यवहार को सूत्रबद्ध करते समय इन चारों पर अलग-अलग और सम्मिलित रूप से विचार होना चाहिए। सामाजिक व्यवहार में जीवन मूल्यों की भूमिका इसी व्यापक विचार तंत्र का एक अवयव बन जाती है।

नैतिक मूल्यमान और नीति-निर्धारण

आइए, इन व्यक्तियों के मूल्यमानों एवं मानकों से आगे चलकर सामाजिक नीतियों के निर्धारण में उपयुक्त जीवनमूल्यों की ओर ध्यान दें। नीति-निर्धारकों के पास सामाजिक न्याय के मूल्यमानों पर ध्यान देने के लिए दो प्रकार के कारण विद्यमान होते हैं। पहला और अधिक तात्कालिक कारण तो यही है कि सार्वजनिक नीतियों के ध्येयों और उद्देश्यों की पहचान के लिए न्यायपूर्णता की कसौटी का ही प्रयोग होता है। इस प्रकार चुने गए लक्ष्यों की सम्प्राप्ति के निमित्त उपयुक्त उपस्करों आदि के चयन का आधार भी यही कसौटी होती है। सार्वजनिक नीति की संसृति और प्रभाव क्षेत्र के निर्धारण में न्याय के विचार और उसके प्रति अपनाए गए दृष्टिकोण विशेष के सूचना आधारों का महत्त्व भी बड़ा निर्णायक सिद्ध होता है।

दूसरा, अपेक्षतया परोक्ष कारण यह है कि सभी सार्वजनिक नीतियां इस बात पर निर्भर करती हैं कि जनसामान्य और समूह किस प्रकार व्यवहार करते हैं। इन व्यवहारों पर अन्य बातों के साथ-साथ सामाजिक नीतिशास्त्र के तकाज़ों की व्याख्या आदि का भी प्रभाव रहता है। सामाजिक नीतियाँ सुनिश्चित करने में न्याय के तकाज़ों और ध्येयों तथा प्राथमिकताओं के निर्धारण में सामाजिक मूल्यों के प्रभाव क्षेत्र पर ही विचार करना पर्याप्त नहीं रहता, हमें जनसामान्य के जीवन मूल्यों तथा उनकी न्यायता की भावना को भी समझना होता है।

न्याय अवधारणाओं की भूमिका का यह अप्रत्यक्ष स्वरूप सम्भवतः अधिक जटिल है—इसकी अधिक समीक्षाएँ हुई हैं। यह जानना उपयोगी होगा कि न्याय के मानदंड एवं न्याय सम्बन्धी विचार लोगों के आचार-व्यवहार में क्या भूमिका निभाते हैं तथा ये किस प्रकार सार्वजनिक नीतियों की दिशा को प्रभावित कर सकते हैं। हमने अध्याय–8 और 9 में जनन व्यवहार के मानकों के प्रभाव के सन्दर्भ में इस प्रकार के सम्बन्धों के उदाहरण दिए थे। आइए, अब एक और महत्त्वपूर्ण सामाजिक

वास्तविकता से जुड़े उदाहरणों पर विचार करें। यह वास्तविकता है—भ्रष्टाचार का प्रचलन।

भ्रष्टाचार, प्रोत्साहन योजनाएँ एवं व्यावसायिक नीतिशास्त्र

अनेक अफ्रीकी और एशियाई देशों में व्याप्त भ्रष्टाचार को सफल आर्थिक प्रगति के मार्ग की एक बहुत बड़ी बाधा माना जा रहा है। भ्रष्टाचार का उच्च स्तर अनेक सार्वजनिक नीतियों को प्रभावहीन बना देता है—इसके कारण निवेशयोग्य संसाधनों का रिश्वत आदि के कामों में प्रयोग होने लगता है। इसी के कारण माफिया जैसे हिंसक अपराधी गिरोहों को संरक्षण मिलता है और वे पूरे समाज पर हावी हो जाते हैं।

किन्तु न तो भ्रष्टाचार कोई नवीन समस्या है और न ही इसके प्रस्तावित निराकरणों में कोई नयापन है। पुरानी सभ्यताओं में भी भ्रष्टाचार बहुत व्यापक स्तर पर छाया हुआ था। कुछ एक ने तो भ्रष्टाचार, विशेषकर सरकारी अधिकारियों के भ्रष्टाचार को कम करने के उपायों पर बड़े-बड़े ग्रन्थों की रचना भी की है। हमें इस ऐतिहासिक साहित्य से भी आज के भ्रष्टाचार को नियंत्रित करने के लिए कुछ दिशानिर्देश अवश्य मिल सकते हैं।

हाँ, तो पहली बात जो स्पष्ट होनी चाहिए, यह है : आखिर भ्रष्ट आचार या व्यवहार क्या है ? भ्रष्टाचार में निजी लाभ और फायदे के लिए किन्हीं स्थापित नियमों की अवहेलना (या उन्हें तोड़ा जाना) अवश्य सम्मिलित होता है। स्वाभाविक है, लोगों को स्वहित-केन्द्रित होने की शिक्षा देकर तो हम भ्रष्टाचार का उन्मूलन नहीं कर पाएँगे। लोगों को केवल यह उपदेश देना भी कि उन्हें कम आत्मकेन्द्रित होना चाहिए, इस कार्य में विशेष सहायक नहीं हो पाएगा—क्योंकि स्वहित बलिदान का भी कोई उचित कारण दिया जाना चाहिए।

वैसे संस्थागत सुधारों द्वारा किसी सीमा तक भ्रष्टाचार से सम्भावित लाभों और हानियों का 'सन्तुलन' बदला जा सकता है। एक तो सदियों से भ्रष्टाचार नियन्त्रण के लिए निरीक्षण एवं दंड विधान की व्यवस्था सुझाई जाती रही है। उदाहरण के लिए, चौथी शताब्दी ईसापूर्व के भारतीय राजनीतिक विचारक कौटिल्य ने ऐसी 40 विधियों का बहुत सूक्ष्म दृष्टि से विवेचन किया है जिनके माध्यम से किसी राजकर्मचारी को वित्तीय भ्रष्टाचार में लिप्त हो जाने की लालसा पैदा हो सकती है। उन्होंने यह भी बताया है कि किस प्रकार से विभिन्न बिन्दुओं पर निरीक्षण और फिर दंड तथा पुरस्कार की व्यवस्था ऐसी हरकतों पर अंकुश लगा सकती है। नियमों और दंडों का स्पष्ट विधान तथा उसका कड़ाई से अनुपालन व्यवहार के स्वरूप को बहुत प्रभावित

कर सकता है।

दूसरी मुख्य बात यह है कि कुछ नियमन व्यवस्थाओं में कुछ अधिकारियों को अन्य लोगों को लाभ पहुँचा पाने के ऐच्छिक अधिकार मिले होते हैं। ऐसे अधिकारों से प्रायः व्यवसायी ही अधिक लाभान्वित होते हैं—और वे उन अधिकारियों को इन कामों के प्रतिदान में बहुत-सी धनराशियाँ दे पाने में समर्थ भी होते हैं। भारत की अतिनियन्त्रित अर्थव्यवस्था को 'लाईसेंस राज' की संज्ञा दी जाती थी। सारे ही दक्षिण एशिया के अनुभव सिद्ध कर रहे हैं कि यह व्यवस्था भ्रष्टाचार के लिए आदर्श जन्मभूमि का निर्माण कर देती है। यदि ये व्यवस्थाएँ अन्य दृष्टियों से विपरीत प्रभावकारी नहीं हों (जो ये होती हैं) तो भी भ्रष्टाचार की सामाजिक लागतें इतनी विशाल हो जाती हैं कि इससे बचना ही श्रेयस्कर लगता है। भ्रष्ट होने की लालसा उस समय सबसे बलवती होती है जबकि अधिकारी स्वयं गरीब होते हैं पर उन्हें एच्छिक अधिकार बहुत अधिक मिल जाते हैं। अनेक अतिनियन्त्रित व्यवस्थाओं में प्रशासन के निम्न स्तरों पर विशेषकर ऐसी ही दशा पाई जाती है। यही कारण है कि भ्रष्टाचार प्रशासन के उच्चतर स्तर से प्रारम्भ होकर निम्नतम स्तरों तक व्याप्त हो जाता है। आंशिक रूप से इसी प्रकार की समस्याओं का सामना करने के लिए पुरातन चीन में अनेक स्तरों के राज्याधिकारियों को 'भ्रष्टाचारविरोधी भत्ता' (यांग लिएन) भी दिया जाता था—ताकि वे उत्कोचमुक्त रहकर कानूनों का अनुपालन करते रहें।

ये तथा अन्य प्रेरणाएँ किसी सीमा तक प्रभावी हो सकती हैं—किन्तु केवल वित्तीय प्रेरणाओं के माध्यम से भ्रष्टाचार को समाप्त कर पाना शायद ही सम्भव हो पाए। वास्तव में ऊपर बाताई गई तीनों ही भ्रष्टाचारविरोधी नीतियों की अपनी-अपनी सीमाएँ भी हैं। एक तो अपराधियों को पकड़ पाना आसान नहीं होता—अक्सर पर्यवेक्षण-निरीक्षण व्यवस्थाएँ बहुत प्रभावपूर्ण नहीं होतीं। साथ ही अपराधियों को पकड़नेवालों के लिए भी उपयुक्त प्रोत्साहन योजनाओं की रचना करनी होगी—ताकि कोई उन्हें खरीद न पाए। दूसरे, प्रत्येक शासन-व्यवस्था में अधिकारियों को कुछ-न-कुछ ऐसे ऐच्छिक अधिकार अवश्य देने पड़ जाते हैं जिनके उनसे लाभ की अपेक्षा रखनेवाले व्यक्ति ऊँचे दाम लगाने को तैयार हो जाते हैं। ऐसे लोग ही उन अफसरों को भ्रष्ट बनाने का काम भी कर सकते हैं। ऐसे अधिकारों के क्षेत्र को सीमित किया जा सकता है—किन्तु प्रायः किसी भी कार्यपालक अधिकार में कुछ-न-कुछ दुरुपयोग की सम्भावना बनी ही रहती है। तीसरे, सम्पन्न अधिकारी भी और अधिक सम्पन्न होने के कार्य में जुट सकते हैं—वे इसके लिए [अगर लाभ अच्छा दिखाई दे तो] कुछ जोखिम भी उठाने को तत्पर हो जाते हैं। अनेक देशों में इस प्रकार के व्यवहार के अनेक उदाहरण मिल रहे हैं।

इन सीमाओं को ध्यान में रखते हुए भी हमें संगठनात्मक व्यवस्थाओं में परिवर्तनों को प्रभावी बनाने के लिए हर सम्भव प्रयास करना ही चाहिए। पर यह बात स्पष्ट रूप से जान लेनी चाहिए कि केवल स्वहितकारी सम्प्रेरणाओं पर आधारित नीतियाँ भ्रष्टाचार का पूर्ण उन्मूलन कभी नहीं कर पाएँगी। वास्तव में अनेक देशों में जहाँ रिश्वतखोरी इतनी अधिक प्रचलित नहीं है, वहाँ वित्तीय प्रोत्साहनों के स्थान पर आचार संहिता के अनुपालन पर ही अधिक बल दिया जाता है। यह बात हमारे ध्यान को बरबस विभिन्न समाजों में प्रचलित व्यवहार के मानकों और स्वरूप की ओर खींच ले जाती है।

प्लेटो ने अपने ग्रन्थ 'लॉज़' में सुझाया था कि प्रबल कर्त्तव्य-भावना भ्रष्टाचार रोकने में सहायक होगी पर उन्होंने यह भी स्वीकार किया था कि यह कार्य आसान नहीं होगा। यहाँ सवाल सामान्य कर्त्तव्यपरायणता का नहीं है—यह तो नियमों और उनके अनुपालन के प्रति उस दृष्टिकोणविशेष का प्रश्न है जिसका भ्रष्टाचार से प्रत्यक्ष सम्बन्ध रहता है। ये सब बातें व्यवहार के इस स्वरूप से संबंधित हैं जिन्हें एडम स्मिथ ने औचित्य (Propriety) का नाम दिया है। ईमानदारी और अच्छे शुचितापूर्ण व्यवहार के नियमों को प्राथमिकता दिए जाने का एक व्यक्ति सहज ही सम्मान कर सकता है। अनेक समाजों में ऐसे नियमों के प्रति सम्मान भाव ही भ्रष्टाचार के विरुद्ध एक बड़ी प्रतिरोधक शक्ति बना हुआ है। वास्तव में आज के विश्व में नियमानुसार व्यवहार के प्रति दृष्टिकोण में विभिन्न सभ्यताओं में भारी अन्तर पाए जा रहे हैं [चाहे सन्दर्भ पश्चिम यूरोप और पूर्वी एशिया के व्यवसायिक व्यवहार का हो या पश्चिम यूरोप में ही स्विट्ज़रलैंड और इटली के व्यवहार की तुलना का]।

किन्तु व्यवहार के स्वरूप अपरिवर्तनीय नहीं होते। लोगों का व्यवहार प्रायः इस बात से बहुत प्रभावित होता है कि उनके आसपास और लोग क्या कुछ और कैसे कर रहे हैं—कई बार इस विषयक अनुभूति, यहाँ तक कि भ्रम भी व्यक्ति के व्यवहार को प्रभावित कर सकता है। अतः बहुत कुछ इस बात पर भी निर्भर होगा कि वर्तमान व्यवहार-मानकों को कोई किस प्रकार समझता और व्याख्यायित करता है। तुलना-दृष्टि से 'सापेक्ष न्यायता' (Relative Justice) की धारणा भी व्यवहार पर बहुत महत्त्वपूर्ण प्रभाव छोड़ सकती है। वास्तव में 1993 में इटली की माफिया से जुड़ी भ्रष्टाचार सम्बन्धी जाँच कर रही संसदीय समिति को अक्सर यही तर्क सुनने को मिला था कि मैं हेराफेरी इसलिए कर रहा हूँ कि और सब लोग ऐसे ही व्यवहार कर रहे हैं।

जिन विश्लेषकों ने सामाजिक, राजनीतिक और आर्थिक जीवन पर 'नैतिक भावनाओं' के प्रभावों की मीमांसा की है उन्होंने 'अनुकरण' करने और परम्परा का

निर्वाह करने के महत्त्व को बहुत ठीक से समझा है। एडम स्मिथ ने कहा था :

> अनेक व्यक्ति बहुत अच्छा व्यवहार करते हैं। प्रायः सारे जीवन भर उन पर कोई आक्षेप नहीं आता, फिर भी सम्भवतः ऐसी कोई भावना उनके मन में आई ही नहीं हो जिसके आधार पर हम उनके व्यवहार को उचित या उपयुक्त की संज्ञा दे रहे हैं। सम्भव है, उनका वह व्यवहार-स्वरूप केवल इसीलिए बना रहा हो कि उस समय सामान्य व्यवहार के नियमों का यही तकाजा था।

जब बात व्यवहार के प्रचलित नियमों की हो तो फिर सत्ता और शक्तिशाली व्यक्तियों का व्यवहार बहुत ही महत्त्वपूर्ण बन जाता है। इसी कारण वरिष्ठ राज्याधिकारियों के व्यवहार का उचित व्यवहार के नियमों की स्थापना में बहुत बड़ा योगदान रहता है। चीन में 112 ईसा पूर्व 'हुई नान लू' के रचनाकारों ने समस्या को इस प्रकार निरूपित किया था :

> यदि मापन नियम ठीक है तो लकड़ी भी सीधी हो जाएगी। इसके लिए कोई विशेष प्रयास नहीं करता, बल्कि यह तो इसलिए हो जाता है कि उस पर शासनकर्ता उसे इसी प्रकार का विशेष रूप प्रदान कर देते हैं। इसी प्रकार यदि शासक स्वयं ईमानदार और भला है तो उसके प्रशासन के अधिकारी भी ईमानदार हो जाएँगे, बदमाश किस्म के लोग कहीं जा छुपेंगे। किन्तु यदि शासक खरा नहीं हो तो फिर बुरे लोग ही मनमानी करने लगेंगे—इस दशा में वास्तव में निष्ठावान लोगों को एकान्तवास के अतिरिक्त कोई चारा नहीं रहता।

मुझे लगता है कि इस पुरातन सीख में बहुत सूझबूझ भरी है। उच्च स्तरों पर भ्रष्टाचार के प्रभाव उनके प्रत्यक्ष परिणामों तक ही सीमित नहीं रहते। इसी कारण भ्रष्टाचार निर्मूलन का आरम्भ भी ऊपर से ही करने के पक्षधर लोगों की बात में दम दिखाई देता है।

मैं यहाँ भ्रष्टाचार उन्मूलन का कोई सूत्र गढ़ने का प्रयास नहीं कर रहा। अनेक संस्थागत सुधारों के द्वारा लोगों के हानि-लाभ के आंकलन को परिवर्तित कर पाना सम्भव हो सकता है--कुछ ऐसे सुधारों की हमने चर्चा भी की है। साथ ही ऐसे मानकों और आचरण-व्यवहार आदि की रचना पर ध्यानादि दिए जाने की आवश्यकता भी है जिनके कारण अनुकरण होता है और जिनमें 'सापेक्ष न्याय' का भाव महत्त्वपूर्ण रूप धारण कर लेता है। 'चोरों के बीच विश्वास' में अन्य लोगों को विशेष न प्रतीत

हो, किन्तु इसके पक्षधरों को तो यही सही दिखाई देता है [यही बात चोरों के बीच 'सम्मान' पूर्ण व्यवहार पर भी लागू होती है—चाहे अन्य व्यक्तियों को इसमें किसी प्रकार का 'सम्मान भाव' दिखाई न दे]।

भ्रष्टाचार की चुनौती को सही ढंग से समझ पाने के लिए हमें इस मान्यता को अस्वीकार करना ही पड़ेगा कि व्यक्तियों का सारा व्यवहार केवल व्यक्तिगत लाभ से प्रेरित होता है, उनके जीवन में मूल्यमानों और सदाचार आदि का कोई स्थान नहीं होता। विभिन्न समाजों में लोगों के व्यवहार-आचार के अन्तर यह स्पष्ट करते हैं कि जीवनमूल्य आदि का प्रभाव भी निश्चित रूप से होता है। परिवर्तन की गुंजायश सदा बनी रहती है, यह गुंजाइश कभी जमा या संवर्धित भी होती रहती है तो कभी इसका प्रसार अन्य क्षेत्रों की ओर भी हो जाता है—जैसे किसी एक क्षेत्र में भ्रष्टाचार अन्य क्षेत्रों की ओर भी चला जाता है। जैसे किसी एक क्षेत्र का भ्रष्टाचार अन्य क्षेत्रों में इसके प्रसारण का आधार बन जाता है, उसी प्रकार कहीं पर इसके शिकंजे की कसावट में ढीलापन आने से अन्य जगहों पर भी इसमें शिथिलता आने लगती है। इस प्रकार के व्यवहार के वातावरण के विषय में सुखद सत्य यही है कि प्रत्येक दुष्चक्र के साथ-साथ ही एक सुचक्र भी अवश्य निहित रहता है—आवश्यकता उस दुष्चक्र की दिशा को बदलने की है।

निष्कर्षात्मक टिप्पणियाँ

इस अध्याय का आरम्भ विवेकपूर्ण सामाजिक प्रगति के विचार के प्रति कुछ आशंकाओं की समीक्षा से हुआ था [हमारी इस पुस्तक की प्रमुख अन्तर्धाराओं में से एक यह 'विवेकशील सामाजिक प्रगति' (Reasoned Social Progress) भी है]। एक आपत्ति में तो विवेक-आधारित सामाजिक चयन की सम्भावना पर ही प्रश्नचिह्न लगा दिए गए हैं—इसमें मुख्यतः केन्नेथ ऍरो की सुप्रसिद्ध 'असम्भाविता प्रमेय' (Impossibility Theorem) का ही सहारा लिया गया है। पर समीक्षा के उपरान्त पता चलता है कि यह समस्या वास्तव में विवेकशील सामाजिक चयन की नहीं वरन् उसके उपयुक्त सूचना-आधार की पर्याप्तता की समस्या है। यह एक महत्त्वपूर्ण निष्कर्ष है—साथ ही यह निराशावादी भी है। हम पिछले अध्यायों (विशेषकर अध्याय—३) में सूचना-आधारों की निर्णायक भूमिका पर चर्चा कर चुके हैं। 'पर्याप्तता' की इस समस्या की व्याख्या उसी चर्चा के परिप्रेक्ष्य में हो सकती है।

इसकी आपत्ति प्रायोजित लक्ष्यों की अपेक्षा अप्रायोजित परिणामों की प्रबलता पर आग्रह करती है। यह भी हमें बहुत कुछ सिखा सकती है किन्तु इन सीखों में मुख्य सबक सामाजिक विकल्पों के विश्लेषण की निरर्थकता का नहीं है—मुख्य पाठ

तो यह है कि अनचाहे किन्तु पूर्वाकलनयोग्य सभी परिणामों का पूर्वानुमान अवश्य किया जाना चाहिए। यह न तो इरादे की शक्ति से अभिभूत होने का प्रश्न है और न ही अन्य अनुषांगिक प्रभावों की अवहेलना का। वास्तविक अनुभव—विशेषकर चीन के—यह बताते हैं कि अनेक विफलताओं की वजह उनके कारणों की दुरूहता नहीं थी, वस्तुतः इसकी वजह तो किसी एक ही पक्ष पर ध्यान केन्द्रित रखने का दुराग्रह थी। समझदारी का तकाज़ा है कि इस प्रकार के दुराग्रहों से बच कर अधिक व्यापक दृष्टिबोध को अपनाया जाना चाहिए।

तीसरी आशंकाएँ सम्प्रेरणाओं की व्याख्या से जुड़ी हैं। यहाँ यही मानने पर आग्रह किया जा रहा था कि मनुष्य तो केवल अपने ही हितों पर पूरी तरह से केन्द्रित रहता है—इस बारे में वह कोई समझौता नहीं करता और ऐसी दशा में [दावा किया जाता है] केवल पूँजीवादी व्यवस्था ही सुचारू रूप से कार्य कर सकती है। किन्तु वास्तविक अनुभव इस मत की पुष्टि नहीं कर पाते। वास्तव में तो यह मान पाना भी कठिन हो जाता है कि पूँजीवाद की सभी सफलताओं का श्रेय केवल स्वार्थसिद्धि के बेलगाम अश्व की दौड़ को जाता है। इस श्रेय की अधिकारी तो एक अत्यन्त सुलझी हुई पर जटिल मूल्यमान व्यवस्था को पाया गया है। इन मूल्यमानों में सम्मिलित हैं : भरोसा, विश्वास तथा अन्यान्य प्रलोभनों की विद्यमानता के बाद भी व्यवसायिक ईमानदारी [इनमें कोई भी बात केवल स्वार्थपूर्णता से भरे व्यवहार से जुड़ी हुई नहीं मानी जा सकती]। प्रत्येक आर्थिक व्यवस्था व्यवहार के नीतिशास्त्र से कुछ मांग करती है—पूँजीवाद भी इसका अपवाद नहीं है। जीवनमूल्य अनेक प्रकार से वैयक्तिक व्यवहार को प्रभावित करते हैं [पूँजीवाद में भी]।

वैयक्तिक व्यवहार में जीवनमूल्यों एवं मानकों के सम्भावित योगदान की चर्चा के पीछे मेरा यह आशय कदापि नहीं है कि व्यक्ति अपनी मौलिक चिन्ताओं और समझदारी के तकाज़ों की अपेक्षा न्याय की भावना से अधिक प्रेरित होते हैं। ऐसा कभी नहीं होता। व्यक्तिगत कार्य हो, व्यापार या फिर सामाजिक कार्य—किसी भी सन्दर्भ में यह मानकर चलना कि सभी व्यक्ति बहुत ही भले और न्यायपूर्ण व्यवहार के लिए अत्यन्त आतुर हैं, उचित नहीं होगा। वास्तव में अनेक बार अनेक योजनाएँ और प्रकल्प केवल इसी कारण विफल हो चुके हैं कि उनका सारा दारोमदार व्यक्तियों के निःस्वार्थ व्यवहार पर ही था। उच्च जीवनमूल्यों के महत्त्व की बात करते समय व्यापक आत्महित-साधन और घोर स्वार्थ एवं लोलुपता की अवहेलना नहीं करनी चाहिए।

यह तो हमारी व्यवहार विषयक मान्यताओं में सन्तुलन रखने का प्रश्न है। हमें प्रत्येक व्यक्ति को 'बहुत आदर्श जीवनमूल्यों से प्रेरित होने' की अतिभावुकतापूर्ण

सदाशा से बचना चाहिए। किन्तु इसके एकदम विपरीत यह मान लेना, कि सभी व्यक्ति पूरी तरह से घोर स्वार्थ के वशीभूत हैं, भी उच्च कोटि की भावुकता ही होगी। कई बार अर्थशास्त्री इस दूसरी भावुकता के शिकार हो यही मान बैठते हैं कि मानव के व्यवहार में उच्च जीवनमूल्यों का कोई स्थान नहीं होता, वह तो केवल निजी लाभ के ओछे स्वार्थ से प्रेरित होता है। हमारा वास्ता चाहे कार्य के नीतिशास्त्र से हो, व्यवसाय की नैतिकता से हो, या भ्रष्टाचार, सार्वजनिक उत्तरदायित्व अथवा फिर पर्यावरण-संरक्षण या स्त्रीपुरुष-विषमता अथवा परिवार के आकार से, हमें यह ध्यान रखना ही चाहिए कि प्राथमिकताएँ और मानदंड सदैव एक से नहीं रहते। इनमें बदलाव भी आते रहे हैं। दक्षता और समता, दरिद्रता और दमन के निवारण आदि के विश्लेषण के सन्दर्भ में तो मूल्यमानों का महत्त्व स्वयंसिद्ध ही है।

भ्रष्टाचार आदि के उदाहरणों की चर्चा के पीछे केवल इन विषयों के महत्त्व का ही हाथ नहीं है, हमारा वास्तविक ध्येय तो सार्वजनिक नीतियों के निर्धारण में निर्णायक सिद्ध होने वाले जीवनमूल्यों एवं व्यवहारिक मानदंडों की ओर ध्यान आकर्षित करना है। इन्हीं उदाहरणों द्वारा हमने मूल्यमानों एवं न्याय की अवधारणाओं की रचना में सार्वजनिक विचार-विमर्श की भूमिका की ओर भी ध्यान दिलाया है। सार्वजनिक नीतियों की रचना में जनसामान्य की व्यापक भूमिका के अनेक परिप्रेक्ष्यों-आयामों का ध्यान रखना जरूरी होता है। हमारे उदाहरणों में निहित व्यवहारिक सम्बन्ध सूत्र न्याय एवं नैतिकता के विचारों के प्रभाव क्षेत्रों का ही निरूपण नहीं करते, वे यह भी बताते हैं कि इन मूल्यमानों की रचना जनसामान्य के आदान-प्रदान से भरी एक सामाजिक प्रक्रिया भी है।

हमें अधिक ज्ञानपूर्ण सूझबूझ से भरे जनसंवाद को बढ़ावा देनेवाली परिस्थितियों की रचना करने पर विशेष ध्यान देना चाहिए। इसके भी नीतियों पर गहन प्रभाव पड़ते हैं [आपको इस सन्दर्भ में अध्याय 8-9 में चर्चित युवा नारियों की वैचारिक व्यवहारिक स्वातन्त्र्य पर साक्षरता, स्कूली शिक्षा और महिलाओं के रोजगार-संवर्धन आदि के सन्दर्भ तो ध्यान ही होंगे]। समाचार पत्रों एवं अन्य संचार साधनों का स्वातन्त्र्य भी यहाँ एक बहुत बड़ा प्रश्न बन जाता है—क्योंकि इसी स्वातन्त्र्य के माध्यम से इनकी अनेक सामाजिक विषयों में प्रभावी योगदान दे पाने की क्षमता का निर्धारण होता है।

सार्वजनिक चर्चा के विशद महत्त्व को कई बार आंशिक रूप से ही स्वीकारा जाता है। चीन में वैसे तो समाचार पत्रों पर कड़ा नियंत्रण है क़िन्तु परिवार के आकार के प्रश्न पर वहाँ भी खूब खुलकर विचाराभिव्यक्ति हुई है—वहाँ के जननीति-नियन्ता परिवार के आकार के किसी अन्य स्वीकार्य मानदंड के प्रादुर्भाव के लिए प्रयत्नशील

प्रतीत होते हैं। किन्तु यह बात और अनेक प्रकार के सामाजिक-आर्थिक परिवर्तनों पर भी पूरी तरह लागू होती है—वहाँ भी सार्वजनिक परिचर्चा बहुत उपयोगी हो सकती है। चीन में किन विषयों पर चर्चा की अनुमति है (या नहीं), यह सरकारी तन्त्र की नीतिगत प्राथमिकताओं को ही अभिव्यक्त करती है। यहाँ एक विरोधाभास है जिसका निराकरण नहीं हो पाया है। चीन में जनन दर की गिरावट के साथ ही नारी के विरुद्ध भेदभाव बढ़ा है—यह उच्च बालिकामृत्यु दर से 'प्रगति' कर भ्रूणावस्था में ही बालिकाओं की हत्या तक पहुँच चुका है। इसके विपरीत स्त्री-पुरुष समता की बेहतर स्वीकारोक्ति पर आधारित जनन दर ह्रास समाज को कितने ही आन्तरिक तनावों और टकरावों से मुक्त रख सकता है [नारी समता के मुख्य तत्त्वों में उसे बार-बार गर्भधारण, जनन और पालन के बोझ से छुटकारा दिलाना भी शामिल है]।

सार्वजनिक नीतियाँ केवल सामाजिक मूल्यों, स्वीकारोक्तियों, सहमतियों को लागू करने ही नहीं बल्कि खुले संवाद द्वारा उन मूल्यों के प्रादुर्भाव में भी भारी योगदान दे सकती हैं। अनेक नीतियाँ खुले संवाद के स्तर एवं प्रसार को प्रभावित कर सकती हैं। इनमें संचार माध्यमों की स्वतंत्रता (सेंसरशिप का नहीं होना), बुनियादी शिक्षा तथा स्कूली शिक्षण का प्रसार (नारी शिक्षा सहित), आर्थिक स्वातन्त्र्य का संवर्धन (विशेषकर नारियों सहित समाज के सभी वर्गों के लिए रोजगार के अवसरों का प्रसार) तथा अन्य जन-जन की भागीदारी बढ़ानेवाले सामाजिक-आर्थिक परिवर्तन सम्मिलित रहते हैं। इस सारी ही विचार-पद्धति में जनता को निष्क्रिय आदान और आदेश प्राप्ति की बाट जोहता समुदाय नहीं माना जाता, उसे हर प्रकार के परिवर्तन और बदलाव के प्रवर्तन में सक्रिय रूप से भागीदार (कर्ता) माना जाता है।

12

वैयक्तिक स्वातंत्र्य : एक सामाजिक प्रतिबद्धता

महान विचारक बर्ट्रेंड रसेल पक्के नास्तिक भी थे। एक बार उनसे किसी ने पूछा कि यदि मृत्यु के बाद अन्ततः आपका सामना ईश्वर से हो ही गया तो आप क्या करेंगे? कहा जाता है कि रसेल साहब ने जवाब दिया था, "मैं ईश्वर से पूछूँगा कि हे सर्वशक्तिमान, आपने अपने अस्तित्त्व के इतने कम प्रमाण क्यों छोड़े हैं? निश्चित रूप से जिस दुःख-परिपूरित संसार में हम निर्वाह कर रहे हैं, वह किसी सर्वशक्तिमान रचयिता पालनकर्ता द्वारा संचालित विश्व तो नहीं लगता। यह समझ नहीं आता कि किसी करुणामय विश्वव्यवस्था में किस प्रकार से इतने विशाल जनसमुदाय की भयावह दुर्दशा, अतिशय भूख, अभावों-वंचनाओं से ग्रस्त जीवन और प्रतिवर्ष लाखों बच्चों की भोजन और दवा के अभाव में मृत्यु को किस प्रकार सहन किया जा रहा है?

यह प्रश्न नया नहीं है—धर्माचार्य सदियों से इस प्रश्न से जूझ रहे हैं। एक तर्क यह भी है कि संभवतः ईश्वर ने इन समस्याओं से जूझने का दायित्व हमें ही सौंप दिया है—इस विचार को अनेक स्तरों पर बौद्धिक समर्थन भी मिला सकता है। मैं एक गैर-धार्मिक व्यक्ति हूँ, इस कारण ऐसे किसी तर्क का धार्मिक दृष्टि से गुणदोष विवेचन नहीं कर पाऊँगा। पर मुझे इस दावे में कुछ दम अवश्य लगता है कि मनुष्य जिस विश्व में जीवन-यापन कर रहे हैं, उसे बनाने-संवारने के दायित्व का वहन भी उन्हें ही करना होगा। इस बात को स्वीकार करने के लिए किसी का श्रद्धालु अथवा श्रद्धाविहीन होना आवश्यक नहीं है। एक साथ रहने वाले लोगों के रूप में हम अपने आस-पास घटित हो रही अतिवितृष्णाकारी घटनाओं को अपनी समस्या मानने से इनकार नहीं कर पाएँगे। वे किसी और की जिम्मेदारी हों न हों—हमारा उत्तरदायित्व अवश्य हैं।

सुयोग्य व्यक्ति होने के नाते हम परिस्थितियाँ कैसी हैं और उन्हें बेहतर बनाने के लिए क्या करने की आवश्यकता है, इन बातों से भी मुँह नहीं चुरा पाएँगे। विचारशील जीव होने के कारण हम अन्य प्राणियों के जीवन के विषय में चिन्तन कर पाने की क्षमता से संपन्न भी हैं। हमारा उत्तरदायित्व बोध केवल हमारे अपने कार्य के परिणामों तक सीमित नहीं रह जाना चाहिए (इसका बहुत ही विशाल महत्त्व हो सकता है) बल्कि इसका सम्बन्ध तो हमारे चारों ओर व्याप्त उस दुर्दशा से भी होना चाहिए जिसका निवारण कर पाना हमारी शक्ति से बाहर नहीं हो। हमारा ध्यान केवल इस दायित्वबोध तक ही रहे ऐसी बात नहीं है—पर इस दायित्व को स्वीकार करने से मना करने का अर्थ तो हमारे जीवन की सामाजिकता के प्रति भी प्रश्नचिह्न लगाना होगा। यहाँ हमारे व्यवहार के निश्चित नियमों की रचना का प्रश्न नहीं उठाया जा रहा, हमारा प्रश्न तो साझे मानवीय जीवन में विकल्पों के बीच चयन के महत्त्व को समझने और अनुभव करने से जुड़ा है।

स्वातंत्र्य और उत्तरदायित्व के अंतर्सम्बन्ध

उत्तरदायित्य के प्रश्न में एक और प्रश्न भी निहित है। क्या अपनी दशा के लिए कोई व्यक्ति स्वयं ही पूरी तरह उत्तरदायी नहीं होना चाहिए? अन्य लोग उसके जीवन को प्रभावित करने का जिम्मा क्यों उठाएँ ? अनेक समीक्षक किसी न किसी रूप में इसी विचार से प्रभावित प्रतीत होते हैं—आज के युग के रुझान को देखते हुए 'स्वयंसेवा' का विचार ही उपयुक्त भी लगता है। कुछ लोग तो यह भी तर्क देते हैं कि अन्य लोगों पर निर्भर रहने में अनेक नैतिक समस्याएँ भी आती हैं, यह व्यवहारिक दृष्टि से पराजय और पलायनवादी है, इसमें व्यक्ति की अपनी क्षमता और प्रेरणाओं का क्षरण हो जाता है—वह अपना आत्म-सम्मान भी खो बैठता है। अपनी समस्याओं एवं हितों के संरक्षण के लिए अपने आपसे अधिक भरोसेमन्द और कोई नहीं हो सकता।

इस प्रकार के तर्कों को सशक्त बनाने वाले सरोकार बहुत महत्त्वपूर्ण हो सकते हैं। एक व्यक्ति के हितों की रक्षा का भार किसी अन्य को सौंपने वाला उत्तरदायित्व विभाजन अनेक प्रकार ही हानियों का कारण बन सकता है : ये हानियाँ व्यक्ति की संप्रेरणाओं, व्यक्ति की कार्यक्षमता और आत्मानुभूति से जुड़ी होती हैं—प्रायः इन विषयों में वह व्यक्ति स्वयं ही सबसे अधिक जानकार अथवा विवेकपूर्ण हो सकता है, अन्य कोई नहीं। व्यक्ति के दायित्व का स्थान सामाजिक उत्तरदायित्व को सौंपने का प्रत्येक विचार किसी न किसी रूप में विपरीत प्रभावकारी हो सकता है। व्यक्ति के आत्म-उत्तरदायित्व का स्थान कोई भी और कुछ भी नहीं ले सकता।

व्यक्ति के अपने ही उत्तरदायित्व पर सारा ध्यान केन्द्रित करने की बहुत सी सीमाएँ एवं व्यवहारिक कठिनाइयाँ हैं पर उनकी चर्चा से पूर्व इसके महत्त्व को स्पष्ट

रूप से समझ लेना अनिवार्य है। अपने दायित्वों का निर्वहण करने का हमारा सारभूत स्वातंत्र्य अनेक वैयक्तिक, सामाजिक एवं पर्यावरणगत परिस्थितियों पर निर्भर रहता है। प्राथमिक शिक्षा से वंचित रखे गए बच्चे से केवल उसके बचपन का ही एक अंश नहीं छिन गया होता, वह सारा जीवन भर पढ़ने-लिखने, गणना करने आदि की योग्ताओं के अभाव के कारण असमर्थता भोगने को विवश बना रहता है। एक वयस्क को इलाज हो सकने योग्य बीमारी की चिकित्सा से वंचित रखने पर वह शायद मरने से तो बच जाए किन्तु वह अपने तथा अन्य लोगों के लिए अनेक प्रकार के कार्यों को संपन्न कर पाने के स्वातन्त्र्य से अवश्य वंचित रह जाती है—प्रायः ये ऐसे कार्य होते हैं जिन्हें एक उत्तरदायित्वपूर्ण व्यक्ति होने के नाते वह अवश्य करना चाहती है। एक उदाहरण—एक बीमार रहने वाली माँ अपने बच्चों की ठीक से देखभाल नहीं कर सकती। अर्द्धदासता में पैदा हुआ बंधुआ मजदूर, दमनकारी समाज की दबी हुई नारियाँ, जीवन-यापन के पर्याप्त साधनों से हीन भूमिहीन मजदूर आदि केवल अपने कुशलमंगल की दृष्टि से त्रस्त नहीं हैं—बल्कि वे अनेक मूलभूत स्वातंत्र्यों के अभाव के कारण ही उत्तरदायित्वपूर्ण जीवन बिता पाने में भी असमर्थ रह जाते हैं। उत्तरदायित्वों के लिए स्वातंत्र्य भी आवश्यक होते हैं।

इस प्रकार वैयक्तिक स्वातंत्र्य संवर्धन के लिए सामाजिक सहयोग व्यक्ति के उत्तरदायित्व बोध को बढ़ाने में सहायक होता है—उसे कम करने में नहीं। स्वातंत्र्य एवं उत्तरदायित्व का सम्बन्ध द्विपक्षीय होता है। किसी कार्य को कर पाने की योग्यता और सारभूत स्वातंत्र्य न होने पर उस आदमी को उस काम के लिए उत्तरदायी नहीं माना जा सकता। किन्तु स्वातंत्र्य और क्षमता मिलने से ही व्यक्ति का यह कर्त्तव्य हो जाता है कि वह किसी कार्य को करने अथवा न करने के विषय में विचार अवश्य करे। इसी में व्यक्ति का उत्तरदायित्व बोध निहित रहता है। अतः इस प्रकार से स्वातंत्र्य को उत्तरदायित्व के लिए 'आवश्यक' और 'पर्याप्त' भी माना जा सकता है। केवल वैयक्तिक उत्तरदायित्व भावना पर ही भरोसा करने का विकल्प धाय माँ की तरह आचरण करने वाली सरकार नहीं होगी। व्यक्ति के चयनों का धाय की भाँति निर्धारण करना और उसके सारभूत निर्णयों के लिए उचित चयन के अवसरों का संवर्धन करना जिससे कि व्यक्ति उत्तरदायित्वपूर्ण व्यवहार करने में सफल हो सके, दो अलग-अलग बातें होंगी। समाज की वैयक्तिक स्वातंत्र्य के प्रति प्रतिबद्धता का व्यवहार केवल सरकार के माध्यम से होना अनिवार्य नहीं है। इसमें अन्य अनेक संस्थाएँ और संरचनाएँ सम्मिलित होती हैं, जैसे—राजनीतिक-सामाजिक संगठन, सामुदायिक व्यवस्थाएँ, गैर सरकारी संगठन, सार्वजनिक संवाद एवं संप्रेषण से जुड़े साधन, तथा बाजारों और अनुबंधीय सम्बन्धों के भली प्रकार संचालन में सहायक व्यवस्थाएँ आदि। व्यक्ति के उत्तरदायित्व सम्बन्धी विचार, जिसमें उसे किसी काल्पनिक टापू पर असहाय सा बनाकर खड़ा कर दिया जाता है, उचित नहीं है। इस दृष्टिकोण को और व्यापक

बनाना होगा, इसमें सरकार ही नहीं, अन्य अनेक संस्थाओं अभिकर्ताओं आदि की भूमिका को भी स्वीकार करना होगा।

न्याय, स्वातंत्र्य एवं उत्तरदायित्व

आज के विश्व में वैचारिक स्तर पर एक बहुत बड़ी चुनौती हमारे समक्ष खड़ी है : समाज की रचना कैसी हो ? अर्थात समाज का कैसा स्वरूप हमें स्वीकार्य होगा? क्या कारण है कि कुछ सामाजिक रचनाएँ अच्छी नहीं लगतीं? हम किसी समाज को अधिक सहनीय बनाने के लिए क्या कर सकते हैं? इन विचारों की पृष्ठभूमि में मूल्यांकन और विश्लेषण के कुछ सिद्धान्त अवश्य रहते हैं। कई बार निहित रूप से सामाजिक न्याय के प्रति कुछ मौलिक दृष्टिबोध भी इसी पृष्ठभूमि में सम्मिलित रहते हैं। इस पुस्तक में हम न्याय सिद्धान्तों की विस्तृत अन्वेषणा नहीं कर रहे। हाँ, अध्याय 1-3 में कुछ सामान्य मूल्यांकन सम्बन्धी विचारों पर बातचीत अवश्य की हैं, उनमें तथा उनके सूचना-आधारों में न्याय सम्बन्धी अवधारणाओं का प्रयोग अवश्य होता है। आइए, उन विचारों का शेष अध्यायों (अध्याय 4-11) में चर्चित विषयों से तारतम्य स्थापित करने का प्रयास करें।

सबसे पहली बात तो यह है कि मैंने सामाजिक सफलताओं और विफलताओं के मूल्यांकन में और वैयक्तिक लाभादि के आकलन से सारभूत स्वातंत्र्यों को ही सर्वोपरि स्थान दिए जाने का आग्रह किया है। ये स्वातंत्र्य परिप्रेक्ष्य केवल प्रविधि से जुड़े हुए नहीं होने चाहिए (प्रविधियाँ भी यह जानने के लिए अवश्य उपयोगी होती हैं कि क्या चल रहा है)। मेरा कहना है कि मुख्य बात तो यही है कि हम जैसा जीवन-यापन करना चाहते हैं या किसी कारण से मूल्यवान समझते हैं, उस प्रकार रह पाने में कहाँ तक सक्षम हैं ? यह विश्लेषण विधि विकास की उस संकल्पना से बहुत ही भिन्न प्रकार के परिदृश्य की रचना कर देती है जो सकल राष्ट्रीय उत्पाद, तकनीकी प्रगति या फिर औद्योगीकरण पर आश्रित होती है (कारण यही है कि ये सभी तत्त्व सहायक या साधन स्वरूप में भले ही महत्त्वपूर्ण हों पर ये किसी भी प्रकार से विकास की रचनाकारी विशेषताओं का स्वरूप धारण नहीं कर पाते)।

दूसरे, यह स्वातंत्र्योन्मुखी परिदृश्य अनेक प्रकार के अन्तर-प्रत्यांतरों को भी अपने स्वरूप में समाहित कर पाने में सक्षम हैं। स्वातंत्र्य अनेक प्रकार के होते ही हैं, इनके 'सुअवसर स्वरूप' तथा 'प्रविधि विषयक स्वरूप' के अन्तर की व्याख्या हमने अध्याय–1 में काफी विस्तार से की है। सामान्यतः स्वातंत्र्य के ये अलग-अलग घटक सहनिर्वाहशील होते हैं, कभी-कभी इनमें कुछ टकराव भी पैदा हो सकता है–पर कुल मिला कर जो परिदृश्य उभरेगा वह विभिन्न घटकों/अवयवों को दिए गए सापेक्ष मान या महत्त्व पर निर्भर रहेगा।

एक स्वातंत्र्योन्मुखी विश्लेषण विधि दक्षता एवं समता के विभिन्न सापेक्ष महत्त्व

के दावों के साथ भी निर्वाह कर सकती हैं। दो प्रकार के टकराव सम्भव हैं : (1) स्वातंत्र्यों में विषमता कम करने की बात को लेकर तथा (2) विषमताओं को अनदेखा कर सभी के स्वातंत्र्य संवर्धन की बात पर। साझापन की विश्लेषण विधि पूर्ववत् सामान्य प्रवृत्तियों से संपन्न न्याय सिद्धान्तों की एक नई ही श्रेणी की संसृष्टि को सम्भव बना देती है। वैसे समतोन्मुखी एवं दक्षतोन्मुखी तकाज़ों का टकराव केवल स्वातंत्र्य के परिप्रेक्ष्य में ही नहीं होता। चाहे हम उपयोगिता के वितान पर कार्य करें, वैयक्तिक हितलाभ, प्रसन्नता, संसाधन या प्राथमिक पदार्थों के वितान पर इस टकराव से तो प्रत्येक परिप्रेक्ष्य में हमारा सामना हो ही जाता है। सामान्यतः न्याय सिद्धान्त इसके निराकरण के लिए किसी सूत्र विशेष की रचना करते हैं—जैसे उपयोगितावाद का आग्रह आवंटन विभाजन की अवहेलना कर केवल समग्र उपयोगिता योग को अधिकतम करने का रहा है—इसी वितान पर रॉल्स का आग्रह हीनतम को अधिकतम हितलाभ पहुँचाने का रहा, चाहे इसके कारण अन्य सभी के हितलाभ स्तरों पर कैसा भी प्रभाव पड़े।

इनकी तुलना में मैंने किसी सूत्र की रचना द्वारा विवाद को अंतिम रूप से हल करने का प्रयास नहीं किया है। मैं तो दोनों ही (समग्रवादी एवं विभाजनवादी) विधियों की प्रभावपूर्णता और वैधता को स्वीकार एवं शिरोधार्य करता हूँ। यही स्वीकार्यता तथा दोनों ही पक्षों पर पर्याप्त ध्यान दिए जाने की आवश्यकता ही हमें सार्वजनिक नीति निर्धारण के गरीबी-विषमताओं और सामाजिक निष्पादन के प्रायः अनदेखे रह गए पक्ष—स्वातंत्र्य परिप्रेक्ष्य की ओर खींच ले जाती है। विकास की चुनौतियों को ठीक से समझने के लिए विकास प्रक्रिया के मूल्यांकन में समग्रात्मक एवं वितरणात्मक विवेकों की उपयुक्तता को समझना नितांत अनिवार्य है। किन्तु इसका अर्थ यह नहीं होगा कि सभी विकास अनुभवों को एक ही रेखीय क्रमिकता में बाँधा जाना चाहिए। यहाँ अत्यावश्यक तो यही अनुभूति है कि मूल्यांकन के सूचना आधारों को ठीक से समझ लिया जाए—अर्थात् यह जानना आवश्यक है कि क्या हो रहा है तथा किन बातों/पक्षों को अनदेखा किया जा रहा है।

वास्तव में न्याय-सैद्धांतिक स्तर पर ही इन वैकल्पिक सरोकारों और तकाजों के भारमान निर्धारण को किसी एक ही सूत्र विशेष में बाँधकर रखने का प्रयास बहुत ही अनुचित सिद्ध होगा, क्योंकि इसके कारण इनके टकराव के समाधान (सामाजिक चयन, और भागीदारी की वैकल्पिक व्यवस्थाओं की रचना आदि) में लोकतांत्रिक भावना बहुत ही संकुचित क्षेत्र तक सीमित होकर रह जाएगी। न्याय के आधारभूत विचार सम्भवतः यह तो स्पष्ट बता सकते हैं कि कौन से मुद्दों को टाला या अनदेखा नहीं किया जा सकता, किन्तु जैसे मेरा आग्रह रहा है, ये विचार 'न्यायपूर्ण समाज' (Just Society) की रचना के लिए रूपरेखा निर्धारित करने वाले भारमान निर्धारण सूत्र हमें प्रदान नहीं कर पाते।

उदाहरण के लिए, एक ऐसा समाज जो परिहार्य अकाल को टाल नहीं पाता, निश्चित रूप से अन्यायपूर्ण कहलाएगा—पर इसका अर्थ यह नहीं है कि खाद्य सामग्री की ऐसी कोई विशेष पुनःवितरण व्यवस्था हो सकती है जिससे यह समाज न्यायोत्कर्ष तक पहुँच जाएगा। यही बात आय, अधिकारिताओं आदि के वितरण के सम्बन्ध में भी कही जा सकती है। न्याय के विचार का सबसे बड़ा महत्त्व यही है कि इसके माध्यम से हम नितांत अन्यायपूर्णता को तुरन्त पहचान जाते हैं, इस बारे में विवेकशील सहमति सम्भव हो जाती है—किन्तु इन सिद्धान्तों से विश्व के सुघट संचालन के व्यापक सूत्र की रचना कर पाना इतना सहज नहीं होता।

तीसरे, नितांत अन्याय के संदर्भ में भी एक अन्य बात पर ध्यान देना आवश्यक रहता है : बेशक नैतिक तर्कों द्वारा किसी अवस्था विशेष को अन्यायपूर्ण मानने के अतिरिक्त कोई चारा नहीं हो, फिर भी उस 'अन्याय' के प्रति साझी अनुभूति का प्रादुर्भाव व्यवहारिक रूप से सभी मुद्दों पर खुले संवाद की सम्भावनाओं पर ही निर्भर रहता है। प्रजाति, लिंग एवं वर्ग पर आधारित भीषणतम विषमताएँ प्रायः मारग्रेट थैचर द्वारा किसी अन्य संदर्भ में प्रयुक्त वाक्यांश के सहारे ही अपना वर्चस्व बनाए रख पाती हैं कि 'कोई अन्य विकल्प नहीं है'। ऐसे समाज में जहाँ नारी के विरुद्ध रुझान एक सामान्य व्यवहार समझा जाता हो, वहाँ यह समझा पाने का प्रयास करना कि यही व्यवहार अवश्यंभावी नहीं है, अपने आपमें बहुत कष्टसाध्य हो सकता है—क्योंकि इसके लिए व्यवहार सम्बन्धी आँकड़ों और विश्लेषणात्मक तर्कों की बहुत ही विशद जानकारी के समन्वित प्रयोग की आवश्यकता पड़ सकती है। अन्याय की भावना को उजागर करने में व्यवहार और मूल्यांकन के प्रति परंपरागत सूझबूझ पर भी सार्वजनिक संवाद एवं चर्चा का बहुत निर्णायक योगदान हो सकता है।

वैकल्पिक सिद्धान्तों एवं कसौटियों के दावों को समाहित करते हुए सामाजिक जीवनमूल्यों के निर्धारण और प्रयुक्ति में सामाजिक विचार मंथन की भूमिका को देखते हुए बुनियादी नागरिक अधिकार और राजनीतिक स्वातंत्र्य इन सामाजिक मूल्यों के विकास के लिए अपरिहार्य बन जाते हैं। वास्तव में विवेचन, मूल्यांकन एवं मूल्य निर्धारण में भागीदारी की स्वतन्त्रता सामाजिक जीवन का सबसे निर्णायक स्वातंत्र्य सिद्ध होता है। सामाजिक मूल्यमानों के चयन का निर्धारण केवल सत्ताधीशों की उद्घोषणाओं से नहीं हो जाता। हमने विषय-प्रवेश और अध्याय-1 में भी कहा था कि विकास साहित्य में अक्सर उठाया गया एक प्रश्न वास्तव में दिग्भ्रम का ही प्रमाण है। यह प्रश्न है : क्या लोकतन्त्र और बुनियादी नागरिक एवं राजनीतिक अधिकार विकास की प्रक्रिया में सहायक होते हैं? वास्तव में तो इन अधिकारों के उदित और संबलशील होने को ही विकास-प्रक्रिया के अवयवों-घटकों का पोषण माना जाना चाहिए।

यह कथन समाज के दीन-दुखी वर्गों को सुरक्षा प्रदान कर पाने में सहायक

लोकतान्त्रिक भूमिका से बहुत ही भिन्न है। इन अधिकारों का प्रयोग प्रशासन को दीनजनों की दुर्दशा के प्रति अधिक संवेदनशील बनने को मजबूर कर सकता है—इस प्रकार यह अकाल जैसी आर्थिक आपदाओं का निवारण करने में सहायक सिद्ध होता है। इससे भी कहीं आगे बढ़कर राजनीतिक एवं नागरिक स्वातंत्र्यों का संवर्धन विकास-प्रक्रिया का एक अनिवार्य एवं केन्द्रस्थ अवयव प्रतीत होता है। यही स्वातंत्र्य व्यक्ति को ऐसा नागरिक बनाते हैं जिसका कुछ महत्त्व होता है, जिसकी बात सुनी जाती है, वह केवल ऐसा पराभूत जन्तु नहीं रह जाता जिसे अच्छा खाना-कपड़ा और मनोरंजन किसी ने दान कर दिया हो। लोकतन्त्र और मानव अधिकारों की साधनस्वरूप भूमिका अपने आपमें महत्त्वपूर्ण होते हुए भी यह इनके संघटक स्वरूपी महत्त्व से पृथक् ही होती है।

चौथे सारभूत स्वातंत्र्य-केन्द्रित न्याय एवं विकास विश्लेषण विधि निश्चित रूप से व्यक्तियों के विवेक और उनकी बृहत्तर भूमिका की संकल्पना पर ही निर्भर रहती है। लोगों को निष्क्रिय पड़े मरीज नहीं माना जा सकता जिन्हें कोई अन्य व्यक्ति विकास प्रक्रिया के लाभ आदि बाँट जाएगा। जिम्मेदार वयस्कों को अपने कुशलमंगल का जिम्मा स्वयं ही उठाना चाहिए, यह उन्हीं को तय करना होगा कि वे अपनी योग्यताओं का प्रयोग कैसे करें। पर वास्तव में किसी व्यक्ति को कितनी क्षमता प्राप्त है, केवल सैद्धांतिक दृष्टि से सुलभ स्वातंत्र्य नहीं, यह बात तो सामाजिक व्यवस्थाओं की प्रकृति पर निर्भर रहती है—ये व्यवस्थाएँ वैयक्तिक स्वातंत्र्य के लिए बहुत ही निर्णायक (उदाहरण के लिए, अनेक तथाकथित 'जनवादी गणतंत्रों' में 'जन' के स्वातंत्र्य का महत्त्व नितांत गौण ही रहता रहा है—उनकी गणबद्ध होने की स्वतन्त्रता पर भी सत्तासीन गण (दल) का 'ग्रहण' ही लगा रहा है) हो सकती हैं, यहाँ राज्य और समाज अपने दायित्व से मुँह नहीं चुरा पाते।

उदाहरण के लिए, यह सारे समाज की साझी जिम्मेदारी है कि जहाँ भी बंधुआ श्रम व्यवस्था चल रही हो वहाँ श्रमिकों को बन्धनमुक्त किया जाए और उन्हें अन्यत्र रोजगार स्वीकार करने की पूरी स्वतंत्रता मिले। साथ ही यह भी समाज का दायित्व है कि वह ऐसी आर्थिक नीतियाँ अपनाए जिनसे उन रोजगार अवसरों का भरपूर सृजन हो जिन पर जन सामान्य का आर्थिक-सामाजिक निर्वाह निर्भर करता है। किन्तु अन्ततः यह तो व्यक्ति का ही दायित्व होगा कि वह ऐसे सुअवसरों का क्या प्रयोग करता है—या किस प्रकार के रोजगार का चयन करता है। इसी प्रकार बुनियादी शिक्षा या आवश्यक स्वास्थ्य सुविधा उपलब्ध नहीं करा पाना सामाजिक दायित्व की विफलता है—किन्तु शैक्षिक उपलब्धियों एवं स्वास्थ्य उपलब्धियों के सही एवं सटीक प्रयोग की बात तो फिर अन्ततः व्यक्ति के उत्तरदायित्व के दायरे में ही रह जाती है।

फिर रोजगार के अवसरों, शिक्षा व्यवस्था, संपत्ति अधिकार आदि द्वारा नारी की शक्ति का संवर्धन उसे पारिवारिक स्वास्थ्य सुविधा, खाद्य सामग्री आदि के आवंटन,

कार्य के बँटवारे तथा जनन-दर आदि के निर्धारण को प्रभावित करने की अधिक स्वतन्त्रता प्रदान कर सकती हैं, किन्तु उस संवर्धित स्वातन्त्र्य का प्रयोग करना तो अन्ततः उस नारीविशेष पर ही निर्भर रहता है। सांख्यिकीय आधार पर नारी के स्वातंत्र्य संवर्धन के सम्भावित परिणामों का पूर्वाकलन किया जाता है (कहा जाता है कि नारी शिक्षा एवं रोजगार के अवसरों के विकास से जननदर एवं जन्मदर कम होंगी) किन्तु ये पूर्वाकलन वास्तव में इसी मान्यता पर आधारित रहते हैं कि उस संवर्धित स्वातंत्र्य का नारी प्रभावी प्रयोग करेगी भी (नारी की निष्क्रियता उन पूर्वाकलनों को निष्प्रभावी बना सकती है)।

स्वातंत्र्य से आखिर अन्तर क्या पड़ता है?

हमारा यह स्वातंत्र्योन्मुखी दृष्टिकोण किसी भी तरह से विकास एवं सामाजिक परिवर्तन से जुड़े उस विशाल साहित्य निधि के महत्त्व को कम करने का प्रयास नहीं है जो सदियों से इन सामाजिक प्रक्रियाओं के प्रति हमारी सूझबूझ को समृद्ध बनाती आ रही है। यह सत्य है कि अभी कुछ समय से विकास साहित्य प्रतिव्यक्ति सकल राष्ट्रीय उत्पाद जैसे एक दो सूत्रों पर केन्द्रित रह गया है किन्तु फिर भी यह सीमित आकार-प्रकार का पिंजरा पुरानी विशाल और विशद परम्परा को बन्दी बनाए रख पाने में समर्थ नहीं है। अनेक बार कहीं अधिक विस्तृत परिप्रेक्ष्य में विकास के विचार का चित्रण करने के स्वरों की गूँज सुनाई देती रही है—इनमें अरस्तू के 'निकोमेशियन नीतिशास्त्र' में निहित वाणी का तो हमने अपने इस अध्ययन में प्रयोग भी किया है [अर्थात धन ही वह वस्तु (सत्य) नहीं है जिसे हम खोज रहे हैं--यह तो किसी अन्य कार्य में सहायक मात्र है]। आधुनिक अर्थशास्त्र के अन्य पूर्व प्रवर्तकों में रहे विलियम पेटी की रचना की गई पॉलिटिकल अन्मैटिक (1691) में उनकी राष्ट्रीय आय के लेखांकन की अनूठी विधि के साथ-साथ अन्य बृहत्तर विषयों पर भी बहुत प्रेरणास्पद चर्चा है।

वास्तव में आर्थिक एवं सामाजिक परिवर्तन के मूल्यांकन में स्वातंत्र्य-संवर्धन को एक महत्त्वपूर्ण प्रेरक कारक मानने का विचार इतना नया भी नहीं है। एडम स्मिथ भी बहुत निर्णायक मानवीय स्वातंत्र्यों के प्रति चिन्तित रहे हैं। इसी प्रकार जब कार्ल मार्क्स "मानव पर परिस्थितियों और आकस्मिकताओं की प्रबलता के स्थान पर परिस्थितियों एवं अवसरों पर मानव का नियंत्रण स्थापित" करने की बात करते हैं तो निश्चित रूप से वह भी मानवीय स्वातंत्र्य को संवर्धित करने पर ही बल दे रहे हैं। स्वातंत्र्य के संरक्षण एवं संवर्धन ने ही जॉन स्टुअर्ट मिल के उपयोगितावादी परिप्रेक्ष्य-वितान को बहुत विस्तृत रूप प्रदान किया था—इसी से नारी की स्वातंत्र्य वंचना के प्रति उनकी व्यग्र वितृष्णा का जन्म भी हुआ था। फ्रेड्रिक हेक ने भी बहुत खुलकर आर्थिक प्रगति की उपलब्धियों को स्वातंत्र्यों और स्वतंत्रताओं की व्यापक

संरचना में ही सम्मिलित किया है। उनका आग्रह रहा है : आर्थिक बातें तो मात्र हमारे अन्याय उद्देश्यों के बीच समंजन-समन्वयन का माध्यम हैं—ये सभी ध्येय आदि किसी भी तरह से आर्थिक नहीं माने जा सकते (हाँ, केवल धन-संग्रह को ही जीवन का एकमात्र लक्ष्य मानने वाले कंजूसों की बात अवश्य अलग होती है)।

अनेक विकासशास्त्रियों ने चयन स्वातंत्र्य को विकास की एक महत्त्वपूर्ण कसौटी माना है। उदाहरण के लिए, विकास अर्थशास्त्र में जाने माने भिन्नमतावलम्बी पीटर बॉवर ने तो अपनी गहन सूझबूझ भरी पुस्तक 'डिस्सेंट ऑन डिवेलपमैंट' में विकास के इस निरूपण पर बहुत सशक्त रूप से आग्रह किया है।

> मैं चयन के प्रसरण के विस्तार को, अर्थात् जनसामान्य को सुलभ प्रभावी विकल्पों के प्रसरण के विस्तार को आर्थिक विकास का प्रमुख ध्येय और कसौटी मानता हूँ; मैं किसी भी नीति के विषय में अपनी राय का निर्धारण मुख्यतः इस आधार पर ही करता हूँ कि इससे जनसामान्य को सुलभ विकल्पों के प्रसार पर किस प्रकार के प्रभाव सम्भव होंगे।

डब्ल्यू. ए. लुइस ने भी अपने प्रसिद्ध ग्रन्थ 'द थ्यौरी ऑफ इक्नॉमिक ग्रोथ' में स्पष्ट किया है कि "विकास का ध्येय मानवीय चयनों के प्रसार क्षेत्र को बढ़ाना है।" परन्तु इस संप्रेरणा की प्रतिस्थापना के बाद लुइस भी अपने सारे विश्लेषण को प्रतिव्यक्ति उत्पाद की वृद्धि पर ही केंद्रित कर गए, क्योंकि "इसके माध्यम से व्यक्ति अपने पर्यावरण पर बेहतर नियन्त्रण स्थापित कर लेता है और यह उसके स्वातन्त्र्य को बढ़ा देता है।" यह सत्य है कि अन्य बातें स्थिर रहने पर उत्पादन एवं आय की वृद्धि निश्चित रूप से मानवीय चयन की सम्भावनाओं को बढ़ा देती हैं—ये सम्भावनाएँ खरीदनेयोग्य वस्तुओं के सम्बन्ध में तो बहुगुणित हो जाती हैं। किन्तु जैसे हमने पहले बात की है, सारभूत रूप से मूल्यवान चयनों का प्रसार क्षेत्र उत्पादन के अतिरिक्त और अनेक कारकों पर भी निर्भर करता है।

ये अन्तर क्यों पैदा होते हैं ?

यह प्रश्न उठाया जा सकता है कि क्या लुइस आदि द्वारा प्रणीत 'प्रतिव्यक्ति उत्पाद वृद्धि' पर केन्द्रित विकास विश्लेषण मानवीय स्वातंत्र्योन्मुखी विश्लेषण से मूल रूप में बहुत भिन्न है? लुइस ने ही बताया था कि दोनों में गहरा सम्बन्ध है, तो स्वाभाविक रूप से यह प्रश्न उठता है कि यदि ये दोनों दृष्टिकोण इतने जुड़े हुए हैं तो फिर इनमें पूर्ण समरूपता क्यों नहीं आ पाती ? स्वातंत्र्यों पर केन्द्रित हो जाने से विश्लेषण में अन्तर क्यों आ जाता है?

इस अन्तर के दो कारण रहते हैं, ये कारण क्रमशः प्रक्रिया-आयाम और अवसर-आयाम से जुड़े हैं। हम जानते ही हैं कि स्वातंत्र्य का सम्बन्ध 'निर्णय प्रक्रिया' से

भी है और 'महत्त्वपूर्ण माने गए परिणामों तक पहुँचने के अवसरों' से भी है, तो फिर हमारी रुचियों का प्रसार उच्च उत्पादन या उच्च आय अथवा उच्च स्तर पर उपभोग आदि की वृद्धि रूपी परिणामों तक सीमित नहीं रह सकता। फिर तो हम राजनीतिक गतिविधियों और सामाजिक चयन में भागीदारी को विकास प्राप्ति के माध्यम मात्र नहीं मान पाएंगे (आर्थिक संवृद्धि में योगदान के माध्यम से)। हमें इन गतिविधियों को भी विकास के ध्येयों का (साध्यों का) अंग मानना पड़ेगा।

अन्तर का दूसरा कारण यही है कि 'स्वातंत्र्योन्मुखी विकास' का विचार विकास की अधिक परम्परागत अवधारणा से अवसरों के वितान या परिप्रेक्ष्य में भी बहुत भिन्न है (यह अन्तर केवल प्रक्रिया से जुड़ा हुआ नहीं रहता)। विकास की स्वातत्र्योन्मुखी अवधारणा की अन्वेषणा में हम राजनीतिक, सामाजिक और आर्थिक प्रक्रियाओं में निहित स्वातंत्र्यों के साथ-साथ यह भी जानने का प्रयास करते हैं कि व्यक्तियों को उन परिणामों तक पहुँचने के सुअवसर कहां तक (किस स्तर तक) सुलभ हो पाते हैं जिन पर पहुंचना उन्हें मूल्यवान अथवा महत्त्वपूर्ण लगता है। वास्तविक आय के स्तर लोगों को वांछित वस्तुएं-सेवाएं प्राप्त करने और उन प्राप्तियों से जुड़े जीवन स्तर को पाने में सहायक रहते हैं किन्तु हमने इसी पुस्तक के प्रारंभिक अध्यायों में अनेक व्यवहारिक अनुभवों के आंकड़ों के आधार पर यह स्पष्ट किया है कि अक्सर आय का उच्च स्तर दीर्घायु, परिहार्य रुग्णता से बचाव, सार्थक रोजगार के अवसर पाने या अपराधमुक्त शान्तिपूर्ण परिवेश में जीवनयापन की स्वतंत्रता को सुनिश्चित नहीं कर पाता। ये गैर-आय कारक उन सुअवसरों की ओर इंगित कर रहे हैं जिन्हें व्यक्ति बहुत मूल्यवान मानते हैं—इनका आर्थिक समृद्धि के साथ बहुत सुनिश्चित संबंध भी नहीं होता।

अतः स्पष्ट है कि स्वातंत्र्य के दोनों परिप्रेक्ष्य (प्रक्रिया और अवसर) हमें अन्ततः विकास के परम्परागत विचार—प्रतिव्यक्ति आय में वृद्धि—से कहीं आगे बढ़ने को विवश कर देते हैं। साथ ही स्वातन्त्र्य को केवल इनके उपयोग की दृष्टि से मूल्यवान मानने और इसके महत्त्व को उस उपयोगवादी मूल्य से बढ़कर महत्त्वपूर्ण मानने में भी बहुत अन्तर रहता है। भले ही हैक (अपने स्वभाव के अनुसार) कुछ ज्यादा ही आग्रह कर गए हों कि "हमारी कुछ कर पाने की स्वतंत्रता के महत्त्व का इस बात से कोई आवश्यक सम्बन्ध नहीं है कि हम कभी उस स्वतंत्रता (या अवसर) का प्रयोग भी करेंगे।" किन्तु इस कथन में भी वे स्वातंत्र्य के दो स्वरूपों के बीच बहुत स्पष्ट भेद तो कर ही देते हैं : (1) स्वातंत्र्य का व्युत्पन्न महत्त्व (यह उसके वास्तविक प्रयोग पर निर्भर रहता है), तथा (2) स्वातंत्र्य का अन्तर्निहित महत्त्व (हमें चुनाव करने की स्वतंत्रता के रूप में, हम चाहे चुनाव करें या नहीं, यह हमारी इच्छा पर निर्भर रहता है)।

कई बार तो हमें केवल इसीलिए किसी विकल्प का होना महत्त्वपूर्ण लगने लगता

है कि हम उसे अस्वीकार कर सकें। जिस समय महात्मा गाँधी ने अंग्रेजी राज के विरुद्ध किसी राजनीतिक बात पर आग्रह करने के लिए व्रत किया तो वे भूखे नहीं मर रहे थे, वे तो (विरोधप्रदर्शन-स्वरूप) खाने के अवसर को नकार रहे थे। इस प्रकार व्रत करने का अर्थ तभी होता है जब किसी को खाने के अवसर सुलभ हों, कोई अकालपीड़ित व्यक्ति शायद ही इस प्रकार से राजनीतिक आग्रह पर बल दे पाएगा।

मैं हैक की भाँति अति परिष्कारवादी मार्ग का अनुसरण नहीं करना चाहता (अर्थात स्वातंत्र्य को इसके वास्तविक प्रयोग से बिलकुल अलग नहीं करना चाहता), मेरा तो आग्रह यही है कि स्वातंत्र्य के अनेक आयाम और रूप-स्वरूप हो सकते हैं। इसका प्रक्रिया-आयाम भी सुयोग-आयाम के साथ-साथ विचारणीय है, सुअवसर आयाम की व्याख्या भी अंतर्निहित और व्युत्पन्न महत्त्व के संदर्भ में करनी अधिक उपयोगी रहती है। यही नहीं, सार्वजनिक चर्चा विचार मंथन में भागीदारी के स्वातंत्र्य का सामाजिक मूल्यमानों और नीतिशास्त्र की रचना में सृजनात्मक योगदान भी हो सकता है। अतः स्पष्ट है कि स्वातंत्र्यों पर ध्यान केन्द्रित करने से निश्चित रूप से बहुत भारी अन्तर पैदा हो जाता है।

मानवीय पूँजी और मानवीय क्षमता

अब मैं कुछ ध्यान एक और सम्बन्ध पर भी देना चाहता हूँ, इस विषय में भी स्पष्टीकरण की काफी आवश्यकता है। यह बात 'मानवीय पूँजी' (Human Capital) से जुड़ी रचनाओं और इस पुस्तक में प्रयुक्त मानवीय क्षमताओं-योग्यताओं (Human Capability) के बीच के सम्बन्धों से जुड़ी है (हमने तो क्षमताओं को स्वातंत्र्य की एक अभिव्यक्ति की भाँति ही निरूपित किया है)। आज के अर्थशास्त्र में केवल भौतिक यंत्रादि के संग्रह को ही पूँजी संकलन मानने से कहीं आगे निकलकर इसमें मानव (कामगारों) की उत्पादक गुणवत्ताओं के संग्रह की प्रक्रिया को भी सम्मिलित किया जा रहा है। उदाहरण के रूप में, शिक्षा, प्रशिक्षण आदि के माध्यम से (कुछ विशेष कार्य सीखकर) व्यक्ति धीरे-धीरे और अधिक उत्पादक बन सकते हैं–इस प्रक्रिया का आर्थिक प्रसार में बहुत भारी योगदान रहता है। जापान, पूर्वी एशिया, यूरोप और उत्तरी अमेरिका के अनुभवों से प्रभावित अनेक आर्थिक विकास सम्बन्धी रचनाओं में 'मानवीय पूँजी' पर जिस प्रकार बल दिया गया है वैसा कुछ दशक पहले नहीं होता था।

इस वैचारिक परिवर्तन का हमारी स्वातंत्र्योन्मुखी विकास की अवधारणा से क्या नाता है? विशेष रूप से 'मानवीय पूँजी' की और उन्मुख विश्लेषण का 'मानवीय क्षमता-योग्यता' विषयक हमारे (वर्तमान अध्ययन के प्रमुख) आग्रह में किस प्रकार के सम्बन्ध सूत्र हो सकते हैं? ये दोनों ही विचार मानव को एक केन्द्रबिन्दु पर प्रतिष्ठित कर रहे हैं पर क्या इनमें 'समानता' और भेद दोनों का सहअस्तित्वपूर्वक विद्यमान

है? यह कथन किसी सीमा तक अति सरलीकरण ही है—पर हम कह सकते हैं कि मानवीय पूँजी का विचार उत्पादन-सम्भावनाओं के प्रसार से जुड़ी मानवीय भूमिका पर ही केन्द्रित रहता है। दूसरी ओर हमारी मानवीय क्षमता अवधारणा जनसामान्य की मनोवांछित जीवन यापन कर पाने की स्वतन्त्रता और उनके वास्तविक चयन अवसरों के संवर्धन से जुड़ी है। दोनों अवधारणाओं में कुछ सम्बन्ध तो अवश्यंभावी हैं क्योंकि दोनों का ही नाता मानव की भूमिका से है—विशेषकर ये दोनों ही मानव की कुछ करने और पाने की योग्यता से संबंधित हैं। किन्तु इनकी सफलता का आकलन अलग-अलग मानदंडों के आधार पर होता है।

अपने वैयक्तिक गुणों, सामाजिक पृष्ठभूमि और आर्थिक परिस्थितियों आदि के आधार पर व्यक्ति की मनोवांछित कार्य कर पाने की क्षमता का निर्धारण होता है। इस मनोवांछना मे निहित मूल्यांकन के कारण प्रत्यक्ष (ऐसी कृत्यकारिताओं से जुड़े हुए जो प्रत्यक्षतः उसके कुशलक्षेम को प्रभावित करते हों—जैसे कि अच्छा पोषण, स्वस्थ जीवन) हो सकते हैं, साथ ही इनका स्वरूप परोक्ष (उत्पादन में योगदान कर पाने, बाजार में अपनी योग्यता का उचित पारिश्रमिक पा सकने) भी हो सकता है। मानवीय पूँजी के विचार को इन दोनों ही आयामों को समाहित करते हुए परिभाषित किया जा सकता है—पर सामान्यतः परम्परा ऐसी रही है कि केवल परोक्ष मूल्यांकन से जुड़ी मानवीय योग्यताओं (अर्थात उत्पादन में सहायकस्वरूप) को ही पूँजी कहा जाता है। इस प्रकार से यह मानवीय पूँजी विषयक अपेक्षाकृत संकीर्ण दृष्टिकोण भी अधिक व्यापक मानवीय क्षमता की अवधारणा का एक अंग बन जाता है। इस व्यापक अवधारणा में हम मानवीय योग्यताओं के सभी प्रत्यक्ष एवं परोक्ष प्रभावों को समाहित कर लेते हैं।

एक उदाहरण पर विचार करें। यदि शिक्षा किसी व्यक्ति को वस्तुओं के उत्पादन में अधिक कुशल बनाती है तो यह स्पष्टतः मानवीय पूँजी का संवर्धन है। इससे अर्थव्यवस्था के कुल उत्पादन के मूल्य तथा व्यक्ति की अपनी आमदनी में भी वृद्धि होती है। किन्तु आय का स्तर स्थिर रहने पर भी व्यक्ति शिक्षा द्वारा किन्हीं अन्य अर्थों में लाभान्वित हो सकता है, जैसे वह पढ़ पाता है, विचाराभिव्यक्ति कर पाता है, अपना चयन अधिक सुविचारित रूप से कर पाता है, अन्य लोग उसकी बातों को अधिक गम्भीरता से सुनने लगते हैं, आदि। अतः शिक्षा के मानवीय पूँजी से जुड़े लाभ केवल वस्तु उत्पादन में वृद्धि से कहीं अधिक विस्तृत और विशाल होते हैं। मानवीय क्षमता का व्यापक परिप्रेक्ष्य इन अतिरिक्त योगदानों को भी सहज भाव से ग्रहण कर लेता है। इस प्रकार इन दोनों परिप्रेक्ष्यों में अंतर्संबंध होते हुए भी ये पृथक् रूप धारण किए रहते हैं।

पिछले कुछ वर्षों में मानवीय पूँजी पर बल देने की प्रवृत्ति ने चिन्तन में एक बहुत बड़ा बदलाव पैदा कर दिया है। यह बदलाव क्षमता-अवधारणा की उपयुक्तता

को समझा पाने में बहुत उपयोगी है। यदि शिक्षा और अच्छे स्वास्थ्य के कारण कोई व्यक्ति अधिक उत्पादन करने में सफल रहता है तो यह आशा करना अस्वाभाविक नहीं होगा कि इनके माध्यम से तथा प्रत्यक्षतः वह कुछ और भी हासिल कर पाएगा—उसे अपने जीवनयापन में कुछ और स्वतन्त्रता प्राप्त हो पाएगी।

यह क्षमता-परिप्रेक्ष्य किसी सीमा तक हमें एडम स्मिथ द्वारा सुझाए गए सामाजिक एवं आर्थिक विकास के प्रति समन्वित दृष्टिकोण के निकट ले जाता है। स्मिथ ने उत्पादन संभावनाओं का निर्धारण करते हुए श्रम विभाजन के साथ-साथ शिक्षा की भूमिका पर भी बल दिया था। इसमें काम करते हुए सीखना-दक्षता प्राप्त करना भी सम्मिलित था। पर सार्थक जीवन जी पाने की मानवीय क्षमता का विकास—इसमें अधिक उत्पादक होना भी निहित है—तो 'द वैल्थ ऑफ नेशन्स' के स्मिथ के विश्लेषण में बहुत ही महत्त्वपूर्ण था।

वास्तव में स्मिथ का शिक्षा और सीख पाने की शक्ति में विश्वास विशेष रूप से दृढ़ था। आज भी जन्मजात और 'सृजित' या प्राप्त की गई योग्यता के बीच विवाद की दृष्टि से देखें तो स्मिथ बहुत ही दृढ़ता के साथ 'सृजित' योग्यतावादी ही प्रतीत होते हैं। यह बात उनकी मानवीय क्षमताओं को सुधारने में बहुत ही सुदृढ़ विश्वास के अनुरूप ही है।

मानवों की प्राकृतिक योग्यताओं में अन्तर उतने नहीं होते जितने कि हम प्रायः मान बैठते हैं। बड़े होने पर लोगों की जिस विशेष योग्यता आदि को हम उनका सहज जन्मजात गुण मान लेते हैं, वे गुण श्रम विभाजन के कारण नहीं वरन् प्रभाव ही अधिक होते हैं। बहुत ही अलग प्रकार के लक्षण भेद—जैसे एक दार्शनिक और माल ढोने वाले कुली के बीच के अन्तर—भी उनके कम अभ्यास, परम्परा और प्रशिक्षण के कारण अधिक होते हैं। जब वे दोनों संसार में आए तो पहले 6-8 सालों तक एक जैसे ही थे, उनके माँ-बाप या हमजोली भी उन्हें एक दूसरे से कुछ खास अलग नहीं मान पाए होंगे।

मैं यहाँ इस समीक्षा में नहीं उलझना चाहता कि स्मिथ का यह योग्यता-सृजन-आग्रह कितना सही या गलत था किन्तु इस आग्रह में उन्होंने जिस प्रकार उत्पादक योग्यताओं को जीवन शैली, शिक्षा, प्रशिक्षण आदि से जोड़ा है, उससे योग्यता और जीवन शैली दोनों को ही सुधार पाने की संभावनाएँ भी बहुत स्पष्ट हो जाती हैं। यह सम्बन्ध हमारे क्षमता-परिप्रेक्ष्य के प्रभाव क्षेत्र के निर्धारण में बहुत उपयोगी सिद्ध हो सकता है।

वास्तव में मानवीय पूँजी पर केन्द्रण और मानवीय क्षमताओं पर केन्द्रण में मूल्यांकन की दृष्टि से भी एक बहुत निर्णायक अन्तर विद्यमान है। यह अन्तर किसी सीमा तक साधनों और साध्यों के भेद से जुड़ा है। मानवीय गुणों (योग्यताओं) के आर्थिक संवृद्धि को बढ़ावा देने और बनाए रखने में योगदान की स्वीकारोक्ति बहुत

बड़ी बात है—पर इससे भी हमें यह बात स्पष्ट नहीं हो पाती कि हम उस संवृद्धि की कामना ही क्यों करते हैं। यदि हमारा ध्यान मनोवांछित जीवनयापन की मानवीय क्षमताओं के प्रसार-संवर्धन पर केन्द्रित है तो सहज ही आर्थिक विकास की इन योग्यताओं के संवर्धन से जुड़ी भूमिकाएँ भी विकास की अधिक मौलिक और व्यापक व्याख्या (मानव की अधिक स्वतंत्रतापूर्ण एवं सार्थक जीवन जी पाने की क्षमता की प्रसारक प्रक्रिया) में स्थान पा जाएँगी।

इस भेद का सार्वजनिक नीतियों की रचना पर भी बहुत व्यवहारिक प्रभाव पड़ता है। जिस प्रकार आर्थिक समृद्धि लोगों को अधिक सार्थक जीवनयापन के और व्यापक विकल्प सुलभ कराती है, उसी प्रकार अच्छी शिक्षा, बेहतर स्वास्थ्य व्यवस्था आदि कारक भी जनसामान्य को सुलभ स्वातंत्र्यों की रचना करते हैं। इन सामाजिक संसृष्टियों को भी प्रत्यक्षतः विकास माना जाना चाहिए—क्योंकि ये भी हमें अधिक स्वतन्त्र, दीर्घ एवं सार्थक जीवनयापन में सहायता देते हैं—साथ ही साथ ये उत्पादिता को बढ़ाकर आर्थिक संवृद्धि और वैयक्तिक आय में भी योगदान देते है। इसके विपरीत मानवीय पूँजी का विचार केवल उत्पादक संसाधन के (महत्त्वपूर्ण) स्वरूप पर ही केन्द्रित रहता है—यह भी अपने आप में एक अच्छी संसृष्टि है—पर इसे और समृद्ध बनाए जाने की आवश्यकता है। इस आवश्यकता का कारण यही है कि मानव उत्पादन का एक साधन मात्र नहीं है—वह तो समग्र उत्पादन का साध्य भी है—अर्थात् सारा उत्पादन अन्ततः मानव के निमित्त ही किया जाता है)।

वास्तव में डेविड ह्यूम के साथ विवाद में स्मिथ ने तो यहाँ तक कह दिया था कि मानव का केवल उसके उत्पादक प्रयोग के रूप में मूल्यांकन समग्र मानवता की प्रकृति का ही अपमान है। आइए, उन्हीं के शब्दों को देखें :

> यह मानना तो असम्भव लगता है कि व्यक्ति के गुणों को सराहते समय भी हम उसी प्रकार व्यवहार करेंगे जैसे किसी सुविधाजनक या अच्छी तरह से सुसज्जित भवन की सराहना में करते हैं या कि हम मनुष्य की सराहना भी उन्हीं कारणों से प्रभावित होकर करते हैं जिनके आधार पर अलमारी के दराज को अच्छा बताया जाता है।

मानवीय पूँजी की अवधारणा उपयोगी है पर मानव को तो इससे कहीं व्यापक स्तर या वितान पर देखा जाना चाहिए (वह अलमारी का दराज नहीं है)। हमें मानवीय पूंजी की उपादेयता और सीमाओं को समझकर उससे कहीं आगे निकलना होगा। इस प्रकार से हमारे वितान का विस्तार इस पूंजी वित्तान का विकल्प नहीं होगा, यह तो इस सीमित विचार को भी अपने आप में समाहित करने वाला व्यापक परिप्रेक्ष्य होगा।

क्षमता प्रसार के सामाजिक परिवर्तन में योगदान पर विचार करना भी आवश्यक है—ध्यान रहे कि यह परिवर्तन आर्थिक बदलाव से कहीं अधिक व्यापक होते हैं।

इक्कीसवीं सदी का भारत
नवनिर्माण की रूपरेखा
भारत-रत्न डॉ. ए.पी.जे. अब्दुल कलाम

क्या भारत अगले बीस साल में **पहली दुनिया** *का देश बन सकता है ?* **हाँ,** भारत के अग्रणी वैज्ञानिक डॉ. अब्दुल कलाम का कहना है कि सही योजना और पूरी शक्ति लगाकर काम करने पर **हम अगले बीस वर्षों में संसार के पाँच सबसे समृद्ध और शक्तिशाली देशों में सम्मिलित हो सकते हैं।** किस प्रकार, यह परिकल्पना तथा विस्तृत योजना उन्होंने इस पुस्तक में दी है।

भारत की अर्थनीति : नये आयाम
चक्रवर्ती रंगराजन
पूर्व गवर्नर, रिजर्व बैंक आव इंडिया

पिछले एक दशक में भारत की अर्थनीति में उदारीकरण के कारण जो व्यापक परिवर्तन आने आरम्भ हो गए हैं और जिन पर निरन्तर सफलतापूर्वक काम चल रहा है, उनके सिद्धान्त, नीतियाँ तथा कार्यक्रम निर्धारित करनेवालों में रिजर्व बैंक के पूर्व गवर्नर डॉ. चक्रवर्ती रंगराजन का महत्त्वपूर्ण योगदान रहा है। इन नीतियों के अधीन देश की आर्थिक प्रगति भी अब सुस्थिर होती चली जा रही है। इन्हीं सब विषयों का विशद विवेचन।

भारतीय अर्थव्यवस्था : समीक्षात्मक अध्ययन
भरत झुनझुनवाला

अर्थव्यवस्था का भारतीय स्वरूप क्या है या क्या हो सकता है ? अर्थनीति की तेजी से बदलती भारत की वर्तमान परिस्थितियों में भारत को क्या करना चाहिए और क्या नहीं करना चाहिए ? उदारीकरण तथा विश्वीकरण के आज के माहौल में विदेशी योजनाओं का अनुकरण करने के स्थान पर क्या हम इनसे भी अच्छी कुछ नई योजनाएँ प्रस्तुत कर सकते हैं ? ऐसे सभी प्रश्नों के उत्तर प्रसिद्ध अर्थनीति-विचारक भरत झुनझुनवाला ने इस पुस्तक में दिए हैं।

आज का भारत / नानी पालखीवाला

प्रख्यात विधिवेत्ता, अर्थशास्त्री तथा राजनीतिक विषयों के प्रबल विचारक नानी पालखीवाला की महत्त्वपूर्ण कृति जो भारत देश तथा भारतवासी जनता से संबंधित सभी आधुनिक समस्याओं पर अपने महत्वपूर्ण विचार प्रस्तुत करती है।

हम हिन्दुस्तानी / नानी पालखीवाला

नानी पालखीवाला की एक और लोकप्रिय कृति जो भारत देश तथा भारतवासी जनता से संबंधित सभी आधुनिक समस्याओं पर अपने महत्वपूर्ण विचार प्रस्तुत करती है।

नोबेल पुरस्कार से सम्मानित अर्थशास्त्री

भारत-रत्न प्रो. अमर्त्य सेन

की महत्वपूर्ण कृतियां

●

आर्थिक विषमताएं

नोबेल पुरस्कार से सम्मानित प्रो. अमर्त्य सेन को विशिष्ट महत्व प्रदान किये जाने का मुख्य कारण यह है कि उन्होंने अर्थशास्त्र को मनुष्य के कल्याण का साधन बनाने के उद्देश्य से जोड़ा और इसके विविध पैमाने भी तैयार किये। इससे पूर्व अर्थशास्त्र मात्र धन- संपदा का अध्ययन माना जाता था, उन्होंने पहली बार उसे दर्शन और नैतिकता की ओर उन्मुख किया। मूल सिद्धांतों के विवेचन के साथ-साथ इसमें व्यावहारिक पक्ष—राष्ट्रीय आय, विषमता और ग़रीबी आदि का भी विवेचन है।

ग़रीबी और अकाल

इस पुस्तक में उन्होंने इन दोनों विषयों का एक बिलकुल नया विश्लेषण प्रस्तुत करके राष्ट्रसंघ तथा आई. एल. ओ. जैसी विश्व संस्थाओं तथा विविध देशों की सरकारों की धारणाओं में आमूल परिवर्तन कर दिया। दुनिया के अकालों के उनके अध्ययन न केवल रोचक हैं बल्कि पाठकों की आँखें खोल देते हैं। अब चूंकि सर्वत्र इन्हीं धारणाओं पर कार्य किया जाने लगा है, इसलिए ये अध्ययन अनिवार्य बन गये हैं।

भारत : विकास की दिशाएं

अमर्त्य सेन, ज्यां द्रीज़

इस पुस्तक में प्रो. सेन द्वारा स्थापित सिद्धांतों की दृष्टि से समग्र भारत की आर्थिक समस्याओं पर विचार किया गया है। इसमें उन सब सामाजिक विकास के पक्षों पर भी रोशनी डाली गई है जिनके बिना आर्थिक विकास संभव ही नहीं है, जैसे सभी को साक्षरता और शिक्षा की सुविधाएं प्रदान करना, स्वास्थ्य सेवाएं उपलब्ध कराना, स्त्रियों को उनकी पूरी भागीदारी दिलाना, आदि। समान स्थितिवाले देश चीन से भारत की तुलना पुस्तक का एक महत्वपूर्ण अंग है। **रु. 175.00**

भारतीय राज्यों का विकास : कुछ प्रादेशिक अध्ययन

सं. अमर्त्य सेन, ज्यां द्रीज़

भारत एक विशाल देश है जिसके सभी प्रदेश एक दूसरे से भिन्न हैं। इसलिए तीन विशेष प्रदेशों—उत्तर प्रदेश, प. बंगाल और केरल—के विस्तृत अध्ययन देकर जहां एक ओर इनकी तुलना प्रस्तुत की गई है—जो बहुत ही बोधक है—वहां एक दूसरे से लाभ उठाने की स्थिति भी प्रस्तुत की गई है। आंकड़े देकर विषय को भलीभांति स्पष्ट किया गया है।

जीवनमूल्यों तथा सामाजिक नीतिशास्त्र के उदय और विकास पर भी ध्यान देने की आवश्यकता है, ये भी विकास की सामान्य प्रक्रिया के ही अंग हैं (बाजार और अन्य संस्थाओं के साथ-साथ)। यह अध्ययन इन सभी परस्पर जुड़ी संरचनाओं को समझ पाने और इनकी व्याख्या के माध्यम से विकास के व्यापक प्ररिप्रेक्ष्य के अनुरूप सीख ग्रहण करने का प्रयास है।

यह स्वातंत्र्य के विचार की एक अनुपम विलक्षणता है कि इसके अनेक आयाम और स्वरूप होते हैं—इनका अन्यान्य प्रकार की गतिविधियों और संस्थाओं से नाता रहता है। इनके माध्यम से विकास का कोई सीधा सरल सूत्र नहीं रचा जा सकता (जैसे पूंजी का संचयन, बाजार का अनावरण, कुशल आर्थिक आयोजन आदि से आभास मिलता है—हाँ, ये सभी तत्त्व एक विस्तृत परिदृश्य के अंग अवश्य बन जाते हैं)। मानवीय स्वातंत्र्य-संवर्धन और उसे सहज बनाने के प्रति सामाजिक प्रतिबद्धता ही वह संगठक सिद्धान्त है जो इन सभी अवयवों को एक समन्वित एवं पूर्ण चित्रण का स्वरूप प्रदान करता है। यह एकता महत्त्वपूर्ण है, पर हमें यह नहीं भूलना चाहिए कि स्वातंत्र्य का विचार बहुत ही विविधता पूर्ण विचार है, इसमें प्रक्रिया तथा सारभूत सुअवसरों आदि से जुड़ी अनेक बातें समाहित रहती हैं।

यह विविधता किसी खेद का कारण या आधार नहीं हो। विलियम कॉपर ने ठीक ही कहा था :

स्वातंत्र्य के सुख
यद्यपि हजारों हैं
पर अपनी स्थिति में संतुष्ट
गुलामों को
इनका ज्ञान ही नहीं!

विकास वास्तव में स्वातंत्र्य की विशद संभावनाओं से एक महत्त्वपूर्ण आबंध है।

□□

वास्तव में मानव केवल आर्थिक बदलाव में योगदान नहीं देता, उसकी भूमिका कहीं अधिक विशाल और विस्तृत रहती है। इसमें (मानवीय पूँजीवादी दृष्टिकोण से कहीं आगे बढ़कर) सामाजिक एवं राजनीतिक विकास भी सम्मिलित हो जाते हैं। उदाहरण के लिए, नारी शिक्षा के कारण उसके विरुद्ध भेदभाव कम हो सकता, पारिवारिक आबंटन में उसका स्थान सुधर सकता है और जनन तथा बाल मृत्यु दर में भी गिरावट आ सकती है। बुनियादी शिक्षा का प्रसार सार्वजनिक संवाद को अधिक सारपूर्ण बना सकता है। इस प्रकार की साधनस्वरूप सफलताएँ अन्ततः हमें केवल पारम्परिक ढंग से परिभाषित वस्तुओं के उत्पादन से कहीं आगे ले जाती हैं।

अतः मानवीय क्षमताओं की भूमिका और योगदान को भली-भाँति समझ पाने के लिए हमें इन बातों पर भी ध्यान देना होगा :

(1) इन योग्यताओं का मानवीय कुशलक्षेम और स्वातंत्र्य से प्रत्यक्ष सम्बन्ध,
(2) सामाजिक परिवर्तन पर प्रभाव के माध्यम से अप्रत्यक्ष योगदान, और
(3) आर्थिक उत्पादन पर प्रभाव के माध्यम से अप्रत्यक्ष योगदान।

योग्यता परिप्रेक्ष्य में ये तीनों योगदान समाहित होते हैं। इसके विपरीत मानवीय पूँजी सम्बन्धी विचार मानव के तीसरे योगदान को ही प्रमुख मान पाता है। अतः दोनों परिप्रेक्ष्यों में कुछ साझापन भी है–यह साझापन बहुत ही महत्त्वपूर्ण है। पर विकास को स्वातंत्र्य के रूप में समझ पाने के लिए उस सीमित साझेपन से आगे निकलना आवश्यक है।

समापक टिप्पणी

इस पुस्तक में मैंने विकास के प्रति एक विशेष दृष्टिकोण को प्रस्तुत तथा विश्लेषित करने और उसका मंडन करने का प्रयास किया है। यह दृष्टिकोण विकास को जन-सुलभ सारभूत स्वातंत्र्यों के प्रसार की प्रक्रिया मानता है। इस स्वातंत्र्यवादी विचार को परिवर्तन के मूल्यांकन-विश्लेषण में और तीव्र गति से परिवर्तन को सम्भव बनाने वाले प्रभावी कारक के रूप में विवरण एवं पूर्वाकलन विश्लेषण में भी प्रयुक्त किया गया है।

मैंने इस विधि के नीति निर्धारण तथा सामान्य आर्थिक, सामाजिक एवं राजनीतिक घटनाक्रमों से सम्बन्धों आदि पर प्रभावों का भी विश्लेषण किया है। अनेक सामाजिक संस्थाएँ जैसे कि बाजार-प्रक्रिया, प्रशासन, विधान मंडल, राजनीतिक दल, गैरसरकारी संस्थाए, न्याय पालिका, संचार माध्यम और सारा समाज भी, वैयक्तिक स्वातंत्र्यों के संपोषण-संवर्धन पर प्रभावों के माध्यम से विकास की प्रक्रिया में ही अपने योगदान देती हैं। अतः विकास के विश्लेषण में इन सभी संस्थाओं के योगदान और उनके अन्तर्सम्बन्धों को समन्वित रूप से समझ पाने की क्षमता होनी चाहिए।